本书是全国哲学社会科学规划办公室"决策咨询项目"
"中国"三农"发展若干重大问题研究"成果

本书是华中师范大学中国农村研究院
"百村十年观察"成果

本书出版得到华中师范大学"211 工程"
重点学科建设项目支持

教育部人文社会科学重点研究基地
华中师范大学中国农村研究院

中国农村研究院
Research in rural China

中国农村调查·百村观察系列

中国农村调查
2011年卷

徐 勇 ◎主编
邓大才 ◎执行主编

中国社会科学出版社

图书在版编目（CIP）数据

中国农村调查.2011年卷 / 徐勇主编.—北京：中国社会科学出版社，2011.9

ISBN 978-7-5161-0160-5

Ⅰ.①中…　Ⅱ.①徐…　Ⅲ.①农村调查-调查研究-中国-2011　Ⅳ.①F32

中国版本图书馆 CIP 数据核字(2011)第 196757 号

责任编辑　冯春凤
责任校对　韩天炜
封面设计　回归线视觉传达
技术编辑　王炳图

出版发行　**中国社会科学出版社**
社　　址　北京鼓楼西大街甲 158 号　　　　邮　编　100720
电　　话　010-84029450（邮购）
网　　址　http://www.csspw.cn
经　　销　新华书店
印　　刷　北京君升印刷有限公司　　　　　装　订　广增装订厂
版　　次　2011 年 9 月第 1 版　　　　　　印　次　2011 年 9 月第 1 次印刷
开　　本　710×1000　1/16
印　　张　35.25　　　　　　　　　　　　插　页　2
字　　数　582 千字
定　　价　73.00 元

《中国农村调查书系》编辑委员会

"百村观察"出版说明

  "百村观察"计划是华中师范大学中国农村问题研究中心的农村调查平台，计划对全国258个村、4000个农户进行为期十年、二十年、三十年，乃至更长时间的定点跟踪观察。

  "百村观察"项目是中心研究方法的延续。1988年中心的前身——华中师范大学农村基层政权研究中心成立，主任张厚安教授提出了"'三个面向'（面向社会、面向基层、面向农村），理论务农"的宗旨，并带领同人到全国进行普遍性农村调查。1995年中心更名为"华中师范大学农村问题研究中心"，研究领域得以扩展。1996年，中心在全国范围内选择了22个村庄进行全面、细致、系统的调查研究，并推出"村治书系"。1997年，中心常务副主任徐勇教授将中心的方法归纳为"实际、实证、实验"。1999年中心更名为华中师范大学中国农村问题研究中心，并于2000年被批准为教育部人文社会科学重点研究基地，成为国内研究农村问题的综合性研究机构，由徐勇教授担任主任。

  在长期实地调查中，徐勇教授认为当今中国农村有两大特点，一是千差万别，二是千变万化。那种通过一个村庄来推及所有村庄的静态调查已不适应。中心应该将农村调查变为一种可持续的动态过程。为此，2006年，徐勇教授提出了"百村观察"计划，并于当年启动。试调查计划由刘金海负责，中心人员参与，至2008年共调查了59个村庄。2009年，在华中师范大学社科处石挺处长的积极推动和学校大力支持下，"百村观察"项目正式大规模启动。由中心主任徐勇教授主持，邓大才教授负责项目实施，中心成员共同参与。经过科学抽样和对历史名村的选取，确定了258个村作为跟踪观察村，并于2009年7—8月全面展开调查。除了258个定点村以外，中心还将根据专题需要，选择若干村进行专项调研。

  "百村观察"项目的目标有三：

  1.政策目标。通过深入、扎实和持续的调查，为国家决策提供事实依据，努力成为国家解决三农问题的决策"智库"。

2. 学术目标。通过深入、扎实和持续的调查，为中国农村学术研究提供第一手资料，努力创建中国特色、中国风格、中国气派的中国农村研究，改变历史形成的"中国农村在中国，中国农村调查在日本；中国农村在中国，中国农村研究在美国"的学术格局。

3. 历史目标。通过深入、扎实和持续的调查，为中国农村的变迁积累历史资料，建立"中国农村博物馆"，记录和保存中国丰富灿烂的农业文明。

目　录

特别辑录

村庄调查报告

政治与社会

治理与发展

自治与民主

文化与教育

特别辑录

徐勇教授在 2010 年暑假百村观察
表彰与培训大会上的讲话

各位领导、老师、同学们:

今年"百村观察"的暑假调研应该说今天正式拉开帷幕。在这里首先要欢迎各位远道而来的老师和观察员,其中有从东北来的老师和观察员,最远。再就是感谢参加今天会议的社科处石处长、团委刘书记及所有参加会议的老师和观察员,同时还要感谢已经远在东北进行调查,但是今天不能参加会议的观察员。

一 "百村观察"回顾与成绩

大家知道,我们国家现在正在发生深刻的变革,特别是中国农村正在发生前所未有的变化,那么未来 30 年,中国将从农村转移出 3 亿人,这是一件划时代的大事,也就是说,农民每年以一个"超级的武汉市"的速度从农村转移出来。前几天我应邀到"珠三角"和"长三角"去做政策咨询,给当地干部讲课,刚刚回来。珠三角、长三角现在正在做一个什么事呢?这两个地方不再有农村了,也不再有"三农"了,完全城镇化了。大家知道"珠三角"和"长三角"是中国"两大粮仓"。这就说明中国农村正在发生迅速的变化。虽然这些地方不再有"三农",但是仍然有"三农"的底色、根基。那么这个事情促使我们要更快地去抓紧观察,否则若干年以后我们所观察的村子就可能消失了。显然,我们是这个伟大历史时刻的见证者。更重要的是农村城镇化并不意味着所有的农村都变为城镇,城镇化的一个重要目的是更好地建设新农村。所以我们两大任务,一个是农村城镇化,一个是建设新农村。那么在这个历程当中会产生很多新的矛盾,新的问题,新的情况需要我们去观察了解,所以我们在这个背景下启动了"百村观察"计划,这个计划是我们中心的一个重要的基础性项目，我们要进行为期十年、二十年、三十年及至更长时间的一个观察，记录中国农村正在发生的变化。

今天在这个会上，我想讲两个方面，一个是对百村观察作一个总体的回顾和展望。从去年我们大规模启动这个项目以来，成绩突出，但是今年的任务更重，条件更有利。去年我们大规模地开展了"百村观察"，20 多位老师带领 200 多名学生，行程 20 多万公里路，调查 200 多个村。成绩还是很不错，红军长征才两万五千里，我们的行程有 20 多万公里，当然我们不是走的，相对还是比较轻松，但是也不容易。

调查活动积累了资料、积累了经验、积累了人才。

调查回来的第一手资料非常丰富。我们过去讲没有第一手资料就无法做出第一手学问。由于资料是我们的原创的材料，所以我经常讲我们做学问的有两个飞跃，第一个飞跃就是从经典走向经验，我们在学校读书时读经典读大师，但是经典和大师毕竟是过去历史的一个总结概括提升，而我们实际生活正在不断地发生变化，这就是一位哲学大师讲的"理论是灰色的，生活之树长青"。去年以来开展调查积累了大量的资料，这就为我们今后做学问，为我们做论文提供了一个非常好的基础。最近大家可能看到学校现在对学位论文打假的力度越来越强，我们学校刚开完学位委员会，石处长也参加了，现在大概有好几十个人拿不到学位，就是他们的论文重复率太高，有的重复率甚至达到 80%。因为你们都看的是同一本书，接触的都是同一样的资料，难免就有一些"山寨版"。但我非常高兴的是，以"百村观察"为主题的参与者——政治学研究院没有一篇"是山寨的"，因为我们每一个村的情况都不一样，它具有独创性，是独家的资料，它不可能和别人重复。同时我们也积累了经验，即怎么样来开展这样一个大规模的调查。更重要的是积累了人才。因为这是一个不断持续的活动，需要一个年级一个年级，一代人一代人的努力。三个积累就有三个产出：产出了报告、产出了论文、产出了影响。去年我们中心有三个报告得到了总理、副总理的批示，其中有一个报告是直接来自于"百村观察"。这是不容易的。我们过去说总理是如何如何辛苦，百忙之中，文件如山，确实如此。我们的报告能放在总理办公桌上已经很不容易了，更不用说被总理亲自看、亲自批示报告了，这个是非常不容易的。

调查活动出了影响、出了品牌。我们今年上半年举办了一个新闻发布会，把我们"百村观察"的项目成果，向新闻界展示，有二三十家新闻媒体进行了报道，包括中央电视台。我们知道中央电视台的时间都是黄金时间，可能一秒钟就是上千万，但是他们对我们这个活动给予了专题报道，这个与我们在座的做这些事情有关系；第三个就是通过我们的调查，"百村观察"已经初步形成了品牌，刚才石处长说，全国规划办给了两个调查咨询基地的指标，一个是人民大学，一个是我们，农村就是我们华师，也就是说，做农调找华师，农村这一块的调查，华师就是主力部队，这就形成一个品牌了。

　　调查活动锻炼人才。我们所有的参与者通过这项活动都得到了锻炼。我去年说过，我们这个"百村观察"不仅使我们获得了新的知识，长了见识，长了才干，更重要的是提升了我们的思想境界。可能我们在学校读了那些风花月夜的小说，有点儿小资情调。当有那么一点儿小资情调的时候，就不那么想得开，偶尔还发生一点点跳楼事件。其实大可不必。主要是我们的思想都局限在这个小小的校园里面，特别是我们华师这个校园，像蜗居一样，它不能够在广阔的田野里使人的心胸开阔起来。所以可能有些同学为了一点点小事就想不开，你们的天空就巴掌大一块，你们的心胸就很难宽广起来，我们走出了校园，就拥抱了大地，我们胸怀就可以宽广起来，所以希望是在田野上。我们过去讲"三农"，现在说"四农"——农民工。大家可以去看看农民工。前几天端午节的时候，我和石处长去晋江，参观了两家生产线。我们的农民确实是伟大的创造者。在生产球衣和球鞋的企业里，过去二十多年前，其领导者还是一个什么都不知道的农民，但是现在竟然在纳斯达克上市了。二十多年时间，创造了中国奇迹。在那个生产线上，大家可以去感受一下。你们现在穿球鞋，穿得很高兴，但是你们看看制作球鞋是多艰难，假如我们去那里体验几天，不说几天，就体验几个小时，你们的幸福感就会油然而生。我们在校园里的一点儿委屈、困难，可以说不在话下。所以说我们走向田野，有利于我们提升思想境界。

　　正是因为有这三个提升，对我们大家终生受益，不说终生受益，眼前就受益了。现在正在面临毕业，有就业难的问题。但是有些用人单位听说某某学生参与了"百村观察"，他们就很高兴。因为我们现在的干部制度，正在发生一个根本性的转变。我们过去的干部就是"三门"：家门、校门、机关门，脱离实际，特别是脱离农村，所以他们来理政，难免就会陷入空谈，脱离实际。我们中国最大的实际，就是一个农民国家，你不了解农民，怎么能够了解中国。我们国家现在的领导人，如习近平、李克强同志，他们都是以做了村官为荣。他们曾经担任了大队党支部书记，大队干部之类的职务，都号称自己为村官，也正是在于他们对农村，对底层有深刻的了解。中国就是有这样一个特点，不下去就很难上来。所以我们参与了这样一个调查，对我们了解中国，了解农村，了解民众，大有好处，成绩突出。

二　"百村观察"的展望和要求

我们今年的任务更重了，去年是 220 多个村，我们的计划是在全国有258 个村，由于种种原因还没有全覆盖，主要是那些比较偏远的村还没去。但是我们今年要做到全覆盖，我们所选择的村都要去，特别是那些偏远的村庄，所以我们今年的任务就更重了。同时我们今年还有一些专题调查，比如说小水利，还有农村社区建设，家电下乡等国家一些惠农政策在农村的反映，这样我们今年的任务更艰巨。但是有利条件也更多了，由于我们做出了成绩，所以我们有更好的外部条件，今年我们要和民政部共同挂牌，每个村庄都要挂牌，叫做"全国农村社区建设和村民自治观察点"，这是一行字，然后就是"教育部人文社会科学重点研究基地观察点"，挂了牌之后，我们进村可能就更容易了，这使我们的外部支持更加有力。另外就是我们的观察员参与更踊跃，今年我们还没有进行广泛深入的动员，我们的报名人数就达到四百多名，在座的都是在这四百多名当中挑选出来的；第三个就是我们初步形成了持续运转的机制。这么大一支队伍，怎么样去开展调研，需要有一个保障机制。这个有利条件，比过去更充分。

那么接下来大家就要奔赴全国各地了，我在这里也提出几点希望，希望我们艰苦努力，团结奋斗，坚持不懈，科学调查。

我们"百村观察"是一项艰苦努力才能成功的事业，条件并不好，因为我们要到农村去，路费也不多，仅仅发了一点路费，而且是限于坐硬卧之下，路途遥远，遥远到西藏、新疆。更重要的是现在正处于一个天气变化无常的季节，包括东北都处在高温。虽说我们将面临种种困难，在这些困难面前，我觉得我们还要有一种精神。这两天大家都在看足球，别人称我是伪球迷，不太懂球但是喜欢看，我也悟出一些道理，我是功夫在球外。因为大家知道中国队走向世界，现在比较遗憾的是没有中国队。为什么中国队进不了世界杯呢？前二十年它可以找理由，因为前二十年中国人是"吃草的动物"。饭都没得吃还打什么世界杯。但二十年后条件大有改观，现在我们不是吃草了吃的是牛肉，喝的是牛奶，还经常吃着牛肝，但是就是没有牛气，这个牛气就是精神。昨天朝鲜队输得很惨，可是它最开始那还是不错的，巴西队都只能打进去一个球，了不起啊。我们不要仅仅只看它一个球，我们要看人家待遇是多低，朝鲜队球员的一个月工资收入是多少呢？比你们的奖学金都低得多，比我们现在中国队的球员差上百倍几千倍，但是人家那种精神还是值得钦佩的。所以我们要有精神去把这个事情做好。

　　第二个就是团结奋斗。因为我们这个项目是个平台，共同参与共同享受，所以我们在这个平台当中大家参与这项工作有三个优先，一个是比较优秀的学生优先去读我们的研究生包括硕士生博士生；优先使用这个资料，今后我们可能把这些资料整理好了以后，我们会记录到数据库，大家共同分享。三是项目成员可以优先参与我们中心的各项活动，因此我们是共同参与共同享受这个平台。但是这也有个次序，也就是我们共同参与而不是想着共同享受，因为只有参与才可能有产出，有了产出才可能有享受。这么大的一个项目需要几百人的共同合作，我们要做到个人利益和团队利益的有机对接，但是不一定做得到无缝对接。哪些是个人利益，哪些是团队利益恐怕很难分得那么清楚。在这么一个情况下，为了使我们的这个项目能够进行下去，我们当然要以团队整体利益为重，为了这个团队整体利益我们可能还要适当做点儿牺牲，只有做了一点牺牲以后我们今后才可能分享项目带给我们的喜悦和成果。大家可能会注意到一场世界杯下来，你们可能只记得两个队，哪两个队呢？一个是冠军队，夺冠的队肯定会记得，第二个队就是法国队。法国队是多牛的一个队啊，现在法国队出小组线都困难，原因就在于内讧。我们过去讲中国人窝里斗，只在窝里却走不出去，现在法国人也喜欢窝里斗。喀麦隆队个人素质都很好，但是只忙活个人，不照顾前后左右，因此第一个打道回府，所以我们说团结为重。大家下去以后原先商定的是最好两人一组，不要个体户单干户，两个人一组互相有个照应，大家互帮互助。

　　第三个就是坚持不懈。我们这个"百村观察"是十年、二十年、三十年以至更长时间，是一个无限期的，而我们的价值就在于此。现在做调查的多着了，今后我们的价值在什么地方呢？就在一个持续不断，时间越久，过程越长，价值就越大。在我们世界的球赛太多了，乒乓球、羽毛球、排球、篮球，为什么都没有足球那么受人关注呢？道理很简单，进球太难。很多人不愿意看，就是因为你看半天一个球都没进，最后零比零，足球的魅力恰恰就在于这个过程。我们现在大家都有点儿不耐烦，有五分钟没进球"啪"换掉，它不像我们中国人喜欢打乒乓球，乒乓球三拍两拍就完了，一秒钟解决问题，秒杀。所以我们这个价值就在于它的持续性。我们要坚持不懈，着眼于长远。大家今年参加了，可能我们今后还要参加，持续不断。

最后一个是科学方法，我们做调查要有科学性。毛主席说过一句名言"没有调查就没有发言权"，这是大家记得比较牢的，但是接下来的一句话大家记得不是那么深，叫做"没有正确的调查也没有发言权"。因为我们现在很多调查带有打假球的味道。三年灾害大家知道非正常死亡三千万人，什么原因呢？就是来自于 1959 年一次大规模的调查。那次调查正是批判彭德怀之后，大气候是"反右"。要"反右"就要鼓劲。结果是带着自己的有色眼镜去下面做调查的，找有利的材料。本来这个时候粮食问题极其严重了，结果我们的调查员谎报。安徽、河南问题特别突出就在于这个谎报军情。我们现在仍然要注意。我们经常说"两个担忧"：第一个担忧是中南海的政策出不了中南海，也就很难进村入户。我们现在各种惠农政策是不是真的惠了农呢？很难说。第二个是中南海听不到老百姓的真实声音，特别是听不到农民百姓的声音。领导者就无法做出科学的决策，有利于农村的决策。我们的调查一定要注意科学方法。我们为什么这次要开培训会，主要的目的就是给大家一个科学的方法。这就是我们召开这次培训会重要的原因。

最后要祝大家一路顺利，安全健康，白天调查晚上看球，谢谢！

（2010 级政府经济学 甄威整理。经本人审阅）

村庄调查报告

天津市静海县双塘镇西双塘村调查报告

——从旧村土改到整合式社区建设^①

中国共产党建党 90 年，新中国成立 60 余年，改革开放 30 余年，中国的农村发生了怎样的变化，社会主义新农村建设策略究竟在用何种方式推进着农村社会的变迁，农村社区建设的核心运作方式是什么？诸如土地是分户承包经营，还是流转集体经营；管理是旧有精英管治结构，还是居民参与治理格局？等等。为回答这些问题，并从大历史的角度去跟踪这些变化，近年来，在著名"三农"研究学者徐勇教授的策划下，华中师范大学中国农村问题研究中心联合国家民政部基层政权和社区建设司开展了"百村观察"活动，分派 400 余名师生利用假期对全国 31 个省（市、自治州）的 258 个村庄进行实地调研，设想对这些村庄进行为期 10 年、20 年、30 年甚至更长时间的参与观察。笔者有幸融入其中，并于 2010 年 7 月对京津大都市的农村作了实地调查，个中的巧合是所到村庄均采用了大规模合作化和集体化的经营方式，其中，天津市静海县双塘镇西双塘村在 20 世纪 90 年代初就开始了全村合作化和集体化的经营模式，走上了笔者称之为"整合式社区建设"的道路，其在新中国成立后从旧村土地改革至今的变迁历程，笔者认为其在形式上"回到集体化"，但在内容上"超越合作化"。

一　西双塘村概况及新中国成立后村庄禀赋和社区结构的变迁

西双塘村是天津市静海县的一个行政村，地处南运河西畔，位于静海

① 作者：张大维，社会学博士后，华中师范大学社会发展与社会政策研究中心专职研究人员，华中师范大学中国农村问题研究中心和城市社区建设研究中心兼职研究人员，华中师范大学社会学院教师。本文的写作得到了华中师范大学中国农村问题研究中心"百村观察"项目和国家社科基金青年项目"城乡统筹进程中的社区公共服务体系一体化建设研究"（09CZZ025）的资助。

县城南 6 公里，距天津中心市区 45 公里，距北京 130 公里，距天津机场 60 公里，距天津港 70 公里。在村域布局上，其东临东双塘村，北靠莫院村，西接梁头镇邓家庄村，南连陈官屯镇谭村。该村紧邻京沪铁路、京沪高速、京福公路、京杭大运河、104 国道，所以交通便捷，由此不经中转，便可北通京都，南达江浙。古时这里是运河码头，南来北往异常繁荣。当时有句顺口溜："上有天堂，下有苏杭，除了北京，就数双塘。"西双塘村地处渤海之滨，为退海成陆和河流冲积而成的平原。地势低洼，平均海拔在 3—4 米之间，土壤盐碱，为褐色黏土。该村属温带半湿润季风气候，四季分明，光照条件充足，全年平均气温 12.4 度，降水量 570 毫米左右，无霜天 214 天左右，日照 2700 小时左右。新中国成立以来，西双塘村发生了巨大改变，改革开放尤其是 1992 年实行新的大集体化经营方式以来，该村更是发生了翻天覆地的变化，从昔日全县闻名的"一穷二乱"后进村，一跃获得天津市"明星小康村"、"重大先进典型村"、"农村红旗党支部标兵"，以及全国"先进基层党组织"、"文明村"、"模范村委会"、"社会主义精神文明建设先进村"、"计划生育先进单位"、"绿化造林千佳村"、"文化典范村"、"民俗文化村"、"十佳造林文化村"、"涉外旅游村"、"美德在家示范村"等 20 余项市级和国家级荣誉。① 总体来看，新中国成立以后，西双塘村的村庄禀赋和社区结构发生的重大变迁体现在以下方面：

第一，在人口结构上，1949 年时，全村 780 人；到 1982 年全国第二次人口普查时，全村增加到 256 户，1018 人；1990 年全国第四次人口普查时，全村稍有所增长，为 264 户，1021 人；至 1999 年底，全村增至 326 户，1111 人。其中，男性有 538 人，占 48.4%，女性 559 人，占 51.6%，男少女多，比例为 1∶1.2。截至 2009 年底，全村增至 400 户，1121 人（不含外来流动，非农业人口；流动人口 680 人，常住人口 1465 人），其中，男性 555 人，占 49.5%，女性 566 人，占 50.5%，男女基本持平。其中，男性 16 岁以下的有 122 人，16 岁至 60 岁 345 人，60 岁的有以上的有 88 人；女性 15 岁以下的有 90 人，16 岁至 55 岁的有 351 人，55 岁以上的有 125 人。如今该村处于劳动年龄的男女比例也相当。

第二，在职业结构上，新中国成立以后直至改革开放以前，村民主要

---

① 张伟等：《文明　富裕　和谐　西双塘的领路人——2006 年度"五一"劳动奖章获得者、天津市静海县西双塘村党总支书记 陈立新》，《天津工人报》2007 年 11 月 9 日（第 4 版）。

以农为业，职业自然是务农为主，这除与经济政治体制相关，也与村民文化水平相关，这一时期的文盲较多。改革开放后尤其是进入90年代以后，村民的文化素质逐渐提高，1999年统计显示，该村有中专2人，占0.18%，高中43人，占3.9%，初中368人。1999年全村586位在业人口的职业结构是：务农的有56人，占9.5%；务工的有506人，占86.3%；务商的有8人，占0.7%；医务1人，占0.2%；其他15人，占2.6%。可以发现，1999年时，该村已经从新中国成立初期的务农为主的村变为了务工为主的村，将近90%的村民都在村里务工，而到了今天，接近100%的村民都在务工，而且基本在本村集体企业或引进企业中务工。

第三，在土地结构上，改革开放以前该村实行的合作社和人民公社集体耕种土地，土地归集体支配。1983年开始以人均5.8亩的标准分田到户，土地在使用类型上主要以种植业和养殖业为主。1999年底，土地总面积10000余亩，可耕地6714亩；2009年底，土地总面积10800亩，可耕地6000多亩，土地总面积和可耕地与1999年相比，基本没有变化。2009年的土地结构中，村庄占800亩，工业占400亩，塔陵700亩，东五台寺120亩，招牌挂开发320亩，小产权开发180亩，湖面800亩，杨树1000亩（加地、河堤、沟棱、村树，共计27万株），老年城3800亩（湖面800亩，开发4600亩），农业生态园2000亩（于2009年11月1日移交），其他500亩，土地使用已经多元化了。

第四，在房屋结构上，解放以前，全村90%以上是土坯房，新中国成立以后，少部分户盖起了砖瓦房。改革开放以来，村里的砖瓦房逐渐增多，但直至90年代，全村都是村民自建房，从1994年开始，村集体为全体村民免费兴建二层别墅楼，至2009年底，全村共计398栋（含分家后没分户口）村民楼，每户占地400平方米，建筑面积平均240平方米，人均60多平方米。另外，村集体还有部分向外销售的楼房，其中，广场西有60栋，每栋建筑面积212平方米，每栋以20万—30万元的价格销售。荷花塘区有80栋，每栋建筑面积240平方米，每栋以30万—40万元价格销售。中学东侧有10栋，每栋建筑面积210平方米，每栋以40万元左右销售。合院有6栋，每栋建筑面积不等，每栋以150万元左右销售。2010年下半年，西双塘村实现了由村集体为村庄内居民楼统一免费供暖。

第五，在族姓结构上，新中国成立初，该村主要是李、刘、魏、马、何、庞、梅等姓氏占据主要成分，改革开放和实行计划生育后，该村姓氏结构稍有变化，截至 1999 年底，全村共有 30 多个姓氏，人数从多到少依次为：梅姓，135 人；马姓，129 人；杨姓，97 人；王姓，84 人；何姓，69 人；庞姓，69 人；李姓，64 人；刘姓，63 人；郑姓，52 人；岳姓，42 人；张姓，41 人；郭姓，37 人；窦姓，37 人；寇姓，25 人；孙姓，20 人；陈姓，19 人；贾姓，19 人；付姓，17 人；尚姓，14 人；赵姓，14 人；史姓，11 人；邵姓，11 人；郝姓，9 人；邓姓，9 人；卢姓，6 人；董姓、权姓、单姓，各 4 人；另有朱姓、温姓，各 3 人。[①] 至今，这些姓氏在人数构成上变化不大。另外，在民族构成上，改革以来，该村主要包括汉族、回族、朝鲜族、满族 4 个民族，汉族最多，满族最少。

第六，在农具结构上，在继替步犁、耙、锄、镰、锨、划拉子等传统耕作工具和水斗子、水车等传统提水工具后，从 60 年代开始使用了一些农业机械。1962 年，该村开始使用涡驼机，随后柴油机、拖拉机、播种机等机械先后进入西双塘村。1975 年，该村先后购置各种规格的农机具 48 台，其中拖拉机 22 台。之后，该村使用的农机具基本没有改良，也基本没有置新。在 1990 年陈立新当选新的村支书以后，该村在引进新型农机具上逐渐发生变化，1992 年至 1997 年购进了 6 台天拖 55 型拖拉机，1996 年购进了 1 台天拖 60 型拖拉机，期间还购买了各类型号的洛阳拖拉机 8 台，并于 1991 年和 1993 年购进了大型佳木斯 1675 型联合收割机 2 台，1997 年购进 2 台新疆 2 型联合收割机和 4 台播种机，1998 年，从奥地利进口 2 台价值 240 万元的高压自动喷灌机。新中国成立以来，尤其是改革以来，西双塘村在农村生产经营体制的变动中，不仅农机具等劳动工具在不断更新，与之相适应，其科学种植方式也发生了很大变化。1964 年，该村成立了科技组，由付振华等 4 人组成，当时的主要任务是，为村民传播果树剪枝和优种培育技术。1970 年，科技组改为科技队，人员发展到 22 人，除了植树造林外，还搞杂交水稻的制种生产。1983 年农村体制改革以后，科技队改为林果队，1988 年成为农业公司的三支队伍之一。2000 年以来，大棚技术等逐步引进，如今已经走上了科技含量极高的生态农业发展道路。

第七，在体制结构上，新中国成立以来西双塘村发生了几轮变化。从经济体制上看，新中国成立初期开始实行农业合作化道路，之后又逐步建立了人民公社制度，直至改革开放后的 1983 年左右，该村开始探索家庭联产承包

---

① 　西双塘村志编撰委员会：《西双塘村志》，1999 年 12 月 31 日，第 23 页。

经营责任制，实行一家一户经营，但到了 1992 年左右，该村为了改变经济落后、生活质量低下的贫穷状况，开始在村的荒地上试点集体耕种，收入大增。在新的党支部推动和试点集体化的基础上，应村民的强烈要求，该村大胆创新，在保持经济体制不变的情况下，于 1993 年将生产经营方式变回到了旧有的合作化和集体化形式，即在保证村民土地承包权的基础上，实行土地经营权流转到村集体，由村集体实行综合使用和集体经营。从政治体制上看，新中国成立后经历了合作社、人民公社、革委会等变化，1983 年废除了政社合一的人民公社制度，实行了村委会管理制度，1990 年成立了具有标志性意义的新的村党支部，其书记任职至今，1994 年将村党支部扩建为党总支。为加强行政管理，提高运营效率，该村在 1994 年也将之前的农工商合作社升级为华隆集团公司，实行了公司化管理与社区化管理相结合的方式。

第八，在组织结构上，由于管理体制和经济体制的变革，西双塘村的组织结构也发生了较大变化，尤其是 1990 年后，其组织结构日益趋于完善。新中国成立以后，经历了短暂的初级社、高级社后，又于 1958 年成立了政社合一的人民公社，大队和小队成为当时的基层组织。在"文革"时期，又成立了革委会。改革开放后恢复到村委会进行组织管理，经 1990 年后的调整改革，逐渐完善了党支部、村委会、村民代表会议等社区组织，在启动新农村建设和社区建设后，该村的社区组织更加合理健全，形成了社区法定组织、行政组织、经济组织、社会团体和草根组织等网状的社区组织体系。与社区组织结构的变化相适应，该村还建立了社区服务中心，内设计生服务站、社保服务站等服务组织或设施（见表 1）。

第九，在产业结构上，从单一种植业发展到了三大产业共进。在种植业方面，西双塘村传统上以种植冬小麦、玉米和高粱为主，种植品种极少，单一种植大田作物。近年来，大力发展了林果业，种植苹果、葡萄、红枣，年产果实 10 万多斤，2009 年开始还建立了冬枣基地和农业生态园。在养殖业方面，西双塘历史上只是一家一户的家禽家畜零散饲养，60 年代以后，生产队建有养猪场，在改革开放后，经历了 1983 年至 1992 年短暂的十年家庭分户饲养后，又回到了集体饲养。1988 年，该村成立了农工商联合公司（后改为华隆集团公司），大规模地兴建养猪场、养鸡场、养鸭场、养鱼场和养鹿场，实现了农、林、牧、渔全面发展。在工业方面，长期以来一直是西双塘村的空白，1964 年以后，政府号召生产自救，该村先后办起了装色厂和小烘炉等零散的小作坊，不成气候，时间很短就解体了。1986 年 3

月，陈立新自己兴建织物厂，有职工 200 多人。1990 年他将该厂转交村集
体，从那时起，该村工业企业以滚雪球形式，迅速发展，1994 年组建了国
家级的企业集团——天津华隆集团公司，到 1998 年全村有工业企业 16 个
（之后通过企业改制，至今保留了 6 个分公司）。此时，本村在该集团的从
业人员有 638 人，占全村总人口的 62%，外来打工人员 1236 人，外聘技术
人员 298 人，工程师 18 人；工业总产值 5.12 亿元，是 1990 年 97 万元的
525 倍，一跃跨入全国乡镇企业最大经营规模、最佳经济效益、最高利税总
额 1000 家行列。在商业方面，历史上，全村仅有一家私人经营的小卖部，
60 年代初，建立了东双塘供销社西双塘代销点（当时该村属东双塘乡）。
1988 年，兴塘织物厂建内部食堂兼对外经营。1997 年建成综合服务大楼，
经营百货、副食、酒楼、宾馆等。1999 年建早点部兼营正餐。2009 年，又
开始兴建商贸、民俗、旅游仿古一条街。在服务业方面，也是从无到有，
2010 年更是开始动工建设全国最大老年城，包括养老、住宿、餐饮、会务
等多个服务项目。如今该村的产业构成，除了农业外，还增添了工业和服
务业，2010 年三大产业的比重为 11%：48%：41%，并力争在 2015 年调整为
10%：40%：50%，产业结构已经多元化且日趋合理。

表 1　　　　　　　　　西双塘村社区组织结构变化情况①

1990 年以前	1990 年以后				
	法定组织	行政组织	经济组织	社会团体	草根组织
合作社、人民公社；大队、小队；党支部、村委会、村小组；农工商联合会（农业公司和工业公司，农业公司下设农业、农机和林果队）	小党委：党总支（农业支部、企业支部、村直支部、老党员支部、旅游区支部）小人大：村民会议（村民代表会议）小政府：村委会小政协：村议会（顾问组）小纪委：老监会	办公室、基建电管处、资产审计处、财务处、工程处	农业合作社、农机合作社。华隆集团公司，下设 6 个分公司：双星特种线缆有限公司、海马橡胶制品有限公司、圣源毛革有限公司、凯瑞通运输设备有限公司、亿鑫钢管有限公司、昊晟通金属制品有限公司	工会、妇联、共青团、老年协会、残疾人协会、计生协会、红白理事会、治保会	河北梆子剧团、歌舞团、威风鼓队、秧歌队和腰鼓队等

①　西双塘村组织结构的变迁来自于笔者的调研发现，回顾 60 年的历史定有不全之处。文中对
其社区正式组织的概括源于笔者之前长期在城市社区调研中的积累和灵感，即将社区五大组织概括
为社区"小党委、小人大、小政府、小政协、小纪委"，其组织架构实际也是"政治模仿"的方式。

　　第十，在收入结构上，由于经营体制的几经变革，西双塘村的粮食产量和经济收入发生了巨大变化。在西双塘农业生产史上，洪、涝、旱、碱等多种自然灾害交替为患，加上农业生产手段落后，长期以来产量低下，村民生活得不到温饱。据有关资料统计，1949 年新中国成立初期，该村粮食总产量仅 20 万斤，平均每亩耕地产量 45 公斤。改革开放以后，西双塘村也开始探索了家庭联产承包经营责任制，此时的农村经济虽有增长，但比较缓慢。1990 年，西双塘村举行换届选举，成立了新的党支部，"两委"一班人带着全村人民掀起了兴修水利、改土治碱的高潮，经过近十年的艰苦奋斗，基本实现了农业生产机械化、水利化、科学化种植，形成了相互配套、集体经营、连片成方、稳定高产的现代化农业生产格局，经济得到了迅速发展，村庄发生了翻天覆地的变化，村民收入水平和生活水平显著提高（见表 2）。

表 2　　　　　　　　　　西双塘村集体和村民收入变化情况

年份	人均纯收入	村集体利润
1949	未核算，亩产 45 公斤	未核算，粮食总产量 20 万斤
1958	58 元	92 万元
1978	79 元	137 万元
1988	538 元	310 万元
1990	600 元	350 万元左右
1998	6500 元左右	1750 万元
2005	13756 元	2112 万元
2008	16700 元	2300 万元
2009	25000 元	3600 万元

　　1998 年，连续第三个大旱之年，该村粮食总产量达 450 万公斤，亩产 450 公斤，分别比 1949 年增长 220 倍，比 1990 年增长 15 倍，一年产的粮食足够全村吃 20 年。当年，全村经济总收入 7.2 亿元，比 1958 年、1978 年和 1988 年，分别增长了 782 倍、527 倍和 232 倍。到了 2009 年，全村年纯利润达到了 3600 万元，比改革开放前增

长了数百倍，比 1990 年前增长了 36 倍。同时，2008 年至 2010 年的地区生产总值年均递增 15.2%。在村民人均收入方面，1998 年村民年人均收入 6999.7 元，比 1958 年、1978 年和 1988 年，分别增长了 120 倍、89 倍和 13 倍。而到了 2009 年，村民年人均收入更是增加到了 25000 元。

二　旧农村土地改革、回到集体化方式与整合式社区建设

新中国成立至今，西双塘村的村庄禀赋和社区结构的巨大变迁，是基于一系列重大变革而逐渐形成的，在这其中有三个重要概念及其引导的具体实践不得不提：旧农村土地改革、回到集体化方式、整合式社区建设。

（一）破旧政治：土改获得地权与用好地价

破旧政治，是指破除旧有的政治体系。从权力和资源配置的意义上讲，中国的土地改革过程实际也是废除封建残余制度和破除旧政治的过程。我国历史上进行了四次较大型的土地改革，新中国成立前两次，新中国成立后两次。第一次是抗日战争时期，1941 年，中国共产党决定实行地主减租减息，农民交租交息的土地政策；第二次是人民解放战争时期，1947 年，中国共产党召开全国土地会议，决定在解放区进行土地改革，制定了《中国土地法大纲》，规定没收地主土地，废除封建剥削的土地制度，实行耕者有其田的土地制度，按农村人口平均分配土地；第三次是新中国成立初期，1950 年，中央人民政府颁布了《中华人民共和国土地改革法》，废除封建土地所有制，实行农民阶级土地所有制。1952 年底，全国土改基本完成，3 亿多无地或少地的农民分到了土地，在政治经济上翻身做了主人。1953 年开始的农业合作化道路和 1958 年开始的人民公社制度则规约了土地使用的具体方式。第四次是改革开放后，各地逐渐实行的家庭联产承包经营责任制，它改变了之前的土地使用方式，实现了分田到户，极大地提高了农民生产积极性。如果说，前三次土地改革解决了农民有没有土地的问题，第四次土地改革则是解决了农民如何用土地的问题，是从获得土地使用权到用好土地价值（集体耕种与家庭耕种哪个更能发挥土地的价值）的过程，是适合中国国情的必须长期坚持的农村基本经营制度。

（二）接点经济：回到集体化与嵌入市场化

接点，一般指开关、插销、电键和继电器等电器中使电路或通或断的开合点，日常生活中也将其用作指前后两个阶段、上下两个层次、左右两个部分的连接处、衔接点。此处的接点经济，则是指从建国后农村经济体系过渡到新时期农村经济体系的经济机制和经营方式；笔者认为，大集体化和新合作化的经济机制和经营方式是跨越旧有农村政治经济步入新型社区政治经济的有效方式，是连接二者的有力"接点"。①坚持家庭联产承包经营责任制，并不是要坚持一家一户分散经营的方式，也不是否认合作化的经营模式和集体化的管理体制。正如党的十七大报告指出的："坚持农村基本经营制度，稳定和完善土地承包关系，按照依法自愿有偿原则，健全土地承包经营权流转市场，有条件的地方可以发展多种形式的适度规模经营。探索集体经济有效实现形式，发展农民专业合作组织，支持农业产业化经营和龙头企业发展。"党的十七届三中全会也指出："按照依法自愿有偿原则，允许农民以转包、出租、互换、转让、股份合作等形式流转土地承包经营权，发展多种形式的适度规模经营。统一经营要向发展农户联合与合作，形成多元化、多层次、多形式经营服务体系的方向转变，发展集体经济、增强集体组织服务功能，培育农民新型合作组织，发展各种农业社会化服务组织。"也就说，在保证家庭土地承包关系和坚持农村基本经营制度的同时，采用合作化或集体化的土地经营方式和管理模式是合乎政策规章和法律法规的，问题是能否大胆探索和接纳实践以"大集体化、新合作化的经济机制和嵌入性市场化的经营方式"为主要特征的"接点经济"，在以一家一户的家庭联产承包经营为主体经营方式的大背景下迈出这一步实在富有挑战性。

---

① 徐勇：《接点政治：农村群体性事件的县域分析——一个分析框架及以若干个案为例》，《华中师范大学学报》2009年第6期，第2—7页。徐勇教授在该文中，提出了接点政治概念及其分析框架。他认为，在社会结构性变革的当今，政治体系各部分的"政治应力"更为不平衡，社会矛盾及其集中反映的群体性事件很容易在那些"政治应力"最为脆弱的"接点"部位发生。本文借鉴接点政治的概念提出接点经济的概念，拟阐明大集体化和新合作化的经济管理方式是跨越旧有农村政治步入新型农村社区的有效方式，是连接二者的"接点"。

（三）立新社会：整合式社区建设与新农村

所谓整合式社区建设，用该村党总支书记陈立新的话讲，就是："整体行政管理实行集体化，企业经营实行市场化，在此基础上全面开展党的建设、民主建设、经济建设、文化建设、民生建设的新农村社区建设过程。"① 笔者认为，整合式社区建设，是指的这样一种新农村社区建设，即在管理体制上是集体化形式，保留居民土地承包权，将土地流转到村集体统一进行经营；在生产经营上走市场化道路，引进村外资金和企业制度，走生态农业、观光农业和现代农业之路；是集体化与市场化、现代化与社会化相互渗透、彼此整合的社区建设；是采用新型合作化、新型集体化并嵌入特色市场化的新农村社区建设过程。社会整合，是美国社会学家帕森斯提出并将其纳入到结构功能主义理论构架中的一个重要概念。他认为，社会整合是社会体系内各部门的和谐关系，使体系达到均衡状态，避免变迁；是社会体系内已有成分的维持，以对抗外来的压力。他也指出，一个社会要达到整合的目的，必须具备两个不可或缺的条件：一是有足够的社会成员作为社会行动者受到适当的鼓励并按其角色体系而行动；二是使社会行动控制在基本秩序的维持之内，避免对社会成员作过分的要求，以免形成离异或冲突的文化模式。② 社区整合，是微观层面上的社会整合，指社区各个部分和各个要素之间相互适应与调节，达到一种相互合作与依赖的过程和状态，它是社区持续发展的动力源泉。③ 整合式社区建设，则是对社会整合和社区整合方式的综合运用，同时注入了"整体性"和"全面性"的个性理念，即新农村社区建设不是某一方面或某一局部的社区整合，而是关注社区政治建设、社区经济建设、社区文化建设、社区社会建设和社区党的建设"五位一体"的建设体系，需要建立一个新型的农村社会，以达到党的十七大报告要求的："把城乡社区建设成为管理有序、服务完善、文明祥和的社会生活共同体。"

---

① 2010 年 7 月 15 日，笔者与陈立新书记座谈，陈书记谈了这一想法，访谈内容未经本人审定。

② 参见约翰逊《社会学理论》，南开大学社会学系译，国际文化出版公司 1988 年版。该定义出自帕森斯《社会体系和行动理论的演进》，1977 年版。

③ 蔡禾：《社区概论》，高等教育出版社 2005 年版，第 33 页。

三　继替实践：多样性的地权制度和经营方式的转换

继替一词用于社区研究源于社会学大师麦肯齐，我国社会学家费孝通先生也曾在《生育制度》中专门用一章阐释了社会继替的过程。[①] 美国社会学家帕克曾借用了动植物生态学用以动植物世界生态变化过程的竞争、选择、迁移、支配等概念原理，提出了人类生态学分析框架，用以分析人类社区的变化过程。另一位社区研究的学者麦肯齐则接受了帕克的概念，同时补充了集中、离散、侵入、继替等社区过程。他所指的继替是侵入过程的结果，即成功地排除了原有机构或人口群体，使人口群体或土地用途完全改变。如，美国城市中黑人社区被白人取而代之，城市中居住区被商业部门取而代之等都是侵入和继替的表现。[②] 事物的发展和社会的变迁往往是否定之否定的过程，是在曲折迂回的道路上不断实践着的，就如我国农村土地制度的多次改革和生产经营方式的多次变革一样，变异中又有继承，从这个意义上讲，天津市西双塘村的改革是一种继替实践，是多样性地权制度和生产经营方式的转变过程。

（一）村社土地所有制：曲折的六十年

从新中国成立初期进行的土地改革，到党的十一届三中全会后开始探索的家庭联产承包责任制，再到党的十五届三中全会提出的允许"土地使用权的合理流转，少数确实具备条件的地方，可以在提高农业集约化程度和群众自愿的基础上，发展多种形式的土地适度规模经营"，直至党的十七大提出"坚持农村基本经营制度，稳定和完善土地承包关系，有条件的地方可以发展多种形式的适度规模经营，探索集体经济有效实现形式"，实际上，我国乡土社会围绕基本生活资料——土地展开了从无所有权到有所有权，再到如何用好所有权的长期探索历程，但其核心是解决了土地的所有权问题。西双塘村的变迁也体现了这一曲折过程，在实行家庭联产承包责任制之前，其大致经历了如下三个阶段：

第一个阶段：封建土地制度时期。新中国成立前，该村土地均系以户

---

① 费孝通：《乡土中国　生育制度》，北京大学出版社 1998 年版，第 223—233 页。

② Mckenzie, R. D. *The Metropolitan Community*. Russell & Russell, 1968. pp. 50—60.

为单位的私有制。西双塘是佃户村，大部分农户靠租种地主、富农的土地维持生活。当时的租佃形式是：好地四六分，次地三七分。新中国成立前夕，西双塘有 3 户地主，占有土地 700 亩，还有 2 户富农，占有土地 300 亩。1950 年，根据上级指示，对地主、富农搞了一次初分（名为"四十天运动"），废除了地主、富农的土地出租权。1951 年 10 月，西双塘实行土地革命，至 1952 年 2 月结束。为了解决"土改"不彻底的问题，进一步巩固、发展互助合作运动，1954 年 10 月，该村又进行了一次"细线条"的土改运动，即"土地补课"。

第二个阶段，互助合作制度时期。"土改"结束后，驻西双塘村的工作组积极向翻身的农民宣传党的政策，鼓励农民走互助合作的道路。1954 年春，该村建起了第一个季节性互助组。到 1955 年，全村共组建了 10 个季节性互助组。入组的农户达 85% 以上。随着互助合作运动的发展，农民生产积极性空前高涨，思想觉悟也得到提高。1956 年，西双塘村以自愿入社的形式建起西双塘集体初级农业合作社（简称初级社），入社村民的土地归农业合作社统一支配，劳力出勤记工，年终统一核算，所得产品除提取一定比例的集体积累外，按劳力的数量与劳动效率的高低占五成，入社土地的优劣及数量占五成的标准分配。入社的农户和人口都超过全村农户和人口的 50%。由于农业生产合作社是中国历史上的新生事物，因此在发展中也出现了一些问题。1955 年 4 月，静海县委对全县初级社进行整顿，使西双塘农业生产合作社得到巩固。根据静海县委的指示，1956 年下半年，西双塘村又建立了高级农业生产合作社，简称高级社。

第三阶段，人民公社制度时期。1958 年，静海县委根据中央"关于在农村建立人民公社问题的决议"和省委"关于建立人民公社的指示"精神，于 8 月 29 日召开全委会议，决定将全县 402 个农业生产合作社合并为 8 个人民公社，撤销原来的乡村建制。在短短几天内，西双塘村便并入了红旗公社。人民公社实行政社合一，搞一大二公，刮共产风。实行公社统一分配，穷富拉平，对生产资料无偿调用。仅 1958 年，就平调了西双塘 3000 亩地的粮食和部分生产、生活用具。1960 年 12 月，静海县委召开整风、整社大会，纠正了工作中的共产风、浮夸风、生产瞎指挥、强迫命令的作风和干部特殊化的作风（简称"五风"）。在以后的十几年中，先后经历了"农业学大寨"、"以阶级斗争为纲"、

"文化大革命"、"批林批孔"等运动，该村所在红旗公社的经济一直处于较低水平，队员社民生产生活水平改善很有限，但公社集体还是拥有对土地的所有权。

（二）家庭土地承包制：坚定的三十年

从改革开放后开始探索家庭联产承包经营责任制的具体形式开始，到如今的大集体化实践，是西双塘村坚定保留家庭土地承包制的三十年。1978年，党的十一届三中全会以后，实行各种形式的包干制，提高了社员劳动积极性和责任感。1980年12月，静海县委召开农村工作会议，推广"大庄子"等村实行包公到组的经验，随后，西双塘大队所属的四个生产队也都实行了联产计酬。1983年，随着人民公社的行政职能由向人民政府取代，西双塘生产大队亦由村民委员会所代替，其村社主要干部也进行了相应调整（见表3）。此时，西双塘村开始实行家庭联产承包责任

表3　　　　　　　　西双塘村历任村主任（大队长、村长）、
（副主任副大队长、副村长）情况

任职时间	正职		副职	
新中国成立—1949	梅国政	男		
1949—1950	庞丙汉	男		
1950—1952	张学增	男		
1952—1961	陈富荣	男	马进德	男
1961—1963	岳洪江	男		
1963—1964	陈富荣	男		
1964—1969	岳洪江	男		
1969—1975	陈富荣	男		
1975—1977	岳洪江	男		
1977—1981	何瑞强	男		
1981—1985	何瑞强	男		
1985—1986	郑长路	男		
1986—1990	马庆龙	男	杨家生、梅洪增	男
1990—2010	陈立新	男	马庆龙	男

制，将全村耕地以人均 5.8 亩为标准分到各户耕种，部分牲畜、大车、大型农机具等为集体所有。大队成立农业服务队统一负责种植计划和作物布局，统一培育和调剂优良品种，统一排灌，统一进行植物保护、防止虫害。经过几年的酝酿，1988 年 3 月，西双塘破天荒的将公司化运作方式引入了农业生产经营，成立了农工商联合公司，下设农业公司和工业公司，农业公司下设农业队、农机队和林果队，实行专业分工，团体作业。1994 年 3 月，西双塘农工商联合公司经国家农业部批准，组建国家级企业集团——天津华隆集团公司，下设六个分公司：强农农业公司、庆华工业公司、华隆工业公司、富兴工业公司、兴塘工业公司和商贸公司。虽然工业见长，但其家庭土地承包制并未改变。

（三）集体统一经营制：创生的二十年

90 年代初开始，西双塘村探索的保留家庭土地承包关系不变，实行土地流转到集体统一经营和使用的时期，是西双塘村全面创生的二十年。访谈中，个头 1.4 米左右的肢体残疾人士陈立新书记告知，1982 年下半年和 1983 年开始实行的分田到户虽然是一大进步，但并没有使西双塘村走上富裕的道路。1990 年，当陈立新被选为新一届党支部书记以后，他开始了一些新的探索。1992 年，在他的提议下，涉足土地经营权流转到集体统一耕种的改革。起初是"1991 年将村里 1000 亩村民不种的荒地进行改造，改造后通过科学的种植和管理，根据土地的需要施肥、精选优良品种，土地的第一年小麦亩产达 750 斤左右，西双塘村民和全体干部看在眼里，想在心里，很多村民成群结队找到大队要求对其余 4000 亩进行改造，集体经营，经党支部、村委会、村民代表讨论，前后两年改造完全部西双塘的土地，连续几年两茬种植，实现了旱涝保收的效果，每年粮食总产 600 万斤左右。每年农业纯收入 86 万元，对比过去各户自己种时翻了3 翻，实际每户平均（人均）农业多收入 470 元"[①]。概括起来就是这样一个过程：在试点集体化经营的基础上，根据村民要求，便于进行土地改革和机械化、水利化种植，将土地由集体经营，但土地承包权仍为村民所有。产出粮食后，按人分到各户。到 1993 年底，全村土地基本实行了大

---

① 西双塘村民委员会：《西双塘村民土地承包"流转"集体统一耕种（决定）》，1998 年 10 月 16 日。

集体化模式。如今，土地虽然流转到了集体，但并非都用于耕种，而是大部分已经用于了工业、旅游业等二、三产业，这是较为显著的变化。

四　吸纳发展：基于集体化的社会生活共同体再造路径

如上文所述，节点经济将西双塘村的农村建设从旧有的村社建设导入整合式社区建设，这种过渡实际上是吸纳了建国初期的农业合作化和集体化形式，以及改革后的土地家庭承包制度，从这个意义上讲，天津市西双塘村的新农村社区建设是一种吸纳式的社会生活共同体的再造过程。但是，这种吸纳是扬弃式的，是在保留精华的同时，进行了拓展创新，是一种超越式的过程。① 总体来讲，西双塘村从 1990 年进行新一轮的农村改革开始至今 20 年的历程是跨越式的改革历程，其发展道路是吸纳式的发展道路，这体现在重塑农村社会生活共同体的多个方面，包括在以大集体化和大合作化为基础的党的建设、民主建设、文化建设和民生建设等的具体实践及其取得的巨大成效。

第一，从党的建设看，西双塘人认为，集体化的道路要靠党的保证。如陈立新所说："经济要发展，文明要上水平，党组织的凝聚力、党员干部的战斗力是关键。"其一，在组织建设上，1990 年该村成立新的党支部，随着形势变化，1994 年将党支部扩建为党总支。西双塘村除组建了由 5 人组成的党总支委员会外，还成立了农业支部、企业支部、村直支部、老党员支部、旅游区支部，另外还设有团支部。这不仅吸纳了"支部建在连上的"革命传统，还是对之前悟出的党建重要性的吸纳。其二，在队伍建设上，1990 年全村共有 31 名党员，到 2010 年，全村发展到 105 名党员，20 年共发展 74 名党员，而 1980 年至 1990 年间仅发展 1 名党员。在制度建设上，党支部制定了"党支部规范 40 条"和"党员守则 60条"，合称为"党建百条"。其三，在廉政建设上，建立完善了《勤政廉政目标承诺制度》，要求全体党员干部都签署了《勤政廉政目标承诺》，

---

① Kang Xiaoguang, Han Heng. Administrative Absorption of Society: A Further Probe into the State – Society Relationship in Chinese Mainland. Social Sciences in China, 2007 (2). pp. 2 – 11. 康晓光教授曾用"吸纳"概念来分析当前我国大陆的国家与社会关系，认为这种关系是行政吸纳社会。本文的吸纳更强调扬弃的意涵。

接受群众监督。其四，在自身建设上，十多年来，党总支成员人人从自身做起，始终坚持艰苦奋斗、廉洁奉公的原则，不贪、不占、不捞，带头严格执行各项规章制度，敢于向群众交底亮相。党总支"约法三章"：不准赌博、不准大吃大喝、不准嫖娼；要管住腿、管住手、管住嘴。村党总支书记陈立新从当书记那天起，就把自己的织物厂无偿交给了村集体，而且从家中拿出 30 多万元，还清了村集体欠村民的债务，给村民吃了"定心丸"。他从任村书记开始至今，一不要工资，二不拿奖金（至今共计 200 多万元），全部交给村集体用于发展经济，还先后拿出个人过去的经营收入 320 万元救助贫困家庭、工人、学生，救助涉及 7 个省、市的 264 个家庭和个人。十多年来，他仅用于支教费用就达 52 万多元。在他的带动下，"两委"班子成员及全体党员干部都勤政廉政，率先垂范为群众树立了榜样，深得全村人的拥护。在 2009 年的"两委"班子换届选举时，新当选的"两委"班子成员中，全部是老班子成员。如老党员梅国才所说："做梦也没有想到过上这样的好日子，要让我说，有一个好支部，有一个全心全意为老百姓办事的好书记，这是西双塘大变样的主要原因。"

　　第二，从经济建设看，该村的发展经历了两个阶段：一是从痛苦挣扎到良性发展；二是从美丽神话到通天帝国。第一阶段始于办厂。1985 年，现任村委书记陈立新自办了村里第一家工厂——兴塘织物厂，1990 年捐给西双塘村作为第一个村办企业。从此开始该村摸着石头过河，开始探索积累工农并重的发展道路。一方面，工业起家，继续强化。不断升级换代，从做大到做强。西双塘村是靠工业起家的。90 年代，全村建成大小企业近 20 家，高峰时年销售收入 4000 万元，利税 700 万元。常言说："自己的孩子自己爱。"看着多年来一手扶植的企业，为集体经济积累立下汗马功劳，陈立新等人倍感欣慰。心底也总掠过一丝隐痛：这些企业中，有的排放烟尘超标，有的使用酸类，达不到国家规定的环保标准。污染的就是脚下这片土地，老老少少生在这里，长在这里，长此下去就是自己祸害自己。他们觉得，必须采取措施了，之后采取了"关、改、调"三把杀手锏。一是关了一批。横下一条心，愣是把冶炼厂等 5 家污染大户彻底关门。目前，华隆集团公司还有天津市双星特种线缆有限公司、天津市海马橡胶制品有限公司、天津市圣源毛革有限公司、天津凯瑞通运输设备有限公司、天津市亿鑫钢管有限公司、天津市昊晟通金属制品有限公司等 6 家分公司。二是改了一批。毛革公司投资 300 万元，建成占地 500 平方米，日处理能力500吨的污水处理厂，达到了环保要求。对此，陈立新坦然地说："咱这叫没造当代的孽，也不欠子孙的账。"三是调了一批。加快产品结构调整，使电缆、橡胶等几家企业增添了发展的活力。同时，加强老企业的技改力度，新企业的科技含量，产品销售的"大市场"理念和"国际接轨"的趋势，把现存企业做大、做活、做强，2007年上半年企业利税比去年同期增长8.3%；第三产业上升势头有增无减，逐渐成为经济来源大户。另一方面，不忘根本，重视农业。1990年以来，该村特别重视农业基础设施建设，陈立新带领全村本着"区域调特、规模调大、品种调优、效益调高"的思路，建设精品粮基地、冬枣基地、现代循环农业基地、宜居森林基地、渔业养殖基地，走出了一条经济发展、生态改善、农民增收的"三赢"路子。第二阶段是从美丽神话到通天帝国。静海县乃至天津市的一些政界商界要人常这样评价陈立新，"最优秀的，总是一出场就成为焦点"。20年以前，陈立新带领全村人兴工强农，办企业、上项目，发展速度犹如一段美丽的神话，铸就了西双塘昨日的辉煌。在贯彻落实科学发展观的今天，如何开展新农村社区建设，西双塘的路该如何走？他和两委班子统一思想，不甘寂寞，紧跟时代，力争从美丽神话走向通天帝国。他们筑巢引凤，走生态农业和现代农业之路。例如，近年来，天凤凰湖生态园投资管理有限公司投资6个多亿，开发建造酒堡、早葡萄酒和建设鸟巢式高档大棚及一般大棚各100个，机械化种植生产蔬菜等。其中，有会议中心、休闲度假中心、植物种植、养殖、孔雀城等项目，最终形成大型生态旅游园区，每年投资商上交村350万元，招本村工人100人。又如，西双塘人在创新经营模式上下工夫，在向土地要效益上做文章。2009年6月，天津摩力达公司想租用村里2000亩地，建设农业生态园。过去村里玉米、小麦轮茬种，除去浇水、施肥、用工，每亩地纯收入约200多元，2000亩地总收入不过50万元。而包给开发商，每年承包费350万元，还可安排本村100个农民工，工资150万元，这样每年就是500万元，是本村耕种的10倍。还如，经过村与中华慈善总会、国家民政部、市民政局多次谈判，有三个单位，名誉投资2.1亿元，实际投资1.6亿元，其余由天津摩力达、枫林湾、香港华纳三家投资19亿元左右，主要建老年机构3000栋别墅和部分马拉松式洋楼，以市场一部分、宜居一部分，依托一部分，其次是宾馆、会馆、老年大学、医院、小学、食府、食廊、娱乐中心、文化政治中心、洗浴中心、水上游玩项目等20多个，以水面、树林、土山为依托，造出非常优美的大型养老城和旅游地。截至调查之日，共有 7 家投资商与村签署了开发建设项目，协议投资总额达 41.9 亿元，涉及国家级老年养身园、循环农业植物园、生态休闲度假村，高级娱乐场所 23 个项目。总体来看，这些经济成就的取得，最根本还得益于大集体化和新合作化道路，得益于扬弃式、吸纳式的新农村社区建设道路。

第三，从民主建设看，该村的实践证明，回到集体化形式的重要保证就是民主建设。早在 1992 年，西双塘村就以居民代表大会的形式表决通过并实施了《村民自治章程》，印制成册发往每家每户。同时，建立了一系列规章制度。其一，建立完善了"四民主、三公开"制度。"四民主"，即实行民主选举、民主决策、民主管理、民主监督。其中，"民主决策"又形成了"四轮驱动"模式，即遇到重大决策，先由村委会提议，村书记审核，批转村民代表会议讨论，然后召开村民大会通过，接着下发明白纸入户，无异议后由村书记批转到村委会执行。"三公开"，即重要村务事务一律在两委联席会议上公开，决不允许某个班子成员独断专行；涉及多数村民的大事必须在党员大会和村民代表会议上公开，征得多数同意再去落实；村务、财务定期向村民公开，给村民一个明白，进一步增强党群干群关系。其二，建立健全了《村务决策菜单制度》，制定完善了村"两委"权属事务决策程序、村务决策专门程序、村务决策一般程序。其三，建立完善了《村务监督联合制度》，由镇包村干部、村党员代表、村民代表组成的村务监督小组，建立老党员监督委员会，聘请县直退居二线的老同志建立参议会，定期评议监督。其四，建立健全了《村级财务委托代理制度》和《村级财务支出审查制度》，建立民主理财小组，负责全村财务审查，对一切财务支出，每季由村务监督小组、老监会、镇理财小组、和县审计部门审查，确保财务制度的落实。其五，探索建立了《责任追究制度》，对违反有关法律法规造成严重后果的，给以党纪政纪处分；构成犯罪的，追究其法律责任。另外，还形成了"六位一体"的村务监督机制，即村"两委"、村务监督小组、老监会（老党员监督委员会或老干部监督管理委员会）、参议会（聘请县直退居二线的老同志组建）、镇理财小组（村级财务委托代理制度）、县审计部门联合对村务进行监督。

与集体化实践相伴随，村务公开实践也成为西双塘村吸纳式改革的一大特色。主要体现在以下方面：其一，突出重点，诠释疑点。该村认为，凡是应该让村民知道的、涉及村民切身利益的事情，都应在"公开"之列，他们根据西双塘的实际，总结了十二个方面：财务收支情况公开，优抚款、救济款发放使用公开，低保户、五保户、困难户公开，计划生育二胎指标审批公开，"两委"干部工资、奖金、补贴及招待费公开，国家惠农各项补贴公开，水电费标准公开，企业承包公开，工程招标承包合同公开，土地承包公开，户口管理公开，干部职工调动、升迁公开。在这十二公开的基础上，该村根据村实际、突出重点、诠释疑点。凡是群众认为的热点、敏感点、疑点问题，我们都在反复、详尽地公开，一次公开之后，根据群众的意见，我们会补充公开，直到群众认可、满意为止。其二，形式多样，讲究实效。实行村务公开，要多种渠道并进、不拘一格，只要方便群众，只要能让群众明白。在实践中，他们总结了以下几种公开的形式：贴的：张贴在固定村务公开栏内，定期更换。印的：涉及急需让群众知道的，或要马上反馈的，都要打印成"明白纸"，发到各户。讲的：涉及重大的事项，召开大会宣讲。播的：利用村里广播站，定时进行播报。唱的：动用村歌舞团、河北梆子剧团以及威风鼓队、秧歌队、腰鼓队等文艺组织，编排节目，公开村里的大事小情。串的：走街入户，让村民公开了解村里的事情。谈的：召开不同类型的座谈会，既公开村务又现场征求意见和建议。看的：利用村主要公路旁的大型电子屏幕，播放村务公开内容。报的：我们利用每周出版的《华隆之声》小报，进行公开。其三，三个满意，成效显著。村务公开实现了政府、村干部和村民的三个满意，同时在以下方面成效显著：一方面，干群关系更加密切。群众信任干部，干部关心群众，已成为西双塘的风气，群众有什么困难，有什么红白喜事，干部都到场帮助处理。仅2008年共解决群众各种实际困难881件，群众提合理化建议158条，被采纳的86条。群众心里有干部，干部说话有权威。实行村务公开，真正使干部给群众一个明白，群众还干部一个清白。多年来，西双塘没有发生一起向上级写信反映问题的情况。另一方面，干部更加廉洁奉公。多年来，村"两委"班子及中层干部没有一个违法违纪的，人人埋头苦干，个个廉洁奉公。2008年招待费比2005年下降38.5%。2009年"两委"选举，按规定由11人改为5人，这"两委"5人新班子，全部是老班子成员，其中，书记兼主任陈立新以全票当选，其余4人，得票率均在98%以上。再一方面，经济更加发展：由于实行村务公开，民主管理，群众心齐气顺，积极性高，经济发展又好又快。

　　第四，从文明建设看，多年的实践，使村总支书记陈立新悟出了这样一个理：全面建设小康村，不仅要大力发展经济，也要加强精神文明建设。新中国成立前，西双塘村民过着日出而作，日落而息的生活。新中国成立后至 1978 年，受经济条件的限制和政治运动的冲击，村民生活单调。只有春节期间，人们才玩玩跑旱船、锔大缸，自娱自乐一番。党的十一届三中全会以后，特别是 1990 年新的党支部建立以后，精神文明建设快速发展，先后兴建了影剧院、图书馆、卡拉 OK 歌舞厅、文化园、全民健身活动中心等文体设施，成立了河北梆子剧团、歌舞团、威风鼓队、秧歌队和腰鼓队等文艺队伍。深入开展文明户、遵纪守法户评选活动，加强村规、民约和自治章程的建设，加强法制、道德、科技及时事政策教育，加强社会治安综合治理，加强计划生育工作，确保村民安居乐业。进入 2000 年后，该村的文化建设和文明创建活动力度更大。首先，是基础设施建设。最让居民称赞的是，2006 年 11 月村投资 763 万元，建起了占地 90 亩的凤凰台文化广场；2008 年左右，又投资 180 万元，对村西荷花塘进行改造，改换新型观赏莲花，架设龙形走廊，搭建观赏凉亭；其次，是志愿精神的培育。2010 年 4 月，村里护城河清淤，据测算，如雇用施工队需要一个星期的时间，工程费达 50 万元。在两委成员和全体党员的带领下，全村 350 位劳动力参加义务劳动，近 2 万平方米的护城河很快就清理完毕。以党员为核心，西双塘村空前的凝聚力和号召力令四邻八村的群众刮目相看。再次，是关爱氛围的营造。无论村里哪家婚丧嫁娶，村党总支书记都会带头亲临，甚至亲自主持仪式。另外，村里还特别关爱老人和为村里做过奉献的人。犹如老监会付振华说："我们虽然下来了，但人走茶不凉，村里照顾得很好，书记办事叫人服气，我们只有在新的岗位上发挥余热，才能对得起立新对我们的关照。"另外，中秋大戏是西双塘人文化盛宴的一个品牌。按照该村设计，从 1996 年开始，村里举办一年一度的"中秋大团聚、大联欢"活动。全村男女老少欢聚一堂，听歌赏月，吃月饼，叙亲情，颂和谐，畅谈西双塘改革发展的成就，全村上下处处欢歌笑语，其乐融融。作为西双塘村精神文明建设重要活动内容之一的中秋佳节村民大联欢年年有新意，年年给村民带来精神上的享受。成了全村老百姓大团结、大交流的传统节日。尤其是在这种大型活动中，新干部都要庄重地向群众和退休干部鞠躬，而老干部登台接受大家的祝福，这既让大家感动，又在欢歌笑语中凝聚了民心民力。最后，是全民娱乐的倡导。随着文化设施、生活水平和文明素质的提高，村民纷纷组成了自娱自乐团体。书记陈立新还经常与群众一道参加河北梆子剧团的表演。村民张凤梅每天晚上都和村民姐妹们上街扭秧歌，锻炼身体。并感言道："晚上扭秧歌，也没人强迫，是个人自动的。白天不是得做饭嘛，晚上没嘛事了。"2010 年 5 月 31 日，在西双塘村文化广场上，"西双塘杯"广场舞大赛拉开了序幕。来自全县 15 个乡镇的 30 支基层和社区演出队伍共 1000 多人列队表演，在西双塘村的舞台上同台竞技。此后，"西双塘杯"天津市第六届农民艺术节开幕式相继在这里举行。这标志着西双塘已经成为全县乃至京郊大型群众性文化体育交流的平台。旨在丰富广大群众的精神文化生活，打造崭新的文化氛围，用欢乐祥和的群众文化活动凝聚心、汇人气。另外，村民的文明举止和文明习惯也在教育实践中逐渐养成，例如，村里召开大小型会议，村民一般都是提前 5 分钟到达，基本没有迟到现象；另外，在村里聚餐场合，主持人没有宣布就餐开始时，即使有在座领导先行就餐，本村村民也不会去动碗筷；还有，村里分发食物时，无须组织，村民都是依次排队领取。村民反映，这种文明风尚的形成，与集体化方式是密不可分的。

　　第五，从民生建设看，理论和实践都说明，改善民生，是判断改革成败的标准。自 1990 年以来，西双塘村逐步过上了"共产主义式"的康乐生活。一是在公共服务设施建设（部分是私人物品供给）上。1994 年，村集体投资 9000 万元，开始为每家每户建设二层别墅房，1995 年村民陆续搬进别墅房；为适应时代发展，更新面貌，2009 年以来，村集体又投资 4000 万元，分批改造和修缮居民住宅。2000 年，村集体投资建设现代化的中心小学和幼儿园，定期培训村民如何与外国人打招呼（1997 年，村里开始正式接待前来旅游的外宾）。2007 年，村集体为 4 户村民家庭免费安装近十万元的高科技环保空调，试用成功后又为所有家庭安装。2009 年以来，又投资 2700 万元改造西兴路，建设仿古一条街；投资 1300 万元购置环保锅炉，村民实现了全天候统一供暖；投资 800 万元，新建小学，占地 9200 平方米，容纳 15 个教学班；投资 300 万元，扩大植树面积，增加树木品种，提高成活率，在原有林带的基础上，又增加了 25%，所有公路两侧、沟渠两旁、庭院周围、广场四边全部栽种了树木花草，使森林覆盖率达到了 49%，人均绿化面积达到 76 平方米；出资 100 余万元资助修建镇中学；投资 60 万元，建造 6 座高档环保型、水冲式公共厕所；投资 45 万元，修建 1 座园林式垃圾处理厂；投资专门购置了环卫车辆，增添了环卫设备，组建了 20 多人的环卫队伍，每天负责清扫大街。二是在基本生活福利待遇上。西双塘村有劳动能力的村民一律实行上班工资制（平均工资 1700 元左右），按人头领取粮食（每年每人小麦 1000 斤，玉米 800 斤，杂粮 200 斤），每季度每人领取食油 4 斤。平时隔三差五还发放副食，中秋节、春节集中发放，中秋节 15 种左右，春节 50 种左右。2009 年 1—9 月份福利费总支出 2846659 元，村民分粮食共折款 1738600 元。老干部、老党员 65 岁以上 17 人，每月每人补助 200 元，国家补 50 元，药费补 83.5 元，合计每人 333.5 元；白面 30 斤，大米 15 斤，油 1 斤。老村民 70 岁以上的 61 人，每月每人村村补助 100 元，国家补 40 元，药费补 42 元，合计每人 182 元；白面 30 斤，大米 15 斤，油 1 斤。60—69 岁的 49 人，每月每人村补 70 元，国家补 30 元，合计每人 100 元。全年粮食补贴 291386 元，其中夏粮补 135750 元，秋粮补 155636 元。另外，面向社会的大型公益性事业项目，如德慈塔陵（墓地）、东五台寺（少林寺）等也以低价或无偿的方式供本村居民使用。

西双塘村民生建设访谈录：笔者将访谈记录及相关媒体资料所述整理如下。80 岁老人张绍芳："近几年，村里还给俺们 60 岁以上的老头儿、老婆儿发新被子，过年每人做了一件华服。我们几十年都没有换过被子，这回穿的、盖的里外三新，要不是陈书记，哪有这样的福？" 74 岁老人郭大爷："受苦受穷一辈子，老了过上好日子，楼上楼下，电灯电话，从前根本不敢想啊！""住得别提多宽敞了！""我小时候，这里全是碱地，连草都长不出来。建国后，村里花大力气挖沟、排涝，改造土地，每家每户虽然都有地了，可平均分到每人头上也就 4 亩多一点，并且只能种玉米小麦。收成要是不好，这一年就得紧着过日子。" 华隆集团副总赵春梅："电视里总说'社会主义新农村'，我们这里就是啊！西双塘村人住一样的房子，赚一样的工资，分一样的粮食和福利，过的都是一样的幸福生活，就是典型的社会主义新农村啊！" 村议会议员刘福宝说："退休前我在静海县文化局工作（局长），干了一辈子从没听说过什么地方这样搞福利的，我们老两口一年到头分的东西根本吃不完！""过年的时候最壮观，村委会大院和马路上全是人，大家都自发排队，领的东西有鱼、肉、虾、豆腐干、豆腐丝、馒头、对联、鞭炮、麻花、蛋糕、柿子等等，每家每户的三轮车都堆满了，沉甸甸地往回推。" 老汉何瑞领："今年蒜贵，村里还给大伙儿分蒜啦。一年到头米、面、油、蛋糕、月饼、鸡蛋、粽子，什么都分，还得说咱村的领导想得周到，生在西双塘就是幸福。"大娘张军："自打1993年以来，年年过年过节分东西，最多的一次分了53样，一个人的东西就值一千好几，城里人也没遇着这事吧。"村民杨家庆："西双塘村过去很穷，大洼地区在新中国成立前后经常闹水，通过改革开放之后西双塘人民确实变了。只要把原来老房子交给公家，折了价格，就能享有一套新房。我们的生活已经跟城市没啥区别了。"村民张凤梅："在西双塘村没有暴发户，也没有贫困户，做到了名副其实的共同富裕。""生活蛮好的，有吃有喝的，都是集体供给。"

由此看来，西双塘村在吸纳旧有合作化和集体化方式的同时，很重要的一点是不断总结积累，探索创新，扬弃提高，无论是党的建设、经济建设、民主建设、文明建设、民生建设方面都体现了吸纳思想，是再造社区社会生活共同体的可行路径，是建设居民自治、管理有序、服务完善、文明祥和社会生活共同体的科学方式。沿着这条道路，他们正在朝建设"天津生态民俗第一村"、"现代循环农业示范村"和"中国北方新农村社区建设先导村"三大目标迈进。

五　基本结论：回到集体化的整合式社区建设方式值得关注

新中国成立至今，西双塘村在人口结构、职业结构、土地结构、房屋结构、族姓结构、农具结构、体制结构、组织结构、产业结构、收入结构等村庄禀赋和社区结构的巨大变迁，是基于一系列重大变革而逐渐形成的，旧农村土地改革、回到集体化方式、整合式社区建设三个重要概念对于阐释该村的变迁过程很有裨益。1949年新中国成立以后至1978年之间农民翻身做主人是通过土改以及合作化、人民公社等方式来组织并建设农村的。从1978年改革开放以及1983年破除人民公社制度并逐步走上摆脱贫穷道路的"接点经济"是家庭联产承包责任制，从1990年新党支部建立以及1992年试点并使土地流转到集体综合利用并逐步走上文明富裕道路的"接点经济"是回到集体化方式并嵌入市场化经济。从这一系列的变革中，可以得出如下基本判断：

第一，新中国成立后西双塘村的农村建设大致经历了这样三个主要阶段：一是以土改获得地权与用好地价为主要特征的破旧政治过程；二是以回到集体化与嵌入市场化为经济接点的二次改革过程；三是以整合式的新农村社区建设为主要特点的立新社会过程。与用"接点经济"衔接起来的"一破一立"的农村建设历程相适应，西双塘村也经历了以"多样性的地权制度和经营方式的转换"为主要特征的继替实践过程，这包括扼守村社土地所有制的曲折六十年、维护家庭土地承包制的坚定三十年以及确保集体统一经营制的创生二十年。

第二，新农村社区建设过程，实质上是新村社共同体的再造过程，是建设居民自治、管理有序、服务完善、文明祥和社会生活共同体的过程。西双塘村从 1990 年开始探索的回到集体化并嵌入市场化方式的改革是跨越式的改革，其发展是吸纳式的发展，这体现在重塑农村社会生活共同体的多个方面，内涵在以大集体化和大合作化为基础的党的建设、经济建设、民主建设、文化建设和民生建设等具体实践及其取得的巨大成效里，其发展路径值得关注和借鉴。

第三，整合式社区建设是新时期新农村社区建设必须要给予关注的实践方式。西双塘村的新农村社区建设实践表明，只坚持集体化和合作化形式，不创新和扬弃其内容；或者只重视某一方面的建设，而忽略其他方面的建设，都很可能无法完成社区建设的终极目标。整合式社区建设不仅要强调"整合"，同时还要注入"整体性"和"全面性"的个性理念，即新农村社区建设不是某一方面或某一局部的社区整合，而是关注社区政治建设、社区经济建设、社区文化建设、社区社会建设和社区党的建设"五位一体"的建设体系，需要建立一个新型的农村社会生活共同体。

第四，以接点经济为基础的整合式社区建设过程，也是吸纳式社会生活共同体再造的过程。节点经济将西双塘村的农村建设从旧有的村社建设导入整合式社区建设，这种过渡实际上是吸纳了建国初期的农业合作化和集体化形式，以及改革后的土地家庭承包制度，从这个意义上讲，西双塘村的新农村社区建设是一种吸纳式的社会生活共同体的再造过程。但是，这种吸纳不是固守，而是扬弃式的，是在保留精华的同时，进行了拓展创新，是一种超越式的过程。

第五，坚持农村基本经营制度，坚持家庭联产承包经营责任制，并不是要坚持一家一户分散经营的方式，并不是否认合作化的经营模式和集体化的管理体制。判断农村改革成效和新农村建设成败的关键是看有没有提高农村生产力，其标准要看是否极大地提高了村民的生活水平。新农村社区建设，并不是说村庄经济的发展仅限于传统农业，以及生态农业、观光农业等现代农业，而发展工业、服务业同样具有整合社区的功能，同样是建设新农村的有效方式。

参考文献：

［1］费孝通：《乡土中国 生育制度》，北京大学出版社 1998 年版。

［2］蔡禾：《社区概论》，高等教育出版社 2005 年版。

［3］约翰逊：《社会学理论》，南开大学社会学系译，国际文化出版公司 1988 年版。

［4］徐勇：《接点政治：农村群体性事件的县域分析———一个分析框架及以若干个案为例》，《华中师范大学学报》2009 年第 6 期。

［5］Mckenzie，R. D. *The Metropolitan Community*. Russell & Russell，1968.

［6］Kang Xiaoguang，Han Heng. Administrative Absorption of Society：A Further Probe into the State – Society Relationship in Chinese Mainland. Social Sciences in China，2007 （2）.

四川省宜宾县喜捷镇新龙村调查报告①

一 略说村庄

新龙村隶属于四川省宜宾市宜宾县喜捷镇。为了对所在村庄有个准确全面的认识，现将村庄依托的背景进行分析和阐述。

（一）四川宜宾县

宜宾县隶属于宜宾市"一区九县"中的一县，是宜宾的人口大县。宜宾县位于四川盆地南缘，地处川、滇接合部，金沙江、岷江下游，属北纬 28°18′—29°16′，东经 104°01′—104°43′之间，东接宜宾市翠屏区、自贡市富顺县，西邻屏山、沐川和犍为县，南倚高县和云南省水富县，北接自贡市荣县。宜宾县县境南北长，东西窄，南北最大纵距 108 千米，东西最大横距 69 千米，幅员面积 2957 平方公里。县城驻柏溪，城区面积 4.18 平方千米，距宜宾市中区 13 千米，距宜宾机场 20 千米，内昆铁路、内水高速公路和川云中路为主干线的铁路、公路，把宜宾县与川、滇二省边界地区连成网络，水路南连金沙江，西通岷江，东接万里长江，形成现代化的"水、陆、铁、空"立体交通网络。宜宾县境内南北长、东西窄，地势东北低，西南高，海拔 270—1418 米。地貌多样，以丘陵为主，约占面积的 73% 以上。宜宾县与翠屏区、高县、屏山县接壤，位于宜宾市的西北部，属于北部沿江综合经济区。

（二）喜捷镇

喜捷镇位于宜宾县中部岷江南岸，东北界翠屏区莱坝镇，西北界屏山

① 作者：吕小莉，华中师范大学政治学研究院政治学理论专业 2009 级硕士研究生；张莉莉，华中师范大学政治学研究院政府经济学专业 2009 级硕士研究生。

县新发乡和高场镇，南界柏溪镇、安边镇，北与翠屏区思坡乡隔江相望，镇人民政府所在地距宜宾市 13 公里，距柏溪镇 17 公里。镇幅员面积 87 平方公里；耕地 32272 亩；森林面积 29383 亩，森林覆盖率 16.2%。该镇辖 22 村，1 个社区，214 个村民小组。年末总人口 38528 人。镇常住人口为汉族。

喜捷镇辖下食堂、翠河、落帽、云丰、宰龙、乐川、全心、兰湾、自然、苗儿、新河、新江、新龙、新民、新联、宜屏、干坝、武安、风雷、玉泉、五桂、陈家等 22 个村村委及喜捷街村，214 个村民组。2000 年 3 月喜捷镇撤办事处由镇直管，2003 年 6 月建社区居民委员会，2004 年 5 月政府将部分业务部门迁至玉龙，并建政务便民服务站。喜捷镇以前有四个赶集场，即喜捷场、玉龙场、五桂场、新场场。2004 年政务中心迁至玉龙场，逐步以玉龙场为中心，实施 2.5 平方公里、20 年发展规划的小城镇建设。喜捷、玉龙、五桂三个场均有粮站、供销、学校、医院、客运站及各类私营业主单位。

喜捷镇地势西高东低，地形多样，东北部沿江岸 7 个村部分为河谷阶地，属平丘潮泥紫泥土；中部位丘陵高地，属红紫泥土壤；西部为深丘低山区，属灰棕泥土壤。凤凰山海拔 805 米。宜屏公路横跨南北，宜梦公路深入东西，全镇 21 个村通公路，其中新联村（如今已是省级示范村）已建成环形村道，并硬化 4.5 公里。岷江河流经落帽、翠河、红楼梦、苗儿等 6 个村 11 公里。鸳溪河贯穿风雷、玉泉、新河、新江、新联、新龙、新民等 11 个村 17.6 公里。该村属于亚热带季风型湿润气候，年平均温度为 17.8 度，年降雨量 1150 毫米左右，无霜期年平均 320 天左右。

（三）新龙村

新龙村村庄占地 1.2 平方公里，该村属于典型的丘陵地形，一条河谷（鸳溪河）流经该村，村庄横亘在这条河谷两边，所以这也可以称作特色深丘谷地形。该村耕地面积为 1746 亩，其中田 1512 亩；土 234 亩。其中田又包括：有水田 502 亩；花花水田 561 亩（花花水田即半干田，有时有水，有时缺水）；缺水田 449 亩。

新龙村有 546 户农户，共 1919 人，其中男性为 1045 人，女性为 874 人，可以说算得上喜捷镇的人口大村，主要民族为汉族。该村共有 13 个村民小组，分别为：保卫组、华向组、黄木组、王家组、兰京组、红光组、红卫组、勇敢组、红星组、建国组、张坝组、联盟组、建设组。从该村的行政区划可以看出，新龙村西北界新江村和信联村，东北界新民村，西南界陈家村和五桂村，东南界柏溪镇和安边镇。进入山溪口桥就进入了新龙村。山溪口桥是新联村与新龙村的交界所在。

二 村庄的"物"

（一）"半途而废"的公路

该村公路里程共 35 公里，其中主干道为 4 公里，目前已硬化公路 2.4 公里。该村已基本实现"村村通公路"和"组组通公路"，水泥路（2.4 公里）、砂石路（约为 30 公里）和机耕道（约 3 公里）交相辉映，共同形成了该村的交通网络。该村的交通位置应该是有优势的，新龙村离宜宾市城区、宜宾县城柏溪都不是很远，笔者从宜宾市城区坐 1 路公交到柏溪，再从柏溪坐 2 块 7 毛钱的大巴半个小时就能到玉龙，到玉龙后走个十来分钟就到三溪口桥（此桥为新龙村与新联村的交界）。玉龙场是喜捷镇镇政府所在地，现在基本上成了喜捷镇的中心，因而该村的农户赶场买东西都很方便。总之，该村道路还算畅通，几乎实现户户通路，机耕道、砂石路、水泥路纵横交错。该村在集体出资和政府投资的支持下（国家拨款 10 万元每公里，共计拨款 36 万元；村民集资人均 300 元，目前共集资 34 万元[①]），本计划硬化 3.6 公里，但由于资金缺口，2007 年末仅水泥硬化了 2.4 公里，还差 1.2 公里未硬化，公路暂时"半途而废"。村干部告诉笔者，剔除该村的低保户、五保户，如果能顺利集资 50 万元，就不会出现缺口，但很多村民就是喜欢耗着，资金收集工作极难开展。很多村民觉得什么时候硬化到我家，我就出钱。目前新龙村的公路暂时从三溪口桥硬化到井场一带。据最新消息，该村村干部已用自家在镇上的房产向镇农村信用社贷款 15 万元，以期能完成剩下一截路的硬化工作。（见表 1）

---

① 注：摘抄于村主任（兼文书）的工作笔记本，详细数据参考表 1。

表1　　　　　　　　　　新龙村道路硬化款项分布表

国家拨款	村民集资	水泥硬化市场价格	预计总费用	资金缺口
36 万元	34 万元	23 万元每公里	83 万元	13 万元

（二）靠天吃饭难，水利设施必当先

新龙村近年有四个重大项目，即3.6公里水泥路硬化、提灌站、U型沟渠施工、山坪塘整修，其中有3项都是关于水利设施的。该村虽有一条小河沟流过，但该村地势较高，不少农户反映饮水灌溉困难。该村有7口山坪塘，2条沟渠，一个提灌站。水利建设或水保建设对该村极为重要，水源问题亟待重视和解决。一直以为南方地区水源充足，但到了这儿才知道不止是北方才缺水。由于该村地势较高，地下水位低，同时近几年四川连续干旱，因此不少村民抱怨"靠天吃饭，难"。2007年底，县政府出资16.5万元在该村修建了55千瓦的提灌站，也就是电排，但提灌站只能供应三个组（联盟组、建设组、三坝组）的灌溉。其他组的则主要靠附近的三坪塘（类似池塘）解决灌溉问题。去年该村干旱得厉害，庄稼收成不好，不少地势较高的农户的饮用水都无法解决，必须要到很远的地方挑水吃。在被问到"目前最希望政府为你做些什么"以及"阻碍村庄发展的问题有哪些"时，大部分村民都提到了"吃水困难、灌溉困难"，需要修建更多的水保灌溉措施。看来农村要发展，还是要"一路二水三产业"。

（三）"形同虚设"的村公所

该村的村公所是该村村小的一栋附楼，属于危楼建筑。村庄债务繁重，所以村里一直无财无力整修，因而村公所一直就"虚设"在那里。由于村主任家在村道主线边上，交通比较便利，所以平时村务办公主要在村主任家进行。

三　村庄的"人"

（一）该村村民的居住状况——依山傍水

一方面，依山傍水、闲散而居。受地形的影响，该村村民依山傍水，

呈散居分布。该村是典型的深丘谷地，山脚下有条河谷，山峰盘旋而上，该村就像一条盘旋在河谷上的龙，因而该村得名为新龙村。① 沿着公路直上，你会发现一个农户与另一个农户隔的很远。不像一些平原地区，大家集居，在这里农户们居住得十分分散，有时你从一户走到另一户要花一个小时左右。再分散的地方也会有一个大家爱聚集的中心地带或者中心场所。由于水泥路打到该村的联盟组一段，村主任家又住在水泥公路口，所以大家有个大小事都会在这里集合，其次村里有商铺的地方也是大家爱聚在一起的地方，村民们喜欢到这里来佘东西、打牌、串门吹牛。

　　另一方面，农民的居住条件、环境有很大的改善。据笔者的观察，近年来该村楼房的数量与日俱增。在受访的 15 户农户中，有 6 户修建了两层楼的楼房，5 户修建了砖木结构的平房，3 户依旧住在修建于 20 世纪 80 年代的土混结构的瓦房中，1 户住在 20 世纪 60 年代修建的"集体猪棚"中。在受访的 5 户富裕农户中，4 户均盖了 2 层的楼房，这些楼房大都是在 2000 年后盖起的，平均造价在 70000 余元左右。在受访的 5 户中等农户中，2 户修建了 2 层楼的楼房；3 户修建了砖木结构的平房。其中楼房修建于 2000 年后，平均造价在 50000 元；平房多建于 2000 年前，平均造价为 25000 元。在受访的 5 户贫困户中，有 2 户修建了自己的平房，但都修建于 2006、2007 年，平均造价在 40000 元左右；1 户仍住在 1984 年修建的土混瓦房中，造价不足 2000 元；1 户则住在改修后的"集体猪棚"中。总体来说，该村的居住条件有很大改善。村主任告诉笔者，以前这里遍地都是稻草搭的草房。

（二）该村村民的收入状况——富在从工

　　首先，该村村民总体收入水平不高，传统农业收入比重仍然比较大。2005 年喜捷镇农民的纯收入为 2821 元。该村村民主要还是以务农为主，外出务工为辅。该村村民的收入结构主要由两部分构成，即农业收入和非农业收入。其中农业收入（种植和养殖）占总收入的很大一部分。其次，该村村民的农业现金收入少，家用的现金收入基本来自家人外出打工或打零工所得。据调查，该村的种植业基本都是"自给自足"型，换成现金的很少。有限的农业现金收入来自养殖部分。基本家家户户都养猪，每年

---

① 村主任语，无文字考证。

除了留一两头作为"过年猪"自己消费，其他的均拿到市场上换成现金。另外，该村有几户养殖大户，其养殖收入成为其主要经济来源。

就笔者对该村及其村民为期一周的观察，以及对 15 户问卷的统计分析，认为经济条件较为富裕的家庭，较之贫困的家庭来说，有如下几点原因导致他们"脱贫而出"：第一，富裕家庭不仅仅在传统的农业中找出路，而且他们还往往在农业外、农村外或者说传统小农经济外找出路。而较为贫困的家庭基本上成了"土地的奴隶"。他们把大部分精力都投入到产出不大的土地上，换句话说他们的收入来源拘泥于土地的产出。该村农户的收入主要由两部分构成：农业收入和非农业收入；其中农业收入则包括种植收入和养殖收入；非农业收入主要指务工收入、经商收入等。5 户富裕家庭中，有 1 户经营商店，有 2 户为养殖大户，有 2 户家庭大部分成员外出务工。所以总结而来，富裕家庭的主要收入来源为规模经营、经商、务工。

第二，富裕家庭中的成员均有过外出打工的经历背景，而贫困家庭的成员则很少离开家乡离开农村。跟较为富裕的农户聊天，能明显感受到他们虽学历不高，但由于有过在外务工的经历，都有一定的见识和视野。较之很少出去的农民来说，他们更敢想、敢做、敢尝试。而"面朝黄土背朝天"的农民则天天和土地打交道，思想较为保守和落后一些。就如费孝通先生在《乡土中国》所说的，"直接靠农业来谋生的人是粘在土地上的"，"乡村里的人似乎是附着在土地上的，一代一代下去，不会有太大变动"，所以对于中国的农民来说，"土气"是根深蒂固的。因而笔者认为外出打工成为一个可以改变农民意识的特殊的教育课堂和场所。通过外出打工，农民与外面的人、世界打交道，获取和接受大量的信息，进行自我教育，从而达到思想的提升。换句话说，通过外出打工，可以使农民的社会交往区域、范围变广，不仅仅局限于本村、本镇、本县；同时也可以使其交往程度加深，获得更多更快的信息和知识。（见表 2）

表 2　　　　　　　　　　新龙村三种家庭收入的情况对比

	平均传统农业收入（元）	规模养殖的平均收入（元）	平均总收入（元）	传统农业收入占总收入比重（%）
富裕家庭	8254	46400	93054	8.8
中等家庭	14190	0	19230	73.8
贫困家庭	3706	0	16466	22.5

（三）农村"活跃分子"浮出水面

"善合"的有规模生经营意识的农民逐步浮出水面。这些人多半有过在外打工的经历，有一定的见识和想法。他们开始注重市场分析，开始尝试"一村一品"、因地制宜。该村的大部分农民的小农意识依然很严重，正如曹锦清说的农民"善分不善合"，始终放不开自己的一亩三分地，一年半载辛苦劳作，也就混个糊口。然而村里也有一部分农民的合作意识、规模经营意识很强。这些人多半是在外打过工的，有一定的见识和想法。该村兰京组的组长告诉我："看着外面搞的大规模养殖和种植，心里就羡慕的很，啥时候咱村也搞搞。"听他说他到过外地的一个水蜜桃种植园，采用先进的科学种植法，有专门的人员分工操作，那果实产量高质量也高。听他们说，今年该村也要搞个"一村一品"，计划圈一部分地来种植核桃。几个组长告诉我：新龙村土质好，适合种核桃；核桃树高，下面还可以配种芋头；核桃可以做核桃干、核桃粉、核桃饼，卖不完不易坏，不像种梨子卖不完就坏了。看来他们也开始注重市场的分析。相信村里有这么些肯想肯干的带头人，新龙村的发展会越来越好。

四　村庄政治状况

（一）村干部情况简介

1. 基本情况。该村村干部共设置了 4 个职务，分别为村支书、村主任、村副主任、文书；其中村主任兼任文书。该村目前没有大学生村官。表 3 为新龙村村干部的基本情况。

表 3　　　　　　　　　　新龙村村干部一览表

	性别	出生年月	受教育水平	政治面貌	所任职务
廖平	男	1971，1	大专	党员	村支书
秦运达	男	1962，10	初中	党员	村主任（兼文书）
王小龙	男	1955，1	初中	群众	村副主任

2. 村干部逐步倾向于年轻化、高学历化。从上表可以看出，该村村干部的年龄结构比较合理，平均年龄为 46 岁。该村目前的村支书，2007

年选举上任，38 岁，退伍军人，自考的大专学历，退伍后曾在外地打工多年，其父亲是该村多年的文书。通过几天的接触，能明显感觉到他身上那种急于搞发展的热情和活力，他时常跟我讲起他们这一届上任以来搞的建设，以及未来一两年计划的项目。讲到缺水，他说他有计划搞一个水保建设，准备鼓动大伙儿一起修建大蓄水缸。讲到"一村一品"，他说他们正在开展核桃的规模种植。不管怎样，年青一代在外见识较广，搞发展的思路也比较清晰。

（二）最近一次换届选举

选举中规中矩，投票热情依旧高涨。该村最近的一次换届选举是在 2007 年 11 月进行的。通过这次选举选出了新一届村支书、村主任、村副主任、文书以及 13 个小组的组长。此次选举采取的是公推直选，该村有 1370 人参与了投票，投票率高达 71.3%，未参加投票的基本都是外出打工的。该村村主任是 3 人中唯一有村干部经历的，他担任该村文书长达 15 年，虽然文凭不高，但却有深厚的文字功底。这次选举，他高票当选村主任。此次选举同时选出了 13 名村组长（也就是村民代表），村民代表是由所在组的全体成员推选产生。就笔者了解到，这些村民代表都是村民非常信任和信赖的有一定声望的敢于说话敢于带头致富的人，他们当中有不少人都有过在外打工的经历，平均年龄在 40 岁左右。

（三）该村村民政治参与的积极性呈两极分布状态

笔者通过对 15 户抽样调查发现，该村村民总体的政治参与热情不高，积极性不够。首先，经济条件与政治参与热情不一定成正相关的关系。从表 2 可以看出，富裕家庭中仅有两人与村干部打过交道，并且这两人是前任村干部，一位是前村支书，一位是前村主任。另外三户富裕户均表示出政治冷漠的态度。其中一位经营一家商店的农户告诉笔者："别跟我谈政治，那东西跟我无关，我就只管挣钱发财。"另两位养殖大户均表示："没时间。"其次，村干部或组长的政治效能感较强，而一般老百姓政治效能感较弱。从图 1、图 2 可以看出，与村干部打过交道或提过建议的人基本上是前任村干部或组长。其中富裕家庭中的 2 户均为前任村干部，中等家庭中的 4 户均为小组组长。有过干部经历的人一般更主动地参与政治，他们较之普通群众更有政治参与的觉悟和意识。前任村干部或村组长他们一般身担一定的责任，或者对村中事务以及政治参与的相关程序更为熟悉，所以他们政治参与的热情较一般群众更高。当笔者问及为什么不积极向村干部提建议时，不少农户（一般群众）告诉笔者："提与不提，结果都是一样的，自己根本说不上话。"

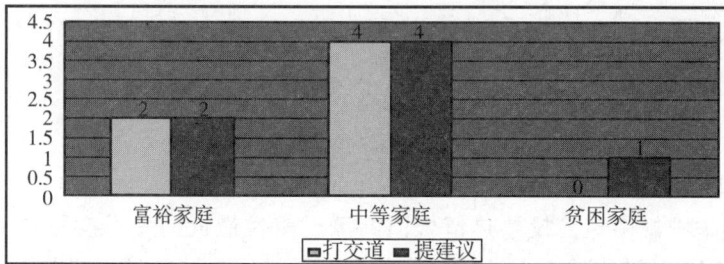

图 1   不同经济条件家庭的政治参与情况

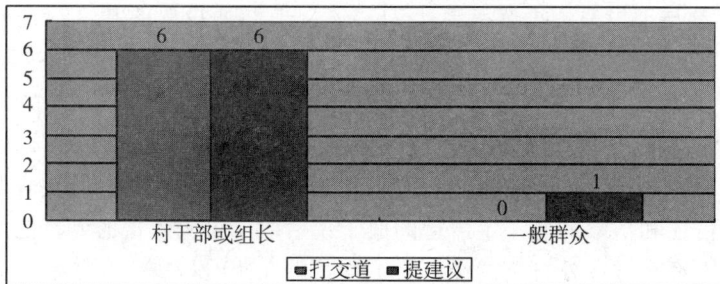

图 2   村组干部与一般群众的政治参与情况

五   村庄的经济情况

（一）债务缠身，村庄难发展

经笔者观察、走访、访谈以及查找文献，得知该村的村庄收入基本都是靠政府的转移支付。该村没有集体企业，也没有乡镇企业，基本无收入来源。2009 年，该村筹资筹劳款为 575700 元，捐赠款物 3000 元，获得的上级补助拨款共有 360000 元，村庄总收入合计为 938700 元；而村庄建设支出为 633000 元，村组干部等误工补助为 18320 元，合计村庄支出为 651320 元，据村主任（兼任该村文书）介绍该村没有原始积累，目前，村庄欠债 42800 元，一年还清款项近 40000 元（去年欠银行 80000

元）。村支书告诉笔者，村里准备向镇上的农村信用社贷款 15 万元，以期把最后一段公路硬化完毕。然而该村的债务问题还没有解决，所以贷款未果。所以村庄债务不仅影响到村庄的发展，甚至影响到村庄的基础建设。

（二）"糊口型"的种植业与"销售型"的养殖业的结合

该村以种植业为主，养殖业、渔业为辅。该村的主要粮食作物有水稻、玉米、小麦（较少）；经济作物有油菜、花生、红薯、时令蔬菜；水果有李子、梨子柑橘；禽类主要为猪、牛、鸡鸭；林特产有桉树、竹子、油樟、桑树等。第一天入村，给笔者留下印象最深刻的莫过于成片成片的玉米地了。一路而上，你会发现只要是有土的地方都种着玉米，无论是干田、旱地还是坡坎上。虽然该村地形受限，但听村干部说该村的土质特别好，特别适合种植水果。该村最有特色的地方就是水果了，有李子（茵红李）、梨子、橘子等，就算果子的个儿不大，但味道绝对上乘。因而该镇成为宜宾市最大的水果供应地之一。

根据笔者所做的 15 份农户问卷以及入户走访发现，该村村民大部分还是以务农为主，外出务工的仅是少部分。特别是国家的粮食直补政策执行以来，有不少农民回家种田。从村干部那了解到，该村常年外出务工的户数为 24 户，与去年相比，有 33 户返乡，常年外出打工的人数为 840 人，可见，很多家庭只是部分成员外出打工。通过笔者统计问卷发现，该村除了少数全家都在外务工的农户外，大部分农户都有"养猪种地"。其中，以种植粮食、水果、蔬菜为主；以养殖（家养）鸡鸭为主，有少数规模养殖（4 户养牛大户和 1 户养鱼大户）。以下是笔者综合问卷得出的两个结论：

第一，该村的种植业属于典型的自给自足的"糊口型"种植业。该村村民种植的粮食只为自给自足，基本不销售。换句话说，外销部分仅限于自己吃不完的部分。其中，种植的水稻基本成了全家一年的口粮；玉米全部用来养猪；菜子用来榨油，自家消费；小麦用来换面；水果自己消费或送亲戚朋友；花生则成为会客的零食。如图 1 所示。根据笔者调查所知，15 户农户中，仅有 1 户销售过自家种的粮食，然而销售的数量很少，不到总产量的 20%。由于该村村民的粮食、水果、蔬菜基本不销售，所以就导致了农业现金收入不高、货币支出压力大。然而由于自给自足，农户用于日常粮食、蔬菜的消费资金也就少了。在调查的 15 户农户中，10 户农户的蔬菜消费金额为 0 元；另外他们用于肉类、食用油以及面粉的消费金额都不高。由于种植部分的收入很少，所以养殖部分的收入则占据农户农业现金收入的大部分。造就该村"糊口型"种植业的原因如下；首先，自古以来的小农的"糊口保底"意识让他们很明确种粮的主要目的：不留足口粮就得挨饿。一农户告诉笔者，由于近年来气候恶劣，经常干旱，很有可能造成一年颗粒无收，所以粮食不能动更不能卖，有粮食在就饿不死。其次，由于该村地处深丘陵，地势偏高，土地粹分化、条块化严重，同时该村的农机具使用率偏低，因而该村规模生产与规模经营发展严重滞后，以上因素造成种植产量不高。最后，市场上粮价不高，尤其是在镇上的集贸市场价格混乱，农民积极性不大；同时又缺乏收粮售粮的正规中介结构，农民信任度也不够。

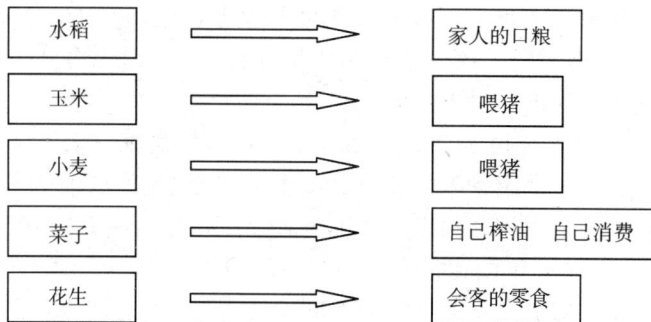

水稻	⟹	家人的口粮
玉米	⟹	喂猪
小麦	⟹	喂猪
菜子	⟹	自己榨油　自己消费
花生	⟹	会客的零食

图 3

　　第二，"销售型"养殖业。这里的养殖业主要指养殖较大数量的猪、牛、鱼等，并在市场上进行销售。换句话说，可以称作为一定的规模养殖与经营。调查期间，村主任和村支书经常带笔者参观该村已经建成的和正在修建的牛棚。该村共有四户养牛大户（其中 2 户规模较大，2 户粗具规模）和一户养鱼大户。另外基本上家家户户都养猪，养猪的目的有二：其一是过年自家消费（主要的年货之一），其二为销售。由于去年猪肉价格较高，该村养猪农户普遍反映养猪赚钱。据笔者对 15 分问卷的统计，该村农户养猪的平均收入为 6000 元左右。另外笔者重点调查了一户养牛大户和一户养鱼大户，发现他们的收入颇丰，基本占据了该村富贾的前几名。其中，养牛大户唐某 2009 年共养殖了 20 条牛，主要品种为山东的黄牛。另外，养鱼大户李某承包鱼塘 38 亩，承包期为 20 年，承包价格为每年 2000 元。主要的养殖品种有草鱼、鲤鱼、花鲢、白鲢等。该户去年养鱼的纯收入高达 80000 元。该村养殖的牛、猪、鱼主要销往县、镇上的集市，其中一部分是作为超市、集市的稳定货源，另一部分则是零售。

（三）规模农业在该村难以发展

该村规模生产程度不高，规模经营落后。该村不管是种植还是养殖，还是以"小打小闹"的家庭单家独户的"糊口型"生产为主。该村有四户养牛大户，两户养鱼大户。这种农业大户还在逐渐增加，目前有几户正在修建自己的牛棚。规模农业在该村何以发展不起来，就笔者分析有以下原因。

第一，该村先天条件不足是规模农业发展不起来的客观原因。该村属于典型的深丘陵地形，地势较高，同时土地粹分化、条块化严重，因而该村的农机具使用率偏低。由于大型农机具使用率偏低，从而导致该村农业机械化水平低下。在调查的 15 户农户中，只有 2 户购买了旋耕机（耕田机），价格分别为 3060 元（2005 年购买）、2500 元（2009 年购买）；2 户购买了收割机，其中 1 户农户是在 2008 年与别人合买的收割机，价格为 1500 元，另一户于 2005 年购买的小型收割机，价格为 600 元。6 户购买了价格在 400 元到 900 元不等的打谷机；1 户购买了玉米脱粒机。如表 4。

第二，该村小农意识严重，大多数农户怕冒风险，重短期利益而非长期利益。该村村干部曾发动过该村农户开展"一村一品"计划，鼓励大家把自家的土地集中起来，进行规模种植。此事最终未果。几位农民告诉笔者，他们不敢就这样把土地让出去，如果收成不像预期那样，那他们保底的口粮可能都无法保证。他们多半采取坐等观望的态度，不敢轻易流转土地。

第三，规模经营的品牌、相关配套方案、运行机制不成熟，农民对此信任度不够。因此大部分农民才不敢轻易流转土地，不是他们不想信任，只是让他们信任放心的基石不够坚实。

第四，无带头人物，缺乏对市场准确的分析和把握。在该村提出搞规模生产与经营的主要还是村干部，村干部之所以会提出这些想法主要还是出于对新农村政策的响应，换句话说缺乏内生的利益激励机制。同时该村缺乏有规模经营头脑的带头人，更缺乏对市场做准确分析的人才，所以最终导致很多不成熟计划的夭折。

表 4　　　　　　　　　　　15 户农户农业机械购买情况

	购买户数	购买时间	购买价格
旋耕机	2	2005 年 2009 年	3060 元 2500 元
收 割 机 （小型）	2	2005 年 2008 年	600 元 1500 元
打谷机	6	2000 年（最早）	
玉米脱粒机、 打米机	1	2002 年	

（四）该村个体私营企业零记录

与邻村新联村不同，该村没有个体私营企业。换句话说，该村的乡镇企业发展滞后。新联村与新龙村毗邻，根据 2005 年喜捷镇主要乡镇企业一览表的统计，新联村的乡镇企业的数量占了全镇的 20%。其中有三家较大的个体私营企业分布在新联村。表 5 为新联村的私营企业情况。为何自然条件如此相似、地理位置如此相近的两个村在乡镇企业的发展上会有如此大的差别？

首先，致富需要领跑者。从表 5 可以发现，三家企业的法人是同一个人，这可以说明该村有积极的领头羊。据笔者了解到，该企业法人李兴海，新联村人，小学文凭，靠自己勤劳的双手白手起家，成为整个喜捷镇、宜宾县乃至宜宾市远近闻名的新富农，他早在 1993 年就建立了自己的建筑装潢公司，然后慢慢地向其他行业扩展。他多次被评为农村致富能手、新农村建设人才。2005 年李兴海被评为全国劳模，2008 年被选为四川宜宾站奥运火炬手。由于此人资产雄厚，所以很多以他牵头的项目、资金都能容易到手。据新龙村村干部说，很多镇上申请不到的资金，新联村都能申请到。

表5		2005 年新联村主要企业一览表		（单位：万元）	
企业名称	企业法人	主要经营项目	喜捷建厂时间	固定资产	年产值
宜宾九彩虹省台农业科技有限公司	李兴海	餐饮、休闲	1999	60	150
宜宾玉龙建筑装饰有限公司	李兴海	建筑、装饰	1993	180	150
宜宾玉龙新茂加油站	李兴海	成品油	1998	25	200

其次，村与村之间也会延续"马太效应"。新联村已经是省级示范村，因此得到了很多的政策优惠和政策倾向。其他村对此羡慕不已。2004年10月，政府出资60余万元帮助新联村建设环形路，硬化公路4.5公里，新建100千瓦的提灌站。喜捷镇22个农村村中只有新联村建成了环形村道，并硬化4.5公里，真正实现了"村村通"、"组组通"和"户户通"，目前新联村正在实施5.9公里的村道硬化工程。每年都有很多上面的领导、学者、机构来新联村调查考察，同时由于交通便利，所以新联村在招商引资上有很大的优势。新龙村村支书告诉笔者，就单论自然条件来说，新龙村比新联村更有优势，新龙村的土质更加好，然而就是缺乏政府的关照，所以发展迟迟跟不上。示范村受人捧，越来越好；非示范村遭冷眼，越来越不受重视。

最后，村庄要发展，还得靠人才。笔者到新联村的农家乐考察过，发现农家乐老板李兴海非常重视人才。很多村民都认为是李兴海一手把新联村致富起来的。同样是李子，在新联村就成了"一村一品"的茵红李，远销成都等大城市；而在新龙村就没落到镇集市上的廉价李子。新联村是茵红李的主要基地，配备有专门的茵红李种植人才和技术，种植、包装、销售都有着严格的分工。换句话说新联村的规模经营已上轨道。李兴海等村带头人注重对市场的实地考察和分析。最开始的茵红李没现在那么出名，在李兴海等带头人的推广下，该品种在宜宾、成都等地打开了销路。如今，该村的李子在未成熟时就已签下订单，具有稳定的销售途径和成熟的销售机制。而在新龙村，家家户户挑着大筐小筐到镇上的集市上零售，不仅销售无保障，价格也大受打压。新联村的茵红李能卖到4元一斤，而新龙村的李子就在2元一斤。新龙村的果农们大受打击，积极性受挫。不重品牌、市场、人才的考量和分析，这样的差别待遇就是必然的结果。

六　村庄之特色现象解析

（一）"手机"现象

手机在农村大行其道，手机通信费高昂，农户使用热情依然不减。首先，该村什么都缺，就是不缺手机。就算家里条件再差，手机话费再高昂，农户们依然对手机不离不弃。手机成了农村的普及品，手机不再是农村的奢侈品。在受访的 15 户农户中，只有两户贫困农户没有手机。有不少家庭甚至人手一部手机。其次，手机的使用率一点不亚于城市。不管有什么大小事，一个电话就搞定了，哪怕只是门对门的邻居。其中有少部分农户经常发短信，但多采用手写方式。手机交流多了，串门的机会就少了。第三，手机作为最便捷、时尚的交流工具，已经得到农户们的普遍认同，所以他们开始偏向于追求手机的款式和多样化功能。带有超大宽屏、照相、MP3、手写功能的国产手机（如：金立手机）应该是他们的首选。这种手机功能多样，价格也较便宜，对于农民来说性价比最高。相对于如今城市追求的简单风，手机华丽炫色时髦的外形，能给农户们带来更多的"面子满足"和视听享受。第四，愿意被通信公司"相对剥削"。经调查，大部分农户手机话费偏高，一般在 50 元每月不足为奇。村干部以及村小组长甚至高达一百元每月。以前赶集才去一次镇上，现在为了充话费就得三天两头地跑镇上。尽管如此，他们好像也没有太大的抱怨，他们反而会笑着对你说：没有办法，电话离不了了。每月几十元的通信费，一年算下来也是一笔不小的费用。所以高昂的电话费已经成了农民们新的负担。

（二）"打贼"现象

"打贼"现象让该村庄治安出奇的好，凸显该村法律意识薄弱。乡土社会需要"法律下乡"，更要"法律意识下乡"。在问到有关村庄治安情况时，大家异口同声地说治安特别好。然而 15 户农户当中 10 户都提及到两三年前常发生的"打贼"事件。两三年前，该村庄经常出现小偷小摸现象，比如偷鸡偷鱼等。听前任村主任说以前大中午经常看到有人光明正大的拿着大网到鱼塘里捞鱼，然后挑着一大箩筐赶着出去。还以为是鱼塘老板，最后才发现不是村子里的人。一般情况下，在发现盗贼后，大家会把他围起来，问他为什么偷鸡，偷鸡贼会说抓几只回去吃。那么大家会起哄让他选择，要么当场把偷来的鸡吃掉，连鸡毛也要吃；要么就集体揍他。最后大家拳打脚踢地打贼，贼一跑他们就拿石头砸。听他们说那几年打死好几个贼，他们说起打贼，个个兴奋激昂，都说那贼打得好。在这些乡土老百姓心中，偷鸡偷鸭就是犯罪。正如费孝通先生所言，中国的乡土社会一向是以礼治，祖祖辈辈形成的传统风俗和习惯框治着人们的言行。农民们心中形成了一套自成的是非对错的原则，现代国家的法律规范在与根深蒂固的习俗对碰时遭遇"瓶颈"。中国正处在乡土社会蜕变的过程中，原有对诉讼的观念还是很坚固地存留在广大的民间，也因之使现代的司法不能彻底推行（摘自费孝通《乡土中国》）。法律条文和法庭下乡多年，乡土社会的礼俗特性和礼治秩序依旧支配着农民的思维。法律意识不扎根、配套的社会结构不改革，国家期盼的法治怕是难下乡了。

　　下面是一段有关该村打贼的访谈录，从中可以看出该村的治安情况、村民薄弱的法律意识以及法律条文、法庭下乡以来遭遇村庄传统习俗的情况。

　　　　笔者：你们村的治安情况怎么样？贼多吗？

　　　　村民甲：好啊，很好。你还别说，前几年打了贼后这贼还真不敢来了，这两年治安特别好。

　　　　笔者：打贼？他们一般都偷什么？

　　　　村民甲：什么都偷，一般都偷鸡啊鱼啊粮食啊。不过，他们都会被我们逮住，逮住我们就开始打。

　　　　笔者：那些贼都是哪儿的？

　　　　村民甲：多半是外地来的，也有外村的。

　　　　笔者：一般都是哪些人动手打？怎么打的？

　　　　村民甲：我们看到都打，一般都是有贼大家大声一嚷嚷，邻居团转的都跑过来了，一人一棒子地打，一人一石头地砸。那贼还真不经打，两下子就打死了。

　　　　笔者：打死？把贼打死了？

　　　　村民甲：嗯，有一次抓到五六个偷鸡贼，打死三个，那石头飞过去，打得他们头破血流，那个爽啊。

　　　　笔者：把贼打死太残忍了，贼也是一条生命啊。打死人是犯法的。

村民甲：谁让他们偷我们鸡呢，该遭！我们才不知道什么法律不法律的，他们偷东西就是该打。我们这儿不讲法律这一套。

笔者：偷你们东西是不对，但应该把贼交给公安机关处理啊。

村民甲：算了吧，交给他们两下就放出来了。

笔者：那你们打死人犯法了，公安机关没来找你们吗？

村民甲：来了的啊，查不到是哪个打死的，我们一人一棒子打的，他敢抓哪个。有一次我们正在拦截一群贼，打得正火的时候，一个跑过来喊不要打了。我们以为是贼的同伙，也开始向他扔石头。幸亏他及时拿出警察证，不然还真把他给打了。

笔者：大叔，你去打贼了吗？

村民甲：（迟疑了一会儿）我没打，我在旁边看了的。

笔者：镇上就没再管这档子事儿吗？

村民甲：县上还来了的，不好管，全村基本都参与了，大家都站出来承认，你不可能都抓嘛，还是只劝我们别打了，杀人犯法。

笔者：现在还打贼吗？

村民甲：贼都没看到了。贼都怕了，还敢来啊，呵呵。

（三）农户语录："勤穷懒富官发财，上正中斜下歪曲"

笔者根据在该村一个星期的问卷和观察对此语录做以下的解读。

首先，越到高层认同感越强。在调查的 15 户农户中，100% 都说喜欢中央政府，喜欢胡主席、温总理，认为中央政策好，想着农民。农户这种认同感和喜好感从上往下依次减弱。有不少农户怀疑中央给予的财政补贴被一层一层的官员吞噬了不少。一个农户给我讲到了这样一个故事：从前一个土郎中给皇帝治好了不治之症，皇帝为了感谢他拿出一个金壶交给丞相让他奖给那个土郎中，丞相瞅瞅金壶，心想：拿个金壶给土农民太奢侈了，最后金壶被丞相换成了银壶，银壶经巡抚过手变成了铜壶，就这样金壶被这么一次一次地转，最后到达土郎中手中的是一只很普通的瓷壶。当然土郎中不知道这一次次转手的过程，心里鄙视的是皇帝，心想堂堂一国之君怎么那么吝啬。有一次笔者碰到一个刚到县城卖完梨子回来的妇女，我问她去年领到多少粮食和母猪补贴，她说："粮食直补 120 元不到，母猪没补贴。"我告诉她：母猪是有补贴的，一头母猪补 50 元。我又问她她家的补贴怎么那么少，她说上面一层一层的这样拨下来能有这么多都不错了。后来谈到她家的人口和土地才发现她家补贴少是有原因的，另外她家的母猪补贴也没有去申请。我告诉她这个粮食和母猪补贴是国家直接打到农户的账户上的，基本上不会少给你们，她很不屑地说谁知道镇上县上的官老爷们贪不贪。从这个例子可以看出农民对下层尤其是越往基层的政府信任度很差，另一方面也凸显了农民对中央的政策只知其然不知其所以然。他们只是知道中央有这么个惠农政策，不知道政策实施的相关程序、步骤以及相关配套措施。

其次，"勤穷懒富官发财"：勤快的贫穷，懒惰的反而富裕，当官才会发财。农民的仇富、仇官心理（情结）可见一斑。同时这也深刻地反映了目前农民的致富思想的局限和片面，他们认为只要任劳任怨勤勤恳恳的在庄稼地里劳作就能发家致富，其实他们已经被目前"种粮不挣钱"的事实重重地扇了一个耳光。他们迫切需解放思想，破除那种"只要守着一亩三分地就会饿不死"的旧思想，开辟一条新的致富之路。换句话说他们应该更多地从自身找原因，而不是抱怨天理不公。本村大多数农民起早贪黑种了山前种山后，一年下来也就混个饿不死，而该村有几户养殖大户（养鱼、养牛）搞起的规模养殖收入不菲也说明了这个道理。看来怎样开辟一条新路子以适应新时代的发展才是大多数农民致富脱贫的新出路。

参考文献：

［1］费孝通：《乡土中国 生育制度》，北京大学出版社 1998 年版。

［2］《喜捷镇镇志》（1986—2005）（未刊）。

［3］宜宾市百度百科：http：//baike. baidu. com/view/19388. htm。

［4］宜宾县百度百科：http：//baike. baidu. com/view/72109. htm。

甘肃省敦煌市七里镇杜家墩村调查报告[①]

一 村庄地理与文化景象

杜家墩村位于敦煌市西南 2.5 公里处，七里镇东部，距镇政府仅 1.2公里，南北长约 3 公里，东西宽约 1.6 公里，全村总面积约 5 平方公里。该村与杨家桥乡隔党河古道相望，北邻三号桥村，西邻南台堡村，东北邻白马塔村，西北方向是铁家堡村及石油局敦煌基地。

（一）村庄的自然气候[②]

村子属于典型的大陆性气候，总的气候特点是：太阳辐射强，光照充足；热量较丰富，但不稳定，无霜期；降水少，变率大；蒸发强烈，灾害频繁。四季气候分配很均匀，冬季特长，秋季很短，其特点是：春季气候干燥多变，风沙大；夏季异常酷热，雨量集中，多高温天气；秋季晴朗少雨，凉且风力小；冬季严寒干燥，降雪稀少。年平均气温 9.4℃，1 月平均气温为 - 9.3℃，7 月平均气温为 24.7℃。全年平均日照时数为 3246.7。年均降水量为 39.3 毫米，年际降水变率达 45.4%，降水一般 7 月最多，12 月最少，各月降水变化在 80% 以上。平均相对湿度 40%。历年降雪初日在 11 月 14 日，终日 3 月 26 日，积雪深度一般为 1—2 厘米，一年平均积雪日数为 10.4 天；年均蒸发量为 2486 毫米，是年降水量的 60倍，为干旱区。

该村主要农业气象灾害为霜冻和沙暴。轻霜冻几乎每年都发生。1955—1980 年 26 年中霜冻成灾的有 14 年，占总年数的 53.8%，一般

① 作者：李东泽，西北师范大学政法学院社会学专业 2008 级硕士研究生。
② 主要参考《敦煌市志》，新华出版社 1994 年版，第 82—89 页；《敦煌志》，中华书局2008 年版，第 111 页。

四五月和九十月份出现概率较大。几年前该村一大批桃树被冻死，2008年的冻害就造成李广杏价格的飙升。因敦煌四周多沙漠戈壁，大风发生时常伴有沙暴，1954—1980 年 27 年间，八级以上大风，3—5 月出现198 次，平均每年 7.4 次，每年 3—5 月为沙暴频发季节。另据《敦煌志》（p111）载，2001 年，原习滩村部分棉田发生棉铃虫害，损失较大。

（二）村庄交通、人口与灌溉状况

2005 年建成的 314 省道贯穿全境，省道以北是 1—8 组，以南为 9、10 组。村庄公路里程约为 15 公里，已实现了"组组通"。村内干道（约8 公里）已实现硬化，宽度为 3—4 米。总体印象是：1—8 组的路面笔直且硬化率高，而 9 组和 10 组多分散住户，路面硬化率低。

该村通往敦煌市（2.5 公里）、七里镇（1.2 公里）和鸣沙山景区（9公里）的交通十分便利。沿着葱茏的农田向村东南望去，便见鸣沙山刀刃般的山脊，连绵起伏，如虬龙蜿蜒。但这是一个"三不沾"的村子：离市、镇、景区都不远，但并不紧靠，处于这三角的中心地带，因而是一个农业型的村子。邻村南台堡、铁家堡村紧挨七里镇，几年前，铁家堡村上百户人家就搬进了水、电、暖、气、电话全通的小康住宅楼了。分布紧凑的白马塔村靠近市区，商贸、流通、饮食业较为发达。敦七公路穿过的三号桥村，公路沿线的汽车、车辆服务等行业已成规模，几乎将敦煌市与七里镇连成一片。

2007 年原习滩村并入原杜家墩村，村庄现辖有 10 个村民小组（现6—10 组就属原习滩村），共 817 户，2872 人，耕地 5526 亩。民族成分单一（为汉族），仅有一户魏姓回民。村子虽名为杜家墩，然杜姓人很少，姓氏庞杂，有邱、于、习、马、孔、杨、秦等 30 多个，其中邱、于二姓人数相对多一点，可勉强算作大姓，然并无宗族组织，对村治无明显影响。

村庄灌溉系统较为发达，主要是党河水漫灌，20% 左右为地下水抽灌。西干渠流经该村西界，全村共有灌溉水井 42 眼。硬化沟渠长度约 26千米，已实现了"组组通"。田间地头更是土渠纵横，全村所有耕地均能实现灌溉。灌溉沟渠往往与村内公路并行，不少渠边长着一排排挺拔的白杨树，据说这些渠以前曾是土渠，植树是为了固渠。

（三）村庄历史、地名由来、方言特点

敦煌曾有过汉唐时的繁荣辉煌，然而元代以前的汉唐子孙早已烟火继传。清雍正三年（1725 年），从甘肃 56 州县移民 2405 户至敦煌，并各以移民原籍名其坊，设"隅、坊"制。从清代时所设坊名的词义看，都体现万民丰衣、安居乐业之心愿和追忆祖籍之情感。

岷州坊[①]

史前文化出岷县，药乡当归名千年。

岷山导江县得名，良田万顷盛产棉。

洮州坊

卓尼意为马尾松，羌戎据聚洮州郡。

人文色彩丹珠尔，寺树地寺召乃名。

据清道光《敦煌县志》各坊位置图，东北隅岷州坊，大致为现在的杜家墩村 1—5 组，洮州坊为现在的 6—10 组、南台堡村 4 组和杨家桥乡月牙泉村。也就是说，现杜家墩村 1—5 组的大部分居民是甘肃省岷州（现岷县）移民的后代。清朝后期，敦煌孤悬于河西走廊西端，远离军事重地，州府鞭长莫及，兵匪灾祸频频发生，敦煌农民为了预防兵匪灾祸，保护自己生命财产安全，纷纷在居住地修筑了一些"堡子"或烽火墩。危难时供家人避难、藏粮之用，这些墩多为上下两层，有门，有垛口、枪眼可供防守。这些"堡"或"墩"都是以所修者的姓氏命名。光绪年间，因当地杜姓家族在此地修筑烽火墩，故命名为"杜家墩"[②]（这种"××墩"的村在敦煌还有不少，如：窦家墩、秦家墩、李家墩、雷家墩、代家墩）。原杜家墩村土改时属三区三乡二行政，1955 年建杜家墩初级社，1957 年杜家墩高级社，1958 年为敦煌人民公社党河大队杜家墩生产队，1961 年为党河人民公社杜家墩大队，1966 年改为东方红大队，1969 年恢

---

① 阎国权主编：《敦煌二千一百年》，新华出版社 2000 年版，第 267 页。

② "敦煌市各乡镇村来历"：甘肃省酒泉市敦煌网：http：//dunhuang. 678114. com/Html/zhengfu/gaikuang/20100701BC2873B1_ 2. htm，另见天涯社区，http：//bbs. city. tianya. cn/tianyacity/Content/5078/1/135. shtml。

复为杜家墩大队，1983 年 3 月撤大队设杜家墩村。

而现杜家墩 6、7、8 组（属原习滩村）大部分居民的祖先是从甘肃省洮州厅［驻当时的卓尼司（现卓尼县）旧洮州堡（现临潭县）一带］迁入的，称洮州坊；9、10 组居民的祖先是从甘肃省安化县（现庆阳市）迁入的，称西安化坊。有敦煌人常开玩笑地说自己是被发配边疆的犯人的后代。原习滩村土改时属三区三乡三行政，1955 年建习家堡、安化滩二个初级社，1957 年并转为习滩（习家堡与安化滩两地合并，原两地名取一字，故名）高级社，1958 年为敦煌人民公社党河大队习滩生产队，1966 年更名为党河人民公社红光大队，1969 年恢复为习滩大队，1983 年 3 月撤大队设习滩村。

1986 年 2 月，撤销党河乡党委，成立七里镇党委（副县级），自此，杜家墩村成为七里镇所辖之行政村。2007 年，原习滩村并入原杜家墩村，原习滩村成为现杜家墩的 6—10 组，然而不少村民在两年后才知此事，有村民半开玩笑地说："'杜家墩村'的牌子挂在我们习滩村口时，知道我们也是杜家墩人了。"名为两村合并，毕竟是习滩并入杜家墩，在合并后的村庄内相对处于劣势（这一点在合并后的四位核心干部的权力结构中可以看出来）。原习滩村的道路状况较差，发展受限，老支书曾说习滩以前就不是个像样的村庄，合并后，从原习滩通往杜家墩的交通衔接很成问题，2009 年通过一事一议筹资筹劳的形式完成了连接 1 组通往 6 组（原习滩 1 组）的村东弯道铺油硬化，不过从原习滩通往村部的道路依然像"走环城路"。合并后的村子或可称为"半熟人社会"，"杜家墩"和"习滩"作为长久存在的自然村，依然影响着人们对村庄共同体的认同与归属。笔者发现，原杜家墩人依然称习滩村为"其他队"，原习滩人依然称自己"我们习滩"。有村干部曾向上面建议将两村分开，说是村子太大了，村子大，村干部工作量固然大，但更深层的原因似乎是原习滩略显落后，改善原习滩基础设施的投入会分割原杜家墩的资源。

据《敦煌市志》，雍正年间移民时，由黄河以东来的移民，居党河以东；黄河以西来者居党河以西，形成了以党河为界的"河西话"和"河东话"，河西话具有河西走廊土语群的特点，主要是肃州镇与孟家桥乡，其余地方（包括杜家墩村）说圆润的"河东话"。两种话各自有较稳定的特点，笔者曾接触过孟家桥和杨家桥人，两种口音还是有一定区别的，不过由于同处一地，且均属北方方言区西北次方言区的"秦陇语系"，可以说是大同小异。

杜家墩村的亲属称谓和方言带有河西走廊特色，最明显的如：称伯伯为"大老"（伯母为大妈）；人们常说的"跑"实意为"走"，是步行的意思；"喧谎"意为聊天。其他称谓有：称小孩为"娃娃"，称男孩子为"娃子"。此外，指称小动物时，常用"娃子"尾，与普通话"儿"相当。如：鸡娃子（小鸡儿）、驴娃子（小驴儿）、狗娃子（小狗儿）。

二 村庄经济

（一）调整中的种植结构

杜家墩村耕地面积为 5526 亩，全部为水浇地。户均 8.3 亩，人均 2.38 亩。村子 1—8 组耕地属"城郊灌淤土高肥区"，也是基本农田保护区。9、10 组则是中低产田改造区，需要深耕改土，提高地力，不过因含沙量适中，适合葡萄栽植，且已渐成气候，与西南部党河古道沿线的秦家湾、大庙、南台堡等村连成一片带状的葡萄区。

比起邻村，杜家墩是一个发展中的纯农业村，目前在七里镇处于中等偏下发展水平。村内没有二三产业，也不是专业村，产业结构呈多元化。村民的收入来源有：棉花、葡萄、果蔬、养殖、运输、打工等。普通农家的情况是：种几亩棉花，养几只羊，种点菜，偶尔在邻近地区短期务工。2009 年人均纯收入为 6622 元，这是官方说法，村民们多认为这是毛收入。此外，村庄没有集体统一经营性收入。1981 年，村里曾建成一座砖窑。自 2005 年村内桃花源的盐棉厂、钢床厂倒闭后，村里没有任何企业或小工厂。该村靠近七里镇，没有属于本村的集市，村内仅有 11 个小商店。

据说，20 年前村里主要种植小麦，10 年前棉花种植已成规模。目前主要种植棉花、葡萄和果蔬类，很少种植粮食作物，偶尔也有少数人家为了倒茬，种一点玉米或小麦。棉花是最普遍的种植作物，是村民保障基本生活的主要经济来源。目前棉花一般亩产 650 斤，单价 2.7 元/斤左右，一般纯收入约为 650 元/亩。仅种植棉花这一单一作物的家庭，其收入往往较低。7—10 组较早栽植葡萄和桃、杏，1—5 组种菜较多。不过，种植结构正处于调整中。从 1998 年起敦煌市委、市政府开始调整种植结构，发展葡萄产业，力图将敦煌打造成西北最具特色的鲜食葡萄基地。笔者所知的扶持政策是：政府给予每株葡萄苗 1.5 元的补贴，并定期给予技术服务。近三年来，村民们响应号召，在棉花地里套种葡萄，全村目前已栽植约 2000 亩，预计到 2011 年大面积上市。确如镇政府所言，2009 年是全力打造红地球葡萄专业镇的关键一年。可以预知的是，未来该村的主要农作物将是：葡萄、棉花和果蔬。

面对全敦煌大面积倡导葡萄种植的形势，村民们对销售问题有诸多担忧。一位村民说：你光是推广，推广出来要销售啊，你说现在这葡萄，敦煌推广了几万亩，一亩产四五千斤，我看你推广，两年后葡萄哪里去呢？敦煌就十几万人嘛，农民就七八万，农民都有哩，呵呵，你不外销，往哪销？敦煌市场一天能销几千斤葡萄？你把销售抓好，不用你倡导，那些人就把葡萄栽上了，你信不信？你销售跟不上，把人们积极性打击，又挖掉了嘛。销售跟上，一亩地就 4000 斤算，两万块，哪个农民不用你喊就种开了。销售跟不上，光喊着让我种，我有五亩地，全部种上，种上将来销不掉，我吃啥哩？问题在这呢，销售就是最大的问题。

（二）崛起中的南方特菜基地

村里，家家户户或多或少都种点蔬菜，最常见的是：茄子、辣子、西红柿、豆角等。因此他们平时的饭桌上至少会有一道菜。

早在 20 世纪 90 年代初期，该村就有人大胆引种南方菜。到 2003 年，村里的蔬菜种植渐成气候，现已形成集新技术应用、新品种引进、示范、推广于一体的"七里镇温室特菜示范园区"，该区连片种植特菜近 300 亩，大棚 260 座（220 亩），拱棚 90 座（126 亩），大田菜 826 亩。已实现了由叶菜类特菜向果菜类特菜种植的转变，目前栽培种植的特菜品种近二十个：空心菜、木耳菜、茼蒿、油麦菜、冬瓜、苦瓜、瓠子瓜、丝瓜、南瓜、佛手瓜、菜花、扇茄、菜苔、樱桃番茄、豇豆、荷兰豆等。为了增加特菜花色品种，进一步提高特菜种植效益，市农技中心又从山东等地引进了特色蔬菜新品种 9 个开展试验示范，其中彩色豇豆品种 3 个，苦瓜品种 2 个，樱桃番茄品种 2 个，花椰菜和砍瓜品种各 1 个。现已形成全市唯一的南方特菜基地，年总产量达 3000 多吨，不仅供应敦煌市场，还远销青海、西藏等地，特菜种植已成为菜农增收的有效途径。据了解，大田特菜亩收入达 4500 元，温室蔬菜亩收入近 1 万元，示范户温室特菜亩均收入达 1.2 万元。另外，特菜种植也引导了人们的消费习惯，有村民说："现在本地人也吃南方菜了！"

2009 年，为加强园区基础设施建设，统一规划修建缓冲房 34 座；整修 1.6 公里沙石道路并铺油硬化核心区 210 米道路；改造 U 型渠 200 米；对核心区 47 座温室临路山墙全部进行了改造美化；配套安装自动卷帘机 56 套；建成特菜新品种引示范田 2 亩，示范品种 16 个，种植规范化示范田 200 亩；购买葡萄种苗，在核心区每座温室前栽植了紫地球葡萄；建成特菜种植技术展示长廊，推广示范有机无土栽培技术。还招商引资 320 万元，启动以恒温库建设和蔬菜交易市场建设为主的蔬菜综合批发市场建设，目前已建成 6 间、180 平方米、库容 360 吨的恒温库。

2009 年 8 月，在杜家墩村特菜协会（2006 年成立）会员 14 人的基础上注册成立了"田园南方特菜农民专业合作社"。现有社员 218 名①。合作社的理事会、监事会、生产部、营销部、质量部、后勤部、财务部等管理层部门的负责人基本上是由村组干部和种植大户、能人担任。合作社有一系列的成文制度挂在合作社办公室内：合作社章程、成立大会纪要、考勤制度、业务会议制度、采购进货人员管理制度、生产销售管理制度、财务管理制度、社员（代表）大会制度、理事会和监事会工作制度、议事规则制度、社员盈余分配制度、培训学习制度、社务公开制度、社员管理联系制度、档案管理制度等。

2010 年，合作社与青海石油局敦煌基地签订了菜篮子供菜合同。因成立不久，合作社既没有统一购买生产资料和销售农产品，也没有社员入股和提取公积金制度，社员与合作社也没有签订合同。有人说成立合作社是为了以合作社的名义申请资金。

（三）富裕户来自运输业、建筑业和经营大户

村里人均耕地 2.38 亩，且都种植经济作物，这些作物需要投入大量的劳动，收入也高于粮食作物，所以村里人长年外出打工者较少（全村约 100 多人）。家里有多余劳动力或有农闲时间时，就在敦煌市范围内打工。而多年从事运输、建筑行业的村民占了村里富裕户的很大比例。大概有 26 户人家有 5 吨以上的大货车，年收入达 10 万元以上，很多家庭已有小汽车了。户主长年在外跑生意或开工程车，妻子在家务农，料理家务。

---

① 所谓社员其实也就是村里的种菜农户，他们和普通村民没有什么区别，也只是在上报材料中挂个名。

另外，经营大户也是村里的富裕户。全村专业大户经营规模情况，如下表所示：

名 称	棉花	葡萄	蔬菜	羊	猪	鸡	牛	骆驼
大户规模	20亩	150亩	8亩	900只	130头	800只	5头	30头

（四）3—11月农事繁忙

村里人3月播种棉花，5月已有早熟的李广杏，到7月全面成熟上市，8月中旬，葡萄成熟，一般在8月20日后销售旺季到来，到"十一"前后销售期基本结束。从9月中旬开始采摘棉花，历时两个月，这是全村人最忙、最累人的时候，据说，有些人家天不亮就带上干粮上地，甚至忙到深夜。十一二月拨根、清膜后深犁耕地。

随着农药、化肥价格的上升，加上棉花产量不升反降，再加上棉花市场的波动，导致收入减少。据计算2004年亩纯收入1080元，2008年为620元，减少了43%[①]。事实上，即使同在一村的农户之间，棉花收入也有差距。有些农户自称棉花纯收入仅有三百元左右（不包括劳动力投入），这也应了一位老伯的一句话："土地这东西，你管理好，它养活你哩，管理不好，它反过来吃你哩……"无怪乎一些农民感叹："农民很苦！""下辈子不做农民了！"

村民们犁地主要用四轮拖拉机，全村大概94%的农户有小型四轮拖拉机。除此之外，几乎每家每户还有大小不一的三轮摩托车，主要用于运送果蔬、草料和到市镇购销的小件用品，施肥、打药、收获果蔬时，往往将其开到田间地头。

（五）没落的桃花源

现杜家墩的6—10组为原习滩村，提起习滩的桃花源，人们往往脱口而出："那以前好，相当好！"同时也流露出对其破产的惋惜之情。桃花源绿树环抱，环境静谧，可谓是离七里镇最近的世外桃源。

桃花源原是七里镇林场的一大片桃园（据说全敦煌最大），桃花源以

①　新华网甘肃频道：http：//www. gs. xinhuanet. com/zgdh/2008—09/10/content _ 14364852. htm。

前的主人段绪仁（现杜家墩 9 组人）就住在桃园附近。电焊工的出身他于 1991 年开办钢床厂。他有着传统的家族观，考虑到该桃园离祖坟近，便于守坟，同时希望做出点业绩，使兄弟们进可出人头地，退可养家糊口，段老如是说："即使其他行业不行了，土地毕竟能保本。"1997 年，他承包了该桃园，后来开垦旁边的荒滩 100 多亩，共 200 亩。也是在 1997 年，他开办盐棉保温材料厂、养殖场（养猪、羊、羊、狗、獭兔）和农家园。其中，《敦煌志》（p289）记载了成功综合养殖场辉煌的过去。

2000 年以前，以饲养良种猪为主，年饲养量近百头，采用全封闭式猪舍、机械通风、自控照明、自动饮水工厂化养殖方式。1997 年至 2000 年累计向社会提供良种仔猪 1200 头，为市场提供商品猪 3700 头，带动发展养猪专业户 45 户。2000 后，该公司把目光投向外地优良畜种小尾寒羊和獭兔的养殖，投资对原有的猪舍进行改建，从山东购进小尾寒羊 245 只，从河北购进獭兔 200 只，采用科学方法精心饲养，取得成功。2002 年，该场累计向社会提供小尾寒羊种羊 987 只，商品羊 200 只，良种獭兔 480 只，带动发展獭兔养殖户 15 户。为敦煌地区良种畜禽扩繁起到了积极的辐射带动作用。

2000 年依托桃园搞农家园建设，修建了 9 个蒙古包、1 个餐厅、8 个凉亭。他先后共开挖、衬砌灌溉水渠 3 公里。2001 年打了一眼机井，为了扩大桃园面积，引进新优品种近百亩，兴建了 100 亩的葡萄长廊。他先后请名家将自作的两首桃花源诗写于大门的照壁上。2002 年，他又将三危山下《英雄》剧组留下的两座箭楼搬回园中，修复好以后，可让游人俯看园中全景，隔党河古道，望鸣沙美景。如画的景色，浓郁的文化氛围带动了旅游观光的发展，连周边县市的人也先后慕名而来。在市、镇两级政府和信贷部门的大力支持下，先后举办了桃花会、赛诗会等文化活动，使桃花源声名鹊起，曾经还有收过门票的记录。2001—2003 年间，是桃花源发展最好的时期，期间接待过全国政协副主席、中央农业开发办主任和省开发办主任等领导。三厂一园共吸纳全村及邻村 70 多人就业（来自原习滩、杜家墩、铁家堡村），毛收入达 100 万元。2003 年的《甘肃农民报》和《甘肃日报》还刊登过相关报道。

从 2004 年开始，段老开始患病，不能时常查看各厂，遂有将各厂承包出去的念头，而他的几个兄弟自告奋勇前来承包。此后，桃花源渐渐走向了衰落。一场冻害冻死不少桃树，遂将桃树挖掉，现已所剩无几，桃园已改种棉花和葡萄，养殖场的厂房由小养殖户承租。昔日的"桃花源"名存实亡，夕阳下的亭楼、蒙古包内的积尘徒增几分荒芜与悲凉。

关于桃花源的衰落，外人言："兄弟们管理不善，经营有问题"、"官比民多，什么厂长、董事长的"、"兄弟们各存私心，各顾各的，挥霍钱财……"。听说当时养殖场的羊因无料而发生羊吃羊毛的惨状。平素善良的段老无奈之下将其不争气的四弟告上法庭。段老年近60岁，目前还负债十几万。有人对段老说："你若是没病，肯定不会陷入现在这个困境"，他则认为自己观念有问题。

三　村庄政治

杜家墩村村部位于居民较为集中的二、三、四组的接合部，村部对面是杜家墩小学。村部院门有村党支部和村委会的牌子，党支部的牌子在右侧，字体为红色，村委会牌子在左侧，黑色字体（敦煌其他村也是这种风格）。院内正对大门有一大间会议室，内有奖牌："2007年度先进集体奖"、2008年"七里镇庆三八健身操舞比赛组织奖"。村主任、书记、文书、妇代主任和合作社都有各自的办公室。书记室有2008年敦煌市委颁发的"先进基层党组织"的奖牌，还有电脑一台，2008年通了网线。村部还有"农村党员干部现代远程教育终端接收点，农村商务信息服务工程信息服务点"。

（一）宏观政治结构

2007年，习滩村并入杜家墩村。2008年12月，合并后的杜家墩村进行了换届选举，选出了4位核心村干部。考虑到合并后过渡期工作的顺利开展，村支书和主任分别来自合并前的两村（据说这是敦煌合村并组后的普遍做法）。有表如下：

姓名	性别	年龄	学历	职务	所在组	参加工作时间	工资（元/月）
邱平	男	43	高中	书记	5组	1998	450
孔正力	男	51	初中	主任	7组（原习滩村2组）	2003	450
胡占成	男	43	初中	副书记、文书	5组	2002	340
秦玉玲	女	50	高中	妇代会主任	9组（原习滩村4组）	2002	240

　　合并后的杜家墩村基本属于"党强村弱"型，虽然强弱态势差距不大，但毕竟在村民心目中是习滩村并入杜家墩村，村部仍是原杜家墩村村部，何况村支书及其任命的文书都来自原杜家墩村。2009 年初次调研时，村部都没有村委会的牌子，只有党支部的牌子。事实上，村主任也认同党支部书记是一把手，包括主任在内的村委一半成员也是支委成员。笔者目前也没有发现支委与村委分裂与冲突的地方。

　　全村现有村组干部 14 人（4 位核心干部和 10 个小组长），村干部平均年龄 44 岁。共有党员 108 名，其中 30 岁以下的党员 70 人。村党支部换届采取党内直选的方式，村委会换届时，先推荐候选人，再由村民选举。支委、村委人数均为 9 人，其中 4 人交叉任职。支委成员是：书记、主任、文书、妇代会主任、3 组组长、其他四名党员。村委成员是：主任，文书，妇代会主任，1、3、4、6、8、10 组组长。不过有些人可能并不关心这些组织设置，因为"管事的也就那几个人"（书记、主任、文书、妇女主任，其次是组长），曾见到一个村民的书面材料中这样写道："村委会书记邱平。"连有些组长也不太清楚支委成员，说"不关心这个"，"委员们白白挂了个名字，挂了三年……事实上他们也没说话的份"。

　　另外，大部分村组干部还在该村的合作社中任职。书记和主任分别兼任合作社的正、副理事长，文书兼任监事长，妇代主任、1、3、4 组组长是理事会、监事会成员。

　　从 2008 年起，村上先后委任了三名大学生村官（一男两女），平时都在镇政府工作，在村内矛盾纠纷稳控中，他们是包案责任成员①。除村组干部外，普通村民都不认识，但也听说过"村官"这个职务。

　　村民自治体系包括 4 个工作委员会和 4 个民主监督组织。前者包括：人民调解工作委员会、计生社会福利工作委员会、治安保卫工作委员会、公共卫生工作委员会，前两者的主任委员由村支书兼任，共 25 人。后者包括：村民代表会议、村民议事小组、村务公开监督小组、民主理财小组，约 30 人（与工作委员会人员有交叉）。许多无职党员和前任村干部充任到这些工作委员会和监督组织中。不过，民主理财小组并不具有真正

---

　　①　包案责任人一般是村支书或主任，重大矛盾纠纷中镇政府领导亲自挂帅，村官的"包案责任成员"身份则主要保留在文字材料中。

的批准、查账和处理权力。

村部院内、办公室、会议室内有不少"贴在墙上的制度"："设置群众意见箱2个，监督电话1个，设立党风廉政村务公开等各类监督岗位5个，监督员15名"，村党支部、村委会工作总结制度、村民议事和民主决策制度、村务公开定期检查、督察制度、民主评议村干部制度、村务十公开制度、流动党员管理制度、信访接待制度、乡村干部廉洁自律规定、低保申请和审批操作流程、人民调解和综合治理流程图，还有村干部"五带头、十不准"倡议等。对此，大部分村民并不知晓，村干部也说"都是上面的意思"。

（二）日常村务生活

虽然村支书是村庄里的一把手，但他不常露面。村主任、文书和组长是村庄具体事务的操办者，村民们更多的是跟他们打交道。组长是联系村民和村干部之间的纽带，平时主要负责宣传政府的种植扶持政策，并和其他党员起模范带头作用，召集人们按时参加技术培训，收缴水费，通知村民适时放水灌溉等。另外，调解村民间的纠纷是村干部的一项经常性的任务，据说平均一月就有三到四次民事调解。村民习惯上依然称组长为"队长"，而年龄大一些的村干部也常称村民为"社员"。一些不识字的老年人仍然称村委会为"大队"，称镇政府为"公社"。

平时在村部里面没有值班人员，一旦有事召集，村干部能在几分钟内骑摩托车赶到。经常性的村务会议常在下午三点半以后在村部召集。关于新近的集体林权制度改革，村上召开了两次关于林权改革的村组干部会议：一次为宣传政策，一次为确定村集体没有集体林，因此无林可分。

据村干部介绍，2009召开全体党员会5次，村民代表大会7次，两委联席会议3次，主要商讨道路修建、低保户评定、新农村建设等事宜；民主评议两委2次，妇代会2次，村民大会3次。事实上，村民大会是召集不起来的，村干部也认为即使召集起来，也是人多嘴杂，解决不了问题。老支书曾说："现在没事就别开会，一旦开会，一些地头蛇就煽动、惹事，得罪人哩！你不开会，最多背后骂几句……所以村干部学尖①了，我就不开会……"所以日常村务多由书记、主任、文书和10个组长决

---

① 在西北大部分地区的方言中，"尖"意为：精明。

定。另外，每年镇上召开三四次三级会议，现任村组干部和离任的村支书、主任都去参加。

（三）村务公开内容与形式化

全村有公开栏一个，分党务、村务、财务公开三项，设在村部内。党务公开内容有：发展党员公示、入党积极分子、预备党员、转正党员、年优秀党员名单等①。村务公开内容有：享受补助的离任村干部名单，低保、五保，大病救助，救灾救济款物发放，优抚征兵，种粮补贴资金发放，粮种补贴，新型农村合作医疗报销，退耕还林、还草，宅基地审批，选拔安置纯农户零就业家庭、本科生公示等。财务公开内容主要涉及年度债权债务。一些人说村务不公开，是因为他们忙于农事，没有人会专门去看公开栏。而事实上，如里村委会没人，院门是紧锁的，一般人也看不到那整整齐齐的公开栏。院外张贴的"2010 年敦煌市农村居民生活最低保障须知"也被人撕毁。

全村有 10 多户独生子女家庭，30 多户残疾人家庭，大部分是低保户。全村共有低保户 132 户，低保人数 365 人。据村干部介绍，低保户一季度一评，平均标准 55 元/人·月，具体分三个标准：A 级标准 60—70元/人·月不等，B 级标准 50—60 元/人·月不等，C 级标准 40—50 元/人·月不等。全村五保户数为 13 户，人数 13 人，标准 166.67 元/人·月。

2010 年 1 月，八组群众要求审计和公开历年财务，镇政府的处理情况是：财务全部审计完毕，待春节过后公布。

（四）村民的政治文化

1. 对政府的评价。对各级政府的评价中，村民普遍认为最差的要数村庄一级。他们认为村干部的表现差强人意，比起大多数村民，他们是较有能力的，但也算不上强人和能人，"村子嘛，还能怎样！"言下之意是，不要期望过高。对选举的评价也难以用"很好……很差"等词语来表达，常说："还能咋弄，就这个样子呗！""就那选法嘛，再咋做呢？""不太

---

① 根据公示，2009 年入党积极分子 5 人（多是组长），预备党员 3 人，转正党员 4 人，优秀党员 5 人。

懂"……对村委会工作的评价，也常听说："就那样吧"，"不知道，不关心"，"队长喊着浇水，就去，谁知道村上干啥"。

听到最多的一句话是："上面政策对着哩，政策是好政策，下面实行起来就不行了！"不少人说自己听了中央的惠农政策后是"热血沸腾"，而现实的落差使他们毫不犹豫地断言是"歪嘴和尚把经念歪了"。不过有些人的说法也比较审慎，他们认为中央、省级政府"天高皇帝远"，没打过交道，并且各级政府各司其职，不宜做好坏之评价，近年来农民也得到了惠农政策的好处，一些温和的人常说："都好着哩。"

2. 意见较大的低保。笔者在走访中发现，在低保户的评定上，不少村民意见较大。有人认为，"动弹不得的老人、残疾人、双女户不能享受低保，干部想给谁就给谁，他的朋友啦、亲戚啦、关系好的人……年轻的人等着吃低保，七八十岁的老人享受不上……我们这地方太普遍了……钱不多，弄不公平，真个心里不平衡"。想吃低保而没评上低保的人普遍认为，低保户都是关系户，要吃上低保就得给村干部送礼。有户人家说他多次申请都未评上低保，周围人都说："像你们的情况，该吃低保了"，并告诉他直接去民政局反映，不过他害怕村干部得知此事后，反而评不上低保，没去反映。而有些吃了低保的人，同样也有不满，原因是他听说"别的地方的低保户拿的钱多，都是一个敦煌人，为什么我拿得少？"

低保户评定的分歧就在于除确实特别困难的家庭外的一批"比较贫困"的家庭。都说自己贫困，都想争取低保名额，于是评定标准变为：老人的年龄。家里有七八十岁的老人且没有拖欠水费的家庭就有可能成为低保户。当地一官员的说法是，这样的低保"造成了新的不平等……把淳朴的民情、纯美的道德一扫而光了！"一村组长也说，"人们都希望优惠多一些，拿了钱还感觉太少，给他一二百，他觉得怎么才给一二百，好像国家你应该给我钱……一些人眼巴巴地等着低保，哎，人的意识都成这个状态了！"

另外，许多村民对谁家是低保户，并不清楚，"有些人家悄悄吃了几年低保，我们还不知道"。不过每季度的低保名单全都公布在村委会公开栏了，他们不去看也就不知道了。据笔者打听与观察，低保户大多为老人、残疾人家庭。

3. 淡漠的村庄选举。村民政治参与淡漠的主要表现是：选民投票积极性低。虽然村委会的上报资料显示参加投票 1976 人，投票率 100%

（包括流动票箱），而事实上这是不可能的，调研也没有印证这一点。村民们大多不关心选举，他们认为参不参加对自己并无实际好处。村民们只关心看得见摸得着的好处。

也有少数人愿意竞选，说是想"混得有人气"，10 个组长中仅有 3 个愿意参加下届竞选，其他组长都不愿继续当下去或者说积极性不高，主要原因是：报酬低（240—280 元/月），有位组长说一年的工资还不如公务员一个月的收入。有些甚至是"被迫当选"，被选上了，碍于村主任的面子，就只好干了。

关于"村委会选举搞不搞都一样"这一问题的回答，各组长"不赞成"，多数人认为或多或少有一点意义，即使对自己没什么实际好处。也有人兴奋地说"太对了！"他们认为人选都是镇上内定的，假如选不上指定人选，就会宣布选举无效。而一位副镇长认为村委会选举是中国最民主的选举，选出来的结果，镇政府无权干涉。有位组长说，有些选民在选举时，不负责任地乱填，填一些在正常人看来是不该当选的人，完全是嘲弄、戏谑政府。

4. "朝里有人"——农民行动的一个方面。在乡土社会中，农民如果"朝里有人"，这个"人"就成了农民行动的重要资源。这种资源可以服务于公益。杜家墩的 9、10 组路面硬化率一直很低，深居 10 组深处的一村民动用其在水电局的亲戚关系，搞到十几万元的款项，由村民出工，完成了一条近 2 公里的村路硬化，极大地方便了村民的出行。

同样，这种行动资源也可能服务于私利。听说村里两户人家发生纠纷，其中一户人家仗着政府有人，将对方已挂果的葡萄藤连根砍断。据说这个政府人员因介入该纠纷，已被停职。

四　村庄社会

（一）近十年来迅速改善的生活

目前，全村户户通电、通自来水。从 1998 年开始，洗衣机、电冰箱逐渐进入农家。现在约 90% 的人家拥有洗衣机，不少人家有两台，80% 左右的人家拥有电冰箱，各家都有彩电，全村约有 50 户人家有电脑，通网线者约有 30 户，网费 1000 元/年左右。有些人家也正在考虑在适当的时候买台电脑（可能为已受过较多教育的儿女们考虑）。关于家电需求，大多数村民们的说法是"都有呢"，尚未拥有部分家电的农户主要也是经济能力有限。

从 1998 年实行电话"户户通"，农户陆续接入固定电话，大多数家庭在 2000—2003 年间安装了固定电话，目前接入率近 100%，一些家庭为节省开支，将固话停掉了，不过家庭手机普及率已达 100%，每家至少有一部手机。村内小卖部也有中国移动和中国电信的业务代办点。全村 94% 的人家接入了有线电视，少数居住在村南河坝附近的散户装有卫星锅，同样能足不出户而知天下事。

就出行工具而言，从 2000—2003 年间，摩托车（电动车）大规模进村，现已成为村里人最主要也是最重要的出行工具，每家每户至少有一辆，如果需要，有数辆也不足为奇，去市、镇、亲戚家、田间地头都骑摩托车。每家每户虽然有不止一辆自行车，却是完全可以忽略的出行工具，骑自行车外出的人极少。另外，作为农用的三轮摩托车，经常也是出行工具，一家人可以坐着三轮摩托车去市、镇。而富裕起来的村民已拥有小汽车（全村有 50 多辆）。调研时，还看到有户人家女儿出嫁，有八辆挂着彩球与鲜花的小汽车前来迎娶，如此气派的场面足令户主人脸上很有光彩。现代化的交通工具使得传说中的大漠驼影成了只有在旅游景点中才能看到的景观！

（二）满意医疗与养老担忧

村西 1 里处有七里镇社区卫生服务中心。村内也有两家私人卫生所，共有 5 张病床。有大病就上敦煌市甚至省城兰州。全村 95% 的农户参加了合作医疗，并对这项政策很满意。2010 年参合费用提高到 30 元/人。

全村有 3 人（书记、主任和文书）参加了养老保险，这是村上三个核心干部的特殊待遇。离任的主任和书记还得到 1200 元/年·人的补助。还听说，全镇的妇女主任也差点弄上了养老保险，其他乡镇得知此事，意见很大，向上反映，只好作罢。除村干部外，多不知道新型农村养老保险。村里传统的家庭养老方式依然占绝对优势，已有一笔积蓄的有钱人，无须也不想买保险，而普通人家则因收入不固定，担心不能持续交纳保险金而未参加养老保险。

（三）有限的社会交往与扩大化的人情

大多数村民的交往区域限于方圆十里的范围内，也就是说，基本上在七里镇和敦煌城区范围内，很少去酒泉市。酒泉市这个概念比较遥远，人们只是隐约知道在行政上隶属于酒泉。3—11 月一直忙于农事，无事便不去市、镇，去市镇次数多的人主要是去卖菜、领低保金和粮食补贴的。只有在冬天比较闲一些。两次调研中，笔者最大的感受是，村里看不到任何公共生活，村民之间的交往也不多，平时比较有空时，也主要在家看一会电视。只有在 2 组村委会以北路边人家门前的凉棚下，常有固定的几伙人在午后打牌、下象棋，打牌者主要是上了年纪的妇女，下棋者多是头发半白的老年人。2009 年调研时曾看到，在邻村一路口，有固定的几个人在打扑克，里面也有杜家墩人，这些人条件不错，或衣冠整洁或大腹便便，出手阔绰，以 10 元压底。

另外，不少人家在饭后散步时闲聊一阵，时常谈及农业生产和子女教育方面的事情。政府的许多政策都是在这种非正式的场合被传知了，村民认为这种闲聊是了解政策的好机会，显然，有些深居田野的散户孤陋寡闻就不足为奇了。另外，村五组还常有十多个固定的老年妇女在闲暇时间（常在晚上）进行文娱活动，我未亲见，不过听说她们兴致很高，忙完了农活还要跳上一阵，还曾上敦煌市风情城表演过呢。

村里也有人喜欢打麻将，不过没有固定的对象，场所也就近选择，可能今天在你家，明天到我家，后天可能在他家门前树下，总之没有娱乐室，只要有空且有人就可娱乐，并不提前预约，一切自然而然。据说每到新年，村里举办篮球、象棋和跳绳（女子）比赛，参加的人也比较多。

一提到人情开支，人们叹道："那就多喽！"村里有红白喜事，一般至少要搭礼 50 元，稍亲近一点要搭 100 元，若是给亲戚朋友，几百元也不在话下，礼金的轻重表达着交情的深厚、关系的远近，即使感觉到有压力，人们还得撑这个面子。普通人家一年的人情开支大概为 600—1000元，不少人家达 2000—3000 元。家庭年收入与人情支出额在统计上呈中度相关（相关系数为 0.51）。而据笔者观察，贫困家庭的社会关系资源确实比较有限，他们闲时只能待在家里，不会打牌、下棋，也不知道村上干啥，"不知其他人咋样，反正我不知道"，组长通知去漫水可能是他们所参与的唯一的村庄经常性事务了。他们精神面貌较差，一个老年人这样说："处处想退缩，活得孽障，不想见人……总觉得活得不如别人，就这么个感受……"

（四）关于"水"：村庄社会的核心

1. 缺水。"世界缺水，中国缺水，敦煌缺水！"这 12 个红色大字写在西干渠边。敦煌四周被戈壁沙漠所环绕，可以说，水是该村及全敦煌的生命线，只要有水，一米以外是荒滩，一米内就可以是绿洲。灌溉沟渠甚至是比村内公路更为重要的基础设施。农业用水水源主要来自党河水库和地下水，日常饮用的自来水来自井水。许多人对地下水位下降充满了担忧，有些组的村民的地下水灌溉已经受到了日益减小的水压的影响。村内的宣传牌上常有这样的字眼："人人关心节水，时时注意节水"，"解决水、敦煌生态问题的根本出路在于节水"……

2. 水灾。缺水的敦煌绿洲，不时有水灾发生。2009 年，在农田灌溉时，不幸造成 1 组一村民房屋被淹。经村委会与镇政府多次调处，由 1 组赔付当事人水淹房屋损失 1300 元，但当事人索要 3000 元。经多次调解，已圆满解决，当事人现已搬至新居。还听一低保户说，1 村干部的父亲灌溉时导致他家的瓜地被淹，不明情况的他向村干部反映，该村干部怀恨在心，明说要报复他，结果他们今年没评上低保。村里还有类似的水事纠纷。笔者查看了全镇矛盾纠纷排处情况统计表，水淹宅基地、农作物的纠纷也存在于其他村子。

3. 灌水。村主任和 10 个组长要花大量的精力于灌溉的相关事情上，主要是：协调各组各户适时放水灌溉。村里组织统一挨组灌溉，各组灌溉次序是：2→3→1→4→5→6→7→8→9→10。轮到 1 组灌溉时，不分白天黑夜，要在限定的时间内把水灌完。从今年开始，村干部面临着一个比较麻烦的问题：渠水已到地头，却喊不着村民来灌溉，虽有提前通知。等到 1 组的水浇完，到下一组时，上一组有些人还在偷水，说"我还没浇上，你说现在这水咋浇哩，我今天浇不完我就睡觉去了"，"话送不到，这是队长的事情，队长把水放下去，把社员喊来，他不来浇是社员的问题"。村干部说："打电话让他过来浇水，说我马上就过来，到十一二点钟还没动静，知道睡着了。门外一喊答应，灯一着，一答应，说是拿手电去了，你转过一走，他砰一声灭掉，接着睡觉去了。"虽然有杜家墩村农民用水者协会，但据村主任介绍也就是收缴水费、组织放水这两件事情，不交水费则不放水，并无文字性的规章制度，交钱放水是天经地义的，有无协会并不重要。由此观之，很多地方的协会（法定代表人都是村主任）可能也只是个形式。

4. 水费。2004 年以来，党河渠水灌溉年亩征收标准由 0.5 元（1955—1963 年）提升到 33.18 元。当前标准是 85 元/年·亩。而村里约 20% 的灌溉用水还得依靠地下水，即机井抽灌，电费是 0.8 元/度。许多村民对水费上涨叫苦连天，贫困人家不得不卖羊来交水费。有村民说，党河水库是农民辛辛苦苦建成的，建成后农民的水费却一直在涨，还说：朝朝代代，老农民最倒霉！

五　村庄文化实物与习俗

（一）传统住宅与新式住宅

杜家墩村民住宅的最大特点是：院内房屋屋檐间搭有遮阳顶棚。传统的顶棚为秸秆茅草，贫困人家的棚草往往大部分散落，新式住宅则用石棉瓦代替棚草，或直接做成玻璃罩子。房前屋后常植有"李广杏"树，

目前，村里有楼房 4 栋。不过，十之八九依然是传统住宅，其结构主要是"四合瓦舍"式（有时三合），一般占地四五分，即 150—350 平方米不等。并无千篇一律的院落走向，一般是大门朝路，若路为东西走向，则院落呈南北走向。一些人家的大门外果树下拴有看门狗。大多数人家在门前屋后植有李广杏、桃、李子、梨、沙枣等，既美化了庭院，又丰富了口味，还增加了收入。调研期间，曾见到一户人家路边黄李子成熟已久，挂满枝头，半月有余，没有被偷摘的迹象。

堂屋（正堂）内，少部分人家的正墙上挂有中堂，中堂画多为"寿星童子图"，还供有释迦牟尼佛、财神爷等，对联如"瑞气盈门福寿双齐，春光满屋人财两旺"，多寄托家兴财旺之心愿。中堂下有大桌子，上置香炉。中堂左右有时张贴政府的宣传资料。屋内左侧有土炕，三面靠着墙，这种大炕上一般放有三四套被子，炕边墙群多挂布帘或粘有三合板。

新式住宅也大量出现，主要集中在位于公路两边的 3、4、5 组。新居多是钢筋混凝土结构的平房，一般风格是：路边白瓷砖围墙，红褐色瓷砖的大门砖柱，底座贴有蹲狮的瓷砖，墙顶为 1 米左右的琉璃瓦斜面。铁大门顶有大字瓷砖，最常见的大字是："家兴财旺"、"吉星高照"、"家和万

事兴"、"鸿光福居"、"祥和家园"等，而有些独特的字样竟也成了该家的牌坊，有一回笔者问路，有人这样说："你往前一走，'福地呈祥'对面就是××家！"这类新居室内装修豪华：地板砖、玻璃茶几、大屏幕电视。新居的遮阳棚往往做成罩状，罩为铁架，高出屋檐2米，罩顶置石棉瓦，罩子四周有窗户，从外面看，整个宅子活像一个方形的鸽子笼。这种遮阳棚美观整洁，能有效阻止沙尘暴，但据笔者体验，不如草棚凉快。有些人家的建造费用竟达到了20万元。

时下，有钱人中时兴的新居根本不用遮阳棚。他们往往建成尖顶或圆屋的小别墅式住宅，没有院子，只有铁围栏和铁栏门，大门两侧常植有杏树。如此阔气的宅子足以让主人在村中吐气扬眉。这种宅子的造价达20万元左右。一般，从房屋外观能大体判断出一家的经济条件，不过也有例外。城里有房的人冬天待在城里的楼房内，夏天回村里纳凉，他们的房子一般是老式的。据说城里有房的村民有七八十户。

（二）饮食：以面食为主

敦煌地区古今人们饮食品种主食以小麦粉为主。几乎所有农户的面粉全部外购，一个四五口之家一月吃面两袋左右，约130元。

现在，村里人的饮食以生活水平不同，其结构亦有所不同。不过由于家家种菜，即使贫穷人家的饭桌上至少也有一道菜。村里人家常便饭最多为菜拌拉条子，甚至下馆子时，不少人脱口而出"咱吃茄辣西拌拉条子！"笔者对菜拌拉条的评价是"菜鲜面劲"，拉条宽约两指，过冷水，不过油，纵然不拌菜，佐以咸菜、辣酱，口味亦不错。其次为素荤汤面条、炒面饼、饺子和大米面，米饭主要为调节口味，村里人大多不喜欢吃。

人们烧饭主要用秸秆和柴薪，冬天每户烧煤约1吨（近500元），盖有新居的人家多用电和液化气之类的清洁能源，其中少数人家已完全不用秸秆和煤。全村有96户人家建有沼气池，不过目前还没有使用。

村里人的食用油是豆油，3.5元/斤，普通人家一年消费食用油100多斤（400元左右）。

就肉类消费而言，贫困人家100—200元/年，中等人家300—1000元/年，有些富裕人家则高达两三千，过年时，多数人家都要宰自家养的羊，富裕人家不仅宰好几只，还外购其他肉类品种，而贫困人家仅宰一只后，将大部分卖掉以换取几百元的货币收入，还要为来年的羊羔后续繁殖做好准备。

夏天，普通人家都有西瓜和啤酒，笔者在入户后，农户常以此来招待。

普通人家到城、镇上卖菜、购物时，常吃牛肉拉面——市、镇上最便宜也最方便的面食（4 元/碗），但常对外来游客推荐敦煌名吃——驴肉黄面。正宗的黄面面条呈圆柱状，每根都粗细均匀，口感筋道，柔韧耐拉，面条上淋一层香菇汁（成分是：香菇末、猪肉末和水豆腐），驴肉卤制，切成大片，再加热，上面盖层香菜段，看上去很有食欲。

（三）发展中的文教

全村大部分 30—50 岁的人（也就是户主）上过初中，部分人还上过高中，他们都关注电视新闻，从新闻上了解到的中央惠农政策对他们有很大的感染力。他们中有不少人还喜欢看农业技术类、法律类的电视节目，而他们的父母辈，往往不识字①。村内有小学一所（两村合并后，原习滩小学并入原杜家墩小学），附带幼儿园，有教师 7 人，现有学生 128 人。村子离七里镇中学仅 1 公里，村里在读初中生 110 人。在读高中生 65 人，在读大学生约 30 人。村委会订有《酒泉日报》、《党的建设》、《农家女》等 8 种报刊，大部分组长自家并未订报纸，极少有村民订报纸。2010 年暑期调研时，村上正在筹建"农家书屋"，几大捆农业技术方面的书籍堆放在办公室里。可以预知的是，"农家书屋"（新闻出版总署、甘肃省新闻出版局、酒泉市文化出版局建），这种通天下皆一式的牌子不久将挂在村部里。

此外，农业技术培训搞的比较到位，去年村庄举办了 11 次培训，培训人数 600 多人。镇上有 20 名专业技术员，村民们有他们的联系电话，可随时咨询葡萄栽植、施肥、打尖、浇水等相关技术。

（四）文化与生活习俗

敦煌的历史文化资源非常丰厚，但这种资源与真正的民间村庄生活却是断裂的。敦煌历史上，中原、西域文化汇融和华戎杂处，其习俗风情，

---

① 所抽 15 户的 9 个 60 岁以上的老人中有 8 人没上过学，上过初中的一位老人是老支书。

打上了民族和时代的烙印，并且更多地与内地风俗息息相关，自古有"独沙州一郡，人物风华一同内地"之说。不过，许多风俗在 1949 年后消失了。村内 2 组曾有建于清雍正时的琉璃瓦盖顶方神庙，即岷州庙，庙中曾藏有婆罗谜经幢、托塔天王刻像、石狮子等珍贵文物，"文革"期间被拆毁，如今庙址已变成了农田。近代以来，最主要的民俗节日是正月和四月初八的庙会，新中国成立后，已变成本市春游节日，正月初一至初三，莫高窟、鸣沙山—月牙泉向敦煌居民免费开放。新中国成立后依然存在的"打铁花"、"炸秦桧"、"荡秋千"等民俗几乎绝迹，而新兴的敦煌葡萄节正越来越有人气。

1. 庙会。据说，庙会时车水马龙，人山人海，敬神同娱乐交织在一起。杜家墩村大多数人家都有人参加，庙会定期举行的地方有：莫高窟、月牙泉、雷音寺、西云观等，时间是：正月十五、农历四月初八、五月初五。村里有佛教信徒约 60 人，基本为老年人，他们在每月初一、十五常去雷音寺烧香。"四月八庙会"是民间的传统节日，唐代即有此俗。农历四月初八是佛祖释迦牟尼的生辰，莫高窟举行盛大的浴佛节庙会。现今的庙会，宗教气氛变淡，更多的是一种娱乐和旅游，青年人尤其如此。从四月初一开始，男男女女陆陆续续来到莫高窟，到初八人最多，达到高潮。香客游人熙熙攘攘，来到大佛前敬香献供，叩头还愿，默念心中的祈求，求佛祖保佑平安吉祥。商贩在树林中搭起席棚，高声叫卖各种风味小吃，民间艺人聚在林荫下、小溪旁，弹奏着三弦，拉着二胡，演唱敦煌小曲，热闹非凡，盛况不绝。据说 2006 年四月八庙会上，有 3 万敦煌居民去莫高窟拜佛，杜家墩人也多有参加。端午节的庙会也比较盛大，多数村民都参加。新媳妇第一年要到娘家过节，名为"躲端午"。

2. 丧葬。笔者所观察到的本村丧葬特点主要有三：埋葬地点、戴孝方式和送葬时间。历史上，该地在人死后皆实行土葬，并在耕地中埋葬。20 世纪 80 年代，政府进行宣传教育，改在耕地中埋葬为戈壁荒滩中埋葬，1989 年划定了该村的公墓区。目前，村内承包地上没有坟墓，仅在村南荒滩、防风林沙滩上见过两处坟墓，也见过其他村建在荒郊戈壁中的坟墓，坟墓均立有墓碑，坟堆上砌一层红砖或土块，以防风沙掩埋。戴孝方式的特点在于，孝布并不缠在额头，而是像盖头一样顶在头上垂到身后腰部。村里送葬一般是清晨 6 点左右，太阳升起之前就要出发。因墓址远在绿洲外的戈壁，棺材由车辆运送。

3. 敦煌葡萄节。敦煌是全国最适宜种植葡萄的四个地区之一。敦煌市被中国果品流通协会评为全国"兴果富农工程"果业发展百强优质示范市和全国优质葡萄生产基地,无核白、红地球葡萄被评为"中华名果",敦煌已逐渐打造成西北最具特色的鲜食葡萄生产基地。

从 2008 年 8 月开始,已举办了三届"中国·敦煌葡萄节"。2010 年 9 月的葡萄节升格为"中国·敦煌(国际)葡萄节",是集葡萄展销推介、科技论坛、招商引资、文化展示、实地考察、旅游观光于一体的国际性节会。来自全国各地的 1000 多名嘉宾及国内外专家云集敦煌,共赴葡萄盛会,举行葡萄产品展示评奖、实地考察参观、百人木板雕刻、千人吃葡萄比赛、万人参观葡萄花车巡游、国际葡萄产业发展科技论坛、葡萄产品展销及项目洽谈签约等一系列活动。为扩大本届葡萄节的国际影响力,敦煌市还邀请到了美国、法国、西班牙、澳大利亚、意大利、新西兰等 8 个国家和地区的 11 位知名葡萄专家、学者参加了葡萄节有关活动,邀请到了美国国际友谊小姐组织、密斯国际集团等国际组织和 58 个国家和地区的 60 位佳丽参与节会活动。2010 年的节会比往年更红火,不少敦煌人说节会像过年一样喜庆。随着杜家墩村葡萄种植规模的逐步扩大,村上也以节会为契机,积极提升葡萄品质,开展生意洽谈等事宜。

六　结语

在村庄忙碌的农事中,我努力敲开了一个个紧闭的大门。这个有着 800 多户的村庄时常显得空旷而冷清,没有看到什么公共生活。村庄内部日趋分化,村民日益原子化,去年曾在 2 组树荫下看到下棋、打牌的人们,今年连个人影都没有。有时是在消磨时光中搜寻和等待能启发我的深度访谈和田野观察,再一次体会到想做高效率的调查工作是很困难的。

自己虽然生于农村,但至今依然迷惑于农民的内心世界。不满足于笼统的观点,试图通过个案研究,"深描"并理解农民如何解决现实场景中的特定问题,于细致精微处体察农民现代性的实践逻辑。然而,村民的生活告诉我,事先设计好的问卷与提纲只是一种一厢情愿的理论期待。有现实的平庸与琐碎,有成功访谈后的神清气爽,也时常苦于找不到事实的理论含义。虽读了一点书,却困惑于观点的纷繁与现实的复杂,难以用系统的概念阐释现实，更不能在理论与现实之间自由穿梭。

不过，依然特别感谢为调研提供便利的敦煌市民政局、七里镇政府的相关领导、杜家墩村组干部和接受访谈的各位叔伯，没有他们的支持，暑期调研是不可能完成的。并且，他们都是乡土社会的知识库，值得我们用心理解。

广东省陆丰市博美镇溪墘村调查报告[①]

溪墘村隶属广东陆丰市博美镇，地处亚热带，临近北回归线，虽不完全临海，但也距海不远，因此受海洋影响，四季湿热。整个村庄并不算大，占地约 0.93 平方公里，但人口众多，最新人口统计结果为 889 户5160 人，平均每户约 6 口人。整个行政村由四个自然村组成，分别是四村、五村、六村和七村。全村耕地总面积 1200 余亩，其中农户承包地总面积 1135.2 亩，无草场，有少许林地，但由于地处偏远并非由本村村民打理，而是自然交由靠近林场的村庄照管，并未靠此获利，全村耕地以种植稻米、蔬菜为主。不存在土地流转问题，即使有农户不再从事种植业，其所有土地也是免费交由其近亲或挚友种植，并未涉及租地费用等问题。以上是溪墘村的基本情况，笔者在此基础上通过实地观察、走访及其查阅相关文献，对溪墘村的基本情况作如下报告。

一　溪墘村村貌

（一）村庄的房子

溪墘村是粤东地区较有代表性的村庄之一，这种代表性体现在虽是一个占地面积不足一平方公里的小行政村，但人口众多，贫富差距极其明显，这一点在村民居住房屋条件上可见一斑。

富裕人家的房子：在当地村民中有个习惯，只要生活过得去的人家，都喜欢盖个漂漂亮亮的大房子，即使根据自家人口数，根本不需要建如此大的房子，但村民们还是不遗余力地砸很多钱去建造或修缮他们的房子。他们的房子几乎坐南向北，至少建两层，有的甚至三层、四层。地基几乎

---

① 作者：刘红岩，汕头大学法学院行政管理专业硕士研究生；贺国瑜，汕头大学法学院行政管理专业硕士研究生。

全部灌注混凝土，房体本身也是钢筋砖块，由于地处亚热带，四季都无须防寒，所以墙体较薄，只建一砖厚的墙，但外表一定贴易洗瓷砖，瓷砖样式也大多相同，即四厘米宽、二十厘米长的小砖，全部横向排列，房顶通常用红色瓦片，平顶。也有人家索性将房顶再加高出一个平台，即房子封了顶还不算完结，再在四周建起约齐腰高的矮墙，这样就形成了一个"景色美好的天台"。有养花爱好的住户，会在天台上种上几盆高低不同、颜色各异、品种多样的鲜花，由于这里地处亚热带湿润气候，下雨是常有的事，所以天然的雨水也让这些花即使几天没有主人的照料也同样开得精彩。同时，更富裕一点的人家，还在天台上摆上太阳能热水器，这样就更方便地满足了南方人爱洗澡（当地人称为冲凉）的习惯。当然，漂亮的不只是外表，内部装修也同样可圈可点。富裕人家通常不只建起漂亮的房子，同时会在房子四周围出院子，打上水泥地面甚至铺上大块瓷砖或马赛克，可能是出于安全考虑，这些"富裕人家"家家户户都养了狗，而且不只一条，我的感觉是房子越大狗越多，而且越厉害，一直吠个不停。走进屋内，首先吸引人眼球的通常是富裕人家的悠长的楼梯，我们明显感觉到其实两层楼之间的高度并不需要这么多级楼梯来连接，但他们还是花很多钱修起了地砖铺砌的楼梯并装上实木扶手，有的甚至修起两道楼梯，看上去似乎是个小型"宫殿"。

中等人家的房子：相对于富裕人家而言，中等人家虽没有前者那般的"富丽堂皇"，但房子对于任何家庭来说都是极受重视的物件，可以说也算是装修考究。他们也通常将房子盖二层小楼，所不同的是，铺在地上的不再是光彩照人的大块瓷砖，而是换成了有些瑕疵的地砖，或者索性打上水泥；楼梯也不再是奢华的实木和不锈钢，取而代之的是略显陈旧的磨砂大理石等材料。相较于富裕人家的大块落地窗，中等人家更多用小块玻璃，所以整个房间略显暗淡。虽然如此，我们多少也能感受到村民居住其中的满意度和幸福感并不比富裕人家差。

贫穷人家的房子：说到这，就真的是叫见者心疼了。虽然早就在电影上看过和书籍里读到过关于农村生活的艰苦，也曾想象过贫穷人家的生活状况，但并未见过。直到这次走进穷人家的房子，实实在在地看到了他们的生活境况，才让我理解什么才叫真正的贫穷和困苦。那里是黑暗的，狭小的，不先进的，不现代的，甚至有点"解放前的样子"。整个房子（我们姑且叫它房子）就是一个房间，从一个破败发黑的木板门踏进屋内，就只有一个长宽约半米的窗子，中间打着十字花，显然玻璃已经很久没擦过了，（看得见指纹印和灰尘）。正对着门一米远处是两张对着的木质床，虽然挡着蚊帐还是感觉得到那床同门一样的破旧，或许坐在上面会发出咯吱咯吱的声音（没有亲自坐上去体验）。房子内能插电的东西只有两样，一盏 10 瓦的白炽灯，一个沾满灰尘但还能转动的风扇。主人是好客的，他请我坐在离风扇最近的地方，因为他一定知道，只要稍微离那风扇远一点就一点风也吹不到了。我的右手边是个泥土堆砌的灶台，两个灶眼儿，放着三口锅。家里是没有电饭煲的，做饭都用灶台。屋子虽然暗得甚至让我没办法看清我的问卷，但还是能看到女主人的贤惠，她的三个锅子擦得很亮，"可以想象里面做出的饭菜也会很香（如果他们买得起油的话）。在我的正对面并排摆着四个老式木质板凳，约半米高，每两个上面都立一个棕色古老木箱，就像古装电视剧里看到的一样可以上锁的那种，但并没有上。我小声问女主人，她说里面是被子和四季的衣服。我大约估计了一下这房子的大小，不超过十平米，大概有 30 年的历史，住了两代人，目前居住着两个大人，四个二十几到十几岁不等的孩子，平均每人的居住面积不足两平方米。我的眼前有点模糊，再也看不清其他了。

贫富差距在中国目前来看着实是个大问题，不仅仅在城市之间，城市内部，也在广大农村，在一个不足一平方公里的小村子，就已经体现得如此淋漓尽致。

（二）村庄的街道

从镇政府大院走路去溪墈村大概需要十五分钟，村庄距县城只有 16 公里，也就是说这是个与镇相邻的村子。位于镇主道的右手边赫然立着一块高约一米五、宽约半米的石碑，上面用朱砂写着"溪墈村"三个字。从石碑拐进去就是溪墈的地盘了。街道是水泥的，铺就的蛮平整，两旁立着村民们的高矮不同形态各异的房子。尽管前面说过村子的贫富差距很大，但从村庄道路来看，这还是个相对"进步"的村子。可以说完全实现了村村通、组组通和户户通。村庄硬化公里里程 3.5 公里，砂石公里里程 1 公里，至少村民们不会每逢下雨天就要在泥泞的道路间步履维艰。其实村民们不用受泥泞的苦也才不长时间，这条 3.5 公里的环村公路是三年前村里的几位德高望重的老人家经过仔细商量，请求原先住在村里的现在出去在外面发了财的老板们集体出资修的。由于资金到位迅速，所以很快便修起了这条公路，给村民们带来了很多方便。孩子们可以高高兴兴地奔跑在水泥路上玩耍上学，大人们可以顺顺利利地骑着自行车或摩托车去地里种庄稼……

作为一个地地道道的北方人，在这一点上不由自主地钦佩起南方人那种认祖归宗、富贵后反哺家乡的精神，这在北方是很少见的。我们知道农村的富裕不能完全依赖政府的帮助与补贴，最根本的还是要靠自己，而由村里德高望重的老人组织，请求有钱的"老乡们"出点资为自己的家乡作点力所能及的贡献，不失为一种改善农村生活状况的好方法和好渠道。

（三）村庄的其他公共基础设施

前面提到过，这是个距离镇上很近的村庄，村民们各自过着十分独立的生活，生活用品或生产用品都会各自到镇上购买或者索性到陆丰市里购买。村上共有的物资只有两个已经不能正常使用的电排，没有统一的灌溉水井和堰塘，水库和电站更是没有的。有一条长500米的硬化灌溉沟渠，修缮于2008年，巧的是这条沟渠的位置正好和那条环村路一起延伸，平整的公路左边"蔓延"着硬化水渠，傍晚的时候会有放了学的女孩子们在渠里洗衣服。傍晚太阳的余晖洒在这些认真干活的孩子们身上脸上，伴着爽朗的笑声，也不失为村子的一道美丽风景线。村子并没有通公交车，因为在我看来那也是没必要的。几乎家家户户都有自己的交通工具，或是自行车，或是摩托车，有钱人家甚至买了小汽车，再说又是个靠近镇上的村子，通公交就是不可能也没必要的了。村子早已经家家户户通了电，有线电视也是都有的，当然除了5户生活极其困难的五保户和几户低保户连电视机都没有之外。生活用水是这个村子目前存在的最大问题，经过询问，我们了解到，全村889户，只有刚进村的沿着主街道的那十几户家庭通了自来水，其他人家都是自己打的洋井或是用泵抽地下水。即便是通了自来水的人家也不饮用自来水，因为这里常年污染严重，垃圾处理不及时，而且即使是处理，也是非常粗糙的处理，这对水体污染极其严重，当地村民是从不饮用自来水的。他们仅仅使用自来水或井水洗衣服、做家务，偶尔洗洗菜，真正喝的水都是买来的，来自几十公里外的山泉水。关于这个问题，我们调查组还特意去水源处进行了实地观察和询问，并写就了专题调查报告，所以在此不再赘述。

二　溪墈村的政治

溪墈村的村干部共有 6 人，其中女性干部 1 人，职务为村妇女主任，其为人热情诚恳，同时是村里唯一一所小学的四年级班主任，我们全程的调研都由她带领，使得我们更轻松地接触到村民，也使得村民们消除了对"外来人的戒心"。干部中中共党员 4 人，占总干部人数的三分之二。村中没有大学生村官，但并不排除以后拥有的可能。村干部的平均年龄为 50 岁，其中书记 55 岁，主任 60 岁，在最近一次的选举中，村民们采取两推一选的方式选出了孙木奇为村支书，但是由于孙木奇是位生意人，常年住在深圳打理生意，所以村民们又选出孙英田做代理书记，主持平时村中的全面工作，包括镇里有关政策的落实到户、有关文件的及时通知、每年的人口变化统计和计划生育的宣传教育，等等。包括村干部党员在内，村中共有党员 50 人，其中 30 岁以下的只有 7 人，30—40 岁的 4 人，40—50 岁的 7 人，50—60 岁的 3 人，60 岁以上的 29 人。从这些数据可以看出，村庄的党员平均年龄偏高，应该在村庄大力培养年轻一代的干部，提高他们的思想觉悟和文化水平，让他们在今后的村庄建设中发挥更大作用。

2008—2009 年间，村里共举行过 10 次两委联席会议、10 次全体党员会议和三次村民代表会议，前两者的主要会议内容是探讨村计划生育工作，后者主要探讨村有关基础设施建设问题，例如卫生环境的改善和灌溉沟渠的如何修建等等。

村庄的治安情况很久以来都是村民们头疼的事情之一。这里所说的烦恼并非指村民们的集体闹事上访等，因为 2009 年全年并未发生一起上访或群体性事件。村里的治安状况主要出在盗窃抢劫等行为上。为了解决此类问题，村民委员会和村干部集体会议决定从村务费用中每月拿出 3600 元，雇用了 6 名"治安人员"，即每位治安员月工资 600 元。所谓治安人员也无非是从村民中选出几位身强力壮的男性，每天不定时在村子周围巡视，以保证村民的人身和财产安全。其实，村庄每年的固定收入是不足以支付这笔"巨额"工资的，所以不足的部分全部变成了村庄债务，可以说村庄有些"负债累累"。虽然如此，但全体村民们并未因此而有何怨言，始终一如既往地支持着"治安队伍"，可见治安人员制度确实给村民们带来了"福利"。

三　溪墘村的经济

说起经济，就不得不说村庄这几年的变化，村民们对这一点都赞不绝口：修通道路、增设路灯、建公厕、修广场、兴修水利……近年来，溪墘村多次集资用于改造村容村貌。2005 年，孙木奇回村上任后，带头捐资 12 万元，带动该村其他外出老板捐资 200 多万元修建了 3 公里的村公路和 3 公里的环村连村村道、桥梁 1 座、过水涵洞 6 个，还建立了村委大院。该村还投资近 20 万元进行了水利渠道清淤，整修了村前大埕；新建了 4 座公厕，池塘、溪边建了 1 公里的防护栏，全村主要路口架设了路灯。2007 年村里建立小学，占地 15 亩，政府出资 41.3 万，村里筹资 100 多万。在村干部的带领和全体村民的共同努力下，整个村庄焕然一新。

回想前些年溪墘村却处在管理混乱阶段，曾经一度没人愿做村支部书记。在调查中发现，99％的村民不愿意参加村民委员会的竞选。大家纷纷表示，一方面村委工作中老是会出现得罪人的事情，大家都是乡里乡亲的，事情稍微办得不妥当就要被大家批评，甚至有些会连累到家人也跟着挨骂。前些年有些村干部卖集体的土地，从中捞好处，使得大家对干部有很大的意见，现在能卖的都卖了，没有好处捞了，大家倒都不愿意当选了。另外一方面就是当村委干部没什么好处，报酬低。从村里代理书记孙英田处我们了解到，他们每个月的工资只有 250 块钱，这些钱有时甚至连电话费都不够支付。所以很多村民就表示，要当村党支部书记和村委会主任，最重要的条件就是家庭或者家族有较强的经济实力，其次是工作能力强，能够带领村民致富和道德心强，能够让村民信服这些条件。能满足这些条件的人在溪墘村确实很不好找。

2005 年初，博美镇党政负责人经过深入调查考察，确定了人选，多次前往深圳，与该村在深圳经商的孙木奇同志谈话，说服他回村当支部书记。当年，孙木奇回村任支部书记，并当选为村委会主任。村"两委"班子的完善，为溪墘村的村民带来了新的希望。村"两委"班子成员一上任，就风风火火地干起来。他们首先建立完善了党务、村务和财务等十余项工作制度，并挨家挨户走访，了解和解决村民反映的一些热点难点问题。他们认为：凡事做到公开透明，大事小事让村民做主，就是最好的管理民主。在溪墘村，凡涉及群众利益的事，村委都召开会议，共同商议讨论，研究措施办法。由于村干部们公平公正办事，信誉高，只要他们开口说要在村里做什么事，群众都非常拥护。2007 年，村里为解决学生读书难问题，着手规划建设小学，村里召开了群众代表和外出经商老板座谈会，一下子就筹集了 300 多万元。有时村里请村民代表来查账，村民代表们都会异口同声地说："就那么点儿数，大伙相信村干部，不算也错不到哪里去！"在调查农民的政治参与及态度中，我们发现当询问到您认为村庄干部怎样时，村民都会用能人、好人、强人这样褒义的词语来形容。在您认为哪一些"政府"好些时，除了中央政府选的较多外，其次就是村庄了，在他们心中，这些干部真的实实在在在为村民做实事。这些让我们很吃惊，我们都知道村干部平时和村民接触得最多，摩擦当然也会更多，但是能留下这样的印象实属不易，从这个侧面也让我们感受到村干部辛苦的付出。

在调研的过程中，我们发现溪墘村与博美镇镇区连接处有一个整修一新的"阳和综合市场"，市场内货物丰盈，人潮涌动，市场呈现一片繁荣景象。该市场原来是一个柴草市场，1986 年改为菜市场，但由于长期缺乏管理，市场基础建设破坏严重，残旧不堪，市场处于瘫痪状态。2006年，不甘于现状的溪墘村人作出了一项大胆的决定——集资改造建设市场，以促进村集体经济增收。2008 年 9 月，他们自筹资金 80 多万元，村干部、村民投工投劳。3 个月后建成了现在的两层的"阳和综合市场"，占地面积 1 万多平方米。同时，村庄采取一系列优惠政策，吸引各地客商前来经商。目前，该市场的 64 个档口已全部租出，各地的菜农纷纷来这里"赶集"。村民一提起这件事就夸村干部的英明决断，市场的建成一方面为村里的菜农带来了实惠，另外也方便了附近的居民。如今的溪墘村，干群一条心，村里各项工作逐步走上了正轨。

改革开放后，各种好政策如同缕缕春风涌来，博美镇走向城镇的人越来越多，富余劳动力转移问题得到解决。据统计，该镇外出经商务工人员占全镇人口的 30% 多，其中不乏有在广州、深圳等大都市经商、创业的成功人士。据该镇负责人介绍，据不完全统计该镇经商成功人士资产达百万元以上的有 300 多人。这些人，致富思源，反哺家乡，热心公益，捐款造桥修路建学校，他们为博美镇的经济社会发展作出了贡献。在博美镇的道路、学校、政府大院、寺庙我们能够看到很多的芳名榜。溪墘村也不例外，正如我们在前面所看到的那样，2005 年，孙木奇回村上任后，带头捐资 12 万元，带动该村其他外出老板捐资 200 多万元修建了 3 公里的村公路和 3 公里的环村连村村道、桥梁 1 座、过水涵洞 6 个，还建立了村委大院；2007 年，村里为解决学生读书难问题，着手规划建设小学，村里召开了群众代表和外出经商老板座谈会，一下子就筹集了 300 多万元。2007 年在溪墘和乡镇的交接点又投资建成了杨辉宾馆，增加了村里的就业机会等等。这些资本的投入，都极大地改善了人民生活的环境，同时也加速了溪墘村的发展。

四 村庄的文化教育和村民生活概况

我们第一次走进村子的时候，在很远的地方就听到孩子们欢声笑语。走近一看，竟是一个规模不算小的幼儿园。因为在我的印象中，农村的生活一直是跟清苦挂钩的，所以当这样一座干净卫生、规模不小的幼儿园出现在我面前的时候，确实是个不小的惊喜。我们访问了幼儿园的老师和街坊们，得知这个幼儿园现有孩子 56 人，年龄从 2 岁到 6 岁不等，教师 5 人。村里还有一座小学，前面已经介绍过这个小学的来源，是 2007 年由几位在外经商的老板共同出资，由村民们雇用外来工人再加上自己的努力修建起来的，2008 年开始投入使用，可以说那是一个崭新的校舍，桌椅也都是新的，操场很宽，应该足以站下上千人，学校的环境也很优美，站在教室门前的走廊上，放眼望去满是绿油油的稻田，（我们进村的时间刚好是稻谷长得最旺盛的时候），我想现在望去，应该是满眼黄澄澄的“金子”。学校目前共有学生 578 人，教师 22 人，听其中一位老师介绍说，他们所有的孩子都能保证上到初中，而且教育是全部免费的。看到村子里孩子们的学习环境，再联想到自己小时候的学习环境，还真的不由得有些羡慕他们。

在调研的过程中，虽然只有短短的七天时间，但我们却幸运地看到两场有代表性的潮剧表演，是由揭阳市玉梨潮剧团表演的。经过询问，我们得知这样的表演很多，一是为了丰富老百姓的日常生活，二也是为了保护潮剧传统。潮剧作为十分具有地域性特色的文化，已经具有几百年的历史，虽然历史悠久，但就是由于这种地域性极强的文化元素，使其正面临着逐渐消失的危险。经过这种经常性的固定性演出，虽然不知道能否将这种稀有的文化发扬光大，但至少能够保证它的长期延续。

当然，除了偶尔看看潮剧，村民们还有其他的娱乐休闲方式。我们在村里面看到经营性娱乐网点总共有 6 家，其中包括网吧 1 家，桌球室 1 家和 4 家棋牌社。当然不同的娱乐场所主要的客户也是不同的人群：去网吧的人以年轻人和小学生为主，去桌球室的都是十几到二十几的年轻人，去棋牌室的则都是老年人，而且他们主要集中在白天的时间，不同于其他人群。当然我们也了解到村民们有个不好的习惯，就是喜欢赌博。在我的印象中，赌博似乎属于男人的专利，但在溪墘村，无论男女都是爱好赌博的，晚上 8 点之后走在村庄的环村路上，总是能听到某个小屋子里不时传出摇色子的声音，还不乏男女大声叫喊的声音。虽然这些声音和我们今天的和谐社会不太搭调，但它却实实在在地存在着，并且无人管理，也许是几个月辛苦才挣来的钱财，却在一夜间化为泡影，这确实令人痛心。

五　村庄的其他基本情况

在调研的过程中，我们询问了几户村民对国家农村政策的了解程度，并重点访谈了村干部孙英田，孙书记告诉我们，村里人对国家政策的总的认识是"政策本身是好的，一百分的好，一百二十分的好，但在逐级的执行过程中就走了样子，到老百姓这里就得不到什么实惠了"。整个村庄参加新型农村合作医疗的户数达到 80%，即 711 户，人数 4096 人，但没有人参加"新型农保"。据我们推测，两种政策的执行结果竟然差距如此之大是由于前者是国家强制推行的惠农政策，所以老百姓的参与性比较积极，而后者采取的是自愿原则，这样就大大削弱了村民们的参与热情。村庄共有低保户 38 户，共 181 人，低保户的确定主要由了解村民情况的村干部集体决定，目前的补助标准是 60 元每月每户；五保户 22 户，共 22 人，补助标准是 160 元每人每月。其实，这个标准是远不足以支撑生活的。笔者真真切切地看到了其中一户五保户的生活状况：漆黑如窑洞的房子，甚至没有一扇窗子，而且所住的房子也是从亲戚那儿铁借来的，屋子只有床和发黑的铺盖，几个吃饭的盆子，没有碗。他之所以能维持生活到现在是依靠亲戚朋友们始终如一的照顾，不然真难想象他要过怎样的生活。

村民们的宗教和信仰问题，是我们直到最后问的问题，因为一直担心他们对这个问题有某些特殊的忌讳。但实际上并没有特别的忌讳，他们并不信仰某种宗教，而是格外敬仰祖宗，我们看到很多人家的宗祠最上方都供奉着孙世祖先孙乙夫妇。每逢节日，无论大小与否，隆重与否都会对祠堂进行清扫并上香，祈求祖先保佑生活美满、香火延续。

六　村庄存在的问题

（一）溪墘村的垃圾污染问题突出

在我国经济发展的进程中，许多学者提出了不要以环境破坏为代价来换取经济的发展，要实现经济、环境和社会协调发展。透过溪墘村这个小村庄的这一角我们就能够看到忽视环境这个问题的严重后果。溪墘村近些年来可谓是发生了翻天覆地的变化，修道路，建公厕，修水利，到处焕然一新。但是在游览村庄的时候，另外一个问题却凸显出来，生活垃圾充斥着整个村庄，崭新的道路两旁垃圾成堆，气味难当，夏日更是蚊蝇遍地。仔细观察才发现各家各户门前都是很干净的，但是在暂时无人盖房的空地上或者道路旁两旁却是垃圾遍地，更加严重的是村里的小溪两旁也堆满了生活垃圾，一旦河水暴涨垃圾就被冲入小溪中。听孙文相老人说他小的时候整天和村上的几个伙伴一起在里面戏水，那时候的河流很大，里面很干净，但是现在河流两岸堆放着各种垃圾，水由清澈变为了浑浊，有时候还会看到水底的塑料袋顺着溪水的流动向人们招摇。虽然这样还是能看到水中有一群群的小鱼在游动，同学告诉我说这是因为河水没有被化学物质污染，只是被生活污水和垃圾污染了，所以小鱼才能够生存。这么多小鱼也没见有人来打捞，想必也害怕这里面的鱼吃了不干净吧。同样的，村庄中的几个小池塘也难免受其害，由于超过它的自我净化能力，所以池塘中的鱼类已经完全绝迹。

在这样的情况下，以前溪墘村都是靠地下水解决饮水问题的，现在地下水也不敢用来饮用了，只是用来进行日常的清洗用水。现在每个家庭村民不得不买水喝，有专门的送水车来村里面送水，一桶水2块钱，夏天因为喝水多，所以就三天两桶水，这样我们算了一下，一个家庭一个月用在买水上的钱大概就有20—30块钱，白白增加了一项支出。（另外村民现在对买的水也开始不放心起来了，因为这水是从八万河的源头那里弄过来的，现在听说上游有人养鸭子什么的，另外生活垃圾也开始在那里处理，村民很是担忧。）

当我们向村干部询问村庄的垃圾是如何处理的时候，他们告诉我们说，一般是一年才处理一次，在年底进行，这也是村集体出的钱，每当村里有大的祭祀活动的时候，村里面就会按人头每人收取两块钱，这两块钱的用途，其中之一就用在这上面，另外就用到村里的治安巡逻队上。

（二）治安管理陷入困境

2005 年，在创建平安社区中，该村发动外出老板捐资购买警械、摩托车，组成了一个有 5 名队员和 1 名队长的治安联防队，负责日夜巡逻，村里付给每位治安队员月工资 700 元。但现在这也成了个问题，因为村集体没有什么收入，而治安费一年就需要四万，村里只能支付一万，剩下的三万就成了村里的债务。另外，由于整个博美镇的治安环境不太好，虽然有自己的巡逻队，但是难免还是有疏漏，有些村民就反映治安问题对他们来说还是需要尽快解决的。

（三）公共娱乐活动匮乏

溪墘村五六千人，偌大的一个村子，没有一个文化室，没有一个老年活动室，没有一个群众性娱乐组织，没有一个体育活动设施。在上面我们已经讲过的尽管小溪里面的水看起来很不干净，可是还有很多村民在那里洗衣服。调查才发现，溪墘村 70% 的农户家庭都有水井，但是因为抽水比较麻烦，更重要的是在溪边洗衣服也是一种休闲方式，大家都形成习惯了，每到早上和傍晚的时候就会看见家庭主妇们在一块一边洗衣服一边聊天，把小溪边当成了一个聚会的场所，老年人倒是以村里的寺庙和宗祠作为娱乐的场所，在那里聊天、乘凉。虽然前些年村里计划修建文化广场，但事隔 3 年还没有动工，就是因为缺乏资金，上面的审批也没有下来，工程就被搁置了，现在大片的土地被荒废在那里，野草丛生。另外就是在2005 年村中各路口架设的路灯，如今也没有几个能发挥作用了，向村民打听才知道，原来是以前出现过人触电事故，所以大家觉得很不安全，另外，村里面的小孩也比较调皮，没事的时候就用石头砸路灯，当靶子来练，这样晚上村庄娱乐活动也就只有在各家各户门前进行了。

（四）农村土地管理混乱

农村土地问题是新农村建设和统筹城乡发展的重要内容，十七届三中全会对此明确提出了：按照产权明晰、用途管制、节约集约、严格管理的原则，进一步完善农村土地管理制度，对土地承包经营权流转提出了具体要求。广东省自 1982—1983 年对全省的土地实行承包以来，于 1997 年又开始进行第二轮土地延长 30 年承包期工作。截至 2007 年 12 月 31 日，广东省已完成两轮土地承包的村组数为 196959 个，占全省应开展两轮土地承包 198577 个村组的 99.2%；2007 年落实家庭承包经营的耕地面积 2844.56 万亩，占耕地总面积的 97.2%。

据村干部介绍当年把土地证发到各家各户后，该村土地已经有 23 年没有进行过调整，由于人口的流动现在出现了在村住的人没地，人不在地在这种情况。在当今伴随着国家一系列强农惠农政策的出台，农民惜地情结增强，加上土地流转供求信息不畅，农户自发流转规模不大且增速缓慢。相当多的土地流转是乡镇政府和村集体为推进农业结构调整和农业产业化经营，有组织地协调推动实现的，这就增加了政府的协调工作负担。广东省土地流转面积中，尽管广东省土地流转发展较早，流转规模较大，但土地流转的市场机制依然存在很大的不健全性，流转操作流程仍有很多不规范的地方。在调查中我们发现，由于受到各种因素的制约，在溪墘村绝大部分的土地流转还是在邻里和亲戚之间进行，处于自发阶段，这样既缺乏明确的法律依据，又缺乏有效的市场机制，难以通过有效的流转实现农地资源的优化配置。特别是农户之间的土地流转，双方往往图方便而不遵循一定的程序以及履行相应的手续，也没有通过流转合同或者契约来规范双方的权利和义务关系，通常采用口头协议的方式私下进行流转，造成土地承包关系的混乱，为日后土地纠纷留下了隐患。

在进入村庄的道路上有一块易地保护的牌子映入我们的眼帘，易地保护的面积有 196 亩，但是在这么大一块平坦的土地上，实行的还是各家各户的小规模经营。虽然在广东省的其他地区实行以转包和入股的流转形式，但这些形式在溪墘甚至整个博美镇都不容易找到。镇里的有关干部告诉我们，因为陆丰的经济发展有限，转包和入股的方式并不能保证村民能够得到令人满意的实惠，所以很多村民拒绝加入。

（五）农村养老保险试点工作难以推行

党的十七大提出努力使全体人民老有所养；2020 年覆盖城乡居民的社会保障体系基本建立。目前，农村最低生活保障制度、新型农村合作医疗制度已经普遍建立，唯有农村社会养老保险制度严重滞后。党的十六大、十七大以及连续三年中央 1 号文件都提出，探索建立农保制度，鼓励各地开展农保试点需要总体规划，及早起步，循序推进。

在溪墘村的调研中我们发现，户主是农业户口的家庭都没有参加农村养老保险。在调查中部分农民反映：现在种子、农药、化肥都涨价，种地挣钱太难了，家里人口又多，一年到头，勉强维持生活，哪有闲钱买保险呀！博美镇专管此项工作的陈镇长也告诉我们说，上级拨下来用于对农村养老保险统筹的钱，除去用于社会优抚（义务兵优抚）、的社会救助（供养农村"五保户"人员）和维持自身运转外，几乎没有能力为养老保险提供资金补充，另外养老保险缴纳的年限为 15 年，这样也增加了农民的负担，所以目前参加养老保险的也只是城镇居民、有工作单位的人员，他们一般就在自己所在单位上缴养老保险金（占工资的 8%），农村的养老保险工作基本上处于搁置状态。

另外，养老保险政策规定政府补贴分为两部分：一是政府财政对符合领取条件的参保人全额支付基础养老金，其中中央财政按中央确定的基础的养老金标准（目前为每人每月 55 元）对中西部地区给予全额补助，对东部地区给予 50% 的补助（另外 50% 由地方政府补助）；二是地方财政对农民缴费给予补助，补助标准不低于每人每年 30 元，以利于调动农民的参保积极性，尽快实现"广覆盖"的目标。新农保的个人缴费、集体补助和地方政府缴费补贴，全部记入个人账户。其中个人缴费目前设 100—500 元五个档次，地方政府可以根据实际需要增设档次，农民根据自身情况自主选择缴费。在这种情况下，陆丰市设置的标准是一个月每人缴纳 200 块钱，但是由于陆丰市财政不足，加上村集体没有经济来源，集体补助和地方政府的统筹资金就很难到位。农村养老问题没有得到解决，也就相应的增加了农村计划生育工作的难度。

（六）计划生育工作困难重重

我们在调研的时间刚好赶上进行秋季计划生育工作，基层领导告诉我们，计划生育是个老大难问题，有时即使使用强制手段，（拉去引产，或者交纳高额罚款，同时男人会被押走经受"牢狱之灾"等等）但还是不起作用。包村乡镇干部朱镇长为了这事，也是三天两头就来到溪墘村和村干部一起开会商讨如何开展工作。计划生育也就成了村干部的主要工作，村委会办公室墙壁上贴满了各种各样的计划生育规章制度。村务公开中展示的也是计划工作开展的情况。计划生育政策之所以难以实施主要有以下原因：一是村民的宗族意识强，生儿子传宗接代的想法依然存在，关系到家族的兴盛；二是"养儿为防老"的观念在这里很盛行，多养几个儿子相当于多买几个"保险"，只要有一个争气的，有本事的，老了就能享清福；三是在当今国家施行九年义务教育的环境下，大大降低了培养孩子的成本。"学而差则退，学而差则工"，如果孩子学习不好，家长感觉考中考无望，干脆就退学，出去打工。在调查中发现外出打工的人员中初中毕业的人数占绝大多数。由于这三个主要因素的影响，生育高峰就不可避免了。在溪墘村，2008 年新生婴儿 40 个，村干部告诉我们如果按照政策两胎就算超生的话，那么这些全部都是超生人口。现在计划生育工作也只能是先从超标严重的农户入手，慢慢向程度轻的排查。

（七）村民文化素质不高

从受访者我们了解到，该村村民的受教育程度都比较低。受过高等教育者仅占 4%，超过 90% 的人都是高中以下学历，还有 30% 左右的村民是完全没有受过正规的学校教育。造成这个现象的主要原因是整个博美镇的教育发展都相对比较落后。首先，教育设施十分简陋。该镇中心小学的学生的教室和桌椅都破败得不堪入目。其次，是教育投资少。据该镇的一些小学校长和教师反应，该镇的教师收入偏低。一个拥有 30 年教学工龄的小学教师告诉笔者，像他这种资历的教师在海丰每个月起码能够多领 600 元。最后，师资力量差。根据我们的访谈，几个小学校长反映，小学的教师没有一个是本科出身的。正式的教师非常少，仅占 35%，其他的都是代课教师。而这些代课教师的准入资格也非常低，一般是初中毕业，然后经人介绍，进行简单的面试就可以当教师了。不用拥有正式的教师资格证书。另外，由于每个家庭的小孩很多，很多家长在孩子初中毕业之后就允许他们外出打工，在当今大学生就业困难的现实面前，这种上学无用论的思想逐渐在农村萌生起来。

河北省盐山县盐山镇范庄村调查报告[①]

2010 年暑假，笔者有幸参与了华中师范大学政治学研究院"百村十年观察"课题调研活动，调研地点为河北省沧州市盐山县盐山镇范庄村。作为政治学研究院的一名硕士研究生，这是很好地进行实证调查研究的机会，也可以为以后的研究方向收集第一手的资料。这次也是本人第一次去外省做调研，虽然离自己的家乡不是很远，但到一个自己比较陌生的地方调研会遇到种种意想不到的困难和阻力，尤其是在这里收集信息量大，语言沟通问题等等，然而在师长和同伴的支持和帮助下，经过当地相关部门的大力配合，这次调研顺利完成，带回了十几份回访问卷。

河北省沧州市是历史名城，据历史名著《水浒传》描述，林冲因得罪高俅被发配至此。另外沧州的特产美食"红烧铁狮子头"亦是名满天下。盐山县位于沧州市东南部，南端与山东省交界，地形属于华北平原的滨海平原区，它的最高海拔 12.5 米，最低海拔 4.7 米。宣惠河横贯中部，漳卫新河沿界流过。东邻渤海，北倚京津，南接山东，是江浙一带至京津、东北的必经之地。距北京市 380 公里，天津市 150 公里，济南市 160公里。

一　村庄概况

盐山县也是历史名城，辖 6 个镇、6 个乡。素有"凤凰城"美誉的盐山县城自古为商业重镇。目前，盐山县是我国最大的管道装备制造、研发和产品集散地，2007 年销售收入达到 118 亿元，国内市场占有率超过

---

① 作者：张兆鹏，华中师范大学政治学研究院地方政府学专业 2009 级硕士研究生；张俊华，华中师范大学政治学研究院地方政府学专业 2010 级硕士研究生。

40%，多年来被誉为"管道产品之乡"。2007 年 8 月被冠名"中国管道装备制造基地"。范庄村的发展管件加工业也是以此为背景的。另外，机床附件行业也更迅猛发展，从 20 世纪 70 年代，盐山机床附件行业处于起步阶段，经过 30 多年的发展壮大，到 2007 年，年销售收入达 10 多亿元，国内市场占有率近 80%，有效地推动了数控配套产业的发展，为我国机床行业在世界上占有一席之地作出了巨大贡献。近几年有多家企业为拓展海外业务已经将产品出口到多个国家。现在全县已有 200 余家从事机床附件行业的企业，为本地创造了更多的就业机会。机床附件已成为盐山的第二大主导产业。在从县城的到范庄村的路上，我们看到到处是管件制造工厂，其中大型的工厂相当多。

范庄村隶属于盐山镇政府，盐山镇镇政府驻南隅村。面积 96.4 平方千米，人口 6.91 万（2008 年）。辖 4 个社区居委会、59 个村委会。范庄村位于盐山县城（镇）西北约 5 公里。从西北到东南，横穿沧州至盐山县的沧盐公路从村边经过，村子离公路有 2 里左右，村子有一条柏油路可以方便地通往沧盐公路。范庄村的南面与曾庄村相邻，东面与刘红庙村、刘庄村、毛庄村相邻；村西与傅家村、张庄、尹庄村相邻；西北方向与挂甲村相邻。

范庄村地形为平原，位于北纬 37°49′—38°06′，东经 116°56′—117°30′，属温带季风型气候，四季分明，光照充足，全年平均温度 12.1℃，雨热共季，年平均降雨量 624 毫米，无霜期 200 天左右。村庄面积为 1.2 平方公里，其中耕地面积 2828.3 亩，属于盐碱地类型，没有草地和林地。根据史料记载徐福曾在此东渡，这里在 2000 多年前应该是濒临大海，因此风沙盐碱灾害严重。全村人口有 2390 人，人口相当稠密。村里人基本都是汉族，其中男性有 1225 人，女性 1165 人，可以看出当地仍然有重男轻女的风气。据统计，2009 年范庄村出生 28 人，其中男性 18 人，女性 10 人，这可以进一步看出男女比例失调的严重性，农村重男轻女的现象有越来越严重的趋势。究其原因，这可能是现在计划生育政策和养育孩子的代价太高，只生一个的话男孩子是首选，如果第一个不是男性才会不得已要第二个孩子。村干部说当地没有超生现象，但据笔者了解，因为很多新出生的孩子没有上户口，超生现象还是大量存在的。2009 年范庄村死亡人口 22 人，所以据不完全统计，2009 年范庄村人口增长 6 人。

范庄村内道路不是很规整，一条主干道曲曲折折通往村内，这条道路是去年新当选的胥宝东书记带头修起来的，相对改善了村里的交通困难。这一点我也是深有体会。在调研的第二天，突然下起了大暴雨，村子里没有修路和硬化的路段是不能走的，唯有一条主干道才能勉强行车过人。但是这条大路的排水不是很顺畅，等雨下了两个小时，路上的水已经有十多厘米深。书记不得不驾车去县里找救急。因此，范庄村还需要对村子进行整体的规划，才能彻底改变这种交通状况。

范庄的土地利用近年来出了一些问题，为此不少人还上访到县里。这是怎么回事呢？原来范庄村位于五里窑工业区。为大力发展管件制造业，盐山县在沧盐公路两旁长达 7 公里的地带规划了五里窑工业区，范庄村沿沧盐公路两旁的土地也在五里窑工业区规划范围之内，因此范庄村位于公路两旁的土地几乎全部被征用，用来建了许多大大小小的生产各种管件的工厂。据村里人讲，这些生产的管件还有的被用于西气东输的管道修建工程，有的还被国外的厂商看中，用去出口创外汇了，这也是范庄村一个重要的发展机遇。然而有很多人对此却并不看好，他们私下认为有些当官借此将土地挪作他用，并且是低价收购，高价利用，损害了一部分村民的利益，如有人曾公开说"土地局有没有人管范庄村的土地问题，因为村子里滥用良田盖厂房，如果不治理，村子里靠什么，土地没有了，都被有钱的剥削去了……"对此，县里的解释是：县里支持五里窑工业开发区，大北洼的地盖厂房是难免的，当初责任制时三亩顶一亩分的，工厂用地是租的，到期要还给承包户。但是一个隐忧是，开发过的土地到期后还能是良田吗？所幸的是，这些土地大部分是产量很低的盐碱地，用于建厂的收益是成倍的增加的。

这里有一个重要情况即是范庄村的粮食基本上是靠天吃饭，村里打一口井吃水都很紧张，更别说用于灌溉了。据说这口井也快不行了。因为这里的地下水含的矿物质太多，打一口水井用不多久就只好废弃了。虽然这些年这里农田改造使得土地的产量增加不少，但是靠天来收成的话使得一些农田因干旱颗粒无收，这次我们调查的一家就是去年的小麦全旱死了。因此，村支书胥宝东见了我们就哭诉这里的地下水如何不好，吃水困难云云。确实，在他的办公室里，他去年什么时候打了口井，还装了水龙头，但是当我们看时，那水龙头都锈得不成样子，尝了口水，当机吐了出来，因为是苦的……

二　范庄村的政治

（一）焕然一新的领导班子

2009年3月，范庄村成功进行了村委会的换届选举。新一届的村委会领导班子由8人组成，其中女性干部有一名，四人是党员，可见选举的公开性和透明性。村支书是村里的能人胥宝东。据了解，他在村子里有一家大的公司，资产3000万，生产的也是管件。另外他在天津也有一家公司，为制造船舶提供必要的部件。根据对他的访问，他当过几年海军，后来回乡办企业，做起大生意，靠的是自己积累的人脉和精明能干。当选为村支书后，新官上任三把火，他自己首先出资十多万，帮村里修起来约2公里的砖路。

这里的"能人治村"虽然能得到大多数人的支持和拥护，也能树立良好的威信，并有一定的示范带头作用，但是有一点必须注意的是，他对村里的事务是否有足够的时间和精力进行处理。在调研过程中，新一届的领导班子对村里的情况还没有完全摸透，有一些基本的信息还要向一些周围的老人请教，可见他们不是很了解村里的概况，处理村里的事情对他们来说是心有余而力不足。另外，由于胥书记还是县政协委员，对村里的发展是有一定的作用的，但他说有时经常开会，自己忙不过来。

不单是村支书，笔者在调研过程中并未见到村主任的身影，原来他也在忙着自己工厂的生意，没有时间接受我们的访问。这次调研虽然见到大部分村干部，但他们都没有多少时间接受我们访问，而且还有的忙着联系自己的生意，电话铃声不断，可见他们的时间是多么紧张。村会计胥洪智家里也有一个加工厂，我们村庄问卷大部分的数据是依靠他帮忙完成的。不得不承认，该村村委会干部大部分是村里的精英，精明能干，而且他们的平均年龄只有45岁。我相信经过一段时间的考验，他们定能给村里的发展注入新的活力，范庄村在他们的带领下会有更快的发展。

（二）范庄村的选举政治

范庄村村委会和党支部都是经过选举产生。2009年的选举符合参选的人数是1230人，而实际参与投票选举的人数是1100人，符合法定的选举人数。在这里，村民代表是由村民推选产生，党支部要经过两推一选程序，村委选举要先选支委再选村主任，符合法定的程序。经过访问了解，村民对村委会和党支部的选举还是满意的，几乎没有贿选和拉选票、请客送礼的现象发生。在回访的十五户农户户主中，对 2009 年村委会选举情况如表 1 所示：

范家庄 2009 年村委会选举情况

参与投票 的户主数	村委会选举过程 满意的户主人数	选举合法没有 发现拉票户数	对村委会工作 满意户主人数	认为有效民主 监督干部户数
15	13	14	11	13

（三）范庄村的村民政治参与

根据笔者对村里人的走访和观察，范庄村村民的政治参与热情不是很高，他们并不积极主动地参与村庄的政治活动，往往是持一种旁观者和随大流的心态。根据十五户的回访调查，他们绝大多数都不愿意参与村庄的下届选举（除了一个当选的村干部），究其原因，他们说自己的能力不足，年龄大等。其实，据一位村民说，村里的选举都是流于形式，看着大家选自己也跟着选，选谁都无所谓，跟自己没有多大关系。这种从众的选举态度在范庄村也是存在的，尤其是村里的妇女，她们是一群被忽视的群体，这与当地的民俗有很大关系。据村里的一位干部讲，他们这里都是男人当家，女性只是在家做家务，看孩子，养家都是男人的事情，外面的事情妇女从来不过问。在当地，他们也不把女性看成是劳动力，甚至农忙的时候女性也不用去地里干活。我想这也是广大的农村妇女被政治选举所排斥的原因所在，因为她们没有一定的经济地位，更谈不上政治的参与和选举了。她们内心里也许也排斥这些东西，据一位接受调研的妇女称，这些选举的事情都是男人的事情，离她们太远了。笔者认为唯有提高女性的经济地位，发挥她们在生产，不单是生活中的作用，才能唤醒她们的政治参与意识，提高农村妇女在农村政治中的地位，在农村的民主自治中应该有她们的身影，她们更有参与的必要。

范庄村共有 41 名党员，2009 年发展党员 2 人，五十岁以上的老党员 27 人，约占党员数量的 70%，可以看出范庄村党员发展的进度是比较缓慢的。据一位老党员讲，现在村里党员的话语权很少，所谓的党员会议提出过不少对村里发展的意见，但是大都不顶事。2009 年，范庄村召开过

12 次党员会议，但很多都没有到会。村民代表会议开了五次，主要是针对村里的道路建设问题，村民大会 2 次，是村里进行选举才召开的。2009 年村里进行了 4 次村务公开，但据笔者观察，村里人很少关心这些村务公开的事情。虽然知道有这种监督渠道，即村里的村务公开栏，但是他们很少去认真地看这些公开的内容。当被问及他们对村务公开的内容是否了解时，他们都称没有看过，都是村干部的事情，丝毫没有感觉到这与他们的利益相关。当问到他们对村务公开的内容是否怀疑时，他们更是不置可否。然而仍有少数村民说这些公开的内容是"掺了假的"，虽然他们没有根据。其实这种村务公开的形式已经不重要了，重要的是村民对待公开内容的态度，它直接关系到村民自身的利益，也是村民对村干部监督的手段。

值得一提的是，范庄村为加快村庄工业化建设，特制定了《范庄村居民小区发展工业园》规划。据调查，这项规划在村里知道的人不是很多，但是它对范庄村的统一规划建设是很有必要的。目前范庄村的街道房屋建设比较不规整，加上最近几年村里投资建厂的风气，如何更好地利用范庄村的土地资源是亟待解决的问题。

三　范庄村的经济

（一）农业发展何去何从

根据最新的统计显示，范庄村耕地面积有 2828.3 亩，都是旱地。最近几年，由于工厂建设用地，国家建设征地，还有宅基地的建设占用，使当地的耕地面积锐减。2009 年一年耕地被占用了 104.7 亩，现在范庄村的人均耕地面积仅有一亩多点。通过对农户的走访调查，他们一年基本只种两种作物：小麦和玉米，其他的就种些蔬菜之类。小麦亩产在 400 斤左右，玉米在 800 斤左右。由于当地的土质都属于盐碱地，水质也是盐碱度很高，无法用于灌溉，因此范庄村的农业经济也基本是靠天吃饭。据调查，目前村庄的灌溉水井 24 口，但有 22 口已经不能正常使用，笔者曾经喝了一口那里的地下水，很苦，含很多的矿物质，根本无法用于饮用和灌溉农田。目前村里唯一的一口老井为村里提供生活用水还相当紧张，更别说用于灌溉了。据笔者的走访调查，十五户农户中有十四户说他们没有灌溉过农田，有一户 2009 年小麦全部旱死，没有收成，他们也渴望上级政府为他们打井，但是打井的成本太高，因为要钻很深才能找到可以饮用和灌溉的地下水，目前村里还没有这个经济能力。笔者认为由于范庄村耕地在近年来得到不断改善，主要是农民的施肥使土质得到改良，农作物产量不断提高，为农业提供生产用水是很有必要的，起码应改变这种靠天吃饭的局面，使范庄村的农作物旱涝保收，这也符合农民的利益和国家对粮食生产的必要。

农业发展还有一个更需要注意的问题是"增长不增收"现象。根据对十五户的调查，他们每年对田地的生产投资平均每亩要超过 400 元，特别是近年来农药化肥价格的增长，使得农民种地得到的收入大打折扣。虽然国家每年对农业都有补贴，但是据他们说这些钱还不够买几袋化肥。即使这样，范庄村并没有抛荒的现象，一则生产的小麦玉米可以留作口粮或者出售，二则村里人都不愿被人看笑话，抛荒对他们来说是不光彩的事情，三则通过在村里工厂做工可以弥补这种种粮减少的收入。

范庄村的种植大户有 6 户，有几户种植蔬菜，去年收入不少。村里的养殖业很不发达，在十五户中，只有两户养了几只羊，其他的都没有养殖家禽之类的。范庄村还有一家养殖大户，养有 500 只鸡，年收入在 80000 元左右。

（二）投资建厂蔚然成风

据调查，目前范庄村有各种加工厂 27 家，其中私企 1 家，民营企业 26 家，还不算农户家里大大小小的家庭式的加工厂。有几家大的企业如村支书的欧西公司固定资产上千万，主要生产一些大的管件。而小型的家庭式的加工厂主要是为大工厂提供一些半成品机件。笔者曾有机会去了一家小型的加工厂，那是村会计家里建的生产法兰的加工厂。里面有四台机床，他们说这些生产设备都是买的旧机器，新机器买不起，但是一台还要好几万块钱。里面有三四个工人在操作机器，生产环境比较差，他们身上都是油污。他们说自己都是本村的，在这里干都是长期的，一个月收入两千元左右，基本可以满足家庭的各种花费需要。

另外，范庄村还有很多外地来的人在这里做工，可见这里的工厂不仅满足了本地劳动力的需要，而且吸引了其他外地农村的劳动力来这里打工。因此，村里在外面打工的人数很少，只有 19 人。有些村民还去附近的村庄工厂做工，他们那里有亲戚，或者有些工厂待遇更好些，他们说这比在外面吃苦受罪打工要好很多。每天早上吃过早饭，一般九点钟去上班，中午十二点下班回家吃饭休息过后，到两三点就陆续去上班，晚上再回家。一年的大部分时间都是这样度过的。妇女在附近工厂做工的很少，收入也较低，她们一般是在家忙着做家务。村民有劳动能力的都会在村附近找一份工作，大部分的工作也不需要多少技能，因此很多年轻人辍学去打工。家里人认为他们在外面闯荡一是风险高，二是不一定能赚钱，还不如在家里做工，再学到一技之长，收入还会更高。

（三）农民收入差距逐渐拉大

从村庄的房子建筑就能反映出一个家庭的贫富情况，在范庄村这一点也十分明显。在回访的十五户农户中，属于贫困户的不在少数，他们的年收入都在 5000 元以下，除去日常开销和生产投入，用于改善生活的寥寥无几。其中有一户只有老两口，都六十多岁了，一个儿子在非洲打工，没有像别人家的深宅大院，房子也是六七十年代修建起来的。他们家没有什么像样的家具，就有一台黑白电视还能给平淡的生活增添些乐趣，但是这样的家庭还不算是低保户。而其他一些投资办厂的村民家里有房有车，像村支书，据估计他每年的纯收入有好几百万，家里几辆车，在范庄跟他差不多的农户也有好几家。

在访问一家贫困户的时候，当被问及村里是否有"特殊关照"他们的政策时，他说困难的时候一般都是亲戚朋友帮助自己渡过难关，找村里解决的话一是难以申请救济，二是手续相当烦琐，有时候他觉得自己也很没有面子。但是据范庄村的包村干部讲，2009 年范庄村的一个贫困大学生得到县里民政局的助学金 4000 元，这样的事情虽然不是很多，但也能反映出农村家庭经济的状况复杂性，贫富的差距扩大还需要政府对农村更多的关注，真正做到"先富带动后富"建设和谐的农村社会。

（四）越发繁荣的农村市场

随着市场经济的发展，商品种类越来越丰富，销售渠道和范围更多更广，农村市场逐步得到发展，并有越来越繁荣的趋势。据调查，范庄村有大的集贸市场一个，大约一个月有六七天是贸易日。笔者曾在村里集市上看到了众多的商家和卖东西的小商小贩。商品种类更是繁多，从家用的电器，到日常用品一应俱全。据一位村民讲，他们这里还经常有商品促销的活动，像一些奶粉的销售商通过演出一些节目来推销产品。来这里进行买卖的大部分是村里人，但是周围邻村的人也有很多，这对促进村庄与外界的交流有很大的作用。集市上大部分的商品很便宜，因此很多村民愿意在这里买很多并储存起来，如新鲜的蔬菜瓜果等。

另外村里有两家商店，卖的都是日常用品。这次我们调研了一家新农户张金亮家，他家就是开了一家商店，虽然没有一般的超市那么大，但是商品一应俱全。他说自己开店有好几十年的历史了，因为家里没有种地，就是靠做买卖为生，一年收入大约两万元，然而根据村干部所说，他家每天的收入就有好几百，看来他提供的数字是保守的。张金亮说做生意是很让人操心的，他几乎每天都要去城里进货，风雨无阻，连大年三十也不例外。可见他家的生意也是很好的。

村里有小餐馆两家，都是卖些家常炒菜，还有各种面食，客源应该不错，有一次经过看到外面停了好多车。大概是因为来这里洽谈生意的人比较多，有些在村里打工的人也在中午来这里吃饭。村里有人讲，现在生活真是太方便了，有时候家里不用生火，在外面买些馒头，买些菜就能填饱肚子，有钱还可以去餐馆，既省时间又省力气。确实，农村市场的繁荣使村里人能选择更多的生活方式，农村人的生活习惯也正悄悄发生着变化。

四 范庄村的社会文化

（一）水涨船高的人情支出费用

在农村，村民的交往维系着农村人与人之间的关系，是农村社会生活的重要组成部分。农村的社会交往有多种方式，而人情往来往往在其中发挥着重要作用，也是农村人普遍所看重的。除了平时的串门或者走亲戚，范庄村在一些节日或者家里的红白喜事上所表现的礼节之重也是非同寻常的。

据村里的一位老人讲，每逢节日，家里都要把自己的亲友请来做客，而客人来是要带一些节日的礼品的，如八月十五带月饼。请来的人一般是本家的人，都是同姓的。范庄村姓氏很多，有近 15 个，除了姓范的，还有姓胥、张、王、邢等大姓。而每个姓氏一般都是本家，因此，他们的交往更多些。而村里的人情支出费用的"大头"在于红白喜事。据统计，村里每户每年都有约三十次的人情支出，每次少的五十元，多的上百元，平均一年需要两千多元的费用。早先村里人办喜事丧事，亲朋好友都是带些礼品，后来都用钱代替，而且从最初的几十元发展到现在的上百元，有钱的人家甚至上千元。来而不往非礼也，村里一位大婶告诉笔者，如果你不送这份人情，自己办事的时候别人也不会送，而且他们看的是别人送多少自己也回送多少，既表达了心意，也不会引来别人说闲话。

（二）贫瘠的农村文化生活

随着农村经济的快速发展，农村的娱乐休闲设施逐渐增多，而且越来越跟上时代步伐，有线电视，家庭影院，电脑等都走进了农民的家庭。但是随着物质水平的提高，农民的文化活动却越来越少，这在范庄村表现得十分突出。

根据对十五户农户的回访调查，他们都没有订阅过书籍报刊之类的读物，平时也很少看这些东西。有时间的话，就只是看电视，或者串门聊天，打麻将之类。村里目前有线电视的户数有165户左右，接通互联网的农户有60户，村里也没有什么书报阅览室，只有一家桌球室，都是一些年轻人在那里玩。2009年，范庄村文化下乡活动共12次，基本都是电影下乡，据村里的人讲，他们很少去看这种电影，因为家里看电影什么的都很方便，都是一些老年人或者小孩子去凑热闹，所以文化下乡活动也越来越少了。

范庄村的宗教活动是很少的，村里人基本不信教，据统计只有三个人信基督教，这与其他地方农村信教的人剧增形成鲜明对比。笔者向一位村干部问及其原因，他说主要是村里没有这种风气，没有人带动，然而笔者走访发现，其实有些村民还是有迷信活动的，他们很多家里有佛像，并有香烛之类的祭祀物品，但由于没有组织，故形不成很大的影响力，村民也以一种很平常的心态看待这种宗教活动。

另外村里还有一支秧歌队，是由村里的妇女组成，其实就是腰鼓队，她们经常出现在一些婚庆的场合，收取一定的出场费，不过这种活动很少，平时也只是作为一种娱乐的方式而已。

（三）无奈的教育问题

范庄村的教育设施比较落后。村里有幼儿园2所，人数30人，教师2人。幼儿园是私人办的，教学条件不是很好，笔者发现很多孩子在里面打闹，里面很嘈杂，而且卫生状况不是很好。也不知道家长为什么放心把孩子送来这里。一位年轻的老师也是幼儿园的开办者说，孩子的家里人都在工厂做工，平时很少有时间看孩子，就把孩子送这里，还可以学到些东西，因为学费也不是很高，每月 100 元。有些家里条件允许的把孩子送到了县城的幼儿园，可以接受到更好的学前教育。

村里还有一所小学，人数 110 人，有 11 名教师。学校的教室都是比较老的砖瓦房，里面的课桌等教学设备也亟待更新。村里小学只有一到四年级，没有设五、六年级，村里的孩子还要跑去其他村读书，有钱的就去城里读小学。可是据一位村里人讲，他们是不得已把孩子送到外地，其实在外地读书并不一定比在村里好，县城的教学质量虽好，但是孩子小容易贪玩，而家长不在身边看管，使他们很容易染上一些不好的习惯。因此他们迫切希望村里的小学能把各种硬件软件设施完善起来，使村里孩子能得到更健康的成长。

通过走访发现，村里人十分重视对孩子的教育，并希望自家孩子能一直考上大学，他们认为这样家里人有面子，孩子前途光明。然而也有很多学生初中未毕业就到工厂做工了，这是家长不希望看到的，无奈的他们会选择让孩子学一门技术，毕竟技工在附近的工厂很短缺，需求量大，而且收入可观。

（四）日渐增多的空巢家庭

有专家称，目前中国正逐步进入老龄社会。而事实上现在农村的老龄人口已经占有很大比例，可他们的养老问题却并不像城里人那样受到关注。经过对十五户农户回访，发现其中有五户空巢家庭，都是两位老人一起生活。有的老人还能自食其力，做一些小生意，像胥瑞江老人是靠卖菜挣钱维持生活。而有些老人在丧失劳动力后只有靠自己的儿女生活，如张金来老人。村里有 13 个低保名额，但他们并不是这些真正需要低保的老人，一位村里的老人说所谓的低保户很多都是靠关系争取的。范庄村的老支书周建贞老两口也是相依为命，据他说民政所每月只给他几十元的补助，根本不够用，而老两口已基本丧失劳动能力，田地也是由儿子种着，可以接济他们老两口窘迫的生活。

这些年，在城市的大街小巷可以看到很多流浪靠乞讨为生的老年人，他们十有八九都是农村里的孤寡老人，他们在丧失劳动能力后，由于村里无法给他们提供基本的生活保障，只好外出乞讨。试想，范庄村空巢家庭里的老人一旦有个天灾人祸，他们以何为生，很明显，他们要背负更多的生活负担和风险，而不是享受天伦之乐，安度晚年。

五 结语

短短几天的调研，让笔者认识到了一个不一样的华北农村的风土人情。之所以说特别，是因为笔者也是生于农村，长于农村，了解农民的疾苦，对农村也充满着不一样的情感。但范庄村人民的热情好客，勤劳能干还是深深感染了笔者，也让笔者看到了农村发展的新希望。虽然目前农村问题仍然层出不穷，农民生活仍然较苦，但笔者相信在一代一代人的努力和国家相关部门的关注下，农村的发展前途将一片光明，农民一定会过上更加幸福安康的生活。

重庆市潼南县柏梓镇金盆村调查报告[①]

2010 年暑期，笔者有幸参加了华中师范大学中国农村问题研究中心"百村十年观察"项目，前往重庆市潼南县柏梓镇金盆村调研。西南农村的面貌和现状令笔者颇有感悟，作为一个中部地区的外来观察者，笔者得以第三方视角来观察这个普通而不失特色的西南乡村。然而正如费孝通先生曾经遇到过的质疑，个案式的调查研究是否能够具有代表性？笔者的调查也许并不能代表西南地区的乡村，笔者仅试图通过短暂的调研回顾和总结，窥一豹之斑。

一 印象潼南·金盆村[②]

初到潼南，首先感受到的就是潼南人对这里出过一位共和国主席的自豪感。乘车的途中经过了"杨尚昆故居"。潼南有意把这一难得的旅游资源作为重点宣传项目——红色旅游。在同当地县级部门的干部交谈中也时刻感受到他们的这种情结。另外一个让潼南人骄傲的是潼南拥有我国最大的室内装金摩崖大佛，潼南人对这一宝贵历史遗产也是不遗余力地宣传和开发，据悉大佛已经被 5 次"装金"了。双江古镇也是潼南文化底蕴的标签，是潼南重点开发的旅游项目。作为历史上曾经的贫困县，旅游这一低投入、长收益的产业对潼南来说有着重要的意义。

金盆村隶属于重庆市潼南县柏梓镇，属于典型的西南盆地浅丘地形。独特的地形地貌使金盆村拥有独具个性的乡土人情。西部地区农村的乡土特色是来自中部平原地区的我所从未领略过的，在初次调研感到新鲜奇特的同时，我还感到，要了解这一西南农村，首先要将其放在潼

① 作者：米中威，华中师范大学政治学研究院农村区域发展专业 2009 级硕士研究生
② 关于潼南县和柏梓镇的资料来源于潼南县政府网站

南乃至重庆的西部地区大环境下来审视。金盆村所处的地区地形、行政隶属、历史沿革、风土人情、人文历史、经济发展等各方面都是影响金盆村各个方面的重要因素。于是笔者尝试先从宏观区域鸟瞰这一独特的西南农村。

潼南县位于重庆市西北部，地处川渝要扼，东临重庆合川、南接铜梁大足、西连安岳、北接遂宁，幅员面积1594平方公里，辖2个街道、20个乡镇、283个行政村，总人口92万。属盆地浅丘地形。

潼南于民国元年（1912年）建县，建县创议始于清宣统元年（1909年），至民国元年二月，经四川军政府批准，乃正式建县。由蓬溪拨出东乡，遂宁拨出上安、中安、下安三里为新县辖地。县名定位"东安"，意为：东乡与上安、中安、下安联合设县。民国三年（1914年），北京内务府下令称："东安与直隶、湖南、广东等地县名重复，定名未久，自应酌改。"查县设于梓潼镇，归潼川府辖地，居府南，即定名潼南县。

柏梓镇地处潼南县西南部，距县城15公里。柏梓镇初建于宋代，取镇内关帝庙前有高大挺拔的柏树、梓树命名。与梓潼镇、双江镇、崇龛、塘坝、太安以及四川的龙台、白水、毛家等近十个乡镇相邻。1950年建柏梓乡（镇）至今。全镇幅员面积134.75平方公里，现有耕地6.9万亩。总户数2.2万户，总人数8.2万人。辖1个社区居委会，27个行政村，205个居民小组。镇政府现有干部职工153人。城镇化率30.5%。计划生育率达到88.7%。机构改革后，镇政府辖党政办公室、经济发展办公室、社会事务办公室、柏梓办事处、龙藏办事处、大滩办事处等6个行政内设机构，财税所、计生办、村建国土所、农业综合服务中心、文体站等5个事业单位，全镇在职干部95人。1999年被重庆市列为市级试点小城镇建设镇，2002年被重庆市列为全市100个商业发展小城镇之一。2003年被潼南县列为经济十强镇。

金盆村位于柏梓镇北部。属于山间盆地地形。当地人管这种地形叫"坪坝"，意为：平坦的场地。在重庆有许多地方以"坝"命名。比如：沙坪坝，菜园坝（重庆火车站）。有一条河流经村庄，叫做琼江，流经村庄的长度约2.5公里。这条河流同时也穿过了柏梓镇，镇上有座大桥连接河流南北。村庄面积为19.6平方公里。其中耕地面积2110亩，承包地面积350亩。村庄共有739户农户，全村人口2988。其中男性人口1509人，女性人口1479人。出生人口28人。其中男性出生人口15人，女性出生人口 13 人。超生 6 人。全村死亡人口 6 人。由此计算，金盆村人口出生率 0.93%，死亡率 0.20%。人口自然增长率 0.736%。村庄拥有电排 4 个，灌溉水井 2 个。硬化沟渠长度 9000 米。

二　村庄经济

（一）没有 GDP 的村庄收入

2009 年金盆村的村庄收入为 21 万元，其中计生罚款为 17 万元。占到村庄总收入的 80%。我们可以很容易发现，这种情况的不正常。一个拥有 2000 亩耕地、近 3000 人口的大村，它的村庄收入居然要主要依靠计生罚款来支持。2009 年，村庄总计超生 6 人，每超生一个，罚款 2.8 万元。而这个惩罚措施是在 2007 年开始执行的。在 2007 年之前，这一数字是 1.4 万元。加大惩罚力度说明了两个问题：一是村里超生现象严重。而据笔者的了解，超生似乎并不是金盆村一村所独有。在其他乡镇，有一农户因为违法生育二胎竟然被开出了 7.17 万元的巨额罚款。在笔者的调研过程中也发现该地区的超生现象已经成为一种"民风"，很多农户都有 2 个到 3 个小孩。在大人都外出打工的情况下，笔者调研的农户家里最常见的景象即是：2 个老人带领好几个小孩。二是村庄经济拮据，高罚款属于不得已之策。笔者调研的过程中发现，金盆村的经济几乎是"无源之水"，金盆村没有集体企业，也少有种植大户或者个体经营大户，经济收入渠道十分狭窄。

拮据的村庄经济使得村庄发展举步维艰。甚至有时候连村里接待客人都需要赊账来应付。据村支书介绍，金盆村每年都有上级规定的定额上交款项。这种情况也逼迫村庄采取这种不得已之策，而这种村庄收入完全没有 GDP 成分可言。这其实也与金盆村所处的地区大环境有关系，金盆村所处的潼南县过去是贫困县。笔者在与同潼南县县级部门干部的交谈中得知，潼南县每年需要 11 亿的财政经费。其中有 8 亿需要上级转移支付。这也就意味着村里很难从镇里或县里得到帮扶款项。扭曲的村庄收入结构使得金盆村处于一种无法摆脱"临界最小努力"的状态。金盆村似乎也并没有试图改变现状的努力和企图，村庄发展似乎处于停滞状态。村里的经济发展虽没到每况愈下的境地，然而也看不出有发展的空间。

（二）仅为生活的农业生产

金盆村的耕地面积并不算少，然而由于人口众多，使得人均耕地面积很少。甚至不足一亩，然而村里外出打工人数很多，有 1000 人左右，占了村庄总人口的 1/3。因此在土地流转政策的支持下，留在村里的村民实际上可以拥有相对略多的土地。但是即使如此，也并不能改变村里人多地少的状况，在笔者调研的 15 户农户中户均承包地面积仅为 5.08 亩。最少仅为 1.7 亩，最多为 10 亩。村里的种植大户最多能拥有 100 亩土地。这和笔者所生活的中部地区有着不小的差距——中部地区农村户至少户均 10 亩土地。

金盆村主要的粮食作物是水稻，平均亩产约 700—800 斤。15 户农户的水稻生产情况见表 1。从耕地面积上来判断，金盆村的主要耕地都用作种植水稻上了，水稻生产收入仅仅是农户家庭收入的很小一部分。调研过程中的访谈也证实了这一点，农户多不在乎水稻种植所带来的那一点儿收入。家庭主要收入还是来自打工，或从事其他非农产业。一位老者告诉我，他家种植的水稻基本上都是自己家里人吃。如果有多的，就分给在城里或镇里工作的儿女一些。多数农户只是为了口粮而种田，留够自己吃的，有节余才拿去出售。村民的种粮积极性不高，问及种粮收入，多数表示"不赚钱"。虽然从下表（表 1）中可以看出，农民的最高种粮收入可达 2500 元。但是这些仅仅是毛收入。除去化肥，农药，种子等农业生产资料投入的资金，并不能剩余多少。水稻的种植和收割采取的是全机械化方式。统一的抽水灌溉，每亩灌溉费用是 60 元。机收的成本是每亩 80 元。此外，种子和化肥的费用较高也是村民诟病较多的地方。

除了水稻，玉米也是金盆村重要的粮食作物。几乎所有的农户，或多或少都会种一些。但是在金盆村玉米却是作为"经济作物"来种植的。因为高产量和不低的价格（0.8 元每斤），村民在保证作为口粮的水稻种植之后，都会在剩余不多的土地里种上玉米。易于贮存的优点也使玉米格外受到农民欢迎。卖不出去的玉米也易于处理：村民多用来作为家禽或者牲畜的饲料。

主要的经济作物则是油菜和花生。这和笔者所处的中部地区别无二致。所不同的是，花生和油菜在这里却并非"经济作物"，而更加贴近"油料作物"的定义。因为村民种植这两种作物只是为了榨油自己食用，很少拿出去卖。倒并不是因为没有市场，而是有限的土地制约了大量的种植。用村民自己的话来说就是：种油菜和花生，"省了油钱"。

15 户农户的水稻种植与生产情况

水稻面积	水稻产量	水稻亩产	水稻销量	水稻价格	水稻收入
1.2	1000	800	650	0.9	700
3	2400	800	300	0.9	300
3	2400	800	300	0.9	300
5	4000	800	2000	0.8	1600
2	1500	700	300	1	350
3	2400	800	1500	0.9	1200
1	1500	800	800	0.9	720
3.5	3000	800	2000	0.9	1800
2	1600	800			
3	2500	800			
2	1500	750	500	0.8	400
0.2	80		0	0	0
2.5	1800	850	800	0.9	250
5	4000	800	2000	0.9	1800
6	5000	800	2500	0.9	2500

至于蔬菜之类的，在本地基本上不能作为"经济作物"来种植。原因也是土地的缺乏。农民多是利用一些零散的土地种植少量蔬菜瓜果"自己吃"。基本上没有拿到市场上卖的富余。

关于牲畜，家禽之类的在金盆村则更是少见。一般人家只是喂养 1—2 头猪，若干只鸡鸭。没有养殖大户。而喂养这些家禽牲畜的作用也仅仅是过年宰杀了，自己消费。

一言以蔽之，金盆村的农业生产就是为了生活。稀少的土地使得农民通过农业获取家庭收入的空间变得很狭小。增收的希望只能通过青壮年劳动力外出打工来实现。

（三）缺乏组织的村庄经济

在农村土地流转已经成为一个普遍现象的今天，有着大量外出打工人员的金盆村也有大量的土地出租或流转。其流转的程序和形式却五花八门，很不规范。由于没有村干部或基层政府组织参与，农民多是自己和外地的土地承包大户协商，而且多是文化水平较低的中老年农户。在协商过程中的程序不规范导致许多土地流转出去却收不到钱。村里也并不干预这些。在青壮年农民多外出打工的情况下，追偿土地流转款成了一个老大难的问题。因为没有人牵头，流转的土地款也并没有有效保障，许多农民选择了将土地"流转"给自己的邻居、亲戚等耕种。他们的邻居和亲戚也乐于接受，因为土地是稀缺资源。而将土地"流转"给邻居亲戚耕种的农户也并没有收取"土地流转款"的打算。可能是碍于情面，也可能是因为即使是正式转让，也并没有多少钱——正式的流转土地，价格也只有每亩500元。而"捡"他人土地耕种的农户需要付给原土地所有者的是每年国家的种粮补贴。

关于农业保险。在笔者调研刚开始的时候，在和村干部的交谈中得知，金盆村村民没有任何农村金融理念。种植养殖完全处于原始的"靠天收"状态。我想也可能是因为金盆村很少遭受自然灾害的缘故，村里人基本上都没有保险概念。不仅是金盆村村民，包括外来租种金盆村土地的种植大户，也一样没有购买农业保险的想法。当我问及此事，村干部的回答是：都没有。然而不幸的是，就在我调研结束后，金盆村遭遇了特大洪水，全村被淹，很多村民被洪水围困。村里的庄稼几乎毁于一旦。村子周边的农田里本来种有大片的西瓜和葡萄。从事后的图片和报道中得知，这些都被洪水冲得七零八落。离金盆村不远的柏梓镇，有些养殖大户，数百头生猪被淹死，损失惨重。风险意识和金融理念的缺乏，使农民面对天灾显得脆弱而无力。我以为，有些问题农民可能意识不到，事到临头却又悔之晚矣。国家惠农政策可以具有适当的前瞻性和引导性。比如：金融下乡。

三 村庄政治

金盆村共有6个村民小组，10名村干部，其中3名是女干部，有7位中共党员和1位大学生村官。全村党员人数共计59人。村民代表开会

10 次，村民大会 2 次，村务公开次数 2 次。2008 年换届选举，当时有 4 名候选人，村干部由 1700 名村民先推举再选举而产生。考虑到村里有 1000 人左右外出打工，因此这一数字可以视作全民参与了。

（一）事不关己心态下的政治冷漠

以上是从村干部口中得知的村庄政治开展情况，然而村庄政治的实际开展情况却并非像这些僵化的数字描述的一样。实际的调研中则发现，许多村民几乎完全不问村庄政治情况。对他们来说"选谁都一样"，都不能改变什么。甚至连国家惠农政策也都是完成行政命令式地参与，比如农村合作医疗政策，调查显示大部分村民都参与了这一项目。然而问及原因，答案却让人哭笑不得。大多数村民都表示，20 元/人的标准不算高，交就交了，并不指望能带来什么好处，仅仅是完成任务式的参与。村民的政治冷漠使我想起了"经济基础决定上层建筑"的经典论断。在村庄经济不算发达，甚至连发展都艰难的情况下，村民很难有兴趣参与村庄政治活动，只求过好自己的日子。所谓"各人自扫门前雪，休管他人瓦上霜"。而村民和村干部之间的隔阂也颇深。村主任和村支书都住在离村不远的镇上，且都有自己的经营项目：村主任有家电专卖店，并有一辆货车跑运输。村支书则在镇上有一家五金商店。平时没事都不往村里去，村干部不住村也无形中拉开了干群之间的距离。对于村里的政治活动，村民大都抱着事不关己高高挂起的态度。在村民看来，"他们"怎么弄，是"他们"自己的事。大多数村民对中央政策还是有很高的认同感，然而对基层干部的评价却往往不高。一位村民朴实的表示"官有十条路，民有九不知"，只要事不关己，任"他们"怎么做都无所谓。然而一旦"关己"的时候，许多村民却表达了不满和愤懑。

实例 1：

农户甲，贫困户，家庭人数 3 人，父亲和儿子常年患病，父亲需要常年吃药，身体虚弱，而立之年的儿子则由于乙肝和一些其他的疾病，缺乏劳动能力，不能外出打工，至今未能婚娶。这样的农户应该达到了低保的标准，然而，户主却表示自己并"不够条件"领低保，相反，村里一些其他条件看来不错的农户却能够领到低保，原因是他们与"上面"关系好。

实例 2：

农户乙，贫困户，家庭人数 3 人，仅有大儿子早年外出打工，然而并没有多少积蓄，用他自己的话来说是"打工打工，到头一场空"。小儿子则刚刚能够自立，准备外出自食其力。家里的房屋属于危房级别。当问及房屋修建年份时，户主让笔者抬头看屋顶的横梁（村里的老瓦房或土房的横梁上一般写有房屋修建年份），上面写着"修建于 1991 年"。近 20 年的老房子由于汶川大地震塌了一间，主厅（勉强算是）的墙壁也严重开裂。户主表示，本来上级部门是有危房改造补贴款和受灾补助款的，但是被村里扣发了。自己没钱修缮，只能勉强住着危房。"除非领导上门直接给钱，否则别想拿补贴款。"

以上两个农户均表达了对村里的不满。因为他们应有的权益没能得到保障。但是访谈时的感觉始终能够感受到他们那种"乐天知命"的态度。

（二）缺乏向心力的干部关系

担任村主任的人是一个大家族，拥有 6 个兄弟。毫无疑问，家族势力的影响对其担任村主任产生了不小的作用。从和他交谈的过程中得知，这位年轻的村主任是有心振兴村庄的。然而基层政府的权力结构让其感到掣肘。村里主要的权力：包括人权和事权都握在村支书手里。年轻的村主任告诉我，即使他有一些有创见的想法也往往因为年轻威望不够以及组织上的制约并不能够得到实施。自己仅仅能够做一个上级行政命令和活动的执行者，缺乏话语权。对于是否希求连任，张主任也是一种无所谓的态度。政治上的灰心，使他更愿意将精力放在自己的个人事业上。

担任村支书的是一位 55 岁的老干部，他和另一位支书握有村里的财权。在访谈的过程中可以感受到他是一位颇为内敛且经历了不少风霜的老干部。笔者几乎不能从他那里得到关于他对村里的政务和事务的个人看法，村庄资料调查大都是通过机械性的问答得到的。这可能与笔者作为一个"外来者"和民政系统"派下来"的角色定位有一定关系。

虽然从始至终两位村庄的主要领导人都没有一同和笔者照过面，但是依然可以感觉到的是：他们之间存在隔阂。也许是年龄方面的原因——一位是 38 岁的少壮派；另一位是 55 岁的老成派；也许是组织方面的原因——一位是村主任；另一位是村干部。抑或是宗族方面的原因——一位在村里有着比较强的家族势力；另一位则属于"外来户"（村主任这样向笔者描述，并不愿透露具体细节）。总而言之，村级干部之间存在不少龃龉。没有向心力的村庄政治使得金盆村的发展受到不小制约。

四　村庄基础设施

（一）村庄交通设施

金盆村和镇里以及外界的主要联络通道是一条长约 8 公里的水泥小路。公路的"村村通"已经实现，但是"组组通"和"户户通"却远没有经济条件来实现。连接各村组的仍是原始的土路。遇到下雨天，就一片泥泞。在调研过程中，多雨的天气使笔者遇到一些麻烦。

小路两旁均是农田。或许是出于对耕地的保护，或许是由于资金的缺乏，抑或是已经可以满足村民的出行需要，小路的宽度仅为 1.5 米。仅容一辆电动三轮车通行。从村里到镇里步行约需要 25 分钟，坐电动三轮车的话，约需要 10 分钟。金盆村离柏梓镇算是比较近的了。若仅仅是出行的话，这条小路当然是可以满足村民需求的。但是其他方面，比如农产品外运和建房则受到很大影响。特别是对于种植大户来说，大量的西瓜等蔬菜瓜果只能通过农用板车或者三轮车往外运输。村里建房的运输成本就更为高昂了。因为路很窄，村民建房所需要的建材就只能通过板车一点点往村里运，耗费很大的人力物力。另一种方式就是采取河运。

因为金盆村背靠琼江，因此可以通过船只把建材运到离村较近的地方，然后再想办法搬上岸。同样大费周章。

金盆村离镇里这么近尚且感到交通不便。那么离镇较远的村子就更加受到交通条件的制约。据悉，有的村子种有大量的柑橘和柚子，因为交通的问题，很多都不能运出去，只能烂在地里。这也是去年西南地区柑橘危机的一个缩影。

（二）村庄生产设施

金盆村拥有 4 个电排，2 个灌溉水井。硬化沟渠长度 9000 米。由于背靠琼江，村子的灌溉和饮水都不存在问题。生产灌溉用水和生活用水均是由村里统一组织提供。比较容易遭受诟病的是村民多认为灌溉费用过高，且村里只管收钱，不管管理。每年灌溉时村民需要自己去搬运水泵，自己架设。在水利设备供不应求的农忙时节，农民也没有办法，只能如此。有的农民耕地离琼江很近，于是几家联合，一起自己架设了抽水管，但是真正需要抽水的时候仍然要自己去搬运水泵。村里只负责提供水泵等设备，其他均需要农民自己解决。即使本应该是村庄公共性的用水设施也是靠农民自己修起来的。

（三）村庄政治活动设施

金盆村的政治活动设施严重匮乏。对于一个经济极为拮据的村庄来说，要求它拥有齐全和完备的政治活动设施不太现实。然而金盆村的情况则是：村庄政治活动设施近乎空白。

连最基本的村务公开栏笔者也未曾见到。村干部所说的村务公开指的是在村民大会上通报村务情况。村里有一个村委办公室和书报阅览室。是上级援建的。面积加起来共 180 平米。但是村干部平时办公却并不在村委会，而是在自己家里。在笔者的调研中，需要了解的情况均是到村干部家中访谈完成，而村务材料也都放在村干部家中。

五　村庄社会文化生活

金盆村离柏梓镇大约只有 2 公里，柏梓镇是金盆村老百姓社会生活各方面的核心。每个月的 1、4、7、11、14、17、21、24、27 号，即逢 1、4、7 为柏梓镇的集市。当地人称之为"赶场"，全年如此，风雨无碍。金盆村老百姓每逢"赶场"日，大都会去镇上出售农产品或者购买日用品，即使没什么需要出售或者购买的，村民也都喜欢去镇上"耍一下"，我想不过是去凑个热闹，但这却是金盆村老百姓最为钟爱的休闲方式。"赶场"时，村民是背着小背篓，用来装将要出售的农产品、购买需要的商品，或者背着咿呀学语的孩童逛街。正如宋祖英在歌中所唱一样："小背篓晃悠悠。"这种小背篓是村民生活必不可少的物品。每逢集市日，柏梓镇满街都是背着小背篓的村民，繁忙而从容地互通有无，交互着生活中的各类信息。有着很浓郁的西南乡镇风情。但柏梓镇却算不得干净整洁，每逢集市日，庞大的人流和交易带来的大量垃圾被随意丢弃，直到下一个集市日也未能很好处理。每月只有 1、4、7 是集市日也说明了小镇的经济活动远谈不上发达——在中部地区我的家乡，集市日大约在十多年前就已经常态化了，每天都是集市日。

（一）休闲娱乐

金盆村老百姓的休闲娱乐比较单调。最为常见的就是每逢集市日，去镇上"赶场"，凑热闹。村民会花 8 角钱购买一袋烟叶，足够一个星期的消费；小孩会央求父母买一些糖果或水果；男人们多喜欢在茶馆抽烟喝茶打牌，女人们则聚在一起聊些家长里短。这也是我国乡村最为常见的休闲方式。虽然西南地区麻将风行，赌博现象比较多。但是在金盆村则很少看到这一现象。村民们保持着淳朴勤俭的风格，朴素的民风也使我的调研很是顺利，村民们大都愿意和我交谈，聊得高兴了还会说到很远。除此之外，金盆村民很喜欢钓鱼或者捕鱼。一般农户家里都有些渔具。因为离琼江很近的原因，村民们闲暇时间会提上鱼篓，拿上钓竿去江边钓鱼。少数捕鱼能手则可以在农闲的时候捕获许多小鱼以及虾蟹之类的水产品，拿到镇上去卖，赚取外快。

电视机是金盆村民生活中必不可少的电器。不管家庭情况或贫或富，都至少会有一台彩电。调查中有一户农户，家庭已经近乎赤贫状态，但是户主依然赊账购买了一台电视机。可见电视在村民生活中的重要地位。对于村民来说，日常看电视已经不仅仅是休闲娱乐这么简单。对于一年到头连县城都很少去的村民来说，电视机是他们了解外界，获取信息的主要渠道。金盆村民平均每天看电视的时间大约在 3 个小时。新闻类和电视剧是村民们最为钟爱的电视节目。在人情和关系编织的乡村社会网络中，信息的传递甚至包括村民的消费行为相互之间都有着巨大的影响。村民们的家用电器多是在熟人那里购买，对于是否享受家电下乡补贴并不在意。就是因为卖方是熟人，图个安心。村主任即在镇上做家电销售。村民的很多电器都是在他那里购买的。

（二）村庄教育

柏梓镇的教育情况还是不错的，柏梓中学是重庆市高中联招学校。笔者初到柏梓镇，在柏梓中学门前，首先看到的就是一条巨大的横幅，上书"热烈祝贺陈银银同学获得潼南县理科状元"。金盆村离柏梓镇实在很近，因此村里也就没有设立学校，学生大多都在镇上上学。村里约有 35 个幼儿园学生，200 个小学生，20 个初中生，20 个高中生，30 个大学生，1 名幼儿园教师，2 名小学教师。从以上数据我们可以看出，对于一个拥有近3000人的大村庄，金盆村的教育情况却并不怎么理想。事实上，除非学生自己学习很好，否则家长是不愿意让孩子走读书深造这条路的。对于外出打工成为一种风气的金盆村来说，很多家长只愿意尽到九年教育的义务。实实在在的外出打工，养活自己，拿钱回来才是村民更为关心的事情。一位村民告诉笔者，他的儿子学习不好，"也不喜欢学习"，"等他读完初中，就让他自己出去找事做"。在一旁玩耍的小孩正专注于和伙伴的游戏，他不曾想到，自己未来的道路大人们已经做好了打算。

（三）打工现象

对于人多地少的金盆村来说，打工既是一种无奈之举，也是农民渴望致富的必然选择。但是从调查的情况来看，打工似乎也并不能让村民致富。有的村民外出打工十多年，到现在每月也依然只能拿一两千元左右的工资。村民多从事的是建筑业、餐饮业、流水线生产、个体销售或者商场营业员之类的，这类技术含量比较低的职业或行业工资增长率很低，十年前打工和现在打工，工资上几乎没有什么变化。如果说打工和不打工有什么区别的话，那么不打工只会固守于现状不能致富，而打工则至少可以获得一个可能改变这种境况的机会。村里相对比较富裕的农户大多都有家庭成员外出打工。大量的青壮年劳动力外出打工导致村里显得不是很有生气，颇有些鲁迅笔下"末乡"的感觉。有着十余年打工传统的金盆村，因打工带来的社会问题也并不少见。比如在外地的超生儿童（金盆村超生现象普遍）户口和教育问题。

（四）节气风俗

春节是我国各民族各地区的盛大节日，但是过法却各有各的不同。金盆村老百姓过春节就有自己的独特之处：

首先就是食物方面。饺子是全国人民大年三十必吃的食物，但是在这一地区却并非如此。比起饺子，当地人更爱吃汤圆。而且吃法还有讲究，吃多少个有特殊的含义在里面。例如正在读书的学生，一般家长会让他们吃三粒，意思是三步登科，在学业上不断进步。上班族一般吃四粒，意思是四季平安。

腊梅花是当地老百姓点缀新年的重要物什。新年来到，最明显的标志就是随处可见的腊梅花。淡黄色的腊梅花很能烘托过年的祥和气氛。

大年初一，一般老百姓会守在家里。在这一天，人们不能打扫卫生、清理垃圾。因为这样会"扫走一年的财气"。中午也不能午睡。当地人称为"霉睡"，因为这一天睡午觉的话，一年都会倒霉。大家都互相说一些吉利、祝福的话，以求新年好兆头。

大年初二开始，村民们就开始"走人户"，吃"转转饭"，也就是亲戚朋友之间互相拜年，聚在一起吃饭、休闲、娱乐。

拜年一般要持续到元宵节，即正月十五。村民们一般从正月十三就开始庆祝了，元宵节的时候全部的灯都要亮着，处处灯火通明。家人朋友聚在一起吃汤圆。镇上街上还会有灯展，还会有人扮演"渔翁"和"蚌仙"以及舞狮子、龙灯等节目。

元宵节一结束也就意味着春节的结束和新年生活工作的开始。平凡的人们又开始自己的工作，各自回归到时代和社会的洪流中。

六　写在最后

金盆村并非有着深厚历史的文化名村，也不是曾有创新历史的改革先锋。它只是中国千千万万个农村中最普通的一个，然而正是这些普通的村庄组成了我们的社会肌体。在过去两千年的岁月里，无数个这种普通的村庄拉动着中国这架大车缓慢前行。在金盆村，无数的人生出来，走出去，或者永远不出去。留下永恒不变的，是那块土地。然而永恒不变的并不仅仅是土地。即使换上了现代化的外壳，煤油灯换成电灯，水牛换成拖拉机，金盆村依然是那个金盆村——新农村建设、惠农政策、土地流转……都是仪式化的符号。村民们乐于享受这种独居一隅的祥和。村民们更愿意关心的是上千年来农民一直关心的事：明天赶集买什么？今年收成怎么样？……

笔者知道，在东中部地区，新农村建设、农村社区改造等正如火如荼地进行。甚至在金盆村所在的重庆市，也正进行着旧农村的拆迁改造。金盆村在社会变迁的潮流中将何去何从？笔者不知道，笔者看到的是一个暂时安静祥和的西南乡村。

陕西省泾阳县云阳镇兴隆村调查报告[①]

一 调研点基本概况

（一）泾阳县概貌

泾阳县地处陕西省关中平原中部，泾河下游，又因处于泾水以北，由此得名。它是国务院印发的《西部大开发"十一五"规划》中提出的三个重点经济区之一"关中—天水经济区"的重要组成部分，属"西安一小时交通圈"范围之内。这里自然条件优越，地理位置得天独厚，山肥水美，物产富饶，素有关中"白菜心"的美誉。

泾阳县是陕西省政府确定的"蔬菜基地"，全县蔬菜种植面积达20万亩，其中日光温室达8500多亩，全县主栽品种有黄瓜、西红柿、西葫芦、板椒、蘑菇、甘蓝、大白菜等50余种。此外该县还是全省最大的奶畜生产基地和鲜奶销售市场。

（二）云阳镇：蔬菜之乡

云阳镇位于泾阳县城以北，是嵯峨山前的一座古镇，革命年代曾为红军、八路军总部及中共陕西省委所在地。咸淳公路纵贯南北，目前正在修建的关中环线贯通东西，东距西（安）—延（安）高速公路8公里，南距西安咸阳国际机场15公里，交通便捷，地理位置十分优越。随着西部大开发战略的实施，云阳镇以其服务功能齐全、基础设施良好、环境优美，具有较强辐射功能而成为陕西乃至西北地区最大的蔬菜集散基地，成为全国各地投资商向往的一片"热土"。

云阳镇辖24个村（居）民委员会172个村民小组，总人口5.6万人，总面积74.71平方公里，耕地约有58.43平方公里。云阳处于温带

---

① 作者，杨乐乐，华中师范大学政治学研究院政府经济学专业2009级硕士研究生。

大陆性气候下，是典型的农业大镇，依托泾惠渠灌溉系统，全镇形成了渠、井、站相结合的灌溉网络。近年来，全镇蔬菜种植尤其是反季节蔬菜种植面积不断扩大。云阳蔬菜批发市场是目前西北地区最大的蔬菜批发市场，上市批发交易蔬菜的种类有一百多个品种，日交易人数高达 1 万余人，年交易总额 5.8 亿元，蔬菜销往新疆、青海、甘肃、福建、广东等全国 23 个省市。另外，奶畜、杂果种植也逐步成为农民收入稳定增长的又一支撑点。

（三）兴隆村

在泾阳县泾干中学附近的金柳村，乘坐 39 路公交汽车，大约 20 分钟就可抵达兴隆村了。一路上都可以看到整齐有序排列的房舍，坦荡荡的土地上长着齐刷刷的农作物，地势结构优越性让人感慨这片关中平原得到了多少上天的垂爱。在一条宽阔平直的马路边下了车，这里就是兴隆村 2 组与 3 组的交接地，39 路汽车继续向兴隆村 2 组开了进去，朝着反方向的就是 3 组了。

兴隆村占地面积 2273 亩地，约合 1.51 平方公里，全村呈平原地形，其中耕地占 2074 亩，且全部为旱地。当地人种植的粮食作物主要是小麦和玉米，农户一般都会将小麦留一部分用于自家消费，而玉米则全部卖出，经济作物的品种十分丰富，如莲花白、芥菜、菜花、洋葱、桃子等。本村一共 330 户人家，总人口为 1540 人，其中男性 790 人，女性 750 人，2009 年兴隆村新出生人口 4 人，男婴女婴各占一半，无超生人口。2009 年兴隆村死亡 3 人，男性 2 人女性 1 人，无人是非正常死亡的。本村民族成分单一，全为汉族。兴隆村有 21 口灌溉水井，2009 年没有新增的沼气使用户，每家每户都实现了通电，硬化公路里程达到 2.5 公里，目前已经实现了"村村通"工程，全村分为 4 个小组，尚未实现"组组通"公路，每组之间还是以砂石铺成的小路连接起来，而每户村民家门前的道路都是土质，到了下雨天便泥泞不堪，难以下脚行走。本村村民的居住房屋以平房为主，每家的宅基地面积约为 0.6 亩，平房有 250 栋，楼房仅有约 30 栋，大都是二层小楼。兴隆村设有 1 所小学，前两年还有一所私立中学，因收费高、教学质量较差而倒闭。

二　兴隆村政治面貌

（一）村级组织：老龄化、低文化、松散化

全村共有 7 名村干部，设有 3 名支部委员，村委会干部 4 人，其中 6 名干部是中共党员，主任和支书分别由两名干部担任。女性干部一名担任妇女主任一职，该村没有分派大学生村官。村支书及村主任的年龄分别为 58 岁和 46 岁，村干部的平均年龄在 47 岁，据村支书讲，他们的文化程度大多是初中或者高中毕业，由此我们了解到，兴隆村的村干部中，年龄偏大、文化偏低的问题比较明显。全村党员 31 名，仅有 1 人不到 30 岁，30 岁至 40 岁之间的党员 3 名，分别占总数的 3.2% 和 9.7%，40 岁至 50 岁的党员共 7 人，占比 22.5%，50 岁至 60 岁以及 60 岁以上的党员分别为 10 人，占比同为 32.3%，可见该村党员队伍中 64.6% 的人在 50 岁以上，党组织也同样存在着老龄化的问题，近几年来兴隆村几乎没有发展新的党员，究其原因，一是因为现如今市场经济的观念深入人心，一些人认为只有获取经济利益才是头等大事，入党不入党没有太大关系，而这种想法在年轻一代中普遍存在；二是老党员思想观念保守陈旧，用过去的标准来衡量如今的青年人，认为他们"不够格"，这也影响了青年人的入党积极性。而党员肩负着密切党群关系、提高党的威信、模范带头的积极作用，因此我们应当重视农村基层的党组织建设，加强在农村中关于党的知识教育，提高农村党员队伍的年轻化，注重党员文化水平的提升。2009 年兴隆村党员开会的次数为 4 次，有部分党员以各种理由不出席会议，一方面是因为党员居住分散，流动性较大，另一方面是因为他们思想觉悟不够，认为看电视、读报纸就可以完全了解党的各项政策，没有必要去开会，在他们心中党员开会就是空架子、走形式，可见该村的党组织功能呈现出弱化和松散的趋势（见图 1）。

（二）换届选举：贿选黑幕

2007 年兴隆村组织了党支部和村委的换届选举，党支部选举采用公推直选的方式，村委会选举采用海选的方式，有 900 人参与了村委会换届选举，投票率为 90%。村民代表是由村民推选产生的。

据笔者调查的农户普遍反映，该村选举中存在着买卖选票的现象，在

问及该村选举候选人是否有拉票行为时，8 位被调查者选择了"是"，但村民不愿透露是选举哪位干部时出现的这一情况。一张选票的价格是 20 元，当笔者问及反映这一现象的村民他们是否接受了 20 元而将选票投给相应候选人时，他们的答案都是肯定的。原因也很简单，这些村民对选举的基本情况都不了解，更不知道候选人的背景，投哪一个人对他们而言都无异于赌博，这时在经济利益的驱动下，村民就选择了对自己近期有益的做法，即成为买卖选票的受贿方。

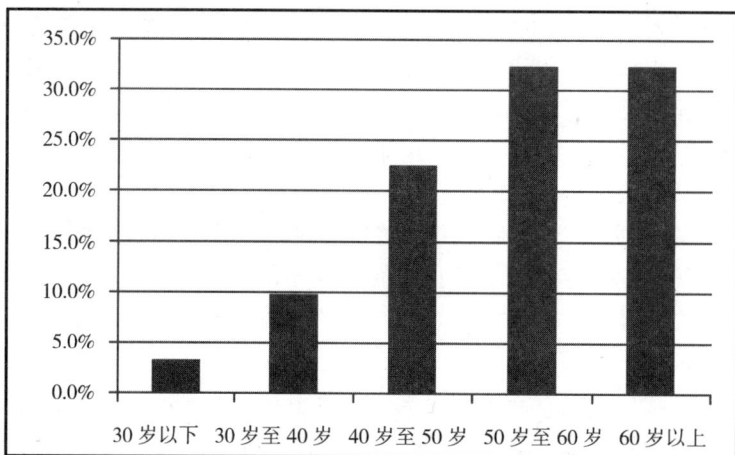

图 1　兴隆村党组织成员年龄结构分布

　　然而，这一行为选择的后果也是很明显的，多数村民向笔者表示，后悔当时的"一时冲动"，选举出来的村干部并没有为村民做什么实事，更令村民不满的是，这样的村干部任人唯亲，当有一些资金和物质补助发放时，他首先将其安排给予自己有密切关系的农户，不论这些"关系户"是否真的贫困，而真正需要补助的村民却得不到应享有的物质或资金。这一点在村中成了公认的事实，也引起村民对干部极大的反感与不信任，村庄内部干群关系比较紧张。

（三）民主自治：发展受阻

　　从选举中存在的贿选现象已经可以看出兴隆村民主自治中的漏洞之大、问题之严重。然而落后的村民自治水平并不是单方面的原因所致，调查中笔者发现兴隆村的村民政治意识淡薄、民主精神匮乏、村民关系松散、缺少团结向心力，某些身居要职的村干部固守个人利益、漠视村庄集体事务、缺乏带领村民发展的干劲，正是由于村民和村干部双方都忽视了村庄民主自治建设的重要意义，兴隆村的干群关系越发恶化，民主管理的发展裹足不前。

首先是该村村民普遍表现出政治冷漠，在笔者调查的十五户农户中，仅有村支书和村主任了解《村民委员会组织法》和村委会选举程序，其余13位村民都表示不知情或者不太了解，可见普通村民都不清楚选举的法规法则和基本程序，这也使买卖选票的违法行为有了可乘之机。村民在民主思想认识上的匮乏也对其政治行为产生了不良影响，被调查农户中有5人没有参加上一届的村民委员会选举投票，也就是说1/3的农民并不很关心村庄政治事务和自身政治权利，除此之外，多数村民不清楚村里重大问题的决策权在谁手中，也不知道该村的村规民约。

其次是村干部在建设村庄民主政治方面的职能缺位。村民不了解选举的法规和程序，村干部对此有着不可推卸的责任，他们不但没有积极主动地为村民宣传相关政策知识，没有为村民建立了解民主选举、学习政策法规的途径，更甚至于通过不法手段攫取政治利益，使兴隆村的民主发展之路受到阻碍。据了解，2009年兴隆村的村干部没有组织召开过村民会议，村委会也没有向村民代表会议报告其工作情况，村规民约没有得到宣传和推行，而村务公开也没能贯彻落实，村庄也未建立起民主评议村干部的制度，这种种现状都表明兴隆村村干部的政治职能缺位，在很大程度上造成了该村民主建设的落后。

三　兴隆村经济状况

（一）村庄收支

2009年兴隆村获取的上级补助款共计10万元，筹资筹劳款10万元，集体经营统一支出1万元，村干部务工补助3万元，上级政府拨付给该村村民的粮食补贴和贫困补助金共计250900元。村委会并没有开动脑筋充分利用村集体的资源，也并未选择较好的投资项目为村集体创造收入。虽然该村的经济发展在泾阳县不算较好较快，但是总体处于中等水平，因此也不存在上级政府或者社会人士的捐赠款物。据村支书介绍，上一届的村民委员会留下了"烂摊子"，村庄不仅没有积累下任何资金储蓄，还有不少债务欠款。到目前为止，兴隆村因建设一所村内的小学还欠有外债 10 万元，其中有 4 万元是银行贷款所得，而其余 6 万元是向村民借款筹集的。2009 年村庄没有任何生产建设性支出，虽然当地村民普遍反映生产路路况十分差劲，但村委会并没有想到办法筹集修路资金。到了下雨天村民只能眼看着自己辛苦种植的蔬菜被雨水淋打，甚至烂在地理，也毫无办法，因为生产路太过泥泞无法行车，蔬菜也没办法在雨天运送出来，而雨天菜价十分好，这让村民蒙受了不小的损失，所以村民不止一次向村委会提出翻修生产路的建议，却看不到相应的支出资金。

（二）商业服务业规模小

兴隆村内并没有开办任何企业，当地的水果、蔬菜品种多质量优，但没有形成品牌，村民生产的农产品都是自己拉到周边乡镇上去卖，或者联系他人来收购。

村内的个体户有 10 家，其中小商店 7 家，餐馆 2 家，理发店 1 家。在笔者调查时居住的 3 组农户家附近有 3 家商店，由于村民是沿着一条路分两边对称着居住的，这 3 家商店都开在临街的农户家中，商店大门朝向此路，方便于村民选购商品。商店里有食品、日用品、香烟酒水，品种较为丰富，但是存货数量较少，却也基本可以满足当地村民日常所需。笔者到达当地要购买发放给被访问村民的礼品时，因为选购数量大，接待者还是带我去了邻村的商店，据她讲，隔壁花马村经济发展较快，那边的商店规模较之兴隆村要大一些，品种也更丰富。当兴隆村有农户办酒时也会到花马村去采购商品，或者到镇上去购买。在笔者到大村庄下车的地方，2 组靠近公路的一户开着一家小饭馆，生意冷清，村民说当地人很少光顾，因为饭菜并不可口，餐馆的客源基本来自于公路过往的司机和旅客。

（三）农业生产：蔬菜水果是主要收入来源

兴隆村的人均耕地面积为 1.1 亩，村民的农业生产以粮食生产、经济作物为主，养殖业并不发达。在笔者调查的 15 户村民中有 6 户养羊，而且村民的养殖数量小，大都是两三只，没有形成规模。养殖业品种也很单一，除了羊之外村民不再圈养其他牲畜。兴隆村的养殖大户仅有一户，养了 13 只羊。

当地村民种植的粮食作物是小麦和玉米，小麦主要用于农户自己消费，在笔者调查的种植小麦的 6 户村民中，仅有 2 户将自己所产的小麦部分售出，其余全部自留。玉米的种植面积和种植农户多于小麦，被调查的 15 户农户，小麦的种植总面积为 20.6 亩，总产量 19800 斤，销售了 8500 斤。而玉米的种植总面积为 27.6 亩，总产量 17200 斤，销售量为 16600 斤，销售总收入 11150 元。与小麦多留为农户自己的口粮不同，种植玉米的 10 户村民除一家将一半玉米自留外，其他村民将全部收成都售出了。

前面已经提到泾阳县云阳镇是蔬菜种植基地，兴隆村自然不会例外。这里的村民基本都种有几亩菜田，品种多为菜花、洋葱、莲花白、西兰花、芹菜，蔬菜已成为当地村民的主要收入来源。11 户村民蔬菜的种植面积为 47.5 亩，总产量 124000 斤，为村民带来 116460 元的收入，每户年平均蔬菜收入为 10587 元。桃树也是当地主要经济作物之一，15 户村民中有 8 户中了桃树，总面积达到 32 亩，总产量 106500 斤，销售收入为 106700 元，每户年平均水果收入为 13337 元。

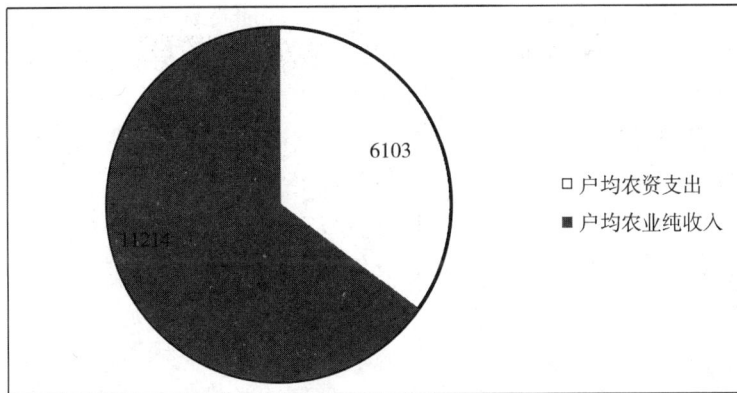

图 2 农资支出与农业收入比重

（饼图中标注：6103 户均农资支出；11214 户均农业纯收入）

水果蔬菜等经济作物的卖价虽好，但生产投入大，比起粮食作物而言，其种子、化肥、农药、人工等成本费用支出更多，农民对于农资产品价格上涨的问题抱怨不断，该村从事农业生产的 14 个农户，在 2009 年的农业生产投入支出上，平均每户高达 6103 元，其农业户均收入为 17317 元，农业投资成本约占收入的 35.2%（如图 2）。农业生产成本的上升给农民带来了沉重的负担，国家减免农业税、发放粮食补贴就是为了减轻农民的生产负担、增加其收入、提高农民的生产积极性，然而农资价格上涨却将这些惠农政策的正外部性效应打了折扣。调研中有农民反映，在实现家电、汽车、建材下乡之后，农民迫切盼望的就是农资下乡了。

（四）外出务工：人数少、年纪轻、收益高

兴隆村长年外出务工者约 150 人，占村庄总人口的 9.7%。由此可以看出兴隆村依靠在外打工获取经济收入的村民较少，大多村民还是依赖于土地谋生计，外出意识并不强烈。在笔者调查的 15 家农户中，8 户家庭里有成员在外打工，共 12 人，平均年龄为 29 岁，平均受教育年限为 10 年，可以看出外出务工的农民以青壮年为主，且具有初高中文化的人居多，平均收入达 15085 元。这其中 8 户村民家庭总收入的打工收入所占比重超过务农和其他途径所得收入的比重。据了解，打工对村民的经济收益影响是比较大的，但这并不只是因为货币收入的增加。根据笔者对村民的访谈得知，年青一代外出打工，一方面得到了较之种地要高一些的工资，另一方面他们减轻了家里的负担，因为 20 岁左右的年轻人若还是在学校读书就会给家里带来巨大的经济开支，高职或者大学的学费对于农村家庭而言还是一笔大账单，只要家里有还在念大学或高职的孩子，农户家里的经济状况就很难得到提升。因此，年轻人在外打工的收入可能并不会为家里实际收入增加作太多贡献，因为他们自己在城市开销也比较大，但是他们却在短期内为家庭经济的好转创造了条件，可以说是"节流"的影响大于"开源"。

而打临工的多为中年男子，他们一边务农，在农闲或者农活可以由家人照料的情况下做一些零散的建筑工。他们的平均年龄在 45 岁，正处于家庭的顶梁柱阶段，也是干农活的主力军，因此这个年龄段外出务工人数较少，但是他们也不愿错过赚取外快的机会。在我调查期间，有一天正好赶上了附近修公路，笔者居住的农户邻家，一位 40 多岁的叔叔带着放暑假在家的儿子"应征"了这份临工，从早晨 8 点钟到晚上 6 点钟，除中午休息一小时，一天工作 9 小时，工资按日结算，每人每天 50 元。打临工的职业以建筑业居多，基本是为本村、邻村的农民盖房子、打井，间或在附近修公路获得一些额外收入。

四 兴隆村文化教育

（一）民间文艺

1. 戏曲秦腔。秦腔是中国最古老的戏曲剧种之一，也是陕西人的代表戏曲。兴隆村当地居民喜爱的剧种有秦腔、眉户、汉调二黄、花鼓戏、关中道情、阿宫、碗碗腔、弦板腔等，以关中方言为主的秦腔属主要戏种。清朝时，秦腔小戏遍及城乡，在农闲时节，艺人们自愿结合，随时随地演出，兴隆村许多男女老少都能随口哼唱几句秦腔。在"文化大革命"中，秦腔受到京剧样板戏的冲击，一度曾被冷落。改革开放之后，秦腔作为传统剧种，受到各界文艺工作者和各级政府的保护，又焕发出新的生机。

2. 正月社火。俗称"社呼"，是泾阳比较古老的民间文艺活动，建国前，社火均为群众自行组织演出，多以村为单位，也有几个村合伙结"社"的，经费自筹。演出前，先以红贴通知富户或其他村寨。演出后由收贴者发给麻花、点心、香烟或钱。建国后，大多由社、队集体组织演出，费用由集体开支。80 年代以来，组织形式多样化，既有集体社火队也有村民合伙自发组织的表演组。耍社火的时间一般在正月初八至十五。内容包括芯子（将六七岁的小孩饰以衣物画以脸谱，固定在铁杆上，每桌表演一段民间故事）、高跷、舞狮、竹马（表演者将纸糊的马系在腰间，以戏文为内容表演）、龙灯、旱船（扮少妇者将模型船挂在腰间，边舞边唱）、大头娃等。

（二）风俗习惯

1. 生育习俗。在兴隆村，妇女怀孕称作"有啥"或"有喜"。"有啥"之妇不得在别人结婚时充当送女客或取女客；夏天不能在露天地里乘凉睡觉，也不能吃兔肉（怕生出兔唇的孩子）；遇到丧事，不得在腰间系麻绳；妇女怀孕明显之后不得轻易出门走亲戚。分娩后的产妇被称为"月里婆"，孩子出生后五至七天，便接回娘家"坐月子"，卧室门帘上挂红布条为记号，外人不得随便出入，坐月子期间产妇由娘家妈妈服侍照料。娘家、姑家、舅家、姨家、姐姐家相继前来"看月子"，看月子一般送红糖、鸡蛋、挂面及滋补营养品。"烧娃"、"抹黑"等习俗在本村流传已久，但现在"烧娃"的做法已不多见。"烧娃"大多在孩子出生后三至五天内，邻里乡党（多为年轻人）便在产妇门前点燃柴火，主人闻讯，拿出烟酒招待。抹黑亦是在孩子出生后几天内，乡邻若见孩子祖父、祖母、伯母、婶子，趁其不备，用事先准备好的锅黑抹在其脸上，如果被抹者想逃跑，就会被强行拉住硬抹，被抹者多为孩子的祖母。

2. 做寿习俗。兴隆村的老人们做寿一般从 50 岁开始，逢年必做，70—90 岁为大寿。给老人做寿由儿女们张罗承办，届时亲朋好友、相亲邻居大多前来祝贺。女儿、外甥来时须带寿桃馍、寿面（挂面）、酒肉，其他亲戚和乡邻一般带烟、副食品。近年来，也有送"百寿图"、"松鹤长寿图"的。

3. 丧葬习俗。自古以来本村人对丧葬都极为重视，礼俗隆重而烦琐，从棺木备置、守床送终、发丧成服、穴址勘选以至葬礼、葬仪，均十分讲究。棺木以柏木为上等，给老人做寿材，时间一般选在闰年闰月，取长寿之意，棺材前刻"福、禄、寿"等字，后刻香炉、风火轮。待人"老"（即去世）了之后，丧家开始向本家族人报丧，本家族人陆续来到死者床前，烧纸吊唁。死者女儿、亲戚得知噩耗后来到死者遗体旁，须跪倒痛苦，死者家属上前搀扶并劝哭。死者入殓时，旁人不得哭泣，更不能有泪掉在死者身上，入殓完毕，孝子贤孙伏地放声痛哭。成服，入殓完毕，丧家大门两边贴上"某年某日发丧，某月某日成服"的白对联，横额多为"望云思亲"之类。之后，开始按血缘辈份给男女孝子穿丧服，称为"成服"。成服之后开始守灵。1955 年合作化初期，泾阳县各区、乡出现了群众自发组织的孝友会。该会以村为单位，设主事人，帮助丧主筹集财力，经办丧事。凡入会者发丧，主事人向会员派定钱、粮、孝布等，帮助丧主备置棺木、衣物，简备酒菜，三日入葬，亲戚奠礼除供馍、焚礼除供烧纸外，其余俱废。孝友会佐理丧事既体现了互助互济的社会主义新风尚，又为移风易俗做了典范。80 年代以来，随着改革开放和农村商品经济的发展，人民生活水平普遍提高，但与此同时，不正之风也趁虚而入，农村出现了大操大办婚丧事、铺张浪费的劣俗。有些人手中有了钱，总想把婚、丧事办得热闹体面，显其荣耀，以形成攀比之风。结婚丧葬动辄花数千，甚至上万元，闹的一些家庭负债累累，成为一种公害。1989 年后兴隆村成立了红、白理事会。理事会制订了婚丧事从简办理的章程。章程规定：婚事提倡勤俭节约，不大摆宴席，不索要礼仪钱，不受人情礼，不择黄道吉日等。

（三）教育负担

兴隆村在读小学人数约为 150 人，初中生有 80 人，高中生 30 名，大学生 30 名，2009 年全村考取了 8 名大学生（包括高职）。

当地村民谈起教育还是很热衷的，尤其是说起哪个村的哪一组，谁家的孩子考取了大学，谁家的孩子考取了重点高中。如果被访问者家中有在读大学的学生，户主脸上总有掩饰不住的喜悦，这在村里是很有面子的事情。可是另一方面，家庭状况若不是太好，户主也会面露难色，大学的费用较高，对于普通的农村家庭而言是不小的负担。一位被调查者向笔者反应，一名在读本科大学生一年的学费为 5000 元左右，大专生的学费更贵基本在 8000 元，一个月的生活费约为 400 元，在校时间有 9 个月，一年的生活费就是 3600 元，再加上住宿费 1000 元，供养一名大学生一年要花去 10000 元左右。笔者抽样调查的 15 户农户一年的平均收入约为 32473 元，而供养一名大学生就占用了普通家庭一年收入的 31%。因此考取大学对很多家庭而言是几分欢喜几分愁。

以上分析的是孩子考取了大学对村民的经济压力加大，这成为村民对高等教育的担忧之一。而另一个担忧来自于就业。许多村民在发愁孩子学费的同时，也发愁孩子的出路问题。我所调查的一户村民，家中有刚毕业的大学生，而今年就业形势不好因此工作还没有着落，家人很是着急，户主说："我们供他读了四年书，花了四五万元，就是希望出来能有个好工作，这毕业了整天闲在家里，一片苦心不是白费了吗？"

提及小学和初中的九年义务教育，人们的反应与大学教育就很不相同了。不论家中有没有小孩在读小学或者初中，人们说到中央推行的义务教育政策，减免了学杂费用，村民都是赞不绝口。这在一定程度上减轻了农民的负担，也为教育在农村地区的普及提供了良好条件。现在兴隆村中已没有出现在九年义务教育阶段的小孩辍学的现象了。

五　村民生活

（一）消费

兴隆村的整体经济状况在云阳镇处于中等水平，该地方村民崇尚节俭，即使是有钱人家做出铺张浪费的行为也会受到村民私下的谴责。但这一观念在村民家中有大事时就不适用了，如结婚、葬礼、乔迁或者升学，这时村民若有能力就会大办特办，没有能力也会"打肿脸充胖子"，勒紧裤腰带或是借钱操办。

根据笔者调查的 15 户村民日常消费情况来看，2009 年在衣着上的消费差距较大，从 0 元至 6000 元不等，除去 4 户在去年没有衣着消费的农户，其余农户的穿着户均支出为 1740 元，医疗年户均支出为 1692 元，人情支出是村民的又一项重要支出项目，15 村民在此项支出上的差异并不大，集中于 2000 元左右，平均每户年支出额高达 1847 元，在文化消费方面除了 3 户村干部和 1 户教师外订阅了书籍报刊，其余的农户此项消费均为 0 元。普通农民的精神娱乐、文化生活存在着单调乏味、层次较低的问题。

（二）饮食

据年长的村民讲，过去人们一天只吃两顿饭，早上天擦亮就空着肚子到地里干活，到晌午 10 点左右回家吃饭休息，下午继续下地干活，一直到晚饭时间。现在村民家里富裕了，农活也比以前轻松了，加上受城市文化习惯的影响，也开始改为一日三餐，但在时间安排上还与城市有所不同，一般是晌午十点、下午三点、晚上七点。当地农民以食小麦、玉米、小米为主，兼食荞麦、豆类等杂粮。早饭的主食为玉米糁稀粥、沫糊、蒸馍或锅盔，再加一些简单的配菜；午饭（俗称"晌午饭"），以面条为主，有汤面（俗称"连锅面"）、干面之分，间或擀臊子面、打搅团；晚饭（俗称喝汤），农忙季节必不可少，农闲季节可有可无，一般以馍为主食，配菜的品种要比早饭丰富，这是为了犒劳辛苦一天的家庭成员。

过去兴隆村的村民们，尤其是男性，喜好在吃饭时把碗端到街上，三五成群蹲在一起，边吃边聊天，这是该村公共空间的重要组成部分，人们通过这种约定俗成的方式聚在一起，就各种问题发表见解、相互交流信息。而如今这种热闹的场景已经在村里看不到了，一方面是因为人们的卫生意识增强，另一方面与村庄内部缺乏凝聚力、人们公共意识淡漠有关。现在村民在吃饭时，习惯将一个四方形小木桌放在靠近大门口的院子内，将大门敞着，关系较好的邻里亲戚有时会在吃饭时间相互"串门"，多以妇女为主。

（三）住宅

村庄街道多为东西走向，一家一户紧紧相连，院落宽的三丈左右，长约十五六丈不等。后院留有后门，门楼迎面用砖砌成，上嵌砖雕额匾，诸如"耕读传家"、"忠厚传家"、"四季平安"、"勤俭持家"之类，以示为人持家之道。穷苦人家，一般只盖三间厢房和间半灶房。小康人家，在厢房尽头盖三间大房。富裕人家有正院、偏院之分。正院住人，偏院放车辆农具，饲养牲口。本县视盖房为人生头等大事，建国前至50年代初，人们盖房之前，必先请风水先生选址定向，烧香拜神择动土吉日。立木之日，梁上贴红纸额子，上书"上梁大吉"。亲朋乡邻大多前来帮忙，主人则备酒席招待。安置头门时，门楣上贴"安门大吉"红纸额子。房屋落成，主人备席酬谢匠人（俗称谢匠），饭毕清算工钱。新房一般都要过夏，以待彻底干透。迁入新居谓之"入烟"。"入烟"前鸣鞭炮，响铜器，备酒菜款待左邻右舍和亲朋好友。

六　村庄问题聚焦

（一）公共基础设施建设：难以满足农民需求

兴隆村的道路建设是村民反映最突出的问题，虽然该村就坐落在省道公路旁边，对外交流十分方便，然而村内道路却与村外形成强烈反差，外部是四通八达、平直宽阔的大马路，内部是坑洼不平、泥泞难行的小土路。到了下雨天，村民屋前就变出一条"水泥路"，如果不穿上长筒胶鞋根本无法出行。更令农民烦忧的是生产路，该村多数农民种植蔬菜等经济作物且没有安装大棚，遇到雨天农民必须将成熟作物从地里运送出来，但是生产路没有实现硬化，雨天根本不能供车辆进出，农民只得眼睁睁看着作物烂在地里。村民多次就修路问题向村里反映却没有得到回应和解决，村民每每提及此事更是怨声载道。

兴隆村至今没有实现自来水系统供水，家家户户都还使用着井水，且水质咸涩。到雨天时，农民为了方便就用雨水洗衣。用水难也是困扰村民的一大问题。

（二）文化娱乐生活：内容单调、层次偏低

农民主要的文化娱乐设施就是自家的电视机，村里没有开设活动室或者图书站，也没有定期举办一些文艺活动，村民的精神娱乐生活匮乏。据笔者了解，除了担任村干部或者是从事教师职业，一般村民不会有读书看报的习惯。像电脑这类科技产品也只有少数几户人家拥有，农民的生活基本上可以概括为"白天吃饭干活，晚上看电视睡觉"。

此外，村民的精神娱乐也处于较低层次。打麻将、玩纸牌是人们休闲娱乐的又一主要方式，但是没有固定的活动地点，赌注也较小，主要是供村民消遣玩乐。村集体虽然并不组织文艺活动，但村民家里若有红白喜事也会自己请表演队到村里来。调研期间笔者正好观看了一场表演，场面十分热闹，可内容却低俗不堪，这样的文化传播不利于培养有素质、懂文明的新时代农民。

（三）村庄内外关系：紧张矛盾难以调和

首先是干群关系紧张。兴隆村的干群矛盾主要是由修整生产路所引起的，在此届村庄领导班子上台之初，村民就修路问题多次与干部商讨，但村干部都以无资金、无门路将此事搁置，由此造成群众不满情绪，认为村干部没有能力、只顾中饱私囊、漠视集体利益。而后，村干部在分配贫困户补助款时的偏袒不公行为，又进一步恶化了干群关系。

其次是村民之间的关系缺乏协调。兴隆村被一条省道公路分割开来，各组之间关系松散疏远，缺乏凝聚力。村民之间也存在着诸多矛盾，如子女赡养老人的问题，造成已分家的兄弟姊妹间不和，邻居之间因小孩玩耍时致残而闹上法庭，种种问题冲突却没有人出面协调，增加了村庄的不和谐因素。

最后是村县之间存在隔阂。据笔者了解，由于建设省道公路时，占用了兴隆村的土地，补偿款却不令村民满意，这埋下了矛盾产生的伏笔，之后由于一根电线杆要建在 2 组某村民的责任田里，该村民便集结了亲戚朋友到县政府去上访，使得两者关系出现嫌隙，在此之间兴隆村还获得过县级"文明村"的称号，村民反映现在的兴隆村已被边缘化了，县里有好的发展机会也不会再给兴隆了。村干部也没有采取积极行动与县政府缓和关系，村县之间隔阂在逐渐加深。

山东省即墨市环秀区东柞树村调查报告[①]

东柞树村隶属于即墨市环秀区街道办事处。即墨市位于中国山东半岛西南部，地处东经 120°07′—121°23′，北纬 36°18′—36°37′，东临黄海，与日本、韩国隔海相望，南依崂山，近靠青岛，是温带海洋型气候，气候宜人。东柞树村地理位置优越，交通便利，204 国道、城三（城阳至三里庄）公路纵横交织，串村而过。村庄周围有青岛蜜友鞋制品有限公司（韩国独资企业）、青岛奇锋刀具有限公司、远东索具有限公司、即墨皮件厂、正大汽修厂、维用科技有限公司、辉恒花业有限公司、派威诗服装厂、汇兴索具公司等企业。该村是务工经商的理想地段。

一　整体村貌

东柞树村据《王氏族谱》载：明洪武时（1368—1398 年），王姓迁来此地定居，村东有一片柞树，故称柞树庄（现西柞树庄村）。此后，曹姓迁至柞树庄 0.4 公里处立村，称曹家柞树庄。杨姓迁至柞树庄东偏南 0.4 公里处立村，称杨家柞树庄。袁姓迁至柞树庄东南 0.5 公里处立村，称袁家柞树庄。后来，三村合并为东柞树庄。现在东柞树村是在 1976 年整体规划的新村，将整个村子向东整体迁移，原来的三个自然村即曹家柞树村、杨家柞树村和袁家柞树村合并为两个自然村——南村和北村，杨家柞树村迁到了北村，整个村子给人整齐划一的感觉。

（一）住房结构

东柞树村的房子结构是砖木混凝土瓦房结构，面积有一定的规定，1976 的规划是统一尺寸、统一标准，每四座房子组成一排，每两排房子

---

①　作者：刘荟，华中师范大学政治学研究院政治学理论专业 2008 级硕士研究生。

之间相距 4 米，宅基地的面积也是一定的，北村的房子一般东西长 12 米，南北长 13 米，南村的一般是东西和南北长 12 米，第一层屋檐高 2.7 米。与有些村庄盖新房在原有宅基地上拆旧房建新房的习惯不同，由于东柞树村严格的建房要求，要求建房一定要统一尺度，即使这一点做不到，也必须做到一排房子的四家住户的房子尺度相同，做到整齐划一。但由于现在人们的需求不一样，同一排的农户有些要盖楼，有些还是比较习惯平房，这就与规定不符，为了解决这一问题，村民盖新房都是另批宅基地，本村村民一户有几处宅基地的现象并不少见。

（二）先进的厕所

笔者认为村庄整体的村貌与本村先进的厕所有着密切的关系。东柞树村的厕所都在农户院内，一个小单间，内部结构与城市的"蹲式马桶"是一样，但由于村内没有城市完备的地下管道系统，马桶没有相应的抽水和冲水系统。但聪明的村民想到了一种替代地下管道的农村式的方式。村民在院外挖一个大坑子，上面用一个厚重的水泥板盖住，将其与院内的厕所相连，从而废料就随着通道从厕所流入院外。在这方面，村里的公共服务做得很好，村里雇用一人，定期为村民清理"废物池"，费用由村里支付。

笔者个人认为，村民这种简便卫生的厕所与当地的实际情况有关。本村的房子是整体规划的，统一尺度，统一样式。作为一个整体规划村，比较注重的就是村子的整洁，而采取这种厕所也是其整体规划的一部分。再就是据调查，村子里没有人养猪，也就不需要作为猪圈的复合式厕所，同时村里的土地紧缺，更是不能允许建猪圈式的厕所。我认为在新农村建设的背景下，东柞树村的厕所有推广的价值。

（三）传统与现代相结合的厨房

一进入农户的厨房，可能你最先注意的是一个直径 50 公分左右的圆柱形的物体。其实这是村民专门用来蒸馒头的"炉子"。本地村民蒸的馒头比较大，直径大约 30 公分左右，从而蒸这种馒头的锅也就非常大了，本地称为"饽饽"，是当地村民的主食，在村民的习俗和节日上发挥着重要的作用，这部分在下节中会讲到。村民为了蒸这种"饽饽"一般都会用特制的"炉子"和特殊的锅。就如上面提到的，这种"炉子"直径很大，约50公分，圆柱形。早先的时候，是用泥土和碎草做成的，做成圆柱体，中空，同时中间部分做一个"口"，用来放柴火。随着时代的进步，这种炉子也发生了变化。在用泥土和碎草做好后，村民在其外部又套上一层路合金或特制的套，有些村就直接用大型的铁桶；同时燃料上，也发生了变化，有些村民为了保证厨房的整洁，一般不用木柴，就直接用煤气或者天然气，在这一点上炉子就很好地体现了农村中传统与现代的结合。

本村的主要燃料是煤气和电，一般除去那只蒸馒头的炉子，几乎家家户户都有煤气炉和电磁炉。有少数农户家有抽油烟机。

在中国现代化的今天，农村是传统文化的主要保留地，而随着时代的前进，现代性的因素也日益侵入农村，从而中国传统文明何去何从，如何保证传统文明的传承，是我们面临的重大问题。

（四）胶东特色——"炕"

"火炕"是胶东地区的特色，炕，不同于我们平常所说的床，是北方居室常见的一种取暖设备，大家所熟悉的"炕"一般是东北的"大炕"，而在山东的胶东半岛上，冬天睡炕也是一种特色。胶东的炕与东北有所不同，东北的炕非常大，几乎占据整间屋子的一半，而胶东的火炕不同，只比平时的双人床稍微大些，长约3米，宽约2米左右。随着时代的变迁，炕也发生了很多变化。

早年的炕是用泥土盘的，没有其他方面的加固，由于烧炕过程会造成炕的潮湿，容易引起炕的坍塌。现在的人们一般在炕的外面贴上一层瓷砖，坚固性加强了。早年的炕一般与灶台相连，当村民做饭的时候，炕就会变热，也就是说只要村民做饭，炕就会热，这在冬天非常方便，但在夏天人们睡在热乎乎的炕上就不是那么舒服了。为了解决这一问题，人们现在不把灶台与炕相连了，一般只将一个小炉子与炕相连，夏天这个小炉子并不用，只有到了冬天才烧点水顺便"烧炕"；有些富裕的农户或有些建楼房的，为了保持卫生或不便于建立"福台"——即盘炕之前建设的烟囱，便不用炉子烧炕了，而是在炕内部放入暖气片，自己烧暖气，干净卫生。早年的炕都是有炕席的，一种用芦苇编织的类似于凉席的东西。后来，改用纸糊，从报纸到稍硬的白纸再到纸质上佳的挂历。再后来，一般都是用的"炕革"，其实就是地板革。与炕相关的另一物件是炕被。一般由两件组成，一件相当于褥子，确切点应该叫大褥子，炕有多大它就有多大，铺于炕席或炕革之上。但是现在村民都不那么讲究了，装修房子的时候只要与房子的其他相配就好，现在有许多农户都用席梦思床上的床垫，不过是比较薄一点的。

炕在胶东农村发挥着重要的作用，是加强人们感情的重要纽带，寒冷冬天的晚上，一家人都坐在炕上，边吃着零食或水果，边看电视或聊天，其乐融融。同时，如果有客人，主人一般会"上炕，上炕暖和暖和"，将客人让上炕，一般客人也不会推辞，就上炕。但现在炕在东柞树村也有消减的趋势，因为盘炕是一种专门的手艺，如果盘不好，时间不长炕就会坍塌，在我调研的一户农户，虽然家里有两位老人，却没有炕，原因是原来的炕塌了以后，家里没有人会盘，就没再弄。炕作为胶东地区的一大文化特色，其本身极大地影响着人们的行为方式和本地区的文化，保护这种文化特色便是我们的任务。

二　村民的生活图景

（一）娱乐和社会交往情况

娱乐交往方式：在调研中发现，东柞树村村民的娱乐方式在夏季和冬季有所区别。夏季的白天，因为天气比较炎热，大多数村民主要是躲在家里看电视，而在晚上一般都会出门乘凉、聊天和打牌。而在冬季，由于天气的原因，人们一般都在家里，一家人坐在炕上，聊天和看电视，还有一些人会串门，不像夏天一样大家聚在乘凉的地方聊天。

方式一看电视：（1）看电视的时间。据调查村民的看电视的时间与人们的工作性质相关，在单位里工作的村民因为工作时间的固定性，看电视的时间较短，少于 3 小时，同时基本上限于晚上；而个体户村民和其他工作时间不固定的村民，看电视的时间就较长，4 个小时以上。（2）看电视的内容集中新闻、娱乐节目和生活频道。根据年龄和性别的不同，看电视的内容有所区别。年轻人一般看娱乐节目和电视连续剧，而且娱乐节目一般是锁定湖南卫视的娱乐节目；而中年男士一般喜欢看新闻和生活频道；中年妇女一般喜欢看娱乐节目和电视连续剧，娱乐节目锁定中央三台；部分老年人也会看一些戏剧节目。在调查中，笔者发现，本村村民大多都非常喜欢看青岛的生活频道和即墨的生活频道，因为生活频道的大部分内容与人们的生活息息相关，有些村民在遇到自己不能解决的生活问题会给这些频道打电话求助。同时这也开阔了村民的视野，增强了人们的法制意识，与其他比较传统的乡村不同，此地村民的法制意识比较强烈，在遇到侵害自身利益的情况下，能够拿起法律武器维护自己的权益。

方式二街头聊天：由于本村规划比较好，村里的主干通道都已经硬化，在炎热的夏季，人们习惯于拿着小凳子到街道上乘凉，而街道也成了人们聊天聚会的场所，加强了人们的联系，而在人们聊天的过程中，村庄的各种信息得以传播。

方式三打牌：牌局是东柞树村村民的又一娱乐和交往方式。有些村民的牌局是比较固定的，他们一般会习惯性的在固定的场固定的时间聚集打牌，而有些人的牌友不是很固定，通常是串门聊天或者乘凉的时候，或是打电话相约打牌。打牌的时候，一般是五个或者六个打牌，周围围着一群人观看，各自发表着自己的看法，这加强了村民之间的联系与交流。

方式四串门聊天：串门聊天作为最传统的农村交流方式，在东柞树村也延续下来，但在村民的交流方式中不再占据主导地位。本村村民非常热情，在以前客人来到后，一般会招待人"上炕"，虽说现在人们一般不会这么做，但一些年龄大的村民，还是习惯于如此招待客人。

交往的费用：在社会交往上，笔者发现，人情支出已成为农民肩上的又一大负担。人情债年年攀升，已由原来的 50 元左右，上升到现在的 200 元/次。人情的种类也越来越多，由以前最简单的红白喜事演化为生子、上学、盖房、生日等形式。而现今村民办红白喜事的费用，也极其的昂贵。据一户农户所讲，2008 年其儿子结婚，光结婚费用就花去 6 万元，这成为他家的巨大负担。

（二）习俗

节气——春节：与中国的其他农村一样，春节也是东柞树村最盛大的节日。东柞树村春节的准备工作从农历腊月二十三日——小年就开始了。胶东地区的面食是非常丰富的。而过年时准备面食也是一个重要的因素。最主要的是"饽饽"——其实就是馒头，但比我们平时吃的要大很多，一般一个"饽饽"也有两斤到三斤。豆包——将豇豆煮熟，碾碎，用面粉做成的面皮包好，做成球形。糕——将糯米、黄米煮熟，碾碎，和面粉一起和好，做成各种各样的形状蒸熟。还有面鱼、元宝等面食。还会准备一些菜，一般是油炸的东西。春节正式开始——除夕，即大年三十晚上，在六点钟，放鞭炮"迎年"，其他的就与别的村子没有区别了。

财神节：元宵节、二月二龙抬头等节日都与其他地方大同小异。本地有个特色的节日，那就是财神节，七月二十二日。是除春节之外最盛大的节日，盛大状况如春节一般。

老人节：阴历九月初九是老人节，在这一天，老人受到特别的招待，一般在外地工作的孩子也会回到老人身边，跟老人聚一聚。东柞树村村委在每年的老人节都会发给每位老人一百块钱。

人生礼——出生礼：在东柞树村，孩子出生时，女婿要跟岳父岳母报喜，送红鸡蛋，两个大饼，一个带馅，一个不带馅。孩子出生六天，要"吃面"，女方的娘家人就要送汤米、红鸡蛋和具有胶东特色的"饽饽"，在孩子出生九十九天时，要过"百岁"，如果是女孩，娘家人就要做一对燕子和一对锁子；如果是男孩，做一对老虎和一对锁子。

婚礼：作为人生重要的仪式，婚礼可以说是办得最热闹的。虽说现在都是自由恋爱，但在结婚的过程中，媒人还是起着一定作用的，传达两家家长不好说的话，比如彩礼、结婚当天的安排等都是由媒人从中间协商。如果双方确定了关系，就会定亲，程序是：先是媒人提亲，如果双方家长都同意，就开始相亲，其实这只是个过场，在此之前双方都已经确定关系了，媒人在双方家长之间协商定亲事宜——依本地习俗定亲，女方给男方一部分彩礼，由男方承办酒席，酒席过后，男方送女方回家，过后，双方家长商量"送日子"，即是结婚的时间。在商量好"送日子"之后的一个月左右，男方向女方送彩礼，包括四色（猪肉、粉条、饼干和鱼），同时还有包袱（包福的谐音）、枕巾（枕金的谐音）、袜子（多生子的意思）和钱，基本上有三种，16800 有顺有发的象征；18800 天天发的象征；28800 儿子发的意思。在这些之后，女方就要下帖子，一般是登门拜访亲戚好友送上大饽饽，就是下帖子，谁收到女方送的大饽饽，就得随份子。这些全都做好之后，就要请访老祖——将"日子"盛在盘子里，放在祖宗牌位前请示，同时盘里还有枣子、栗子和钱，在结婚的前一天拿下来。结婚的当天是最热闹的，新郎带领由六辆车组成的车队，到新娘家迎亲，女方这时要紧闭大门，当新郎敲门，女方开门的那人就要向新郎要红包，象征开门红，开门喜。这之后就比较现代了……

三　村庄政治情况

（一）东柞树村的领导组织

村两委组织。截至 2009 年底，东柞树村的党支部成员共三人，村委会三人，同时村里还有一名会计，一名出纳和一名计划生育记录员，不属于两委，却也拿干部工资，不参加选举，由两委任命。具体见下表：

职务	姓名	年龄	职责
支部书记	王爱平	47	全村事务，尤其是党务，计划生育事务
支部委员	杨为正	55	村庄建设
支部委员	袁会本	62	村内卫生事业
村主任	袁德金	35	全村事务，尤其是村务
委员	曹孝成	45	村内民兵
委员	刘加发	45	村内治安

村民代表大会、村民大会和村民理财监督小组。虽然也有村民代表大会、村民大会、村民理财监督小组，但是他们的作用很小。比如村民代表大会一般是由各小组长组成，选举完了，代表的头衔也基本结束，就剩下联络作用。而村民大会则只是在选举才开，也是走过场。村民监督小组是由村中的三位老党员组成，但是至今为止村内的财务从来没有公开过，村民对村里的开支也不清楚。

两委的选举。村支委的选举：每三年选举一次，为党员内部选举。第三年的年末，由上届村支书召开全体党员会议，由全部党员对每个党员进行民主测评，全体党员投票，以票数的多少选出村支委候选人，一般比将要选出的村支委多一人，以便实行差额选举。选出候选人后，全体党员投票从候选人中选举支部书记一名和两位委员，以票数排队，半数通过。如果前三名中票数不足半数的，则补为临时委员，半年后审查，审查通过则提为正式，否则就再从党员内部选举。

村委的选举：每三年选举一次，为全体村民选举。第三年的年末，镇里的民政局派人到村里监督选举的全过程。召集全体村民，由村支书和镇里的人召开村民大会，推选选举委员会；推举候选人，比正式选举多出一人，以便实行差额选举。选出候选人后，全体村民投票，选出一名村主任、一名主任助理和几名村委委员。以票数排队，半数通过。如果通过半数的人数不够，则以票数多的补齐，为临时委员。半年后审查，审查通过，则为正式。

（二）村两委不团结的问题

从《关于加强村党支部书记队伍建设的意见》中，我们可以看到村主任和村支书两者的职责有重复，而且村支书比村主任的职责要大些，而且村支书的任命是需要上级批准的。这就为以两者为领导的村两委的矛盾埋下了伏笔。而本村的村两委就是这方面的例子，东柞树村没有实行村支书和村主任的一肩挑，村主任是本地的一个大姓，能够竞选成功其家族起了重要的作用；村主任和村支书两者不相上下，没有一个对村庄事务有绝对的权威，支书和村长的意见很难统一，时间长了，他们便不再关心本村事务，只是忙于自己的个人利益，导致村里的经济很难发展上去，村民也对村两委失去了信心，只靠自己赚钱致富，致使本村经济长期以来落后于周边地区。这在我调研过程中深有感触，当问到村里比较突出的问题时，有很多村民都反映村领导的不作为，村庄经济的落后，同时希望村两委能够带领村民致富。

（三）换届选举中的"贿选"问题

在调研中发现，东柞树村的村两委选举的形式非常正式，流程为：准备工作——预选大会——正式选举大会。在确定选民资格上，就是依有本村户口为准，村里的外来人员就没有选举资格（同时也没有村里每年每人发放的 400 元，不享受新农合和新养老保险等惠农政策）；村里不设流动票箱，所有能到选举地点的必须到场投票，不过可以委托投票。但是"贿选"现象非常严重。

在选举期间，有意参选的村民分成了两派——结派的原因一个是他们有共同的利益，另外一个是花费太高，个人难以负担，联合起来可以降低他们个人的花费——一派人在头一天晚上发给每个有选举权的人五百块钱，另一派的人在选举当天早上发给每个有选举权的人五百块钱，并且给每人一块有复印功能的硬板，要求他们写候选人的名字时垫在底下，承诺事后只要拿着写有他们名字的硬板就可以再向他们领取一百元钱。据此计算如果一家有四人具有选民资格。两个候选人都会为一张选票"埋单"。那一张选票就是 1000 元，那一次选举这一家人最多能够得到 4000 元的"贿选费"，对一个家庭来说也算是一笔不小的收入。行贿的人主要有以下几种：前任村长、个体户与私营企业主。前任村长是既得利益者，他们不希望失去现有的政治地位和这个地位所带给他们的利益——为村民办事接受的贿赂、侵占公共资源、利用公共权力发展个人经济。个体户与私营企业主通过贿选当选村委会干部，主要是为了利用公共权力为他们的经济发展服务。

笔者认为这种"贿选"行为严重影响了候选人、村民和以后当选村主任的行为方式。

候选人：将这种选举方式当成一种理所当然的方式，每到选举，想参加竞选的村民首先想到的不是自己有没有能力带领大家治理村庄、不是自己想不想参选，而是自己有没有资金参选。在问及村民"您是否有意愿参加下届村委选举"这个问题时，几乎所有的村民都回答："参加？哪有那个闲钱？"这就表明家庭富裕，资金雄厚成为参加村委选举的主要条件，而不是能力等。

村民：选举过程中长期存在"贿选"现象，也影响了村民的行为。有些村民甚至认为这并不影响他们选举的意向。因为每个候选人都给他们送了钱。那么他们就一样，就如他们都没有送过一样。但是有的村民却不这么认为，他们认为，一般在两个候选人之中，他们都是有一定倾向的，如果没有"贿选"，户主可能会动员家里的选民把所有的票都投给其中一个候选人，但是如果两个都给了钱，他们一般就得在两个候选人之间分配他们的选票，即使原来他们不想投给另一个候选人，但看在钱的份上，也会分给他几张选票。

还有的选民甚至依赖上这种"生财之道"，当问到他们"最担心选举过程中的什么问题"时，有不少村民直言，怕候选人不给钱了，没有贿选了。造成了村民选举培育选民的民主意识目的的扭曲。

当选的村主任：民主选举的目的是为了使农村的权力来源合法化，使权力来源于人民，服务于人民的民主意识的培养。村领导是村民选举上的，是村民的代表，为村民服务，受村民监督。而"贿选"的出现，使这种权力的来源发生了变化。权力并不是合法从村民手中过渡到村主任手中的，而是经过了一个中转站——钱，使得权力的合法性消失殆尽。村主任不再认为他要为村民服务，不再认为他得接受村民的监督，他的权力是从村民手中买来的，村民选他只是为了钱。使得村民在村中事务中也不能理直气壮。

还有一点就是村领导在选举过程花费了大量的金钱，那么他上台后首先想到的不是为村民做什么实事，而是如何把花费的钱赚回来。这就导致他们在公职上的以权谋私，他们并不觉得这是不对，反而觉得是理所当然的。

（四）农民的智慧——上访

根据我国法律的规定，任何组织和个人的信访行为，都必须按照国家《信访条例》、各省《信访条例》和各省《逐级信访制度》的规定依法、逐级、有序上访。依法：严格遵守国家的法律、法规，接受和服从国家机关依照法律、法规和有关规定做出的答复和处理意见。逐级：根据各省《逐级信访制度》规定，信访人反映问题，应先向直接责任归属机关或单位提出，不同意直接责任归属机关或单位的处理意见，可逐级向上反映。信访事项一般实行乡、县处理，市级复议制度，应由乡级受理的信访事项，信访人应先到乡级反映。乡级处理以后，如不同意，再到县一级反映，由县级再作处理。信访事项经县级处理，信访人仍不满意的，可持县级答复意见书到市级申请复议。有序：上访人要按规定程序上访，遵守信访秩序，维护党政机关办公秩序，遵守社会公德，爱护公共设施。坚决反对集体上访，多人反映共同问题、建议和要求的，一般应当采取书信等形式，确需采用走访形式的，应当推举 4 人以下代表，超过 4 人的一般不予以接待，必须选定 4 人以下代表，方予接待办理。

上访的法律规定和东柞树村的一些情况有些冲突。据村民透露：有个村民因村支委选举上访，因为法律规定上访要逐级上访他先到了镇里，因镇里有人与村里的支委认识，当这一村民刚到镇里，电话就打到了村里，村里接着派车就把这位村民给接了回来，上访不了了之。为了应付逐级上访，有知情人透露情况，导致上访不成的情况。聪明的东柞树村村民想出了一个智慧的方法——实行"集体上访"的策略。

"集体上访"——村民如果有事要上访，而且在他们又不信任镇政府的情况下，他们一般采取这样一种策略。他们一般有四个到五个人一起，每人分工不同。一人到乡，一人到县；一人到市；一人到省；如果情况重大，还会让一人到北京。他们预先商量好，在同一时间到达各自的地方，这样县里的相关接待上访的工作人员，就会打电话问乡里的人，问一下相关情况，因为已经有人到乡里就这样问题上访了，那县里的工作人员，就不能以越级上访的理由，来驳回上访的要求。如果县里解决了，那上访就完成了，但如果解决不了，那到省里或北京的就会接着上访，从而实现上访目的。

四　村庄经济情况

（一）已经消失的种植业

东柞树村的耕地自90年代以来就被大量地占用。本村土地被占用主要有以下原因：一是公路占地，204国道横穿原先的东柞树村，大量的占用了本村原有的耕地；二是上级政府违规进行工业园规划，将大量耕地转变为工业用地。90年代中期，东柞树村委将本村400亩的耕地以每亩一万元的价格一次性卖给了当时的工业园，导致本村耕地的大面积流失；三是修筑沟渠占地；四是学校新建校区占用大量耕地，一所高中学校位于本村和相邻村庄的交界处，占用了大量的土地，建设教学楼和住宿楼；五是本村人员将耕地改为宅基地。近些年来，由于农村人口的增加，原有的房屋面积已经无法满足日常居住的需求，村民在耕地上建立新的房屋，使大量耕地变成了宅基地，并且很多相对富裕的村民每户占有不止一块宅基地，这也是耕地面积缩小的主要原因。

鉴于以上的原因，现今全村只有60亩耕地，户均4分左右，本村的种植业已经基本消失，大多数的农户将这4分的耕地开辟成了菜地，也有些农户种植一些玉米，（当地人称为"苞米"）但却不是作为粮食作物，只是农户的一种零食，一般在很嫩的时候煮着吃。

种植业的消失，使得当地农户的生活的风险性增大，对当地的奶牛养殖业也有一些弊端，在有耕地的时候，一些奶牛养殖户就会分出一部分耕地种些草和玉米作为奶牛的饲料，而现在奶牛养殖业的成本越来越大，特别在"三鹿事件"后，损失惨重。为了补偿农户在耕地方面的损失，保证人们的基本生活，东柞树村村委每年都会发给村民400元的生活补贴。

（二）"三鹿事件"后奶牛养殖业的困境

奶牛养殖业是东柞树村的传统产业，在 2008 年之前，村中有四五户奶牛养殖户，由于奶牛养殖利润高，一些农户因此而致富。"三鹿事件"发生后，因奶牛养殖的高成本和低收入，一些农户纷纷将奶牛卖掉，村中的奶牛养殖业受到了巨大的冲击。

村民李锡杰，是东柞树村的养牛专业户，已经养过 15 年的奶牛。因养奶牛的利润较高，他也逐渐富了起来，去年也买上了轿车。但自从去年下半年的"三鹿奶粉事件"后，牛奶价格急剧下降。李叔奶牛养殖也受到了重创。在 2008 年 9 月之前，李叔向奶站送的牛奶每斤 1.7 元。9 月开始就直接降到 0.5 元一斤。而且到现在，从去年 9 月到今年 5 月的奶钱，奶站一分都没有给过李叔。经过这一打击，村里原有的五家奶牛养殖户，只有李叔一家撑了过来，其余四家规模都缩小到很小，只剩了一两头，去年就趁着奶牛能卖几个钱的时候就直接卖了，因为奶牛养殖是个成本很高的产业。在去年的情况下，牛奶卖不上价钱，甚至卖出去也收不回钱，光饲料成本就让人承受不了。奶牛的饲料基本上是玉米、精饲料和干草。东柞树村没有一家大面积种植玉米，而且也没有草地。所以所有的饲料都得买，而且在即墨市都买不到。这就在运输上花费很多。据李叔介绍，他的这九头牛，每月光饲料就得花费 5000 元。在最难的时候，李叔就想直接把刚挤出的鲜奶倒掉。但是就是想倒也没有地方倒，可笑的是，如果倒进沟渠里，还得交环境污染罚款。

作为农村一种较高投入的产业，奶牛养殖业存在极高的风险，而现在基层根本就没有建立相应的风险保障，而奶站在收奶方面的垄断地位，也使得奶农很无奈。切实保障奶农的利益，是东柞树村奶农集体的心声。

（三）村庄的收入以及企业

现在，东柞树村已经没有了集体企业，主要的经济收入是工业园的收入返成。在 90 年代，东柞树村委陆续将村里的 400 亩耕地和村里其他一些耕地以每亩 1 万元的价格卖与工业园，由于近几年来土地价格的上涨，村委又与工业园协商最终达成协议，工业园同意将每年收入的 0.25% 给东柞树村，作为补偿。大约每年 50 万左右。还有一部分收入是法宝租赁和上交收入。而村庄支出主要包括生产建设支出大约 5 万，公益福利支出大约 69 万，村组干部等误工补助大约 12 万，管理费支出大约 8 万。

东柞树村现有私营企业 4 家，有 3 家是钢铁铸造业。这 3 家钢铁铸造企业规模各异，一家规模很小，可以说是一个家庭式作坊，有三个工人，一人负责将半成品的铁块投入熔炉，一人负责锻造，还有一人专门讲打造好的成品放入冷水中使其成型。其他两家企业规模较大，但生产程序与此是一样的。

（四）农村小额信贷在东柞树

在调研过程中，发现人们对农村的小额信贷政策并不是很了解，只停留在知道，和直觉认为对农民有好处上，几乎没有村民贷过或有贷款的计划。只有一户试图贷过，却没贷到。

李叔是本村的奶牛养殖户，在"三鹿事件"后，奶牛养殖陷入了困境，此时李叔就想到了农村的小额信贷政策，也贷了几次，都以失败告终。据李叔介绍：农村的小额信贷的程序非常复杂，先是需要村里开的证明，证明是奶牛养殖户，这个比较好办，毕竟是个农村的熟人社会，而且李叔在村里的人缘也很好。再就是防疫站开具证明或农办证明。这就比较麻烦了，李叔去过好几次，每次都以不同的理由被驳回。最后，李叔就联合几个村里的奶牛养殖户到市里去问情况，最终市里也没有给出个明确的答复。有个跟李叔比较近的市里的干事告诉李叔，你就不用来问了，也问不出什么，不是不贷给你们，国家批准的贷款金额早就贷没了，都贷给企业了。

小额信贷政策是以城乡低收入阶层为服务对象的小规模的金融服务方式，旨在通过金融服务为贫困农户或微型企业提供获得自我就业和自我发展的机会，促进其走向自我生存和发展。但是在农村的小额信贷实施过程中，却存在着"贷大不贷小"或"贷大多贷小少"，农业贷款流向工业的情况（但你又无可厚非，因为这工业注册时，是注册在农村，是农村私人企业），使农村小额信贷扶持贫困农户，促进其自我发展，建立农村金融市场的目的转向。这倒是也有原因的：大公司的还款能力强，在小额信贷的利息明显低于一般银行的贷款利息的情况下，大企业的竞争力明显高于单个农户。有一解决措施就是——提高贷款利息。但同时，也产生了一系列的问题，利息高，谁还想贷，何况更是贷不起。

"利息低，竞争力低，贷不过大企业；利息低，竞争力倒是高了，但贷不起，还不如在一般的银行贷"便是现在小额信贷的困境。我认为解决之策是：分级管理。将贷款根据贷款层次，贷款金额分类。规定各类贷款的总金额，高层次的贷款不能贷固定的低层次的款项。做到"专款专用"。这就需要国家规章制度的约束和国家公务人员的严格实施。

五　村庄文化教育与社会情况

（一）村庄文化资源

东柞树村的公共文化资源非常短缺，村内没有学校，只在南村和其他几个乡村的边界的地方有一所高中，但却是全封闭式管理，与本村基本上没关系，本村没有文化活动室、书包阅览室、老年活动室和体育场馆。在 2008 年文化下乡中，形式也比较单一，只下乡放过四次电影，没有送书下乡活动和送戏下乡活动。

即墨市已经实行了免费义务教育，所以学杂费全免，但并不是表明现在上小学和初中花费就少了，在没有免除学杂费的时候，学校都从杂费上入手，收取各种名义的杂费，什么补课费等。现在这条道路被堵塞，老师又从书费上下手。除去每学期必须交的教科书书费，各科老师花费心思要求学生买各类的辅导书，而且必须要买老师指定的，在老师指定的书店里。据一位二年级学生家长反映，老师要求买各类的辅导书，光古诗词方面的就四五本，而且也不是适合小学生读的，难度都是挺高的。老师的这种利用小学生来赚钱的作为真是让人气愤。

（二）医疗合作体系

东柞树村实行的是大病医疗制度。虽然也实行了新农村医疗保险，每人每年交 20 元，在东柞树村这 20 元是村里替交的，在每年的年初，村里就把这笔钱给每个村民都交上了，每个村民都有一个医疗卡，平常的时候不去办理，只有到了家里有人需要住院治疗的时候，才去村委办理。东柞树村有一个医疗所，但是平常拿药，基本上不报销，这也是村民对新医保主要抱怨的焦点。真正能带给村民实惠的是大病医疗制度。环秀区唯一一家享受新医保最高优惠政策的公立性医院是即墨市第三人民医院，现有床位 100 张，职工 280 人。是即墨市医保、农保定点医院。自 2009 年 3 月 1 日起启用新农合政策，三院住院的新农合病人均可享受 70% 的报销比例。

虽说这家医院冠以即墨市的名号，但实际上，它只是一个镇级医院。据村民反映，它并没有做大型手术的医疗条件，人们对其也不够信任。而人们如果得病，一般倾向于去即墨市第一人民医院就医。调研过程中，并没有发现此项案例。所以村民普遍认为，国家的医疗政策并没有在根本上带给人们实惠。

（三）养老保险

自 2009 年 1 月开始，东柞树村实行了农民养老保险新政策，村民男60 岁以后，女 55 岁以后，将享国家普惠式养老金，这就是新型的农村养老保险。过去的养老保险都是农民自我储蓄模式的自己交费的社会保险形式，而新农保是个人缴费、集体补助和政府补贴相结合的三个筹资渠道。中央财政的补贴是直接补到农民的身上。东柞树村新型农村养老保险的具体实施是村民自己承担 4515 元，可以一次性付清，也可以分次付清，但是已经超过岁数的村民需要一次性付清，而且根据超出年龄的多少减少村民负担的钱数。村委负担 4515 元，环秀区街道办事处负担 4515 元。在村民男 60 岁，女 55 岁之后，每月可领取 100.32 元的养老金。

东柞树村对老人赡养方面是比较不错的，每年的老人节（农历九月九日）村里每个老人都能领取到村里发送的 100 元人民币和若干礼物，中秋节村委还会发月饼。老人过生日时，村委会送上蛋糕，这点是比较人性化的。

六　村内的问题

（一）外来人口与当地村民的矛盾

东柞树村南村附近有几家工厂，所以很多南村村民的房子都租给了外地的打工者，外来打工者和村民很多方面的不同就导致了他们之间的冲突。

1. 生活习惯。外来打工者年龄都不大，85 后，甚至是 90 后。他们的生活习惯跟村民非常不同。打工者年龄都比较年轻，精力旺盛，一般都会晚睡晚起。而且在晚上很晚还会弄出很大的噪音，有时还会几个人聚在一起玩到很晚。为此，房主很不满意。

2. 卫生习惯。东柞树村有很好的卫生习惯，每家每户都配有小型垃圾桶，当垃圾桶满了，就装入垃圾袋放在房屋外，定期有专门人员清理。但是，外来务工人员才不管这些，他们随处扔垃圾，造成周遭环境的恶化，使村民很不满。

3. 思维方面。有些打工者，他们的公司是提供住宿的，但是作为 85 后、90 后，他们的生活比较开放，嫌公司宿舍不方便，或条件不好，才出来租房子。而就是这种开放的生活习惯或思维习惯，造成与一些保守房主的冲突。他们有时留男友朋友住宿，一些房主就看不惯。

4. 房租的原因。这些打工者一般都不会攒钱，赚多少花多少，有时还会赚一个花两个，致使有时连房租都不交就逃之夭夭，对此房主也无可奈何。

5. 对房屋的不爱惜。当房主租出房子时，当时可能是只有一个人住，但是一段时间过后，他们就发现原来只租给一个人的房子，住了很多人，而且他们对房子很不爱惜，随处扔垃圾，泼污水。致使租约到期后，一些房子被破坏得很严重，有些还得重新装修。

6. 就业的竞争。外来打工者在就业上的优势造成了村民与他们的矛盾。经济危机后，经济低迷，就业岗位明显减少。尽管如此，即墨市的企业还是不能如期招够职工，造成"用工荒"。为了吸引外来务工者，即墨市的私营企业的福利都不错，尤其是对外来务工者。相同的职位，外来务工者在工资上与本地职工相同，但是公司解决他们的住宿，不收取任何的费用，同时还有客观的食宿补贴。这就导致了本地务工者的不满。

（二）金融危机下的"用工荒"问题

现在东柞树村周围的几个工厂已经出现了"用工荒"的问题，为了解决"用工荒"的问题，有些工厂实行对外来打工者优惠，以吸引外来打工者。解决其食宿，免费为其提供职工宿舍，同时对其食宿补贴。如果有些职工不想住职工宿舍，则有一部分住宿补贴。

但由于"打工荒"问题不仅仅只存在于东柞树村以及其周围工厂，同时存在于即墨市的一些企业，尤其是私营企业，为了吸引工人，公司竞相提高工人待遇，导致外来打工人员的心定不下来，密切关注其他企业的动态，或者通过对在其他企业工作的老乡的询问，一发现有更好待遇的企业便会跳槽，导致企业运转方面的困境。由于在劳动法上没有关于员工辞职违约金的明确规定。一般员工提前离职要按合同赔偿公司的培训费用、招聘费用或其他公司为引进这位员工特殊支付的费用，并且这些赔偿项目要在合同中明确写上。但在这方面公司始终是个弱者，职工总是不打招呼就离职了，要找到他们尚属困难，更不要说跟他们要违约金了。而要及时的招齐开工需要的熟练工也很难。

尤其是十一和年关，不打招呼就离职的职工最多，而这时也是订单最多的时候，无奈之下，有些工厂就将发工资的时间定在月中，而在十一和年关则定在十一后，或小年过后，从而利用工资来制约一下职工，或职工无故离职后，则这部分钱就权当是对公司的补偿。

（三）村庄宅基地的问题

首先，获得宅基地的条件不是以人口数量为准，而是要看户主有没有买宅基地的钱，如果没有钱买宅基地，即使祖孙三代共同居住在一栋房子里也没有人管，相反，如果有钱，一户村民可以同时拥有好几处宅基地。其次，宅基地的价钱很高。如果宅基地所占用的土地是直接归属于村委会的还要好点，只需要向村委会交纳买宅基地的钱就可以，价钱因各村的情况不同而高低不等，大约在5000—10000元之间，但是如果宅基地所占用的土地现在归某一村民使用，那么，除了要向村委会交钱之外，还得花钱向个人买地，这个价钱就要高很多，据调查，最高的一块宅基地卖到了十万元。这对村民来说是一个很大的负担。再次，房权证的问题。村民建造房屋需要办理房产证，如果没有房权证，房屋就是属于非法建筑，不受法律保护，房权证是通过村委会办理的。有的村民占有多处房屋，虽然经过了村委会的同意，但是不符合法律的规定，所以办理不下来房权证；有的虽然是合法合理的办理房权证，但是办理房权证的钱被村委会从中间扣了下来挪作他用，一直拖着，没有用于办理房权证，时间一长，上届村委下台，新上任的村委会以没有收到钱为理由不给办理。这些房屋，一旦遇到拆迁，将会损失惨重。最后，没有多余的宅基地。一方面农村人口增长，宅基地的需求量大幅度增加，另一方面农民土地大量流失，农村中所剩下的土地有限，导致宅基地数量减少，无法满足农民的要求，在不得已的情况下，他们只能将村里的河沟等地填平，整理后用于建造房屋，从而造成村里房屋建设凌乱。

自2010年起，为响应即墨市旧村改造的新农村建设的项目，即墨市下属所有农村不再为村民批宅基地，有需要建房的村民，可以在市里买房，或申请农村经济适用房。第一批的经济适用房已经开始修建，建在石硼子水库旁边，风景优美。申请经济适用房的程序基本沿袭同济区城市经济适用房的程序。凡有即墨市下属农村，农村户口的村民具有资格申请经济适用房，但优先考虑：无房户和 18 岁以上结婚需要用房的农户。经济适用房的面积从 60 到 100 平方米不等，价格参照城市经济适用房的房价，并低于城市经济适用房，即低于 2300 元/平方米。程序为：先由村民申请，政府公示，最后电视直播随机抽取，再公示 15 天。同时优先考虑三个序列：一低保户；二残疾人；三优抚对象。

但这造成了一系列的问题：1. 结婚年轻人的新房问题。因经济适用房还处于修建阶段，而村中已经不批宅基地，有一部分到了结婚年龄的年轻人，却没有新房，对其结婚造成一定的障碍。（山东农村在结婚前有"相房"的传统）。2. 农村经济适用房的价格问题。按最便宜来计算，购买 60 平方米的经济适用房，需 60×2300 元，即 13 万 8000 元左右。这对于村民来说是个不小的负担。据调查，该村村民修建一处 160 平方米左右的房子大约需 10 万左右。经济适用房对村民来说还是不够"经济"。3. 村民的抵触心理。据村民反映，虽说现在村民的承包地很少，大约每户四分，但在这四分地上，村民大多都种植了蔬菜，很多村民全年都无需买蔬菜，在蔬菜价格日益上涨的今天省下了一笔不小的开支。如果买经济适用房，不仅房价贵，面积小，日常开支也大。村民大多有抵触心理。

吉林省梨树县梨树镇北老壕村调查报告[①]

2010 年 5 月 22 日至 7 月 10 日，笔者受中国农村问题研究中心委托再次到中国"海选"第一村——梨树县梨树镇北老壕村进行海选观察与百村观察的调研工作。笔者在该村生活与调研近 50 天，录制视频 12 盒，访谈近 50 余人次，参加乡镇村会议近 15 次，与县团委、民政、纪检、乡镇及相关高校进行多次沟通和交流，完成调研日记 30 多篇，带回历史资料 2000 多斤，顺利完成此次海选观察和资料收集工作，现将村庄基本情况进行汇报。

一 村庄基本情况

（一）历史沿革和县乡概况

梨树县，原名奉化县。因与浙江省奉化县重名，1914 年，改名为梨树县。秦代在东北置辽东、辽西二郡，梨树县属辽东郡。西汉初，貊族建立扶余国，梨树归扶余国管辖。后扶余国臣服汉，汉置玄菟郡管辖。东汉初平元年（公元 190 年）公孙度割据辽东，自立为辽东侯，梨树更为辽东扶余管辖地。魏晋时期，隶属于后汉。北魏时期，太和十七年（公元 493 年），扶余降于高句骊，梨树又属高句骊管辖。隋开皇元年（公元 581 年），隋改高句骊为高丽，此地为高丽辖地。唐总章元年（公元 668 年），梨树属唐东安东都户府辖地。唐圣历元年（公元 698 年），粟末鞨大扎容建震国，后称渤海国，置府设州。于扶余故地（今四平市）置

---

① 作者：夏添，华中师范大学政治学研究院 2008 级硕士研究生；陈明，华中师范大学政治学研究院 2008 级硕士研究生。本篇调查报告的事实是基于 2009 年 7 月的村庄调研观察（夏添），附加了部分 2010 年 6 月的海选观察思考（陈明）。其中 2009 年 7 月的调研员为夏添、胡新科；2010 年 6 月的调研员为夏添、陈明。

领扶、仙二州。梨树为渤海扶余府扶州辖地。辽金时期，梨树属韩州。元代属元路咸平府地。明代，废府置卫。初属三卫（开原老城）洪武二十三年（1390年）析三万卫北部置近海卫。清代，以柳条新边为界，南部为盛京西流水围场一部，由吉林晓骑和开原防御驻防。嘉庆十九年（1814年），吉林将军于伊通河设分防巡检，辖梨树南部地区。道光元年（1882年），昌图撤厅设府，撤梨树城。光绪四年（1878年）设奉化县，为昌图厅属县。光绪八年（1882年），撤伊通河分防巡检，改置伊通州，梨树南部为伊通州。宣统元年（1909年），伊通改为直录州，下设磨盘山和赫尔苏两个分州。梨树为直隶州赫尔苏分州辖地。中华民国时期，废府、厅、州制，实行省、道、县制。1913年，撤伊通州，置伊通县，梨树南部为伊通县辖地。1914年3月1日，更奉化县为梨树县。1929年，改奉天省为辽宁省，废道制，梨树县为辽宁省属县。东北沦陷时期，日本侵占东北以后，改辽宁省为奉天省，梨树为伪奉天省属县。1941年，日伪政权将辽宁省北部部分市县设置四平省，梨树县划归伪四平省。解放战争时期，1945年"九三"胜利后，废伪四平省，置辽北省，梨树属辽北属县。1949年1月，增设辽西，同年4月撤销辽北省，梨树改为辽西省属县。中华人民共和国成立以后，1945年6月19日，撤销辽西省，同年7月21日，梨树县划归吉林省。1958年10月23日，撤销公主岭专区，设立四平专区，梨树县为吉林省四平专区属县。1983年8月30日，撤销四平专区，四平市升为地级市，实行市管县，梨树县为吉林省四平市属县。

梨树县地处东北大陆腹地，吉林省西南部，东辽河左岸，地势平坦，土质肥沃，素有"东北粮仓"和"松辽明珠"的美誉。南与辽宁省西丰、开原两县及四平市接壤；东北隔东辽河与公主岭、双辽县相望，西毗辽宁省昌图县；坐标为东经123°45′—120°53′、北纬42°49′—43°46′。总面积4209平方公里，全县辖21个乡镇、2个经济开发区，总人口81万，农业人口60万，其中汉族人口占96%，满、朝、蒙、回等19个少数民族人口35500多人，占人口总数的4%。全县交通便利，境内有京哈、四海（河口）、哈大、四浑铁路和公路通过。农业是梨树县的基础产业，梨树素来就有"黄金玉米带"之美誉，粮食总产量位居全国县级第四位，人均占有粮食、贡献粮食、粮食单产和粮食商品率均在全国名列前茅。梨树县是国家重点商品粮基地县、国家瘦肉型猪基地县、国家秸秆养牛示范县和三北防护林改造试点县。

梨树镇位于梨树县南部，是梨树县委、县政府所在地，全县的政治、经济、文化中心。东与梨树开发区接壤，南与四平市铁西区相邻，是梨树县的南大门。2000 年和 2005 年两次区化调整，杏山乡、大房身乡相继合并到梨树镇。梨树镇东西宽 11.6 公里，南北长 7 公里，幅员 95.1 平方公里，总人口 106331 人，耕地总面积 7932 公顷。县管辖包括北老壕在内的 11 个行政村和 9 个社区。经济以农业为支柱，主要的经济来源是种植业和养殖业。工业基础较为薄弱。

（二）　村庄概况

1. 地形地貌及气候。北老壕村地处松辽平原（洪积平原），海拔 150 米左右，地质结构为松辽平原——渤海沉降带，为低洼漫低。土质为黑钙土（也就是人们长说的黑土地），耕性较好，土地肥沃，养分高。北老壕村属北温带半湿润大陆性气候，总体特点是：四季分明，雨热同季，降水和光照比较充足。春季干燥多风，夏季温热多雨，秋季温和凉爽，冬季寒冷期长。北老壕年平均气温 5.8℃，年均降水量 583.2 毫米，年内降水量分配差异较大，降水多集中在 5—9 月，占全年的 84.9%，有利于农作物生长。

2. 人口的构成。北老壕村居民中一部分为清朝康熙、雍正、乾隆年间从山东、安徽等省招募来梨树垦殖定居的移民；一部分为中日甲午战争以后沙饿统治的七年中，辽宁省居民不堪欺压掠夺，逃到北老壕定居的移民。北老壕村的姓氏较为复杂，如苏、赵、徐、惠、刘、于、王等，每一个姓氏不超过 40 个人，最大的于姓也只有 38 人，所以北老壕村不受宗族势力影响。全村共 11 个村民小组，710 户，人口 2570 人，其中男性 1350 人，女性 1220 人，均为汉族。

3. 交通、河流、用电、通信情况。北老壕村地处梨树县东南部，距梨树镇 7.5 公里，距梨树县 10 公里。由于与县城较近，村民们一般去县里赶集，每隔 10 分钟便有公共汽车通向县城。村庄有一条小河，贯穿东西，是全村唯一的一条河流，水源于地下，往北流入招苏台河。小河全长约 5000 米，最深处约 2 米，最宽处约 3 米。夏天雨季到来时，只要降雨量稍大一点，小河就会涨水，使村庄遭受洪涝灾害。冬季，北老壕村的平均温度只有 -17℃，小河就会干涸成冰。小河可灌溉全村 200 公顷耕地，只因村中未建提灌站，所以小河没有被很好地利用，就更没有沟渠硬化了。电网改造已全部完成已覆盖全村，年用电量 28400 千瓦时，电价为 0.6 元每度。中国移动、中国联动、中国电信通信信号已覆盖全村，家家基本都有手机、固定电话、小灵通。

二　海选背景下的村庄政治

（一）村组织机构沿革（1948—1986 年）

表 1　　　　　　　　　　　　北老壕村建制沿革变迁表

时间	党组织名称	行政组织名称	党员人数	历任干部
1948 年至 1950 年	无	北老壕农民会	1	赵海任会长
1952 年至 1955 年	北老壕党小组	北老壕初级社	14	赵海任党小组书记、初级社社长
1955 年至 1958	北老壕党支部委员会	北老壕高级社	22	赵海任党支部书记、高级社社长
1958 年至 1966 年	北老壕党支部委员会	梨树人民公社北老壕生产大队	24	张必林任党支部书记
1966 年至 1976 年	北老壕党支部委员会	北老壕革命委员会	53	常文海任革委会主任、张必林担任党支部书记
1977 年至 1982 年	北老壕党支部委员会	北老壕生产大队	54	刘国军任党支部书记、徐勇任生产队长
1983 年至今	北老壕党支部委员会	梨树乡北老壕村民委员会		

1. 新中国成立前期（1948—1961 年）。1948 年 8 月，北老壕村解放。1949 年 4 月，群众自发组建农民会，北老壕的第一个村级组织就此诞生了。当时农民会成员有 7 名：赵海、驷宪福、宫德才、张青山、张富、柴根梁、李向山。农民会的任务是在支前工作队的指导下进行斗地主、分土

地，把地主财务没收给农户。根据贫困程度、人口多少进行分配，做到人人有饭吃、人人有地种。这一时期，党支部没有建立，没有任何活动，但支前工作队发展了北老壕村第一名中共党员——赵海。

2. 社会主义改造时期（1952—1958 年）。1958 年梨树县办党员学习班，又发展两名党员：会亚先、侯清山。随后，北老壕村成立了第一个党小组，成员有：赵海、会亚先、侯清山。1954 年新发展的 2 名党员会亚臣、张比林，乡政府又从外地调来一名党员梁占东，加上之前发展的 3 名党员，共计 6 名党员成立了北老壕村第一个党支部，赵海任书记，两名支委。同年，农村合作化组织成立—党小组、互助组、初级合作社。党小组 3 个，每半个月召开一次支部会议开展工作。初级社在北老壕四队成立，其他 10 个小队成立互助组。随后又发展党员 8 名。1955 年，建章建制，11 个初级社合并为一个高级社，赵海为党总支、村书记兼北老壕高级社社长。1956 年，发展党员 8 名，北老壕村总计 22 名党员。将原来的 3 个党小组划分为 4 个，开创"三会一课活动"并每月召开一次支部大会总结工作。这一时期村务工作主要包括发展党员、宣传教育、土地分配和资产入社。

3. 全面建设社会主义时期（1958—1966 年）。梨树县实行政社合一，北老壕高级社更名为北老壕大队，生产大队下设生产小队。张必林任大队书记、生产队长。这一时期，党组织属于瘫痪状态，8 年只发展党员 2 名。大队只抓生产，搞建设，党员开会流于形式。

4. "文革化大革命"时期（1966—1976 年）。1966 年秋开展"文化大革命"造反有理，革命无罪，红卫兵当权，大队成立"文革"组织，刘晓军担任"文革"专干，任永华担任生产组长代替党政工作。1968 年春革命大联合，北老壕成立革命委员会，经过协商讨论，常文海担任革命委会主任兼党支部书记，张必林等 6 人为革委会委员。这一时期，革委会不专生产、不抓党务，但发展了党员 19 名；只围绕造反有理、革命无罪、批林斗孔、反右斗修彻头彻尾的进行革命。

5. 社会主义新时期（1976—1986 年）。"文化大革命"以后，革命委员会解散，革命委员会更名为生产大队。1977—1984 年刘国军任党支部书记、徐有任生产大队长。1983 年撤销人民公社，北老壕大队更名为北老壕村民委员会。1985 年苏成玉任党支部书记、徐有任生产大队长。这一时期工作主要是批判林彪、四人帮在"文革"时期的罪行，进行拨乱反正；狠抓农业生产，产量不断提高，创历史最高水平，人民生活发生巨大变化。

（二）"海选"的辉煌时期

1. "海选"产生的背景与过程

据现任支部书记付金华介绍：在"海选"之前，在"海选"的头一年的村庄北老壕是全县有名的后进村。由于政权分配不明，村里出现了争斗，村书记苏成玉为一派，副书记为一派。张国良自 1977 年起至海选 17 年间，一直担任党支部副书记、村委会副主任。他专横跋扈，好大喜功，总以自己为中心，与群众关系疏远，经常无故挑起事端与苏成玉书记作对，致使村务工作非常混乱。加上与乡政府关系较好，新一轮干部的任命中，乡党委力保张国良，村民十分不满。又因为北老壕村当时人口、土地、产量在梨树县算得上数一数二的大村，使得上级政府高度重视。于是县政府决定在北老壕村搞"海选"试点，重新选举。（当时，还不称海选，称"海捞"）随后乡党委下文：海选总村委会成员（包括村委主任、副主任和委员）选举中提名候选人，上级党政部门和任何领导"不定调子、不划框子，不提名候选人。谁当村干部由群众民主投票选举决定，候选条件是北老壕村 18 岁以上的村民都可参选"。把候选人提名权完全交给村民，由全体享有选举权的村民根据自己的意愿自由推荐候选人，然后依据得票多少排列出最初的候选人名单。调研的过程中，与现任村会计刘国祥访谈中得知当时"海选"程序如下：

（1）小组提名，北老壕村共 11 个生产小组，每个小组提名 11 人，总计 121 人。提名采取全民参与的方式，提名不受限制，生产小队先行投票决定提名权；

（2）提名以后，村委会组织全村的老百姓集中到大队投票，排出得票最多的 13 个人，然后张榜公布；

（3）从 13 个选村委会成员进行差额选举，村民代表由无记名投票产生，得票多数者为候选人；

（4）候选人产生以后，村里组织村民大会。候选人在北老壕小学大操场进行竞选演讲，随后进行投票；

（5）投票结束以后，在小学的教室当场进行唱票，宣布选举结果，新任村干部发表就职演说。

"海选"工作展开了一个多月以后，见证历史的时刻到来了。1986 年 11 月 20 日，原北老壕村党支部副书记、副村长杨国良下了台，孙国清通过"海选"以高票当选副村长，他是新中国成立以来首次通过"海选"的方式担任村委会的干部。孙国清系原 6 队生产小队会计，为人踏实肯干、深得群众信任。1986—1992 年孙国清一直担任村委会副主任，由于工作出众后调到邻村当党支部书记。笔者调研时在与现年 60 岁孙国清座谈时，他十分激动地说道："我真的没有想到，当时只是试一试。选上之后，还有点怀疑。海选第一轮过后，感觉民主给了我机会，我要珍惜机会。"他还介绍说：没想到当了村官这么有名，很多媒体都在采访过我，1992 年还上了中央电视台的《焦点访谈》栏目，2003 年，中央电视台在首个全国法律宣传日又邀请我参加"百姓关注法律"论坛。

2. "海选"的影响

为什么可以说北老壕村有辉煌的政治历史呢？因为在 1986 年北老壕村在村委会选举中首次采用"海选"方式，而后在全国得到了推广，被国际社会誉为："梨树模式。"1998 年 11 月 4 日通过的村委会组织发布明确规定："村民委员会主任、副主任和委员，由村民直接选举产生；任何组织或者个人不得指定、委派或撤换村民委员会成员；选举村民委会，由有选举权的村民直接提名候选人，候选人名额应当多于应选名额。"更加肯定了北老壕首创"海选"的选举办法。而后的两次换届选举中，积累和创造了一套海选的具体办法。一是实行"五公开"：公开选民名单，公开选举名额和候选人条件，公开候选名单及基本情况，公开选举名额和候选人条件，公开候选人得票和选举结果。二是坚持"三直接"：不包办代替，由村民直接推荐选举领导小组成员，由其领导本村选举工作；不划框定调，由村民直接酝酿、协商推荐候选人；不内定人选，由村民按照法定程序直接进行投票选举。

"海选"村民委员会取得了良好的社会效果。实行"海选"极大地调动了村民参政议政的积极性。"海选"使村委干部和农民受到了民主和法制的训练，"和尚打伞，无法无天的少了"，知法懂法的多了；"当一天和尚撞一天钟"的少了，"为官一任造福一方"的多了；急功近利搞"政绩"的少了，脚踏实地的多了。通过"海选"村干部有了荣誉感、责任感和危机感。村民对村干部也信任了，大家的气顺了，村里的面貌大为改观。有名的后进村，变为了前进村，示范村。"海选"推广之后，各级政府和媒体纷纷来北老壕村参观学习。

（三）现状：无人问津的村庄政务

自 2004 年以来，村两委干部开始出现了交叉任职的情况，由原来的五个人变为了三个。"两委班子"自 2003 年以来，经过了两次村民换届选举村干部没有做任何变动，一直是这三个人担任。书记付金华，自 1997 年以来一直担任村干部，分别干过团委书记、副村长、党委副书记等职务，于 2001 年担任村书记至今。刘国祥 1992 年以来一直任村里的会计，与书记付金华关系很好。妇女主任胡淑芳是北老壕村小学的老师，2003 年起担任妇女主任，平常很少参与村庄事务。可以说，村庄大小事务都由付金华一个人在干，工作压力非常大。除两委干部以外，还有 11 名村民小组长分别管理所在的村民小组。由于两委干部人数少，小组长在处理公共村庄事务、参政议政方面有重大的作用。村民有事就会先找村民小组长，处理不了再找村干部。

北老壕村委会的职能主要包括以下几个方面：

一是低保户的评选，据书记介绍每年的低保户评选是最头疼的事情。低保户的名额是镇里分配的，名额的多少是按照土地和人口分摊。老百姓在评定低保户之前的都会蜂拥而至地来他家，找他说情，争夺低保户的名额。评定工作难以展开，无奈之下在工作难开展的个别生产小组按照农户数平分了低保金额。

二是调节纠纷。北老壕村专门成立了民事纠纷小组，一共有 6 名成员，村书记付金华为组长，副组长为老村长徐有、张国良，组员由村民小组长常德海、刘军担任。纠纷小组 6 名成员进行分片管理，谁的管区出现问题，谁就出面调解。如果协调不了，村委会再出面协调。再不行，就去派出所、法院、上访等。2004 年至今北老壕村没有召开过一次村民大会，只有在换届选举的时候，村民才来村委会来看看热闹。

三是村务公开。北老壕村村务公开包括：财务情况、计划生育情况、社会优抚情况等。目前，老百姓最关心的就是粮食补贴和综合补贴，每年的数补贴金额一出来。村书记就召集村民小组长开会，将每户补贴总额向全村公布。

四是完成镇政府规定的各类报表，如人口调查表、财务报表、村庄经济报表、农产品产销量报表等。这项工作主要是由村会计刘国祥负责。对这项工作刘国祥很不满意，他说："现在村里的工作真没什么事，最大的事就是完成各种报表，完全是应付。镇政府每个季度都让填写不同的报表，由于村子太大，数据不好掌握。有数据的就是纯粹瞎编，编还费事，还要求递增数列，多了也不行，少了也不行，真费事。"

北老壕村现有党员 51 名，2009 年新发展党员 2 名，党员平均年龄 51 岁。据调查，近三年发展党员的年龄都是 45 岁以上，足以看出北老壕村党员老龄化非常严重。年轻人不想入党，原因是现在的年轻人不愿意入党，认为入党太麻烦还要交党费、开会。北老壕村的党务工作包括：

一是发展党员。发展的程序很不规范，入党申请人只要交一份入党申请书，找一个入党介绍人。没有召开支部会议，找到村党支部书记签字就算通过。

二是党员大会。北老壕村每年只开一次党员大会，党员大会内容其实就是党员们一起聚餐、喝酒、发纪念品。聚餐和纪念品的费用由村书记自己承担。

三 自给自足的村庄经济

（一）无力偿还的村级债务

北老壕村没有村办企业和集体经济，村集体收入完全依靠乡镇的转移支付，转移支付资金归镇经管站统一管理。2008 年，转移支付资金总计 38000 元，其中经管站收取 4500 元管理费，村干部工资支出 24000 元（书记 5000 元、会计 4500、妇女主任 3500 元、11 个村民小组长每年各 1000 元），定报刊 3600 元，办公用品 1400 元，罚款 4000 元（镇经管站认为没有完成灭鼠任务）。村委大院由于长时间没有使用，每年还要雇人花 1000 元进行管理。村书记认为开销太大，故于 2006 年将村委会大院中的 10 个房间出租 6 个给个体户，创办了汽车驾驶学校和幼儿园。租金为 500/年，租期为 10 年，租金一次性付清。

截至 2009 年，北老壕村共负债 80.7 万元，具体情况如下（表 2）：

表 2　　　　　　　　　　北老壕村债务统计

欠款单位	金额	欠款时间
信用社	40 万	2001 年
饭店	30.4 万	1995 年—2001 年
个人	10.3 万	1999 年

从表中可以看出，该村债务的主要原因是：贷款、吃喝、个人欠款。这份数据是 2009 年的上报材料时统计的，为了了解真实的情况，我走访了村中历任干部、现任干部和部分村民，数据是真实的，其主要原因有以下几点：

一是 20 世纪末年大吃大喝现象在全国非常普遍，在北老壕村表现得极为突出。1997—2001 年惠权当选北老壕村书记，当选时只有 25 岁，是北老壕村目前为止最年轻的村书记。由于"海选"在全国进行推广，北老壕村名声大噪。很多单位和领导来该村参观学习，吃饭应酬自然少不了。基本是 3 天一小宴，5 天一大餐。吃饭多，北老壕村自然与县里的饭店关系非常好。后来，检查少了。惠权好大喜功，又经常自个带人去吃。在担任村书记期间，他基本上每天都在饭店吃饭。据调查，当时直接可以签单的饭店有七八家。饭店老板认为这么好的一个示范村，让他们吃还怕没钱给，结果一欠就是 30 多万，无力偿还。2001 年惠权因为吃喝的问题，被乡党委处分，开除党籍。开除党籍以后，惠权觉得没脸见人，于是出去在外打工两年才回来。现在家务农，我找过他多次了解情况，他都避而不见。

二是由于个别干部的乱贷款造成的。苏成玉自 1986 年起到 1994 年一直担任村书记，1993 年将每年"四上缴"的费用作抵押，以村民小组长的名义向信用社贷款 40 多万。用途是：一部分资金搞公益事业如修路、打井；一部分资金村干部和小组长发福利、大吃大喝。以至于现在的书记由于无法偿还，每年只能找上级部门要钱还利息。

（二）传统农业占主导地位

1. 经济概况

从近三年的经济收益统计表（表 3）来看，北老壕村属传统经济型农村，种植业和养殖业是农民收入的主要来源。由于地貌的原因，没有发展林业和渔业。北老壕地形以平原为主，没有山地，土地平整、肥沃，产量高。全村耕地总面积 800 多公顷，人均 4.7 亩，几乎每户都有务农人员。农田生产是以单个家庭为主的独立耕作，呈片状分布，没有机耕道，大者 100 多亩，小者也有 15 亩。村里最大的种植大户是 7 队的岳和平，种植玉米 10 公顷。由于土地多，产量高，又因为取消了农业税，近年国家又出台了许多的惠农政策，所以大多数劳动力都不愿意出去打工，长年在外务工仅 23 人。大部分打工者就近在县城、乡镇的工厂或酒店打工。长年打工者一般则在北京、沈阳、长春等地就业，主要从事建筑业和服务业。村里没有任何的村办企业和私营企业，商业以对村庄内部提供为主。共有 13 家商店，2 家理发店。商店出售的商品主要是生活必需品、农业生产资料、副食品等，基本上能满足全村两千多人口的生活需求。

表 3　　　　　　　　　2006—2008 年经济收益统计　　　　（单位：万元）

行业	序号	2006 年	2007 年	2008 年
种植业收入	1	1142	1379	1580
林业收入	2	0	0	0
渔业收入	3	0	0	0
养殖业收入	4	894	963	873.7
第二产业收入	5	12	26	38
第三产业收入	6	5.7	6.4	8.6
总收入	7	2504	2374	2550
家庭纯收入	8	881	902.7	953
人均纯收入	9	0.388	0.4636	0.5

注：7 = 1 + 2 + 3 + 4 + 5 + 6

2. 种植业

表 4　　　　　　　　　2008 年农作物种植面积情况

种类	玉米	水稻	大豆	马铃薯	西瓜
面积（公顷）	758.7	8	2	9	20
亩均产量（斤）	1100	1000	500	500	1800

从表 4 可以看出，北老壕村主要种植的粮食作物是玉米，主要种植的经济作物是西瓜。水稻、大豆、马铃薯大都自己食用，不销售。

表 5 玉米生产销售支出

种植面积	1 公顷
一、生产资金总投入	4700 元
购买种子费用	900 元
购买除草剂和农药费用	300 元
购买化肥费用	3000 元
灌溉总费用	0 元
使用机耕费用	100 元
使用播种费用	100 元
人工收割费用	300 元
二、产量	16500 斤
三、销售平均价格	0.65/斤
四、销售总额	10725 元

玉米的资金投入主要包括购买种子、农药、化肥、耕地和收割。农业税取消以后，农资产品逐年增长，特别是化肥。在生产资料的投入中，化肥所占比例最大。如 2002 年化肥的投入是，1200 元/公顷；2008 年化肥的投入为 3000/公顷，增长了 2.5 倍。但是农产品销售价格却增长缓慢，2002 年玉米的销售价格是 0.45 元/斤，2008 的销售价格是 0.65 元，只增长 1.4 倍。部分农民将玉米用作饲料喂牛、羊、猪，大部分销售。玉米的销售方式主要有两种：一是贩子进村收购，每到年底玉米收割以后，贩子开车进村收购，价格普遍压低；二是自己出售，经济条件优越的农民开三轮车将玉米运至县里粮食收购站卖或是带到市场上零售，这样的价格略高一些。随着科技的不断提高，村民"科学种田"，节省了大量的劳动时间。玉米易受损伤所以不适合大型收割，收收割时农民主要是自己收割、找帮工或雇人收割，雇人收割的价格为 160/天。村庄只有一条小河，河床较高，下雨时经常容易发洪水，村民没有利用公共沟渠进行灌溉。所以，经常遭受干旱和洪涝灾害。笔者到村的第二天突降暴雨，大雨持续了 4 个小时，村庄三分之二的耕地浸水，直接影响到了玉米的产量，给农民带来巨大的经济损失。尽管如此，在北老壕村村民眼中，地是老祖宗传下

来的，况且种地可以满足温饱，所以耕地的面积有增无减，没有出现过抛荒的现象。

3. 养殖业

改革开放以来，养殖业发展迅速。养殖业成为除种地以来最主要的收入来源。据调查，几乎每家都养鸡、鸭、鹅等家禽，主要是自己食用；养牛、养猪主要是为了增加收入，但没有形成大的规模，养牛最多的20头、养猪最多的150头、猪肉的价格为5元/斤，牛的价格为：小牛犊3000头，成年牛9000元/头。

养猪的农户最多，全村共300多户，户均5.3头，都采取圈养方式。一般农户养猪的周期从买回猪崽到售出生猪大约是6个月，一天平均喂养2次，养猪主要食用村民自己种的玉米和饲料。农民养猪的目的主要有两种：一是为了增收，往往经济情况较好的，为了获得更多利润，扩大生产养猪。二是自己食用，等到过年宰杀食用，村民平常都是从市场上购买猪肉。村民很少核算养猪的成本和收益，认为猪吃玉米好养活。随着玉米价格的不断增长，猪的饲养成本也逐年提高，农民所取得的利润其实是非常低的（见表6）。

表6　　　　　　　　　　2008 年养猪成本收益情况表

饲养成本	1065 元
购买小猪	300 元
饲料	500 元
玉米	100 斤 × 0. 65 元 = 65 元
防病防治	100 元
人工费用	100 元
销售价格	7 元 × 300 斤 = 2100 元
总收益	1500 元
纯利润	335 元

4. 农业机械

全村共有汽车18辆，其中面包车12辆，货车6辆。汽车主要是经济富裕、经营商业的家庭拥有。例如现任村书记就有一辆二手的长安之星面包车，他在村里代理销售化肥和农药。村民要买，打电话预定以后，村书记开车去县里拉货。据书记介绍，有了汽车可以拉货，过年过节还可以去县里买个东西回来，方便多了。大型拖拉机 8 辆，手扶拖拉机 70 辆。由于油价过高，农民只在农忙季节拉生产资料或农产品，平常很少使用。农民经济收入的来源主要是种植业，播种机使用方便，成本低，所以几乎家家都有播种机。北老壕村没有饮用水源，日常用水都是地下水，打井已经满足不了农民的需求，所以每户都有水泵。

5. 专业合作社

东方红农业新技术专业合作社成立于 2009 年 2 月 12 日，注册资金 50 万元（均为借款），合作社由村庄的杨明星发起创办。杨明星是村庄的致富能手，一直以来研究西瓜等经济作物的种植技术。由镇农技站的推荐杨明星成为"吉林省一村一个大学生"的项目学员，于 2009 年毕业于吉林大学农林经济管理专业。合作社现仅有 35 名成员，均为北老壕村村民。经召开全体成员大会表决通过杨明星、孟凡义、梁启文为专业合作社理事会理事，梁玉海为合作社监事会监事，任期三年。三年以后，再召开社员大会进行换届选举。合作社以家庭承包经营为基础，以提高广大成员的组织化和增加其收入为目的，为本社社员的农业生产资料购买，农户产品销售、加工、运输、储藏以及与农业生产经营提供有关的技术、信息服务、发展种植业。但是由于资金短缺加上杨明星恃才傲物，瞧不起村里的其他村民。据调查，非合作社成员找他帮助辅导种植西瓜，他却要收费。还说为什么要教你？谁让你不参加我的合作社。由于杨明星技术好，镇农机站为了鼓励他经营，经常无偿地将一些配方、农药、化肥给他，杨明星却将他们有偿的卖给专业合作社社员，还说我的东西比市场价格要低很多。专业合作社成立不久由于杨明星的个人行为，内部发生了很大的矛盾，现在基本上没有运行，前景令人担忧。

四　文教卫生

（一）文化教育

北老壕村现有一所小学和一所幼儿园，都设在六队。小学是以村名命名，名为"北老壕小学"。小学共有教师 10 人，其中民办教师 4 人，公办教师 6 人，教师的平均工资在 800 元/月。全校在校学生 130 人，其中一年级27人，二年级23人，三年级21人，四年级30人，五年级17人，六年12人。2009年转出学生7人，均为六年级学生，原因是父母为了给孩子在读初中时营造一个更好的学习环境，去县城读书。学校按照年级分配老师，每个老师最少平均要带3门课程，教学压力很重。学校现有教室7间，中间一个很大院子，里面种了几棵柳树。院内还设有滑梯、秋千、乒乓球台等娱乐设施。幼儿园是私人创办的，租用了村委会的9个房间中的6个房间，其中1间改为教室，2间改为生休息室，3间改为老师宿舍。租金为1000元/年，租期10年，租金一次性付清。由于村委会是1958年时建的，条件很差，屋子里非常潮湿且地面上经常发霉，个别房间下雨时会漏雨。目前共有20名学生，教师2名。调研期间，幼儿园的老板多次找村书记商量，希望村委会将漏雨的地方补好，但由于村庄负载累累，村书记没有答应。幼儿园收费标准是：一个人80元/月，幼儿园开设的课程有：美术、语文和数学。

经过调查，村民们还是非常重视读书，大部分人认为读书有用，读书才有出路，也有少部分人认为读书不重要，只要会赚钱即可，但是比例不太大。受传统观念的影响认为女生最少要到高中，男孩子最少要读到大学才可以。每个家长都对自己的孩子充满了希望，但是农村的教育环境根本无法保证孩子有个好的环境。所以，村里有条件的家庭，将孩子放在了县城的私立高中。但这样又使得孩子缺乏管教，学习成绩普遍不太好。去年一年高考共30人，上吉林省二本科线的只有一人。尽管孩子上大学不太好，但村民也愿意花钱让孩子上学。有的家庭因为了孩子上大学，到处借钱，使得家庭背负着沉重的债务。

（二）医疗卫生

村里现仅有一家诊所，1名医生约60多岁，早年上过卫生学校，毕业以后在村里开诊所，至今已经有40多年。村里人有点什么毛病都往这来，如果诊断不了，就劝说患者去医院看病，总的来说村民是小病不出村，大病去县城。2006年起，村里实行农村合作医疗政策，2006年、2007年每人每年收10元，2008年开始每人收取20元。参加合作医疗以户为单位，自愿参加。目前，参加合作医疗的人数为1860人，2008年为2237人。参加合作医疗人数减少的原因有以下几点：一是村委会只负责宣传，任务下达后，各村组长只负责统计然后将名单和收费上报村委会，村委会再报镇政府。6 队村民小组长，因为家中有事，在今年的统计过程中离开了村庄，该组大多数村民不知道加入时间，所以 6 队参加合作医疗的人数仅为 20 人。因为此事 6 队小组长对村民公开道歉，但仍有大部分村对他意见很大，声称在下次选举村民小组长的时候要把他选下来；二是因为有一部分村民认为参加合作医疗没用，这部分大多为身体较好、经济不富裕的农户。村民认为自己身体好不用参加合作医疗，参加了也是浪费钱；还有部分经济条件不富裕的农户认为自己没钱看不起病，参加了也没有意义；三是合作医疗报销医药费的种类较少，在与 9 队村民 H 座谈时，他说道："合作医疗是好，就是报销种类太少。目前只有住院才能报销，我们得个感冒、发烧什么的，根本犯不上住院。再就是农民住了院，一般都是得了大病，用的大都是进口药，国产药占的比例很小。而合作医疗只能够报销国产药，进口药不能报销。"

五　北老壕的民情民俗

（一）"凑份子"

凑份子也就是人们常说的随礼、随份子。在北老壕村社会交往中，凑份子是人与人沟通最流行的方式。谁家"办事"，如升学、结婚、小孩出生、乔迁新家、举办葬礼等方面都要摆酒席，大伙都要凑份子——送钱。过去凑份子要二三十块钱就够了，表达下自己的心意就可以了。随着市场经济的发展，村庄目前随礼的情况特别严重，随礼的名目越来越多，风气愈刮越烈，波及面越来越广。如小学升初中，小孩生日要随礼，家里房屋翻新要随礼等花样不断翻新。凑份子的钱也越来越多，至少一百，多则上千。凑份子的钱，几乎占村民日常开支的一半以上。据书记介绍：由于工作的原因，村里的人大都认识。谁家办事都通知他，他还必须去，不去都不行。一年下来"凑份子"要 2 万元左右，占村书记年收入的 70% 左右。"凑份子"还有潜规则：比如说我今年结婚人家给你随了 500 元，等到下回他家"办事"的时候最少要 600 元，必须要比人家给自己的多才可以。村里大部分村民都有一个账本，记录自己着"凑份子"的时间和数目，以衡量下次自己办事的时候人家"凑份子"的多少。

（二）饮食

主食以大米为主，黏米面、玉米面次之。吃的菜主要是自家菜园子的，自种自食。春夏之际有羊角葱、小葱、小白菜、生菜、菠菜、黄瓜、豆角、茄子、辣椒，秋冬季节有土豆、大白菜、萝卜。夏天，用黄豆制成大酱，秋后腌制各式咸菜，入冬以后用大白菜腌咸菜吃。东北人口味中，大酱和咸菜都非常咸。人们爱吃生蔬菜，不用任何烹饪，只将蔬菜洗干净，掰开后蘸酱即食。肉类除自己养的家禽以外，有客人来时，经常到小卖点去买些荤菜回来，如酱猪蹄、拌豆腐、醋花生等。东北天气干燥，所以要多吃些炖的菜，如小鸡炖蘑菇、猪肉炖粉条。

由于天气寒冷，冬季较长。人们特别喜欢喝酒，尤爱白酒与啤酒。饮啤酒常是论"扎"、论"瓶"、论"提"（一提为 8 瓶），酒量惊人。好友相聚，常以大红肠、扒鸡、花生米、茶叶蛋和面包佐餐，一次"小酌"往往几小时。

（三）休闲娱乐

1. 唠嗑　唠嗑是东北的方言，普通话就是聊天，有点吹牛的意思。夏季较为炎热，傍晚村民们自发到村道旁边的树荫底下纳凉，席地而坐炯炯而谈；冬季非常寒冷，村民们都去关系比较密切的朋友家里唠嗑。谈话的内容基本上是生产、生活和邻里之间的事，有时会根本没有根据的乱说，人们习以为常了，一笑带过。东北人脾气直，有时说的不好，经常就会吹胡子瞪眼，发生冲突。但是，没过多久就好了。

2. 打麻将　由于生产技术的提高，劳动时间缩短了一半的时间。在空闲的时间村民便开始了一种新的休闲方式——打麻将。打麻将的主要是妇女，年龄在 30—50 岁之间，老人和年轻人都喜欢玩。农闲时节，村民一天的时间就消遣在打麻将上。打麻将有半赌博性质，赌钱但输赢不算太多，一次最多 30 元。村民打麻将主要集中在村里的几处小卖店，小卖店提供场所和麻将，不收取任何费用，主要目的还是为了揽生意。因为打麻将的时间比较长，顾客会在小卖店买东西。牌局也是村民信息交流的主要场所之一，村民在打麻将的同时还交流邻里的新鲜事、农业生产及生活情况。

3. 看电视　看电视是村民娱乐休闲最主要的方式，据调查村庄每个农户平均看电视 2 个小时，时间主要集中在晚饭之后（晚 7—9 点）。小孩喜欢看动画片、带有神话色彩的电视剧；年轻人主要看一些情感电视剧、电影和综艺节目；中老年收看新闻联播、地方新闻、农业经济技术方面之类的栏目，以便了解惠农政策和生产销售信息。

4. 二人转　二人转是东北地方特色戏曲。二人转的表演手段大致可分为三种。一种是二人化装成一丑一旦的对唱形式，边说边唱，边唱边舞，这是名副其实的"二人转"；一种是一人边唱边舞，称为单出头；一种是演员以各种角色出现在舞台上唱戏，这种形式称"拉场戏"。二人转唱腔高亢粗犷、诙谐风趣。梨树县是二人转的故乡，著名笑星赵本山在出名之前就曾跋涉几百里来到梨树李政春向名师学艺。村民们很喜欢二人转，但由于平常没有人组织，只有逢年过节时在村委会的组织协调下，才可进行。

六　发现的问题

（一）地方权威的延续与"空壳自治"

北老壕村自成立之始，每一位在村党支部书记的任职时间都基本上超过了 10 年。"海选"以来也是如此，苏成玉书记 16 年、惠权 6 年、之前一直任村委会付书记加起来也有 13 年、现任书记付金华 9 年，下届估计还要连任。可以说"海选"的出现没有对地方权威造成任何的冲击，反而还给地方权威授予了权力。村党支部事实上是权力的中心，乡镇党支部通过加强村党支部的权威，使村党支部成为村级事务事实上的决策者，村委会变成了一个执行机构。2001 年起付金华一直担任书记、村委会主任、民事调解委员会主任，村庄重大事务决策与执行都是他一人承担。地方权威的公共身份不仅由官方获得，还需要通过一系列制度、文化传统的支持。付金华书记还要以一种居高临下的、道德化、家长式的力量辐射到每一个农户，他关心生产、村民福利及其有关的一切事务。调研的第二天，村里遭受近十年来最大的一场暴雨。雨停之后，付书记对我说："我得赶紧下队去，看看灾情去，村民种的玉米肯定都遭了灾。我看了虽然没有什么作用，但是我要是去了，他们心里都总会好过一点，说明我关心他们。"

农业税取消以后，北老壕村的公共工程和公共事业都通过"一事一议"的方式解决。地方政府对村里的扶持很少，村集体没有收入仅靠每年镇政府下拨的一点儿转移支付的资金再加上根本无力偿还村庄的历史债务。造成了村民对村庄里的事务漠不关心，有的甚至敬而远之。村民认为村里没有事情可以决策，更没有什么事务需要民主管理和民主监督。村民自治的能力大大削弱，村民自治也就沦为"空壳自治"。

(二) 修路引发的"官司"

村道路的问题目前是北老壕村民最关心的问题。村中既没有国道通过该村，也没有省道经过。只有一条砂石路从村子的中间段通过可到省道，路是村民出行的必经之路，该路是 2006 年镇农机站在北老壕村搞西瓜试验田时修的，当时的造价 20 多万，均为农机站出资，由于长时间没有修护，下雨和行车导致路况很差。进入冬季之后，由于道路积水，导致路面大面积结冰，行人与汽车很难行走。小贩进村收购玉米时，因道路的问题经常压低玉米的价格，村民都认为修路势在必行。

由于村委会在 20 世纪 90 年代欠下的巨额债务，北老壕村目前已无力偿还，每年只能靠转移支付偿还一点儿利息。硬化路面的花费一共需要 70 多万，对于村庄来说简直是不可能的事情。现任村书记为了修路想了很多办法，找银行贷款，银行因村庄未还清贷款所以不贷；找村里老板融资，让每户的村民筹资也行不通。可是老百姓修路的呼声又非常强烈，村书记只好走了一步险棋：村道的附近都有 50 亩林地，林地属于村集体。在 1999 年时村委会将这部分林地转包给了个人老板，租期是 30 年，租金为 10 万元。当时的村书记只与个人签订了合同，没有转交林权证。2009 年梨树县再次实行林权改革，现任村书记修路心切，没有与之前的老板商量，将林地再次转让给了第三方，并转让林权证，第三方承诺支付村委会 40 万元租金。之前的老板得知这一消息，在村书记与第三方签订合同之前，大闹镇政府与村书记发生了激烈的冲突。老板要求村委会偿还租金，并表示要将现任村书记告上法庭。调查的过程中在与村书记访谈时，他说："我也知道是违法的事情，可是老百姓要修路，不修路玉米就没有了好价钱。我是村书记不修路就要下台。不卖树，哪来的钱修路呢？当时签合同的不是我，钱不是我花的，他也没有林权证。这些林子我一定要转出去。"林地没有转出去就没有钱，修路的事情又暂时告一段落。

（三）选举背后的民主运行逻辑

北老壕村的选举过程，很好地代表了我国农村基层民主运行的现实逻辑，长期以来关于基层民主的研究一直停留在上层的理论建构和制度建构上和中层的制度问题和制度运作研究上，而对底层更为微观的运行层次缺少实质性的分析和研究，这也是基层民主在实践过程中出现种种问题的主要原因之一。圈层社会中的农村选举逻辑具有不同于制度安排和理论预设中民主运行逻辑的事实层面，这些事实层面的核心是以农村社会生活中传统生活要素为节点的，并结合国家制度安排和社会转型的外来影响而形成的圈层带而互动所构成的。这种实际的运作逻辑一方面展示着我国农村社会生活中独特的运行规则，同时也对作为国家建构的外生性的基层民主制度带来一定的冲击，并对农村社会现有的秩序和稳定造成一定的挑战。而北老壕村基层民主选举的运行过程，为我们如何看待圈层社会所形成的冲击和挑战，提供了很好的平台和依据。

一方面，民主选举的动员过程是对原子化农村社会的一种修补，它本身就是民主社会发育的一种动力。农村社会的原子化是农村社会现代化转型过程中面对市场经济下的货币压力而形成的一种普遍的社会现象。一方面市场经济将个人主义、物欲观念和逐利的价值观念渗透到农村社会，传统的农村社会资源受到冲击，并出现传统式微和人情冷漠的现象。传统小农意识经过市场化和国家化的改造变成了现代版的小农。民主选举过程中，候选人为了当选，往往动用了村庄内部所有的传统资源，并在拉票和贿选的过程中深化了人与人之间的联系。所有选举的参与者都在选举的过程中实现了关系的整合与再造，一直平静的农村社会开始呈现出前所未有的活力。所以，民主选举修补了原子化社会给农村带来的问题，修补和再造了人与人之间的关系。当选举结束以后，随着利益分配上的不均或者无法实现，以利益为核心的人情关系和社会联结将重新进行关系资源的整合。这是民主选举给农村社会带来的新变化。同时，民主选举过程中是一个利益交换和整合的过程与平台，村内的许多利益依靠这个平台而得以实现或者消失。同时选举情景，农户的参与过程，以及各利益之间的博弈，进一步将农户的权利意识从萌发状态提升到现实层面上，农户的权利和民主意识得到开发，民主选举的技术在不断的互动中实现提升。其实，民主社会发育最好的途径就是外来制度建构进入乡村社会后在一定的规则下由农民自己操作，农户在操作中依据自身利益、权利和规则约束，经过一次次的实践而自我习得民主意识，这就是民主社会发育的过程。

另一方面，基层民主在实际运行过程中对现有村庄秩序的冲击，是民主社会发育过程中必然的现象，对于农民政治素质和民主能力的提升都是必须的。从民主选举的现实情况来说，选举给原有村庄内部的政治和社会生态带来了巨大冲击，如贿选、暴力选举、名誉攻击、拉帮结派、上访告状、选后村庄混乱、班子不团结、家族竞选、黑恶势力等，使得很多学者和农户直觉地认为，农村选举或者村民自治在实践过程中将农村推向了不稳定的边缘，给农村社会和经济发展都带来了极大的挑战，认为村民自治只是一种理想的制度设计，而无法适应农村社会和农民。而从北老壕的情况来看，情况确实是这样的。但是从政治发展和民主建设的眼光来看，民主带来的社会阵痛，往往能够促进农民民主意识和权利意识的觉醒。农民往往在"不稳定"中将自己对村庄现有秩序的不满表达出来，在不稳定中求进步，而不是在稳定中得过且过，随遇而安。国家的发展、社会的进步以及全球化的大趋势，已经不容许农村社会沉浸在传统封闭保守的稳定之中，而必须在打破传统思维和生活界限的基础上，实现农村社会的整体进步和生活质量的整体提升，而这一切都必须经历一个打破传统的不稳定的过程，同时如何实现在不稳定中求得稳定与秩序，让农民在法治与规则的约束下求得权利，基层民主或者说村民自治就是一个很好的重要途径，因为村民自治本身是在规则的整体约束下而操作的，实现选举的过程，也就是规则的习得与再造过程。农民在这种不稳定的过程中逐渐成熟，农村在这种不稳定中实现整体资源关系的再整合与新的社会资源的再创造。在北老壕村，选举的过程经历过很多次的上访、利益博弈，农户在候选人的动员下，在自身所处圈层的影响下，将自己的不同行为动机纳入到具有政治性质的选举过程中。选举结束以后，又涉及利益的兑现与针对新的领导班子的上访事件，农民在选举中和选举后都被动员了起来。这种动员效果是明显的，虽然对村庄发展和治理带来了暂时的冲击，但是从长远来看，这种动员出来的阵痛往往是民主社会发育的最好土壤。

辽宁省长海县大长山岛镇杨家村调查报告①

辽宁省长海县大长山岛镇杨家村是个海岛渔村，曾被授予国家级农业旅游示范点。笔者在 2010 年 8 月走入杨家村，进行了为期一周的实地调查。此次调研的主要方法是问卷抽样调查法、访谈法与观察法等。调查范围覆盖全村 5 个屯，访谈对象近 20 户，有村两委主要干部、村民组长、行业带头人、普通村民等。

一　村庄概况

作为国家级农业旅游示范点的杨家村位于长海县政府所在地大长山岛最东端，是长海众多小康村的一个。杨家村的历史，首先得从它的名字说起，和中国大多数的村落一样，村名与姓氏有关，从山东蓬莱逃荒来的杨姓族人，组成了杨家村。现下辖 5 个自然屯，区域面积 4.53 平方公里，住户 347 户，人口 1093 人，其中男性 587 人，女性 506 人，均为汉族。全村共有耕地面积 131.8 亩，林地面积 600 亩。因是山东移民，村里人还保留着原有的生活习俗，又因生长在东北大海边，杨家人继承、融合了山东人和东北人的豪爽、热情、好客、淳朴等优点，形成了以"诚"待人的淳朴民风。

（一）地貌气候与自然资源

杨家村三面环海，属湿润季风气候区，四季分明，冬暖夏凉，景色优美，清澈的海水、湛蓝的天空、成群的海鸟、金黄的沙滩、翠绿的青山、崭新的民居组成了杨家村秀丽的山水画长卷，杨家村没有工业，空气清新，大气环境和海水水质达到国家一类标准，有"天然氧吧"之美称。

---

① 作者：杨海龙，长春工业大学人文学院社会学教研室教师。

杨家村的特色是有山有海，集"农家乐""渔家乐"于一体，杨家村物产富饶，岸上出产各种新鲜的农副产品，沿岸海产品非常丰富，盛产刺参、扇贝、牡蛎、蚬子和六线鱼等。

（二）交通、水电等基础设施建设

雄厚的经济基础使杨家村的社会公益事业取得了长足发展，村里基础设施完善。2004年，村委会下定决心，无论多大的困难也要修好村路。村里两年共拿出80多万元，村民踊跃义务出工，村干部更是整天泡在现场，硬是将两条总长1.6公里的土路铺上了水泥路面，还安装了38盏路灯，实现了村民"出门不沾泥，走路不摸黑"的夙愿。全村交通海陆空齐全，这里坐落着全国第一家县级民用机场，开辟了长海至大连的空中航线，大连长海机票价格往返仅198元，可谓四通八达；电话普及率及有线电视入户率达100%。为了改善全村的旅游环境，今年杨家村在镇里的支持下，共投入80多万元，在家庭旅店最集中的居民区，建起了一座占地面积3700平方米的花园广场，内设建造了两个面积各600余平方米的下沉式娱乐场地，并铺设大理石地面。整个区域绿化面积为1350平方米，栽植各种树木3000余株，安装20盏景观灯，其中：8个路灯、12个地灯。今年上半年，大长山岛镇为进一步完善杨家村的旅游整体环境，提升饮牛湾渔家旅店的接待档次，在县旅游局、镇政府以及杨家村的指导下，发动14户家庭旅游业主投资50余万元对自家的厕所、淋浴间、厨房等旅游设施进行了星级改造，部分业主还购置了消毒柜，安装了太阳能热水器。使渔家旅店的服务设施得到了很大的改善和提高。同时，为了解决附近渔家旅店下水问题，在花园广场建设的同时，还投资近5万元，铺设排污管道100余延长米，挖了一处沉淀池，解决了渔家旅店的排污问题。

（三）村庄发展模式与上级领导的密切关注

近年来，杨家村在各级党委、政府的领导下，按照建设社会主义新农村"二十字"的要求，坚持"旅游兴村、旅游富民"的发展思路，大力发展海岛旅游业，不断创造最佳的海岛旅游环境，努力建设文明富裕的新渔村。该村先后荣获国家级农业旅游示范点、大连市夏季"3S"旅游示范单位等荣誉称号。杨家村的产业发展模式也得到了省市各级领导的充分肯定，时任辽宁省委副书记、省长张文岳，时任大连市委书记张成寅、市长夏德仁等领导还亲临杨家村视察家庭旅游业的发展，并提出了殷切的希望。新海岛、新渔家已深深地印记在每个来过杨家村人的脑海中。如今的杨家村人正乘着建设社会主义新海岛的东风，细心勾画着渔村未来发展的新蓝图。

（四）村落住房构造特色模式

杨家村落形成已久，新增住房较少，居民住房几乎全都是平房，全村只有三家是楼房。村落呈线性和集簇型两种方式；同时由于地处东北寒冷地区，民居选址多在背山面海处以抵御冬季北风侵袭。形成于 20 世纪 90 年代的杨家村渔家旅馆聚落呈现出从海边向内蔓延式的发展趋势，原因很明显，即近海处风景优美，视野开阔，夏季通风良好，同时便于到海边进行游玩垂钓等活动。

近年来，随着游客的增多，沿海几家渔家旅馆已经不能满足游客住宿的需要了，进而其后面的渔民住居也逐渐发展成渔家旅馆，并形成一定规模的渔家旅馆聚落。旅游业的发展为渔民带来了效益，也使其生活行为受到了一定的影响，院落的秩序变得杂乱了；铺装的变化使得渔民的生活更加卫生方便，但是却不能种植蔬菜丰富生活；院墙砌高后更加安全和私密，但是却不能与邻居隔墙谈天了。渔家旅馆之所以有吸引力和生命力，是因为住居物质实态与家庭氛围、民俗风情的魅力。然而，传统的乡村住宅只需满足农民自身的居住和生产需要即可，而旅游业发展起来后住宅建设要充分考虑旅游经营的需要。

二　村庄政治

（一）党建工作情况

杨家村自 2007 年经上级党委批准，组建了村党总支委员会，在 2007 年的支部换届选举中产生支部委员 5 人，其中一名书记，一名专职副书记，三名支委。目前全村共有党员 37 人，其中 30 岁一下党员只有 1 人，2008 年全村共发展一名党员，共召开了 4 次全体党员大会。近年来，围绕县镇两级党委提出的农村党建"三级联创"活动，杨家村立足建设党建有效载体和平台，针对本村党员组织活动场所、制度不健全、室内布置不规范、电教设备及阵地作用发挥不够充分等问题，舍得花大钱，出实招，狠抓了党建阵地的软硬件建设，实现了规范化、标准化、电教化"三化"目标，农村党建阵地建设水平走在全县前列。一是阵地建设实现规范化。采取发展壮大村级集体经济、党员干部义务投工、组织干群自愿捐款等办法，千方百计筹集资金对党员活动室进行了新、改、扩建，通过粉刷装修建成标准化村级党员活动室，为村支部带领全村干群抓学习、议大事、解难题、谋发展提供了阵地保证。二是室内布置实现标准化。围绕党建"四制一体化"和"三会一课"制度，按照"硬件过硬、软件不软"的原则，立足支部活动正常化、制度化和规范化，室内布置都做到内容齐全、布局合理、统一规范、美观实用，且达到了"七有"标准，即有配套桌椅、有办公电脑、有彩色电视、有DVD播放机、有音像设备、有图书资料、有党建制度，建立了"五册两簿"（党员花名册、入党积极分子花名册、村组干部花名册、村级后备干部花名册、流动党员管理登记册、会议签到簿和会议记录簿）、有学习园地，有效地提高了支部生活的规范化水平。三是党员教育实现电教化。在全面推进社会主义新农村建设和构建和谐海岛的新形势下，加强农村党员教育必须借用现代化传媒手段通过鲜活生动的典型事例引导党员转变观念，增强党性，自觉成为生产致富的模范。杨家村立足党员电化教育，建成了党员电教中心，强化对农村党员的教育，不断涌现出党员产业大户，带领全村健康发展。

随着长海县对外开放和"国际群岛旅游胜地"定位的确立，杨家村党建工作围绕发展做文章，把服务旅游业发展作为第一民生工程。以村党总支为依托，以党员干部为主体，帮助群众改进传统渔家旅游模式，推动旅游项目改造升级，适应"国际群岛旅游胜地"发展要求。杨家村党总支把渔村旅游项目改造升级作为开展党建品牌创建的主要内容，确定了"以旅兴村，党带群富"的党建品牌，为村里"渔家乐"旅游项目投入巨额资金，完善基础设施建设。修建了村休闲娱乐广场，对街巷道进行了刚性水泥路铺设，为渔家旅店统一安装了广告牌，并由党总支牵头，成立全县首家村级游客服务中心，改造渔家旅店。自开展党建品牌创建以来，该村共接待游客人次有了显著提升，旅游综合收入有了巨大增长，真正将"以旅兴村，党带群富"的品牌打造成渔村发展的致富路。从渔家旅店改造成星级渔家旅店，党建品牌有效地转化为旅游品牌。此外，杨家村党总支组织旅游业户走出小岛参加旅游行业升级培训，并且聘请大陆旅游景区专业人员来小岛上指导旅游服务，安排党员到地方特色文化开展得比较成熟的地方考察学习，不断更新观念，推动党建工作的发展。

（二）村委会组织建设情况

杨家村最近一次村委会换届是在 2007 年，当时是党总支先换届，随后才是村委会换届。村委换届采取的是海选方式，全村参与投票的人数 600 人左右，占全部选民比例的三分之二。村委会换届同时产生了 30 名村民代表，2008 年以听证会的形式召开了 5 次村民代表会议，民主评议两委的大会召开了两次，村党支部和村委会联席会议召开了 15 次，村务公开进行了两次，半年一次。民主监督组织共有两个，分别为理财小组和监委会，共有成员 10 人。杨家村实行的是书记主任一肩挑，村委会现有 5 人，最大的 49 岁，最小的 30 岁，平均年龄为 41 岁，其中大学生村官有一人，女性干部一人，绝大部分都是和支部交叉任职。

由于该村经济实力相对雄厚，导致村委会竞选比较激烈，贿选、买票、家族力量干扰等行为对正常选举带来一定的负面影响。在调查中笔者还发现村民对村委会选举的有关法律法规和具体操作程序的了解很少，政治参与意识不强。很多村民对选举的认识就是在一张纸片上写上一个人的名字，然后投进箱子里，这么简单。此外，在调查中发现参加竞选需要很多辅助因素，比如竞选人的经济能力、在村庄的人脉关系、影响、声誉以及与乡镇领导的关系等等。在论资排辈规则依然盛行的前提下，年轻人对选举的积极性不高，对参加竞选更是没有热度。同时，参与的人员绝大多数都是男性，女性参选率很低。但是总的来说，在调查中，笔者发现村民对村干部的工作还是比较认同的，基本上都认为村干部的工作能力比较强，特别是近年来开展的四大工程，"富民工程"增加村民收入，"惠民工程"带给村民实惠，"安民工程"改善人居环境，"育民工程"提高群众素质，这些工作成效能够让村民信服，能够带领村民致富。

（三）村干部经济和政治待遇情况

2005 年长海县制定并实施了《村级干部管理办法》，从落实村干部报酬待遇、建立正常增长机制、实行村干部社会保险、实施奖励机制等方面关心爱护农村基层干部。

杨家村在同年也推行了村"两委"成员报酬年薪制，是借鉴和参照现代企业经营管理者工资分配方式，村干部报酬由县、乡、村三级财力解决，从去年起上调了村干部工资，由原来的年均1.2万元增长到4万元。村干部年薪报酬额度，根据乡镇农民人均纯收入确定，并随着农民人均收入的增加而增长。党组织书记、村委会主任年薪不低于本乡镇农民人均纯收入的3倍，村党组织副书记、村委会副主任年薪不低于农民人均纯收入的2.4倍（正职的80%），委员年薪不低于1.8倍（正职的60%）。去年在兑现村干部工资报酬中，村干部平均年薪4万元，委员3.2万元。在建立村干部报酬增长机制的同时，还实行村干部养老保险制度。规定村干部首次参保年龄为男45周岁以下、女40周岁以下，参照城镇职工基本养老保险参保，保费由集体、个人按比例承担。村干部养老保险按月领取养老金1000元的标准缴费，年满55周岁开始领取养老保险金。目前，杨家村在职村干部的养老保险都由该镇统一办理了。

村干部的日常管理和考核都由县委组织部进行统一管理。考核分为三等五个档次，合格的村干部，按照规定兑现年薪；不合格的，按规定降低年薪档次；对政绩突出、群众拥护的村干部，年薪上调20%；对政绩特别突出的，群众满意度达到90%以上的，县乡两级在进行表彰和奖励的同时，其事迹在当地的电视台等媒体进行大力宣传；对特别优秀的村干部，按照《干部选拔任用条例》要求，将其纳入乡局级后备干部管理，条件成熟的可提拔为乡镇领导干部。这些都有效地提高了在职村干部的工作积极性。以下为大长山岛镇2009年村级工作综合考核方案。

　　长海县大长山镇杨家村村干部工资采取"双评议"的方式来决定。所谓双评议是指针对村干部的工资，存在上级部门（乡镇党政）根据年度考核方案进行的评议和村民对村干部的民主评议两部分。

　　大长山岛镇2009年村级工作综合考核方案概括起来分为两部分：

　　一、经济工作考核标准

　　本部分分为"社会总收入"、"招商引资"、"固定资产投资"、"村级集体财力"和"海域使用金征收"五部分。这五部分实行浮动奖金制，即每部分按照规定完成情况，给予一定的奖励。例如"海域使用金征收部分"，"按实际征收额的0.3%给予补贴。完成浮筏养殖业海域使用金应收指标的，奖励基础工资额的30%。完成应收指标80%的，奖励基础工资额的20%，应收指标未达到80%的，不得任何奖励。在完成应收指标80%基础上，超出部分按超出金额的2%

给予奖励。超额完成任务的，按超出部分的 5% 予以奖励"。

二、党建、精神文明建设、社会工作考核标准

本部分采取打分制，（150 分）（每分折合人民币 200 元）

（一）党的组织建设（15 分）

（二）党风廉政建设（10 分）

（三）宣传思想统战工作（13 分）

（四）武装工作（4 分）

（五）妇联工作（4 分）

（六）共青团工作（3 分）

（七）关心下一代工作（1 分）

（八）档案管理和信息工作（4 分）

（九）统计工作（4 分）

（十）民政和社会保障工作（15 分）

（十一）交通、爱国卫生工作（6 分）

（十二）文化体育工作（6 分）

（十三）国土规划建设工作（6 分）

（十四）教育卫生工作（4 分）

（十五）环保工作（4 分）

（十六）林业工作（8 分）

（十七）农机、水利、动物检疫工作（3 分）

（十八）社会治安综合治理工作（10 分）

（十九）信访工作（10 分）

（二十）安全生产工作（10 分）

（二十一）计划生育工作（10 分）

（十八）（十九）（二十）（二十一）四项工作中，有任何一项被一票否决的，不得分，并另外扣除 30 分。

工资分配方式

1. 年基础工资额。各村正职干部年基础工资额为 1 万元。

2. 凡户籍人口在 2000 人以上的村，村正职干部年工资总额增加 2000 元。

3. 工资分配方式。工资分配采取年终一次性结算的方式，由镇

党委会根据考核结果研究确定各村正职工资额度，副职工作按照正职80%分配，会计工资按照正职的75%分配，在此基础上通过村民民主"双评议"上下浮动。（大长山岛镇党政办公室2009年6月9日印发）

"双评议"是指村干部接受上级（乡镇党政部门）和村民的评议。村民评议的内容如下：

参与评议的成员由三部分构成：村民代表、党员、普通村民

杨家村村民代表共计31人，但每年参加不全，年均24—25人参加；党员共计39人，从党员中随机选取4—5人参加；为了使民主评定进一步深入人心，去年的评议中又选择了9个普通村民参加。2009年参与民主评议的总人数为37人。

评议村干部的基本内容包括五个方面：

业绩：带领村民共同致富情况和维护集体和村民利益情况

廉政：廉洁自律秉公办事情况

作风：村干部的工作作风和生活作风情况

理论：贯彻落实党在农村的方针政策情况

达标：村干部三年任期目标及当年目标实现情况

每个方面评议标准为五项，分别是：优、良、中、较差、差。

最后再进行总体评价，也以上述五项为标准。总体评价标准为报酬评价标准，其他评价作为产生总体评价的参考，不计入报酬评价体系。相对每名村干部而言，在总体评议选票中每获得一个"优"得20分，获得一个"良"得10分，获得"中"不得分，获得一个"较差"减10分，获得一个"差"减20分。将所有选票分数相加除以总人数，所得加权值除以100，所得数值为当年村干部报酬根据镇政府拟定标准的上下浮动数额。

下面以王某为例：王某在2009年镇政府拟定的报酬标准为48770元。在2009年有37人参加村民民主评议，在评议中，他共获得"优"34票、获得"良"1票、获得"中"与"较差"均为0票、获得"差"2票，则他的工资浮动额度为：

工资浮动额度 = （34×20 + 1×10 − 2×20）÷37÷100 = 0.1757

王某当年所得工资最终额度 = 48770×（1 + 0.1757）= 57338.9（元）

三　村庄经济

（一）区域特色引发多元化收支

50—60 年代，杨家村的经济来源主要靠捕捞业，一个壮劳力年收入在 200 多元，这在当时全国也属高收入。改革开放后，杨家人转变思想观念，因地制宜的发展了"海洋牧场"，旅游业、养殖业、低播业和捕捞业成为村支柱产业，使经济实现了跨越式的大发展。该县渔民 2005 年人均收入首次突破万元大关，这个收入水平不仅在全省各地农村中名列榜首，在全国也位居前列。杨家村现有养殖海域 6.34 万亩，底播面积 14.2 万亩，底播业户 58 户，养殖业户 467 户（包括非本村户口居民），家庭旅游业户 65 户。杨家村积极扶持鼓励村民、外商发展个体、私营经济，帮助他们做大做强，目前该村拥有千万资产的私营业户和企业 12 家，2008 年实现社会总收入 2.87 亿元，比 2007 年增长 12%，人均收入 1.8 万元。在招商引资方面，域外资金投入 8527 万元，其中浮筏投入 3800 万元，底播投入 4727 万元。在固定资产投入方面，杨家村克服养殖滑坡带来的不利影响，鼓励那些规模大且无力发展的业户及时转让资产，投资继续增加，2008 年全村固定资产投入 18800 万元，比 2007 年增长 11%。在海域使用金征收方面，由于受到价格低和扇贝死亡多的影响，海域使用金征收工作遇到诸多困难，全年征收海域使用金 367 万元，有效增加了县镇两级财政的收入。

（二）海上养殖创造经济神话

杨家村发展经济的优势在哪里？毫无疑问，那就是身边这片蔚蓝的大海。杨家村村民现在经济收入主要表现在三个方面，一为海产养殖业，一为渔家旅游，一为出海打鱼。

杨家村三面环海，海域辽阔，海域面积达 30 多万多亩，发展海水养殖业有着得天独厚的自然条件。可是事实上，捧着这样的"金饭碗"，村里经济却曾多年徘徊不前。如何引导村民增强发展意识，将身边这片大海真正变成渔家人的"聚宝盆"，这是村两委班子反复思考的问题。很快，杨家村明确了发展海洋经济的新思路：扶大带小，先做大做强一批有影响力的民营企业，再带动村民共同发展。村委会全力为落户本村的民营企业

"保驾护航"，给他们提供无微不至的关怀和帮助。很快，民营经济在杨家村得到了快速发展，涌现出8家固定资产超千万元的大型民营养殖企业。待村民们看得眼热跃跃欲试之际，村里适时开展了"大户带小户，一帮一致富"活动，成立养殖协会，为新发展的养殖户义务代购苗种、畅通销售渠道、联系提供小额信用贷款等，使他们减轻了创业的诸多艰辛。对此，养殖户孙延基深有感触。2003年，孙延基倾其所有，新上了20台筏。可到买苗的关键时刻，他已是囊空如洗。正当孙延基一筹莫展时，村里联系私营大户孙新红和他结为帮扶对子，为他解决了上万元苗种，解了燃眉之急。现在，已经富裕起来的孙延基仍念念不忘："要不是村里出面，大户扶持，我哪有今天的好光景啊！"

仅仅几年时间，杨家村的养殖业、海洋捕捞业、水产品加工业迅猛发展起来，新增养殖户30多户，养殖浮筏从4000台发展到近3万台，底播增殖面积由1万亩扩大到8万亩，养殖品种也由海湾扇贝、栉孔扇贝、牡蛎等"大路货"更新为海参、虾夷扇贝等优质品种。2005年，杨家村经济出现了"井喷式"增长，社会总收入由上一年不到5000万元，增加到2.47亿元，一跃成为长海县经济最发达的渔村之一。2008年该村结合自身优势资源，进一步制订了招商引资、养殖立村的发展战略，全年共招商320户，年收入2.7亿元。

在养殖业大发展的同时，近些年也出现了海产养殖的困境。2007年以后由于养殖密度过大等诸多原因，海产养殖业陷入困境，很多养殖大户入不敷出，连年亏损，截至2010年还是处在难以为继的状态。

（三）渔家旅游招来八方游客

人均年收入过万元——这是渔家人多年的梦想。怎样使更多的村民拥有自己的产业，实现致富的梦想呢？村干部又开始琢磨发展以旅游业为龙头的第三产业。2008年，全村共接待游客20万人次，旅游综合收入4800万元，渔家旅店每户平均收入达到了15万元。在长海县2008年旅游工作会议上，杨家村被辽宁省旅游局授予"辽宁省旅游专业村"称号，这是杨家村在先后荣获国家级农业旅游示范点、大连市夏季"3S"旅游示范单位后，获得的又一殊荣。此次荣誉的获得，进一步扩大了杨家村旅游业的影响力，必将对杨家村旅游业的蓬勃发展起到积极的推动作用。

杨家村发展旅游业的条件十分优越。村南有一处广阔的海湾——饮牛湾，岸边绵延着近两千米松软的沙滩，水清沙洁，景色宜人，是休闲游玩的好去处。淳朴宁静的渔家生活，更是令游客心驰神往。村干部们特意到长海县家庭旅游开展最早、发展最好的哈仙岛上"取经"，回来后就深入到各家各户广泛宣传，鼓励村民利用自家宽敞的住房开办家庭旅店。村里还出钱派人参加每年县里举行的"大篷车"宣传促销活动，为"家庭旅游"这个品牌到处"广而告之"，多方联系客源。村里成立了旅游协会，充分发挥这个民间组织的互助功能，共同应对和解决发展中的难题。很快，杨家村的家庭旅游业就形成了"气候"，有 24 户濒海的渔家办起了家庭旅店，一次可接待游客上千人。最早开办家庭旅店的赵琳英家，今年已经接待了 3000 多名游客，收入约 6 万元。目前全村拥有度假村 4 个，渔家旅店 65 家，一次性可接待游客近 3000 人。这里备受游客喜爱的就是以体验渔家生活为主题的"渔家风情游"。每天只花费 80 元，就可以住进渔家旅店，睡火炕，吃海鲜，洗海澡，听潮音，海滩烧烤、篝火晚会。如果感兴趣，游客还可以和当地渔民一起乘船出海，垂钓、赶海、拔笼，近距离观看海参、虾夷扇贝等海珍品的养殖过程。

"渔家风情游"作为长海乡村游的支撑旅游项目，是指以旅游景区和生态观光渔业为依托，以海洋风光和渔家方式为特色，以休闲度假、观光娱乐和体验劳作为内容，以旅游者吃住在渔家庭院为主的一项旅游新兴产业，是自然风光和人文精神相融合的艺术品。它给渔家生活注入了新的活力，给渔民群众带来可喜的经济效益。同时，也给全村旅游业带来了不可估量的社会效益，成为一项不容忽视的经济产业。随着长海旅游业的蓬勃发展，"渔家风情游"也呈现出强劲的发展势头，已成为海岛旅游的新亮点。

但是也出现了一些问题，形成了"招来外商、毁了内商"的困境。2000 年，长海县政府提出了"旅游兴县"的战略构想，在规范现有渔家旅店的同时，大力改善旅游相关基础设施建设，积极引进外资，对外商投资 Y 村旅游业给予大量优惠政策。截止到 2010 年，Y 村拥有渔家旅社 53 户，1 个二星级酒店，2 个度假村。形成了当前外来酒店抢渔家旅社客源的问题。并因此渔家旅社收入不升反降。正如卸任的老村支书杨振宽所言：这就是"招来外商，毁了内商"。实际上，在 Y 村，这种招来外商毁了内商的情况还表现在对养殖海域的承包上，现在 Y 村约有一半的养殖海域承包给外地人，导致很多本村人多年的养殖致富途径被阻塞。

（四） 旅游养殖带动一批产业

旅游业发展起来了，还带动了一批相关产业。近年来由于鱼类资源锐减，经济效益并不理想。村里就引导他们对自家渔船进行改造，转产发展休闲渔业，为游客提供垂钓服务，收入也非常可观。此外，全村有15户开起了商店和小卖部，8户从事出租车营运。海岛各项产业的蓬勃发展，为渔家人提供了更多的赚钱机会。大忙季节里，养殖临时工颇受欢迎，驾船摇橹、拔筏挂吊、分苗缝笼、加工扇贝，一天下来就可以挣个百八十块，一年里干上四五个月，收入一般不低于一万元。小长山乡家庭妇女李淑红，靠打零工一年就收入近两万元。

（五） 海域使用金征收困境

Y村所属的长海县是海岛县，县域工商业经济发展有限，2002年以前收取农业特产税（海产养殖税）是县财政的主要来源。2002年税费改革后，农业特产税被国家明令取消，为解决县财政困境，县里决定提高海域使用金额度，由原来的每亩10元提至每亩80元。这激起了广大养殖业主的不满。2004年村委会换届选举时，竞选人王某提出积极协调与乡和县里的关系，降低海域使用金，并获得了村民支持。但任职后，王某不但没有如约协调降低使用金反而经常代表政府催缴使用金。遂引起村民不满，出现了2006年Y村渔民1000余人集体签名上访事件，在渔民的压力下，县里将每亩80元降为每亩50元。

四　村庄文化

（一） 率先实施免费小学义务教育

杨家村现有幼儿园1所，与邻村合办小学1所，小学教师52人，幼儿园教师16人，九年义务教育阶段共有90名学生，其中小学生占60人，全村适龄儿童入学率为100%，小升初入学率为100%，在校生年辍学率小学为0，初中为0.38%——这在全县居领先地位。该村的60名小学生已率先享受免费教育，即全部免除义务教育阶段学生杂费并免费提供教科书，对贫困家庭寄宿学生补助生活费。

杨家村的村干部表示，由于特殊的地理位置，该村迫切需要提高人口素质，优先发展教育才能满足海岛渔村未来发展需要。据了解，不仅仅是杨家村，现在长海县所有乡镇都实现了免费义务教育，为此县财政每年需多投入近 400 万元资金。

（二）开办中小学生假日学校

为了加强中小学生的假期教育工作，为中小学生假期生活提供一个良好的学习和活动环境，每年暑假伊始，杨家村关工小组联合村妇联、团组织开办了中小学生假日学校。这所假日学校是按学生年级划分学习小组，并由老同志和学生会参与领导，实行了规范化、制度化管理，做到十有：有组织、有领导、有教室、有教员、有辅导员、有学生会、有学员、有规章制度、有活动场所、有活动内容。假日学校在杨家村又是一个教育创新之举，主要教授内容都是爱国题材，如"八荣八耻"、"红军长征"，读一本书、学唱一首歌、开展一次智力竞赛活动，放映 2—3 场电影等。假期结束后，关工小组还要将学生在假日学校表现的情况及时向所在学校反馈，同时还要进行评比奖励。

（三）重视渔民科技知识培训

杨家村一直致力于实施"育民工程"，抓好科技培训，加大乡土人才培养力度，不断提高渔民素质，涌现出大批渔农业生产方面的"土专家"和技术能手。主要以科技人员和渔民为重点，采取电化教学、外聘专家授课和走出去考察学习的形式，开展各种实用技术培训。邀请农业专家进村，举办果树、蔬菜栽培和日常管理培训班；组织渔民到江浙和山东沿海学习鱼类和海参养殖技术；开展科技宣传活动，通过现场咨询、科技知识展览、发放科技知识宣传材料、科技专题讲座、农业高新品种品尝会等多种形式，广泛进行科普宣传。2008 年，杨家村县渔民科技知识培训举行了 5 次，培训人数达 300 余人，支出了万余元培训费用。

杨家村现有文化中心户 5 户，文化大院 6 个，2008 年该村订阅报刊户数 24 户，种类有 11 类之多，订阅报刊共花费 6000 余元。此外，杨家村还投资上万元，建成台球室 2 家，公益性文化活动场所 4 个，其中文化活动室 1 个，书报阅览室 1 个，家庭健康指导站 1 个，群众娱乐广场 1 个，并配备了健身器材，安装了广场活动舞台，举办了一系列大型广场文化活动。同时，渔家风情迎春会、钓鱼节、渔民节等大型文化节庆活动精彩纷呈。值得一提的是前年由长海县与大连海阔天高文化传播有限责任公司联合创作的 24 集电视连续剧《欢乐的海》在风景如画的杨家村正式开机拍摄，杨家村也因其日渐火爆的渔家旅游成为主景地之一。

（四）多姿多彩的民俗与人文景观

渔家习俗：一代代渔民千百年来用心血和汗水打造的渔家文化中，包含着独特的民风民俗，有生活习俗、生产习俗、节日习俗、礼仪习俗等。渔船在出海之前，渔民总要到海神娘娘庙烧香烧纸，磕头许愿，求娘娘保佑平安；早年的渔船上还设香童，专职给供奉在船上的海神娘娘像烧香上供，以示敬重。渔船在汪洋大海中作业，常遇到大鲸鱼、大海龟等海洋巨兽，为避免受其伤害，船老大往往亲自站在船头，向巨兽们洒三碗米酒，谓"洒酒祭海"，求巨兽让开。在船上不准打海鸟，甚至把捕捞上来的鱼虾扔到海里喂海鸟，因为海鸟在风暴来临之前，总有些奇异的征兆，渔民往往因为观察到海鸟的异常而躲过灾难。旧时渔船无探鱼设备，一些较大的渔船就在桅杆上吊个木桶，渔船进入渔场后，就选择眼神好、有经验的渔工攀上桅顶，站在木桶里四处眺望，发现鱼群，就用小彩旗指挥船老大转舵，驶向鱼群处撒网，站在木桶里瞭望的人被称为"渔眼"。至今，渔船的桅杆上仍保留着方形箱状饰物，称桅斗。

节庆：民间节庆与周边地区大体相同，有春节、渔灯节、元宵节、二月二（龙抬头）、清明节、端午节、六月六、中元节（鬼节）、中秋节、重阳节、冬至、腊八、小年（腊月二十三）。所有节日中最有地域特色的是正月十三的渔灯节。传说这天是海神娘娘的生日（一说为海神生日），各村群众自发地涌向海神娘娘塑像前烧香磕头，燃放鞭炮，祈求救苦救难的海神娘娘保佑渔民平安。当晚，成千上万人纷纷涌向离家较近的海边，礼花鞭炮燃放的同时，将燃亮了的渔灯放入大海，让千万盏渔灯乘着微风向海的深处漂荡，漂向海神娘娘所在的地方，以便在渔民危急的时刻，海神娘娘将灯高举着为渔船导航。

生活禁忌：日常生活中禁忌颇多，住宅禁忌有房屋、山墙冲庭院为不祥，房门不能与大门或畜圈门直线相对，房屋"前不栽桑，后不栽柳"（因桑与伤、柳与溜谐音）。节令禁忌有"冬至不推磨，腊八不捣米"；"二月二不铡草"；农历大年三十、正月十五、二月初二，妇女不动针线；过年饺子煮碎了，不能说"碎"，只能说"挣"了。船上禁忌有烙饼时不能说"翻过来",只能说"划向";渔民吃鱼,吃完了上半片,只能将鱼骨拿掉后顺着吃,不可翻鱼身,"翻"既不能说,也不能做。老渔民对刚上船的小伙计要求更严,不准背手,因背手有背运之意;不准吃完饭扣碗或把筷子横放在碗上,怕船扣和搁浅;不准用绳子结死扣,"死"不吉利;鱼卸完了或米面吃完了,要说"满出了",不能说"完了";打上来的鱼个头小,要说"鱼挺碎",不能说"小","碎"有多之意,而"小"与"少"近音;不准打口哨,不许蹦跳,因其为松弛、麻痹的表现;船上的帆要称"篷",因帆与"翻"谐音;船头柱子不能坐,因那是船主的象征。

民间传说:民间传说源远流长,有"将军石"、"万年船"、"上马石"、"鹰嘴石"、"哭娘顶"、"江佬背江婆"等海岛风物传说,"娘娘送灯"、"马老祖"、"孔雀仙子"、"仙女湖"、"龙分水"、"套着金箍的虾枪"、"长山群岛驴当表"等奇闻趣事传说,"梭鱼"、"海马"、"海带"、"乌贼"、"海上过龙兵"、"胖头鱼折寿"等海洋生物传说,"端午节风俗故事"、"海岛渔村婚俗故事"等渔家习俗传说,其中流传最为久远、影响最为广泛的是有关海神娘娘的传说和马老祖的传说。

(五) 颇具风味的渔家饮食文化

鱼叶面:渔家待客的特色饭食,鱼为大棒鱼,叶为地瓜叶,面为手擀面。其特点是筋道,口感好,味鲜美。

疙瘩汤:为家常饭,面疙瘩在开水锅煮至八分熟,下海蛎子,再下海紫菜。其特点是味道鲜美,滑溜可口。

海麻线丸子:用春季初生的嫩海麻线洗净剁碎,伴以肥肉丁、海蛎肉和少许粗面,团成球形,蒸熟。其特点是香鲜细嫩,为海菜佳肴。

生吃海鲜:以辣根或生姜佐料蘸之,食其原汁原味,奇鲜无比。生吃鱼类品种有牙鲆、黄条鰤、三文鱼等,贝类品种有赤贝、栉江珧、紫石房蛤、各种扇贝等,对虾及鹰爪虾也常用来生吃。各种生吃海鲜中,"生鱼片"历史久远,并由最初的生吃牙鲆扩大到其他鱼类。

炒海蜇:一种吃法是将活海蜇上锅燀,去水成朵,拌鱼炒;一种吃法是将海蜇皮与肉同炒。其口感和味道俱佳。

焖杂拌儿鱼:一般用黄鱼、黑鱼、条鳎、鲇鱼、辫子鱼等同锅酱焖,各种鲜味混杂,好看又可口。

　　鱼豆腐：多用劳板鱼或鲇鱼炖豆腐，鱼嫩，豆腐鲜，汁黏稠，为特色菜肴之一，味道绝美。

　　龙须冻：用龙须菜上锅炆火熬制，成粥状时放入海蛎肉和薄豆腐片，出锅冷却，切割成块。其特点是绿白相间，滑腻鲜美，为佐酒美味。

五　村庄社会

　　近几年，杨家村大力实施"惠民工程"，带给当地百姓不少实惠。随着各级财力的增加，当地镇村以"爱民惠民"为目标，逐步建立健全海岛社会保障体系。通过积极实施小城镇户口政策，将县镇所在地的岛屿农村人口全部转为城镇人口。目前，杨家村334居民已全部成为县内小城镇户口，为缩小海岛城镇和渔村、职工和渔民之间的差距创造了必要条件。

　　杨家村成立了低保工作小组，深入实施农村居民最低生活保障制度，该县将农村居民保障标准由原年人均1200元提高到1800元。目前杨家村共有低保户12户，低保人数18人，每人每月低保标准为310元。全村参加养老保险共有100人左右。全村不存在五保户和三属三红人员，养老院也不存在，在杨家村70岁的老人都很健壮，完全可以当作青壮劳力。

　　杨家村目前拥有一所质量较为上乘的村级卫生所，具备优秀的医疗队伍和先进的医疗设备，是一所设施先进、专科齐全、技术力量雄厚、学术水平较高，集医疗、教学、科研为一体的综合性医院。更重要的是，县财政每年至少拿出300万元"兜底"，率先冲破城乡樊篱，全面推行全民医疗保险，参保率达到50%以上，铺水盖浪的渔民可以和机关干部一样，得病住院也能报销医疗费，最高可报销2万元医疗费用。由于杨家村人现在都属于小城镇户口，所以没有人愿意参加原来的新农村合作医疗，公民都参加了保额较可观的医疗保险。按照《长海县公民医疗保险暂行办法》的有关规定，凡具有长海县户籍且年满25周岁以上的公民，以及与长海县境内的企业和个体经济组织形成劳动关系的外来劳动者，都符合参加医疗保险统筹条件。25周岁以下的长海县本地公民可自愿参加保险。统筹基金主要用于住院费用，对参保公民在定点医疗机构发生的符合规定的住院医疗费，实行起付标准和最高限额控制。自全民医保工作启动后，广大群众反应强烈，参保热情日益高涨。现在杨家村村民已基本参保。医保政策取得了显著的社会效果，就如一位村民所说的："现在无论是岛内的乡下人，还是外来的农民工，只要参加县里的全民医保，都能跟吃'皇粮'的机关干部一样报销医疗费啦！"

六　结语与反思

总体而言，杨家村是一个政府介入与村民自发双重作用下，在矛盾中发展的现代中国农村。从上级部门来看，既体现了在新农村建设思想指导下，政府对农村发展的促进；又体现了地方政府在自身财政压力下，对杨家村的寻租（比如提高海域使用金）所带来的与民争利的困境。从村民的角度看，既从改善村环境建设上获得了上级部门带来的好处，又在上级的招商引资中使自身发展遇到了难处。一方面是地方政府的干预，一方面是村庄民众的自主发展。杨家村是我国一个典型的在矛盾中发展的农村，一个在博弈中成长的农村，一个转型中的农村。

政治与社会

"规划政治"与农民的"被迫贫困"

——以四川省双流县凤凰村永安水库开发事件为个案[①]

内容摘要：本文通过对四川省成都市双流县凤凰村永安水库开发事件的实证调查，发现管理该水库的政府[②]对该水库以及水库所在的村庄实行了自主性极强的强制性规划，由此导致水库所在村庄治理和建设的失败。本文试图以"规划政治"的概念，来阐释在当今政府力量不断渗透的情况下，村庄建设过程中因失范的政府角色和不当的政府行为对乡村治理带来的重大政治、经济、社会等各方面的问题。

关键词：府规划　规划政治　政府主导　农民参与

进入新世纪以来，为了解决日益突出的"三农"问题，中央提出了城乡统筹的发展战略和新农村建设的发展思路。"三农"长期以来的弱势落后地位，决定着国家和政府介入和渗透的必要性，政府主导的新农村建设正在全国大张旗鼓地进行着，强制性的政府行政整合无疑是其背后决定性的逻辑。换句话说，从现阶段来看，不管是农村建设还是农村治理，其本质还是政府行为。从各地新农村建设的经验来看，政府强制的行政整合有着无比强大的力量，政府不断增加的财政投入正改变着部分农村的落后面貌，提高了农民的生产生活水平。在政府的规划下，一个个新农村示范典型拔地而起，一项项新农村建设经验在全国推广。然而，在塑造成功典型的同时，有着强大控制力和渗透力的国家整合和政府规划也在逐步弱化和消解村庄内部农民的自主性及其对村庄发展的内在需求。过度异化的政府角色和不合理的政府规划甚至会阻碍村庄的发

---

① 作者：吕小莉，华中师范大学政治学研究院政治学理论专业 2009 级硕士研究生。

② 这里的政府仅指县政府和乡镇政府。

展，妨碍农民的脱贫致富。换句话说，强大的政府规划有着神奇的作用，既有积极的一面，也有消极的一面；既可以树立发展的典范，也可以造就落后的典型。

本文是笔者参加 2010 年暑假"百村十年观察"项目，在四川省成都市双流县永安镇凤凰村的实地调研的基础上完成的。文章的资料主要来源于调研的问卷数据和访谈记录。四川省成都市双流县凤凰村，距成都市区 25 公里，距双流县城 17 公里。该村坐落在物产丰富的成都平原，又处在成都半小时经济圈，交通四通八达，在地理位置上属于城郊村。2004 年由原凤凰村、太平村、长田村和新建村四个村合村并组为现在的凤凰村，该村辖 13 个村民小组，幅员面积 9.28 平方公里，现有农户 1398 户，人口 4108 人。该村于 2005 年被确定为双流县新农村建设试点村，2006 年又被列为双流县首批"挂钩试点"项目示范村。通过开展新农村建设，凤凰村整个村容村貌发生了翻天覆地的变化。

一　村中的"贫困村"

（一）问题的缘起

笔者在调研过程中，除了关注到整个村庄的新农村建设的成就外，还发现一个特别有意思的现象，合村并组前的原长田村（现凤凰村 11 组、12 组、13 组）有着和整个村庄步调极度不一致的大相径庭的际遇。与其他三个村（凤凰村、太平村和新建村）"村村通"且富裕的新面貌相比，该村经济贫困、基础设施落后、农民生产生活条件差、农民消极参与、上访频发、教育文化落后、"等、靠、要"思想严重等，这些落后的标签让这个村格外醒目，它就是新农村中的"贫困村"。经过笔者与该村村民深度访谈发现，长田村贫困的遭遇除了自然和历史原因，更重要的还是"人为因素"。这个人为因素就是伴随长田村民近三十年的"永安水库开发事件"。

永安水库又名龙王湖，位于永安镇原长田村境内（现凤凰村 11 组、12 组、13 组），其前身为永安乡唐家塘，1975 年县水电局与都江堰管理处双流站共同规划设计，将其扩建为小（一）型水库。该水库于 1975 年 9 月动工，1979 年 3 月竣工。该水库占地面积 380 亩，库容量达 250.5 万立方米，灌溉面积 3050 亩。① 永安水库为乡管水库，业务上属县水电局指导。② 据村民描述，20 世纪 70 年代，为解决全镇灌溉用水，大集体公社发动村民投工筹劳修建了永安水库。1979 年，以开发为名，永安水库被双流县政府直接征管，现隶属于双流县水务局。长田村位于凤凰村西部、永安水库东侧，多数耕地属于高泵田，是当年"大跃进"和"文化大革命"时期，村庄集体毁林开荒，人造小平原时开垦出来的，用水灌溉极为不便，因此该村农业生产条件受限；另一方面，因兴修水库，该村大面积低势平缓的良田被占，尤其是原长田村 1、2、3 组被占土地最多。剩下的土地大都地势较高，条块化严重，因此不能像邻村一样大面积种植经济作物。以上因素直接决定了该村村民农业收入有限，脱贫致富只能另辟蹊径。该村虽农业生产条件不佳，但林业资源丰富，绿化条件甚好，沿着水库一带，低缓小坡，景色迷人，另则该地处在成都市重要旅游带上，交通四通八达，因此这里是市民们旅游休闲的宝地，更是开发商们旅游投资的不二之选。因此，一直以来该村村民把脱贫致富的宝押在了水库的开发上。长田村人指望着永安水库开发，并就此"咸鱼翻身"。永安水库从宣布开发至今已经历时 30 年左右，期间，有几次开发商都动土了，但均因一系列原因而夭折了，水库迟迟没有开发。

（二）成也龙王湖，败也龙王湖

该村水库因其自身蕴涵着广阔的开发前景，又因为其处在交通便利的旅游带上的地缘优势成为各方利益主体竞相争夺的对象。据笔者访谈了解到，县政府由于水库庞大的旅游资源以及利益分配问题，对长田村实行了重大的整体"规划"：整体开发、统一开发、大型开发，即充分利用其丰富的旅游资源和旅游带的地理优势，打造统一一体化的水库旅游开发区。有知情村民告诉笔者："县政府野心很大、胃口更大，他们希望找到一个超大型的开发商把这一片都包下来，沿水库修建数十几栋五星级别墅，打造一体化旅游景点，努力把这里打造成成都市的后花园，扩大其影响力。"在县政府宏大而远大的"规划"下，两大"铁血政策"出台：

第一，严格而苛刻的"准出不准进"政策（村民命名）。即为了实现

---

① 参见《双流县志》（1992.8）

② 同上。

对水库统一而规范的开发，不准周边村民自行开发，如在水库周围开办农家乐等；不准修建新房，只许在原有房屋基础上加固翻新。笔者沿途的调研发现也证实了这一情况。与凤凰村其他几个村成片的小洋楼相比，长田村的房屋都相当破旧，基本上都是几经翻修加固的瓦房，还有为数不多的平房。另外，我们在水库周围走动的时候，还发现几个"游动摊点"经营着普通的烧烤饮食、钓鱼等休闲娱乐项目。一个摊点的老板是长田村村民，其为数不多的土地在水库周围，由于农业收入不佳，便在水库周边经营小买卖，但这是政府严令禁止的，他们要做好随时游走的准备，因此他们的摊点都是用木头简易搭建的。我们经过水库的时候，他们竞相过来发放名片，并向我们推销他们提供的服务。关于政府"准出不准进"政策，有村民这样向笔者抱怨，以下是访谈记录。

笔者：你们就这样等待开发，要等到何年何月啊，就没有想过自己开发，自己致富吗？

村民甲：怎么没想过啊，政府政策太死，不准我们修房，只准维修，还不让我们自己搞农家乐，要是放开，我们早就自己修房子开农家乐了，成都人周末常来这里玩，如果开农家乐、烧烤店啊什么的很赚钱的。既然政府迟迟不开发，就该放宽放开，让我们自己干，要是放开来搞，我们早就发了。

第二，"不修路"。该村基础设施建设基本停滞，直至 2000 年，长田村的围库路（即围绕水库一圈的道路）才拓宽，但仅拓宽，仍旧是砂石路。长田村附近的几个村现如今都是"村村通"水泥路了，而长田村依旧是砂石路，现已破旧不堪。该村于 2004 年合并到邻村组成现在的凤凰村，凤凰村是县级新农村示范基地，县级政府配套资金充足，原凤凰、新建和太平村的基础设施建设极为完善，然而唯独龙王湖边上的长田村的道路、水利建设没有丝毫改善。这里交通不便，村民叫苦不迭。以下是对知情村民的访谈记录。

笔者：你对你们村的基础设施建设有怎么样的评价？

村民乙：政府的基础设施建设严重不公平、不平等，其他几个村的路都打通了，都硬化了，只有这里的路最烂，一米水泥路都没有。

笔者：那政府为什么唯独不给你们硬化呢？

村民乙：不是要等着水库开发嘛！政府不修路是想降低开发商的

成本、吸引开发商来这里投资。路不能修，路修好了会增加开发商成本，这是开发商不愿意的，与其如此还不如不修路，等开发商来了自己修。

二　长田村民"被迫贫困"的表现及原因分析

（一）"被迫贫困"的表现

村民反映政府过死的政策桎梏了该村村民几十年，另一方面，政府和开发商利益分配问题一直控制并拖延着水库的开发，永安水库一天不开发，长田村就一天富不起来。以上政府所谓的"规划"严重影响着该村村民致富，有村民抱怨他们是"被迫贫困"。长田村"被迫贫困"的表现如下：

第一，经济贫困。一方面，经济收入低。该村地势较周围略高，灌溉条件不好，大量土地被占，人均土地极少，土地条块化严重，农业生产条件有限，不能形成其他几个村的规模农业，因而该村村民农业收入有限。因此，该村村民最主要的收入来源是外出务工。通过调查问卷显示，抽查的5户贫困户中有4户都来自长田村。他们全家年收入均在1万元左右，这在经济较为发达、社会化程度高、生活成本高的成都双流县算贫困水平。另一方面，生活条件差。在过分苛刻的"不准建房、只准维修"政策的捆绑下，该村村民居住条件极差，不少人仍居住在破旧的危房中。另外，道路不通，砂石路未硬化，交通不畅，严重影响他们外出；基本生活娱乐设施欠缺，生活质量极差。

第二，暴力抗争与消极政治参与。政府的"开发、修路"的空头支票开了近30年，迟迟没有兑现，长田村人的开发致富热情被消磨殆尽。长田村人长期守着金山饿肚子，长此以往，必生事端。从20世纪80年代末，该村村民就因水库开发和基础设施建设等问题进行过无数次的上访和群体性暴力事件，与政府和开发商的矛盾也不断激化。由于这里大访、小访不断，自然成了令各级政府头疼的"穷山恶水"，这里的村民被称作"刁民"。同时他们的政治心理向负向发展，表现为政治上的冷漠心理和逆向心理，对政府的认同感极低。

第三，文化落后、社会心理扭曲。贫困、纷争、上访以及与周围村民日益拉大的差距滋生了该村堕落畸形的村庄文化，这里村民素质普遍不高、懒惰成风、赌博成风、恶霸恶棍得势。笔者走访发现，这里不出 500 米就有一个小卖部，小卖部不管店面多小、条件多差，都有几台上好的自动麻将桌。这里的村民是越穷越赌、越赌越穷。另一方面，这里"等、靠、要"的风气特别严重。由于政府长期开空头支票，长田村民早已习以为常，同时政府过死的政策把他们牢牢地拴在了水库周围，他们的社会心理从自主变为依赖，他们不再也不想勤劳奋斗，而是坐吃山空，等着靠着政府来解决。

（二）原因分析

按理说，龙王湖水库边上的长田村因其得天独厚的旅游地理优势和开发前景，其现状不应该如此不堪。为何龙王湖周边的村民未因此致富，反而日渐贫困？为何捧着金饭碗的长田村人没饭吃？为何长田村人成也龙王湖，败也龙王湖？当然导致这一问题的原因是多方面的，笔者试图从新农村建设中的政府规划的角度来阐释长田村的"被迫贫困"现象。

第一，政府角色失规、政府主导失当。我们必须搞清楚关于村庄开发或村庄建设中政府的角色定位问题。大部分学者均认为，现阶段要实现城乡的均衡发展，政府主导的农村发展将是一种现实而理性的选择。就新农村建设而言，政府主导所包含的内容主要指政策导向、组织领导、规划设计、资金保障等基本方面。[①] 调查发现，主导并操控水库开发的县政府的角色已严重失范，它不是规划指导者的角色，而是完完全全上升为一个追求个体利益最大化的市场利益主体，它在用自己的利益准则与开发商进行交易和博弈，忽视了公共资源开发所涉及的长田村及其村民的利益和需要。另外，不合理的政策、不透明的程序、强制性的手段让长田村成为了政府规划的受害者。

第二，村民参与与村庄建设过程的脱离。村民是村庄的主人，因此，村民必须是村庄建设的当然主体和绝对受益者。尊重农民主体地位、明确村民参村庄建设事务的决策是保障村民利益的重要前提。徐勇教授认为现如今的国家整合不仅仅是将更多的资源配置给农村，更重要的是激发农民的主体性和积极性。[②] 然而，通过对永安水库的调研发现，县政府行政主

---

① 杨泽娟：《新农村建设中政府主导与农民主体的博弈》，《求实》2008 年第 12 期。

② 徐勇：《国家整合与社会主义新农村建设》，《社会主义研究》2006 年第 1 期。

导力量过于强势，严重压制了水库所在村民的话语权和自主能力空间，村民参与缺失，引发村民的抱怨和严重的不满，进而最终转化为该村村民的消极暴力抗争。

第三，政府规划过程中各方利益难协调。村庄建设及公共资源开发过程中利益如何协调？一方面，水库的所有权属于县政府，管理权归属县水务局；另一方面，水库具体坐落在长田村中，长田村民的生产生活乃至前途命运都与水库的开发和利用有着千丝万缕的联系。在这种产权矛盾的公共资源的开发利用上，如何有效厘清和协调政府利益与村民利益、长期利益与短期利益、整体利益与局部利益是摆在地方政府面前最棘手最迫切的问题。然而，永安水库开发事件背后的逻辑是政府利益高于本地村民利益，长期利益高于短期利益；政府的整体利益高于村庄的局部利益。因此，水库迟迟开发不了。等待开发的时间拖得越久，长田村民苦得也越久。

三　进一步思考

从以上的案例可以得出，本文所提及的"规划政治"是导致村庄治理失败的主要原因。换句话说，"规划政治"是规划失败的同义词。对政府规划以及规划失败有过精辟见解的斯科特在《国家的视角》中讲道，由于政府规划的清晰化、简单化、标准化，以及国家理性的极端自负往往导致那些试图改善人类状况的项目失败。然而，政府行为或政府的规划一直都是民族国家建构过程中必然伴随的结果。换句话说，自有民族国家以来，我们整个社会体现的是一个规划性的社会变迁。因此，政府规划或规划政治不应该成为贬义词，它们应该是中性词。笔者认为的"规划政治"是指国家或政府利用其强制性的行政权力和强大的分配资源的权力，对特定区域的资源或事务进行自上而下的单向度的规划、安排和建设的政治手段和整合模式。

农村政治的变迁是有规划的社会变迁的组成部分和突出表现。肖凤霞认为中国农村的变动与政府对村落的行政参与有着莫大的关系。国家对乡村的整合主要是一种不受整合对象约制的行政性整合，国家整合的主体控制着治理的资源，本身具有强大的自主性。[1] 徐勇教授认为国家与社会二

---

① 徐勇：《国家整合与社会主义新农村建设》，《社会主义研究》2006 年第 1 期。

元分化的强制性的行政整合造成了城乡隔离,如今政府强制性的行政整合在修复城乡差距的同时,也很有可能造成乡村间的"马太效应",即富裕的村庄越来越富,而落后贫困的村庄越来越穷。政府主导的治理模式让政府关注的地方都能成为焦点,要么是发展的焦点,要么是恶化的焦点。同时,这种等着政府关注的村庄发展模式也产生了不少治理真空。如今城乡差距越拉越大,新农村建设面临巨大挑战,政府主导下乡村建设是当前最有效率的选择,政府应充分担起建设村庄的领头责任,积极提供必要条件,加大财政投入的同时,提供必要建设规划指导。但是,政治权力具有无限扩张的天性和弊端,社会主义国家政府主导的规划建设必然带有明显的行政性和强制性。另一方面,由于村民综合素质普遍偏低,村庄经济实力还很难独当一面,村庄建设中村民的主体地位还难以充分落实。在政府主导力量过于强势,农民参与严重缺失,换句话说,政府和农民力量严重不对等的情况下,农民对村庄建设缺乏话语权,这种"被建设"一方面很可能背离村民的实际需要,另一方面也不利于村民自治精神的培养。

斯科特认为多数国家都比它们所管理的社会更年轻,① 因而国家理性或者说政府规划是存在限度的。斯科特在《国家的视角》中提出了四条法则来避免国家或政府规划避免走向灾难。② 但斯科特强调的核心是政府规划的弹性和尊重地方性知识和地方经验。通过对以上特殊案例的阐述和分析,关于政府对乡村建设的规划或村庄公共资源的开发,笔者提出以下几点不成熟的建设,以供大家探讨。首先,政府主导开发与村庄自主建设相结合。村庄自主建设是指在政府主导作用的引导下,最大限度地发挥和调动农民的能动性,满足农民的意愿和需求。具体体现在落实农民的"三权":农民参与规划制定的"决策权"、规划实施的"参与权"、规划效果的"受益权"。其次,长远规划与解决实际问题相结合。政府规划必须"两有":有一个因地制宜、长短结合的村庄经济社会发展规划;有一个科学合理、切合实际的村庄建设规划。③ 最后,也是最重要的一点,政府引导与村民参与相结合。新农村建设规划引入农民主动参与势在必行。它是进行村庄规划科学决策并有效实施的重要依据。因此,在进行村庄规

---

① 詹姆斯·C. 斯科特:《国家的视角》,社会科学文献出版社 2004 年版,第 243 页。
② 同上书,第 475 页。
③ 杨泽娟:《新农村建设中政府主导与农民主体的博弈》,《求实》2008 年第 12 期。

划时我们应将"自上而下"的政府主导的村庄规划与广泛征求村民意见的主动参与相结合，深入调查研究，听取农民心声，保护农民的合法权益，根据村庄的经济发展阶段，寻求村民最急迫解决的问题作为规划目标，这样才能够调动起农民的积极性，保证规划的顺利实施。村民对其所在农村社区的参与式规划和管理是我们现阶段治理村庄的新思路。

参考文献：

［1］詹姆斯·C. 斯科特：《国家的视角》，社会科学文献出版社，2004 年版。

［2］王铭铭：《社区的历程》，天津人民出版社，1996 年版。

［3］徐勇：《国家整合与社会主义新农村建设》，《社会主义研究》2006 年第 1 期。

［4］杨泽娟：《新农村建设中政府主导与农民主体的博弈——以江西网形村为例》，《求实》2008 年第 12 期。

［5］左停、王金全：《贫困地区村庄治理中农民参与的"矛盾"映像——宁夏王平乡实证调查》，《调研世界》。

压力型体制下乡镇政府行为失范研究

——基于 H 县 X 乡卫生检查与 抗洪救灾的比较分析[①]

所谓压力型体制，是指一级政权组织为实现经济赶超，完成上级下达的各种指标而采取数量化任务分配方式和物质化的评价体系。如经济增长指标、引资指标、安全事故指标、社会治安指标、上访人数指标等。根据指标完成的情况，进行经济、政治方面的奖惩。这些任务和指标采取的评价方式往往是"一票否决制"，即一旦某项任务或者指标没有完成，就视其全年成绩为零而受到惩处。因此，各级组织都在这种评价的压力下运行。[②]

1978 年我国开始实施改革开放政策，计划经济逐步向市场经济转型，经济发展速度加快。但是随着改革开放的启动与深化，中国的改革也开始面临着价值取向等方面的尖锐对立。为保障改革开放的顺利推进，中央领导人开始强调中央集权，到 1992 年邓小平南方讲话时基本形成了"新权威主义"这一执政理念和路向。[③] 这一执政理念极大地维护了政治稳定，促进了经济的发展，同时，在这一理念的影响下，我国也逐渐形成了当前的这种压力型体制，而正是这种体制的弊端很大程度上导致了乡镇政府的行为失范，严重影响着乡村治理乃至整个国家政治的发展。

---

① 作者：吴记峰，西华师范大学政治与行政学院政治学理论专业 2009 级硕士研究生。

② 荣敬本：《变"零和博弈"为"双赢机制"——如何改变压力型体制》，《人民论坛》2009 年第 7 期。

③ 徐勇：《从新权威主义到新民本主义——中国改革发展的路向及转变》，《决策咨询》2003 年第 9 期。根据徐勇教授的论述，"新权威主义"执政理念与路向主要是指以强有力的执政党和领导人权威力量推进市场经济发展，通过经济发展获得和巩固执政的合法性基础，在市场经济中得以充分发展后再发展民主，从而实现政治转型。

一　研究背景以及研究对象

（一）研究背景综述

当前，乡村政治发展以及县乡政治体制改革已然成为学术研究的热点问题，诸多学者纷纷从不同的视角对其进行研究与探讨，并对我国的县乡政治体制改革提出了不同的发展路向，为打破现行体制、推进服务型政府的构建献计献策。一些地方上的铁腕领导也开始理论联系实际、"摸着石头过河"，①锐意进取，积极改革，在体制缝隙中探索县乡发展的新路径。

在学术研究方面，荣敬本等学者在《从压力型体制向民主合作体制的转变——县乡两级政治体制改革》一书中最早将中国现行的县乡体制概括为一种"压力型体制"，为国内学者研究县乡政治体制提供了一个准确的概念及合理的研究框架。徐勇教授在《从新权威主义到新民本主义——中国改革发展的路向及转变》一文中对压力型体制的产生原因、发展历程以及新时期的转变进行了论述。项继权教授则是通过一篇《乡村关系行政化的根源与调节对策》在对压力型体制特征及其危害进行了详细叙述的基础上提出了推进民主与法制建设这一乡村改革路径。更多的学者则是从基层民主的发展以及向县乡扩展的视角寻求解决当前体制弊端的出路，如于建嵘的《乡镇自治：根据与路径》，吴理财的《农村基层政府如何才能转变成服务型政府》等。

实践方面，1996年，"最富争议的市委书记"仇和在宿迁以人治推进法制，开始了革除一切影响发展的体制弊端的铁腕改革。1998年，在四川遂宁，新任市中区女区委书记张锦明主导了"步云直选"，对镇长进行直选，打开了中国三千年来一大巨变的闸门。1999年，另一个有点另类、备受争议的改革家宋亚平开始在湖北咸安发起了一场轰动全国的咸安政改，在他带领下推行的"三站一所"领跑全国的乡镇改革。2004年，又是在四川，平昌县县委书记刘谦祥主导进行了9个乡镇的乡镇党委公推直选，公推直选了9个乡镇的党委书记以及其他全部成员，再次将县乡体制改革向前推进，促进了政府体制的转型，即服务型政府的构建。

---

①　宋亚平：《咸安政改——那场轰动全国备受争议的改革自述》，湖北人民出版社2009年版，第9页。

（二）研究对象介绍

2010 年 7 月，笔者通过华中师范大学中国农村研究中心的"百村十年"观察这一平台到了 H 省 X 乡①，进行例行的暑期调研。巧合的是，就是在调研期间，H 县在省卫生状况排比中倒数第一，由此引发了一场全县范围的"运动型"的卫生大扫除。从县城到村庄，从县委书记到村委书记，自上而下，全面发动，层层负责，条块结合，要求做到横向到边，纵向到底，绝对不留死角。笔者调研进驻的 X 乡也卷入了这场"运动"之中，乡政府把卫生大扫除当成现阶段内首要的任务来抓，发动全镇人民走上街头，整顿道路规划，清理环境卫生。这期间，县委领导还数次下来检查工作，督促进展。而就在这场全县范围内的卫生大扫除到了最后攻坚阶段的时候，一场暴雨袭击了小镇，街道上肆虐的洪水暴露出小镇排水泄洪系统的严重不足，乡政府在之后的抗险救灾中也显示出了有别于卫生扫除时的那种积极态度。正是地方政府在卫生检查和抗洪救灾中的这种差距甚远的表现引发了笔者关于压力型体制下政府行为失范的进一步深思。

二　压力型体制下乡镇政府行为的失范表现

在自下而上的"乡村自治"与自上而下的"压力型体制"两种不同的治理背景下，乡镇政府受到来自国家和社会两方面的权责挤压。从乡村自治的角度讲，乡镇政府应该是农民利益在国家体系中的代表者和表达者，满足人民大众对乡镇政府"对人民负责"的社会期望。② 但是，压力型体制下的乡镇政府恰恰是国家政权在地方的政策执行者而不是地方利益的保护者。

（一）乡镇政府负责对象错位

当前，在上面压力型体制和下面村民民主自治的双重作用下，乡镇政

---

① 遵照学术惯例，笔者对文章中所涉及的真实地名及当事人真实姓名做了一定技术处理，后同。但是，笔者同时认为，小镇得出的结论同样可以适用于当前中国大部分乡镇，在当前体制下，文章所揭示的问题是有很大普遍性的。

② 陈槟城：《论压力型体制下的乡政困境》，《四川行政学院学报》2005 年第 6 期。

府实际上是处于一种"对上顶不住，对下压不住"的尴尬境地。当上面各部门的"土政策"与农民实际利益发生冲突时，如果大力执行上级部门的土政策，有可能会引起农民的上访上告；如果照顾农民利益，对上级政策执行不力，又有可能挨批评，丢乌纱帽。[①] 就是在这样一种两难的境地中，乡镇政府面临着艰难的选择，按说政府的公共权力来源于人民群众，应当为人民群众服务，对人民群众负责。然而当前我们对乡镇干部的管理还基本是沿袭着传统的方式，其选拔、任用、监督、考评、升迁都主要还是由上级决定，谁授权，就对谁监督，受谁监督，这就使得乡镇政府在压力型体制下只能作出对上级负责的选择。上级组织决策一旦形成，不理解要执行，有困难的创造条件克服困难也要执行。上级指示与民众意愿发生严重冲突时，也往往只能对上负责。

　　X乡政府在这场卫生扫除中就是面临着两难的选择，一方面是上级为追求政绩而"洁癖"般[②]的全方位的卫生大检查，一方面农村的实际情况是绝对没有条件达到要求的标准的，这也不是当前农村最应该关注的问题。但是在压力型体制下，乡镇政府是没有选择的空间的，即便有些基层干部对此充满了不理解甚至是持反对意见，可是他们还是要不折不扣的执行上级的指示，督促甚至是强令全镇各行各业加入到镇容整顿和卫生打扫中来。而小镇群众真正需要的又是什么呢，紧随其来的暴雨替他们作出了回答，暴雨中倒灌到各家各户中的洪水、各村各户冲坏的良田、村子里泥泞的小路替他们做出了回答。

（二）乡村治理模式落后

　　我国在乡村治理乃至整个国家建设中，长期沿用"运动型"治理这一传统的政府公共事务治理模式。从经济建设到刑事执法，再到社会治理，诸如"突击检查"、"集中整治"、"统一行动"等口号层出不穷，成为社会的常规术语。[③] 尽管"运动型"治理可能会在短时间内取得显著成

---

　　① 曹锦清：《黄河边的中国：一个学者对乡村社会的观察与思考》，上海文艺出版社2000年版，第48页。

　　② 用"洁癖"这个词来概括全县范围的这次卫生大扫除的原因显然是很不准确的，它只是一个基层公务员在饭桌上的一句玩笑话。但是笔者认为，"洁癖"虽然不是这次卫生大扫除的原因，却能生动、准确的概括出这次大检查的精细程度。

　　③ 王洛忠、刘金发：《中国政府治理模式创新的目标与路径》，《理论研究》2007年第6期。

效，但是从本质上讲，它是一种"无规则可循的或有规则不循的非常态化管理，而且在一定程度上同政府行为的随意以及政府部分官员办事时的因人而异有一定相关性"。① 这种治理模式"头痛治头，脚痛治脚"，对社会治理缺乏全面、科学的规划，运行过程中造成行政成本增加，此外，"运动型"治理助长了公共治理的随意性、形式化和政治化，容易滋生官僚主义作风，强化权力寻租行为。最后，"运动型"治理往往还会像风一样一吹即过，治理本身以及治理效果持续性差，往往"运动"一过，问题依旧。这就使得乡村治理进入一个"突击解决——迅速见效——问题反弹——再突击解决——再反弹"的恶性循环怪圈。

　　X 乡也没有摆脱传统治理模式的束缚，在乡村治理中还是以"运动型"治理模式为主。这次全县范围的卫生大扫除，就是一次典型的"运动式"治理的案例。就是因为在全省排名中倒数第一，县委书记就下令在全县范围内开展卫生大扫除活动。一时间，X 乡几乎所有基层干部都投入到卫生工作中来，严重影响了乡政府其他工作的进展。就像乡政府一位普通工作人员说的那样："卫生工作该不该抓，该抓。可是其他什么事都不做，专门抓卫生工作，就是一个问题了。"而且，等这一"运动"风过去之后，没有一个持久的治理机制，乡镇的卫生状况又肯定会强势反弹，回到原来的状态中去，整个治理过程就是一个劳民伤财的"形象工程"，对百姓日常生产、生活环境的完善没有什么大的益处。

（三）乡镇政府官僚主义盛行

　　官僚主义指脱离实际、脱离群众、做官当老爷的领导作风。如不深入基层和群众，不了解实际情况，不关心群众疾苦，饱食终日，无所作为，遇事不负责任；独断专行，不按客观规律办事，主观主义地瞎指挥等。我国是一个有着两千年封建中央集权的专制国家，官僚政治有着深厚的社会基础和长远影响，官僚主义盛行，中国新民主主义革命虽然推翻了帝国主义、封建主义、官僚主义的反动统治，但却未能很快消灭官僚主义，传统的官僚主义政治文化在社会上仍旧有着广泛的影响。② 正是这种官僚主义

---

① 张华清：《社会公共管理必须从运动化范式走向常态化范式》，《探索与争鸣》2003 年第11 期。

② 吴玉宗：《周恩来反对官僚主义思想研究》，《毛泽东思想研究》1998 年增刊。

使得基层政府工作人员不能倾听群众的呼声，从实际出发，解决基层群众真正需要帮助解决的问题，而是一味迎合上级，从自己的主观意志出发，独断专行，强力推行一些不利于乡村社会发展进步甚至是对乡村的发展有损害影响的政策与措施。

在对 X 乡的调研中，笔者充分感受到基层政府里面的这种官僚主义作风的残余，尤其是这次卫生专项检查中暴露出来的官僚主义问题值得我们深思。在整个大扫除行动中，没有人真正深入基层，倾听群众的呼声，对乡域范围内街道混乱、卫生较差的真正原因，更没有人从乡镇卫生设施建设欠缺的角度来理解当前乡镇卫生存在的问题，而只是一味的强调整治，靠行政命令强行要求群众参与到环境整治工作中来，严重干扰了人们的正常生产生活秩序，甚至一定时期内破坏了乡镇的正常集市贸易与个体经济发展。经常到乡镇上赶场的一些小商贩就反映说，现在的卫生大检查弄得他们无所适从，经常因为卫生整治而严重影响生意。"水至清则无鱼"，农村的集市本身就难以像市区一样规范，这也是乡土民情。乡政府在这个行动中就是没有从实际出发，充分显示出了官僚主义作风在我们乡村治理中的巨大负作用。小镇在洪灾中的表现则从另一个侧面充分表现出乡镇政府平时并未真正权为民所用、情为民所系、利为民所谋，未能积极建设，打造为小镇群众谋福利的排水系统等乡村基础设施。

三 乡镇政府行为失范的危害性分析

乡镇政府在压力型体制下的这种行为失范对于乡镇政府的政治合法性、政府执政能力以及国家积极推进的社会主义新农村建设都有巨大的阻碍作用，严重影响了我国乡村治理的效率与效益。

（一）加剧干群关系紧张，侵蚀基层政权政治合法性

所谓政治合法性，是指被统治者对身处其中的特定政权及其执掌者政治统治正当性的判定及相应的对其统治权力的自愿承认和服从。[①] 而按照阿尔蒙德对于政治合法性的定义——如果一个社会中的公民都愿意遵守当权者制度和实施的法规，而且不仅仅因为若不遵守就会受惩罚，而是确信

---

① ［美］杰克·普拉诺：《政治学分析辞典》，中国社会科学出版社 1986 年版，第 82 页

遵守是应该的，那么这个政治权威就是合法的——这种强制手段下实现的政治统治根本就没有合法性可言，而恰恰相反，它又反过来进一步损害基层政权的政治合法性，从而形成一个恶性循环的怪圈。[①] X 乡所在的县政府在这次卫生检查中的行为逆群众需求而上，严重加剧了基层干群关系的紧张，导致群众对乡镇政府以及县政府的不理解甚至是内心的愤恨。在这场运动中，群众只是被动的服从，只是为了不被惩罚而不得不参与到卫生打扫行动中来，因此，这种强制手段下实现的政治统治根本就没有合法性可言，它反过来进一步损害了基层政权的政治合法性。暴雨过后就有群众找到乡镇领导，大吵大闹，哭诉损失，指责政府基础设施建设不力，形象工程开展有余。

（二）影响政府效能，削弱基层政府执政能力

政府效能是指国家行政机关和行政人员为实现行政目标，在行政管理活动中发挥功能的程度及其产生的效率、效益、效果的综合表现。政府效能高低主要由三个方面的基本问题构成。一是政府功能的发挥能否与职能目标的配置相统一；二是行政主体在行政管理工作中有无树立"成本"和"效率"理念；三是政府行政管理方向是否具有社会效益，同时在行政管理工作中要体现民主原则，维护社会公正，接受群众监督，做到廉政高效。[②] 以政府效能的这三个方面来考察一下当前乡镇政府的行为失范现状，首先，乡镇政府的功能发挥是与其设置目标不一致的，甚至是严重背离初始目标。乡镇政府在卫生检查与抗洪救灾中的不同表现就从现实角度印证了这一点。其次，当前基层政府在行政管理中毫无成本与效率观念，在乡村治理中只是根据上级意愿和长官意志，运用国家行政权力，使用国家财政资金，不计成本的进行行政管理工作，造成了国家资源的巨大浪费。最后，从社会效益方面看，乡镇政府的行为就更没有可圈可点之处了，卫生大扫除活动引起了极大的社会不满，在"运动型"的行动像风一样一扫而过之后，一切又回到原状，大扫除什么也没有留下，留下的只是民众的埋怨和一堆的汇报材料。

---

① 任中平：《我国基层民主政治建设实践中的若干问题思考》，《探索与争鸣》2008 年第 10 期。

② 张丽华：《以基本问题为抓手 推动政府效能建设》，《宁夏党校校报》2010 年第 1 期。

（三）损害基层政治生态，加剧政府官员腐败

政治生态是一个地方政治生活现状以及政治发展环境的反映，是党风、政风、社会风气的综合体现，其核心是党员领导干部的作风问题。政治生态是一个长期培育、持续建设的过程。党的十七大报告首次提出生态文明建设，并强调要在全社会牢固树立生态文明观念。[①] 由此，打造良好的社会主义政治生态也随即成为社会关注的热点。可以说，基层政治生态的好坏直接关系到我国当前的乡村治理工作的健康开展。当前乡镇政府在压力型体制下的行为失范给基层政治生态造成很大的负面影响，基层政府内的党风、政风乃至整个基层的社会风气都严重退化，基层政府官员腐化严重，而这其中，领导干部的作风问题尤其令人堪忧。笔者在调研中，深感压力型体制下民主选举与民主监督欠缺的情形下基层政府官员的腐化问题之严重。他们拿工资的多，做工作的少，上班到得晚，走得早，主要领导干部还往往都是从上个饭局赶下个饭局，"喝酒天天陪，陪出胃下垂"。这倒不是基层政府官员品德全部有问题，也不是他们都缺乏政治责任感，而是在这样一个大的政治环境下，腐化的生活几乎成了一种常态。

（四）阻碍农村社会发展，迟滞新农村建设步伐

在现代化建设过程中，从建设社会主义物质文明，到提出社会主义物质文明和精神文明"两手抓"；从社会主义物质文明和精神文明"二位一体"，到社会主义物质文明、政治文明、精神文明"三位一体"，中共十六届五中全会又首次将"社会建设"作为新农村建设的重要内容，强调在新农村建设中协调推进农村经济建设、政治建设、文化建设、社会建设和党的建设。十六届六中全会进一步强调在现代化建设中"推动社会建设与经济建设、政治建设、文化建设协调发展"，并将构建和谐社会作为现代化发展的目标。这是对社会主义现代化建设内容的丰富和发展，标志着我国农村乃至整个现代化建设的目标从单纯政治、经济和文明建设"三位一体"向政治、经济、文化和社会建设"四位一体"转变。而压力型体制下导致的这种政府行为失范却严重阻碍了农村社会的快速、健康发展，迟滞了新农村建设的进程。税费改革滞后，国家变从农村征收税收为

---

① 陈立浩：《黎族地区政治生态论》，《琼州学院学报》2010 年第 2 期。

向农村注入资金，大幅提高农业投入，着力推进农村基础设施建设。然而基层政府的失范却使得农村建设资金难以落到实处，形象工程较多，对新农村建设缺乏实质性的推进作用。X 乡在新农村建设过程中，基础设施虽得到一定程度的改善，但是还是远远不足以满足基层群众的需要与要求，制约着农业的发展及农村的进步。

四 政府行为失范难以转变原因分析

（一）政治体制改革长期滞后

我国传统的政治体制是与传统的计划经济体制相适应的，面对处于转轨时期的中国社会，这种传统的政治体制呈现出许多弊端。这些弊端对我国当今的政治、经济、文化生活仍发生着负面及消极的作用。党的十一届三中全会以来，我国进行了富有成效的经济体制改革，已经逐步建立了社会主义市场经济体制的框架体系。[①] 但是，我们也同时看到，我国的政治体制改革长期滞后，已经严重影响了国家的整体发展。邓小平在 80 年代就指出"政治体制不改革，经济体制改革也深入不下去"。国务院总理温家宝在 2010 年 8 月 21 日视察深圳的时候又再次指出："要继续解放思想，大胆探索，不能停滞，更不能倒退。停滞和倒退不仅会葬送 30 多年改革开放的成果和宝贵的发展机遇，窒息中国特色社会主义事业的勃勃生机，而且违背人民的意志，最终只会是死路一条。"然而，笔者在 X 乡的调研中发现，当前虽然已经启动了服务型政府的构建，但由于当前的这种压力型体质的影响，基层政府的行为失范现象短时间内是难以得到有效转变的，政治体制改革任重而道远。

（二）政府职能方式转变缓慢

建设服务型政府，是我国早已确定的一项改革目标，然而，X 乡与全国其他地方一样，政府职能方式的转变还是相对缓慢，甚至存在服务型政府构建流于形式的现象，没有真正从本质上理解服务型政府的内涵，进而推进政府职能方式的转变。其实，服务型政府从本质上来说，就是一个以民众为中心的政府，而不是以政府自身为中心的政府。正确把握服务型政

---

① 张仲涛：《政治体制改革是社会发展的重要动力》，《学海》2002 年第 3 期。

府的内涵有四个不等式尤为重要：一是服务型政府不等于政府的公共服务职能；二是公共服务不等于基本公共服务；三是公共服务均等化不等于公共服务平均化；四是公共服务体系建设不等于公共服务边界范围的确定。当然，服务型政府构建中的困难很大程度上也是来源于上文所讲的政治体制改革的滞后，正是这种压力型体制下基层政府对上不对下负责的现实使得服务型政府的构建缺乏最基本的土壤。也正是政府职能方式转变的缓慢发展使得政府在很多时候的决策过程中不是以人为本，从民众的需要出发，而是一味迎合上级的要求与任务指标，最终导致政府许多行为失范现象的发生。

（三）传统政治文化的长期影响

中国五千多年的文明历史为我们留下了宝贵的文化财富，在对中国传统文化的再认识中，有一些人提出中国传统文化的特点是人文主义，认为儒家为代表的传统人文思想是提供天下为公、人格平等、个性独立以及民主政治的基础。其实，中国传统的人文思想，就其主流看，导向的恰恰是王权主义和人不成其为人。① 正是在这种传统的王权主义与专制主义的政治文化的影响下，我国传统的政治一直就是一种"统治"而不是"治理"。正是在这种统治思想的影响下，我国基层政府官员长期以来就处于一种角色认知错位的状态，甚至于社会民众也形成了一种鲁迅先生笔下的"奴性思想"，认为官就是统治民的，缺乏权利意识与主体意识，从而使得政府官员没能把人民的利益放到第一位，真正做到执政为民；民众也没有强烈的权利意识，对政府行为进行有效的监督。X 乡所在的地区，虽然不是传统政治文化较强的北方地区，但是地处内陆的地域环境也还是使得其传统思想残余较重，居民现代政治思想意识淡薄，因此，政府行为失范问题在短时间内很难得到有效的解决甚至是缓解。

（四）民主政治发展很不充分

民主是世界各国政治发展的一个主流，也可以说是当前世界的一个主流价值观的追求。可以说，X 乡的基层民主建设是走在全国前列的，其所在的省份也被誉为是"中国基层民主的试验田"。但是，我们也应该清楚

---

① 刘泽华：《中国传统政治思想反思》，三联书店 1987 年版，第 58 页。

地认识到，X 乡乃至全国范围内的民主政治发展还很不充分，部分地区在民主试验方面的大胆创新也还仅仅是停留在民主选举的阶段，民主建设中的制度创新与相关制度的衔接还存在诸多问题。民主政治也未能很好的从民主选举往民主选举、民主决策、民主管理、民主监督的四位一体的民主政治体制转变。这就一方面使得权力的方向来源存在问题，基层政府的权力以及基层官员的任命都是自上而下的，根据"谁授权，就向谁负责的原则"，这就决定了基层政府肯定会走上一条服从长官意志的执政道路。另一方面，民主政治发展不充分，就使得民主决策、民主管理流于形式，民主监督缺乏畅通的渠道和有力的制度支持。权力失去监督，就更会被滥用，基层政府的行为失范也就成了不可避免的事情。因此我们说，民主政治发展的不充分是当前乡镇政府行为失范的一个重要原因。

五　乡镇政府行为方式转变路径探究

压力型体制下乡镇政府行为的失范给我国的乡村治理工作带来了极大的负面影响，我们必须从体制角度入手，推进系统的、全面的地方政治体制改革，重构地方政府体制，为服务型地方政府的构建提供重要的制度保障。①

（一）着力转变乡镇政府职能，打造服务型政府

从公共行政发展的历史来看，政府存在的理由就是服务，特别是我国政府本身就是人民的政府，这就决定了为人民服务是我国政府天经地义的事情，是政府义不容辞的责任。因此，乡镇政府职能的转变的着力点就应该是服务型政府的构建。服务型政府是一种崭新的政府治理模式，是新时期政府改革的必然选择。地方政府作为政府体系中的重要组成部分，由于其所处的特殊地位，直接与群众相接触，因此，搞好地方政府的改革，建立服务型政府是整个政府改革中的至关重要的一环。② 必须着力转变乡镇政府职能，打造服务型政府，解决基层民众所面临的问题，实实在在的为

---

① 汪来杰：《地方政府体制的重构——以服务型地方政府为分析视角》，《社会主义研究》2010 年第 2 期。

② 汪来杰：《论服务型地方政府的职能地位》，《社会主义研究》2008 年第 3 期。

新农村建设服务，使得基层乡镇政府真正做到权为民所用、情为民所系、利为民所谋。

（二）推进县域政治改革，探索民主实现新模式

中国现政权的合法性很大程度上建立于经济发展成就之上，但是要实现科学发展，就不仅仅是经济增长，而且是包含政治、文化和社会在内的全面发展。这其中政治发展是县域科学发展的关键之一，因为决策的科学化、民主化直接决定执行的结果。"县政自治"要走向现实，重中之重是达成基本共识：政治体制改革已经到了不动不行的时候。从"县政自治"开始，是现实中最可行、风险最小的办法。但这光靠学者是远远不够的，还需要执政者的智慧。① 当前，也有一些地方的执政者看到了这一点，在县域范围内尤其是乡镇层面进行政治体制改革，变以前压力型体制下自上而下的官员任命为自下而上的民主选举，四川一些地区的铁腕领导就靠雷霆手段冲破压力型体制的束缚，积极推动乡镇党政领导人的直选工作，积累了重要的经验。总之，给民众一个改革时间表，以加强或恢复民众对执政者的认同，是当前刻不容缓的工作。

（三）转变政府治理理念，推进治理模式的创新

在社会主义新农村建设过程中，必须一改传统的"运动型"治理模式，促进乡村治理向"可持续型"治理模式转变。"可持续型"治理作为政府治理思维和行动的替代路径，是我们重新思考有效的政府治理新模式的催化剂，它是遵循一系列制度、规则和程序的结果，是对政府治理时间维度的深刻诠释，是一种"前瞻式"的治理路径。② 在市场经济以及改革开放的背景下，新思维、新意识以及社会多元思想开始进入乡村，再用以前的那种落后的治理理念来进行乡村治理，已经不能满足现实的需要，也得不到基层群众的认可。在社会治理中，必须建立长效机制，在法律、制度、机制等方面做工作，将社会治理长效化、常规化，做到乡村治理可持续化。当然，政府治理理念以及治理模式的转变不是一蹴而就的，它要经

---

① 于建嵘：《县政改革的目标与路线图》，《东南学术》2010 年第 2 期。

② 王洛忠、刘金发：《从"运动型"治理到"可持续型"治理——中国公共治理模式嬗变的逻辑与路径》，《未来与发展》2007 年第 5 期。

过一个长时间的过程，尤其是在干部思想的转变方面，是要有一个科学的过程的。这就需要在干部的选拔与任用方面勇于发现并选拔具有创新思维的年轻干部，精心呵护与培养改革的先行者，从人才储备上为乡村治理模式转变奠定基础。

（四）完善地方绩效评估体系，开拓社会监督新渠道

政府绩效评估，就是政府自身或社会其他组织通过多种方式对政府的决策和管理行为所产生的政治、经济、文化、环境等短期和长远的影响和效果进行分析、比较、评价和测量。[①] 长期以来，我国地方政府绩效评估中存在规范化程度不足、评估系统不完善、评估成本分析缺失以及绩效信息沟通困难等实践困境。[②] 因此，破解当前基层乡镇政府的一系列问题必须从开拓社会监督以及社会评价新渠道，完善地方绩效评估机制，切实改变以前以 GDP 为主体的落后的政绩评价体制。首先，必须以人为本，以基层群众的迫切需要为出发点，构建新的、科学的政绩评估体系。其次，加强政绩评估体系的法律化程度，进一步增强基层乡镇政府评估体系的规范性，使得政绩的评估不以地方领导人的变化而转变。最后，要加强社会监督，开拓新的监督渠道，真正让群众加入到对乡镇政府的监督中来。让群众监督政府，政府就不敢懈怠，这就有利于基层政府执政方式的转型以及新农村建设的顺利推进。

参考文献：

[1] 荣敬本：《变"零和博弈"为"双赢机制"——如何改变压力型体制》，《人民论坛》2009 年第 7 期。

[2] 徐勇：《从新权威主义到新民本主义——中国改革发展的路向及转变》，《决策咨询》2003 年第 9 期。

[3] 宋亚平：《咸安政改——那场轰动全国备受争议的改革自述》，湖北人民出版社 2009 版。

[4] 陈槟城：《论压力型体制下的乡政困境》，《四川行政学院学报》2005 年第 6 期。

---

① 杨莹：《构建科学的政府绩效评估体系探究》，《消费导刊》2009 年第 11 期。

② 楚德江：《我国地方政府绩效评估的实践：成效、问题与改进》，《中州学刊》2008 年第 5 期。

[5] 曹锦清：《黄河边的中国：一个学者对乡村社会的观察与思考》，上海文艺出版社 2000 年版。

[6] 王洛忠、刘金发：《中国政府治理模式创新的目标与路径》，《理论研究》2007 年第 6 期。

[7] 张华清：《社会公共管理必须从运动化范式走向常态化范式》，《探索与争鸣》2003 年第 11 期。

[8] 吴玉宗：《周恩来反对官僚主义思想研究》，《毛泽东思想研究》1998 年增刊。

[9] ［美］杰克·普拉诺：《政治学分析辞典》，中国社会科学出版社 1986 年版。

[10] 任中平：《我国基层民主政治建设实践中的若干问题思考》，《探索与争鸣》2008 年第 10 期。

[11] 张丽华：《以基本问题为抓手 推动政府效能建设》，《宁夏党校校报》2010 年第 1 期。

[12] 陈立浩：《黎族地区政治生态论》，《琼州学院学报》2010 年第 2 期。

[13] 张仲涛：《政治体制改革是社会发展的重要动力》，《学海》2002 年第 3 期。

[14] 刘泽华：《中国传统政治思想反思》，三联书店 1987 年版。

[15] 汪来杰：《地方政府体制的重构——以服务型地方政府为分析视角》，《社会主义研究》2010 年第 2 期。

[16] 汪来杰：《论服务型地方政府的职能地位》，《社会主义研究》2008 年第 3 期。

[17] 于建嵘：《县政改革的目标与路线图》，《东南学术》2010 年第 2 期。

[18] 王洛忠，刘金发：《从"运动型"治理到"可持续型"治理——中国公共治理模式嬗变的逻辑与路径》，《未来与发展》2007 年第 5 期。

[19] 杨莹：《构建科学的政府绩效评估体系探究》，《消费导刊》2009 年第 11 期。

[20] 楚德江：《我国地方政府绩效评估的实践：成效、问题与改进》，《中州学刊》2008 年第 5 期。

大学生村官群体的现状分析

——基于大学生村官专题调查[①]

从 1995 年江苏省开始探索大学生到村任职以来，十多年来大学生村官为农村发展提供了强大的人力资源，为新农村建设作出了巨大的贡献，那么现阶段大学生村官的现状如何呢？这不仅关系到大学生村官的生存与发展，而且也关乎大学生村官政策的可持续发展。笔者从大学生村官群体在人口统计学特征，大学生村官群体的工作现状，大学生村官群体认同状况三个方面描述与分析大学生村官群体的现状，进而反思大学生村官群体面临的现实困境。

一　人口统计学特征

大学生群体的男女比例是多少？大学生村官群体以哪个年龄段为主体？大学生村官群体的专业结构是否符合农村社会发展需要？大学生村官的学历结构如何？诸如此类问题都涉及大学生村官群体人口统计学特征的分析。笔者着重通过大学生村官群体的性别结构、年龄结构、专业结构和学历结构等来了解大学生村官群体的人口统计学特征，刻画了大学生村官群体的基本形态。

（一）性别结构

大学生村官群体的性别结构是否呈现出不同的结构特点呢？从大学生

① 作者：任路，华中师范大学政治学研究院政治学理论专业 2009 级硕士研究生。2010 年 7—9 月，华中师范大学中国农村问题研究中心"百村观察"项目组组织调研员进行的一项"大学生村官专项"调查，在 225 个村庄中分别发放 225 份问卷，项目组同时鼓励调研员访问自己的大学生村官同学，因此问卷增加至 276 份，有效问卷 276 份，文中所使用之数据均来自"大学生村官专项"调查成果。本文认为大学生村官是指在各级政府政策指导下，到农村挂职锻炼，担任党支部书记助理或者村委会主任助理的应届高校毕业生。

村官的性别结构分布来看，男性大学生村官 160 人，占 58%，女性大学生村官 115 人，比男性大学生村官少 16.3 个百分比，性别比例大约是 14：10，大学生村官群体中男性比女性稍多。由此推知，大学生村官群体的性别没有显著的结构差别，男女性别比例合理。

表 1　　　　大学生村官群体的性别分布表　　　（单位：人、%）

性别	样本数	百分比
男	160	58.0
女	115	41.6
缺省值	1	0.4
合计	276	100.0

（二）　年龄结构

大学生村官群体的年龄结构是否具有显著的特点呢？调查显示，大学生村官的平均年龄约是 25 岁，在 24—26 周岁年龄段的大学生村官居多，占受访者人数的 65.9%，其中 25 周岁的大学生村官有 75 人，占村官受访村官人数的 27.2%，其次是 24 周岁的大学生村官占 21%。25 周岁以下的大学生村官占受访村官人数的 63.4%，28 周岁以下的大学生村官占受访村官人数的 95.6%。年龄最小的大学生村官有 21 岁，年龄最大者有 49 岁。由此可知，大学生毕业年龄一般在 22 周岁左右，大学生村官服务基层工作的周期是 3 年，那么 25 周岁是个分界岭，大学生村官服务年限大部分在 1—3 年，大学生村官在度过 3 年服务年限后大都离开了村官岗位，扎根农村的大学生村官为数甚少，28 周岁以上的大学生村官只有 4.4 个百分点。

（三）　专业结构

现阶段大学生村官群体的专业结构与农村发展实际需要是否适合？从下面的曲线图可知，大学生村官的专业以法学类、管理类、理学和文学类为多，经济类、历史学类、医学和哲学类较少，工学、教育学类、经济学类、农学类居中。文学类的大学生村官最多，占受访村官人数的 21.4%，其次是法学类的大学生村官，而与农村工作比较相关的农学类

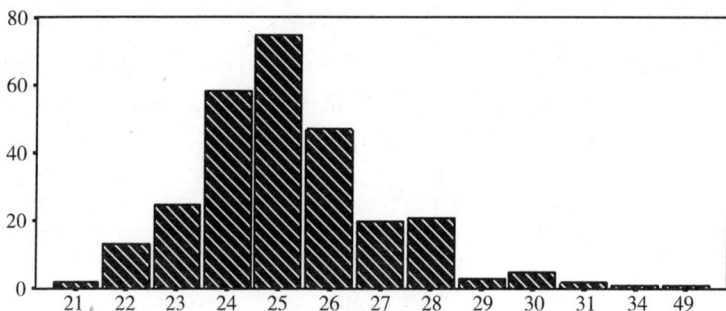

图 1　大学生村官群体的年龄分布柱状图

大学生村官只占 3.6%。大学生村官的招考过程中，文学类与法学类的毕业生有优势而且人数较多，另一方面是农学类的毕业生数量少，所以报考的人数也相应减少。因此，大学生村官专业结构与农村社会发展需求略显失衡。

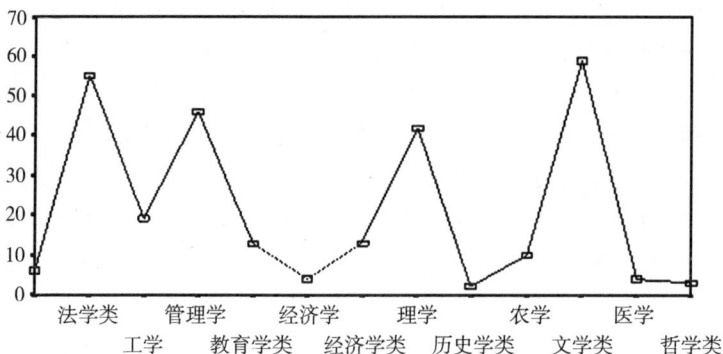

图 2　大学生村官群体的专业分布曲线图

（四）学历结构

　　大学生村官所指的大学生不仅包括专科以上的应届生，也包括往届的毕业生，那么他们的学历分布如何呢？从下面的学历分布表来说，大学生村官的学历以本科为主，将近 72% 的大学生村官拥有本科学历，25% 的大学生村官大专毕业，以硕士学历从事村官的研究生有 1.5 个百分比。进而分析大学生村官群体的院校分布，其中有 179 人毕业于普通院校，34 人属于重点院校，59 人是专科院校毕业。言下之意，大学生村官群体主要来自于普通院校的本科毕业生，而专科学校的毕业生虽然学有专长，可是在统一的考录中难以与本科毕业生的分数进行竞争，然而从农村社会发展的现实来度量，专长较之于学历更为紧要。

表2	大学生村官群体学历分布表	（单位：个 、%）
学历	样本数	百分比
本科	198	71.7
大专	69	25.0
硕士	4	1.5
缺省值	5	1.8
合计	276	100.0

从大学生村官群体的性别、年龄、专业和学历的结构来看，在整体上，大学生村官主要是25周岁左右的普通院校毕业的法学类男性本科学生和文学类的女性本科毕业生。具体而言，大学生村官中男性稍多于女性，大学生村官主要集中在24—26周岁的年龄段，大学生村官的专业以法学类和文学类为主，大学生村官学历以普通高校的本科生居多，这便是大学生村官群体在基本情况的概括，简单而不失形象。

二 工作状况

为了更细致地描绘大学生村官群体的现状，将大学生村官群体的工资待遇、工作量与工作环境等工作的现实情形纳入分析之中，不仅可以从工作中了解大学生村官群体的工作绩效，而且可以在工作场景中还原更为真实的大学生村官群体。

（一）工资[①]

从大学生村官月工资的统计描述数据来讲，大学生村官月平均工资是1493元，月工资的中间值是1300元，月工资为1250元的大学生村官人数最多，最低月工资是290元，最高的月工资是10000元，相差

---

① 说明：工资以月工资为标准。

9710 元。大学生村官群体的工资差距比较明显，标准差为 778.8，说明不同大学生村官的月工资波动比较大。从地区差异来说，中部地区大学生村官月平均工资低于东部和西部地区，中部与东部相差 500 元左右，东部地区略高于西部地区，东部地区经济发展水平较高，工资水平水涨船高，西部地区大学生村官一方面有政策的大力扶持，另一方面大学生村官对于西部地区来说是稀缺的人力资源，所以西部地区大学生村官工资较高。

　　大学生村官月工资的差距与地区、性别、学历、毕业院校、服务年数是否相关呢？通过列联分析就可以知道它们之间是否有显著差异，以及差异程度？为此笔者将月工资变量进行重新编码，形成新变量分段月工资[①]，并与地区、性别、学历、毕业院校、服务年限作交叉表分析，从地区与分段月工资的卡方检验可知，皮尔逊卡方值双尾检验显著性的水平小于 0.05，说明不同地区对于月工资有显著性差异。从性别与分段月工资的卡方检验可知，皮尔逊卡方值双尾检验显著性水平为 0.951，大于 0.05，所以男女两性对月工资没有显著性差异，性别不是影响月工资的原因。从学历与分段月工资的卡方检验可知，皮尔逊卡方值双尾检验显著水平为 0.015，小于 0.05，因此不同学历对月工资有显著性差异，G 系数为 0.414 说明学历与月工资的关系强度较大，从学历与分段月工资的交叉表分析，学历为本科大学生村官月平均工资稍高于硕士 69 元，但是比学历为大专的大学生村官多 320 元。从毕业院校与分段月工资的卡方检验来看，皮尔逊卡方值双尾检验显著水平 0.004，小于 0.05，说明重点高校、普通高校与专科院校对于月工资有显著差异，G 系数为 0.322，因此毕业院校对于月工资关系呈低等强度，在月工资分毕业院校的均值分布图中，重点院校毕业的大学生村官比普通院校的大学生村官高 100 元左右，比专科院校毕业的大学生村官高约 300 元。从服务年限与分段月工资的卡方检验来看，皮尔逊卡方值双尾检验显著水平为 0.833，远大于 0.05，说明不同分段服务年限对月工资水平没有显著差异。综上所述，大学生村官群体工资水平主要受地区、学历和毕业院校等因素影响，学历和毕业院校的影响大，地区差异小。

---

　　① 说明：分段月工资是指月工资分成不同的工资段，共为 7 段，0—500 元，500—1000 元，1000—1500 元，1500—2000 元，2000—2500 元，2500—3000 元，3000 元以上。

表 3　地区、性别、学历、毕业院校、服务年限与分段月工资的交叉分析表

交叉表分析数据	皮尔逊卡方值	自由度	皮尔逊卡方值双尾检验显著水平	λ/G 系数①	系数检验显著水平
地区与分段月工资	39.748	10	0.000	0.016	0.904
性别与分段月工资	1.617	6	0.951	—	—
学历与分段月工资	24.877	12	0.015	0.414	0.000
毕业院校与分段月工资	28.776	12	0.004	0.322	0.002
服务年限与分段月工资	17.350	24	0.833	—	—

大学生村官的工资既是一个客观的数字标准，同时也需要从大学生村官对工资的主观感受来度量，大学生村官对于自己的工作的满意程度如何呢？从图 3 可知，虽然有 72.1% 的受访者没有表达自己对工资的评价，但是对工资进行评价的受访者中，61% 的受访者"不太满意"，"很不满意"占 22.1%，"非常满意"仅占 16.9%。基于此，大学生村官群体的工资不论从工资水平，还是从工资满意度而言都呈现偏低的现状。

（二）工作量

大学生村官在农村工作，农村的工作是烦琐的，"上面千根线，下面一根针"，那么大学生村官对于自己的工作量是如何看待的呢？这也从一个侧面反映出大学生村官的工作状况。从表 4 可以知道，虽然有 44.2% 的受访者没有表达自己的工作量，但是还是有 45.3% 的受访者认为自己的工作量比较大，仅仅只有 2.2% 的受访者认为自己基本没有什么事做。由此可知，大学生村官的工作在量上来说是比较大的，需要处理各种各样的事情，比如迎检、计划生育、社会治安综合治理等季节性工作和中心工作。

---

① 说明：λ 系数用于测量定类变量与定类变量之间的关系强度，G 系数用于表示定序变量与定序变量的关系强度，表中的地区与分段月工资的关系强度分析将分段月工资降低一个变量层次使用，所以性别与分段月工资的关系强度为 λ 系数。

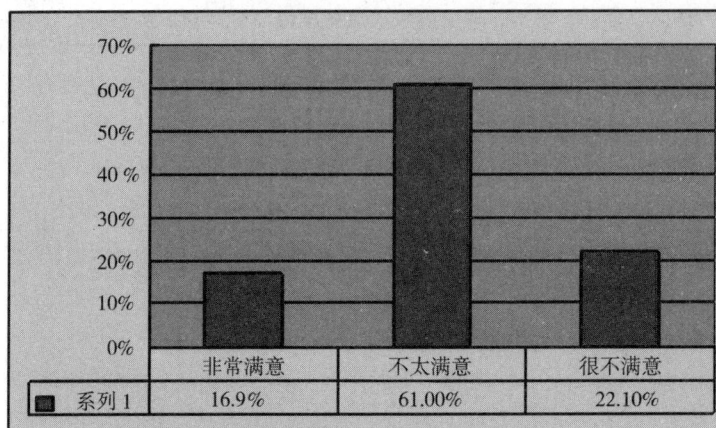

	非常满意	不太满意	很不满意
系列 1	16.9%	61.00%	22.10%

图 3　大学生村官群体对工资满意程度分布图①

表 4　　　　　大学生村官群体对工作量的评价分布表　　　（单位：个、%）

工作量	样本数	百分比
比较大	125	45.3
不是很大	23	8.3
基本没什么事做	6	2.2
缺省值	122	44.2
合计	276	100.0

（三）工作环境

　　大学生村官对自己工作量的评价是从工作本身对于大学生村官的工作状况进行描绘，那么作为大学生村官工作状况外部条件的工作环境怎么样呢？从工作环境的评价来看，对工作环境持正面评价的大学生村官占受访者总数的 58.3%，负面评价的比例只有 7.6 个百分点，14.5% 的受访者认为工作环境非常好，次之的占 43.8%，1.1% 的受访者认为工作环境非常差。虽然大学生村官工作量大、繁杂，但是工作环境在整体上是比较好的，这为大学生村官开展工作与发挥才能提供了有利的外

---

　　① 说明：图中百分比是在剔除缺省值以后的有效百分比。

部条件。

（四）工作状态

经过对大学生村官群体的工资水平、工资满意度、工作量与工作环境的考量以后，那么大学生村官目前的工作处于什么状态呢？大学生村官工作状态与工资满意度、工作量和工作环境有关系吗？从下面的大学生村官群体的工作态度分布表来看，积极投入农村工作，干劲十足的大学生村官占 43.5%，按部就班，有事干事，无事不找事的大学生村官的人数将近一半，而无所事事，工作冷淡的大学生村官仅有 3.3 个百分比。由此可见，大部分大学生村官工作状态较为积极，但是也不能忽视其中所产生的消极怠工和"当一天和尚，撞一天钟"的现象。

表 5　　　　　　　**大学生村官群体的工作状态分布表**　　　（单位：个、%）

工作状态	样本数	百分比
干劲十足	120	43.5
按部就班	139	50.4
无聊，不胜其烦	9	3.3
其他	6	2.2
缺省值	2	0.7
合计	276	100.0

从大学生村官的工作状态与工资满意度、工作量、工作环境等变量进行分析，工资满意度与工作状态，工作量与工作状态，工作环境与工作状态的卡方检验结果如下表所示，由表可知，三组关系的皮尔逊卡方值双尾检验显著性水平都小于 0.05，所以不同的工资满意度对工作状态有显著差异，不同的工作量对工作状态有显著差异，不同的工作环境对工作状态有显著差异，简言之，不同的工作状态与工资、工作量和工作环境有关系，在关系强度方面，只有工资满意度相关系数通过了系数检验，并且属于低强度相关，那么制约大学生村官群体工作状态的强因素在哪里呢？是否与认同状况有关系呢？

表 6　　　工资满意度、工作量、工作环境与工作状态交叉分析表

交叉表分析数据	皮尔逊卡方值	自由度	皮尔逊卡方值双尾检验显著水平	λ/G 系数	系数检验显著水平
工资满意度与工作状态	22.215	12	0.035	0.042	0.012
工作量与工作状态	30.163	12	0.003	0.003	0.929
工作环境与工作状态	80.072	16	0.000	0.120	0.076

三　认同状况

在论述大学生村官群体的基本特征和工作状况之后，逐步深入到大学生村官群体内心的认同状况，与前面的现状相比较，大学生村官群体的认同包括岗位认同、能力认同与体制认同成为理解大学生群体的关键因素，为前面提及的大学生村官群体工作状态的困惑提供了初步的解答。

（一）岗位认同

大学生村官群体认同感简言之是以岗位认同、能力认同和体制认同为度量标准。在大学生村官群体的岗位认同上，63%的受访大学生村官觉得自己勉强适合村官岗位，三成受访者认为自己适合大学生村官的工作，仅有 5.4 个百分点的受访者回答自己"不适合"或者"不清楚"。总之，大学生村官群体的岗位认同不强，也正好与前面的工作状态相印证，低度的岗位认同势必造成低度的工作状态。

从正面来描述大学生村官群体的岗位认同后，接下来从岗位认同的反向情况看，大部分大学生村官并不后悔自己当村官，表现出对大学生村官的高度认同，剩下 3.3%的大学生村官对于自己的村官经历表示后悔。如果从反向角度来认识大学生村官群体的岗位认同，却与前面的论述相悖，到底大学生村官群体的岗位认同是何种情形呢？从上面的悖论中就已经折射出大学生村官在岗位认同上的模糊态度，不是还有 12.8%的受访者对于自己的大学生村官经历不置可否。由此可见，大学生村官在剥去自我保护意识以后所体现的岗位认同呈薄弱之状。

（二）能力认同

岗位认同是大学生村官群体认同的一部分，进一步深入研究大学生村官群体的认同就不得不谈及能力认同状况。能力认同是指大学生村官自己的专业知识和才能在村官岗位上得到有效实现。能力认同涉及两个问题：大学生村官群体能否感觉到自己的专业知识帮助其从事农村工作？大学生村官是否感觉到自己的才能在农村工作中发挥了作用？

数据分析显示：35.2%的受访大学生村官认为所学专业知识对于农村管理工作帮助大，相比之下，35.9%的受访大学生村官持相反看法。从绝对比例来说，71.1%的受访大学生村官认同自己的专业知识能够为农村工作提供帮助，从相对比例来说，认为帮助小的比例略高于认为帮助大的比例。在工作中才能发挥的情况方面，65.2%的受访大学生村官表示自己在村官岗位上发挥了才能，其中5.1%的受访大学生村官认为完全发挥才能，约五成的受访大学生村官基本发挥了才能，14.1%的受访大学生村官觉得自己的才能发挥较少，感觉自己在村官岗位上完全没有发挥才能的受访大学生村官只有2.5个百分点。从整体数据来说，大学生村官群体对自己能力是充分肯定的，然而如何来看待这种肯定背后的逻辑就显得重要许多，因为每个人都有自我实现的需求，在现实不能满足自我实现需求的情境下，个体容易表现为一种虚拟的自我满足感。

表7　　　　　大学生村官群体能力认同分布表　　　　（单位：个、%）

能力认同	样本数	百分比
完全发挥	14	5.1
基本上发挥	127	46.0
发挥较少	39	14.1
完全没有发挥	7	2.5
缺省值	89	32.2
合计	276	100.0

（三）体制认同

大学生村官群体认同状况除了岗位认同与能力认同以外，最为特殊的是其体制认同。作为一个新兴的建构的社会群体，大学生村官群体的角色问题一直困扰着大学生村官，也制约着大学生村官政策的长效运转，以及产生其后的一系列问题，比如待遇、身份、地位、作用和安置等。角色定位牵涉到诸多制度与政策的细节，难以道明。单独从体制认同的视角来观察现阶段大学生村官群体是否得到体制内群体的认同则可以关照制度与政策的修改，亦可以进一步反思大学生村官群体的体制束缚。

从上级部门与大学生村官的关系来讲，大约一半的受访大学生村官认为上级部门比较重视大学生村官群体，关心大学生村官的成长。15.9%的受访大学生村官认为上级部门对大学生村官群体重视不够或者不重视。从村干部与大学生村官的关系来看，94.2%的受访大学生村官与其他村干部关系融洽，在某种程度上可以认为大学生村官群体能够有效地融入村级组织。从大学生村官的工作实效来说，意见经常被采纳的大学生村官占受访大学生村官的1/4多，意见偶尔被采纳的比例有65.2%，而没有提供建议机会的大学生村官只占6.2%。总而言之，一方面是上级部门对大学生村官群体的关注，另一方面是村干部对大学生村官的融洽相处，最后是在实际的工作中村级组织积极采纳大学生村官的意见。由此构成了大学生村官群体较强的体制认同。

表 8　　　　　　大学生村官群体感受上级部门重视程度分布表

重视程度	样本数	百分比
非常重视	34	12.3
比较重视	130	47.1
不是很重视	40	14.5
很不重视	4	1.4
缺省值	68	24.6
合计	276	100.0

大学生村官群体的岗位认同、能力认同和体制认同组合成为认同状况的基本面。一是较多的大学生村官岗位认同感模糊，在正面度量下，受访大学生村官的岗位认同是低度认同，在反向度量下，受访大学生村官又呈高度认同。二是能力认同较强，专业知识与工作需要结合程度较高。三是

体制认同较强，多数受访大学生村官认为大学生村官群体受到上级部门重视，自己与村干部关系和谐，自己的意见也能够被接纳。所以，大学生村官群体有较高的体制认同。

四　现实困境

大学生村官群体的人口学特征、工作现状与认同现状中无疑凸显着群体性的困境，主要表现为大学生村官群体在工资待遇方面，既有工资的实际水平也有工资满意度的偏低；在所学专业方面，知识结构与农村社会发展的现实需要存在着偏离；在工作状态方面，大学生之所以选择村官多是基于短期的考虑，工作状态略显低迷。种种困境的出现说明大学生村官政策需要采取针对性措施加以调整，保证政策可持续发展。

（一）工资偏低

从工作状况中的工资水平和工资满意度两个维度来说：在工资水平上，大学生村官的月平均工资过低，平均工资只有 1500 元左右，日平均工资 50 元，与 2008 年中国城镇单位在岗职工月平均工资为 2435.75 元，日平均工资为 111.99 元相比，大学生村官的工资明显偏低，而且月平均工资的地区分布也有差距，中部地区的大学生村官工资低于东部地区和西部地区，东部地区的大学生村官工资高于中部地区可能缘于经济发展水平所带来的工资水平上涨，可是西部地区的月平均工资高于中部缘于西部的政策优势所带来的工资水平上升，作为中部地区的大学生村官群体的月工资水平既没有东部的经济优势也没有西部的政策优势，工资水平难以提高，这也暗示着政策的不公允的情况。在工资满意度上，诚然有大部分受访者没有表达其对于工资水平的主观感受，但是从余下的受访者中发现将近八成的人对工资"不满意"或者"非常不满意"，其实可以对那些没有直接回答此问题的大学生村官进行合理推论，他们是以一种沉默的方式来表达对工资的不满。为此，应对大学生村官群体的工资制度进行改革，分基本工资与绩效工资。根据不同地区经济发展水平、生活消费水平来确定合理的基本工资，绩效工资则与大学生村官的工作表现与考评挂钩。既保障不同地区大学生村官基本生活水平，亦可激励大学生村官的努力工作，真正实现工资的选择性激励作用。

（二）专业偏离

大学生村官的专业主要集中在法学类、文学类、管理学和理学，其中尤以法学类和文学类最多，而农学的大学生村官少之又少，只占 3.6%。大学生村官本意上是为农村发展提供智力支持，农村发展中最为重要的是缺少农业技术人才，这也可以从农民对于技术下乡的呼吁中得到体现，单从大学生村官的专业分布而言，现阶段大学生村官的专业结构与农村的实际需要是相脱离的。这种专业偏离的情况，一方面使得大学生村官政策对于农村发展的效用大打折扣，另一方面也为大学生村官参加农村工作制造了障碍，突出表现在大学生村官所学知识难以帮助其参与农村工作，造成人才结构性浪费与流失。因而针对专业偏离的现状，一方面调整大学生村官考选制度，扩大农学专业的录用比例，考试内容贴近农村实际，或者进行定向培养。另一方面加强大学生村官群体的培训工作，如岗前培训，岗中学习。

（三）工作低迷

工作状态低迷是大学生村官群体面临的最大困境，更是大学生村官政策必须解决的关键问题。从工作状态的分析来看，部分大学生村官工作状态低迷，50.4% 的受访大学生村官在工作中按部就班，工作干劲不足。此种工作状态可以从工资、工作量和工作环境等方面来寻找原因，却不可忽视大学生村官参加农村工作的动机和认同状况，在受访者中，43.5% 的大学生村官当初选择大学生村官岗位是为了投身基层，服务农村的理想，22.5% 的大学生村官是迫于社会就业压力巨大不得已而为之，将大学生村官当做暂缓就业压力之计，1/5 的大学生村官是为今后公务员考试打基础。言下之意便是有相当一部分的大学生村官之所以进入大学生村官群体，其目的是以大学生村官作权宜之计或者是公务员的跳板。当谈及 3 年以后的打算时，69.2% 的受访大学生村官打算考公务员，几乎没有现任大学生村官愿意续聘，继续从事大学生村官工作。同时在大学生村官群体的认同状况方面，岗位认同感模糊也可能导致低迷的工作状态。总之，工作低迷产生的缘由是多元化的，解决的方法也是多样化。除了提高工资，调整专业结构以外，也需要建立健全大学生村官的配套制度，强化大学生村官群体的社会保障工作，以图大学生村官进得来、用得上、流得动，实现前瞻有望、后顾无忧。

参考文献：

[1] 北京高校学生心理素质教育工作研究中心"村官"课题组：《深入研究大学生村官的可持续发展 》，《中国大学生就业》2008 年第 10 期。

[2] 杨振海：《关于大学生村官计划可持续发展的理性思考》，《江汉论坛》2010 年第 6 期。

[3] 尹海洁、刘耳：《社会统计学软件 SPSS For Windows 简明教程》，社会科学文献出版社 2003 年版。

[4] 米红、张文璋：《实用现代统计分析方法与 SPSS 应用》，当代中国出版社 2000 年版。

[5] 卢淑华：《社会统计学》，北京大学出版社 2001 年版。

[6] 艾尔·巴比著，邱泽奇译：《社会研究方法》，华夏出版社 2005 年版。

国家规定与地方变通执行

——对富县十五里铺村大棚种植的反思①

十五里铺村隶属于陕西省延安市富县富城镇，一个位于黄土高原上的小村庄。从富县县城乘十五分钟左右的车，过一座桥，便可看见隐蔽在一片树林后的村子。初见十五里铺村，你可能会怀疑自己的眼睛，接下来便会感叹中国农村的变化之大。一排排整齐的房屋，干净宽敞的公路，整齐划一的农家院落，风格相同的朱红大门，田间横七竖八的大棚……十五里铺村使你对中国农村的感觉焕然一新。

一　地理状况

黄土高原的地貌类型较多，川、塬、峁、沟皆有，十五里铺村的地形地貌以川为主。富县位于延安市南部，而十五里铺村又位于富县的南部，与渭北平原接壤，无论从地理位置、气候条件，还是从语言特征、风俗习惯上看，十五里铺村都与关中平原北部的地区相似。且其地域辽阔、耕地平坦、四季分明、光照充足、降水适中，最高温度 38.7°，最低温度零下 25.5°，年平均气温 9° 左右，年均日照 2468.8 小时，降水量 500—600 毫米，无霜期 140 天左右，适宜于多种农作物生长。② 富县县政府综合考虑各村的实际情况，本着促进经济发展的原则，根据区位优势和地势特点，发展特色经济。按照"塬峁苹果川道菜、城郊三产建市场、核桃红枣栽培、畜牧业上做文章"的发展思路，在各村推广种植不同的农作物，如在交道镇交道村种植苹果，在直罗镇发展旅游业，在南道德镇发展种植业和畜牧养殖业等，加快两个文明建设步伐，全面实现山川秀美、民富镇强

---

①　作者：苏华，华中师范大学政治学研究院政府经济学专业 2010 级硕士研究生。

②　数据来源于陕西省富县政府门户网。

的目标。十五里铺村凭借其得天独厚的自然条件，在蔬菜种植方面有明显的优势。

二 村集体在土地问题上的三部曲

（一）土地承包到户

据村干部介绍，中央提出"土地承包期再延长 30 年不变"的政策，1999 年十五里铺村开始第二轮土地承包。当时村里共有土地 340 亩，按口粮田、责任田、机动地划分。口粮田每人 8 分地，当时该村有 255 人，共 180 亩地；责任田按每户 3 亩地的标准分配，有 40 户人家，共 120 亩地；剩余的 40 亩地留作机动地。责任田的承包期为 30 年，按土地的肥力和地理位置分为优等地、中等地和劣等地，优等地按每亩 70 元的价格承包给农户，中等地每亩承包费用 40 元，劣等地面积相对较少，免费送给农民耕种。机动地也按此标准以一年承包一次的方式承包给农民耕种。

（二）机动地里建大棚

为了实现政府规划，2001 年该村开始投资大棚生产。当年政府计划在该村建 30 个大棚，约需土地 40 亩。村集体的做法是把集体的机动地收回来，由政府投资兴建大棚然后承包给农民。

村干部广泛动员群众，希望大家能积极参与大棚种植，给予免除 3 年承包费用的优惠，但 30 个大棚并没有完全落实到具体的农户。首先，农民没有土地集约化种植方面的经验和技术，不具备"科学化种田"所必需的知识以及大棚种植所必需的配套设施，虽然政府大力支持，农民的参与积极性却不高；其次，大棚种植需要更大的投入，不仅肥料要求更高，大棚所需的薄膜也得每年更换，农药喷洒更频繁，对灌溉条件的要求也更高，大多数农民认为花费如此高昂的成本种地不划算。再次，农民对市场需求不了解，获得信息的渠道较闭塞，看不到大棚种植的经济前景，因此止步不前。最后，农民认为在外打工、做生意、搞运输等职业只需投入人力资本，因而可以赚到更多的钱。因此，仅有 25 个大棚以 10 年的合同期承包给 14 户农户，剩下的 5 个棚不得不被推倒。

事实证明，农民的担心是有道理的。第一年农户经营的 25 个大棚并未取得可喜的经济效益，技术上的缺乏和经验上的不足，以及配套设施的不完善限制了农民创收，并给接下来村集体工作的继续开展带来不利影响。

（三）为建大棚收承包地

农民不热衷于大棚种植的做法并未改变政府发展特色农业的决心，2002 年，政府部门加大投资规模，加强行政力度，要求十五里铺村新建大棚 50 个，并强调村集体要想尽一切办法务必落实大棚的兴建与经营。50 个大棚约需土地 80 亩，村里的机动地所剩无几，农民出于种种考虑也不愿意在自家土地上建棚。面对政府的压力和农民的不配合，村干部对土地从哪来的问题不得其解。最终，村集体做出决定：收回村民手中的责任田归集体支配，由集体统一兴建大棚。

各方面的动员工作紧锣密鼓的展开。村干部通过村民大会的方式向农民传达上级政府发展特色农业的决定，并说明政府之所以一定要这样做的良好用心，但鉴于村集体再也没有多余的土地，因此不得不从村民手中收回部分土地，由集体统一兴建大棚，然后再以承包的方式租种给农民。收回的土地是集体分给农户的责任田，村民按原亩数原田地上交给村集体，集体对农户田地里所种的庄稼给予粮食补偿，并对所有土地给予一定的青苗费赔偿，同时退还承包土地时所缴纳的承包费用。集体所建大棚仍承包给农户经营，修建大棚剩余的土地以一年为承包期承包给农户。农户承包大棚可享受免除 3 年承包费用的政策，3 年以后以每亩 60 元的价格支付给村集体承包费用。村干部解释道："政府做出硬性规定，全县其他地方也都采取这样的措施，农民没有对比对象，也就没有太多的反抗。更重要的是，集体的这种做法只是把地从农民手中暂时收回，集中起来做统一安排，然后再把地承包给农民，对于他们来说并没有太大的改变。"另一位村干部对笔者说道："当时国家号召科学种田，'科学'的种田则需要一定的技术，许多农民不能对自家的土地做出合理的安排，这样对资源造成大量浪费。出于促进当地经济发展的目的，村集体提出'以集体带动个人'的发展模式，由集体对土地的利用做出统一规划。"① 在这些宣传鼓动下，农户充分认识到政府做法的用意后也理解集体的行为，因此收地工作进展得相对顺利。收上来的 120 亩责任田用于建设温棚，政府规划的

---

① 资料来自于笔者对农户的访谈。

50 个大棚占地 90 亩，剩余的 30 亩土地依照原先的价格以一年为期承包给有需要的农户。

然而，50 个大棚的落实到户又成为村干部担心的问题。农民的种种顾虑，再加上第一年大棚种植的不成功先例，使得大多数农民在此领域仍旧裹足不前。村干部的动员再加上部分农民的尝试心理，50 个大棚也只落实下去 20 个，剩余的 30 个大棚因无人照管又被推倒，其中巨大的经济损失只得由集体承担。当年，为了扭转局面，村集体在技术上颇下工夫，不但请来专门的技术人员教给农户科学种田的知识，还剖析去年失败的原因以汲取教训。在技术和经验的双重作用下，再加上政府的大力扶持——在农民种植成本上给予部分补贴，使得农民种植成本相对减少，另外，一些辅助设施的修建，如灌溉水井，为农民提供了更多的便利，因此大棚种植迎来丰收，取得显著的经济成效，经营大棚的农户当年获利均上万元。

在巨大的经济利益诱惑下，还有部分农民也积极踊跃加入到大棚种植的行列中来。吸取前两年经济受损的惨痛教训，鉴于已有大部分农户承包了大棚，也有部分农户不愿承包，同时考虑到土地有限，政府决定 2003 年在村里建 30 个大棚。2002 年建棚剩下的 30 亩土地，加上被推倒的 30 个棚腾出的 50 余亩土地，共 80 亩地，2003 年建 30 个大棚占地 40 亩。另外，考虑到政府行政命令的落实情况不理想，推倒大棚所造成的巨大经济损失也令人后怕，为了鼓励村民积极参与大棚种植，集体决定承包一个棚奖励一亩土地，30 亩土地以此种用途被分配给部分农民。在丰厚的经济诱惑之下，当年 30 个大棚全部落实到户，剩余的 10 亩土地也以每亩 60 元的价格，以为期 10 年承包给有需要的农户。到此，村里的机动地和被收上来的责任田全部以建大棚和土地承包的方式归农民使用，使用期限均为 10 年。2003 年所有的大棚均创收上万元，大幅度提高了村民的人均收入，政府的决策也得到村民的一致认可和好评，促进了当地经济的跨越式发展。

此后，政府每年以新增 2 个棚的行政任务下发给村集体。由于集体再无土地可支配，而又有村民想加入大棚种植或扩大种植规模的，便在自家的口粮田里建棚，政府也给予大力支持和补贴。现在，十五里铺村的大棚种植已形成规模，并形成自己的耕种模式。村民多在早春种植一茬蔬菜，等其成熟卖完后便种西瓜等水果，西瓜卖完紧接着又种一茬蔬菜，也有种双季玉米或其他农作物的。每棚每年至少能够两熟，给农户家庭带来的经济收入也在 7000—10000 不等。配套设施的完善、经验和技术的积累、耕种模式的固定化和常规化，使得大棚种植已成为当地经济收入的主要来源，十五里铺村也因此步入小康村的行列。

三　国家规定

（一）土地承包期 30 年不变

1978 年中国共产党十一届三中全会之后，土地承包经营在农村蓬勃兴起，这一时期的主要特征是"分田到户"，即将合作社时期集体所有的土地落实到具体农户，使他们自主经营，并规定承包期为十五年。这项政策的效果是明显的。1993 年 1 月 5 日，中共中央、国务院发布了《关于当前农业的农村经济发展的若干政策措施》，明确提出："在原耕地承包期到期之后，再延长 30 年不变。"根据中央的政策精神，全国各地区先后开展了第二轮土地承包。1995 年，国务院批转农业部《关于稳定和完善土地承包关系的通知》，要求切实维护农业承包合同的严肃性，积极、稳妥地做好延长土地承包期工作，加强对延长土地承包期工作的领导。1997 年 8 月，为进一步稳定和完善土地承包政策，中共中央办公厅、国务院办公厅联合下发了《关于进一步稳定和完善农村土地承包关系的通知》（以下简称《通知》），对土地使用权的流转制度做出了具体规定。《通知》中指出："土地承包期再延长 30 年，是在第一轮土地承包的基础上进行的。开展延长土地承包期工作，要使绝大多数农户原有的承包土地继续保持稳定。不能将原来的承包地打乱重新发包，更不能随意打破原生产队土地所有权的界限，在全村范围内平均承包。"

（二）认真整顿两田制

80 年代中期以来，一些地方开始实行"两田制"，即在坚持土地集体所有和家庭承包经营的前提下，将集体的土地划分为口粮田和责任田两部分。口粮田按人平均承包，不承担任何费用；责任田有的按人承包，有的按劳力承包，有的实行招标承包，2006 年之前要缴纳农业税，承担农产品定购任务和集体的各项提留。实行"两田制"的目的是缓解人地矛盾，即在承包期内，人口发生变动，采取"两田互补，动账不动地"的办法进行调节，也即人口增加，则从责任田中划拨与他人口粮田面积相等的田地为口粮田，相应减少责任田的面积，因此需要缴纳的农业税、上缴的提留也减少；农户人口减少，则减少口粮田，增加责任田，相应地也需要多缴纳农业税，承担更重的任务。"两田制"特别是对责任田的招标承包方式，是在农村商品经济不断发展的过程中出现的一种承包方式，它有利于土地的相对集中和采用现代化生产手段实现规模经营，对于加快农业商品化、专业化和现代化进程有着重要意义。《通知》中也明确指出："把土地分为'口粮田'和'责任田'，主要是为了解决负担不均和完成农产品定购任务难等问题。但在具体执行过程中，也出现了一些问题。有些地方搞的'两田制'实际上成了收回农民承包地、变相增加农民负担和强制推行规模经营的一种手段。中央不提倡实行'两田制'，没有实行'两田制'的地方不要再搞，已经实行的必须按中央的土地承包政策认真进行整顿。"

整顿的原则在《通知》中也做出了规定：首先，对原来为了平衡农户负担而实行的"动账不动地"形式的"两田制"，无论是"口粮田"还是"责任田"，承包权都必须到户，并明确30年不变，不能把"责任田"的承包期定得很短，随意进行调整。其次，对随意提高土地承包费，收回部分承包地高价发包，或脱离实际用行政命令的办法搞规模经营而强行从农户手中收回"责任田"等做法，要坚决予以纠正。农民要求退回的，应退还给农民承包经营。第三，严格加强对土地承包费的管理。延长土地承包期和进行必要的"小调整"，不得随意提高承包费，变相加重农民负担。

（三）严格控制和管理"机动地"，将其控制在耕地总面积 5% 的限额内

在延长土地承包期的过程中，一些地方留有"机动地"，即发包方在发包土地时，预先留出的不作为承包地的少量土地，用于解决承包期内的人地矛盾问题。预留的机动地由集体经济组织掌握，或由集体暂时统一经营，或短期承包给某些农户。机动地曾是农村土地承包中的灵活做法，一旦发生人地矛盾，机动地就可为无地农民解决土地问题，有利于保持土地承包关系的稳定。

《通知》中指出：一些地方为了增加乡、村集体收入，随意扩大"机动地"的比例，损害了农民群众的利益。因此，对预留"机动地"必须严格控制。目前尚未留有"机动地"的地方，原则上都不应留"机动地"。今后解决人地关系的矛盾，可按"大稳定、小调整"的原则在农户之间进行个别调整。目前已留有"机动地"的地方，必须将"机动地"严格控制在耕地总面积5%的限额之内，并严格用于解决人地矛盾，超过的部分应按公平合理的原则分包到户。"大稳定，小调整"是在坚持绝大多数农户原有的承包土地继续保持稳定的前提下，根据实际需要，在个别农户之间小范围进行适当调整。"小调整"只限于人地矛盾突出的个别农户，不能对所有农户进行普遍调整，不得利用"小调整"提高承包费，增加农民负担。2003 年 3 月 1 日起施行的《中华人民共和国农村土地承包法》（以下简称《承包法》）第六十三条规定：本法实施前已经预留机动地的，机动地面积不得超过本集体经济组织耕地总面积的百分之五。不足百分之五的，不得再增加机动地。本法实施前未留机动地的，本法实施后不得再留机动地。

四 十五里铺村的变通执行

《通知》中指出："为了稳定党在农村的基本政策，长期坚持并不断完善以家庭联产承包为主的责任制和统分结合的双层经营体制，各地区在实际工作中要注意处理好农户承包经营与发展适度规模经营的关系。人多地少是我国的基本国情，农业劳动力只有大规模转移到二、三产业后，才有可能逐步发展土地的规模经营，而这种条件在现阶段的绝大多数农村还并不具备，因此，绝不能不顾客观条件和农民意愿，用行政命令的办法强制推行土地规模经营。"从中我们可以看出，只有大规模的农业劳动力转移到非农业领域后，才能有大量的耕地空出来，才有条件发展规模经营。而这样的条件目前大部分地区不具备，政府也不能不顾客观实际和农民意愿强行推广规模经营，因此，政府或者创造条件，或者等待时机成熟，或者无所作为。等待时机成熟需要很长时间，就业岗位不足、城市居住空间的限制、社会保障制度不完善等限制性因素的存在，再加上还有大量的失业人口，使得农村劳动力转为非农业人口困难重重。无所作为，任凭农村自由发展则会按部就班，不会促使经济快速发展。一个有所作为的、对人民负责的政府会在客观条件具备的情况下，创造性地寻找条件，最终实现经济的快速发展。地方政府在寻找条件的过程中可能会与国家的某些规定相违背，毕竟国家所制定的规则是普遍性的、是全局的，地方情况是个别的、是特殊的，富县十五里铺村的大棚种植就是一个例证。

（一）土地实际承包期仅三年

国家规定无论是"口粮田"还是"责任田"，承包期 30 年不变，不能把"责任田"的承包期定得过短。据十五里铺村干部介绍，该村 1999 年实行第二轮土地承包制度，以 30 年的期限将土地承包给农户，但在 2002 年，为了进行大规模的蔬菜种植，村集体把分出去的责任田又收回来，由集体统一支配。村里的明白人告诉笔者，政府要求十五里铺村进行大棚种植只为一个目的：发展经济。促进经济发展的方式有很多种，但适合农村经济发展的道路只有一条，即农产品商品化。只有掺入市场的因素，使生产的农产品能够进入流通领域，而不仅仅在于满足农民自己的需求，将其与市场联系起来才是农民致富的最佳途径。从富县的地理位置来看，温和的气候环境和相对平坦的地势条件有利于农作物的生长。由于周边地区推广种植其他农作物以及距离县城较近，十五里铺村种植蔬菜有相当大的市场需求。综合各方面的条件，政府决定在该村发展大棚种植。靠农民单家独户进行小规模的大棚种植，一方面不能满足市场需求，另一方面也不能起到提升整体收入增长的作用，反而会使贫富差距拉大，因而必须政府介入，由集体组织大规模的种植。由集体组织则要求集体必须拥有土地的使用权和经营权，即土地掌握在村集体手中。建大棚需要大面积的土地，村集体没有足够的地，完不成政府下达的任务，最后不得不把分给农民的承包地再收上去，这样算下来农民实际承包土地的期限才三年，与政府规定的 30 年相差甚远。但从整体取得的经济效益来看，这比农民单独进行大棚种植或者从事其他方面的农业生产要赚钱得多。农民生活水平大幅度提高就是活生生的例证。

（二）"两田制"没有解决人地矛盾

中央明确指示"'两田制'的目的在于缓解人地矛盾"，通过"动账不动地"方式为增加或减少的人口解决土地问题，也就是说，责任田和口粮田的面积比例随人口的变化而变化。据村干部介绍说，三年期间十五里铺村新增人口约 50 人，包括新出生人口和婚丧嫁娶的人。按照 1999 年的规定，每人有 8 分地的口粮田，共需 40 亩土地，因此需从责任田中划出 40 亩为满足农民最基本的生活需求，这样算来，三年以后村里承包给所有农户的土地总面积应该是 80 亩。而该村 1999 年承包出去的责任田是 120 亩，2002 年收回来的也是 120 亩，完全没有用于缓解人地矛盾的目的，导致一些新增人口没有保障生活必需的口粮田。对此，村干部给出的解释是：一方面，农民认为集体将地收上去再承包给农民，这其间没有太大的损失。另一方面，要是按照这种方式来计算，集体收回的土地不够用，同时也会给干部的工作带来很大麻烦。[①]

（三） 机动地面积远超 5% 的比例

《承包法》和《通知》明确规定机动地的面积要限制在集体总耕地面积的 5% 以内。十五里铺村有耕地 340 亩，因此机动地的面积应在 17 亩以内，而该村留有机动地 40 亩，远超出国家规定的范围。另外，收上来的 120 亩责任田，其所有权、使用权、经营权、处置权均归集体所有，成为变相的机动地。由此看来，该村约有 40% 以上的土地由集体控制，严重影响了农民的土地承包权和对集体土地的权益。

从以上的分析可以看出，十五里铺村的做法与国家规定相差甚远，还存在一些不合法的行为。但从实际来看，政府以发展经济为目的而做出的指示，在客观条件具备的情况下，起到了正面的作用。农民的收入大幅度提升，体现在 2008 年的新农村建设上。由于通往延安市的铁路经过该村，住在附近的村民需要搬迁，并可获得一些补偿。借此契机，大部分村民盖起了三间或者四间平房，屋外有宽敞的院落，屋内装修精美，家具高档且新潮，家电设备较齐全。每家花费在 10 多万元到 20 万元不等，但鲜有村民向银行贷款或向他人借钱。没受铁路影响的村民也有部分盖起了新房，没建房屋的家庭在经济上也较宽裕，该村人均收入在每年 6000 元左右。

五　尾声

经济的快速发展是十五里铺村最得力的挡箭牌。如果生搬硬套国家的规定，不能绝对地说该村不可能走上大棚种植这条道路，但可以肯定的

---

① 　来自于笔者对村干部的访谈。

是，会比政府对其作出的安排晚几年甚至更长时间，那样就会错过良好的发展时机。政府从整体上对一个地区的经济发展方式作出指导，既能统筹全局，又能照顾个别，是推动地方发展的总指挥。富县政府对该地区的发展规划无疑是正确的。从十五里铺村综观全局，该县其他乡镇也因政府的合理安排而赶上了良好的发展契机，交道镇的苹果占很大的地方市场份额，直罗镇凭借直罗战役旧址发展特色旅游，南道德镇的畜牧业开展得如火如荼，富县成为延安市的又一经济强县。从十五里铺村的具体情况来看，如果不把农民手中的承包地收上来就没有进行大规模大棚种植的资本，如果不进行大规模的种植，按照常规的农作物生产方式，经济就不可能以这么快的速度发展，可是为了大棚种植把村民的地收上来又不符合国家的规定，村集体可谓陷入了两难的境地。在这样的情况下，集体要是不作为或等待条件成熟，那么该地的发展将会滞后，也许会因此错失发展的机会。

国家规定着眼的是全局，是纲领性的，是一般性的，而各个地方的情况又有所不同，具体的情况可能与整个国家的现实不同，地方政府的政策也可能与国家规定不相符，但二者在实现经济发展的目标上是一致的。但若各地都不顾国家的规定，自行发展，就会陷入杂乱无章的状态。总之，在具体问题上国家规定与地方政策的契合，是地方服从国家，还是国家政策可以允许地方例外情况的出现，仍值得我们进一步思考。

村级卫生室的生存空间与政治和经济变迁

——基于安徽省尚王村的调研报告①

尚王村位于皖中偏南地区，经济发展以农业生产为主，工业基础薄弱。尚王村所在的乡镇公共服务设施建设水平也比较低，医疗卫生资源曾经十分不足。在人民公社时期，响应党的号召，村里有了自己的大队卫生室和赤脚医生；人民公社解体以后，赤脚医生转变为乡村医生，乡村医生建立起自己的营利性诊所；自2007年国家实行新农村合作医疗以来，尚王村的卫生室迎来了新的发展机遇。国家每年给村卫生室一定数额的补助，并计划逐步把该村卫生室改造为新农村合作医疗定点卫生室，也把该村的村医生纳入国家正式编制。

本文以对尚王村的调查为切入点，通过分析尚王村卫生室从70年代中期至今的发展历程和阶段特征，进一步深入分析在这一发展变化背后，尚王村卫生室获取生存空间方式的变化。

一 人民公社时期尚王村卫生室的经营模式和生存空间的获取

尚王村的卫生室最早建立于1975年。当时尚王村所属的关店公社响应党和国家的号召在尚王村建立了一所大队卫生室，并在本村培养了一名赤脚医生。依据当时的制度设计，大队卫生室属于集体所有，国家不予拨款，只依靠村集体和农民每月集资的20元资金维持经营。从实质上来说，当时的大队卫生室不是一个营利性机构，而是一个福利机构。赤脚医生也不是完全脱产的，他是没有工资的半农半医式的。赤脚医生的生存是通过自己的医疗服务和农业劳动换取工分，从集体获得相应的生活资料。由于

---

① 作者：单红旭，华中师范大学政治学研究院政治学理论专业2009级硕士研究生。

村集体经济的薄弱，大队卫生室必须自己解决资金不足的困难。赤脚医生有时也不得不利用一些农村的土方和草药来为农民治病，也正是所谓的"一根针、一把草、土方验的原则"。

这一时期，尚王村卫生室生存空间的获得一方面来自于当时特殊的政治环境、一方面也来自于赤脚医生自己的乡土特色。主要表现为以下几点：

第一，当时中国农村缺医少药的社会现状。新中国成立后，农村医疗供给不足，农民看病困难。大队合作医疗和赤脚医生的出现大大缓解了这一状况。赤脚医生就在农民身边，随叫随到，及时对农民进行救治。另外，赤脚医生采用中西医结合的治疗方法，用的药品价格便宜，农民能够接受。可以讲，赤脚医生的出现是当时中国无法在农村建立完善的医疗服务体系的情况下退而求其次的最佳选择。

第二，农民对赤脚医生政治上的信任。在人民公社时期，国家选拔赤脚医生的一条重要标准就是政治标准。"卫生员、接生员对象的挑选，应当是家庭出身好，政治思想好，尤其应当优先挑选具有上述条件的贫下中农子女。"① "赤脚医生的大量出现，不仅与合作医疗的组织形式互为表里，而且恰与'文化大革命'意识形态的构建过程相吻合。赤脚医生身份作为一种符号经过大量'文化大革命'式政治话语的包装，具有了以下内涵：赤脚医生具有极为鲜明的阶级身份标志，在筛选过程中，他们只能来源于经阶级成分划分的'贫下中农'阶层。"②

基于当时国家对农民的政治教育和阶级观念的培养，农民在情感上认同贫下中农出身的赤脚医生，认为他们是自己人。尚王村的赤脚医生就是历代生活在本村，是村里陈姓家族的子弟，为人谦和、朴实，在村里的口碑非常好。

另外一个方面，主流媒体和报纸对合作医疗和赤脚医生的宣传不仅提高了赤脚医生的社会声誉，也增加了赤脚医生在本村医疗事业上的权威性。这在一定程度上对村合作医疗的发展具有积极的意义。

第三，和谐的医患关系。由于赤脚医生生于农村，长于农村，所以赤

---

① 卫生部党委：《关于把卫生工作重点转向农村的报告》，1965 年 8 月 11 日。

② 杨念群：《再造"病人"——中西医冲突下的空间政治》，中国人民大学出版社 2006 版，第 381 页。

脚医生和农民不仅是医生和患者的关系，更有可能是亲戚、朋友、邻居的关系。农民对赤脚医生有着充分的情感信任。由于出身，"赤脚医生的心灵充满了道德拯救感，具有强烈的爱憎和感情倾向性。这样一种感情也决定着对医疗对象的选择，只能是与其阶级属性相一致的人群。他们的阶级属性也决定了其在治疗过程中一定会具有'大公无私'的品格"。[①] 所以，赤脚医生制度的实行恰恰就是现代卫生行政与民间亲情关系网络相结合的最好例证。

赤脚医生和患者关系的和谐还体现在，赤脚医生对患者态度和蔼，能够和患者进行真心的交流，以一种朋友式的或者家长式的方式宽慰患者。这些都让患者感到很贴心。所以，在一般情况下，农民有些小毛病就更愿意找赤脚医生，而不是去医院。这些也是赤脚医生能以简单的设备和普通的药物获得良好疗效效果的社会文化因素。

二　人民公社解体后，乡村卫生室的经营模式和生存空间的获取

（一）人民公社解体后，尚王村卫生室的基本情况

1982 年，尚王村所属的关店公社虽然没有正式宣布解体，但是已经处于解体状态。大队也不再为卫生室提供任何的资金支持，大队鼓励赤脚医生自己接办村卫生室。从药品供给方面来看，由于当时国家还没有完全放开药材市场，村卫生室只能使用当地卫生局配给的药材或者是购买县药材公司的药材，销售价格也是有规定的。从这个意义上来讲，这时的村卫生室还没有成为完全独立的经营者。这种状态一直持续到 1990 年国家取消对药品的配给管制制度。也是从此以后，村卫生室才逐步转变为独立的市场主体。

（二）这一时期，村卫生室获取生存空间的方式

卫生室从一个福利机构向私人营利性机构的转变使当时的卫生室面临一个亟待解决的问题。就是由于医疗行业的特殊性，私人诊所也要服从国

---

① 杨念群：《再造"病人"——中西医冲突下的空间政治》，中国人民大学出版社 2006 版，第 404 页。

家医疗部门的管理并且要承担一些公共医疗事务，如何在新的环境和竞争体制下保证自己的生存空间的问题。另外，改革开放以及家庭联产承包经营责任制的实施，虽然使尚王村的村民解决了温饱问题，但是由于农村社会保障制度的严重不健全，使得村民还是只能勤俭持家，节省资金。如遇小病，就在卫生室简单治疗一下。如果生了大病，迫不得已才会去城里的医院治疗。甚至，有许多人得了大病就不再治疗了。这一现状也制约了村卫生室的发展规模。结合调研，尚王村的卫生室在当时的条件下采取的做法主要有以下几种。

第一，村卫生室和乡卫生局的合作与博弈。由于农村医疗防疫系统的不健全，虽然名义上村卫生室是一个自负盈亏的市场主体。但是，乡卫生部门还是要求村卫生室辅助他们义务性的做一些防疫宣传和控制工作。比如，宣讲防疫知识，发放防疫药品等，村卫生室也非常乐意配合。这其中有服务乡亲的意愿，亦有利用这种形式来提高自身的形象和权威度的想法。通过这种准官方的身份来给自己带来更多的病源，以借此赚取更多利润。

在1985年前后，虽然国家在形式上要求村卫生室使用县和乡卫生系统配给的药材，但是，村卫生室不愿意从县乡卫生系统购买药品。因为，从卫生部门购买的药品价格比较高，村卫生室买这种高价药就会无利可图。为了解决这一难题，一般情况下，村卫生室每月都会从卫生系统象征性的买些药品，其余的就从市场中自己选择购买。县乡一级的卫生部门也没有能力起到有效的监管作用。这种情况一直持续到1990年，县乡卫生部门完全放开对药品销售的控制。

第二，村卫生室对成本的控制和薄利经营。尚王村村卫生室的设备还是比较简陋和陈旧的。卫生室占用的是村医生自家住宅的其中一间房子，面积大约有50平米。药品架是用旧货架改造而成的，一个简陋柜台用来摆放部分药品和配药。病床2张，输液架4个，体重测量仪1台。从药品的价格和品种数量来看，卫生室的药品基本上是一些家庭常用药，品种大约有200种；价格也比较便宜，最贵的药品在50元左右。正如尚王村的乡村医生所说的"贵药老百姓买不起，便宜药虽然盈利少，但老百姓总还吃得起"。①

① 访谈记录，编号：shanhongxu/20100719/chijiaoyisheng/2。

村卫生室采取这种经营方式有着深刻的原因。第一，自身的资金不足，没有上级医疗部门的补助，无力对卫生室的医疗条件和环境进行改造。另一方面，村民们在村卫生室治疗的主要是感冒发烧之类的常见疾病，也不需要高端的设备。第二，和乡镇卫生院的竞争。由于尚王村离乡卫生院比较近，交通也很方便；再加上医疗条件和设备水平和乡镇卫生院有差距，村卫生室只能利用自己较为方便的地理位置和价格优势来为自己争取病源。第三，对乡亲的同情和关切。尚王村的村医是地道的村里人，常常和村里人一起劳动、娱乐。另外和村里的大部分人不是本家就是邻居、朋友关系。所以当这些人生病的时候，医生自己内心也很同情。此外，村医作为村里人，也深刻的理解村民的生活状况和治疗费用的压力。所以他的收费是比较低的，是符合病患的愿望的。

三 新农村合作医疗背景下村卫生室的经营模式和生存空间的获取

新集体农村合作医疗的实施和乡镇对村卫生室的统一规范管理。2002年10月，《中共中央、国务院关于进一步加强农村卫生工作的决定》明确指出："要逐步建立以大病统筹为主的新型农村合作医疗制度。"[1] 2007年尚王村开始实行新农村合作医疗制度。新农合的实施给尚王村的村卫生室带来严重的不良影响。村民们为了享受新农合的医疗报销政策，有了病不再愿意到村卫生室治疗了，都愿意去乡医院治疗。其实，由于新农合制度本身的缺陷，在治疗感冒发烧之类的小病时，并不能给农民带来实惠，所谓的报销只是给农民带来一点心理上的安慰。但是，尽管如此，这一情况导致尚王村卫生室的生意非常惨淡，病源比以前明显减少。另一方面，2007年国家的政策也开始扶持村卫生室的发展，不仅仅是降低收费标准，而且每年还给予1200元的补助。

2009年，安徽省下文规定要统一管理村级卫生室，通过对村卫生室的改造，提高了服务水平，然后把它们转变为新农村合作医疗的定点医院。把村医生归入乡卫生系统事业编制，允许其到60岁退休，国家每年发放退休金8000元。乡里也拨款为尚王村建起了新的卫生室，增添了设

---

① 《中共中央、国务院关于进一步加强农村卫生工作的决定》，2002 年 10 月。

备，提高了服务水平。

国家对村卫生室的扶持，把它纳入新农合合作定点医疗体系，消除了村卫生室的顾虑，使其不用再担心失去病源的危险，扩大了村卫生室的生存空间。可见，这一时期村卫生室获取生存空间主要是依靠自己多年行医积累下来的良好口碑和国家政策的扶持，而不再是依靠自己的乡土情感和薄利经营。

四　进一步的思考

从尚王村村卫生室的历史变迁和生存空间的变化，我们可以看出国家政策和制度设计对村级卫生室的经营发展和农民医疗行为影响十分深刻。在我国已经开始全面铺开推行新农村合作医疗制度的情况下，我们应注意这一制度中存在的问题和不足。让农民能够真正的从惠民政策中得到实惠。

一方面，把农村卫生室纳入正规的医疗体系的过程中，不仅要提高村卫生室的基础设施水平，更要提高村医生的医疗服务水平。乡卫生室应该向每个村卫生室派一名或两名护士，帮助村医生工作。尤其是在村医生出诊的情况下，保证村卫生室有值班的人员，以满足村民的突发需要。还要定期地对村医生和护理人员进行考核和培训，提高他们的专业水平。

另一方面，要扩大新农村合作医疗的报销范围。在村民眼中改造村卫生室虽然是一件好事，但是一部分不相信新农村合作医疗政策的村民担心把村医院纳入新农合体系未必是好事。因为他们担心一旦把村卫生室改为新农合定点医院，药品价格就会大幅度上升，农民会付出的更多。现在的新农合政策，只给报销住院治疗的部分费用，不住院治疗的费用和慢性病是不属于报销范围的。新型合作医疗制度之所以把大病统筹作为基本原则，主要考虑到两个因素：其一，大病是农民因病致贫的主要因素、保大病符合保险的大数法则；其二，小病治疗费用低且保小病可能导致对医疗服务的过度利用，造成合作医疗基金赤字。第一个因素的合理性毋庸置疑，因此保大病是应该的；而对于第二个因素，则应该结合我国农村的具体情况加以考虑，我国大部分地区农民收入水平还是很低的。2004 年全国农村居民人均纯收入 2936 元，而当年农村居民家庭恩格尔系数为47.2%，也就是说食品支出占用了近一半的纯收入，真正可以用于购买医疗卫生服务的钱并不多。全国第三次卫生服务调查结果显示，农村地区居民两周患病未就诊率为 33.7%，其中有 19.92% 是因为经济困难而未就诊。可见，不论大病小病，治疗费用都是影响农民就诊的主要因素。新农村合作医疗制度要彻底解决农民的医疗问题就不能单纯保大病，还应该通过制度设计解决小病治疗费用的报销问题。

参考文献：

［1］卫生部党委：《关于把卫生工作重点转向农村的报告》，1965 年 8 月 11 日。

［2］杨念群：《再造"病人"——中西医冲突下的空间政治》，中国人民大学出版社 2006 版。

［3］温益群：《赤脚医生产生和存在的社会文化因素》，《云南民族大学学报》2005 年第 3 期。

［4］刘伯霞：《中国农村改革的回顾、反思与展望》，《学习与实践》2008 年第 12 期。

［5］《中共中央、国务院关于进一步加强农村卫生工作的决定》，2002 年 10 月。

［6］李德成：《赤脚医生研究述评》，《中国初级卫生保健》2007 年第 1 期。

［7］姜凤雷：《经济变迁过程中的农村卫生室研究：以山东鲁村为例》，《中国卫生政策研究》2009 年第 4 期。

伊斯兰教在构建社会主义
和谐社会中的积极作用

——以新疆泽普县米尔皮格勒村为分析个案①

宗教是一种普遍存在的社会历史现象，每个民族在不同的历史时期都会不同程度的信仰不同的宗教。在当今社会，宗教在人们的日常生活中依然起着不可忽视的作用，与社会政治、文化艺术、经济生活、道德伦理、民族习俗等方面都有着广泛而深刻的联系。因此，宗教在当今社会中既是一个普遍的社会现象，又是一股重要的精神力量和社会力量。

伊斯兰教是世界性的宗教之一，与佛教、基督教并称为世界三大宗教。中国旧称大食法、大食教度、天方教、清真教、回回教、回教等②。伊斯兰（a1—Islam）系阿拉伯语音译，原意为"顺从"、"和平"，指顺从和信仰宇宙独一的最高主宰安拉及其意志，以求得两世的和平与安宁。信奉伊斯兰教的人统称为"穆斯林"（Muslim，意为"顺从者"）伊斯兰教目前仍然是新疆地区信仰民族和人口最多、分布地域最广、社会影响最大的宗教。信仰伊斯兰教的民族有：维吾尔、哈萨克、回、柯尔克孜、塔吉克、乌兹别克、塔塔尔、东乡、撒拉、保安 10 个民族，信教人数 800 多万人，占全疆总人口的 50% 左右。在中国宗教政策和宪法、法律的保护下，伊斯兰教团体和穆斯林的权益及其正常的宗教活动都得到了充分的保障。在新的历史时期，宽松良好的社会环境为宗教事业的发展带来了良好的机遇，使宗教有了更大的活动空间，同时也面临着宗教不断适应社会发展的新挑战。如何适应新时期社会的进步与发展，充分发挥宗教团体在构建社会主义和谐社会中的积极作用是当前面临的重大

---

① 作者：阿布都色买提·吐孙，华中师范大学政治学研究院政府经济学专业 2010 级硕士研究生。

② 马贵明：《伊斯兰教在中国的就称》，《阿拉伯世界》1983 年第 3 期。

课题。

一　米尔皮格勒村宗教活动现状

米尔皮格勒村是单一民族为主（维吾尔）的民族村庄。该村的村民都信仰伊斯兰教。村民每天主要是五时拜，每周的周五主麻的聚礼、开斋节和古尔邦节的聚礼。米尔皮格勒村目前已开放的宗教活动场所有 2 处。伊斯兰教清真寺 2 所，伊斯兰教阿訇 2 名，信教群众 427 名。米尔皮格勒村的一所清真寺也算是乡里最大的，做礼拜的人数最多的，环境最好的一个，来这个清真寺进行宗教活动的人除了米尔皮格勒村的村民以外还有很多个体户和做生意的人。从米尔皮格勒村近几年来宗教活动的现状来看，具有以下几个明显的特点：

（一）宗教活动点明显减少

80 年代初，认真贯彻落实党的各项宗教方针政策，恢复开放米尔皮格勒村所有的清真寺。80 年代初到 2007 年村里有 4 座清真寺，每一个大队差不多一座或者两座清真寺，2007 年以后在整个乡村里所有的清真寺重建和整理的计划下米尔皮格勒村只剩下两座清真寺 。每年村民过开斋节和古尔邦节的时候两座清真寺容纳不下村民，有的村民在清真寺下面或者在外面做礼拜。村民的宗教地点不仅是清真寺，大部分村民在家里也做礼拜，有时候村民在家里组织合法的宗教活动，村民在家叫阿訇让他们念古兰经和做祷告。他们在家里最基本的宗教活动是做礼拜，念古兰经，还有看一些有关伊斯兰教教规的书和杂志。

（二）信教群众出现两极分化的趋势

米尔皮格勒村信仰伊斯兰教教徒的年龄变化相当大，信仰伊斯兰教村民的年龄已老化，年轻人中宗教意识逐渐淡薄。年龄较大的五十岁以上的人每天很重视做礼拜，封斋月准时封斋这类的；到了年轻人这一代，尤其是 80 后和 90 后的年轻人有的根本不懂最基本的宗教概念，更不会做礼拜，但是他们心里信仰伊斯兰教。比如说：一个村民家里有三个儿子，长子是 80 年代初出生的，他会念古兰经，每天会做五次礼拜，很虔诚的伊斯兰教教徒；老二是 80 年代中期出生的，他不会念古兰经，但是他会做五次礼拜、会了解伊斯兰教的教规，也算是比较虔诚的伊斯兰教教徒。老三 90 年代初出生的，他不会念古兰经，也不会做五次礼拜，不懂教规等，在村里这种情况是很普遍的。

（三）宗教群体凝聚力强

每个宗教群体看似松散的组织，实际上具有较强的凝聚力。信教群众无论是在经政府批准的宗教活动场所活动，还是在私设的家庭聚会点活动，往往是招之即来、如约而至。神职人员或骨干人员的说教总是能激起广大信教群众的响应。伊斯兰教通过礼拜制度来增加穆斯林见面的机会，从而增强他们的群体意识；通过组织制度由某些宗教神职人员暂时充当领袖的角色来发挥其固有的号召力，进而保证穆斯林社会的团结、向心；通过施济制度来完成救济穷困的任务，扮演了社会救济和社会保障的角色，使穆斯林群众在一定程度上产生了安全感、亲切感，从而有助于民族群体内部的团结。

（四）信教群众活动范围广

各宗教在举行宗教仪式或活动，尤其是盛大节日时，参加活动的往往不只限于该村或乡范围内的信徒，还有村乡以外地区的信徒参与。尤其是重大的宗教节日活动，参与的信教群众就更加广泛，除了来自村乡外的信徒参与外还有其他县的信徒参与。若有什么事宜处理不妥，往往影响波及县地区内外。

二　米尔皮格勒村信教群众基本情况分析

米尔皮格勒村是典型的信仰伊斯兰教的民族村庄。分析信教群众的基本情况对于更好地做好信教群众的工作，发挥宗教人士和信教群众在促进构建社会主义和谐社会中的积极作用具有重要的现实意义。

（一）村民信仰伊斯兰教的动机

通过对 30 位村民的问卷调查，可以发现村民们对伊斯兰教的信仰存在不同的动机。参见表 1 可以发现，寻求真理与智慧是村民信仰的主要动机。

表 1 　　　　　　　　　你信仰伊斯兰教的动机

继承家庭的传统	强身健体	寻求真理与智慧	民族归属的标志	社交需求	受周围宗教气氛浓厚的压力	未答
7	4	14	2	1	0	1

　　具体分析可以发现，村民最初接触伊斯兰教的动机，从总数上来看依次为：追寻真理与智慧、寻求心灵寄托、继承家庭传统。村民信仰伊斯兰教的动机选择依次为继承家庭传统、追寻真理与智慧、寻求心灵寄托。村民信仰伊斯兰教的动机选择人数最多的为追寻真理与智慧、寻求心灵寄托，其次为继承家庭传统。这说明，村民在信仰伊斯兰教时更多的是将其看做一种寻求真理和智慧、继承家庭的传统。作为维吾尔族的后代从需要继承信仰的传统本身所具有的特点出发，宗教感情更为浓厚。

（二）村民信仰伊斯兰教的主要途径

　　通过对 30 位村民的问卷调查。可以发现，村民们接触信仰伊斯兰教具有不同的途径。可参见表 2。

表 2 　　　　　　村民接触并信仰伊斯兰教的基本途径

人数	受家庭的宗教气氛的影响	周围朋友的介绍	宗教人士的引导	本民族历史的影响	伊斯兰教书籍的影响	未答
30	10	0	3	7	8	2

　　在对村民信仰伊斯兰教的途径调查中发现，总体上来看，选择人数最多的是通过伊斯兰教书籍，受家庭的宗教气氛的影响而信仰伊斯兰教的人最多，其次为宗教人士引导和受本民族历史的影响。这表明，新疆伊斯兰教宗教人士在选择信仰伊斯兰教时主要的途径是受伊斯兰教书籍的影响。在自己有接触伊斯兰教信仰的积极主动性的前提下，选择阅读伊斯兰教书籍来了解伊斯兰教的相关知识以及作为一名宗教信徒所应遵守的仪式。另外，在村民信仰伊斯兰教的主要途径中有相同数量的人选择了受家庭的宗教气氛的影响和伊斯兰教书籍和本民族历史的影响，还有少部分宗教人士引导的影响。这表明村民们信仰伊斯兰教的主要途径是受本民族历史文化

和家庭环境的影响。

（三）村民对待伊斯兰教信仰的心理状态

信仰是穆斯林个人精神上或者心理上的活动。作为内心活动，它无法表明和显露、他人也难以觉察。而宗教功课则是种种外在的行为：诵经文、礼拜、斋戒、纳课、行善、朝觐以及其他宗教道德行为，这些是人们可闻可见的。所以要想了解宗教人士对伊斯兰教信仰的心理状态，可以通过宗教人士对待宗教功课的种种外在表现呈现出来。

1. 村民阅读经书的行为。《古兰经》是伊斯兰教的基础和基本经典。"古兰"一词的本义是"诵读"。在宗教行为中，测量宗教行为宗教性的一个方面就是念诵祷文的频率，这可以测量投入宗教的程度。对于宗教人士来说，阅读《古兰经》是一件很重要的事情。从调查结果来看每天阅读《古兰经》的宗教人士占总数的57.58%，是村民19个人中有11个人选择每天念《古兰经》。这说明作为伊斯兰教的神职人员——宗教人士阅读《古兰经》的频率是比较高的。

2. 村民做礼拜的行为。《古兰经》没有直接规定礼拜的仪式。"信道的人们啊！当聚礼昭人礼拜的时候，人们应当赶快去记念真主，放下买卖，那对于你们是更好的。"后来规定，穆斯林必须履行每日五次固定时间的礼拜。村民的成年人大多数都到附近的清真寺做礼拜，不少人还严格遵守斋戒规定。做礼拜事实上已成为民族凝聚力的象征。从调查结果来看，选择每天做五次乃玛孜"Namaz"的宗教人士占总数的77.28%。这说明大部分宗教人士根据规定要严格要求自己的宗教行为。

3. 村民的捐赠与其他慈善行为。《古兰经》强调的施舍是自愿捐赠的慈善行为，既没有规定施舍的数量，也没有说该怎样执行。后来根据"圣训"，这种施舍发展成一种课税制度——天课。原则上，天课要用实物支付，由专人征收。《古兰经》规定，天课"只归于贫穷者、赤贫者、管理赈务者、心被团结者、无力赎身者、不能还债者、为主道工作者、途中穷困者"。

通过对这30位村民的问卷调查，可以发现村民们向清真寺捐款以及从事慈善活动的频率和捐赠物品的用途。可参见表3、表4。

表3　　　　　　　　近一年您向清真寺捐款的频率与慈善活动的频率

近一年内您向清真寺捐款的频率					近一年内您参与慈善活动的频率				
定期	偶尔	很少	从不	未答	定期	偶尔	很少	从不	未答
15	9	3	0	3	14	8	4	1	3

表4　　　　　　　　　　　您希望您的捐赠的用途

帮助其他困难的人	把清真寺修的好一些	盖学校等用于一些公益事业	无所谓	未答
10	9	8	2	1

伊斯兰教是一个讲究赠贫济困的宗教。从调查结果来看，宗教人士向清真寺捐款的频率和参与慈善活动的频率几乎一致。同时在捐赠的用途上，大多数宗教人士首选帮助困难人员，其次是用于发展学校等公益事业。这说明，在伊斯兰教宗教人士的心中，教育事业仍占据十分重要的地位。同时，修缮清真寺也是村民捐赠用途选择的重要内容。

4. 村民对朝觐的认识。朝觐是伊斯兰教的重要功课。《古兰经》和伊斯兰教法规定：作为宗教义务，凡具备一定条件的穆斯林，才有完成朝觐功课的义务，特别是要有一定的经济条件。朝觐者必须是成年人，身体健康，除保证朝觐所需费用外，要给家人留下至少够用一年的生活费。

通过对30位村民的问卷调查。可以发现，村民们对朝勤的认识。可参见表5。

表5　　　　　　　　　　　村民对朝勤的认识

有生之年必须朝勤一次	具有一定条必须朝勤一次	信教与朝勤没有关系	无所谓	未答
14	12	1		3

从调查结果来看，宗教人士从内心来说还是希望去麦加朝觐的。访谈中也反映出同样的倾向，认为具备条件，符合国家政策，希望实现一生之中至少朝觐一次的愿望。

三　村民信仰伊斯兰教后的心理状态

伊斯兰教法的内容几乎包括了穆斯林宗教生活和世俗生活的全部行为，涉及信仰、礼仪、饮食、节日、婚姻、遗产、家庭等诸多方面。它不仅有明文规定，而且有种种伦理规范，作为穆斯林日常生活中应遵循的行为准则。信仰伊斯兰教后，这种宗教心理会在宗教人士的日常生活行为中体现出来，会影响甚至制约其价值观、人格的形成和选择。因此，通过对宗教人士日常生活行为表现的调查来呈现出其宗教心理的状态是十分必要和可行的。

（一）村民对经济活动的态度

每个人都希望自己的生活越来越好，宗教人士也不例外，那么通过什么途径来提高自己的生活水平，每个人都有不同的认识，这种途径的选择反映出宗教人士的一种心理状态。从调查结果来看，村民认为提高个人生活水平的选择依次为自己的劳动、提高个人科技文化水平和安拉的赐予。这反映出通过提高科技文化水平来改善生活是宗教人士的共识。

（二）宗教人士对社会活动的选择

问卷主要设计了针对婚丧嫁娶做法的选择和业余生活的选择来对村民进行调查。

1. 村民对婚丧嫁娶等日常生活的选择。"尼卡"原本是一种源于阿拉伯民族的结婚仪式。随着伊斯兰教在世界各地的传播，这种证婚仪式被赋予了宗教色彩，维吾尔族在接受伊斯兰教的同时，也接受了"尼卡"证婚仪式。在中华人民共和国成立前，维吾尔族一直以"尼卡"形式完婚，它既具有宗教的证婚效力，又具有法律约束作用。随着《婚姻法》的颁布实施，经过婚姻登记的婚姻才是合法婚姻的观念已深入人心。在履行法律结婚手续后，维吾尔族仍保留着传统的"尼卡"证婚仪式，与以前不同的是，阿訇在拿到男女双方的结婚证书后才举行"尼卡"仪式，如未领结婚证书，"尼卡"仪式就不能举行。结婚证书具有法律效力，而"尼卡"证婚仅是一种传统的民间形式。

通过对30位村民的问卷调查。可以发现，村民们在婚丧嫁娶中的做法。可参见表 6。

表 6　　　　　　　　　　　　在婚丧嫁娶中的做法

即遵守法律又遵守宗教规定	只遵守法律	只遵守宗教规定	按照自己意愿	未答
21	2	3	2	2

从调查结果来看，在婚丧嫁娶等日常生活的做法中大多数宗教人士选择既遵守法律又遵守宗教规定。这表明宗教人士既能够认识到法律的神圣作用，遵守法律规定，同时由于一些宗教规定已经成为习俗渗入维吾尔族村民日常生活中，所以村民同样希望能够继续保持这些宗教规定。

2. 宗教人士对业余生活的选择。通过对 30 位村民的问卷调查。可以发现，村民们对业余生活的安排。可参见表 7。

表 7　　　　　　　　　　　　村民的业余生活安排

在家或睡觉	看电视	参加聚会与锻炼身体	参加宗教活动	未答
6	4	2	16	2

从调查结果来看，一半以上的宗教人士选择的业余生活是参加宗教活动、做礼拜，其次是看电视、书报和在家睡觉。这表明，宗教信仰在宗教人士的心目中占据着十分重要的地位，他们的闲暇时间大多奉献给了宗教。

（三）宗教人士对党和政府制定的政策的态度

通过对 30 位村民的问卷调查。可以发现，村民们对党的宗教政策所持的态度。可参见表 8。

表 8　　　　　　　　　　村民对党的宗教政策所持的态度

坚持拥护	执行的不好	不拥护	需要修改	未答
20	4	0	4	2

从调查结果来看，大多数宗教人士坚决拥护党的宗教政策，同时也有很少一部分人认为党的宗教政策在实际操作中执行得不太好。党和政府以及安拉，一个是领导帮助宗教人士改善提高生活的核心力量，一个是宗教人士精神信仰的核心力量。那么，在宗教人士心目中他们到底处于什么样

的地位和作用？访谈中一位宗教人士认为：安拉指导党和政府在世间帮助人民发展经济、改善生活，党和政府发展的思路政策是安拉指点的，认为党和政府就是安拉派来的。他把现实生活中的帮助力量和精神世界中的信仰力量在心中协调了起来。

四　充分发挥宗教在构建和谐社会中的积极作用

伊斯兰教是以和平命名的宗教，与人为善，和谐共容，和睦相处一直是伊斯兰教所倡导的优良传统，伊斯兰教的唯一经典《古兰经》和圣训中的和谐理念贯穿其中。伊斯兰教的和谐理念涵盖的范围很广，涉及人与自然的和谐，人际关系的和谐，人与社会的和谐。

（一）伊斯兰教与和谐的渊源

第一，在伊斯兰教教规教义中绝大部分都含有和谐主张，和谐意识。伊斯兰教要求穆斯林要行善、关心、怜悯和接济穷人，讲究人与人的和谐等，所有这些教义思想，都与构建和谐社会有着密切的渊源。信仰伊斯兰教的村民从事很多公益事业，比如他们愿意出钱帮助穷人和改善学校环境等，这些教徒的活动有利于构建社会主义和谐社会，伊斯兰教的教义为构建社会主义和谐社会提供了坚定的理念与和谐的意识。

第二，和谐理念。伊斯兰教是提倡以人为本的宗教，认为人类和大地上的万物都是由真主创造的，人与自然是和谐的统一体，人类是自然的代治者。真主创造了人类发展的基本条件包括自然环境和各种物质资源，供人类开发利用。宗教教义提倡爱国爱教、服务社会、和平和谐理念，这些理念在当今仍有积极意义。伊斯兰教的信仰是自由、平等相待、和谐共容，倡导穆斯林与非穆斯林的团结。伊斯兰教认为人类同源，是一个祖先，真主为考验人类而把他们分成若干个民族，各民族，各宗教之间都是人类大家庭的成员，没有高低贵贱之分，彼此之间应该平等相待，互相尊重，和谐共容，和睦相处。伊斯兰教的和谐理念是构建社会主义和谐社会和加强民族团结。

（二）宗教是构建和谐社会的重要因素

从我国的现状来看。我国有一亿多信教公民，占总人口的10%，改革开放后，在某些地方发展迅速，信教群众日益增多，信教群众与不信教群众团结奋斗，相互合作，信教群众正常的宗教生活和稳定的宗教形势，是整个社会和谐的重要方面①。

从宗教信仰适应社会物质生活逐步丰富，精神文化日趋多元的趋势看，宗教作为一种精神需求，在构建社会主义和谐社会中占据着重要的地位，也是人的一种本性。在农村许多农民因年龄或患病丧失了劳动能力，在城镇，下岗职工的增多，他们都有普通人的原始的本能的文化精神需求，而精神文化产品一旦不能满足他们的需求，宗教这一意识形态必然会占领他们的精神世界，致使越来越多的人选择宗教作为精神寄托。面对庞大的信教群体，如果我们引导不好，必将影响我党的整个社会基础和执政基础，影响构建和谐社会的大局。

从宗教与社会经济相互渗透、相互交融、相互促进的趋势看，宗教活动作为一种社会意识存在，对构建和谐社会有着很大影响。一方面，信教群众也是社会经济发展的重要力量。另一方面，宗教与社会经济息息相关。总之，宗教可以影响整个社会的经济发展，促进或者制约经济的发展，而经济发展正是社会和谐的物质基础。

（三）宗教在构建社会主义和谐社会中的积极作用

第一，宗教具有稳定社会秩序的作用。宗教在维护社会稳定方面可以发挥其独特的社会作用。在当今社会转型过程中，人们的思想活跃、情绪不稳、躁动不安，贪欲、嫉妒、烦恼、失望、愤恨、困难、挫折等引起的浮躁情绪和社会不稳定现象比较突出。宗教能在信仰者群体中通过宣传教义、举行仪式等活动，加强信教徒和信教群众对现行秩序的认同，舒缓人的精神危机，减少社会震动②。而且，宗教文化中，包含着大量的和平、非暴力、自然、和谐、慈悲、中道、平等、均衡发展等观念，这些对维护社会和谐稳定仍具有重要的现实意义。

第二，伊斯兰教和其他宗教都具有维护和平，促进祖国统一的作用。我国各宗教历史具有热爱祖国的光荣传统与使命。

第三，伊斯兰教具有很强的道德教化作用。社会现代化当中最重要的

① 蒋力蕴：《新疆农村维吾尔族宗教行为分析》，《中国民族宗教网》，2009 年 2 月。
② 同上。

方面就是人的道德素质的现代化。研究表明，宗教是道德教育最有效的力量之一。一方面宗教教义和宗教历史中包含了丰富的道德内容。另一方面各宗教神职人员和场所负责人一般都有很强的人格魅力和道德威望，对信教徒有着很强的影响力和号召力，这些都能促进社会和谐稳定。

第四，伊斯兰教具有推动信教群众与非信教群众之间和谐的作用。与世界各国家相比，我国宗教有三大特点：一是宗教信仰比较淡漠，真正信仰宗教的人较少。所以，宗教信仰者与非宗教信仰者之间的关系一直是我国社会形态中的一个基本要素。二是在我国至今没有出现一种宗教可独霸天下的局面，不同宗教在我国的土地上同时并存。各宗教都处在构建和谐社会的前沿。三是伊斯兰教提倡圆融，主张和平，注重道德，乐于兼容。这是一种很有价值的历史遗产。

第五，伊斯兰教和其他宗教具有独特的文化展示作用。许多宗教场所在国家指定的旅游景区，每到节假日吸引了众多的观光游客。一方面，宗教活动场所为人民群众的旅游休闲提供了去处；另一方面，广大群众于游览中受到了宗教文化的熏陶。

第六，宗教具有心理慰藉作用。宗教研究表明，宗教在与个人的关系上，它是心理健康甚至身体健康的一个可靠根源。它不分年龄、性别和种族，对人们有着舒缓精神危机，宽慰人心，缓和情绪，化解矛盾的镇痛作用。

总之，伊斯兰教是建设中国特色社会主义的积极力量，同样也是构建社会主义和谐社会的重要力量。因此，积极发挥宗教和谐共处的优良传统，对促进社会稳定和构建和谐社会具有十分重要的现实意义。

（四）实现宗教与社会和谐相处，保持社会安定有序

当前，保持社会安定有序、维护社会稳定，是构建和谐社会的最重要的工作，也是我们每一个公民的责任。没有稳定，构建和谐社会就无从谈起。因此，人人都应为促进社会和谐出力，为社会安定有序尽责。近段时期，日本在历史等一系列问题上的错误态度以及所采取的伤害中华民族感情的错误行为，引起了北京、上海等地部分群众和学生自发组织的涉日游行活动，对于广大群众和学生的这种爱国热情，我们是充分理解的。但是，表达自己的爱国情感，一定要冷静理智，依法有序。我们要深刻理解"稳定压倒一切"和"发展是硬道理"的含义，坚决贯彻党和国家的各项

方针政策，自觉维护安定团结的政治局面，把满腔的爱国热情转化为构建社会主义和谐社会的强大精神动力，为实现社会和谐，建设美好社会这一人类孜孜以求的社会理想和实现中华民族的复兴而不懈奋斗。

伊斯兰教界本身就有爱国，"爱国是伊玛尼的一部分"，把爱国和爱教统一起来的。在伊斯兰教道德方面，加力宣传"弃恶扬善"，"公平平等"，"不奸淫、不偷盗、不说谎"等道德规范，这些与社会主义道德规范是相符合的。在社会主义条件下，用这些伦理道德规范教育广大穆斯林群众，对维护社会安定、民族团结、人际关系和谐，对提高人们的思想道德水平，都起着积极作用。因此，充分发挥伊斯兰教教义、教规和伦理道德中的积极因素，是团结和动员广大穆斯林积极为社会主义事业服务，促进伊斯兰教与社会主义相适应的重要环节。

总之，宗教要以人为本、服务社会、为国分忧、稳定社会、利国利民，为我国的社会主义现代化建设创造良好的社会环境。并经过宗教自身的不断努力，求生存、促发展，发挥自身优势，从而改变人们对宗教的旧观念，树立今日宗教的新形象，为构建社会主义和谐社会充分发挥伊斯兰教的积极作用。

社会排斥视角下农村地区反贫困困境

——以宁都县邮村为研究个案[①]

改革开放以来，我国农村经济发展取得了长足的进展，但是问题也不容忽视，当前我国农村地区利益分化日益严重，农村贫困问题日益突出。虽然经过近30年的扶贫努力，我国农村反贫困取得了巨大的成就，但是，随着扶贫工作的逐渐深入，其难点与深层障碍也逐渐呈现，其中包括无法从根本上解决农村长期贫困，农村贫困陷入恶性的代际传递与循环，扶贫政策的低效性严重，返贫率明显上升等问题。事实上，社会排斥导致的"能力剥夺"及权利和机会的不均等才是农村贫困的深层次原因。相应的从反社会排斥的角度进行贫困救助才是解决农村贫困问题的根本之道。本文尝试从社会排斥角度入手，以宁都县邮村为研究个案，分析社会排斥对我国农村贫困的影响及农村贫困的成因机理，揭示农村贫困的深层次原因。

一 社会排斥理论与反贫困

社会排斥是西方学者在研究贫困问题过程中发展起来的概念。它源自于20世纪60、70年代的法国，80年代在欧洲其他地区迅速传播开来，此后在北美一些发展中国家和中国两岸三地引起了广泛的关注[②]，它的含义也不断更新和多样化。到今天，它已经成为国际社会政策研究贫困问题的一个核心概念，为解释贫困等诸多社会问题提供了一个较好的理论视角。"社会排斥"概念最早由法国学者勒内·勒努瓦于1974年首次提出，社会排斥最初的含义是指经济领域中的互相排斥现象，发展到来来，"社

---

① 作者：但国艳，华中师范大学政治学研究院宪政与法治专业2009级硕士研究生。
② 曾群、魏雁滨：《失业与社会排斥：一个分析框架》，《社会学研究》2004年第3期。

会排斥"已经大大超越了经济领域，指称社会生活各个方面的排斥包括诸如就业劳动力市场、教育制度、公共物品的供给、对政治过程的参与、性别排斥等领域。①在布尔查特等学者看来，社会排斥是个人生活居住在一个社会中，没有以这个社会的公民身份参与正常活动的状态；社会成员在消费、生产、政治、社会互动的参与不足、不参与都可能被认为是社会排斥的存在。皮斯则根据对欧洲社会政策文献的研究，总结出 15 种社会排斥范畴，具体包括社会边缘化、新贫困、民主法制/政治排斥、非物质性劣势、被"最低限度生活方式"排斥、文化排斥、家庭和社区排斥、被福利国家排斥、长期贫困、被主流政治和经济生活排斥、贫困、剥夺、被工作关系排斥、经济排斥以及被劳动力市场排斥等。②作为一个重要的社会政策概念，社会排斥后来被其他学者及欧盟委员会和联合国国际劳工局等机构所采用。

在国内，社会排斥理论也引起了社会政策研究者、社会学学者和经济学学者的广泛关注。曾群等学者曾经将社会排斥归纳为五个方面：一是经济领域的排斥，具体是指个人、家庭和地方社区未能有效参与生产、交换和消费等经济活动；二是政治领域的排斥，是指个人和团体被排斥出政治决策过程，被排斥者的权利被剥夺，也没有自身利益的代言人；三是社会关系领域的排斥，是指个人和团体被排斥出家庭和社会关系及社会交往，导致社会网络被分割或者社会支持减弱；四是文化领域的排斥，它有两层含义，第一层是指失去社会认可的和占主导地位的行为、生活方式和价值观模式，第二层含义是指处于少数的个人和团体不能享有自身的文化权利，不能保持自身的文化传统和语言等；五是社会福利领域的排斥，是指个人和团体不具有公民资格而无法享有社会权利，或者即便具有公民资格也被排斥出该社会的福利制度保障体系之外。③综合国内研究成果，笔者认为，社会排斥是指由于种种原因，在国家、市场、社会组织或社会利益集团等施动者的作用下，致使个人、群体等受动者不能公平地享受到应该而且能够享受到的公民权益与国民待遇，导致他们能力的削弱与机会丧

---

① 转引自朱东亮：《集体林权制度改革中的社会排斥机制分析》，《厦门大学学报》2007 年第 3 期。

② 同上。

③ 曾群、魏雁滨：《"失业与社会排斥：一个分析框架"》，《社会学研究》2004 年第 3 期。

失，进而处于边缘化困境的一种社会机制。

将社会排斥理论引入到反贫困研究的视域范围是与贫困治理的范式转换密切相关的。贫困治理理论长期以来是经济学研究的一个传统，从经济学的角度上讲，贫困首先表现为经济收入的匮乏，反贫困的主要对策也就是增进福利、发展经济。但是贫困治理研究的经济学途径在发展中越来越凸显其局限性，贫困不仅仅是一个个体的经济问题，从根本上它表现为个人能力和社会权利的不平衡。因此，贫困治理的范式逐渐从经济学向社会学范式转变，从个人范式向社会结构范式转变。20世纪80年代，印度经济学家阿玛蒂亚·森从贫困问题的经济学入手，以社会学的视角对贫困问题进行了深入分析，提出了"权利或能力贫困论"，他认为，贫穷是基本能力的剥夺和机会的丧失，而不仅仅是低收入，能力的提高会使个人获得更多的收入，只有让人们享有更大限度的行动自由，拥有更多的机会，做出更多的选择，才能从本质上消除贫困。[①]

事实上，农民发展机会的丧失和权利的不平等正是社会排斥的产物。一定的个人或群体不应该总被排斥于社会关系之外，从这层意思上说，社会排斥本身就是能力贫困的一部分。阿玛蒂亚·森指出："社会排斥本身不但是能力剥夺的一部分，而且也是造成各种能力不足的原因之一，如果从能力不足的角度来审视贫困，那么，很显然我们可以用社会排斥来解析贫困。"[②] 在我国的社会转型过程中，农村在政治、经济、社会生活、文化教育等方面遭受体制性弊端与政策性排斥已是不争的事实，因此，引入社会排斥这一概念来研究中国农村贫困，具有较强的解释力。

二 邮村的经济发展困境

宁都县地处赣南山区，它既是革命老区也是国家级贫困县。改革开放以来，地方政府为了帮助农民脱贫致富，在农村大力发展富民产业。邮村作为宁都辖区内行政村之一，距镇圩8公里，距县城18公里，全村有4332人，耕地2480亩。从20世纪80年代开始，当地政府为发展农村经

---

① 吴海杰：《基于社会排斥视角的农村贫困与反贫困新思路》，《经营管理者》2010年第5期。

② 阿马蒂亚·森：《论社会排斥》，《经济社会体制比较》2005年第3期。

济，使农村地区早日脱贫致富，支持鼓励邮村先后发展了甘蔗、桑蚕、烟叶、脐橙、蘑菇和养殖等产业，部分产业在某个时期让少部分农民尝到甜头，从中获得收益，但大多数产业都以失败告终，农民吃了不少亏。

由于赣南大部分地区适合种植脐橙，当地政府积极鼓动农民发展脐橙种植。据村会计介绍，邮村共出现两次脐橙种植高潮，第一次是在1995 年前后，县政府规划在沿着 319 国道，从宁都到瑞金几十公里长的路段两旁都种植脐橙，搞一个万亩脐橙工程，这次种植带有点"行政指令"性质，要求在路旁适合的田地都种植，假如有农民不愿意种，就得把田置换给别人种。由于村里人多地少，当时有很多村民的温饱问题才刚解决，虽然政府有些许购粮补贴，但还是有很多村民不愿意，但碍于上级"指令"，村民也不敢违抗。部分脐橙是种到了田里，但村民仍种植水稻或其他作物，田里长期积水，脐橙还未有收成，就很快烂根死掉了。第二次种植高潮是在 2004 年前后，脐橙种苗直接由镇果茶站下发给村民，并有一亩几十元的化肥农药等补贴，但邮村不少村民还是不愿意种植。为此政府就采取行政措施，指令村干部、党员要带头示范种植，少则几亩，多则几十上百亩，但对这部分人不给予补贴，此后村里还成立了以脐橙命名的产业党小组，并把党员干部种植的果园区命名为"党员示范区"。村会计对此用"哭笑不得"来形容。他还说："本来种植脐橙要分几步的，第一年是整理园地和备料，第二年才开始种植，结果就在几个月的时间，上面就调来果苗要求你们种下去，叫你无法理清工序，赶工种植自然给后面管理带来了不少麻烦。"如今脐橙开始有收成了，但又因市场信息缺乏，前来收购的经销商少，他们以质压价，很多稍差的都无法销售而浪费。像 2008 年，成色规格好的收购价为每斤 0.7 元左右，稍差的为每斤 0.3 元或干脆不收购。村会计还说，村民种植成本一般要一斤 0.5 元左右，如果把农民的人工成本也算进去的话，大部分农户去年还是亏损。

同时赖村镇镇政府看到当地某些乡镇发展蘑菇产业，获得了可观的经济效益，在 2007 年，引进阳光蘑菇种植公司，政府部分领导带头出资入股，鼓励农户积极参与，采取"公司 + 基地 + 农户"的运作模式，在邮村洋江小组北侧建立了阳光蘑菇种植基地。阳光公司负责基地蘑菇的菌种培育、技术指导，以及帮忙联系经销商。在政府鼓动下，起初村民参与积极性很高，与发展脐橙产业类似，村里以蘑菇命名的产业党小组也因此建立起来。基地共吸引政府领导、农户和社会投资达百万元，建有蘑菇房十几座，种植面积近万平方米。第一年，所有的参与人都从中获益，因此后来吸引了更多村民参与。但好景不长，此前政府和公司都没对基地发展做过周密的规划，对蘑菇市场也缺乏详细调查了解，虽然邮村交通还算便利，但离城市甚远以及其他种植用的物资价格上涨，据此计算他们的种植成本也在上涨，所以随着当地蘑菇市场出现卖方市场时，销售价格持续走低，慢慢地种植户从基地得到收益甚微或者蘑菇难以售出，种植户亏本。见此状况，有些种植户开始有想法，部分人开始退出种植。据村民说政府领导见势不妙，早已撤资，比村民撤得还快。基地处于群龙无首，人心涣散，最后走向破产。

由此看来，尽管当地政府为发展邮村经济，提高农民收入采取的一系列的措施，但是其反贫困的努力并没有取得预想的效果，甚至还加重了农民的负担。原因是多方面的，但其根本在于农村地区在努力发展经济，力争脱贫致富的过程中存在大量的社会排斥现象。

三　农村经济发展中的社会排斥因素分析

（一）政策排斥引发农村贫困

长期以来，我国经济走的是一条非均衡的发展道路，即城市优先于农村，工业优先于农业。毫无疑问，这一经济发展战略在建国之初国民经济恢复时期起到了至关重要的作用。但长期下去必然会成为农村地区经济持续发展的巨大障碍。同时，国家的经济建设投资的城市偏好，使得农村经济社会发展缺乏应有的发展基础。长期存在的城乡二元格局限制了农民自由迁徙的权利，阻碍了农村劳动力的正常流动与转移，限制了农民的就业范围，农民的生存空间和接受经济发展机会的能力和权利受到剥夺，进一步加剧了农村的贫困。

改革开放以来，特别是社会主义市场经济体制的建立，我国经济发展开始进入高速前进时期。各项改革政策的实施极大地激发了经济发展的活力，但是工农之间存在数额巨大的剪刀差。工农产品剪刀差使农业积累资金大量被剥夺，国家对农村的投资又非常有限，工业对农业的反哺少得可怜，导致农业和农民利益流失过多，其生产经营环境恶化，削弱了农村、农业自身扩大再生产的能力，影响农民收入的增加和生活水平的提高。

国家通过剪刀差向农村积累资金的一部分通过农产品加工部门和商业流通部门最后被国家以利税形式收入了财政。在国家工业化进程中，农村一方面面对国家对农业的高积累，另一方面面对国家对农业的投资比例不断压缩，这种反差导致农村发展乏力。这样一来，农业、农村发展明显受到阻碍。在这种情形之下，乡村集体乃至农民本身的行为都受到了严重影响。农民在因为贫困以及各种负担造成的农业收益下降而又没有国家的扶持的情况下，也逐渐丧失了对农业的投资的积极性，对农业投资的比例也出现了下降。国家这种长期偏向城市与城市居民的经济政策和工业化发展战略，造成了从资金、人才、技术、知识等各种发展要素的配置持续向城市、工业和市民倾斜，严重削弱了农村的发展能力，将农村、农民排斥在经济现代化之外，从根本上导致了农村的长期贫困与落后。

（二）资本排斥加剧农村贫困

实行改革开放以后，受国家总体发展战略以及投资政策的影响，所有发展要素都出现往东移的现象。农村，尤其是贫困农村的发展所需要的各种要素也不例外。在一定程度上，农村不是被融合进市场经济，而是被排斥在市场经济发展的进程之外。

第一，在国家层面，市场经济时期，国家政策地域差异如对外开放政策、金融信贷政策、投资政策以及市场因素将农村尤其是贫困农村排斥在经济现代化进程之外，是中西地区贫困尤其是农村贫困的主要原因。第二，在地区内部，各种发展所需的资金、资源、技术等要素都向城市和富裕地区转移。本来，越是不发达的地区，越需要各种发展要素，就越应该受到重视。银行信贷部门在有限的资金情况下，为追求利润最大化，全然不顾及扶贫资金的"排他性"，把大部分资金集中向经济效益较好的发达地区发放。各级政府为了在短期内快速实现本地区的现代化，集中本地的资源要素优先发展城市与城镇。在这种政策因素以及市场利润规律的双重作用下，急需投资建设的农村地区的仅有的一些发展要素全部被中心城市和富裕地区吸走，进一步落后地区在与发达地区的市场交换中处于不利位置。市场失灵本身不足为怪，但是，政府对农村市场体系建设的重视不够，导致农村对于市场的利用机会和利用效率非常低下。这种市场与政府的双重失灵，加剧了农村发展要素的流失，农村的发展利益受到进一步的损失。[①]

本来东部富裕地区的发展在一定程度上能够带动落后地区的发展，这也是我国改革开放的初衷。但是，由于国家政策过分向东部倾斜，使得中西部的能源、矿产等资源开发滞后，而地方政府又把关注重心投向中心城市。在资本追逐利润等市场规律的作用下，形成了一股东部对内地、城市对农村的资金、人才以及资源等的强大的拉力和推力，出现了从人才、资金到资源等各种要素的"南飞"与"东南飞"的现象。于是，从90年代开始，社会资源和生活机会一改80年代的运动方向，贫困地区的各种资源在"看不见的手"的作用之下，几乎全部向回报率高的东部地区、城市和社会的中心富裕地带积聚，出现了越是发达的地区，进一步发展的机会越多、越富裕，越是不发达的地区，发展的机会越少、越贫穷，逐出现一种事与愿违的"马太效应"。这种资源的重新积聚进一步抽空了农村的发展基础，把农村排斥在经济社会发展的成果之外。

在与当地乡镇干部座谈的过程中，谈及当地农村经济发展状况时，一位副乡长说道："现在我们乡镇基本上是县里经济不怎么好的乡镇，农村都穷得很，免除农业税后，乡财政就一直不景气，主要靠上面转移支付。没有钱怎么发展农村，怎么投入农业。"邮村的村支书也谈道："虽然现在国家不收农业税了，而且还有很多的补贴措施，确实在一定程度上减轻了农民负担，增加了农民收入。但是长期以来的贫穷状况仅仅靠这点儿几乎微不足道的补贴是无法让老百姓致富的。现在村里非常想帮老百姓做点事情，但没有钱，做不起来，又不能向老百姓集资，所以村干部压力很大，想做事情做不了，而没有为老百姓做好事情，没有发展村里的经济老百姓就不买账，责任都在村干部头上。前几年村里搞蘑菇种植，开始很多老百姓都不愿意搞，我们就先试点，村干部自己先搞，过了两年，有收益了，村里老百姓就都动心了，比较富裕一点的老百姓就开始搞蘑菇种植，没钱的就去贷款种蘑菇。但是很多农民都贷不到款，就只好放弃了。本来很好的一个机会就因为没有钱投资无法实施。如果国家能够放宽农村贷款门槛，在农村投入更多，实际上还是有很多的机会让老百姓致富。"

---

① 银平均：《社会排斥视角下的中国农村贫困》，《思想战线》2007年第1期。

（三）信息排斥对农村贫困的影响

农村经济发展过程中的信息排斥表现在两个方面：一是农村低下的教育水平导致农村居民受教育水平较低，科学文化素质不高，不能很好地利用现有的资源与技术，从而在经济发展过程中处于不利地位；二是农村获取信息的手段和渠道缺乏，农民获取资源和信息的能力较低，导致在发展农村经济的过程中，缺乏必要的信息资源，在当前社会主义市场经济体制下处于不利地位。

经验事实及研究表明，知识的缺乏或不足能引发贫困，教育是提高人们学习和理解知识与信息能力的关键。对于农村居民尤其是贫民来说，教育是他们在社会结构中上升的唯一正当、合法的阶梯。而在知识成为财富的今天，农村越来越多的收入贫困正是由于缺乏获取知识、吸收知识和交流知识的能力所致。原因在于，农村孩子在受教育方面大多数时候是受到排斥的。一方面，大量的农村孩子或因高昂的学习费用而无法接受完整的义务教育，或因不合理的高校招生制度而与大学无缘；另一方面，高昂的高等教育收费使得考上了大学的孩子家庭陷入选择性的贫困当中，这种制度在一定程度上形成了对农村孩子的排斥。这种排斥阻碍了农村居民自身素质和知识能力的提高，导致了农村贫困的生产与再生产。人们在文化观念方面对农民的社会排斥，使农民尤其是农村贫困人口处于一种不断被"污名化"的机制之中，身心受到伤害，自身发展的信心与能力受到严重影响，社会排斥不断在观念上再生产出来。在该村调研时，笔者发现村中大部分居民只接受过几年的小学教育，而目前村里的年轻人中也只有极少一部分人能够接受高等教育，大部分年轻人在初中毕业之后就不在上学，而选择外出务工。

同时，虽然如今的农村各个方面都取得了巨大的进步，但是信息社会发展的今天，农村地区仍然较为落后，农村居民无法很准确的了解到他们所需要的信息。信息在经济发展中的作用越来越重要，甚至能起到关键性作用。信息资源的获取路径的欠缺与农民获取信息资源能力的低下共同导致了农村的闭塞与落后，从而导致农村经济发展水平的落后与长期的贫困。邮村经过几年的时间推广柑橘种植，目前已经有较大规模了，几乎每家每户都种植了柑橘，而且都也进入了回报期。但是等到柑橘成熟的时候，要么收购商极力压低收购价格，要么农民找不到买家，农民所能选择的只有贱卖。柑橘虽然种下去了，而且也到了收获期，但对相关销售信息的缺乏使得农民在经济活动中处于不利地位。一方面当地村民没有渠道及时获得柑橘销售信息，进而无法了解当前市场状况，另一方面大部分村民也没有能力去主动搜求市场信息，只能选择被动等待。

四　结语

农村社会中广泛存在的社会排斥现象不仅是农村地区长期贫困落后的根源，而且也是消除农村贫困的障碍，因此在反贫困的过程中必须反对社会排斥。反社会排斥在全世界范围内都被看成是消除贫困、消除歧视和偏见以及清除种种障碍，以获得稳定、安全而公正的社会的重要途径。在我国，由于农村的贫困与他们的弱势并不是自我选择的结果，在很大程度上是剥夺和歧视农民的社会政策使然，因此，对农村的社会排斥也就被社会默许、接受下来，农村贫困也因此被社会误认为是自然的与必然的事情。长此以往，各种社会排斥过程无不导致社会环境动荡，终而以至于危及全体社会成员的福利，而越来越多的人被排除在能够创造财富的、有报酬的就业机会之外，那么社会将会分崩离析，而我们从进步中获得的成果将付之东流。因此，农村反贫困不能限于治标——但求解决贫困与"社会断裂"的种种表面病症，必须治本。农村反贫困的关键在于建立公平、健全的社会制度，在于反对社会排斥，为农村创造的一种公正、公平的经济、政治、社会、文化和法律环境，使人们得以摆脱贫困，走上自我发展的道路。

村庄派系斗争折射出的新型社会结构

——从浙江省 X 村的两次派系斗争中得到的启示①

一　浙江省 X 村的两次派系斗争

（一）X 村的派系情况

X 村地处海湾地区，属于东部沿海经济发达地区，全村 98% 的人姓吴，从总体上看，X 村存在着两大派系，我们分别把它们叫做 A 派和 B 派，A 派主要以现任村支书为首，并且村两委委员的大部分也属于 A 派；B 派主要以前任村支书为首，并且聚集了一些与现任村支书有世仇的村中能人。

由于在 X 村的派系斗争中，现任村支书处于斗争的中心位置，因此有必要对他的背景做一些说明：现任村支书吴书记的父亲也当过 X 村的村支书，吴书记早年当过 6 年兵，并且在外面跑过生意，现在在村里开了一家五金店，大女儿是一所职业技术学院的副教授，他现在与小儿子住在一起，全家一年总收入十几万，可以说是拥有一定的政治背景、社会阅历和经济实力的人，他 2004 年从外面跑生意回来，第二年便参加了村支部书记的竞选，在这次竞选中他高票当选为 X 村的村支书，但是他的当选遭到了上一任村支书的强烈不满，上一任村支书曾经三次带人上门来闹事，说吴书记抢了他的村支书来当，他们明确表示就是不同意吴书记当村支书，但吴书记说他当时的想法是："你不让我当我偏要当。"就这样吴书记一直做村支书做到现在，现在是他的第二个任期，到今年 12 月份就刚好做满两届，共 6 年。因为吴书记的竞选是得到乡镇的极力支持的，并且吴书记在村中也具有一定的威望，同时他也具有一定的经济实力，因此

①　作者：梁津伟，华中师范大学政治学研究院政治学理论专业 2009 级硕士研究生。

上任村支书的反对以及带人上门闹事最终并不能改变选举的结果，可是从此这"两位书记"之间就结下了仇怨。另外，在吴书记父亲担任村支书期间得罪了村里的一些人，但在过去由于国家对农村的权力控制比较强，村支书在村中的地位和声望都很高，因此这些被得罪的人在当时只能是敢怒而不敢言，可是现在的情况不同了，随着近些年来自身经济实力的增强以及社会地位的提高，这些被得罪的人在村中越来越有话语权了，并且随着国家权力在农村社会的收缩他们也可以施展开身手了，由于吴书记的父亲很早就去世了，因此他们就把矛头对准了吴书记，并且扬言："我们就是不服你父亲，你父亲死了，我们现在就要搞你。"就这样，现任村支书形成了村中比较有实力的并且是处在体制内的 A 派，而前任村支书因为与被吴书记父亲得罪过的村中能人有着共同的敌人，又因为他们同时处于体制外，因而彼此之间也有着共同的私人利益，所以他们便联合起来组成了村中的另一派，B 派。

（二）2009 年 X 村派系斗争的两个事件

事件一："电线杆事件。"X 村旁边有一个新建工厂想从村另一边的一个电厂引电过去，按照规划，电线要路经 X 村，因此需要在 X 村架两根电线杆，工厂的负责人动用了社会关系来与村干部进行接触，并派本厂有关人员找到了村里的主要干部说明了情况，大部分村干部认为建工厂对村里未来的发展是一件好事，所以就同意工厂在不需要对占用的土地进行补偿的情况下立电线杆，可是有的村干部就认为应该要求工厂对占用的土地进行补偿，双方争执不下，最后召开了村两委的联席会议来对此事进行表决，当天到场表决的有 9 个人，有 7 个人投了赞成票，2 个人投了反对票（这 2 个投反对票的人中有 1 个人是 B 派的成员，另一个人是不属于 AB 两派的普通村干部，由于受到了 B 派成员的怂恿，因此投了反对票）。会议最终以少数服从多数的原则通过了允许工厂在村里立电线杆的决定，但是 B 派对这个决定不服，他们认为 A 派的村干部与工厂相勾结以损害村里的土地为代价从中得到了好处。B 派的精英发动起了本派系成员和其他村民对此进行了抵抗，被动员起来的村民有 50 多个人，这 50 多个人都在请愿书上签了名，他们把请愿书交到了村支书的手上，但村支书对他们的要求无动于衷，最后他们派了 3 个代表去市里上访，最终工厂在村民们的压力下放弃了在 X 村立电线杆的决定，并把已经在 X 村立好的两根电线杆移走了，而村干部对此事也无可奈何，只能是不了了之。

事件二："围垦海塘土地占用事件。"在村入口前的不远处 X 村有一处 40 多亩的地，这块地距离海湾不远，之前一直是租给一个养殖大户做成"围垦海塘"来养殖螃蟹和虾等海产品，但是在 2007 年这块地被纳入了海湾港区开发用地的范围内，政府也于 2008 年征用了这块地，原来的养殖大户也停止了养殖，可是由于海湾港区目前还处在规划阶段，因此国家征用 X 村的这块地一直没使用，X 村 B 派的成员看这块地一直没使用，就联合起了其他村的一些村民还有社会上的黑恶势力并利用自己"上面"的关系，绕开 X 村村两委占用了这块地来进行海产品的养殖，他们的做法引起了很多村民的不满，X 村的村民认为那 40 多亩地原来是属于集体的，虽然国家把它征走了，但只要国家一天不使用，地都还是应该属于本村的，可是现在它却被私人占着用来牟利，这显然是不合理的，如果他们真想用这块地，村里可以以集体的名义租给他们，可他们不但不租反而还强行霸占着来牟利。最可恨的是村里的干部对这件事一直是不闻不问。就在这种意识的指导下，有的村民来到了吴书记的门口当着他的面指着他的鼻子辱骂，可能是还听说了"围垦海塘"每年的纯利润就有 100 多万，村民们更是加大了对吴书记的压力，在这种情况下吴书记就把土地占用的情况上报到了镇政府，镇政府出面解决这件事，但最终还是解决不了，因此镇政府继续把这件事往上报，因为这件事牵涉到社会上的黑恶势力，上面也认识到了问题的严重性，因此派了特警下来处理这件事，特警们一来到就把海塘的水放了并且砸烂和没收了海塘的设施和物品，海塘方面认定这次事件的损失都是由于吴书记把相关情况往上报所造成的，因此在特警离开后不久，海塘方面的相关人员便利用其掌握的社会黑恶势力对吴书记进行了报复，他们两次把吴书记家的前门玻璃砸碎，并且扬言："如果你以后再敢多管闲事的话，你孙子的小命就会不保。"事情发生后，派出所的民警对这件事进行了调查，虽然 X 村的路上都装了摄像头，但摄像头的质量不好，所拍摄的画面清晰度不高，又由于事情是发生在晚上 12 点左右，那时村民们大多都在睡觉，那些人砸完玻璃后开着车就跑了，虽然摄像头拍下了他们砸玻璃的整个过程，但还是没有多大的帮助，最终派出所也没能查出个究竟，现在也只能是不了了之了。而那块地到笔者在该村调研时还被占用着。虽然这次事件不是 X 村 AB 两派的正面冲突，但是由于这次事件的背后直接推动者是 AB 两派的精英，因此这次事件也可以被认为是 X 村 AB 两派的又一次斗争事件。

二　两个派系斗争事件所表现出来的突出特点

经过对 2009 年发生在 X 村的两个派系斗争事件进行对比分析,不难发现以下三个突出特点:

1. 派系的行动逻辑:在两个派系斗争事件中 AB 两派都是从自身的利益逻辑出发来考虑问题的,它们的行动逻辑均缺乏全局性的考虑。

在"电线杆事件"中,A 派单方面认为建工厂对村庄的未来发展必然有好处,并且允许工厂不对占用的土地进行补偿;而 B 派则单方面认为 A 派的村干部与工厂相勾结以损害村里的土地为代价从中得到了好处,并且强烈要求工厂对占用的土地进行补偿,双方都没有就当中的关键问题进行过详细而深入的讨论来寻找解决问题的最佳办法。而在"围垦海塘土地占用事件"中,B 派的成员认为采用非法占用土地进行养殖的办法可以使其达到利益的最大化,因为利用自己上面的关系以及社会上的黑恶势力来占用土地的成本肯定比通过正当手段租用土地而每年要向村里支付相当数量的租金所花费的成本要少;而 A 派则认为土地虽然被国家征用了,但只要国家一天不使用,地还是应该属于村里的,私人占用是不合理的,所以其在万不得已的情况下向上级报告了土地被占用的问题,虽然 A 派的这种行为是一种正当行为,但无可否认,这也是 A 派维护其利益的一种手段。而如果双方的行动逻辑都能有一个全局性的考虑就不会有后面"砸玻璃"事件的发生。

2. 在派系斗争中,派系精英会用上他们能够用得上的所用力量来进行斗争。

在"电线杆事件"中,A 派利用其在村两委会中的势力顺利的赢得了村两委会的表决;而 B 派虽然输了表决,但其后来发动起了相当数量的村民,最终扭转了局势。而在"围垦海塘土地占用事件"中 A 派的代表"特警"的出现以及 B 派的代表"社会黑恶势力"的报复行为就更能说明这个问题了。

3. 在 AB 两个派系中,派系精英具有非常好的稳定性,而派系外围普通成员则具有离散性和派系归属的不确定性。

从上面的两个派系斗争事件中可以看到,虽然在两次斗争事件中 AB

两个派系各自参加斗争的派系精英的数量各不相同，但其各自精英圈中的人员构成几乎是没什么变化的，而且我们也不能排除那些不明地里参加斗争的精英不会在暗地里对派系的斗争施加影响。可是派系外围普通成员的行动在这两个派系斗争事件中却表现出了一个有趣的现象，那些原本在"电线杆事件"中支持 B 派的村民在"围垦海塘土地占用事件"中却反过来支持 A 派了。而派系外围普通成员的这种离散性和派系归属的不确定性在笔者进行的农户访谈中也得到了验证：村民们都说村里有两大派，但他们又说自己既不属于 A 派也不属于 B 派，可是他们又的的确确参与了两派之间的斗争。

从上面的第三个特点可以看到派系斗争表现出了与传统宗族派系斗争不同的离散化特点，那是因为派系是一种与传统宗族和宗派性质不同的农村非正式组织。按照学界比较统一的看法，"所谓派系，是指人们通过特定关系联结起来的，具有共同利益和现实功能的非正式组织"。[①] 从派系的定义可以看出，派系是一种以利益为主导的非正式组织，因此更应该把它叫做利益派系，而如果单从利益的角度来看，传统的宗派也可以说是一个派系，因为宗族派系也是通过特定关系——血缘关系联结起来的，并且其也是一种具有共同利益和现实功能的非正式组织。因此为了与传统的宗派区别开来，同时也为了突出派系的利益性，应该把派系叫做村庄现代利益派系。并且可以对其作出以下的定义：所谓村庄现代利益派系，是指人们通过特定的利益关系联结起来的，具有共同利益需求和现实功能的一种内部结构相对松散的非正式组织。

而这种村庄现代利益派系外围普通成员为什么会具有离散性和派系归属的不确定性呢？这要从本质上来回答这个问题就需要先回答派系外围这一群"唯利是图"的离散化大众是怎么产生的。

三　产生"离散化大众"的原因分析

从总体上看，产生"离散化大众"的原因大致有以下两个方面：

---

① 卢福营、孙琼欢：《中国农村基层政治生活中的派系竞争》，《中国农村观察》2000 年第 3 期。

（一）国家权力在农村社会的收缩

在中国两千多年的封建历史中，都有着"皇权不下乡"的传统，国家权力在农村社会所留下的权力真空一直被传统的宗族权力占据着，而宗族权力对农村社会的控制比起国家权力来可以说是有过之而无不及的，到了清末民初国家权力开始渗透到农村，这时国家权力和宗族权力一起控制着农村社会。

新中国成立以后，在中国农村逐步建立起了政社合一、高度集权的人民公社体制。在人民公社体制下，党管理着农村的一切，并且在这个时期党和国家也有意识地限制了家族性组织的存在和发展。家族组织在这个时期几乎消失而只存在一些残迹，虽然这些残迹依然可以勾画出一个模糊的家族组织外形，但其功能已经远远不如从前了，这时的家族组织的功能主要表现在日常生活中的互帮互助上。而国家权力严格的控制着农村社会中的一切。

到了20世纪80年代中后期，特别是1986年村民自治制度开始试行，村级组织有了一定的自主权，国家权力也就是在这时开始在农村社会中收缩的，但是这种权力收缩还不够明显，因为基层政府为了确保基层工作任务的落实和执行往往会利用自己手中的权力控制村支部和村委会的选举。但是到了1998年11月份国家就以正式的法律形式强制实施了村民自治制度，这时可以说国家权力开始在农村社会全面收缩，村庄拥有了更大的自主权和自治权，国家权力的收缩使得村庄中出现了权力真空，而通过村委会选举这个平台，这个权力真空就表现出了一种面向所有人开放的姿态。

总的说来，农村社会所受的权力控制经历了从宗族权力一统天下的阶段到国家权力一统天下的阶段再到国家权力在农村社会收缩的阶段。国家权力在农村社会的收缩为广大村民追逐自己的利益提供了宽松的政治环境。

（二）改革开放的不断深入以及市场经济的不断发展

从1978年开始，改革开放的进程就在不断地深入，改革开放的不断深入带来了农民观念的转变，其中的一个重要转变就是接受了市场这一套观念，这是人们摆脱从前计划经济观念的结果，而由计划经济观念向市场经济观念的转变也有赖于市场经济在我国的不断发展。就这样随着改革开放的不断深入以及市场经济的不断发展，农村经济得到了快速发展，农民的生活水平不断提高，与此同时，农民们的市场阅历不断丰富、市场锻炼也逐渐增多，这时农民的理性经济人意识开始觉醒了，农民们在考虑问题时不再像以前那样只是囿于宗族、姻亲等的感性考量，而是越来越喜欢把一切问题都放在市场的框架内，用理性经济人的眼光来考量，在他们每个人的心中都有着一把利益尺，而所有的事情都必须经过这把利益尺的衡量才能做出判断。改革开放带来了农民观念的转变，市场经济则为村民们追求自身的利益提供了现实规则和价值规则以及必要的场域。

正是由于国家权力收缩形成的宽松政治环境以及市场经济发展催生的经济人意识使得农村中的每一个人都可以自由地去追逐自己的利益，就这样，那些"唯利是图"的离散化大众不断地被生产出来。所谓离散化大众是指在农村社会转型的过程中出现在农村社会的一群具有理性经济人意识的原子化利益体，这种原子化利益体包括原子化的家庭和原子化的个人。

四　利益差序格局的形成

具有费孝通先生所说的传统"差序格局"社会结构的农村社会是一个比较温情的熟人社会，人与人之间主要以两条关系路线联结在一起，这两条关系路线就是亲属和朋友，人们为亲属配上了孝、悌的道德标准，为朋友配上了忠、信的道德标准。而传统农村社会的差序格局就是靠孝、悌、忠、信这些道德要素来维系的。① 但是随着离散化大众在农村社会中不断地被生产出来，那些曾经在联结人与人之间的关系中起着重要作用的道德要素逐步融入了利益要素，这些利益要素逐渐成为人与人之间关系的重要联结纽带。因此可以说，产生出离散化大众的过程也是传统农村"差序格局"社会结构不断碎化和重新建构的过程，一方面是传统农村"差序格局"的社会结构在制度和市场的双重作用下逐渐碎化成原子化的家庭和原子化的个人；另一方面是这些处于市场背景下的原子化的家庭和原子化的个人又会基于相互之间利益联系的紧密程度而形成新的利益差序格局。

---

① 费孝通：《乡土中国 生育制度》，北京大学出版社 1998 年版。

（一） 关于传统农村"差序格局"社会结构解构和碎化方面

随着改革开放的不断深入以及市场经济的不断发展，村民们的理性经济人意识逐渐觉醒，再加上 20 世纪 80 年代中后期国家权力开始在农村收缩，在这样宽松的政治环境和相对自由的市场经济背景下，村民们越来越会从自身的利益需求出发，按着市场的相关规则来满足自身的利益需求，传统的道德礼俗也逐渐地被不同的利益需求所淡化，就这样，传统农村"差序格局"的社会结构逐渐被解构和碎化，其结果是农村的社会结构逐渐碎化成原子化的家庭和原子化的个人。原子化的家庭之所以没有被解构成原子化的个人，主要是因为家庭自古以来就是中国人不能逃离的一个基本社会组织，不论经济怎么发展、社会结构怎么变化，对于中国人来说有着亲子关系的家庭是不会被冲散的。虽然家庭对中国人如此的重要，但是对于个人来说，家庭中的每个成员又是一个独立的个体，他们各自有着自身的利益需求，并且作为一个自由人他们也会从自身的需求出发去追逐自身的利益。

（二） 关于重新建构起新的利益差序格局方面

宽松的政治环境以及自由的市场环境不仅在农村社会中生产出了离散化大众，而且它也让构成这些离散化大众的原子化的家庭和原子化的个人拥有了各种各样的资本，其中包括政治资本、经济资本、社会资本和人格资本。另外，在离散化大众被生产出来的同时，新的社会关系也在不断地被生产出来，其中包括新的血缘、亲缘、姻缘、业缘、友缘、玩伴、同学、同组、同厂、雇佣、兴趣、爱好等关系，之所以称其为新的社会关系，主要是指这些关系中包含了新的内容，就拿雇佣关系来说，在传统社会中当然存在着农民与地主的雇佣关系，但是在当今的市场经济背景下其更多的是表现为农民与企业老板之间的雇佣关系。在这种情况下，以个人或者家庭为中心，以自身所拥有的资本为基础，以利益为动力，以各种社会关系为路线形成了个人或者家庭的利益关系网络，而在这张利益关系网络中各层利益关系联系的紧密程度是不同的，所以从整个农村社会来看，不同的利益关系网络交织在一起形成了一种新的利益差序格局。

因此，村庄现代利益派系外围普通成员之所以会具有离散性和派系归属的不确定性就是因为它们之间的派系斗争是在利益差序格局的社会结构中发生的。

五　利益差序格局中利益的含义

在利益差序格局中"利益"无疑是一个关键的概念，那么利益差序格局中的利益具体指的是什么呢？利益差序格局中的利益服从于马克思主义对利益的定义，按照马克思主义的论述，"所谓利益，就是基于一定生产基础上获得了社会内容和特性的需要"。[①]

这种获得了社会内容和特性的人们的不同需要就是利益差序格局中使人与人之间形成利益关系的内在动力。按照"马斯洛需求层次理论"，人大致来说都具有以下五个方面的需要：（1）生理上的需要，包括水、食物等方面的需要；（2）安全上的需要，包括人身安全、健康保障等方面的需要；（3）情感和归属的需要，包括友情、爱情等方面的需要；（4）尊重的需要，包括对他人尊重和被他人尊重等方面的需要；（5）自我实现的需要，它是指实现个人理想、抱负以及发挥个人能力的需要。这五种需要对于每个人来说都是有一个层次性的，从较低层次向较高层次的排列顺序依次是：生理上的需要，安全上的需要，情感和归属的需要，尊重的需要，自我实现的需要。可是对于处在不同人生阶段的不同的人来说各自的需要是不同的，并且在经济不断发展的背景下，人们的需要总体上也会向着更高的层次发展。因此，不同的人在不同的时期会基于自身不同的需要来指导自己的行动。

处于传统"差序格局"社会结构中的农民是没有"需要"的，他们只有"欲望"。"在乡土社会中人可以靠欲望去行事，但在现代社会中欲望并不能作为人们行为的指导，于是产生需要，因之有了计划。从欲望到需要是社会变迁中一个很重要的里程碑……"[②] 欲望表现为"要"；需要则表现为"应该"。因此处于传统"差序格局"社会结构中的农民在行动时总会考虑"要不要"这样做，如果某件事是关乎到血缘关系的他们会想当然的认为"要"这样做；现代的农民在行动时则更多的考虑"应不应该"这样做，只有在做某件事是对自己有利时他们才会想当然的认为

---

① 王浦劬等：《政治学基础》第 2 版，北京大学出版社 2006 年版，第 47 页。

② 费孝通：《乡土中国 生育制度》，北京大学出版社 1998 年版，第 81 页。

这是应该做的。因此，利益差序格局中的"利益"、"需要"、"应该"三者是相通的。

所以，在制度和市场的双重作用下，农村社会不断地生产出离散化大众，而构成离散化大众的原子化的家庭和原子化的个人又会以自己为中心，以自身所拥有的资本为基础，以利益为动力，以各种社会关系为路线形成个人或者家庭的利益关系网络，而在这张利益关系网络中各层利益关系联系的紧密程度是不同的，所以从整个农村社会来看，不同的利益关系网络交织在一起形成了一种新的利益差序格局。

治理与发展

新农村建设背景下的乡村治理困境分析

——以甘肃省清水县土门乡新义村为个案[①]

乡村治理在今天已经不是一个新鲜的话题。在中央政策的扶持和各地方政府的努力之下，尤其在国家新农村建设的号召与具体实施中，有关乡村治理的问题日益突出。在这样一个大的背景下，作为中国最偏远的西北地区的农村的情况究竟如何呢？本文将以地处偏远的甘肃省清水县土门乡新义村为个案，分析在新农村建设背景下，自然条件恶劣与经济落后地区的农村在乡村治理中存在的困境，并提出相应的对策。

一 相关概念与背景

在讨论问题之前，首先要对讨论的具体主题加以明确的界定。新农村建设背景下的乡村治理困境，主要包括三个方面的内容：一是对讨论的主题做了范围上的限定，主要是在新农村建设这样一个背景下讨论乡村治理问题；二是对乡村治理的界定；三是以新义村为个案，分析在这个大的背景下偏远地区乡村治理中的困境。

党的十六届五中全会作出了加快社会主义新农村建设的重大决定，提出实施以"生产发展、生活宽裕、乡风文明、村容整洁、管理民主"为内容的新农村建设战略。这20字方针，既是我国新农村建设长期的奋斗目标，也是新农村建设的必由之路，各个方面相互联系、互为因果，主要包括发展新产业、建设新村镇、构筑新设施、培育新农民、树立新风尚等方面的丰富内涵。建设社会主义新农村是我国现代化进程中的重大历史任务，是统筹城乡发展和以工促农、以城带乡的基本途径，是缩小城乡差距、扩大农村市场需求的根本出路，是解决"三农"问题、全面建设小

---

① 作者：焦振龙，华中师范大学生命科学学院2009级硕士研究生。

康社会的重大战略举措。

在谈到乡村治理时，首先要界定什么是治理。有关治理的理论已经很成熟，而在诸多的定义中，"联合国全球治理委员会的定义具有代表性和权威性，认为治理是各种公共的或私人的个人和机构管理其共同事务的诸多方式的总和，它是使相互冲突的或不同的利益得以调和并且采取联合行动的持续的过程。它既包括有权迫使人们服从的正式制度和规则，也包括各种人们同意或以为符合其利益的非正式的制度安排。它有四个特征：治理不是一整套规则，也不是一种活动，而是一个过程；治理的过程不是控制，而是协调；治理既涉及公共部门，也包括私人部门；治理不是一种正式的制度，而是持续的互动"。[①] 按照治理的界定，对于乡村治理，尤其是落后地区乡村的治理过程，应该是乡政府在国家政策的范围内，在与乡村的协调与合作之下，充分发挥村民的自主性的一种持续的互动过程。在此过程中，必须要有政府的大力引导和扶持。

"乡村治理这个词有两个偏向性的所指：一是强调地方自主性；一是强调解决农村社会发展中存在问题的能力。"[②] 因此，在新农村建设中，"维护乡村社区的安定，增进村民的公共利益，促进乡村的公共事业，都是乡村治理的基本内容"。[③] 将这两个方面联系起来，就能得出第三个方面的内容，即在国家倡导新农村建设，实现农村经济发展、政治民主、文化繁荣，农村社会各方面和谐发展的前提下，像甘肃省清水县土门乡新义村这样偏远落后的小乡村是否在国家的政策扶持下，向着新农村建设目标的方向迈进？在此过程中到底有哪些困境制约着乡村的发展？

二　案例：新义村的自然条件与发展现状

农村在发展的过程中，主要影响因素之一是其自然条件的现状。虽然古人提出了"人定胜天"的思想，但是，如果不考虑农村特有的自然与地理条件，违背自然规律而求发展，必然会遭到自然的惩罚。故而，在新

---

① 周运清、王培刚：《全球乡村治理视野下的中国乡村治理的个案分析》，《社会》2005 年第 6 期。

② 贺雪峰：《乡村治理研究的三大主题》，《社会科学战线》2005 年第 1 期。

③ 俞可平、徐秀丽：《中国农村治理的历史与现状——以定县、邹平和江宁为例的比较分析（续）》2004 年第 3 期。

农村的建设中，必须实事求是、因地制宜地谋求各个地方发展的新思路与新方法。而一个重要的方面是，新农村建设不仅仅是我们看到的一排排整齐的房舍，更重要的是能够结合农村社会发展中实际存在的问题，维护乡村社区的安定，增进村民的公共利益，促进乡村的公共事业。因此，各地政府在进行新农村建设的过程中，不能因为某一个地区自然条件的恶劣而将其作为最后考虑，或者只是做一些表面的工作，实际则在很长的时间放弃该地区的发展规划。

就新义村的自然条件而言，新义村隶属于甘肃省清水县土门乡，距天水市55公里，距清水县城70公里，距乡政府驻地10公里，全村占地面积约4.1平方公里，地形以丘陵和山地为主，属于典型的丘陵和山地地貌。村民居住的村庄环山层层而建，村民聚居比较集中，而用以耕作的田地，均陡峭不堪，属土门乡的后进村。全村辖新义、康家大地、黑窑湾、大滩里、上王和下王6个自然村，分6个村民小组，共有380户，2113人（劳动力人口781人，男477人，女304人）。覆盖村庄的公路大概有21.4公里，均为盘山公路，但都没有硬化，可谓"晴天尘土飞扬，雨天满地泥泞"。村民饮水主要靠水窖聚集的雨水，虽然村庄于2008年初安装了自来水，但是由于水管设施以及地形陡峭的问题，占全村二分之一人口的新义经常饮用不到自来水。因此，新义村先天的地理特征在很大程度上制约了村庄的发展，也是村庄封闭落后的主要原因之一。

就新义村的经济发展而言，村民基本是以种植业为主要的生活支撑，村庄的养殖业也只是处于零星起步的状态，而村民最大的致富梦想是外出打工。

表1　　　　　　　　　　　　新义村经济发展现状

种植业		外出务工		养殖业	
耕地面积	苹果树种植面积	常年打工人数	常年外出务工户	专业养猪户	养羊户
6266亩（人2.97亩）	507亩	650人	42户	1户	1户

从表1反映出，新义村的种植业在村民的经济生活中占有很大的比

重，而能够根据本土条件发展的养殖业却寥寥无几，占全村人口 31%
的村民和占村庄 11% 家庭以外出务工作为家庭收入的主要来源，而且，
随着农作物价格不断降低的现状，新义村外出务工的人出现了增长的趋
势。

就村庄的政治状况来说，新义村在村民自治方面主要是村干部决定的
方式，村民在政治认同上处于低水平的状态，很多人对于村庄的事务，只
要与自身利益关系不大的，均表现出漠然的态度。

村庄的文化生活几乎为零，只是 2008 年有一次"送书下乡"的活
动，位于村办公室的象征性的书报阅览室也只是一个摆设。村庄也从来没
有看到过政府的任何政策宣传，而村民获取信息的渠道只是来自电视上的
节目。因此，新义村村民的文化生活极度匮乏。

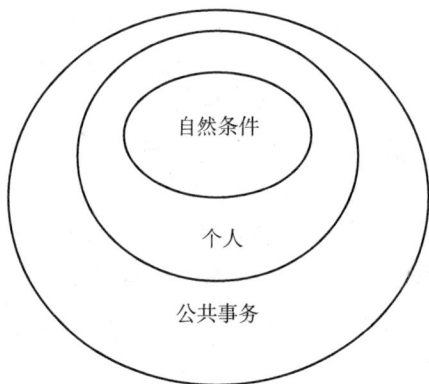

图 1

如图 1 所示，新义村在乡村治理方面表现出来的是一种无序的状态，
无论是村干部，还是村民，他们都是依照乡村自然条件而过着传统农业耕
作的生活。虽然农村的社会化也使得村民开始融入到了现代化的浪潮中，
但是，他们从根本上还是习惯于以家庭的利益为主体的生活模式。他们也
关心村庄的发展，但这些公共事务必须是在满足了自身的需求之后才会考
虑的事情。这种现状难以重聚民心民力，很难凝聚村庄的社会力量，故而
村民对待村庄的公共事务的参与度都不高。而这种结果必然使得村民、村
庄干部、乡级政府之间在乡村治理上难以达成有效的共识，从而形成村庄
与村民利益无法得到有效维护的恶性循环。

三 落后地区乡村治理的困境

新义村的自然条件极其恶劣，村庄的经济条件很差，村民基本处于靠天吃饭的状态；村庄的公共事务几乎为零，这与当前新农村建设的目标相去甚远。虽然，新义村的这种现状不具有普遍性，但是，它在自然条件方面至少代表了西北一些偏远农村的基本特征，因而，由这种现状所衍生出的后果也正是落后地区乡村治理的困境所在。

（一）乡级政府职能不到位的困境

乡级政府作为国家最低层次的政府机构，现阶段它的职能到底有哪些呢？"职能是确定一级政府或者一个单位存在的依据，只要还有职能存在，这个单位或者这一级政府就有存在的必要……目前乡级政府的职责主要有以下几个方面：一是收税和收费，前者是为国家干事，后者是为自己捞工资；二是维持社会治安；三是帮助农民搞服务；四是计划生育。"① 目前，就第一项工作来说，自从 2006 年 1 月 1 日起，我国全面取了农业税，自此结束农民种田就缴"皇粮国税"的历史。"取消农业税，其实质内容是国家、集体和农民之间利益关系的调整，是农村政治权力和政治权利的变革和调整。它在减轻农民负担的同时必然会对现行的政府间财政关系、农村基层政权、农村公共服务的供给方式和管理产生巨大的冲击和影响，从而对乡村治理产生重大的影响。"② 因此，这项基本占用了乡级政府干部大部分精力和时间的工作，随着农业税的取消也随之减轻了他们多半的工作量；而维护社会治安严格地来说不应属于乡政府的职能范畴；对于计划生育这种特殊的国策，在欠发达的农村来说，除了对村民进行说服教育外，也勉强算作政府工作的范围，但是，随着农村的社会化，村民的生育观念也在发生着变化，故而，计划生育的工作也会随着时代的发展和村民观念的变化不再成为一件难办的事。

那么，在新农村建设背景下，乡级政府的职能到底是什么呢？"县乡政府最贴近农民，更容易获得和把握农民对公共产品和服务的需求信

---

① 邓大才：《邓大才：八问乡级政府存在的理由》，中国乡村发现网。
② 张立芳：《免征农业税后乡村治理问题解析》，《调研世界》2009 年第 7 期。

息，由县乡政府分析利用这些信息，可以避免信息在政府间传递过程中可能发生的信息不对称乃至信息失真，从而可以使公共支出的安排更有效。与中央和省级政府相比，由县乡政府负责农村公共产品的供给，具有信息搜寻费用低、安排的项目针对性强和更便于引导农民参与等优势。"① 笔者认为，在现行条件下，乡级政府的职能应该适应全国以及国际趋势的要求，由命令型政府向服务型政府转变。"从建设服务型政府的角度看，县乡政府在新农村建设中的职责范围包括三个层面。一是为新农村建设提供基本的公共管理服务，包括为国家机器正常运转所提供的管理服务，以确保县域社会经济运行的协调有序。这是县乡政府的基本职能，也是开展社会主义新农村建设的必要条件。二是落实中央提出的扩大公共财政覆盖农村范围的目标，促进县域范围内的公共事业的发展。一方面，为辖区内农民提供教育、卫生、环保等公共产品和服务；另一方面，完善农村优抚、救济、救灾等社会保障体系，在有条件的地方建立农村最低生活保障和养老、失业保障制度，创建和谐有序的社会氛围。三是把握辖区的社会经济走向，特别是区域的比较优势及其变化，并通过制定新农村建设规划和提供政策指导，为区域比较优势的发挥做出应有的贡献。"②

但是，在像新义村这样落后的地区，情况却并非如此。乡政府在执行其职能时，具有明显的倾斜性，这种倾斜主要是将一些好的项目投入到该地区的示范村，而落后的乡村却得不到同等的发展机会，从而出现了地区间的不平衡，越落后的地方越得不到支持。

这种困境在于，乡政府一方面在试图转变自己的职能，但是却带有明显的在短期内追求政绩的思想。诚然，没有哪一个领导在任期内甘于默默无闻，但是，当乡级政府不是为了整体的发展而是为了追求获得自身利益筹码而只在示范村执行其职能的话，必然会使落后地区出现严重的发展不平衡，而这种富者愈富，贫者愈贫的现状是与新农村建设的目标背道而驰的，也不符合乡村治理的要求。

---

① 张立承、朱刚：《新农村建设中的县乡政府职能转变》，http：//www. cass. net. cn/file/2006033157382. html

② 同上。

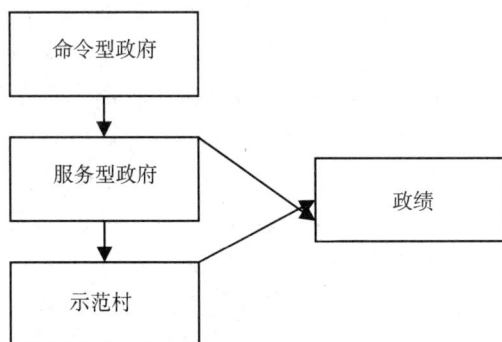

图 2

（二）信息不对称与村民政治认同弱化的困境

"从当前中国农村基层组织工作模式来看，沿袭人民公社体制建立的村级组织，在推行乡村计划时，仍固守自上而下的工作模式。"① 这种工作模式使得村民没有机会参与村庄的一些发展计划，也不能明白这种计划的重要性和对自身利益所产生的正向的影响，正因为长期以来的习惯以及村民缺乏共同参与的自主性，使得地方政府、村委会与村民之间产生了严重的信息不对称现象。而这种不对称最终的结果是加深了村民对村委会和地方政府的不信任感。

"事实上，有效的对话机制并非来自中央政府更多的资源与行政授权，而是来自基层政府与村民在共同参与乡村治理的过程中，是否能够通过彼此信任去营造公民社会的资本，如何通过有效沟通，让村民能实质性的且持续的参与来降低彼此的不信任感。"② 新义村在村庄的管理以及有关村庄发展计划方面沿袭了这种工作模式，很多村民都认为在村庄的发展上村民没有话语权，即使有想法的村民也不能得到乡政府的支持，他们的建议和愿望得不到重视和肯定，所以，村民与村干部、乡政府干部在这种互相的不信任和猜忌中很难达成一致和共识。

有学者将乡村治理的模式分为原生秩序型乡村治理、次生秩序型乡村

---

① 周运清、王培刚：《全球乡村治理视野下的中国乡村治理的个案分析》，《社会》2005 年第 6 期。

② 同上。

治理、乡村合谋型的乡村治理、无序型的乡村治理①。按照这种治理类型分类，新义村在乡村发展与治理的过程中既有次生秩序型和乡村合谋型的治理类型的因素，又有无序型乡村治理的影子。因为，在新义村，村庄缺乏原生秩序的能力，也缺乏生产价值的能力，村庄的现状对村庄的精英分子不具有吸引力，故而，对于现任的村干部来说不存在失去岗位的危机感。故而，无论是乡政府还是村级干部对于村民获取信息的愿望都可以视而不见，这就进一步离散了干群的关系，最终造成了村民对村干部及政府的不信任，缺乏政治认同。

表 2 村民政治认同的结构性类型②

认同结构	认同对象		
	中央政策	乡镇政府	村干部
结构 A	高	高	高
结构 B	高	低	高
结构 C	高	高	低
结构 D	高	低	低
结构 E	低	高	高
结构 F	低	高	低
结构 G	低	低	高
结构 H	低	低	低

---

① 参见贺雪峰、董磊明《中国乡村治理：结构与类型》，《经济社会体制比较（双月刊）》2005 年第 3 期。原生秩序型乡村治理，就是村庄具有很强的原生秩序能力，这种原生秩序的能力不仅表现在村庄提供公共物品的能力方面，也表现在生产价值的能力方面。次生秩序型乡村治理，就是村庄缺乏原生秩序的能力，村级治理状况较多受成文制度的决定，村庄缺乏生产价值的能力，村庄精英不能从村干部职位上获取足够的社会性收益（声望和面子）。乡村合谋型的乡村治理，即当村干部职位既不能获取社会性收益，又没有可观的正当经济收益时，村庄精英不愿竞争村干部职位，在任村干部因为缺乏稳定的预期收益，而倾向利用手中权力谋取短期收益，尤其是利用村庄现实及可能的资源，来捞取灰色收入，由此造成对村庄的毁灭性损害。无序型的乡村治理，指一旦村干部既不能获取社会性收益，又不能获取经济收益，村干部职位就不再对村庄精英具有吸引力，成文制度如《村委员组织法》，因为不再有村民对村干部职位的积极追逐，而流于形式。

② 参见郭正林《乡村治理及其制度绩效评估：学理性案例分析》，《华中师范大学学报》（人文社会科学版）2004 年第 7 期。

由于这种信息的不对称，在新义村，大多数村民的政治认同结构都属于B和D结构（见表2）。他们认为，国家的各项惠农政策都能够从农民的切身利益出发，切实为农民谋利益，比如新农村建设、税费改革和农合医疗等都给农民带来了相应的实惠，但是，就国家的这些政策，他们对于具体的情况却根本不了解，比如，当村民生病时，他们很多人都不知道如何享受农合医疗的政策。无论是B结构的村民还是D结构的村民，他们对于乡镇干部的认同都很低，因为，乡镇政府既不能给村民以相应的政策扶持，而且其职能也不到位。分布在B结构的村民，大多是与村干部比较熟悉的人，只占村农民的少数。而分布在D结构的村民人数较多，他们认为村干部能力不高，且村务根本不公开，村民从来不曾参与过村庄的事务。

而这种由村民与村干部、乡镇府信息不对称而造成的村民对其政治认同的低下，最终的结果是，村庄的各种问题得不到有效的解决，从而损害了村民自身的利益。在全国新农村建设搞得如火如荼的今天，这种乡村的治理现状却缺乏和谐与协调的因素。

（三）小农经济思想与发展愿望的矛盾

在一个地区发展的过程中，自然条件的优劣与否对该地区的发展前景能起到很重要的作用。如前所述，新义村的自然条件极其恶劣，村民的生活水平远远跟不上现代社会发展的水平。而在此过程中，村民往往只以自己家庭为中心，思考问题以目前利益为出发点，不愿意冒一点点风险，不愿意做一点点尝试。这种思想导致集体事务上村民人心的涣散，没有凝聚力。而这种思想在一定程度上根本无法凝聚村庄的社会力量，当需要集体进行村庄公共建设的时候，往往出现"磨洋工"、消极怠工的情况，而且抱怨声不断。而这种就是典型的小农经济思想的体现。如图3所示：

诚然，这种小农经济思想的存在并不足为怪，但是，在像新义村这样自然资源贫乏的村庄，如果没有一定的集体的行动，比如修路、修水渠、修梯田等，单凭个人的能力是无法完成的。正如前面所述，乡村治理的第一层含义是治理的自主性，所以，要实现村庄的发展，最主要的是村民的自主能动性的发挥。然而，村民却意识不到这种集体的重要性，他们既希望改变村庄的现状，又不愿意动摇自身的眼前利益，因为如果像修路、修梯田等会损害部分村民的利益（主要是占用个人的耕地），一旦当这种矛

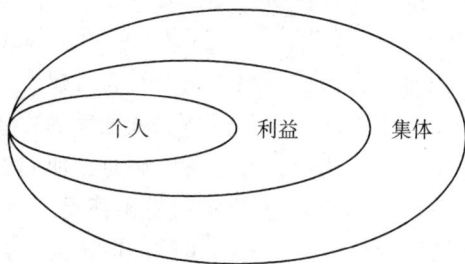

图 3

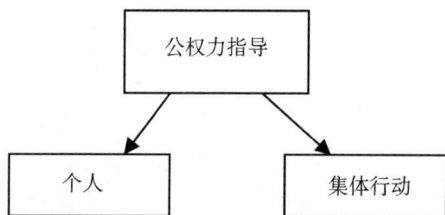

图 4

盾得不到解决，那么这种集体行动也就无法进行。

但是如果能以政府命令的形式进行的话，结果会与这种自主集体行动经常搁浅的情形大大不同。

所以，当村民的凝聚力不足以推动村庄公共事务的进行时，这种由公权力指导的方式不啻为解决村庄公共事务的一个有效的方法，这也正是现阶段乡镇政府服务型职能的一种体现。而且，事实也证明，这种方法是行之有效的，因为，村庄 2008 年在乡政府的推动下，修了一小部分梯田，均没有村民对此发难。

在当今社会，小农的社会化使得村庄不再是一个封闭的、自给自足的小社会，"当今的小农户已不再是局限于与世隔绝的'桃花源'里，而越来越深地进入或者卷入到一个开放的、流动的、分工的社会化体系中来，与传统的封闭的小农经济形态渐行渐远，进入到社会化小农的阶段"。①

---

① 徐勇：《"再识农户"与社会化小农的建构》，《华中师范大学学报》（人文社会科学版）2006 年第 5 期。

在这种社会化的小农社会中，如果不能实现村庄公共设施的健全、村庄经济的发展，那么村庄也就失去了获得好的发展的机会的可能。因此，村民的这种被动性与他们的期望之间形成了一种矛盾。而这种矛盾除了前面所述的乡级政府、村干部的原因外，从村民自身的角度来讲，就是他们传统观念转变的一个过程。

四　落后地区乡村治理的对策

通过以上的分析，在新农村建设的背景下，落后地区乡村治理依然任重道远。本文基于新义村的现实，就落后地区乡村治理提出一些对策。

（一）转变乡级政府乡村治理的模式

如前所述，乡级政府作为国家最低一级的政府权力机构，在现代社会其职能必须由领导型的政府向服务型的政府转变。开展新农村建设，一方面各级政府要加大对"三农"的政策扶持和资金投入；另一方面要转变乡级政府乡村治理的模式，通过其治理模式的转变，为社会主义新农村建设提供强有力的基层组织保障，促进政策的合理调整和资金的优化配置，加快社会主义新农村建设的进程。

对于落后地区，尤其是自然条件比较恶劣的地区，乡级政府更应该对其进行政策的宣传和引导，对于该地区的一些示范村，加大投入是应该的，这样就可以为大多数的后进村起到模范带头的作用，但是乡级政府不能为了追求政绩将一些既缺乏原生秩序能力，又缺乏生产价值能力的村庄弃之一旁，任由其自然发展。为了避免这种政绩观而导致整体不发展的状况，第一，应当将最落后村庄的发展作为考核乡级干部的工作情况的一个重要指标；第二，在评价乡级干部时，进行民意调查，将大多数村民的意见纳入干部考核的绩效当中；第三，建立科学的政绩评价体系，改变人治化的政绩评价模式。

（二）倡导信息公开，增强村民的政治认同感

信息不对称是村民缺乏政治认同的一个重要原因。推进新农村建设，实现乡村社会良好治理，需要打破传统乡镇政府对乡村公共治权垄断的管理格局，应当以对话机制的方式实现乡级政府与村民的信息对称，这就要

求，第一，在乡村治理的过程中，作为联系"三农"最紧密的基层政府，乡级政府应确保中央政府出台的惠农政策得到不折不扣的贯彻和执行，确保中央方针政令畅通；第二，作为村干部，要进行村务公开，让村民参与乡村的发展计划的制定与实施；第三，无论是乡镇政府还是村干部，要经常听取村民的意见和建议，将村民好的想法付诸实施，以实现乡村的发展。因此，要通过各种方式，倡导信息公开，鼓励和支持村民积极参与村庄治理，增强村民的政治认同感。

（三）创办特色产业，增加村民收入

美国经济史学家道格拉斯·C. 诺思认为："有效的经济组织是经济增长的关键。"[①] 其实，农村所有问题的根源在于农村经济的落后，而能够实现农村增产，农民增收，这是国家一直努力的目标。当前，在像新义村这样落后封闭的农村，村民收入的来源除了传统种植业以外，只能以外出务工的方式来增加家庭的收入，但这种增收根本没有长远的保障性。

因此，对于经济欠发达地区，应当在政府的扶持和政策的引导下，启用乡村民间资源，创办适合本地区发展的特色产业，比如养殖业和特色种植业，以农民为基础，构建多元主体共同参与、良性互动的乡村治理机制，形成国家、村庄、村民以及外来力量等合作共赢的局面。

（四）引导村民参与乡村治理的自主性

中国几千年的小农经济的思想，形成了村民的一种保守、封闭、短视、涣散的文化性格，在农村社会化的今天，这种思想依然在顽固地存在着。虽然村民都知道相互之间的合作是解决乡村一些公共事务的有效方法，但是，他们在行动之前却患得患失，生怕自己吃亏或者得罪人。而这种思想正是阻碍村民参与乡村治理的一个因素。故而，乡级政府和村干部要通过各种资料的宣传，让村民意识到只有合作才是解决乡村很多问题的关键，而这种协调和互助也正是乡村善治的应有之意。因此，"我国乡村基层政府的重大使命之一，应该是努力克服人民公社体制的影响和自上而下的运作方式的惯性，应用组织和制度方式重组民心民力，促进村民转变

---

① ［美］道格拉斯·C. 诺思著，历以平等译：《西方世界的兴起》，华夏出版社 1999 年版。

'两眼向上'和'等、靠、要'的思想，由依赖政府转向依靠自己……真正履行当家做主的职责"。

五　小结

衡量农村的稳定与否，不能单从社会治安的好坏的显性层面来考察，它还隐含着村民的情绪、政治认同等方面的隐性因素。像新义村这样落后封闭的农村，虽然村庄在社会治安上处于良好的状态，但是，如果不能考虑到村民这种隐含的思想上的不稳定因素，那么，这样落后的地区依然存在着欠稳定的危险。因此，在新农村建设的背景下，如何实现落后地区乡村治理的"善治"，依然是一个任重道远的过程。

参考文献：

［1］周运清、王培刚：《全球乡村治理视野下的中国乡村治理的个案分析》，《社会》2005 年第 6 期。

［2］贺雪峰：《乡村治理研究的三大主题》，《社会科学战线》2005 年第 1 期。

［3］俞可平、徐秀丽：《中国农村治理的历史与现状——以定县、邹平和江宁为例的比较分析（续）》2004 年第 3 期。

［4］邓大才：《邓大才：八问乡级政府存在的理由》，中国乡村发现网。

［5］张立芳：《免征农业税后乡村治理问题解析》，《调研世界》2009 年第 7 期。

［6］周运清、王培刚：《全球乡村治理视野下的中国乡村治理的个案分析》，《社会》2005 年第 6 期。

［7］周运清、王培刚：《全球乡村治理视野下的中国乡村治理的个案分析》，《社会》2005 年第 6 期。

［8］参见贺雪峰、董磊明：《中国乡村治理：结构与类型》，《经济社会体制比较（双月刊）》2005 年第 3 期。

［9］参见郭正林：《乡村治理及其制度绩效评估：学理性案例分析》，《华中师范大学学报》（人文社会科学版）2004 年第 7 期。

［10］徐勇：《"再识农户"与社会化小农的建构》，《华中师范大学学报（人文社会科学版）》2006 年第 5 期。

［11］［美］道格拉斯·C. 诺思著，历以平等译：《西方世界的兴起》，华夏出版社 1999 年版。

［12］周运清、王培刚：《全球乡村治理视野下的中国乡村治理的个案分析》，《社会》2005 年第 6 期。

非农经济结构下村企产权纠纷
与村庄治理的相关性

——一项对云南省 F 村的个案分析[①]

一　问题的提出

　　非农经济背景下的村庄治理不是一个新的问题。学界对乡镇企业主导下的乡村治理形式的研究大致可以分为两类：一是针对一些以村庄集体经济带动乡村社会发展，进而推进乡村治理机制的实现，如项继权对三个集体经济村庄的比较分析[②]；二是针对东部发达地区，特别是江浙一带的乡镇企业发达地区的村庄经济及政治的研究，如苏南模式等便是学界常见的研究主题[③]。这些地方都存在着鲜明的特征，前者是由传统的计划经济保留的集权主义模式下，以某个强势的村庄精英主导下实现村庄经济振兴，进而促进乡村政治的发展；后者则是集中对这些模式的兴衰演变及其对乡村政治发展影响的研究，这些模式的突出特点就是政府强力主导下的乡镇企业的发展、改制使得乡村经济有了不同寻常的发展，而这种背景下乡村政治也随之发生新的治理上的变化。乡村集体经济的发展与嬗变使得村企关系也出现新的特征和问题。

　　本文所要阐述的案例更多的和后一种形式相吻合，但是却又有着显著的不同。该案例发生在西部一个靠近云南省城的某县 F 村。该村农业经济结构松散，非农经济在村庄经济比重中占据绝大部分。村庄拥有一个集体所有的乡村企业，并且顺应国家的政策，于 1994 年时进行了股份合作

---

　　① 作者：程勇，华中师范大学政治学研究院中外政治制度专业 2009 级硕士研究生。

　　② 项继权：《集体经济背景下的乡村治理》，华中师范大学出版社 2002 年版。

　　③ 毛丹：《后乡镇企业时期的村社区建设资金》，《社会学研究》2002 年第 6 期；《中国农村公共领域的成长》，中国社会科学出版社 2006 年版，第 113—126 页；董磊明：《传统与嬗变——集体企业改制后的苏南农村村级治理》，《社会学研究》2002 年第 1 期。

制改造，演变成为一个村庄占主导的乡村股份制经济实体。然而产权的明晰并没有带给乡村集体真正的经济收益，反而沦为极少数个人的财产。财产权的缺失，最直接导致了村庄收入的流失，而使得村庄在提供公共产品上出现了严重的困难。非农经济结构下，村庄的治理能力更大程度的依赖于村庄集体经济的收入；然而当集体经济的财产权沦为个人财产时，便在村庄形成了一个社会分层现象，这就出现了一个潜在的两极分化的村庄现实，从而使得村庄治理的压力加大，进而产生潜在的不稳定因素。并在这个过程中出现了乡村政治精英向经济精英的流失。试以苏南模式和本案例做个比较而言，可以明显看出两者存在着明显的异同。

从区域位置上讲，本案是发生在西南边陲省份的县域经济体下的一个村庄，该村的非农经济的发展依托于县城驻地的区位优势；而苏南模式则是利用东部沿海的区位优势，在广大乡村地区较为普遍出现的一种集体经济运行模式。两者都有着明显的特殊的区位优势，但是这种区位优势又对两者产生着不同的后果。从发展历程上看，两者都经历了计划时代的集体经济所有制；都在20世纪90年代中期进行了股份合作制改造，明确产权制度、有效地促进了集体经济的进一步发展。从改制结果来看，本案的乡村企业虽然经过了改制，但是应有的效果并没有显现出来，企业经过改制后，虽然明晰了产权，但是却沦为某些个人的财富，从而使得乡村集体经济出现流失，进而危及村庄治理；而苏南模式下的乡村企业经过改制后，进一步促进了乡村企业的蓬勃发展，村庄也在乡村企业的发展中得以有效的治理。

由此，在非均衡的中国政治结构以及市场转型的过程中，探讨西部地区的非经济结构下集体经济流失对村庄治理造成的潜在后果便有了现实意义和理论价值。本文正是在对案例进行描述的基础上，提出村庄主导下的集体产权在经历了计划经济向市场经济转型过程中出现的流失，从而造成了对村庄的四重影响：村庄公共物品供给能力降低；村庄治理的社会基础缺失；村庄社会分层的凸显；村庄治理精英的流失。

二 F村企产权的嬗变：案例的回顾 （1971—2010）

从本案例发生的时间序列看：自20世纪70年代以来，经历了计划经济时代、十一届三中全会和改革开放时代、市场经济确立和发展等历史性阶段。党和国家在不同历史时期，根据治理国家的需要采取了不同的经济政策和政治路线。基于历史制度的结构性动因，将该案例分为如下五个阶段：

（一）十月基建队的诞生：1971—1978

1971 年十月大队队长在大队下辖各生产队中选出 18 名能工巧匠成立基建队，进行修缮事宜，并对外承揽活路。这个时期的中国农村社会正处于人民公社的特殊历史时期。村庄最主要的任务是为了解决"活路"，解决村民吃饭问题。由于在再分配经济下，政社合一和人力资本的缺失，劳动力在这个时候并不能作为劳动者的个人属性享受使用和收益权，体现为"非市场交易"状态。这样的制度安排下大队正是以行政方式配置人力资本，并将其产生的生产剩余纳入到村庄统收统支的体制中来。所以十月基建队最初的资产便体现了公有制特征。据创始人高××介绍，他是 20 世纪 70 年代初的十月大队下属七社的生产队队长，因为是木匠，会手艺，故当时的十月大队领导叫其带着社员搞副业，因此成立了十月基建队，任命其担任队长。这些基建队成员囊括了各生产队具有建筑手艺的社员，并都经十月大队挑选、认可才可以从事副业，队员自带工具务工。此时期的建筑队完全是靠劳动力投入起步，没有任何的资金投入。基建队揽活取得的收入交给生产队，然后十月大队统一安排、分配到社员所在的生产队，队员到自己所在的生产队以计工分的形式分取一年的口粮，也就是"大锅饭"的形式。从而可以看出，在建筑队成立之初，村庄以村庄劳动力投入的形式享有建筑队的全部权力，且建筑队收入也纳入到村庄集体收入中，建筑队领导也是以行政的形式进行任命。所以，在形式和实质上都实现了村庄对基建队的全部产权，这个靠纯劳动力投入的经济实体所产生的收益和积累必然属于当时的村集体所有，是一个名副其实的集体经济形式。这一形式一直持续到十一届三中全会前。

（二）资产积累与控制权上移：1978—1993

到了 20 世纪 70 年代末 80 年代初，中国经历了十一届三中全会、包产到户、改革开放等一系列政策变化。此时的 F 村办事处发挥了其位于城关的区位优势（政府开始大量征用村庄土地用于城市建设）。而村庄为了促进集体经济的发展，在政府征用土地的时候提出要求：凡征用土地的建筑工程都需要由本村的建筑工程队进行施工。十月基建队（后更名为匡山基建队）便通过这样一种方式，开始采取了包工包料等形式承揽工程，收益越来越大，逐步开始有了积累，且资产越来越多。在建筑公司的发展壮大、资金积累的过程中，F村办事处将本村的土地提供给基建队作为仓库使用，提供车辆作为运输工具来进一步促进集体经济的发展。但直到1994年股份改制之前，都没有将积累起来的财产进行产权的划分。

基建队仍然持续着之前的管理模式。基建队的人事、奖金分配、伤残处理、技术培训等仍然是由当时的村办事处、村党支部决定，也就是说基建队在此时期仍然属于乡村集体所有制企业，其资产仍然属于乡村集体所有。在此期间，基建队创始人高××一直担任七大队队长和基建队队长的职务。并于1988年开始担任办事处党支部书记和基建队队长之职。从此，村庄办事处和基建队开始了两块牌子、一套人马的管理模式。办事处的很多工作人员也同时在基建队任领导职务。

1990年1月2日，镇人民政府作出了×镇发〔1990〕1号《关于成立镇建筑实体公司的决定》中载明"公司是该镇各办事处建筑队在自愿的原则下集资开办的集体合作企业，农村办事处建筑队的资产财物所有权归办事处集体所有"。另外，第六条规定了经理、副经理由政府任命。第九条规定了公司下辖5个建筑队，其中包括匡山建筑队。第十条明确农村办事处建筑队的资产财物所有权归办事处集体所有。这样村庄集体经济的人事任命权发生了上移。一直到1994年，该公司的法定代表人都是由行政任命，由F村委会的书记兼任，同时该公司下辖的六队一厂的负责人也都是由各生产队的队长兼任。这也说明了建筑公司成立之初依然是该办事处下辖的一个经济实体。此时，地方/基层自主性对村庄治理影响开始凸显。

（三）产权明晰与政企不分：1994—2004

到了1994年，中国农村经济为了适应从计划经济体制向市场经济体制转化，此次改革就是当时全国上下所进行的乡镇集体企业股份合作制改造。其目的在明晰企业产权、确立企业的独立法人地位，有利于筹集发展资金促进新的投资体制的形成。也正是在这样的历史背景下，云南省委、省政府制定政策，推行此项改革。在云发〔1994〕19号文中，对股权设置由政策划分，即从该省实际出发将股权设置为：乡村集体股、职工个人股、社会法人股、社会个人股、特殊贡献股，不同企业其股权设置不强求统一，可根据企业的实际由企业具体确定。

1994 年 3 月 10 日，以 F 村办事处党总支的名义向镇党委递交《请示报告》，上报了匡山公司关于实行股份合作制的意见。镇党委、政府收此请示报告后，在同年 3 月 21 日向乡镇企业局进行了请示。3 月 25 日，县乡镇企业局对 "F 村办事处匡山建筑公司试行股份合作制请示" 作出批复，同意在匡山公司实行股份制，同时要求在改制过程中要写出 "股份合作制企业章程"、"验证资产核定数或资产评估报告"、"施行方案"、"职工代表大会关于实行股份合作制的决定" 等材料。据此，同年 7 月 29 日，企业集体方代表高××、企业职工代表杨××、辖区内农户代表签署了《乡镇企业股份合作制产权界定协议书》。协议书规定：企业资产存量评估总值 1076.96 万元，具体股份分配如下：

股份分成	乡村集体股	企业职工股	职工特殊贡献股	村民股
金额（万元）	449.41	454.47	52.38	120.7
所占比重	41.73%	42.2%	4.86%	11.21%

注：乡村集体股的代表方为匡山建筑股份合作有限公司（原匡山公司）；企业内部职工 406 人占有职工股；企业内部职工按职务高低、贡献大小的 46 人为特殊贡献界定个人资产方代表；辖区内农户 1207 户为股权界定农户资产代表方。

1994 年 7 月 25 日，匡山建筑股份合作有限公司章程（草案）形成。该《章程》（草案）中第三条明确："公司性质属集体所有制乡镇企业。"1994 年 8 月 11 日，县乡镇企业管理局下发《关于批准成立匡山建筑股份合作有限公司》的通知，载明："镇人民政府报来……同意成立匡山建筑股份合作有限公司，改制后的企业仍属集体所有制企业性质，享受集体企业的政策待遇。"但公司并未注册成功。

但是由于政企不分，公司的领导也是办事处的领导。原镇人民政府 1997 年底免去高××职务，任命李××为办事处党委书记及公司经理。后经过村改，将原来的办事处改为村委会，李××2000 年当选村主任，并继续担任公司经理至 2004 年。就这样一套人马、两块牌子的管理模式一直持续到 2004 年。

（四）个人吞噬与产权纠纷显现：2004—2007

2004 年李××在没有经过村委会同意的情况下，将公司搬走占为己有，同时辞去村委会主任职务，由此产权纠纷问题爆发。2005 年，根据县委、县政府的统一安排和部署，由县、镇经管站抽点工作人员 9 人组成财务清理小组，对匡山公司及其所属的 6 个工程队、1 个钢窗厂从 1994 年 1 月 1 日至 2005 年 3 月 30 日的财务情况进行了清查。2005 年 5 月 27 日，该清理小组出具《关于匡山公司财务清理的情况报告》，其中载明：

	退职工投资股金	退农户股金	退贡献股及内部职工股金	支付股息	上交管理费用	
					村庄	乡镇
金额（万元）	219.28	8.59	506.85	267.708558	100	59
余额（万元）		112.11	235.33			
年份	1995	1996.4 —2001.1		1995—2003	1994—2004	

注：据《情况报告》载明，至 2005 年清查时候，企业存量资产为 18630631.39 元，企业拥有"实际股东"122 名，管理权掌握在 11 人手中。此时的企业已然成为了一个名副其实的"私人企业"。正是信息不对称导致了村民完全在不知情的情况下，就失去了对集体经济的所有权益。

因匡山公司的财产所有权发生争议，县、镇两级政府对此多次进行协调处理——未果。2006 年 1 月 14 日县人民政府最终做出行政复议决定，将 F 村委会与匡山公司之间关于匡山公司的产权争议界定为平等主体的法人之间的产权关系争议，应根据《中华人民共和国民法通则》的有关规定来处理。

2006 年 11 月 17 日中共 F 村委员会向李××发出《会议通知》，要求其通知匡山公司相关人员办理该公司的资产、财产、账务等移交手续。2006 年 11 月 18 日，以李××为首的十一名股东代表，通过"匡山建筑股份合作有限公司"的名义，对该会议通知作出回复。明确指出匡山公司从 1994 年改制至今所有资产属于全体职工集体所有，F 村委会并没有投入过一分钱，也没有任何股份、股权、管理经营权，无权接管公司财产。

（五）艰难的维权之路：2007—2010

2007 年 F 村委会以集体的名义向云南省昆明市中级人民法院提请民事诉讼，将包括李××在内的 124 人告上了法庭，要求依法确认匡山建筑公司（未登记注册）股份合作制改制时的 1076.96 万元净资产属于 F 村的出资及公司出资份额百分之百属 F 村所有。昆明市中级人民法院依法于 2008 年 11 月 18 日判决确认 F 村对该建筑公司的财产享有 41.73% 的份额。

2008 年 12 月 28 日，F 村村民委员会依法向云南省高级人民法院提请上诉，对包括李××在内的一百余人提出诉讼。请求依法变更一审的判决，并确认 F 村民委员会对建筑股份有限公司的财产享有 100% 的份额。之后云南省最高法院于 2009 年 5 月 15 日依法驳回上诉，维持原判。至此法律上的程序告一段落。

但是，随着一个关键人物的离世，使得原本就不明朗的维权行动更加艰难。云南省高级人民法院的终审判决后，李××也因病离世，没能等到判决结果的执行。2009 年 6 月 2 日，F 村委会向县公安局经侦大队报案称，原属其村的匡山建筑公司，被原党委书记李××（已故）等人非法侵占，后在各级党委、政府的关心、帮助下，先后经昆明市中级人民法院、云南省高级人民法院，两级法院审理，确认 1994 年进行改制的 1076.69 万元，也就是改制当时公司的全部资产，是集体资产，村庄对公司的财产拥有 41.73% 的份额。从 2004 年至今，公司的所有收益都不知去向，比如狮子楼、F 村修理厂、原电缆厂的租金以及收回的原欠的工程款等，已被他们私分，所以该村恳请县公安局经侦大队，尽快立案侦查，避免集体经济损失，保护集体财产不受他人侵害。

2009 年 6 月 23 日 F 村委会向县人民检察院递交《F 村村民委员会关于与匡山建筑合作有限公司财产权属纠纷一案判决生效后的申诉状》请求执行云南高院关于村庄集体资产产权归属的 41.73% 的份额。

2010 年县人民政府先后成立了以县农技站站长为组长的财产权属纠纷财产清理工作组和以镇长为组长的财产权属纠纷维稳工作组进行产权纠纷和法律执行的后继事项。

然而，本案的纠纷依然在继续，村庄集体和村民依然处于非主体地位，企业依然在运作……

三　集体经济流失对乡村治理的影响

（一）村庄公共物品供给能力

这里依然依循本案例的发展脉络来分析村庄在公共物品供给上的问

题。在人民公社时期，经济上实行计划经济，一大二公的"大锅饭"形式。村庄集体经济在乡村治理中的主要贡献是为广大村民代缴各项农业税费；并从 80 年代后期起每个月向老人发足 90 元的生活补助。但是改革以来，村民在这两个方面都没有感受到改革的成果，反而产生了明显的"相对剥夺感"①。

其原因是：农村税费改革取消农业税，减轻了村庄的经济负担，但是村民没有感到生活的变化；而 90 元的老人生活补助一直到现在也没有随着生活水平和经济发展水平的增长有所增长。相反，在计划经济时代，村民享受到的是"大锅饭"，队社便是村民的保护性机构，这些机构既承担着经济性的职能，也承担着社会性的职能。村民在这些庇护性机构下享受着最低生活保障、医疗保障、养老保障等社会福利。而此时的集体经济所产生的收益也理所当然的用于这些服务性和保障性的社会建设中来。

"财政问题是乡村治理的基础性问题，财政能力影响和制约着乡村治理的绩效。"② 村庄治理体现着一种公共权力，而这种权力的行使在很多程度上依赖于财政能力的大小。该村的村级财政情况也可以分为两个不同的时期：失去集体财产前。此时期经历着整个农村税费的两个不同的阶段：改革前和改革后；虽然本村也承担着"三提五统"，也有着"三乱收费"。但是这些都没有加压到村民头上，而是采取本村的集体收入来承担，加上队社也承担一些社会性职能。经济水平和社会发展水平虽制约着村庄的社会治理能力，但此时期的村庄财政尚可完成村庄治理。而在失去对集体资产的掌控后，村庄的财政出现了严重的缺口，原本用于发放老人生活补助的资金无法找到来源；现任的村委会则采取银行贷款的形式每月足额发放，但是贷款不是长久之计。多年未变的村庄社会福利和社会保障，也使得村民无法享受到改革开放和经济发展带来的经济实惠。调研中发现，村庄的道路多处破损，行车困难，没有做到户户通水泥路。笔者调研时正值雨天，便亲身体验到了道路坑洼积水给村民带来的不便。在村八

---

① 相对剥夺感，是一个社会学术语，它意指人们在对资源占有产生依赖的情况下而对资源提供催生出满意度，因受到结构性条件的变化或者个人动机和行动的影响，而产生"相对被剥夺"的心理反应。这种相对剥夺往往与转型期的社会比较和人们主观期望有关。详见邓东蕙、黄菡：《社会转型期中国民众的相对剥夺感调查》，《苏州大学学报》1999 年第 3 期。

② 黄辉祥、汤玉权：《村级财政变迁与村民自治发展：困境与出路》，《东南学术》2007 年第 4 期。

组调研时也了解到村内的自来水管道也不同程度的坏损，很多村民的饮水受到严重的影响。但是村委会也因资金短缺，无法对这些村庄基础设施提供有效的供给。村集体财产的流失已然严重制约着村庄治理的绩效和乡村民主有效开展的基础条件的供给。

（二）村庄治理的社会基础缺失

村庄治理过程中社会基础缺失的第一层内涵是村民自治和村民委员会在治理村庄集体经济中的明显缺位；第二层次是村庄内部的社会关联性低化。

在第一层意义上讲，《中华人民共和国村民委员会组织法》第二条规定，村民委员会是村民自我管理、自我教育、自我服务的基层群众性自治组织，实行民主选举、民主决策、民主管理、民主监督，村民委员会办理本村的公共事务和公益事业，调解民间纠纷，协助维护社会治安，向人民政府反映村民意见、要求和提出建议。村民委员会作为集体性自治组织，在村庄企业成立之初便拥有对集体的产权。公司经历了从无到有、从小到大的发展过程后，村集体却在改制后失去了对集体经济的控制权。村庄经济的发展没有为村庄带来实实在在的利益，表现了村民自治在市场化改革面前的极度脆弱性。村委会虽然采取维权的形式打赢了官司，却依然处于赢不了结果的尴尬境况中。

而第二层意义上所讲的村庄社会关联性是贺雪峰提出的一个分析中国乡村社会秩序的一个概念。在他看来，"村庄社会关联一词特指村庄内部人与人之间具体关系的性质、程度和广泛性，它是村民在村庄社会内部结成的各种具体关系的总称"①。经历了计划时代到市场化改革时代，村庄也从同质的"熟人社会"过渡到具有明显差异的新型关系网络。按照社会关联论来看，村庄内部人与人之间可能产生的关系以及共同行为对村庄秩序产生不同的影响分为：强社会关联和弱社会关联。前者正是借助于传统和社会分层在村庄内部形成的，它通过村民内部所形

---

① 本文在引用强社会关联时，需要对贺雪峰所提出的社会关联作出修改，强社会关联能够为村庄提供秩序的基础，然而这种强社会关联究竟是否来自传统和社会分层则是受到质疑的。笔者认为，并不是有了这两者就有了强社会关联。本案中的事例证明弱传统和现代社会分层下却带来了低度社会关联。

成的关系网络来采取一致性行动，抑制对村庄利益和村民利益的侵蚀；而弱社会关联则无法达成这种村庄治理预期。本案例中的村庄一方面，由于行政村内自然村组多，且姓氏呈现明显多样性，没有宗族和家族的概念而具有着弱化的传统社会关联性的特征；另一方面，由于以村民自治为内容的政治改革和以放权让利、市场化为内容的经济改革所带来的村庄政治、经济多元化，又呈现出可以建立现代型社会关联的可能性。由此村庄的社会关联就呈现出弱势传统型和可预期现代型的双重特征，这一特征就预示着在村庄内部存在着低度的社会关联性。在这种低度社会关联下村民在面对村庄内部的经济产权纠纷时，既无法采取一致的行动来进行有效的"诉讼"；又无法付诸于舆论、传统伦理规范来谴责违规者行为。低度的社会关联承担不了村庄的建设性功能，也无法肩负起保护性功能来与村庄精英进行抗争，这就造成了村庄内部治理的社会基础缺失。

（三）村庄社会分层的凸显

从动因上讲，该村庄社会分层的出现是由于中国特有的从计划到市场的转型，市场嵌入到既有的权威结构之中，公共权力在某种程度上依然成为市场能力大小的决定性因素[①]。从案例中可以看出，建筑公司在整个改制过程中都是依托于集体资源得以发展。计划时代下是集体投入劳动力；在改革开放到改制前则是集体依托有利区位优势为公司承揽工程；在改制后更是以集体经济的名义在县乡镇企业局备案并有效的享有了国家对集体经济的优惠政策。改制后的企业仍属集体所有制企业性质，享受集体企业的政策待遇；而村庄则以提供本村的土地作为仓库、车辆工具，并利用村集体被征用土地的条件，为建筑公司承揽工程（被征用土地上的建设工程大都是由基建队来施工）等形式来支持公司发展。

从现实后果上讲，市场转型下的集体经济改制带来了村庄的中心群体和边缘群体的出现，村庄出现了收入的严重不平等。具体变化为村庄出现了三个不同的收入群体：公司的既得利益者、通过市场获得收益的所有者、村庄内部大量存在的低保户。究其原因，正是该案例所明显呈现出的，中国改革过程中社会主义权威结构和产权制度不完善相结合所产生的

---

① 刘欣：《当代中国社会阶层分化的多元动力基础》，《中国社会科学》2005 年第 4 期。

村庄集体财产被个人所侵吞，并在村庄中出现了一个清晰的财富聚集体。而与此同时发生的是广大农民被大量征去土地，被动的卷入市场经济的大潮中，缺乏资源的农民在从计划经济到市场经济的过渡中，只能被动的沦为边缘群体。

从纠正机制上讲，以村两委为首的维护集体经济行为的最初动因是要通过争取财产权来补给村庄的低保户。国家政策使得农民在改革中获得了生产的自由，而家庭联产承包责任制的实行也解除了集体对个体的责任；同时市场经济的"嵌入"式发展，也带来了农民在经济生活中的自主性。然而，现实中我们却看到了另一个场景，随着村民自治的建立，集体经济的解体，在中国的广大乡村社会面临着一个共同的问题：农村社会保障如何实现。失去资源的村民只有依靠市场来维持生存。而波兰尼在其《大转型》中向人们预示，自发调节的市场是不存在的，市场的扩张必然伴随着自我保护性运动，这种保护性行动必然伴随着政府的干预和集体的选择①。村庄的维护集体产权流失的行为、县级政府的文件、高级人民法院的判决无不向人们证明着这种干预的存在，然而结果却反映了这种干预的无力。村企财产纠纷的背后是一个抑制村庄分层，进而维护村庄治理的内在演绎逻辑。只有通过这种有效的行动才能够使得作为弱者的村民在市场大潮中不被更大的边缘化，才能维护村民原有的权力和权利，从而促进村民的历史主体地位和公民权益的实现。

（四）村庄精英的流失：从政治到经济

村治精英的流失是新的时期乡村治理需要亟待解决的一个突出问题。只有留得住精英才能实现乡村社会治理的有效运作。F 村为何失去了对集体财产的掌控，这个问题也许可以借助乡村精英的运作逻辑与地方政权的自主性"合谋"或合流来进行解答。

从前者看，村治精英对集体的背叛是直接原因。精英治理乡村原本就是乡村研究的重中之重。因为传统中国便是一个由精英治理乡村的，正所谓"皇权止于县"。关于中国乡村政治研究，特别是民主化研究的大量证据都论证了一个令人信服的观点：中国乡村民主化进程中，政治精英正是

---

① 波兰尼：《大转型》，浙江人民出版社 2007 年版；王绍光：《大转型：1980 年代以来中国的双向运动》，《中国社会科学》2008 年第 1 期。

起到了领导和关键的作用①。从政治经济的角度看，计划经济条件下，基层组织以集体的资源塑造了一个集体经济的实体。但是经历了市场转型过程后，村级组织却失去了对集体企业的控制。在这一过程中失去的也许不仅仅是经济资源，更重要的是政治资源以及社会资源。从20世纪70年代成立之初到1998年1月6日，一直由高××担任负责人（十月基建队队长、匡山基建队队长、匡山公司经理、公司副经理、公司第一工程处处长）。1997年12月31日至2000年10月2日由李××任F村党总支书记。而到纠纷产生之时的2004年，正是李××借助村领导职务之便将公司据为既有，并不再担任村委会职务之时。此过程可以看到三个阶段的变化：成立之初，通过村庄领导的授权，生产队的队长成为建筑队的领导；随着该领导精英角色的凸显，便成为了村庄的党支部书记，从此村企不分；到了2004年出现了李××带领亲信离职并将企业据为己有进行自主经营，从而出现了从乡村政治精英到经济精英的蜕变。前两个阶段还在证明国家体制在吸纳精英进入政治生活中的有效示范效应，后一阶段便证明了市场经济所带来的乡村大转型背景下，政治的吸引力已经要让位于经济的吸引力。

另一方面，地方/基层政权有实现自身自主性，以达到其自身利益最大化的潜在倾向。这种地方/基层自主性体现着两面性：在执行上级政策上会修改政策以便有利于本地的实际需要；在对内管辖权上，主要体现在高度依赖于对经济发展主动权的控制，特别是对企业的直接或间接控制②。从该案例中的集体经济的发展历程来看，建筑队成立到发展在领导角色上出现过两个人物的转换，一直以来，十月基建队的负责人都是行政任命。公司成立之初，领导由村集体决定，高××20世纪70年代担任十月大队第七生产队队长，1989年11月16日至1997年12月31日任F村党总支书记。但是到了1990年镇政府通过成立公司的决定将任命权上移。镇党委、政府与1997年底至1998年初，调整公司领导。并任命李××担任公司副经理、公司第一工程处处长（匡山公司经理）。该公司从成立、经历改制、至今从未进行过工商登记，但一直作为一个经济实体存在并正

①　黄辉祥：《"民主下乡"：国家对乡村社会的再整合》，《华中师范大学学报》2007年第9期。

②　熊万胜：《基层自主性何以可能》，《社会学研究》2010年第3期。

常经营。其原因便是镇政府为了收取管理费用和行政支出费用。这样村庄精英与基层政权在某种程度的合谋也促成了村治精英的转移。

参考文献：

[1] 边燕杰主编：《市场转型与社会分层——美国社会学者分析中国》，三联书店 2002 年版。

[2] 波兰尼：《大转型——我们时代的政治和经济起源》，浙江人民出版社 2007 年版。

[3] 邓东蕙、黄菡，《社会转型期中国民众的相对剥夺感调查》，《苏州大学学报》1999 年第 3 期。

[4] 董磊明：《传统与嬗变——集体企业改制后的苏南农村村级治理》，《社会学研究》2002 年第 1 期。

[5] 贺雪峰：《乡村治理的社会基础》，中国社会科学出版社 2003 年版。

[6] 黄辉祥：《民主下乡——国家对乡村社会的再整合》，《华中师范大学学报》2007 年第 9 期。

[7] 黄辉祥：《村级财政变迁与村民自治发展：困境与出路》，《东南学术》2007 年第 4 期。

[8] 黄辉祥：《村民自治的生成：国家建构与社会发育》，西北大学出版社 2008 年版。

[9] 刘欣：《当代中国社会阶层分化的多元动力基础》，《中国社会科学》2005 年第 4 期。

[10] 毛丹：《中国农村社会分层研究的几个问题》，《浙江社会科学》2003 年第 5 期。

[11] 毛丹：《后乡镇企业时期的村社区建设资金》，《社会学研究》2002 年第 6 期。

[12] 毛丹：《中国农村公共领域的生长》，中国社会科学出版社 2006 年版。

[13] 潘维：《农民与市场——中国基层政权与乡镇企业》，商务印书馆 2003 年版。

[14] 熊万胜：《基层自主性何以可能——关于乡村集体企业兴衰现象的制度分析》，《社会学研究》2010 年第 3 期。

[15] 项继权：《集体经济背景下的乡村治理》，华中师范大学出版社 2002 年版。

[16] 王绍光：《大转型：1980 年代以来中国的双向运动》，《中国社会科学》2008 年第 1 期。

农民权利主张与村庄治理

——以吉林省 B 村、P 村落为例[①]

一 权利主张的生长

经过新民主主义革命和社会主义革命，中国已经把西方经历了几百年时间才争取到的"公民权利"写进了自己的宪法，并通过一系列具体法律规定加以实现。但关于权利的认识，许多人往往存在着这样一种误区，即认为关于"权利"的"获得与生成"问题已经解决，剩下的就是从抽象原则到具体规定的技术问题或"纯法律"问题。[②] 事实上，关于公民权利的获得，往往不是由权利赋予者规定好了的，公民即可拿来实现的权利，即使由法律规定好一套公民获取权利的完美的技术和程序，若没有公民的主动诉求和主张，这些权利依然只是高高挂在墙上的"权利"和写在文本上的"权利"，无法真正落实到实践层面中去。弗利登曾指出：当我们说人类或某些群体拥有权利时，我们坚持着这样的观点，基于我们并不完美的经验性观察，即人们是一种富有生命力的存在，他们有着需要表达和被保护的重要属性。[③] 因此，若要使这种主动诉求转化为公民实际享有的权益，首先就要公民自身主动地去表达、去主张。这种被写在墙上和文本上的"权利"才能经过实践成为现实存在的公民权利。

随着我国市场经济体制改革和民主政治的发展，社会成员获得了越来越大的自主生存空间，其自主成长能力也随之得到提高。但在国家与公民二者关系运作中，存在着"以权力为主导"和"以权利为主导"两种不同的制度逻辑。前者运作逻辑为以公共权力为主导，公共权力塑造或规范

① 作者：刘媛媛，华中师范大学政治学研究院政治学理论专业 2008 级硕士研究生。

② 孟伟：《日常生活的政治逻辑》，华中师范大学博士学位论文，2006 年，第 181 页。

③ 弗利登：《权利》，孙嘉明、袁建华译，（台湾）桂冠图书公司 1998 年版，第 15—16 页。

社会成员的需求。而在"以权利为主导"的制度逻辑中，社会成员的需求作为"权利"被规定，是"可要求"或"可主张"的需求。① "一旦需求不再通过请求表现出来，而是通过主张来表现，那么公权者若不能满足需求，社会成员就可以提起诉讼，或通过其他的制度性方式迫使公权者作出让步，甚至可以合法地改换公权者。因此，一个社会成员享有向公共权力提出主张的权利，同时意味着公权者所担负的责任已经成为义务，不再是普通的、任选性的责任。公权者若不履行义务，就该承担相应的法律后果。因为否定或不履行义务就是否定或侵害权利。"② 由此，权利主张逐渐被提上日程。

权利主张是一种利益诉求。美国法学家庞德认为："利益是各个人所提出来的，他们是这样一些要求、愿望或需要，即如果要维护并促进文明，法律一定要为这些要求、愿望或需要做出某种规定，但是它们并不由于这一原因全都是个人利益。我们不要把法学家所使用的作为权利要求的利益和经济学家所使用的作为有利的利益二者加以混淆。"③ 因此，权利主张就是社会主体提出的、为了满足自己生存和发展，对于一定对象的各种需求。它既可能是一种法律化的权利，但公民由于无法通过有效途径得以实现，所以需要公民去主动表达和主张这些应当享有的权利；也可能是一种尚未法律化的利益要求，不管这种利益要求是否正当和合乎道德。然而即使是正当的诉求，但却因受到各种主客观条件的制约无法通过合法的途径得以实现，因此需要公民去主动表达自身利益诉求，也需要权利赋予者得以确认和识别。

权利主张具有一些特征。第一，权利主张的主体与权利主体不同。前者指社会主体，权利主体仅仅指利益诉求所对应的主体，是利益需求者本身；社会主体包括利益需求者以外的人，也就是说，社会主体可以帮助他人主张他们的利益，④ 特别是弱势群体或一些不能提出权利主张的主体。第二，一些尚未法律化的权利主张需要权利赋予者主动识别和确认。基于

---

① 孟伟：《日常生活的政治逻辑》，华中师范大学博士学位论文 2006 年，第 182 页。

② 夏勇：《中国民权哲学》，生活·读书·新知三联书店 2004 年版，第 219 页。

③ ［美］庞德：《通过法律的社会控制——法律的任务》，沈宗灵等译，商务印书馆 1984 年版，第 37 页。

④ 韩丽欣、郑国：《权利主张问题分析》，《南昌航空大学学报》（社会科学版）2008 年第 4 期。

自身利益受损或破坏，一些公民会提出某些对自身有利的诉求，可能大多数人认为这种主张不合乎道德，不是正当的，但它依然是一种权利主张。如何识别各种尚未法律化的权利主张，将真正符合公民利益的权利主张上升为法定权利是权利赋予者应该承担的责任。

在中国，随着法治社会的建立和市场经济的发展，一度被视为文本化、形式化的公民身份和公民权利不再被现代社会主体所接受，加之西方各种思潮传入国内，居民的视野大大开阔。在经济改革之后，无论是城市居民，还是农村居民，他们的经济和生活方式愈来愈多样化，不再仅限于处于单位制抑或人民公社制这种单一的经济管理模式之下，他们获取经济利益的途径也愈来愈多样化。在现代民主法治社会，越来越多的人强调自由、平等、公平、正义、民主和个人权利，然而在这种发展趋势之下，却出现了愈来愈多的利益分化和矛盾。在市场经济这只"看不见的手"的支配下，各种类型的社会主体看似进行着自由公平的交易，实际上却遭遇着不公平的挑战。由于优胜劣汰法则的存在，势必带给人类社会不平等、不均衡的一面，社会财富愈来愈多的集中在那些优秀的企业家、商人手中，处在弱势一方的群体，他们的利益极可能受损或被侵犯，他们的权利也极可能无法找到有效途径得以实现。处在弱势一方的群体，在市场竞争激烈、社会分化的现代法治社会，又该选择怎样的生存方式，有效实现自己的各种正当利益和各项公民权利呢？一个国家的决策者又该通过什么样的方式使得正在断裂开的社会重塑均衡的趋势，以使这种写在墙上的"公民权利"真正落实到日常生活中去，并重获社会发展的连续性呢？公民的权利主张为此提供了一个突破口。公民权利主张的行动是一种在社会变迁中最有利于强化和弥补社会连续性的方式。

在过去的一个多世纪中，人们关于权利的观念大大拓展了，权利的内容也日益得到丰富和完善。公民权利已经从公民的政治权利扩大到社会经济生活、从个人权利扩大至集体人权、从国内权利扩展到国际权利。但权利的发展离不开公民的主动诉求和表达，同时也离不开同各种侵权行为的斗争。只有在权利主张中才能将文本层面的权利落实到公民的日常生活中去。公民的权利主张是实现个人权利的首要环节，只有公民发生权利主张这一行为，公民的权利才有可能转化为真正的权利。党的十七大报告指出："人民当家做主是社会主义民主政治的本质和核心。要健全民主制度，丰富民主形式，拓宽民主渠道，依法实行民主选举、民主决策、民主管理、民主监督，保障人民的知情权、参与权、表达权、监督权。"这里的表达权也充分体现了公民权利主张的迫切性和合理性。

二 村庄治理中的农民权利主张动因及表现分析

（一）农民权利主张生长及动因

在社会转型期，随着社会经济结构的转变，人们在面临职业选择与生存发展方式时，势必经过观念认知、利益权衡之后才作出个人判断。在日常生活中，涉及自身政治、经济、社会文化等各个领域的利益时，人们一般都要通过正当、合法的途径获得。而这些关乎到自身生存和发展的正当利益，从法律和政治的角度来讲，又是人们必不可少的应享有的权利。那么人们若要在权利主张中实现自身权利，就要通过自身对权利的认知和行为的表达来展现。笔者以农民这一类型的社会主体为研究对象，试图从权利主张的二维分析角度即权利意识和行为表达来展开对农民权利主张的研究，深化公民权利和权利主张理论，促进村庄治理和基层民主发展。那么，农民权利主张产生及发展的动因是什么呢？

首先，社会利益格局的变动成为农民权利主张发生的深层动因。20世纪以来，国家体系在政治、经济、社会、文化等各个领域俱发生了几次迥异但不失连续性的变迁与重构。由一盘散沙走向垄断集中，经过战争的洗礼，广大人民群众在中国共产党的带领下建立了新中国，走向了计划经济与人民公社体制时代。在集体劳动、挣工分的经济活动方式下，人们的政治社会活动方式集中并统一。在群体性利益高度积聚并占据绝对位置时，个人利益与其积极性被掩盖在高度统一的价值观下，更不要提及个人权利与发展个性了。公民权利也只是被写在宪法里，无法得到有效实现。改革开放以后，由中国农民这一创造性主体率先发起的包产到户的农村改革，促使家庭联产承包责任制建立起来。由此，改变了农村改革前的国家主导、单一的农业经济生产方式和社会经济利益格局。经济改革和市场化的劲风逐步打破了旧的利益格局并重新整合，渐变的、充满活力的、多元化的经济生产方式和生活方式得以形成。在这一变动过程中，人们开始争取自身生存和发展的各种要求和权利，人们的利益、权利观念逐渐觉醒。从改革以降发展到如今，农村改革已走入一个深层次，却也遇到发展"瓶颈"的阶段——经济社会虽然得到充分发展，但发展必然带来差距。

目前，我国农村和城市、农村内部都出现了明显的差距，随着经济利益格局的转变，目前的社会正发生着鲜明的分化，出现了不同的阶层，甚至有些学者提出了"断裂"和"结构分离"等话语。这种发展成果的不均衡享有，更激发了处在弱势地位的人们权利主张的增长。因此，我们可以说社会利益格局的变动是农民权利主张生长的深层动因。

其次，当代中国政治发展和治理模式的转型为农民权利主张提供了良好的制度和舆论空间。随着经济利益结构的转型，当代中国政治改革也开启了新的篇章。改革开放以来，农村公社体制被废除，国家将乡政村治作为农村治理的基层政治制度，村民自治也取得了明显成效。而这种民主化进程恰恰又为农民的权利主张提供了良好的制度保障。随着当代中国政治的发展，中国上层领导人也逐步改变了"人治"和通过搞政治运动那种"大民主"的治理方式，转向依靠依法治国、党的领导和人民当家做主相统一的治理模式。随着政府办事透明化、公开化和让权力在阳光下进行等要求的逐步实现，当代中国政府的治理模式已开始逐步转型，为农民主张自己权利提供了良好的舆论空间。

再次，科技和社会的发展使得农民价值取向多元化、权利主张方式多样化，更为农民权利主张提供了有利的客观条件。萨顿把科学技术看做是最富有革命性的力量，它是一切社会变革的根源，近代两次工业革命的发生就与它有着密切的相关性。一方面，科技和社会的发展带来的现代化使得农民价值取向多元化，传统的、现代的、传统现代混合的价值观念在现代社会主体中相互碰撞和融合，不同年龄层的社会群体，他们的价值观取向就表现迥异。另一方面，科技和社会的发展表现为现代社会各个领域的发展，现代科技带来交通的便利和网络媒体的发展，更使得农民选择权利主张的方式增多，政府回应性成本也大大降低。因此，科技和社会的发展带来的价值取向多元化，权利主张方式多元化也为农民权利主张提供了有利的客观条件。

最后，农民的正当权利无法得以实现和侵权行为的发生成为农民权利主张生长的现实原因。虽然现代法治社会的发展给农民提供了有效的表达空间，也基本上做到了有法可依，但随着社会的发展，许多新问题、新困难也将层出不穷。一些侵权行为的最终处理结果是作为特殊的案例加以解决的，并没有形成制度化、程序化、正式化的法律文本。因此，一部分农民的正当权利往往无法得以实现，一些侵权行为时常发生。农民在面对自身正当权利无法得以实现或发生侵权行为时，他们的行动选择主要表现为：顺从与不行动、个体抗争（自伤、伤他）、集体抗争。农民的这些维权行为也是促使农民权利主张生长和发展的现实原因。

以上笔者总结了农民权利主张产生的原因，那么研究权利主张就要通过考察具体的农民权利意识和行为来反映整体，笔者就通过研究曾参与调查过的村庄中农民对政治权利主张、经济权利主张和社会生活权利主张等的行为选择来分析农民权利主张理论。

（二）村庄治理中的农民权利主张表现分析

从目前情况来看，农民依然是构成全社会成员的重要组成部分，农民的意识观念及行为选择会对村庄治理和基层民主发展产生重要影响。由农民创造的村民自治雏形及后来形成的村民自治制度开创了基层民主发展新的历史篇章，愈来愈多的农民意识到宪法和法律赋予自己的正当、合理的权利并努力为之争取。在村庄治理中，他们自身的权益诉求涉及政治、经济、社会生活领域等各个方面，他们以不同的观念认识、行为选择表现着自己对权利的渴望和主张，也深刻影响着现代乡村治理的模式与秩序。在本文中，以笔者调查的吉林省 B 村和 P 村农民的权利主张为例进行简要探讨，为下文关于权利主张的理论作实证案例分析。

1. 农民政治权利主张

在村庄治理中，最能直接展现农民享有权利、表达权利过程的是村民参加选举并进行投票，这是村民自治制度实施的首要环节，也是农民享有政治权利的直接体现。农民在村民自治中如何主张自己的权利，促进农村基层民主，关乎到农民切身利益的实现，更深刻影响着村庄治理模式的转型与社会主义新农村建设的发展趋向。农民的政治权利主张主要表现在对选举权和被选举权的认识及行为选择，对于村务民主决策、民主管理、民主监督权的认识及行为选择，与其政治权利受侵害后的行为选择等。

（1）关于投票行为，农民是被动参与还是主张权利

在调查中，B 村和 P 村村民关于这一问题的回答显示出共性，绝大部分村干部、党员及"明白人"选择的是"投票是我的权利"，而普通村民的选择是"村里要求去投票"。从农民对于投票的认识问题上，反映出其权利认知和权利意识的程度。一部分直接接触过政治权利概念或通过其他方式将这种概念印于心中的村中"精英"和知识分子对权利认知的程度

高一些，反之，其他普通村民对权利认识的无知或无谓，反映出其政治冷漠。然而情况也不尽如此，一些普通村民还是很关注参与村庄治理的人选问题，他们也认识到自己手中选票的重要意义，因此还是表现出主动参与投票的意向和行为。

（2）对于选举权的认识及行为选择

对于选举权的认识，B村与P村农民有不同的表现。首先，由于实行"海选"模式，B村竞选十分激烈，竞选村主任一职的候选人有三人，其中两位候选人的助选团实力相当，另一位候选人的支持者则分散了那两人的支持者力量。正因为竞争如此激烈，导致那两位实力相当的候选人出现矛盾和冲突，并致使八队村民未能按照正常程序进行选举，八队队长也放弃了此次选举，将近200张选票未能起到应有的作用。对于选举权被放弃，八队许多村民表示理解，因为他们多数人想选自己支持的候选人W，但这却引起了W的竞争对手Y的担心，Y派人来扰乱八队选举秩序，八队队长认为与其与之发生激烈冲突，不如不选，许多村民也认同了队长的做法。但是队长的做法却忽略了农民的权利，不管如何都应该让他们实施自己的正当权利。其次，B村选举由于实行允许一家人代投票规定，实际上这次村里换届选举，几乎都是由每户出一人（多数为户主）代投选票的。虽然许多村民因农活忙没能亲自参加投票，并且出现家中妇女因不懂选谁或碍于一家人面子而选同一人的现象，但这毕竟是农民应当享有的权利，允许代投票规定的实行给农民选举权的实施带来了许多弊端。再次，P村选举很顺利，但投票率不是很高，全村拥有选民资格的人数是253人，实际投票的人数是173人。虽然有些农民由于在外务工无法回来参加投票，但出现这种投票率较低的现象也反映了一些农民对于自己拥有的选举权缺乏认识，且不主动参与投票的情况。P村在支委会换届选举时也出现了代投票行为，仅有61户投票，有效选票为61票。以上两村农民对于自己拥有的选举权认识不同，B村虽然有一队农民因其他原因没有参与投票，但其他投票的选民依然珍视自己手中的权利，他们虽然可能受到竞选者小恩小惠的影响，但依然能够做到重视并主张自己的权利。P村农民对于自己的选举权比较重视，但是投票率反映了他们在作出行为选择时，并没有认为其选举权是不可放弃的一项重要权利。

（3）对被选举权的认识及行为选择

对于被选举权的认识及行为选择，B村与P村农民表现不同。首先，

B 村竞选村主任一职的三位候选人之一 Y，曾任过村主任一职。在任期间，因其不经过农民同意私自砍伐集体林地，派人殴打维护林地的农民，并私自扣除一部分上级下拨给农民的救灾粮种，被农民选下。此次选举，B 村选举委员会将其参选资格剥夺并向上级汇报了其情况，镇里同意了选举委员会的请求并张榜公示候选人。Y 因不甘心被选举资格被剥夺，故到镇和县相关部门上访，并派人重新做了公示榜张贴。县和镇相关部门的意见是要保持选举的顺利和稳定，村主任由谁当选还是由农民的选票决定，因此恢复了 Y 的选举资格。Y 与选举委员会的博弈以 Y 的胜利告终，选举结果也是 Y 最终当选。其次，P 村此次选举，上任村主任继续参与竞选，另一名竞选人却在临选举前退出。出现这种情况的原因，一方面可能是此村的村主任任职时间较长，工作经验丰富，威望较高，这名竞选人不愿与其竞争；另一方面，这名竞选人可能碍于情面，也可能是自己工作能力有限，最终选择退出。B 村与 P 村两名竞选者对于自己被选举权的主张和维护表现不同，可能与二者的工作背景和个人性格不同有关。对于被选举权的认识及行为选择，这两位竞选人的不同表现给笔者研究权利主张提供了较好的参考案例。

（4）选举委员会的权利主张

对于选举委员会的权利主张，前文提到 B 村选举委员会因 Y 的不端行为联名将其竞选人资格取消。笔者通过调查发现，B 村选举委员会由各队队长和村民选出的代表组成，村民将组织选举、审查候选人资格、监督选举过程等权利交由选举委员会代其行使，对于候选人 Y 的竞选资格取消认定，当时乡镇也是默认的了。那么它的权利是否正当？有没有权利取消竞选人的演说和参选资格？选举委员会的做法也涉及权利主张的评价与认定等问题。选举委员会权利行使范围问题，因各地村民自治情况不同，认定也不同。

P 村的选举委员会由镇里派出的包村干部和农民推选出的代表组成，在进行换届选举之前成立。此次 P 村换届选举镇里抽调的干部有两名，和农民推选出的代表一同监督此次换届选举全过程，选举委员会的权利主张仅是指导、监督选举程序及过程等。镇里包村干部 Z 认为，B 村所属乡镇对 B 村选举委员会作出出尔反尔的决定，可能是镇里意识到自己的错误。他认为，对于村主任竞选人的资格，应该是除服刑外皆可参与竞选。他讲，镇里对于贪污、人品的查处很困难，上访的人也很多，这些不能构成别人不能参选的理由。①

通过对比可知，B 村与 P 村选举委员会的权利主张范围不同，认定也不同。但基本上都行使了组织农民选举、监督选举过程等权利。不同的是，B 村选举委员会的权利范围更宽泛些，因而导致的结果也不相同。

（5）对知情权、参与权及监督权的认识及行为选择

村民自治制度含义之一是村民管理自己的事情，依法实行民主选举、民主决策、民主管理、民主监督，依法行使自己的知情权、参与权、表达权、监督权。对于农民在村治运行中主张了哪些权利，忽视了哪些权利，通过此次调查，笔者发现农民对于选举权基本上有了权利意识，而对于参与决策、参与管理及监督等权利认识不足。

在调查中，关于是否参加村民会议，普通村民的回答基本上是没有参加，他们讲有选出的农民代表参加就可以了，自己听不懂，也没能力参与。对于"在涉及村庄或村民切身利益的决策上，是否征求村民的意见？村民是否可以发表自己的意见？"问题上，普通村民依然认为村民代表即可发挥这些作用，虽然征求村民意见，但自己不能提出有价值性的建议。对于民主管理中，村里是否设置农民自治章程和村规民约等问题，村干部的回答基本上都是肯定的，并拿出展览板、文件作为证据给笔者看。但是一般农民的回答是不清楚、不知道，也不关心有没有。对于村务公开，B 村情况比较糟糕，村里从未进行过村务公开，也没有张贴相关情况。农民对村务、财务情况根本不了解，因此，在选举中他们对参与竞选的前任村干部的认识出现误解和有偏见的现象。而 P 村有村务公开栏，也按时进行村务公开，但一般普通农民对此不关心。对于是否存在民主评议村干部制度，两村农民的回答基本上是没有。以上案例反映了农民对于参与决策、参与管理及监督等权利认识不足，存在政治冷漠与不采取行动现象。

（6）对选谁的权利主张认识及行为选择

对于农民选谁的权利主张认识及行为选择，两村村民表现不同。B 村村民受到候选人串联、宣传和其他村民助选团的影响，更重要的受到候选人给予农民实物利益以及承诺当选后给予农民种种好处的影响，B 村的选举反映出类似于西方利益集团或政治社团的性质。而 P 村的村民多数都选了原来的村主任，他们的认识及行为选择受到哪些因素的影响呢？笔者

---

① 访谈记录，编号：liuyuanyuan/20100624/fusongzhenpaozijuancun/1。

认为村民的投票可能受到以下受因素的影响：第一，他工作能力强，有经验；第二，他一直从事村主任，不好意思投别人；第三，其他人不愿意竞选。

（7）对于政治权利受侵害的认识及行为选择

农民对于自身政治权利受侵害之后的反应与选择，即使同在 B 村，他们的表现也不同。B 村 Y 的被选举权被剥夺，他采取的是通过熟人关系找到县里反映问题即上访方式，最后维护了自己的权利。而 B 村的八队村民因受到干扰没有顺利地进行投票，他们的选举权没有得到实现，但是村民最后选择的是无表达和无行动，这也表明了农民的政治权利受侵害之后行为选择不同的原因，与他们的个人资历、性格、工作背景不同有关，也与外界条件（是否有县镇人员参与）有关。

2. 农民经济权主张

在村庄治理中，农民对于涉及自己经济权益的权利主张亦不少，例如在集体所有制中土地承包权、土地转让过程中自己应享有的权利、农业生产中的经济纠纷、村庄发展权等。

（1）对土地承包权、土地流转过程中应得权利的主张

在调查中，B 村曾发生过村民因一垄地打架的事情。而 P 村农民在转让自己土地时，因碍于亲戚、熟人关系，土地转让费也是协商而定。有户农民讲，他的 4 亩地交由亲戚耕种后一年给其 300 斤玉米。[①] 虽然获益不多，但他们仍保留了自己获取粮食补贴的权益。

（2）对假种子事件的权利主张及行为选择

在调查中，B 村一户村民告诉笔者，2001 年他和其他村民集体购买了西瓜子想要种植，结果发现这些种子是被炒过的假种子，他们集体去上访，通过乡、县、市、省一层层行政机关，最后成功获得赔偿。[②] 从这一事件中，我们可以看出，农民对自己经济权受侵害后，存在强烈的维权意识和不懈的权利主张行为，这与他们切身利益息息相关，因而得以全力主张。

（3）对村集体经济的权利主张及行为选择

在调查中，B 村曾发生因村民维护村集体林地与村干部发生矛盾的事

---

① 访谈记录，编号：liuyuanyuan/20100626/fusongzhenpaozijuancun/1。

② 访谈记录，编号：liuyuanyuan/20100618/lishuzhenbeilaohaocun /1。

情。Y 在任期间，没有通过村民同意擅自雇人将属于某队的林地砍伐并出售，该队队长出面维护反遭砍伐林木人的殴打，从而引发激烈矛盾。后 Y 经过与该队队长协商，赔偿给队长治疗费用，但林地损失至今仍没解决，成为历史遗留案件。Y 还将部分村集体林地擅自卖给他人并收取租赁费用，也没有通过村民代表会议同意。另有一村民在村部守夜，当时在任村支书 W 将村部租于他并签订合同，使用年限是十五年，这一村民也交了房租 4 余万。但后来村里按照乡镇精神重盖新村部，要将该村民的使用房屋权收回，从而引发了他的强烈不满。至笔者调查结束时，他仍住在村部。他讲对于自己应该享有的权利会一直维护下去。从以上案例看出，不管是林地砍伐矛盾还是村部租用矛盾，一旦涉及农民经济利益，他们之间的矛盾更加集中也更加激烈，农民为了维护自己的权利甚至可能使用暴力抵抗的方式，这证明了农民对于经济权利的重视和维护。

（4）村干部对村庄发展权的主张

在调查中，P 村村长和村会计对笔者讲，村里没有集体经济、工厂、企业和其他项目，村庄发展很困难，因此希望通过此次调查能够引进项目、争取资金，促进村庄的整体发展，并提高农民的整体生活水平，为实现共同富裕打下基础。① 这体现了村干部对村庄发展的重视及渴望。

3. 农民社会生活权利主张

在村庄治理中，农民除了对政治、经济领域权利的关注外，对涉及自身生存条件和环境等的社会生活领域的权利也极为关注。在调查中，农民对自身社会生活权利的主要关注点集中在对低保名额的争取、居住权的维护和医疗养老保险等社会保障权的主张。

（1）对低保名额的认识及争取

根据调查，农民普遍反映的问题是低保名额少。P 村村支书认为凡符合条件的农户都应给低保。这是因为申请低保户的人多为生存条件低下的贫困户，多数为身体有大病和重病的农户，也包括因家中供孩子读书或孩子结婚买楼而欠债的农户。农民对低保名额的申请，一方面反映了农民在不付出劳动成本情况下追求利益最大化的理性行为选择，另一方面也反映了农民积极争取和主张涉及自身利益的社会帮助和社会保

① 访谈记录，编号：liuyuanyuan/20100624/fusongzhenpaozijuancun/2。

障权。

（2）"插花户"对居住权的选择和维护

根据调查，P 村存在的一个显著特点是"插花户"。所谓"插花户"，即一些以前在农村居住，后在城市打工，但在城市买不起房的农户，或是外出务工农户的后代在村庄有户口、有房住的情况下，他们选择在村里盖房居住，或者租住别人闲置的房屋，但其户口已不在本村，没有选举资格的农户，被称之为"插花户"。这种现象的存在，一方面体现了城市高房价带给外出务工人员的压力与负担，他们住在村里实属无奈之举。另一方面也体现了外出务工人员的群居适应心理。由于该村离县城较近，交通比较方便，他们白天出去务工，晚上回来居住，更为这种"留村"心理的存在提供了现实条件。更重要的是，"插花户"的存在，本身也体现了农民对自身生存、居住权的主张和维护。

（3）对享有新型农村养老保险权的认识

在调查中，由于 P 村所属的县并不是全国新型农村养老保险制度试点之一，因此，P 村还没有实行新型农村养老保险制度。在调查中，该村村民表现出了对本村实行新型农村养老保险制度的渴望，他们通过电视广播了解到新型农村养老保险制度，但对于村里为什么没有实行这一制度提出了质疑。虽然农民没有仔细关注和了解到新型农村养老保险制度目前在全国是实行试点，但他们表现出来的对于享有新型农村养老保险权的渴望，却表明了他们正在逐步增强的社会保障权利意识。

综上所述，农民在政治、经济、社会生活领域表现出来的权利意识和行为选择，正反映着一个权利时代的来临。现在的农民正逐步地摆脱传统的那种安分守己地、忍气吞声地把当权者施舍给他们的小恩小惠看做阳光雨露般重要的生活理念和生活方式了。虽然在很多时候，他们的权利无法得到有效实现，但随着时代的发展和社会的进步，现代农民必将逐渐增强其权利意识，并能够正确选择自己的权利主张模式。

三　农民主张权利对村庄治理模式及基层民主的影响

公民对于权利的各种要求、主张在公民社会里积聚、成长并通过公民社会中特有的各种组织向国家权力机构表达，对当权者治理模式的转型产生了重要影响。公民对于权利的各种要求和主张通过输入政治系统，能够促使政治决策者更新陈旧的政治体制，促进其有效、良好的运转，更有助于公民社会的形成。公民社会孕育了公民与国家沟通的基本形式即法律，而法律又进一步确认了公民与国家的关系和秩序。[①] 同时，公民的权利需要得到法律的确定，法律通过组织国家和社会生活，为公民更好地实现自身权利提供法制保障。反过来，公民权利主张有助于当权者了解基层民众的权利诉求，根据实际需要评价并通过法律认定更多公民的正当权利，制定更多有效的政策法规，以更好地实现国家与公民的良性互动和沟通。那么，在农村中，农民主张权利对于村治模式和基层民主又有那些影响呢？

（一）对村治模式的影响

1. 农民行使选举权，增强竞争性，使得选出的治理人具有双重结果

农民对于选举权的行使，可能会增加竞选者的压力。"海选"模式的产生，亦会使竞选者名额增加。在调查中，P村村支书告知，他自 1983 年至今一直担任此职务。此次海选有一人想与之竞选，但在选举开始前退出。该村村支书就讲："这些年来我把路修好、把饮用水井打好，当时为什么不与我竞争，现在又与我竞争。"[②]

同时，农民在"海选"模式下行使选举权，有可能选出表现平平甚至有恶行的治理人。这也就是农民在行使民主权利时，可能会对民主的作用产生一些隐忧。基于中国农村村民自治的现实，我们可以从中发现，一些候选人对竞选演讲没有进行充足的准备，农民也没足够的耐心和知识去了解他们的治理方式和规划，更有候选人人数的逐渐增加亦使他们没有把握选出最理想的人选。但民主的好处在于，既可以把他选上，也可以通过行使自己的民主权利监督他，使其不敢恣意妄为，更可以因他的恶劣行径将其选下，这就是农民行使选举权的有利之处。但也存在不利之处，那就是会增加选举成本。

2. 促使村干部治村模式转变，形成协商民主治理方式；使得村务决策更加透明化，扩大村务公开范围和程度

农民通过参加村民会议或村民代表会议行使自己的民主决策、管理和监督权，可使村干部不能随便决策村里的公共事务，在涉及农民利益的重

---

① 辛世俊：《公民权利意识研究》，郑州大学出版社 2006 年版，第 224 页。

② 访谈记录，编号：liuyuanyuan/20100624/fusongzhenpaozijuancun/3。

大决策上，有利于发挥群策群力、优势互补的作用，形成协商民主治理方式。同时农民通过监督组织，也会使村务决策更加透明化，并扩大村务公开范围和程度。

3. 为构建现代乡村共同体打下基础，提高村干部治村的政治合法性

农民行使民主权利，提升权利意识，增强法治认识，有利于建立公民社会，构建现代乡村共同体。为了实现自身权益，农民要通过取得其他社会主体和法律的认同，才能更有效地主张自己的权利。这就要求农民加强合作意识和群体认同，充分聚集本群体的利益要求，引起决策层的重视。在这一过程中，农民逐渐形成了对共同体的归属感、认同感和凝聚力，有助于形成现代乡村共同体。同时，农民行使选举权利，选出自己心中理想的人选治理村庄，农民会对其认同并充满信任，因而能够增强村干部治村的政治合法性。

4. 促使村庄治理人建立与农民的沟通机制，以使村治秩序良性运行

农民行使民主选举、民主决策、民主管理、民主监督权利时，可以通过表达自身权利诉求，监督村干部的权力行使，促使村干部在涉及村民切身利益时能够顾及村民意愿，这就要求村干部必须保持与村民的联系，及时与村民沟通。在征求村民意见的基础上作出较好的决策，村干部又能通过村民对这一决策的反馈及时作出补充和修正，有利于村治管理秩序的良性运行。

随着农村市场化程度的提高，农民的利益呈多元化和分散化趋势，只有将分散的利益表达组织到有序的沟通程序中来，通过国家行政体制和基层代理人的利益整合，才能确保农民的利益和权利得到维护。村庄治理人也只有常与农民交谈，建立程序化、日常化的沟通机制，才能获得其治理的民意基础和进行利益整合的有效途径，为有效治理村庄提供和谐、良好的氛围。

（二）对基层民主的影响

1. 为基层民主提供制度保障，使民主发挥有利作用

农民行使选举权，可以选出村庄治理人，治理人代表着农民的意愿，其行为接受着农民的监督。因此，村庄治理人必须在村民自治制度范围内行使自己的权力，带领农民更好地维护村民自治制度，并能及时发现问题，促使制度改进。所以，农民主张权利有助于村干部在村民自治制度范

围内行使权力，为基层民主提供制度保障。另一方面，农民通过选举权、罢免权的实施，将行为不端的村干部选下，使民主发挥有利作用。P村此次换届选举，因上任妇女主任表现恶劣，因此农民将她选下。这表明了农民主张民主权利可以使民主发挥有利作用。

2. 增强公民资格认同和政治参与

公民资格的确立是现代国家建构中的重要一环，在中国，由于受到长期以来形成的城乡二元社会结构和户籍制度影响，现代公民资格的确认最早从城市开始，市民确立的公民意识、权利意识和国家认同带动了现代社会有建设性意义文化趋向的形成。但由于现代民族国家的建构是一个推动整个民族走向现代化的工程，在这一进程中，不能忽视整个民族中的任何一部分，包括处于社会基层的农民，在中国更是如此。由于受到传统宗族制度和伦理观念的延续和渗透，农民的民主参与意识与个人独立性、能动性没有被激发出来。这种主体地位、权利意识缺失直接影响了农民现代公民资格和身份认同的确立。农村改革后，市场经济的发展促进了农民个体能动意识和权利意识的形成，但并没有自然而然地提升农民的现代民主参与意识和公民资格认识，追求经济利益成为农民生存发展中的主要目标。[①] 农民主张自己的权利，有助于农民提升公民意识，确立公民资格，提升公民认同感。同时，农民主张自己权利有助于农民增强民主参与意识，提高政治参与程度。

3. 给基层民主实施程序带来弊端，增加民主管理成本

农民主张自己权利一方面能够发挥民主的有利作用，选出农民理想的村庄治理人，转变村治模式，给农民更多的发言权、表达权及监督权。但另一方面，如果农民不珍视自己的权利，不顾周围现实条件的限制，乱行使权利，或主张在现实条件下无法实现的权利，又或者不履行自己该承担的义务，只要求权利，也会给基层民主发展带来弊端，增加民主管理成本。例如，在P村许多农民积极为自己争取低保名额，但在现有财力条件下，政府和村庄无法满足每个申请低保名额的农户的权利要求，而现实是越来越多的农户要求低保名额，这势必会增加村干部审查低保资格、召开群众代表会议等的管理成本。又如B村"海选"模式的实行，使得竞

---

① 刘媛媛：《试论乡村动员机制与信息反馈效能》，《中国农村调查——百村十年观察2010年卷·上》，西北大学出版社2010年版，第239页。

选人名额增加，势必会带来选票分散化的结果，就可能出现每个候选人得票数不超过一半的结果，这与选举的规则和要求不符。在这种情况下只能组织再选，就会增加民主管理成本。因此，农民主张自己权利，也会对民主产生双重结果。农民在主张自己权利时，也应顾及自身义务。在法治和实际条件允许的情况下，农民应不以侵犯别人正当权利为前提，并寻求有效的权利主张机制，使得基层民主在稳定、有序的环境中顺利成长。

参考文献：

[1] 弗利登：《权利》，孙嘉明、袁建华译，（台湾）桂冠图书公司 1998 年版。

[2] 韩丽欣、郑国：《权利主张问题分析》，《南昌航空大学学报》（社会科学版），2008 年第 4 期。

[3] 韩丽欣、郑国：《权利主张的表达问题研究》，《法制与社会》2008 年第 24 期。

[4] 王海涛：《表达权：实现人民民主的一项基础性权利》，《党政干部论坛》2008 年第 3 期。

[5] 夏勇：《中国民权哲学》，生活、读书、新知三联书店 2004 年版。

[6] 孟伟：《日常生活的政治逻辑》，华中师范大学博士学位论文，2006 年。

[7] ［美］庞德：《通过法律的社会控制——法律的任务》，沈宗灵等译，商务印书馆 1984 年版。

[8] 辛世俊：《公民权利意识研究》，郑州大学出版社 2006 年版。

[9] 刘媛媛：《试论乡村动员机制与信息反馈效能》，《中国农村调查——百村十年观察 2010 年卷·上》，西北大学出版社 2010 年版。

从村落整合看村庄治理困境

——以浙西三元村为例[①]

近期，浙江、江苏、山东等地悄然开始探索实行的村庄合并，被视为与"大部制"改革相呼应的未来中国政改的发展目标。实行"大村庄制"旨在解决资源匮乏的村庄如何发展，如何实现农村的社区化管理，如何加快农村城镇化步伐等问题。但是，仅仅将若干村庄合在一起并不是"大村庄制"发展的真正含义。要真正实现"大村庄制"，势必要在村庄合并的基础上对村庄进行制度、文化、资源等方面的整合。对于浙西三元村这样一个新合并而成的村庄而言，村庄整合的现状怎样，是否存在整合难题？村庄是否面临治理困境，面临哪些困境？村庄整合与村庄治理状况之间是否相互关联，如何关联等，是笔者通过在三元村的调研希冀回答的问题。

一 三元村映象

三元村位于浙江西部的千年古镇——大慈岩镇，该镇地处建德、兰溪、龙游三市（县）交界地，因江南第一悬空寺——"大慈岩寺"而得名。2007 年 7 月，大慈岩镇的三个自然村——麻车岗、下金刘、漫塘——合并而成一个新村庄，即三元村，其名亦形象反映了村庄的基本构成。

全村耕地总面积为 1077 亩，其中农户承包地面积 1053 亩，林地面积 4347 亩。全村共有 431 户，1475 人。其中，麻车岗共有 800 多人，下金刘有 400 多人，漫塘有 200 多人。村庄有两个民主监督组织：社监会和财监会，这两个监督组织由一套人马组成。村支书和村主任本身均为商人，

---

① 作者：朱晓睿，华中师范大学政治学研究院政治学理论专业 2009 级硕士研究生。

2008 年选举后任职至今。

三元村所辖自然村历史悠久。漫塘村的村民在当地已居住了四百多年，麻车岗村和下金刘村则更是具有上千年历史。麻车岗村以唐姓村民居多，下金刘村主要聚居着刘姓村民，而漫塘村的多数村民则姓潘。其中，下金刘村的村民是刘备的后裔。虽然三元村历史悠久，村民中不乏贵族后裔，但时至今日，三元村在当地却并不具备与其显赫的历史相匹配的社会经济地位。与浙江的其他村落相比，如今的三元村相对沉寂。浙江的许多村庄比较注重利用网络平台来推广与宣传本村。但是，网上与三元村有关的图片或新闻相对较少。作为浙江一个资源相对匮乏的村庄，三元村的发展基本处于"等、靠、要"的状态。尽管三元村距离大慈岩镇的繁华区不远，但它却是典型的"穷乡僻壤"。三元村之"穷"，重点不在民，而在村。相比而言，"民富村穷"更能准确反映三元村经济状况。就实地考察了解的情况来看，"村穷"确实不假，"民富"只是相对于村之"穷"而言，意在表达村民的经济状况优于村集体的经济状况。

二　官方设想的村庄整合

2007 年，大慈岩镇政府将麻车岗、下金刘、漫塘三村合并，合并后的行政村命名为"三元村"。这种并村行为在当地镇政府官员的眼里，有以下几个好处：

首先，并村可以实现村际优势互补。这三个自然村经济相对落后，耕地较少。相比于邻近开发古民居旅游的新叶村，以及发展荷花产业的里叶村而言，三元村所辖的三个自然村虽然同样种荷花，也有保护得较好的古民居，但终因规模较小，无法形成气候，始终没有发现适合自己的特色发展道路。在周围诸多明星村的光环之外，麻车岗、下金刘、漫塘愈发不引人注意。鉴于此，为了使三村村民尽快致富，村庄摆脱落后破败的面貌，镇政府对三村进行了合并，以期实现资源优势互补。事实上，三村确实存在可以"互通有无"之处：麻车岗有未分到户的集体山林 4000 余亩；下金刘的耕地相对较多，新农村建设进展快、效果好……这些都被认为是三个村庄可以相互帮扶、彼此支援之处。

其次，村庄合并可以节省政府开支。村庄干部的薪酬均由政府开支。税费改革之后，村干部的工作量锐减，如果不论村庄大小，依旧保持同样规模的领导班子，容易造成人员和资金上的浪费。因此，并村可以对村级干部队伍进行精简，节省政府开支，同时又能充分发挥村级精英的治村能力。

三　村落整合的"有名少实"与三元村治理困境

村庄整合旨在把原本分散独立的村庄有机衔接起来，从而实现村际资源共享和协同发展，其关键在于要实现村庄之间的有机结合，进而形成一个更有效率、更有意义的整体；其实质就是要形成一个新的村庄共同体。若要使三元村真正如官方设想的那样实现"优势互补，村村共赢"，那么"三村合并"仅仅走完了这一过程的第一步，如何实现村庄在制度、文化、人心、资源等各方面的有机衔接，才是实现三元村良性发展的关键。但是，从笔者在三元村的调研情况看，三元村于2007年由三个自然村合并而成之后未能真正实现整合：三元村虽然形式上为统一的行政村，但是三个自然村在事实上相互分立，未能实现并村初衷，这不仅令原有的治村难题未能解决，反而令三元村进一步陷入治理困境。

（一）资源整合难以实现

合并之前的麻车岗村、漫塘村、下金刘村最大的共同之处在于，它们都是资源匮乏型村庄。作为村庄治理和发展的基础，资源的缺乏给村庄的经济发展带来很大制约，也使村庄治理困难重重。虽然并村旨在实现村际资源共享，优势互补，但对于本身就资源有限的三个村庄而言，并村之后仍然面临着资源不足的现状。

据调查发现，合并之后的三元村有431户，共1475人，全村耕地总面积1077亩。人均0.7分的耕地面积意味着三元村民不可能仅依靠种地而生存，但更大的资源制约在于水资源的紧缺。三元村没有河流经过，村民生活用水为井水，生产灌溉依靠的是与邻近村庄共有的水库，但是现有水库的水量无法满足三元村的灌溉需求。麻车岗自然村的井水受到粪池污染，只能用于生产灌溉，村民的生活用水依靠的是山上的山泉水，但是据65%的受访者反映山泉水并不稳定，该村一年仍有三至四个月饮水十分困难。

水资源匮乏的后果不仅仅在于给村民的生产生活带来诸多不便，更为深远的影响是，它堵塞了三元村谋求经济发展的出路。以下是与村支书访谈的录音整理：

我们这个地方风景不错，本来打算依托乡镇的旅游资源，在村里搞一个休闲度假村、农家乐什么的，也有商人有意向前来投资，但是一了解到我们这里没有河流，缺水，本来谈得还可以，最后还是不了了之了。另外，我么这里邻村都有荷花产业的，但是我们三元村还是因为缺水，种荷花不成规模，不能像人家那样发展荷花产业，这就又堵死了我们的一条发展的路子。由于没有发展经济的出路，村民增收困难，村集体创收更困难。①

由于缺乏兴村、治村的基础性资源，三元村的发展和治理陷入被动僵局，村庄的基础设施建设以及日常的村庄管理较为依赖镇政府、县政府的扶持。这种"等、靠、要"的村庄生存方式令三元村的各项发展步履维艰，也挫伤了村庄政治精英治村积极性，他们在工作中所渗透的消极履职情绪进一步引发了村民的不满。

资源匮乏是三元村治理与发展的基础性难题，若不能很好利用既有资源，实现村际资源的合理调配，那么村庄的发展更是无从谈起。但三元村正是陷入了这样的境地。

麻车岗自然村的集体林地未分山到户，村干部认为若能共同维护、统一使用，既能降低森林的管护风险，又能实现收益共享，为村集体增加收入，从而有利于村集体工作的开展，并最终造福三元村村民。但是，合并而成的三元村并未形成真正意义上的村庄共同体。在麻车岗村民看来，其他两村的村民与自己并不属于同一个熟人圈，他们依旧是"外人"。因此，他们在资源利用上与其他两村保留着并村之前的你我之分，"我村"和"外村"的芥蒂依旧存在。以下笔者与村支书的访谈录音整理，说明了这一事实：

我们现在正在做省里的一个农业合作项目，主要是对低粮田进行改造，同时配修 4.5 米宽的机耕路。但是整个项目所需款费上面只拨付80%，还有 20% 的诸如土地征用费和青苗赔偿费等让村庄自行解决。这就给我出了个难题，我们村没有经济收入，我个人已经为村集体垫付了几万元，村支书垫付了十几万，那怎么办呢？我就想麻车岗有山林，可以间

---

① 访谈记录，编号：zhuxiaorui/2009110427/sanyuancun/1。

伐一定树木，把卖木头的钱用于这部分开支就行。但是，麻车岗的村民不太愿意，他们觉得那是他们的财产，怎么能让其他两个村占便宜呢？无奈之下，我只好瞒着他们说，砍树的钱没有动，山林还是麻车岗的，那20%的钱我想别的办法弄来的……①

可见，村民尚未真正习惯并村这一事实，他们在资源共享上流露出"不太情愿"的情绪。在前述村庄开支问题上，虽然村支书暂时平息了争议，但三元村各自然村之间实现资源共享仍然难以施行。在资源本就十分匮乏的村庄，如果对现有资源尚不能充分利用，那么村庄集体在没有财力去处理村庄事务时，势必会影响村长各方面建设的效率，也会打击村干部工作的积极性，进而制约村庄的各方面发展。三元村正是在这方面陷入了困境：各自然村的资源不能整合利用，村集体长期没有任何收入来源，村里一些开支长期由村干部垫付，但是村庄经济发展的滞后令村庄政治精英产生挫败感，打击了他们治村的积极性，这进而引发了村民对村干部消极履职的不满。

（二）认同感整合的缺乏

认同感是共同体的基本特征，也是其赖以存在的基础。"认同"意味着成员对共同体心怀信任与忠诚。其实不仅仅是共同体，对于任何一个组织而言，信任与忠诚都是降低交往成本，增进组织效率，解决集体行动困境的关键。

1. 三元村民："你是哪村人"与"任人唯贤还是任人唯亲"

三元村并不是严格意义上的村庄共同体。根据斐迪南·滕尼斯的解释，所谓共同体是指"由自由意志占支配地位的联合体"。② 在共同体中，"人们之间基于共同的历史、传统、信仰、风俗及信任而形成的一种亲密无间、相互信任、守望相助、默认一致的人际关系"。③ 三元村村民并非没有归属感和认同感，但是他们更倾向于将这种情感倾注于其特定的自然村，而对三元村村民的新身份则缺乏归属与认同。这突出表现为，当被问

---

① 访谈记录，编号：zhuxiaorui/2009110427/sanyuancun/2。

② 斐迪南·滕尼斯：《共同体与社会》，载冯钢编选：《社会学基础文献选读》，浙江大学出版社 2008 年版，第 179 页。

③ 项继权：《中国农村社区及共同体的转型与重建》，《华中师范大学学报》（人文社会科学版），2009 年 5 月，第 3 页。

及"你是哪村人"时，村民们更愿意以所属自然村的名称来回答提问者。

这种缺乏整合认同感更为深远的影响体现在 2008 年选举村两委时：

我们村 2008 年的村委会竞选很激烈。每个村（指自然村）的人都想推选自己村的人进入村两委，都给自己村的候选人投票，所以竞争看起来很激烈，大家参与情绪突然高涨的异于往常。最终结果是，麻车岗和下金刘这两个较大的自然村产生了三元村的村主任和支书，但是这并没有让产生村主任的麻车岗村民从中得到什么实惠，并不是说村主任很大公无私，而是他不太有治村的能力，而且他的精力主要放在生意上……①

三元村民在选举村两委时的"任人唯亲"，实为"熟人好办事"的观念在政治参与行为上的体现，也说明人们并不把其他自然村村民认为是自己的"熟人"。同属一个熟人圈被认为是彼此忠诚与信任的关键，而外人很难与自己保持利益的一致。存在于三元村民心中的"你我"之分，说明合并之后的三元村并未完成对人心的整合。对新集体认同感整合的不足造成了信任与忠诚危机，三元村 2008 年的选举结果正是缺乏整合的村庄认同的体现，这一后果给村庄治理带来了新的难题，并最终影响村民的切身利益：如上所言，三元村的村主任在其位但不胜任其职，答应村民可以解决的事无法兑现诺言，这不仅延误了村庄事务的处理，而且挫伤了麻车岗村民对其的信任，激起村民心中的不满。此外，村庄合并的真正目的在于实现"能者治村"，但村民们"任人唯亲"的观念在事实上恰恰违背了并村的初衷。面对自身利益诉求得不到答复和满足，三元村民对村两委感到失望，村民的参与冷漠就是这种情感的行为体现。

2. 村庄政治精英：公共事务中的"你我"之见

缺乏整合认同感的并不仅仅是普通村民，村庄政治精英对村领导集体同样缺乏认同意识。这集中表现为村干部多关注本自然村事务，对其他自然村的事务表示漠然。村干部的公职位赋予其公权力，其职责在于提供公共服务，解决公共问题，服务于全村民众。但是处于公职位上村干部往往仅服务小范围的村民，解决小范围的问题是三元村村民的普遍看法。就笔者调研发现，三元村村民的用水不便，集中体现在麻车岗自然村。但当问到来自漫塘自然村的村妇女主任此事时，她只是简单的答

---

① 访谈记录，编号：zhuxiaorui/2009110427/sanyuancun/3。

复"可能是有些缺水";当笔者与来自下金刘村的村会计讨论麻车岗村缺水问题时,他对此不以为然。在他看来,三元村不缺水,麻车岗所谓的缺水是因为该自然村村民比较懒惰,遇事不团结而人为导致的缺水现象。就笔者现场了解,麻车岗的用水不便属客观事实,也确实并非短期内就能解决。村会计与妇女主任所言并不能简单理解为对某一问题持有不同看法,这种看似对某一具体事件缺乏共识的实质是,非麻车岗村的村干部对此事抱有"事不关己"的态度。笔者在调研过程中发现,上述两位干部在其所属的自然村做事能够得到该自然村村民的一致认可。他们在处理本自然村事务时所秉持的公共精神不可否认,但当遇到非本自然村事务时,却表现出漠然与无所谓。这说明村干部尚未将三村视为一个统一体,公职位并没有令其产生"我们"的观念,而依然持有"你我"之见。

(三) 制度整合的不足

何谓制度?诺斯认为:"制度是一个社会的博弈规则,或者更规范地说,它们是一些人为设计的、型塑人们互动关系的约束。"① 制度的创设旨在为人们建立统一的行为约束,减少人们行为的盲目性和不确定性,降低交往成本,提高行为效率。村庄的治理与发展需要整合的制度,这不仅意味着要创设统一的行为规范,而且意味着具体的规则之间应当相互协调。高度整合的村庄规范有益于村庄各项事业的协调发展,遵守这些整合的规范则可以协调村民的行动,降低治理成本,促进村庄各项事业的发展。但三元村缺乏整合的制度规范,这种主要表现在以下几方面:

1. 村规民约未真正落实

村规民约"是由基层组织或委托的人士起草,代表了传统上一直延续的地方治理目标,并包含有基层社会广泛认同的权利原则"。② 三元村虽然制定了村规民约,但并未真正落实。这首先表现为村民对村规民约的知晓率较低。据问卷统计显示,当被问及该村是否有村规民约时,

---

① 〔美〕道格拉斯·C.诺斯:《制度、制度变迁与经济绩效》,杭行译,格致出版社2008年版,第3页。

② 张静:《基层政权——乡村制度诸问题》,上海人民出版社2007年版,第85页。

近 60% 的受访者选择了"没有"或"不清楚";在回答"有"的受访者中,44% 的村民认为村规民约落实的"不是很好"。村规民约"在相当程度上反映基层政权控制辖区的某种制度性基础"①,它和国家颁布的法律一起,维护着基层社会的基本秩序。虽然合并不久的三元村存在各种整合难题,对诸如认同感、价值观等的整合无法在短期内完成,但制度整合相对简便易行,统一的制度规范可以在反复约束人们行为的过程中,形塑人们的行为习惯,进而影响行为偏好,从而推动三元村各方面的整合。但三元村未能充分利用可以凝聚三个村庄的制度约束力,如果说村规民约能够具体的界定村民权利义务关系,赋予村民以村庄资格的话,那么三元村事实上并未寻求通过村规民约来整合村民利益,进而建立基于共同利益的村庄共同体。制度性约束的缺乏,增加了三元村凝聚人心的难度。

2. 缺乏统一的村庄发展规划

三元村至今尚无统一的村庄规划,各自然村仍然独立制定本村的规划。这部分是因为三个自然村在村庄管理和社区服务方面进展程度不同。但是,如果长期缺乏统一的村庄规划,各自然村依旧与并村之前一样,各自为政,那么村庄管理将很难凝聚人心,也无益于让村民对新的村庄共同体形成认同意识。长此以往,并村就是有名而无实,村庄合并也就失去了它原初的意义。

3. 村民的参与网络尚未形成

三元村是典型的先富者治村。村支书和村主任具有双重身份:一方面,他们是村内的政治精英;另一方面,他们还是三元村的经济能人。在诸如三元村这样资源匮乏,经济落后的村庄,先富参政被视为引导村庄脱贫致富的一个出路。但是,当把更多关注投向先富参政所能带来的经济效能时,村庄决策的民主程度就被忽视了。先富治村实为精英治村,其经济和政治地位决定了他们在村庄经济发展和公共事务上的话语权。在三元,村庄由经济精英来治理,普通村民参与村务的空间受到挤压,村民的"参与网络"未能形成。普特南认为,公民能够在参与公共事务的过程中培养出互惠的惯例,参与有利于协调和沟通,在人与人之间培养信任感,有利于解决集体行动的困境。但是,合并后的三元村并没有给村民提供参

---

① 张静:《基层政权——乡村制度诸问题》,上海人民出版社 2007 年版,第 85 页。

与公共事务的制度性渠道。① 通过问卷调查发现，该村 2009 年没有召开过村民会议，当被问及"村中大事由谁决策"时，受访者中无一人选择"村民会议"或者全体村民。事实上，对于村里的重大问题，多数村民并未参与决策。从问卷统计结果来看，村民普遍认为村中大事由村两委或者村支书一人决定。

（四）文化整合的缺失

文化是指"各种关系与组织中的象征与规范，这些象征与规范包含着宗教信仰、相互感情、亲戚纽带以及参加组织的众人所承认并受其约束的是非标准"。特定的婚姻圈反映着人们之间特定的关系纽带，体现了人们的情感偏好与风俗习惯。共同的婚姻圈是组织形成向心力与凝聚力的关键。但是在三元村，三个自然村并未处于同一个婚姻圈。在同村会计的聊天中，他向笔者解释了原委：

下金刘村的村民已在这里住了上千年，我们是刘备的后裔，彭城军后代。下金刘村的祠堂名字以下金刘村祖上一个给宋徽宗当过老师的人受御赐封号"宣教"命名。漫塘村与下金刘村有不结亲的传统。为什么呢？因为"潘杨不结亲"。下金刘是忠臣后裔，所以对漫塘有计较，因而近百年来不与漫塘后裔通婚。我们下金刘村的姑娘是不会下嫁到漫塘的，小伙也不会娶漫塘的姑娘为妻。麻车岗祖上也定下规矩不与漫塘通婚。我们这一族姓是忠臣后裔，非常坚持原则。如果与潘姓结婚，则会遭人议论，而且得从刘姓族谱上消失。当然，除了婚嫁之外，其他交往一切正常……②

旧时的风俗保留至今，依然得到下金刘村和麻车岗村村民的严格遵守，麻车岗村民和下金刘村民依旧对漫塘的村民心怀轻蔑感，这给村际磨合带来一定阻碍。在杜赞奇看来，姻亲关系在文化网络中起着多种保障和联系的作用……通过人际关系的姻亲联络将不同类型的组织连接起来，从而为文化网络提供了又一种黏合方式。③ 可见，姻亲联系是人际交往的重

---

① 需要指出的是，制度不可狭义的理解为"规定"，张静在《基层政权——乡村制度诸问题》中谈到，没有实际作用的"规定"并不是社会规范意义上的制度，制度可能隐藏其中，但必须是真正规范行为的东西。

② 访谈记录，编号：zhuxiaorui/2009110427/sanyuancun/4。

③ 杜赞奇：《文化、权力与国家：1900—1942 的华北农村》，江苏人民出版社 2008 年版，第 8 页。

要纽带，它维系着人们之间的情感与交往。在不属于同一婚姻圈的地方，人际交往定当有限。对于三元村，由于三个自然村并不属于同一个婚姻圈，村民之间缺乏文化整合的条件。文化的凝聚作用绵长而持久，如果村庄内部缺乏共享的文化网络，甚至相互排斥，那么村民很难形成对村庄的归属感，进而影响村庄整合，难以达到并村的初衷。

四　结语

三元村在上述各方面所体现的整合不足而引发的治理困境，其实质是未能让潜在的社会资本充分发挥其效用，从而使得本就资源匮乏的村庄愈发陷入治理困境。如果说三元村未能实现村庄整合，从而使村庄陷入治理困境，那么"强制整合"本身同样值得反思。三元村的合并是政府竭力倡导的结果，旨在实现村际优势互补，节省行政成本，实现村庄共同发展。并村的初衷虽好，但是要充分考虑到农民的感受、自然村落的习俗、传统，以及并村的效果。应当充分调研，倾听农民的声音，量力而行的适当推进村庄合并，方能达到并村的初衷。

参考文献：

［1］斐迪南·滕尼斯：《共同体与社会》，载冯钢编选：《社会学基础文献选读》，浙江大学出版社 2008 年版。

［2］项继权：《中国农村社区及共同体的转型与重建》，《华中师范大学学报》（人文社会科学版），2009 年 5 月。

［3］［美］道格拉斯·C. 诺斯：《制度、制度变迁与经济绩效》，杭行译，格致出版社 2008 年版。

［4］张静：《基层政权——乡村制度诸问题》，上海人民出版社 2007 年版。

［5］杜赞奇：《文化、权力与国家：1900—1942 的华北农村》，江苏人民出版社 2008 年版。

新农村建设与发展模式的转变

——以隆德县杨店民俗文化旅游村为例①

自党的十六届五中全会作出建设社会主义新农村的重大战略决策以来，全国上下积极响应并大力推进新农村建设。"生产发展、生活宽裕、乡风文明、村容整洁、管理民主"，作为社会主义新农村建设的总体目标，内容丰富，内涵深刻，既注重农村经济发展，又注重农村政治文明建设、精神文明建设以及和谐社会建设，体现了新形势下农村全面发展的客观要求。杨店村抓住机遇，充分利用村庄资源优势和地域优势，不断推进新农村建设和发展，并适时转变发展模式，为农村发展、农民增收铺平了道路。

一 新农村建设与经营方式的转变

（一）杨店村的发展

宁夏隆德县城关镇杨店民俗文化旅游村（俗称杨店村），坐落于六盘山西麓山脚，西邻隆德县城，东望六盘山红军长征纪念馆，国道"312"线、省道"415"线均穿村而过，是隆德县的东门户，这里依山傍水，绿林环绕，环境清幽，民风淳朴。历史上，秦皇汉武、唐王宋将、成吉思汗、左宗棠、林则徐等众多重要人物的足迹都曾遍及这里。1935年10月7日，毛主席率领中国工农红军第一方面军长征时由此登上六盘山。这里人均耕地面积较少，再加上属于高原气候，常年温度较低昼夜温差大，农民们一般种植的农作物为小麦、胡麻、土豆，成熟晚产量低。所以这里基本上每户人家都在县城务工，且由于交通便利，一般都是早出晚归，家庭收入中务工收入所占的比例远远超过了务农收入。

---

① 作者：殷彬旗，西北师范大学政法学院政治学理论2009级硕士研究生。

2008 年杨店村被确定为隆德县新农村建设示范村，成为隆德县重点扶持的村庄，在 2008 年新农村建设中杨店村进行危房改造和整村推进 108 户，县各行政部门对口建设农家乐 13 家，2009 年在新农村建设和整村推进项目中杨店 2 组龚家岔完成了 14 户集中居民点的建设。在政府的大力支持和杨店村民的共同努力下，杨店村依托六盘山红色旅游胜地和丰富的绿色生态资源，努力把村庄打造成一座美丽、整洁、迷人、和谐的社会主义民俗文化新村。

（二）危房改造与整村推进工程

开展农村危房改造和整村推进工程是坚持以人为本、改善民生、促进社会稳定和社会主义新农村建设的重大举措，是一项社会关注、民众期盼的民生工程。杨店村自被确定为首批隆德县新农村建设示范村以来，政府加大了该村基础设施建设的投入，危房改造和整村推进工程于 2008 年在杨店一组拉开序幕。在改造之前，杨店村的住房大多是土木结构的平房，改造时要求统一的房屋结构：红砖红瓦、蓝色屋脊、水泥砌墙等，每户补助 6000 元，特困户补助 12000 元，待完工后由县城建局验收兑现。这样的建设是为了和民俗旅游村发展相匹配，以提高村庄的视觉美感，也是为了保证房屋质量。沿"415"县道从村口到农家乐之间的所有人家围墙都统一粉刷成白色，邀请县里的知名农民画家在墙壁上绘画创作，将屋顶喷成灰色，这样更具仿古味道，与 13 户农家乐浑然一体。还有一项是对农户大门的改造，要求统一的建筑设计，政府承诺对改造的每户给予 5000 元的补助。2010 年二组龚家岔的危房改造和整村推进也拉开序幕，与一组不同的是实行建设集中居民点，将农户房屋建在马路边，便于出行，也便于管理。这次改造工程政府的补助和 2008 年一组的改造一样并由镇财政出资专门为二组的两户五保家庭建起了新房，充分体现了政府在新农村建设中坚持以人为本的思想。农村的发展关系到民族的振兴和国家的长治久安，推进新农村的发展过程中，增加财政投入，发挥政府的主导作用，有利于农村的经济社会发展和农民生活水平的进一步提高。

（三）初步实行土地流转，实现经营方式转变

自改革开放以来，农村土地家庭联产承包责任制已经成为我国农村政策的基石，但是，随着农业和农村经济社会的发展，土地的家庭联产承包

经营制显现出了诸多不足，为了摆脱发展困境，提高村民收入，许多地方相继开始转变村庄发展方式，展开土地流转。杨店村党支部积极响应国家号召，实行土地流转的新政策，以实现村庄发展，农民增收。农村土地流转是在土地承包期限内拥有土地承包经营权的农民有条件的将土地承包经营权转让给其他农民或经济组织。近年来我国各级政府和农村基层组织在正确引导和有效实行土地流转上进行了许多有益的探索，并在有条件的地区相继展开。杨店村 2008 年以来，针对农业发展中粮种作物收成不好，农民收入提高幅度小，农民积极性不高的现状，适时调整农业发展结构，实行土地流转。把部分土地使用权出让给镇政府，签订出租合同，合同期为五年，每亩租金 300 元，再由镇政府统一招商，把土地转包、出租给有条件的专业大户，或外地投资者，实行规模经营。杨店村的流转土地一般种植樟子松、云杉，2010 年村里种植针叶林育苗 173.4 亩，林药间作 80亩。从目前来看，树木的长势还是比较好。杨店村在实行土地流转后，农民也摆脱了产量不高的土地，可以有更多的时间务工。因此，实施稳定的土地流转政策，实现规模经营，是促进农村发展，提高农民收入的一条比较好的途径。

（四）建立村级发展资金互助社

近年来，农民贷款难、融资难成为制约农村发展和农民增收的首要问题。2007 年国务院要求在全国范围内进行贫困村村级发展互助基金试点工作，杨店村作为首批试点村庄且是城关镇唯一的一个试点村，资金互助社由财政安排 20 万元作为启动资金，本村村民入股退股都采取自愿自由的原则，不入股不能使用"互助基金"。每股 1000 元，其中农户每股 400元，政府每股配 600 元；对于特困户每股入股 200 元，政府每股配 600 元并且增股 200 元。使用互助基金收取的占用费 40% 滚入本金，35% 用于农户的入股分红，25% 用于管理费。

资金互助社由村民大会民主选举产生的互助资金管理委员会管理，互助资金管理委员会成员为 5 人，任期两年，受村民委员会和全体村民的监督。互助资金任何单位和个人不得挤占、挪用、私分资金；不得对外村农户开放；不得用于非生产性项目。在资金投放时，必须是"一事一议"的原则，要有超过资金管理委员 80% 的委员出席，且村委会必须有代表参加，但不具有表决权。所有资金申请者，必须是本村村民，且担保方式为五户联保，经互助资金管理委员会同意后，将确定发放贷款的农户姓名、资金额度、资金用途、计划实施的项目、借款期限、担保方式（五户联保）等内容进行张榜公示，接受群众监督。借款时间最长不超过两年，每户每次借用金额的额度不超过 5000 元，还款方式由一次性和分期付款相结合，村民一般都采取一次性还款的方式。归还到期的借款如有特殊情况由农户提出申请，经互助资金管理委员会同意后可延长 3 个月。超过一年以上两年以内周转期的借款，借款农户使用借款满一年，必须归还借款额度①的 50% 以上，借款利息按借款协议书所确定的时间按期归还。农户借款利率由资金管理委员会组织村民讨论决定，原则上不能高于农村信用社同期贷款利率，也不能低于农村信用社同期基准贷款利率的 50%。资金用途确定后不能变更，如有变更，需提前一个月提出书面变更申请，经互助资金管理委员会同意后方可变更。如果私自变更项目的，除了收回资金外，2 年内不予受理资金受理申请。

2007—2009 年政府共投入村互助资金 50 万元，财政吸纳农户入股资金 7.74 万元，互助资金总量达到 57.74 万元；截止到 2009 年底累计发放贷款 70.85 万元；收取占用费 20088.62 元，村民分红 4165.77 元。已扶持 165 户发展种、养殖业。特别是该村针叶林育苗在互助资金的扶持下，目前已初具规模，共发展针叶林育苗 200 多亩，为农民增收打下良好基础。村级发展互助资金不但为农民解决贷款难、难贷款的问题，帮助农民脱贫致富，而且也增加了村集体的收入，为村庄的整体发展打下了经济基础。

二 依托红色旅游，创新发展模式

（一）挖掘红色旅游资源，推动村庄经济社会发展

红色旅游是以中国共产党领导人民在革命和战争时期建立丰功伟绩所形成的纪念地、纪念物为载体，以其所承载的革命历史、革命事迹和革命精神为内涵，组织接待旅游者开展缅怀学习、参观游览为主题的活动。发展红色旅游，是不断提高建设社会主义先进文化能力的重要措施，是一项

---

① 熊绪进、肖淑兰：《农村土地流转存在的问题及其对策研究》，《中国集体经济》2010 年第 12 期，第 5—6 页。

拉动老区经济、整合区域资源的经济工程①。20世纪90年代以来，随着旅游业成为我国国民经济新的增长点，各地投资旅游业的积极性和主动性明显提高，各革命圣地和纪念地所在地政府看到可以依托红色资源挖掘旅游潜力，从而可以推动当地经济社会的持续发展。六盘山地区是红军长征途中战斗过的地方，这里有着丰富的红色旅游资源和浓厚的文化底蕴。2005年，宁夏回族自治区党委和政府为纪念红军长征胜利翻越六盘山和红军长征胜利70周年而建成了区内最大的红色旅游景点——六盘山红军长征纪念馆。纪念馆整体建筑由纪念馆、纪念碑、纪念广场、纪念亭和吟诗台等五部分组成，总投资4000多万，占地面积5公顷，建筑主要反映了红军二十五军，一、二、四方面军长征中途径六盘山地区时的军事、政治和社会状况。纪念馆2005年被中共中央宣传部列为全国第三批爱国主义教育示范基地，2006年被团中央列为第四批全国青少年教育基地。

杨店村利用有利的区位优势，转变发展观念，依托六盘地区丰富的红色旅游资源，促进经济社会的全面发展，特别是发展与红色旅游有关的旅游消费和基础设施建设项目，努力把杨店村打造成为民俗文化旅游村。比如村委会专门购置了特色小吃帐篷，为有经营意向的村民免费发放；筹备建立农家马队，由农户经营，专门送游客上山（虽然这一项目由于资金问题暂被搁置）；改善交通条件，完善基础设施等，杨店村试图在充分挖掘红色旅游资源的基础上，使乡村的经济社会取得发展，特别是村民生活水平得以切实提高。

（二）兴办农家乐，发展旅游服务产业

农家乐作为现代旅游消费模式，是近几年来兴起的一个旅游项目，它是以农业家庭为接待单位，利用田园景观，自然生态，农村民俗文化以及农民生活等资源，以农村体验为特色的"吃农家饭，住农家屋，干农家活，享农家乐"的乡村旅游活动，他把农业与旅游二者结合在一起，作为旅游经济的新的增长点。②虽然它的发展时间不是很长，但从目前的发展状况来看走势较好，在农村经济发展中，成为部分头脑灵活、经营方式

---

① 熊绪进、肖淑兰：《农村土地流转存在的问题及其对策研究》，《中国集体经济》2010年第12期，第5—6页。

② 盛正发：《红色旅游的可持续发展研究》，《广西社会科学》2006年第1期，第51页。

多变的农民发展经济的好路子。每当节假日，各地农家乐都会成为旅游消费的亮点。杨店村以发展民俗文化旅游村为目标，转变以种粮为主的单一村庄经济发展模式，在县镇两级政府的大力支持下，2008 年共投资 6200 万元兴建 13 处农家乐，共计 5460 平方米，统一为青砖白墙的仿古式建筑，并邀请县内知名文化人在农家乐外墙上进行书画创作，门楼上镶嵌了花砖等手工泥塑和砖雕作品，屋内布置了书画、篆刻、泥塑、剪纸等艺术作品，为农家乐注入了民间文化元素。形成了集旅游、餐饮、休闲、住宿为一体的旅游服务产业链条，为村庄着力发展旅游产业提供了保障，推动了旅游业的发展。农家乐经营方式灵活、农业特色鲜明，它投资小，没有什么投资风险、资金回笼快且当天就可以看出经营效益，同时以农村、农业、农事为主要载体，适应当前旅游市场的需求，挖掘出农家的特色，迎合了城市消费人群的口味。农家乐的发展，对于促进农村旅游、调整产业结构、推动农村劳动力就业和构建和谐的社会主义新农村起到明显的增强作用。

（三）建设六盘人家文化广场，满足休闲娱乐需求

为进一步推进文化旅游业快速发展，满足村民和游客的消费娱乐需求，2008 年县委、县政府决定依托杨家店村的地域优势，充分挖掘农耕文明，结合六盘山红色旅游和"高原绿岛"生态文化，以社会效益、经济效益与环境效益的统一为基点对杨家店进行改造，建设以民俗体验为主的六盘人家（杨家店）民俗文化村。2009 年实施了六盘人家（杨家店）民俗文化村配套基础设施建设工程——六盘人家文化广场的建设，该工程总共投资 200 多万元，占地面积近 10 亩，由福州市仓山区对口援助兴建，分为四个板块：（1）文化广场碑记骈文赋，展示了闽宁合作互学互助协作发展的成果。（2）红色诗词文化。由毛主席诗词手稿和中国革命前辈的书法组成，共收集了 28 位伟人将军的长征题词，集中体现了"不到长城非好汉"的六盘山精神。（3）历史翰墨碑刻，以历代九位文人墨客描写六盘山的诗词为主，展现了六盘隆德的深厚历史文化底蕴。（4）民间文化景观以元素符号形式全面展示了隆德县书画、绘画、泥雕、砖雕、剪纸、皮影、刺绣、社火等民间民俗文化，并建设了以民间文化广场为核心的民俗文化鉴赏区、景观水道、红军小路、停车场、公厕、供排水系统、路灯及环卫等配套设施。六盘人家（杨店村）文化广场全面展示六盘山

区，实现静态展示和动态表演相结合。文化广场的建成，使杨店民俗文化村不仅成为游客避暑休闲、参观娱乐的理想去处，也为村民丰富文化生活提供了场所，提高了村民的生活质量，成为隆德县文化旅游业的一张靓丽的名片。

（四） 承办全国登山健身大会，扩大村庄知名度

随着我国旅游业的快速发展，旅游竞争也日益激烈，扩大旅游地方的影响力和知名度成为发展旅游产业的一个重要方面。旅游地方越有知名度，越能激起游客的旅游欲望，更有利于旅游地区的发展。2010 年 8 月 6 日，全国群众登山健身大会暨首届六盘山登山节健身组的比赛在杨店村六盘人家文化广场隆重举行，来自全国 18 个省、市、自治区的一千多名登山选手参加本次登山健身大会，大会以"不到长城非好汉，六盘高峰竞风流"为主题，突出了本地区红色旅游的特色。这次登山健身大会，不仅弘扬了"不到长城非好汉"的六盘山革命精神，而且丰富了杨家店村民的文化生活，为杨店村的发展起到的巨大的宣传作用。

三 发展中的问题

转变发展方式，促进农村发展和农民增收，使农民的生活得到较大幅度的改善是党和国家的一贯政策。近年来，随着新农村建设的积极展开，农村的面貌发生了巨大的变化，农民的生活水平也得到了相当程度的提高，但是，在这发展过程中仍然存在许多问题，比如地方政府行政权力插手过多，行政命令对村民利益的侵害，土地流转保障机制不健全等问题普遍存在。

（一） 村庄整容，村民并不乐意

杨店村是隆德县新农村建设的重点示范村，自 2008 年以来新农村建设全面展开，由于村庄的定位是发展旅游村，所以就得整体重新规划，在危房改造和整村推进的过程中，有些村民新建的房屋和大门都得拆掉，按统一的标准重新建设，没有灵活处理，这导致了部分村民的不满。在危房改造和整村推进过程中，农户屋瓦按镇里的标准统一为红瓦，而房屋建成后，为了和农家乐仿古建筑相辉映，使村庄更具观赏性，镇政府又组织将

红瓦统一喷成灰瓦，且瓦片上油漆掉色得每年喷刷一次，造成了村民房屋瓦片大量被踩破，村民对此颇有微词，每年喷刷都得村干部协调，而承包商喷刷瓦片的耗电都由村民自己承担，这也相应的增加了村民的不满，降低了政府的公信力。作为政府机构，虽然有领导和帮助基层政治经济建设的责任和义务，但过多的直接插手村庄事务，这样不仅不利于干群关系的和谐发展，同时也容易出现行政干预在新农村建设中的失败。

（二）"官办"农家乐，村民获益甚少

农家乐就是以农村地区为特色，以农民为经营主体，以农民所拥有的土地、庭院、经济作物和地方资源为依托，以旅游、观光、休闲、度假活动为内容的一种社会经济活动，是农业经济体系的一个组成部分。而杨店村的农家乐可谓是一个完全市场化、商业化的集餐饮、休闲、娱乐和住宿为一体的度假村，其农家乐与一般意义上说的农家乐很不相同，首先，该村 13 户农家乐所占用的耕地已被征收；其次，13 户农家乐由隆德县 13 家县直单位出资投建，农户并未出资或参股，村民基本没有受益；再次，13 户农家乐的经营者向市场开放，发包权属于投资的 13 家单位各自掌控，目前营业的三家无一家由当地农户经营，没有形成农村剩余劳动力的转移。可以说农家乐只是在杨店村，除此之外基本与该村农户不存在太大关系，没有实际上对农民富裕起到作用，也就是说杨店村的农家乐是隆德县的一个农村商业开发区试点，是依托六盘山红色旅游胜地和丰富的绿色生态资源，是为本县整体发展旅游业服务的，村民在此过程中，并没有获得实际的好处，同时还造成了村庄环境污染、交通堵塞等，给村民生活带来不便。当然，我们相信以后在发展过程中其必将对村庄的整体发展产生有利的影响。

（三）公共服务设施有待进一步完善

农村公共服务设施的建设是建设社会主义新农村的一个主要方面，特别是随着经济社会的迅速发展，城市与农村人口频繁流动，农村公共服务设施不健全容易导致村庄环境污染，村民心理落差加大，影响村庄的整体发展和村民生活水平的提高。杨店村是以发展红色旅游业为导向的村庄，流动人口数量大，必然需要相对完善的公共服务设施，以满足村民和游客的消费需求。近几年来，村庄公共服务设施显然取得了一定发展，但仍然

不太健全，公厕、垃圾箱等设施严重缺乏，特别是每逢村庄有大型活动，这些问题异常严重。村庄公共服务设施的不健全，导致严重的环境污染，影响村民生活质量。同时，村民休闲娱乐设施也不完善，没有固定的室内娱乐场所，不能满足村民的娱乐需求。

（四）土地流转中保障机制不完善

首先，土地流转中保障体系不完善，无法为流转土地的农民提供充足的物质保障，农民在出让土地经营权上更加慎重，基于对土地增值的预期和稳定的经济收益保障心理，使许多农民不愿意放弃土地的承包经营权。其次，农民利益不能得到完全保障。少数土地流转作为增加集体收入的手段和干部政绩的形象工程，用行政手段干预农民土地流转，压低流转价格，实行规模经营，但是，农民获得的利润往往是最低的。承包商的投资失败、市场变化等原因也增加了农民土地流转的获益风险。再次，没有建立覆盖乡村的农业保险体系。农民在土地流转的过程中，由于信息流通不畅，信息滞后等原因，投资往往带有盲目性，易导致市场误判。因此，建立和健全覆盖乡村的农业保险体系，有助于农民更好的降低投资风险，使农民敢于流转土地，有效流转土地，真正的实现农民增收，从而实现农村富裕。

四　结语

"生产发展、生活富裕、乡风文明、村容整洁、管理民主"是社会主义新农村建设与发展的目标，要实现这一目标，必须转变农村的发展模式，因地制宜，实现农民增收、农村发展。首先，实现农村的整体转型。社会主义新农村不是消灭农村，而是在发展农村地区优势的前提下，实现向新农村的转变。"农村不再是任其消亡的穷乡僻壤，而是可以体面生活的地方。"[①] 要着手解决农村较为落后的教育、卫生、医疗等关系民生的重大问题，使农民的利益能得到切实的保障；丰富农民的文化生活，从制度着手推动乡村社会建设，实现乡风文明，管理民主、满足农民的文化需求；充分利用地区资源优势，实现乡村经济的可持续发展。因此，只有政府和

---

① 姚洋：《新农村建设与农村发展观的转变》，《学习与探索》2007 年第 2 期，第 140 页。

个人的共同努力,充分发挥主动性和进取性,才能实现乡村社会的整体发展。其次,实现农民的转变。社会主义新农村建设是一项庞大而艰巨的任务,需要包括国家、社会等各方面力量的共同努力,但更重要的是实现农民的转变,农民是农村发展与转变的内生力。"农民是转型农村的主体建设者,是农村转型成功与否的衡量者",①世界各国在发展农村的过程中往往以发展农村教育、提高农民素质、促进观念转变为主要途径。

杨店村在政府的大力支持下,在村委会领导和全体村民的共同努力下,村庄发生了巨大的变化,新农村建设卓有成效,村庄的基础设施建设取得了重大突破,通过转变村庄经营方式,创新村庄发展模式,村庄经济得到了较快发展,农民的生活水平也得到了大幅度的提高。但是,在发展过程中仍然存在着许多问题,这些问题也同样制约着村庄的整体发展,当然,我们相信发展中的问题,必将在发展中得到彻底的解决,杨店村也必将实现政治、经济、文化的快速发展,成为富有朝气与活力的社会主义新农村。

参考文献:

[1] 熊绪进、肖淑兰:《农村土地流转存在的问题及其对策研究》,《中国集体经济》2010 年第 12 期。

[2] 盛正发:《红色旅游的可持续发展研究》,《广西社会科学》2006 年第 1 期。

[3] 张杰伟:《关于农家乐可持续发展的几点思考》,《企业家天地》2009 年第 1 期。

[4] 吕侠:《论新农村建设中政府的作用与农民的增收》,《理论界》2009 年第 3 期。

[5] 姚洋:《新农村建设与农村发展观的转变》,《学习与探索》2007 年第 2 期。

[6] 杨立新、冯尚春:《新农村建设中培育新农民的理性透析》,《东北师大学报》2007 年第 4 期。

[7] 辛秋水:《新农村建设刍议》,《中国乡村发现》,2007 年第 2 期。

[8] 徐勇:《乡村治理与中国政治》,中国社会科学出版社 2003 年版。

[9] 徐勇:《中国农村与农民问题前沿研究》,北京:经济科学出版社 2009 年版。

---

① 杨立新、冯尚春:《新农村建设中培育新农民的理性透析》,《东北师大学报》2007 年第 4 期,第 79 页。

从散居到聚居：农村牧区社区建设的试验

——以青海省织合玛乡扎查村为例[①]

内容摘要：农村社区建设是为了重建农村社会生活共同体，而全国各地农村社区的建设模式在选择上不尽相同。对于缺乏社区建设经验的西北游牧区来说，如何进行农村牧区社区建设，则需要探寻有效的发展模式。本文以青海省天峻县织合玛乡扎查村的社区建设为个案，对农村牧区社区建设的模式、社区管理及现实困难进行分析，并尝试性提出相应的对策，以图对其他农村牧区社区建设提供现实参考。

关键词：社区建设　农村　牧区

一　个案概况

扎查村隶属于青海省海西蒙古族藏族自治州天峻县织合玛乡，现为织合玛乡政府驻地。天峻地处青海湖西北部，柴达木盆地东部，于1954年7月建立县级藏族自治政权，1955年6月改为天峻县，是青海省主要牧业县之一。扎查村地处盆地中间，四面环山，东边有夏日哈河流过，海拔在4000米左右。扎查村是在政府的推动下新成立的一个村落，由织合玛乡所辖六个牧业社中各自的一部分牧民组成。扎查村共有169户牧民，共358[②]人，主要为老少妇幼。织合玛乡于2006年被确定为全省新牧区示范乡镇后，经过三年的建设，已取得初步的建设成果。扎查村作为乡政府驻地，牧民们形成了集中居住的小区，在此基础上成为青海省首批农村牧区社区建设示范点。

根据项继权的归纳，从社区建设的建置来看，可以分为这样几种模

---

① 作者：徐立强，华中师范大学政治学研究院政府经济学专业2009级硕士研究生。

② 本文数据来源于华中师范大学中国农村问题研究中心"百村观察"项目。

式：一村一社区、一村多社区、多村一社区、集中建社区、社区设小区。一村一社区很显然就是一个村设立一个社区，这种形式较为普遍。一村多社区即在一个村内设立两个或两个以上的社区，这种形式主要考虑到当地村落的实际情况，将村内小组撤出后建立几个社区。多村一社区，也就是相邻的两个或两个以上的村选择中心地而建立一个社区。集中建社区，主要是在规划的农民居住区建立社区。社区设小区，也就是在多村一社区或一村一社区的地方下设小区。由此可见，扎查村社区建设采取的是集中建社区的模式。也就是在政府主导下，将牧民集中于一定的区域后建立农村社区。

扎查村社区建设目前正处于建设过程中，对于社区干部的候选人，基本的要求是必须为本地人，懂汉藏两种语言，文化水平在大专以上，且有一定的基层管理与工作经验。在社区的管理方面，坚持民主参政与议政的原则，有效解决牧民生活中出现的相关问题。村与社区的关系，主要是社区在乡政府的领导下开展日常工作。有些地方的社区是处于村委的领导之下，有的社区是与村庄分开管理，扎查村本身就是一个社区，也即社区与村一体化管理。在社区基础设施建设上，已经建成了按规划上规定的民房，牧民的居住房是根据国家补助三万与牧民出资一万的原则而建成的。由于社区中的牧民来自六个社，根据社区管理章程，以后必须纳入社区管理范围内，而其家人未加入社区的仍由下面的六个社的村委会进行管理，主要是为了将社区内的牧民与社区外的牧民进行区别与划分，减少享受双重政策的现象。

二 从散居到定居的动因探析

牧区的牧民从游牧过程中的散居逐步转变为定居，在这样的历史变迁过程中，很多的因素逐步改变着牧民的游牧生活，主要是政府因素、市场因素、牧民自身发展和需求的因素。通过政府主动干预、市场化逐步渗透及牧民现实需求的激发，使得牧民从游牧的散居开始走向社区化的定居生活。

（一）政府的强力推动

从游牧历史来看，巴菲尔德认为，游牧经济及其社会组织的分散性，是游牧人内部从不需要，也无从产生集权式的政治权威。从目前牧区的现实情况来看，国家权力在向基层延伸的过程中，很难深入基层，也就无法形成较为有效的管理。其主要的原因是牧民分散化的居住模式，造成了牧区基层管理者既没有处理村务的办公地点，也没有一些必要的基础设施以方便牧民参与村中政治社会生活。那么，构建社区这样的一种共同体有助于将散居的牧民集中起来进行管理，同时形成具有牧区特色的共同体。王勇认为，村落社区化是一种不可逆转的历史趋势。那么，牧区的村落也将不可避免地要走向社区这种共同体形式。政府的强力推动主要体现在集中建社区，按照实际规划修建社区基础设施及民房。在社区居住的一位牧民说："现在共产党政策好，国家越来越关心老百姓了，这一辈子还是第一次住上这样的砖瓦房。"牧民由于游牧的原因而选择了帐篷的居住方式，因此需要经常迁移。乡政府在国家政策的引导下，对牧区实施改造，使牧民从社区建设的过程中得到了实实在在的好处。这也是政府强力推动后，展现在牧民面前的成果。

（二）市场化的影响

过去牧民的游牧生活受到交通工具、生态环境等因素的影响，受限于原有的生活和交际圈。随着市场化的推动，牧民的游牧生活逐步发生改变，由于交通工具的改善和放牧生产力的提高，极大提高了放牧的效率，使得放牧不需要太多的人力物力，同时畜产品的单位产量也得到极大提高。畜产品增多，于是牧民开始将剩余的畜产品在市场上进行销售以换取货币，由此对牧民的社会化也产生了较大的影响。随着牧民生产养殖的牲畜越来越多，追求货币收入最大化的年代到来，牧民们必定需要一个固定的交易场所进行畜产品的交易。牧民的生活由封闭开始走向开放，从而改变了过去单个个体的居住模式，牧区农村社区就是在适应市场化的过程中逐步建立起来的。

（三）牧民自身的需求

牧区的牧民由于放牧而居住得较为分散，牧民一直处于游牧的生活状态，没有社区共同体上的认同感。尽管有血缘维系牧民的社群关系，但由于生活距离和半径都较大，形成类似农业区的邻里关系也就较为困难。现代化的交通工具使牧民放牧方式发生了巨大的改变，从原始的徒步放牧到骑马放牧，再由骑摩托车放牧到开轿车放牧，牧民已经从原先的"举家搬迁"中挣脱出来。牧民原先是一种孤舍式的散居，从而使牧民家庭只能更多地独立活动，与外界的联系却很纤细脆弱。另外，由于原始的放牧方式在现代机械化的推动下得到极大改善，家中老弱妇孺的照看成为了牧民的一大难题。而社区就是为社区共同体中的居民提供一系列的服务，以便集中进行服务，减少因放牧地域广袤带来的管理不便，这些主要包括日常事务的处理、邻里纠纷、养老保障、医疗保障等。在放牧过程中，由于众多的不利因素而不便于照顾家中老少妇孺，牧民也更需要有一个社区共同体来解决他们面临的问题。这样，现代牧民的需要成了牧区农村社区建立的一个动力因素。

三　扎查村社区建设中的现实问题

扎查村社区建设主要存在经济发展落后、社区治理机制的探索、牧民受教育等方面的问题，这也是目前及今后一段时间内需要解决的现实。

（一）村中经济基础薄弱，财政资金收入有限

村中没有企业和产业，仅有 10 家商铺。有 5 户富裕户的年收入都在 4 万元以上，10 户贫困和中等户的年收入都在 3 万元以下，人均收入水平较低。由于没有企业和产业，村内财政收入较少，经济基础薄弱，经济发展受限。村中牧民经济收入较为单一，靠放牧卖牛羊为生，外出务工和其他方面从业人员较少，牧民整体经济条件较差。养殖牛羊的牧民也仅仅销售牛羊本身，没有其他的副产品。

（二）社区治理机制尚未成熟

扎查村从确立为新牧区示范乡镇以来，一直进行社区建设和管理，然而在社区治理机制上目前还没有探索出一条较为明朗的道路。一方面表现在牧区的实际情况与农业区的差别很大，即使借鉴农业区的社区建设经验也需要因地制宜；另一方面基层干部仍沿用过去治理牧区分散牧民的模式来管理。由此产生了众多问题，如何才能培养牧民对社区共同体的认同感？如何才能让牧民更加意识到社区建设中政治参与与政治监督的重要性？由于社区建设经验不够丰富，那么作为管理者又如何才能在治理的过

程中根据牧民的情况来制订相应的发展方案？这些都是社区治理机制不够成熟的表现。

（三）学前教育欠缺，文化水平整体偏低

大部分中老年牧民受教育程度低，很多老年牧民没有受过正式的教育，文化水平低下。村中大学生几乎没有，上过技校及中专的牧民有三四个。村中牧民都为藏族，通行藏语，日常生活中不说汉语。村中大部分的牧民儿童上学较晚，九岁才上一年级。年龄过大不利于及早开发智力，也不利于整体教育水平的提高。并且整个乡没有一所幼儿园，学前教育极度匮乏。尽管小学已经开设汉语课，但已受教育儿童的汉语水平仍很差，汉语教育在本村的发展受到较大的阻碍。

（四）基础设施投入不足

尽管主街道和牧民定居房大部分已建好，但村中其他街道建设仍欠缺，并且牧民的定居房还存在一定的问题。根据调查过程来看，有牧民的房子因为下雨或者修建地下管道的原因而塌陷的现象。村中没有任何的体育健身设备，也没有文化体育广场，因此导致了牧民业余文化生活的单一。村中仅有一台垃圾车，垃圾桶数量过少，牧民日常生活垃圾堆放成问题。目前采取的垃圾处理方式为填埋，处理方式较为原始，并对本地的环境产生了一定的影响。牧民家里没有厕所，村中有五个简易的公共厕所，长此以往必定造成草原环境的破坏和污染，继而影响草原生态环境。

四　对扎查村社区建设的对策与建议

（一）积极招商引资，解决扎查村的经济发展问题

农村社区建设首要解决的问题就是经济发展，作为典型的牧区，没有任何农作物种植，且养殖业主要为牛羊这类牲畜，没有任何企业和地方产业，自然资源匮乏，那么如何发展经济就成为重中之重。对于这样的现实情况，一方面需要招商引资，另一方面要注重本地生态环境的保护。由于牛羊较多，可以发展牛羊毛加工工业，以及牛羊肉食品加工工业，这些工业相对来说对环境的污染要小一些，并且也结合了本地的已有资源。当

然，不论怎样发展经济，都要结合本村已有资源和现实情况，在保护好草原生态环境的前提下去发展。

（二） 形成牧区社区的独特管理模式

对于扎查村来说，需要结合本地实际开展社区管理，探索社区管理模式。扎查村的现实状况不同于中西部其他地区的农村，并且差异很大，那么就需要根据实际情况有摒弃的借鉴其他地区社区建设和管理的成功经验。在袁方成教授对于农村社区建设的模型探讨中，总结了一些全国一些较为成功的模式。袁方成认为，从已开展农村社区建设的村庄来看，已形成了一些典型的社区建设模式，主要有这样一些模式：江西模式、秭归模式、胶南模式、太仓模式。江西模式中农村社区建设的核心就是"一会五站"，在村落中成立以老党员、老干部、老农民、老教师、老复员军人和无职党员为主体，热心村落社区建设的志愿者参加的村落社区志愿者协会。基于扎查村社区建设的发展方向为构建服务体系，可以借鉴江西的这种模式，这对于社区建设中的社区服务起到极大的促进和发展作用。当然，江西为农耕区省份，而扎查村地处牧区，与农耕区的村情差异较大，所以扎查村在借鉴这种模式时就要处理好管理者与志愿者协会之间的关系。另外，要想借鉴这种模式还必须要以教育的发展为基础，提高广大党员干部对于社区建设的觉悟和热情。

秭归模式和胶南模式，一个侧重于"组织再造"，一个侧重于"以城带乡"，对于扎查村的借鉴意义不太大。太仓模式以"12345"工程为主，建设现代农村社区服务中心。这对于扎查村仍有一定的借鉴意义，主要是太仓模式注重于基础设施建设，完善社区服务网络，能够给村民提供较好的服务环境和服务质量。扎查村基础设施建设目前仍很欠缺，因此太仓模式是值得借鉴的一种模式。

（三） 做好基础设施建设，改善村容村貌

基于村中基础设施建设不完备的问题，乡政府仍需加大投资力度，加强街道、文化体育设施、水电网络等方面的建设。通过这些基础设施的建设，方面牧民的日常生活，丰富牧民的业余文化生活，构建和谐农村牧区。这不仅需要乡政府的积极努力，更需要上级部门大量的资金支持。但输血不如造血，除了上级的支持外，需要建立发展特色产业以增加财政

税收。

（四） 提高牧民教育水平，多渠道增加农民就业

牧民普遍文化水平较低，对于中老年牧民来说，接受再教育的机会较小，那么就需要从年轻一代抓起。一方面要加强汉语教育，为将来本村干部人才做好储备工作，最主要的表现就是在扎查村任职的干部必须会汉藏两种语言；另一方面要建立幼儿园，形成较为完备的学前教育。当然，师资力量也是不可忽视的一个方面。通过加强学前教育，从而使适学儿童及早进入小学学习，及早开发智力。教育程度的高低还影响社区政治建设，文化水平低就难以理解村民自治和政治知识，也就不可能对村干部的管理提出建设性的意见和形成较好的监督机制。积极促进村中民主参与氛围，推进社区民主建设。

参考文献：

[1] 方金友：《农村社区建设的若干思考》，《合肥科学院学报》2009 年第 7 期。

[2] 项继权：《当前农村社区建设的共识与分歧》，《中共福建省委党校》2009 年第 9 期。

[3] 徐勇：《在社会主义新农村建设中推进农村社区建设》，《江汉论坛》2007 年第 4 期。

[4] 易国峰：《农村社区建设问题的研究评述》，《学术综述和动态》2010 年 3 期。

[5] 张国栋：《我国农村社区建设问题与对策》，《宜宾学院学报》2010 年 3 期。

[6] 钟庆君：《农村社区建设应与经济发展水平相适应》，《中国发展观察》2010 年第 6 期。

[7] 徐静春等：《贫困地区农村社区建设（人才培养）调研报告》，《信阳农业高等专科学校学报》2010 年第 6 期。

[8] 朱乐平：《浅议发展农村社区教育在新农村建设中的意义》，《湘潮》2009 年第 3 期。

[9] 天峻县县志编纂委员会：《天峻县志》，甘肃文化出版社 1995 年版，第 64 页。

[10] 王勇：Eyewitnessing：the uses of images as historical evidence（图像证史）—— 游牧方式的历史变迁，http：//images. fyfz. cn/art/738468. htm.

[11] 王俊敏：《一种新型社区——牧区社区》，《内蒙古大学学报（哲学社会科学版）》，1993 年第 2 期。

［12］项继权：《论我国农村社区的范围与边界》，《中共福建省委党校学报》2009 年第 7 期。

［13］袁方成：《"两型"社区：农村社区建设的创新模式》，《中国乡村发现》2010 年第 7 期。

结构功能视角下的新农村社区
建设现状及其评估研究

——以天津市宝坻区石辛庄村为例①

一　AGIL 模型及其一般理论

在帕森斯的 AGIL 理论模型中，行动系统不同部分间相互依存、相互影响，它们各自执行不同的功能，以共同维持整个系统的运行。主要可以分为适应（A）、目标获取（G）、整合（I）和维模（L）四项功能。这些功能是该系统存在所必不可少的，如果这些功能无法得到很好的发挥，就会破坏系统的稳定性。

适应（Adaptation），指系统必然同环境发生一定关系，为了能够存在下去，系统必然拥有从外部环境中获取资源的手段，或者说，系统必然具有通过操纵某些手段来控制环境状态的能力。

目标获取（Goal Attainment），指系统的目标，是指某种期望状态。任何行动系统都具有目标导向，系统必须有能力确定自己的目标次序和调动系统内部的能力以集中实现系统目标。

整合（Integration），任何行动系统都由各个部分组成，为了使系统作为一个整体有效地发挥功能，必须将各个部分联系在一起，使各个部分之间协调一致，不致出现游离、脱节和断裂。

维模（Latency Pattern Maintenance），又叫潜在的模式维持。在系统运行过程暂时中断即互动中止时期，原有的运行模式必须完整地保存下来，以保证系统重新开始运行时能恢复互动关系。系统必须拥有特定机制经常维护处在潜在状态的模式。

本文将在以下部分用帕森斯的 AGIL 模型对农村社区在新农村社区建

---

① 作者：李桢，华中师范大学社会学院社会学 2008 级本科生。

设中的各部分功能进行分析。

二　新农村社区建设中农村社区的 AGIL 模式分析及评估指标建构

对于进行新农村社区建设的农村社区这个系统而言，其内部也必须满足适应、目标获取、整合和维模四项功能，才能保证系统的顺利运行。各部分功能发挥的影响要素如下表所示：

表 1　　　　　对新农村社区建设中农村社区的 AGIL 模式分析

A：适应	G：目标获取
资本（资金，人力资本，社会资本，文化资本）	农村服务网络，农村基础设施建设，生活保障体系，环境治理体系，社会性团体等
文化、价值观、理念影响下村民对新农村社区建设的态度	村委会的领导协调作用，法律、制度的规范引导作用，村庄的社会结构
L：模式维持	I：整合

（一）适应功能

村庄所掌握的内外部资金、社会资本、人力资本和文化资本对农村社区建设起到适应功能。首先，新农村社区建设离不开经济方面的支持，村庄通过经济活动得到的资金支持是其建设村庄公共设施、完善公共服务系统的重要条件。经济支持是村庄发展中贯穿始终的关键力量，如同发动机之于汽车，不仅在建设起步阶段促使建设顺利进行，在平稳的前进阶段也是必不可少，一旦失去这种力量的支持，系统无法从外部获得有效的资源，将大大制约其前进的脚步。这种资金支持具体包括村庄本身的资产和资金的储备和外界资金支持。其次，村庄的社会资本，主要是村庄领导者与外界的联系，也会影响其开展社区建设的进程，掌握更多更高质量的社会资本的村庄能够在新农村社区建设中获取更多的外部支持。再次，人力资本，特别是村干部和农村精英的素质和能力，是村庄发展的强大力量，在村庄开展社区建设的决策和实施过程中表现出其重要作用。最后，文化资本，即村民的文化素质、纪律观念、习俗规范等都是获取资源或控制社会的手段。

从这个角度来看，内外资金是否足够支持新农村社区建设，村庄的社会资本能否使其获得更多关注、获取相对多的资源，村干部和农村精英的能力是否能对村庄的建设进行合理规划和落实这些规划，以及村民的文化素质、纪律观念和习俗规范是否有利于新农村社区建设的顺利开展，这四个指标是衡量农村社区适应功能强弱的标准。

（二）目标获取功能

新农村社区建设的目标体现在各个方面，既包括精神生活水平的提高又包括物质方面的满足，既包括设施建设的完善也包括服务的改进，既包括治安也包括环境治理等方面。目标获取功能包括目标决策和目标实施，目标决策对村庄层面来讲是上级下达的各项指标和任务，也就是对新农村社区建设的战略性规划，这是村庄开展新农村社区建设的蓝图。而目标实施一方面有赖于村庄内部的服务网络，如社区照顾服务、社区卫生服务、社区教育服务、社区文化服务等，也决定于农村基础设施建设、生活保障体系、环境治理体系的健全程度和利用率以及社会团体的活跃程度等。

因此，在新农村社区建设中，一个农村社区目标获取功能的强弱，主要可以从目标决策和目标实施两方面考量，目标决策主要包括上级（如省、市、县）对新农村社区建设的规划和村庄的战略性决策，目标实施则主要从农村服务网络，农村基础设施建设，生活保障体系，环境治理体系的健全程度和利用率及社会性团体的参与程度和活跃程度来考量。

（三）模式维持功能

农村社区中起到模式维持功能的是文化、价值观、理念影响下村民对新农村社区建设的态度。新农村之"新"，不仅体现在硬件设施的建设，更体现在人们思想的转变和生活方式的相应变化。英格尔斯的个人现代性理论中指出，一个国家从国外引进作为现代化标志的科学技术，移植先进国家卓有成效的工业管理制度、政府机构形式、教育制度等，但是如果一个国家执行、运用这些制度的人自身没有从心理、思想、态度、行为方式上经历一个向现代化转变的过程，那么现代化的失败或畸形发展的悲剧就不可避免。① 同样，新农村社区建设也必须建立在人们

---

① 李亚雄：《发展社会学》，中华书局 2008 年版，第 49—50 页。

思想认识与时俱进的基础之上，将注意点从环境转向人，从外界转向自身，这样农村社区才能全面完成其转变的过程。对农村社区这个系统而言，模式维持功能的影响因素是多方面的，主要考察村民对新农村社区建设的态度。

也许各个村庄的村民对新农村社区建设的态度差距不大，但是没有通过测定，我们无法下这样的结论。在《农民对新农村社区建设的态度及其影响因素分析——以皖南胡村为例》一文中，作者用问卷法和半结构访谈法测定了一些农民对新农村社区建设的态度，为我们测量村民对新农村社区建设的态度提供了一个参考。

（四）整合功能

起到整合功能的要素可以按照内在和外在两个维度来区分，外在的要素是村委会的领导协调作用和法律制度的规范引导作用。新农村社区建设涉及各个方面，这些方面之间如何协调以起到最佳作用，这就有赖于村委会的领导协调以及法律、制度的规范引导作用。稳定是发展的前提，村庄的政治民主和政治稳定能够为村庄发展提供良好的土壤，促进其发展。内在要素主要是指村庄的社会结构，如年龄结构、性别结构、教育结构等。例如对于一个人口大量外流、凝聚力低下的过疏农村来讲，由于其基础薄弱，即使外在要素发挥很强的整合功能，也可能无法使其达到协调的状态，反之，如果农村社区有一个紧密的社会结构，这种良好的内在基础就更有利于整合。

外在要素，包括村委会的领导协调作用和法律制度的规范引导作用，以及主要涉及村庄社会结构的内在要素，这两方面要素的发展现状是衡量村庄整合功能的指标。

根据以上分析，我们可以把衡量新农村社区建设的各项指标列成如下表格：

由于这些影响要素中哪个要素占决定性作用我们无法下断言，所以要想为各项赋值、根据各项标准的总分对农村社区的新农村社区建设的整体效果进行评定，还有一定难度。但通过这些指标，可以对一个农村社区的新农村社区建设开展情况做一个大致的估计，就像在下文中，对石辛庄村新农村社区建设效果的衡量一样。而进一步的考察，则有赖于更精确的衡量手段和更广泛的调查样本。

表2   新农村社区建设的"社区"评估指标体系

功能	指标分类	指标衡量内容	指标水平	
			+	−
A 适应功能	资金	内外资金来源	内外资金能够满足新农村社区建设的目标	内外资金不足以完成新农村社区建设的目标
	社会资本	村庄领导者与外界的联系	与外界联系紧密，能为村庄争取到更多机会和资金	与外界联系很少，无法引起外界的关注
	人力资本	领导者和精英的素质和能力，村民总体素质	领导者有能力做出促进村庄更好建设的规划并实施规划，村民素质高	领导者无能力领导村庄发展，村民素质低
	文化资本	村民的文化素质、纪律观念、习俗规范	村庄文化促进新农村社区建设	村庄文化阻碍新农村社区建设
G 目标获取功能	农村服务网络	社区照顾服务、社区卫生服务、社区教育服务、社区文化服务设施的健全程度	各项服务设施健全	各项服务设施不健全
	农村基础设施建设	基础设施健全程度	基础设施健全	基础设施不健全
	生活保障体系	为村民提高生活保障的能力及意向	有能力并切实的为村民提供生活保障	无能力为村民提供生活保障或有能力却不提供
	环境治理体系	治理环境的能力	良好的治理环境能力	比较差的治理环境能力
	社会性团体	群众参与社区活动的热情	社会性团体活跃度高、参与度高	社会性团体活跃度、参与度低

续表

功能	指标分类	指标衡量内容	指标水平	
			+	−
I 整合功能	外部整合要素	村委会的领导协调作用	村委会能较好的领导和协调村庄内部	村委会不能发挥领导协调作用
		法律、制度的规范引导作用	法律制度起到其规范引导作用	法律不能约束村民的行为，村庄处于失范状态
	内部整合要素	村庄社会结构稳定	村庄结构稳定，人们联系紧密，归属感、凝聚力强	村庄结构松散，人们联系少，归属感、凝聚力弱
L 维模功能	村民传统思想的内容（认知成分）	原有思想和新农村建设提倡的思想的客观差距	差距较小或无差距	差距很大
	村民对农村社区的归属感、社区凝聚力（情感成分）	村民愿意改变自身以促进社区发展的程度	村民归属感、凝聚力高	村民归属感、凝聚力低
	村民接受新思想的程度（行为意向成分）	村民倾向于接受新思想的程度	村民倾向于接受新思想	村民不能接受新思想

三 案例分析：石辛庄村新农村社区建设现状及其评估

（一）案例村——石辛庄村概况

本次调查的石辛庄村坐落于天津市宝坻区大口屯镇，位于宝坻城区西南 18 公里处，西临武清、北临香河，地处宝坻、武清和香河三区县交界处，西有绣针河、东靠潮白河的分支南干渠，地理位置优越。地处京津唐三角地带腹地，是宝坻区的南大门，距离天津国际机场 70 公里，北京首都机场 110 公里，天津港 70 公里，与京沈高速公路、京津唐高速公路、津蓟高速公路临近，津围公路、津蓟铁路贯穿全镇南北。

宝坻区在天津市的经济发展中处于比较落后的状态，大口屯镇是天津市政府首批命名的明星小康乡镇之一，是天津市重点发展的三十个小城镇之一。全镇土地面积 58.3 平方公里，内辖 58 个行政村，全镇总人口 5.3 万人。

石辛庄是宝坻区总体发展比较好的村，曾多年来多次被市、区、镇评为先进单位，被市命名为"宽裕型小康村"，"示范型生态村"，"文明村"，"明星小康村"，"先进示范村"等。

（二）石辛庄村社区建设现状及基于 AGIL 模型的评估

1. 外部资金不足的困境（适应功能）

（1）经济资本

虽然石辛庄村各项设施比较齐全，但新农村建设却滞后于其规划的脚步，笔者在石辛庄村调查的访谈中，频繁听到的抱怨就是经济支持不足。石辛庄村的问题，并不只在这一个村存在，而是具有一定代表性。

"一站三中心"是大口屯镇在公共服务方面的重大举措，"一站"是指综合服务站，"三中心"则分别指的是经济发展服务中心、社会事务服务中心和综治信访服务中心。综合服务站指村（居）级便民服务站，是将乡镇街各项服务向下延伸至村（居）委会一级。服务站原则上设在村（居）委会办公室，而"三中心"则坐落在镇上，使农村群众实现了"办小事不出村、办大事不出乡镇街"。

当问及"一站三中心"的建设经费时，村支书马志新这样说道：

> "一站三中心"啊，像这个都是小钱儿。我们啊，基本买点桌椅板凳，上面他们给买点儿别的。有的上面给买的，有的说给我们报还没报呢。"一站三中心"我们这儿有房……要是没房咋办啊？对不对？现在各村儿全在推广这个。我们小村官儿也是特地派到我们村的一个驻村干部。有的村儿连大队这个办公地点都没有……

据他介绍，石辛庄在农村社区建设中投入相较其他村儿来说算比较多的，设施、场地都很齐全，可以说是在村庄发展中处于领先地位。然而，即使对于石辛庄已有房可用的条件而言，依然有其他问题值得担心。

8 月中旬，笔者第二次来访时老年人活动中心刚刚建成，餐厅、放映室、休息室、厨房、厕所一应俱全，还购置了两台按摩椅，让老年人可以充分休息和娱乐。

但是，当笔者问到这个日常照料中心何时能开放时，刘会计表达了这样的隐忧：

> 现在东西都预备了，开支可咋整啊？得搁几个人搞服务的，老年人能不能全上这儿来？因为全上这儿来以后呢，伺候谁伺候着这玩意儿全是个事儿。你琢磨着这村儿，60 岁以上的 230 多人，倒是还有能工作的、还有有劳动能力的，没劳动能力的就可以享受这个了，到照料中心一待，家里也不用守着了。活动不了的，咋样？……对呀，你活动不了的，家里儿女伺候着，还能上这儿来吗？要这么弄这情况纯粹就是养老院一样嘛……我们村儿一人一亩多地，一亩地 700 块钱，一年 1100 块钱。老人本身呢国家给四五十块钱，村里呢又给 30 块钱，这从 89 年就开始了，老年补贴，国家刚给二年，这样加一块儿一人一年 2300 块钱，一天就 6 块多钱，在这吃哪够啊？吃个早点就得三块钱……

据马书记介绍，村里这些设施的建成是以本村的空房为基础，其他有的村没有这种基础，而且购买的各项设施的经费上面也还没有拨付。这些设施虽然已经建成，但其运作和维持还存在困难，当笔者问起这个老年人日常照料中心何时可以正式开放时，刘会计并没有给出一个具体的回答。

另外，在谈及民兵连等机构时，刘生坦诚地告诉笔者：

> 区里有武装部，人民武装部啊，下面有民兵连，民兵连下面还有青年团这组织，全跟虚设的差不多，有名无实，你要没有还不行，上级注重这个，团县委、团区委都有，你这个农村也得有，上下得相连承着，对口儿，但是这正式的组织，哼……找谁儿去呢。这说实话。你看这妇联有妇女专干，青年团有团支部书记，就这一名儿，哼。

以上反映了社区建设中基础设施建设、公共服务的现状，可以说看上去建设得不错，但在另一方面，石辛庄村的建设在很大程度上依赖于原有内在资产和资金的积累，而外界资金支持的不足带来了设施运作的实际问题，有名无实的机构也带来了不和谐的隐患。

（2）社会资本

笔者在与村委会书记马志新访谈的过程中了解到，他即将出席区里的会议，并介绍村庄建设发展的经验。马志新，是区政协常委、政协农业委员会主任、石辛庄村党总支书记。送我们下村的民政局的王副局长谈道：

> 市里面开嘛会，我们村到市里面发言去，我们老书记这是区人大常委，市人大代表，够岁数就差不多了。

这就是一种加深村庄和外在联系的很好契机，村书记个人的荣誉和村庄的贡献让村庄受到外界更多关注，有利于村庄从外界获得更多资源来支持其社区建设。

马书记还表示希望村庄多搞一点带技术含量的项目：

> 带技术含量的就好。现在我们跟科研部门经常联系，科委我们也经常联系。啥意思呢，你看我们搞棉花，我们种植科的职业技术人员，再早，在八几年，八二三年时候，那时候不还是各户种地嘛，82年分地我们那儿，83年、84年的样子，我们就利用科研、科学技术，种的棉花，这就是天津市质保所专家来给我们指导的……这农民呢，密度也达到了，也不用费劲了，这棉花也高产了。

由此可见，石辛庄村的对外联系比较多，这既促进了村庄知名度的提高和资源的获得，也促进了村庄经济发展，是该村的一个优势所在。

（3）人力资本

石辛庄村家庭总户数363户，共1329人，其中男性639人，女性690人。劳动力有670人，60岁以上老人237人，学生251人。

在笔者调查中发现，村民受教育程度呈金字塔形，年龄越大，受教育程度越低。石辛庄村留守老人的文化程度偏低，大部分60—70岁的老人没有上完小学。而60岁以下，接受初高中教育的人数增加，其中有一些完成了九年义务教育后出外打工。

马书记提到，他经常组织村委会去其他发展好的村庄参观学习，如华西村、兴十四村等，通过学习这些发展得比较好的村庄的建设经验来提高村委会的领导能力和决策能力，从而更好的建设自己的村庄。

虽然石辛庄村在人力资本方面村民教育水平一般，村里也只有幼儿园，没有其他高级的教育机构，但村委会积极的自我提升让村庄整体人力资本并不落后。

（4）文化资本

该村比较重视村民素质的提高。在访谈中马书记对村庄的发展前景充满信心，谈到村庄可能建立研究所时兴奋之情溢于言表：

> 我跟你说农科院的一个院士是什么是副院长是院士？他是搞水稻的，也准备到这儿来。变成国家级的水稻研究所。当然比袁隆平还差点儿呢。我听他们透露的这个意思，这个人研究出的一个水稻，能从原来水稻基础上增加 200 斤，这是谁发现的呢？日本和中国同时研究这个，咱们这个中国研究出来了。中国研究出来了，已经出来了人家已经注册了你再研究也不行了，日本给落后边儿了。他准备拿到这儿实验，这儿准备还得盖房。我们这儿有一个旧房子的地方儿啊，有一片 3 亩地、2 亩地的一块儿地方，准备给我们盖楼。一个是利用我们地方，还有来的人都是文化人，能够影响我村的村民的素质。

村庄对村民素质的重视，也为村庄发展奠定了基础。正如马书记所说：

> 他外面对你们这个村儿有个认识，这村儿不错，村民素质也挺好，这样也愿意把有些东西搁那儿。这水稻搁那儿，也得有其他的研究，其他科学项目，不是科学项目的也可以……这样农民也得到了实惠，还给他打工，每天也是 40 块钱。

这些外来的项目为村民提供了就业机会，也促进了农村经济的发展。

综上所述，石辛庄村虽然外部资金不足、村民受教育程度也不高，但利用原有资产、村民的高素质和与外部的联系，能够从环境中获取其完成新农村社区建设的资源，系统较好地发挥了适应功能。

2."一站三中心"的重大举措（目标获取功能）

（1）农村服务网络，社区照顾服务、社区卫生服务、社区教育服务、社区文化服务的健全程度和利用率

石辛庄村的一个亮点就是"一站三中心"的建立，其中经济发展服务中心重点承担招商引资、园区企业项目、总部型经济、安全生产和税收征管等工作职能，社会事务服务中心重点承担农村经济、村镇建设、社会救助、计划生育、财政补贴和劳动保障等与群众生活密切相关的服务工作，综治信访服务中心重点承担综合治理、信访接待处理和涉法涉诉等职能。

社区照顾服务：老年人日常照料中心（老年人活动中心）于2010年8月建成，这个中心旨在为老人们提供一个休息、娱乐、沟通的场所，但由于一些经营方面的实际问题和资金问题没有解决，在笔者进行调查时还没有正式投入使用。

社区卫生服务：村里建立了甲级医疗室，村民看病不出村。村里的医疗室共有三名医生，一个大厅、一个药房、两间病房，共三个床位。医疗室承诺以病人为中心，让患者满意，坚持24小时出诊，出诊随叫随到。笔者去时当日值班的医生出诊，医疗室有一名工作人员在给村民拿药。如有大病，村民一般到镇卫生院或县医院去救治。

社区教育服务：为了方便学龄前儿童受到早期教育，石辛庄村于1990年建立了幼儿园。幼儿园现有27人。过去石辛庄村里设有小学，后来则合并到了希望小学，这所小学离石辛庄村很近。初中一般去韩庄中学上学，高中则去大口屯高中或宝坻一中。

社区文化服务：综合活动中心室内可以读书、看报、棋牌娱乐，并配置了15套健身器材，是人们休闲娱乐的便利场所。文化健身广场使全民健身运动能够顺利开展。为了提高党员群众的文化素质，村里建设了80平米的文化活动室，并且在图书室设有廉政文化图书角，专门摆放有关廉政方面的图书。

（2）农村基础设施建设

石辛庄村翻修、美化了村内外道路，进行坑塘改造，修砌硬化了道路两侧排水沟，建了垃圾池，而且建设了两座公园，绿化了村内街道，各条街道安装了路灯，为人们夜晚出行提供方便。投资15万元维修、加固了

厂区、田间工作、交通桥梁两座。投资 8 万元为村民改厕 320 座，投资 6 万元为村民安装了 309 套真空管太阳能热水器。石辛庄村在 1983 年就接近了自来水，由于很多水井和管网年久老化，村委会投资 30 余万元进行了自来水管网的改造，新打机井一眼，改造管网数千米，让村民引用上了清澈、甘甜、洁净卫生的清泉水。村委会后院儿购置了一台纯净水净化器，把井水过滤，并进行灌装，然后以 1 元/罐的价格卖给村民，净化后的水甘甜可口，现在不少村民都饮用这种水。石辛庄村是全区第一个电话村，在 1996 年家家户户就都通了电话，但有些家庭由于成员都拥有手机或者家里只有两位老人留守，与外界联系不多，加上村委会距离村民住处并不远，方便转接，这些村民就停用了电话。目前，村里开通有线电视的有 210 户，有线电视的收费是 120 元/年，电视拥有率比较高，不过有些村民虽拥有电视却没有开通有线电视。

（3）生活保障体系

在谈到生活保障问题时，刘生会计谈道：

> 我们村儿一人一亩多地，一亩地 700 块钱，一年 1100 块钱。老人本身呢国家给四五十块钱，村里呢又给 30 块钱，这从 89 年就开始了，老年补贴，国家刚给二年。

这说明了石辛庄为村民着想，能够为村民提供生活补助，老人对此也比较满意。

（4）环境治理体系

基础设施改造让石辛庄环境有了很大改观，笔者在调查中，没有看到脏乱臭现象，看到的都是整齐的街道。这反映了石辛庄村环境治理体系的健全。

（5）社会性团体

村中老人最主要的娱乐方式是看电视。其次就是到棋牌室打牌、下棋。但笔者在棋牌室见到的都是男性，没有看到一名女性。妇女们一般不去棋牌室，主要的娱乐活动是串门聊天，平时则在家照顾老人、小孩。村民们活动范围比较小，较少参加社会性团体的活动。

这些设施和政策上的优势是其开展新农村社区建设的有利条件，但社会性团体活动不多也反映了村民积极参与社区活动的热情不高，这也许会影响社区凝聚力，也对社区的维模和整合功能有所影响。

3. 老百姓的"孙子"与不稳定的政治根基（整合功能）

（1）村委会的协调领导作用

在访谈中，马书记提到"这个农村干部，是领导者也是组织者，也是服务者，好听吧这仨字儿啊，这六个字儿啊，但是也是'孙子'。"表现了他身为一个当家人对其身份的无耐，在实践中，他也带领村委会为老百姓们办了不少实事，修路解决了"行路难"问题，1989 年村委会开始为 60 岁以上老人每人每月发放 30 元补助金，让老人们都安享晚年，1996 年在各户安装电话，使石辛庄成为宝坻区第一个"电话村"，"改厕"使农户生活环境有了很大改观，然而，村庄中存在一些威胁政治稳定的因素，使得社区系统的整合功能受到制约。

①换届

根据《村委会组织法》，目前村委会为三年一换届，这样的规定不利于村庄的长远规划的制订，当选的干部在短短三年里往往来不及制订村庄发展的长远规划也不愿意花费精力制订这种规划，毕竟三年换届之后他不一定还能担任现在的职位，自己制订的规划、规定不一定会被继续实施和遵守。这是一个政治不稳定因素。

②分地

《农村土地承包法》规定了土地三十年不变的政策，而在原属南仁孚乡的几个村则没有按照这则规定实施，马书记谈道：

> 我们村儿是这样的。当时分地的时候我们自己定了一条政策，五年一小调。比如说你们家没人了，把地拿出来，给谁用呢？给那个增加地的人用。现在有的村儿上大学了或者出征那前儿，到现在没他地……是违法，但是他们弄不了。因为当时村民就这样制订的。他有这自治的能力。这个土地三十年不变绝对是个大问题。上次那个，老两口，三闺女，分地的时候分五口人的，三闺女出门子走了，不在这个村儿了，地在这，这就不是五口人了。还有这家就一人，一人的地，娶媳妇了……三十年以后，咱们国家这种形式人口变化……这个农村好多深层次矛盾解决不了的，乱的，就在这土地。这个弊病啊，是相当的多啊。刚才咱们科长讲了，你瞎调你违法，那我们没办法。我们跟前儿这几个村，我们南仁孚这几个村啊，大部分都这样办……

现在有些事儿啊，现在各级领导，我不是批评他们，把事儿搞得忒大。都是形式主义，不适合咱们中国的农村这种情况。

村委会的做法虽然违法，却是有其合理性的。土地是农民的根，土地的分配不仅涉及经济发展问题也涉及公平问题，土地分配的不恰当，则可能导致村民间的矛盾及村民与村委会间的矛盾，影响社会稳定。

③待遇问题

"工欲善其事，必先利其器。"村干部是否能在社区建设中发挥其作用，有赖于其能力和为人民服务的决心。在问卷调查中也有村民提到不愿意参加下一届的村委会选举的原因就是待遇问题。马书记谈道：

> 农村干部待遇问题，非常低。是一个月 300 元……是这样的，收入 5 万元以上的，包括 5 万，一个月大队可以再开个一百二百的，没收入的一分钱不给你开，只能上镇里头拿这个钱，拿 300 块钱，这是财政给的。我们不是这么些钱，我们村开的两百多，所有这些干部包括他们这些每人 50 块钱。
>
> ……我跟你这样讲啊，一个农村干部的收入，有的村儿还不如一个光棍子的收入呢，这光棍儿 65 岁以后，这光棍的收入可不低。五保供养……一个月拿 500 块钱呢。

另外，大学生村官也抱怨生活条件和福利待遇比较差。他指出，虽然对其他方面都很满意，但这样的待遇还是阻碍他留在这里继续工作的一个原因。

不论村干部也好，大学生村官也好，都是农村建设的组织领导者，薪酬待遇问题也是一个潜藏的危机，尤其对于大学生村官，经过了二三年的历练，各方面能力都得到提高，也对自己的工作环境和要求形成良好的适应，但合同期满之后，因待遇问题而失去人才，毫无疑问这是村庄和国家的损失。

（2）法律、制度的规范作用

宝坻的督察制度体现了其农村建设的力度。宝坻民政局副局长这样介绍了这个督察制度：

十二个乡镇，组织部、农村政策研究室、计生委、妇联、团委等 12 个县级职能部门，每季度定期检查，定期汇报，把哪单位的问题哪单位的好的做法进行汇报，总结出一期简报，向区里面的领导汇报。纪检委专门牵头儿，定期检查汇报。每个组里面都有区纪委的一个人员，我们得看村儿里公开的数字和给我们的数字是不是一样。具体做是乡镇做，我们区职部门督察。一个组 4 个人，4 个人中至少有一名区纪委的。一个季度的组分两个乡镇，12 个行政单位，1 个行政单位 2 个人，这个组去这个乡镇两天，那个组去那个乡镇两天，去公开栏儿看看情况。宝坻在政治方面应该说不落伍。比较守法，没有上访或闹事的。这也离不开村委会的治理和村民自身素质的培养。

目前在天津广泛推广的"六步决策法"是从宝坻区最先发起的，这是另一个促进村民对村庄事务了解的制度。六步决策法是指村级组织决策经济及社会发展重大事项必须实行六个步骤。具体包括：第一步，村党组织召开全体党员会和村民代表会，征求意见形成议案。第二步，村"村两委"联席会议讨论通过。第三步，乡镇党委、政府对议案的内容及过程进行审查。第四步，村民会议、户代表或者村民代表会议讨论表决通过。第五步，限时在村务公开栏公开。第六步，整个决策过程由村民代表负责监督，在村党组织领导下由村委会组织实施。这一政策避免了政策制定执行者与村民间的可能冲突，增加了村民参与村中大事的决策机会。

（3）村庄社会结构

由于土地由集体租赁，统一流转，从事农业的村民很少，大约二三十户，青壮年劳动力大量外流。常年外出务工人数（指连续六个月以上的）有 15 户。大部分家庭都是出去一个青壮年男性，妇女就近打工。由于土地租赁所得不够生活所需，因此一般 60 岁以下的村民还要工作。

笔者在调查中也发现，村庄的中老年人较多，而在外活动的几乎都是中老年男性。这样的村庄结构就比较松散，再加上中老年人本身就不如年轻人那样热心参加社区活动，村民之间的互动不频繁，这就不利于新农村社区建设的实施。

总体来讲，尽管存在一些潜在的威胁村庄稳定的因素，村委会的努力和村民的守法让整合功能顺利发挥作用，而村庄社会结构则对整合起着负作用。

4. 思想的转变（维模功能）

态度有认知、情感、行为三个成分。其中，态度的认知成分是指人们作为态度主体对与一定的态度对象或态度客体的知识、挂念、意向或概念，以及在此基础上形成的具有倾向性的思维方式。这种认知在一定程度上取决于村民已经习惯的传统观念的内容，村民基于以往的观念和认识对新农村社区建设中提倡的理念进行解释和评估。因此，原有观念和提倡的观念的差距大小决定了人们对新事物的认知。如果村民原有思想就与新农村社区建设一致，村民愿意参与社区活动、实现自治，那么，这种思想的对接就很容易完成，反之，则加重了思想观念转变的难度。

态度的情感成分是指个体对态度对象所持有的一种情绪体验，即村民是否能欣然的改变自身的态度，这取决于其对社区的归属感强弱，以及村庄的凝聚力的大小。可想而知，村民的归属感越强、村庄凝聚力越强，他们越愿意响应对村庄整体的建设提出的各项要求，这就加速了他们接受我们提倡的事物的速度和可能性。

态度的行为成分是指个体对态度对象所持有的一种内在反应倾向，是个体做出行为之前所保持的一种准备状态，这里指村民愿意接受新农村社区建设的理念的程度，也就是改变的倾向。村民越是倾向于接受新思想，新农村社区建设中对农民精神层面的要求越是容易实现。

像上文提到的那样，该村留守老人较多，这在很多村庄都很普遍，这样的年龄结构也为新农村社区建设的顺利开展设置了障碍。年轻人思想开放，容易接受新事物，而比较而言，老年人更倾向于维持传统的认知，不愿改变其原有思想。因此，动员和宣传要花费更多时间和精力。

以上文提到的日常照料中心为例，抛开服务人员和运行难度的顾虑，虽然设施已就位，但老年人是否愿意参与到这种集体活动中来，这值得我们思考。据调查，笔者发现石辛庄的主要养老方式是家庭养老，儿女出去打工的不占少数，老人们平时最经常的娱乐活动就是看电视，而且，该村庄也没有很多诸如秧歌队、歌唱队等社会性组织，可见村民比较倾向于室内活动。即使在棋牌室中，聚集了一些中老年男性村民，但女性村民则更习惯于串门儿走亲戚和待在家里。

在访谈中，村庄的前副书记，现任会计刘生说道：

> 你看我们这儿全有。人们得有个适应过程，你不能说这东西都给

你预备了，老年人日常照料中心都建好了……有活动室，有娱乐室，有餐饮的地方，有康复的地方，这啥都有。

要想这些设施能够得到充分的利用，除了运行资金和人员的保证外，村民思想意识的转变也非常重要，如果村民对新农村社区建设的态度无法转变，不能自愿参加社区活动和进行自治，那么再好的外部条件和管理也无法让村庄呈现新农村的景象。就像刘会计所言，村民需要一个"适应过程"，但村庄并没有为此做出很大努力。只有思想转变与设施的集中建设相一致，人们才能跟上社区发展的步伐以保证系统正常运行。

四　研究发现与基本结论

AGIL 模型以及基于此而建立的新农村社区建设中"新型社区"的标准体系，具有一定的现实意义和借鉴意义。虽然在现有的框架下，不能对新型农村社区究竟是怎样的就行量化，但是它毕竟为我们提供了一个新的视角。从对案例村的分析也可以发现，AGIL 模型及基于此而建立的新农村社区建设中"新型社区"的标准体系，不仅可以比较充分的展现一个农村社区的优点，还可以暴露一个农村社区的不足，一定意义上也具有较强的操作性。

从 AGIL 模型及其指标评估的分析中，我们可以发现，系统的良性运行只有硬件的建设是远远不够的。在现在的新农村社区建设中，目标获取功能和整合功能得到很好的重视，在石辛庄也是如此，它在设施建设方面比较领先，各项设施一应俱全，"一站三中心"的建设体现了这一点，此外，村务公开使得村民加深了对各项决定的了解，督察制度让干部能规范自身行为，"六步决策法"化解了村民与决策者间的可能矛盾，这都是值得推崇和借鉴的……但是，适应功能所依赖的资金支持以及维模功能所必须的思想转变却没能实现，这主要由以下几个原因造成：一是由于在新农村建设中对设施的过度重视和对思想转变的忽略。当然这与人们特别是领导者的认识有关，上级的硬性规定必须完成，相较之下，村民思想方面是否适应，则不是被硬性规定的，也无法检查，这就使得思想动员被长期忽略。二是资金不足问题的困扰广泛存在，而这个问题的解决非一朝一夕可以达成，即使各方在思想上都认识到这个难题，却暂时没有解决之道。

　　这些在调查过程中了解到的情况和问题，不仅仅是阻碍石辛庄村的发展的问题，也同时困扰着其他的村庄。新农村建设不是一个指标，而是一种状态，达到这种精神和物质双重提高的状态则有赖于各界的努力。

参考文献：

　　［1］李小伟：《刍议农村社区建设》，《经济问题》2010 年第 9 期。

　　［2］全国 13 所高等院校《社会心理学》编写：《社会心理学》，南开大学出版社，2008 年版，第 137—138 页。

　　［3］姚兆余、狄金华、朱考金：《农民对新农村建设的态度及其影响因素分析——以皖南胡村为例》，《今日中国论坛》2008 第 1 期。

市场经济条件下的嵌入型政治

——对"红色西沟村"的经济发展"瓶颈"探讨[①]

西沟村是平顺县有名的先进典型，因为这里是诞生全国第一个农民互助组的地方，这里还相继走出了两位功劳卓著的全国劳动模范——李顺达、申纪兰，现在的西沟村是全国爱国主义教育基地，山西省红色旅游胜地，长治市党风廉政宣誓基地等。1943年，李顺达组织农民成立了全国第一个农业生产组织——李顺达互助组，在新中国成立初期，李顺达先后三次受到毛泽东同志的接见，西沟村也在全国有了不同反响的榜样作用，由此西沟村走上了社会主义集体化道路。直到十一届三中全会召开后才解散，走过了30年的集体化道路。从率先创办初级农业生产合作社到成立高级农林牧经济合作社，西沟村始终走在全国的前列。

西沟的地形险峻，自然条件恶劣。境内332座大小山头，7条大沟，232条小沟，整个地势东南高西北低。境内沟壑纵横，山梁交错，河谷两岸有少许平缓地带，其余皆为山地，经过社会主义初期的建设发展成为一个红遍大江南北的模范村，西沟人响应毛主席的号召改造山区，建设美好家园。而今在市场经济大潮中，随着时间的流逝和观念的更新变化，它的发展却遇到了一些困难，直到现在还处在矛盾和艰苦的挣扎中。

新中国刚成立初期，西沟村是最早成立农业合作社之一，并在全国作出了表率作用，西沟人民不怕吃苦、艰苦朴素、顾全大局的精神让所有人钦佩。人民公社时期，西沟村在全国劳模李顺达的带领下一次又一次地给国家和全国人民带来硕果和惊喜，也因此西沟人连续几年被评为全国劳动模范和全国人大代表。西沟这些成绩的取得不仅是全村人民齐努力的结果，而且是有一位好的领导者——李顺达，坚持和捍卫毛主席的革命路线不妥协、不退让，号召全村人民坚定不移的听从毛主席的话，进行山区改

---

① 作者：刘俊丽，华中师范大学政治学研究院政治学理论2008级硕士研究生。

造和建设。西沟村从一个拥有 20 户的小村庄发展到现如今的 635 户，2138 口人的大村庄。现在村里有一部分人口迁居到县城居住，一方面是孩子上学问题，另一方面是西沟村的日常居住需求不能及时供应（笔者调查的 15 户中，有 1 户村民全家搬迁到县城，有 3 户家里是空巢家庭）。

一　西沟村现状：村集体领导过于行政化，经济发展受限

1983 年，西沟村的带头人李顺达同志去世，西沟村按照家庭联产承包责任制的形式将集体所有的田产、工具、牲畜分给以户为单位的个人家庭。以村集体所有发展起来的村庄，面临着解体。西沟村在国家政策的指导下，发生了一次翻天覆地的变化，西沟人开始过一种以前从没想过，也没过过的生活，以单个家庭为主体的生产生活方式。西沟人也从以前紧张的集体生活中解脱出来，可以自由的从事自己的事情，不必紧紧地束缚在土地上。西沟村集体也发生了很大的变化，首先是村集体职能范围缩小，办理事务侧重传达上级指示，没有了以前执行上级任务的强制性；其次，村集体与村民形成了一种新型的合作关系——协助与指导村民的生产与生活问题，不是以前的命令服从式关系；再次，村集体和上级行政单位是指导与被指导的关系而不是执行与被执行的关系。这次划时代的改革，对于西沟村集体是一个巨大的挑战，也是一个前所未有的机遇。集体化时期，由李顺达带领大家播种的苹果树每年基本能实现盈利，可是实行包产到户后，农民的果树产量逐年下降，现在村里已经很少能看到苹果树的影子。当问及村民原因时，他们说那几年果树"生病"，农民没有及时的给予喷洒浓药，又怕这病传染给庄稼，农民就纷纷砍伐果树，导致苹果产量大减。

时代的变迁是推动历史前进的车轮，西沟人从以前的集体所有的生产生活方式中尝试找到适合自己的在新时期的发展道路。在十一届三中全会精神的指示下，提出了"无工不富、无商不活"的口号下，西沟村集体在申纪兰的带领下到全国各地先进企业和村庄学习参观，仿效别人的成功经验尝试着为西沟的发展找到一条新的出路。1985 年，申纪兰带领村委会主要领导先后去过河南七里营、天津大邱庄等参观学习经验。申纪兰四处筹资几百万用来发展村庄集体企业，在申纪兰的带领下，村集体有了属于自己的第一个企业——铁合金厂。村里第一个工厂在大家的集体努力下

建立起来，但是工厂的发展并不是一帆风顺的，遇到的问题很复杂，从开始的资金筹集，到引进设备，再到现在的工厂运营，每个环节都要谨慎小心，当工厂一切准备就绪开始运行时，又发现村里缺少懂技术的专业人才，开工厂并不像种庄稼，农民天生就可以学会的，而且种粮没有什么特别高的技术含量，农民只要肯吃苦就能有好收成。而开工厂却完全是两回事，不仅要懂专业的技术还要有市场销路，能够让产品实现其价值。而做这些事西沟村在以前从没遇到的，村集体思考再三，为了能使工厂尽快进入运营状态，从外地聘请懂技术的人才来经营，使工厂进入运营状态。村集体以为这样就可以使工厂有序的进入工作和盈利阶段，但是由于种种原因，这位有经验的代理厂长在经营了一年之后选择了离开。这给西沟村一个不小的打击，无奈只好又另请高人来指导，还是不到一年就走了，工厂经营了近三年可并没有给村集体带来什么收益，反而是让村集体承担了大量的债务问题。现在这个硅铁厂的现状，占地近 200 亩的工厂闲置在那里，只有两位老人在这里看守，具这位老人介绍说："工厂停产的原因是炼铁炉排污不达标而停产，该工厂在 2000 年左右就改造过一次，不过现在看来还是没有达到规定的排污标准而停止运营。"该工厂在 2007 年新建两个高炉目前正在营运，已属于私人经营。村集体共同建造的工厂经过几十年的发展自然会退化、被淘汰，但它的存在给西沟带来了多少利益呢？总体来说并没有给村民带来利益，反而是让村集体承受了一笔债务，同时连续担任近十年的厂长的个人经济水平却加速上升，到卸任时已拥有自己的小轿车。一个借着西沟村集体名义经营起来的厂子，并没有做到名副其实的为西沟村民谋福利。

进入西沟村给人的第一印象就是环境优美，满山遍野都是青山绿树。在西沟村的主街道上可以明显看到村里精心修葺的公园、苍廊古画、街心文化广场、劳模雕像、成片的草地等建筑。这些工程的修建的确为西沟增添了亮丽的风景，同时也给西沟村民带来了一些困扰。首先这些公共设施的建设占用了村里最好的大块耕地。因为西沟地处穷山深沟中，难得能有一整块的田地，而现在这么好的土地被用来建设这些公共设施对村民来说没了可靠的生计来源，空谈享受是不切实际的。比如村民张某的口粮地 2007 年被全部征用，只获得了很少的补贴，现在全家人的生活来源依靠外出务工。其次，西沟村的建设目标是国家级农业生态观光示范园区、国家级森林公园，打造山西省一流的红色教育基地、山西省一流的绿色生态观光旅游基地。而这些目标的设定与西沟村民的现实情况并不太吻合，村民的实际利益并没有在这个村庄规划中体现出来。作为村集体的主要职责是带领、引导村民致富、奔小康，而不是建设所谓的表面光鲜、华丽的村庄外貌。最后，村集体领导干部的本身职责没有很好的履行，对上级曲意逢迎、对村民持不理睬的态度，使村委会的主要职责出现了偏向上级的倾向，没有顾及村民的切身利益。

西沟村现在的大多数企业都是以"西沟"命名的，借用西沟这个名字来经营的有太原房地产开发公司、山西纪兰农业科技有限公司、山西纪兰商贸公司、太原西沟人家等。这些企业每年都给西沟村一定的补偿。具体能给多少，村民不了解，但每年分发到村民手上的基本上就一袋面粉，至于还有其他的什么福利，村民基本上没有享受到，村集体的账目上也没有清晰的登记。村集体可积累资产处于负债状态（2010 年西沟村经济情况调查中，村庄存在的债权 200 万，债务 1000 万），村委会的委员们已经是两年没有发过工资（村委会的主要成员之一对笔者提供的情况），村民的基本生活都很难保障，人均可耕地不足 0.5 亩，本来就不多的土地，村集体还征用部分农民土地进行大面积绿化，同时还在实行退耕还林政策，老百姓虽然生活在青山之中，却在为生计奔波，农民依靠常年外出打工挣钱养活家人。目前西沟村还在运营的一家工厂是纪兰饮料厂，该厂的生产也仅能维持基本需求。而且是季节性生产，有可能出现间断数月后的间断性运营状态。

2010 年 5 月，西沟村建立了"四议、两公开"的村级工作流程。"四议、两公开"的具体内容：在村党支部的领导下通过"四议、两公开"程序决策实施村级重大事项。"四议"即：支委会提议、"两委"会商议、党员大会审议、村民代表会议或村民会议决议；"两公开"即：决议公开、实施过程和结果公开。这些制度的实施是应长治市委下发的文件执行的，之前村里也有相应的规章制度，如：民主选举、民主决策、民主监督制度、村民会议制度、村民代表会议制度、村委会工作制度等，这些制度都在村委会的大院墙上写着，那么这些制度的具体执行力又如何呢？他们是否只是疲于应付上级领导检查？在后续的与农户调查访谈中，简单了解到一些情况：这些制度有的的确是有在实施，但也没真正让老百姓目睹，有的或许只是有个名称，即便有这些组织，其成员也是村委会内定的居多。看来这些制度看起来的确是为村民着想，但仅流于形式，没有在村庄治理中发挥应有的作用。在村务治理过程中，村党支部起着主要的领导作用，乡政府仍采取行政手段对村庄干预一些事情，村委会在一定程度上，职责主要是执行上级行政命令，对村民没有进行及时的指导。乡政府通过对村党支部的控制，较为有效地控制整个村级事务的决策权，而在一定程度上弱化了村民对村级事务的决策权。

二 西沟村发展"瓶颈"原因

由上述村庄事例，笔者分析西沟村没有能够顺利实现体制转型的原因。

第一，以农村劳动力为主的集体化农业生产在市场经济条件下难以维持生命。社会主义建设初期，重视农业的发展，提倡集体化农业劳动，适应了国家当时的发展需求，为国家贡献了巨大的力量。西沟村作为社会主义建设初期的先进农业典范为国家、为社会做出了巨大的贡献。1951年李顺达互助组在全国倡议生产竞赛，在全国掀起了轰轰烈烈的竞赛高潮，对推动全国农业生产发展做出了积极的贡献。西沟村在发展农业互助合作运动过程中，积极踊跃，受到地区政府的多次表扬和鼓励。在现行家庭联产承包责任制之后，集体化的农业生产解体，长期形成的农业规模化生产被新体制打破，农民自己拥有了土地的使用权和收益权。但是在西沟村实行包产到户后，并没有得到比以往集体化农业时期更高的粮食产量。其原因有很多，这里简单列举几条：首先，村里自然环境恶劣，到处都是山沟，可耕地面积很少，村里现有的许多耕地是集体化时期，集体开荒、铺垫出的千亩耕地，包产到户以后，耕地不仅没有增加反而因为种树、集体性的征用、占用而减少。其次，集体化时期农民种地的积极性被充分调动起来，每个农民都是卖力的劳动，可包产到户后，因为农民个体情况不同，农业生产也不等。再次，农民已经从土地上彻底的解放出来，农民挣钱途径有了新变化，不只是依靠农业收入，还可以外出经商或者务工等。

第二，村"两委"职责不明晰，乡政府的行政干预。乡政府与村集体之间没有明确的行政隶属关系，属于指导与被指导的关系。乡政府对村集体有指导、支持、帮助等责任。在西沟村，乡政府还是明显对西沟有行政指导性作用，村委会在处理村庄事务时与上级乡政府的命令保持一致。在村"两委"中，党支部领导村委会。党支部对村内事务起着主要的领导作用，党支部的党支书还是乡里任命，村民选举村长只是一种形式，主要决定权在乡里和村党委的决定。另外，村集体领导思想老化，文化水平较低，难以带领群众致富。市场经济条件下，农业已不是发展的重中之重，经济建设是一切工作的重心。昔日西沟村的先进模范典型如何适应市场经济的发展，村集体领导干部有着重要的引导作用，但因为村干部年轻化、无经商经验，只有小学文化水平的村领导在接受新思想、新观念有一定的难度。村里面临集体制解体时，村干部已经充分暴露了小农意识，想谋取私利，而内部又出现矛盾，使得本来已难以应对外界的变化，内部又出现了严重的分歧。虽然为了能更好的发展村庄经济，村委临时决定派两名村干部外出学习深造，但却没有很好的用于实践。而且村领导小组内部没能紧密团结，关键时刻没有能人的带头作用，使得兴办村办企业没有成功。从某种程度上说，西沟村的村集体领导由于自身文化水平较低，对工业建设知之甚少，未能顺应市场经济发展，导致村集体不仅没有收益反而负债累累。

第三，村庄缺乏"精英人才"，没有经济能人管理村治。从旧有的体制解放出来，是为了更好的发展，而西沟没有"精英人才"来推动村庄发展。目前村党组织在村级领导集团中处于核心地位，并表现出书记主导和挂帅的特征。这表明人民公社时期党组织特别是党的书记独揽村庄大权的一元化领导模式仍在相当程度上影响着西沟村村庄治理的运作。在人民公社时期，中国农村实行党、政、经合一的高度集中的基层领导体制，村庄公共权力主要由党的书记及其支配下的村级组织执掌，农民被无一例外地高度组织起来。通过农村基层治理体制的改革，我们已经实现了新旧体制的转换，在农村普遍推行了村民自治制度。但是，中国农村现行的基层管理体制是从人民公社体制脱胎而来的，传统体制的惯性还在以各种方式影响着当前农村管理的实践，要彻底消除传统体制的影响还需要相当长的时期。能人治理型村庄领导集团和领导方式的变动，无疑是农村基层治理体制改革的重要表现，但经过 20 多年的改革和发展，目前在中国农村村庄治理的实践中已形成了多样化的村庄领导体制。村庄领导体制的差异化显然与各地、各村具体的治理环境存在着密切的关联。事实上，任何一种现实的村庄领导体制都是其所处具体村庄治理环境的产物，是多种环境要素综合作用的结果。

第四，村民文化素质低下，政治参与意识浅薄。村民从人民公社时期开始，就习惯听命于村领导的任命和安排。在人民公社时期，农民朋友以伟大领袖毛泽东同志提出的正确方向为指引，听从毛主席的伟大号召，坚持走正确的农业路线，勇于和困难作斗争，积极引导农民从事农业生产建设。农民思想被高度的调动起来，敢于与天斗的精神，让农业取得了可喜成绩。进入包产到户后，农民思想开始发生变化，由以前的集体主义转变为现在的个人、小集体主义。为了能实现自己生活目标，村民们开始感觉到村庄的发展和自己利益息息相关。村民开始有了参与村集体事务的动机，渐渐萌生了村集体是大家的，需要大家来当家做主。农民也想在村庄发展过程中表达自己的思想和想法，希望村集体能够采纳农民的一些建议。但这仅仅是个想法还很难真正实行到具体行动中去。西沟村以前辉煌的发展在某种程度上说是因为有好的领导者，现在村集体领导中，成员老化、思想禁锢，而年轻干部的意见没有被采纳，村集体内部领导干部之间还存在一些矛盾和纠纷，大多数领导干部都是以自己的私人利益为重，村集体利益在部分干部眼中视为"假正经"。

由以上分析可以看出，在市场经济大背景下，农村的主要发展方向已经由农业开始转向工业生产。西沟村顺应形势转变村庄发展规划过程中，出现了一些矛盾和问题，其中最为突出的是村集体领导成员内部意见不一致，缺乏领导才能，无法在新形势下带领群众致富。

三 西沟村发展途径探讨与建议

西沟村在发展中遇到的问题也是中部地区很多贫困村庄遇到的问题。在市场经济条件下，如何使村庄能够顺利发展，可以借鉴一些成功村庄的经验。

首先，充分尊重农民利益，建立健全农民政治参与机制。建立健全农民的参政机制，满足农民参政的愿望和利益要求，对于尽量减少和避免农民因参政渠道不畅而去寻求制度外的参与途径，从而减小社会政治稳定所造成的潜在危害，对推动政治发展具有重大意义。要给予农民更多的参与机会，开辟更通畅的参与渠道，以有效地提高农民的政治认同程度。鼓励农民利用已有的公开化、制度化的参政渠道，实现良性参政；要充分考虑到农村经济改革所带来农民阶级的分化与分层，在选举县级以上人大代表时，能尽量保证各个不同利益主体都能产生出自己的代表参与国家管理，以增强农民对现行政治体制的信任；针对农民生产活动的分散使农民难以找到有效的利益表达渠道，致使其在利益受损时容易表现出对政治的冷漠或求助于家族势力，甚至采取非理性的参政行为，应考虑建立工会、青年团、妇联等性质相近的政治社团组织，以使农民整体利益的表达渠道制度化、有序化。

其次，加强乡镇和村委会干部政治、思想和作风建设。提高干部队伍素质，努力营造良好的民主政治环境，消除产生政治冷漠的人为因素。乡镇及村领导班子要带领农民与时俱进、开拓进取，真正为民办事，增强干部的凝聚力和号召力，要加强廉政建设，克服官僚腐败作风，提高个人的思想道德素质，保持领导班子的纯洁性，树立良好的形象。强化村民委员会，村党支部等基层组织与农民的沟通，建立融洽的干群关系。村务及时公开，有事同村民商量，请村民出主意想办法，充分尊重他们，吃苦奉献在前，利益享受在后。同时，转变乡镇政府职能，建立公共服务型政府。农村治理结构改革是一个系统的工程，绝非简单的制定制度，撤销机构就能解决问题。现阶段我国乡村治理结构的制度设计应以"为农民提供公共服务"为原则，既是落实以人为本、经济社会协调发展科学发展观的重要保障，又是在宏观调控中推进改革、保持经济社会持续健康发展的重要举措。要从行政控制型体制向依法行政型体制转变，实现法治型政府。在法律上对乡镇政府作出明确的界定，为规范行政行为提供具体可操作性的法律保障。充分发挥县乡人民代表大会的作用，完善利益表达渠道，强化监督职能。有效的乡村治理结构必须保证农民在服务供给者及决策者阶层的代表性，加强农民对这两个主体的监督能力。

再次，改变党支部主导村务的局面。党支部凭借法定的权力、传统的资源、自上而下的授权成为村中事务的主宰，村委会在处理村庄事务时只是个执行机构。党组织权力过分集中，党组织成员老化、思想观念的僵化和生活作风的腐化使得村民对村委会有了一定的成见。村党组织的权力来自上级党组织的授权和全体党员的推选，而村委会的权力来自全村选民的投票选举。村"两委"的关系应以党组织为领导，协助村委会处理村庄事务。党组织的领导是防止村民自治蜕变为家族自治或少数人自治的根本保证。而村民自治组织即村委会要自觉接受党组织的领导，使党的主张成为村民的意志。

最后，大力发展农村经济，创造条件为农民发家致富。赤贫状态下的人是不可能去追求政治权利的。大力发展农村经济是推动村民自治、发展农村政治文明的物质条件。让农民休养生息，积累财富，壮大村级集体经济，改善农村的公共设施和公共福利。在领导、投入、政策、科技、环境五个方面采取综合配套措施，为农村经济的发展提供有力支撑。切实加强和改进对农村经济工作的领导。县、乡两级党委、政府要把主要精力和工作重心放在抓农业和农村经济发展上，用市场化的办法和手段推进农村经济发展，抢抓机遇，加快推进农业市场化进程。引导农民群众规避投资风险，增加收入，提高生活质量和水平。农村非农化，只有大力推进农村经济非农化，才能促使农民收入稳步增加，农民群众的生活水平不断提高。农民是农业生产的承担者，也是农业物质财富的创造者，他们为国家和城市的发展起到了无法代替的作用。我国正处于社会转型期，政治、经济、文化和社会的变革必然使得农民的思想观念、价值取向和行为方式随之发生变化。于是，在利益的驱使下或者利益实现的过程中，就必然会衍生许多不稳定因素，从而影响新农村的建设和整个社会的进一步发展。

参考文献：

[1] 徐勇：《现代国家建构与农业财政的终结》，《华南师范大学学报》2006 年第2 期。

[2] 林尚立：《制度创新与国家成长》，天津人民出版社 2005 年版。

[3] 刘义强：《民主和谐论》，西北大学出版社 2008 年版。

[4] 阎步克：《士大夫政治演生史稿》第 2 章，北京大学出版社 1996 年版。

村庄内部道路硬化的困境与思考

——蓝田县王坡村村庄内部道路硬化问题的调研与思考①

乡村道路是新农村建设的重点，从中央到地方，各级政府都加大了对乡村道路建设的投入。2006 年，中央投资 175 亿元改造农村公路，目前，区县（市）政府根据乡村道路的重要性和等级，对道路硬化工程分别采取财政全额负担或财政定额补助的形式。一般对通乡公路，财政全部负担，而对于通村公路财政只采取定额补助的形式，对于村庄内部道路，财政则没有补助，要靠村干部去筹集资金，或者向社会，或者向村民。因此，村庄内部道路的硬化问题一直是农村交通的重要问题，也是影响村容村貌的主要方面。笔者通过对陕西蓝田王坡村村庄内部道路的调研发现，本村内部道路崎岖不平，虽说刚铺上了砂石路，可是很薄，一经大雨冲刷，就会出现泥泞的现象，这就给村民的生活和出行带来了极大的不便。

一　个案背景

（一）陕西省村庄内部道路建设现状

笔者从陕西省建设厅有关部门了解到，新农村建设两年多来，陕西省村庄道路有了长足发展，呈现出以下几个特点：一是硬化率显著提高，2007 年全省共有行政村 26146 个，村庄内部道路长度 104218.59 公里（以下简称村庄道路），其中硬化 51986.34 公里，硬化率为 49.9%。比2005 年提高了 35.1 个百分点；二是各级政府社会各界及群众对村庄道路建设投资逐年加大，达 16.1961 亿元，是 2005 年的 5.8 倍；三是道路硬

① 作者：杨强，华中师范大学历史文化学院中国古代史专业 2008 级硕士研究生；张丽君，华中师范大学历史文化学院中国古代史专业 2009 级博士研究生。

化的村庄增加，村内主要道路硬化的村庄个数达到 12494 个，占全省行政村的 47.79%。据不完全统计，2009 年关中地区村庄道路建设已完成项目284 个，建成道路 418 公里，完成投资 1.24 亿元，村内主干道硬化率从2007 年的 55.4% 提高到 76.1%。[①]

2008 年以来，陕西省政府对关中地区农村村庄道路实行补助政策，极大地调动了广大农村干部群众建设村庄道路的积极性。2010 年，我省又安排五市一区村庄道路 284 个建设项目，总投资 11919.8 万元，建设道路长度 400 公里。截止到 11 月 30 日，关中地区农村村庄道路建设项目，完成投资 11102 万元，占总投资计划的 93.1%，道路长度 407 公里，占年初计划的 101.7%。其中，已建成项目 244 个，完成投资 9448 万元，建成道路长度 342 公里，咸阳、铜川、杨凌示范区已全面完成建设任务；在建项目 42 个，目前已完成投资 1654 万元，已建成道路长度 65 公里。关中地区农村村庄道路工作，已列入陕西省民生八大工程，并作为各市、县政府今年的目标责任考核任务。各市在建项目未完工的要加快建设进度，力争年底前全面完成村庄道路任务。[②]

由以上可见，陕西省各级政府对村庄内部道路的建设很是重视，已列入陕西省民生八大工程，并作为各市、县政府今年的目标责任考核任务。应该说，在这样一个好的政策形势之下，陕西蓝田王坡村的村庄内部道路硬化也是当前村庄建设的重要内容，而笔者在调研中看到的却是村内道路的崎岖不平和砂石遍地。这就不得不引起笔者的注意和思考，王坡村村庄道路建设的困境何在？有什么方法措施可以让它更快的走出困境呢？

（二）王坡村村庄道路建设现状

由于王坡村处于土坡山的中腰地带（当地人称为岭地的半岭区），路途蜿蜒泥泞，摩托车成了载人上下出入的主要运输工具，价格也较高。王坡村被一条上岭的公路一分为二，村庄占地总面积 4440 亩，约 2.96 平方公里，地形为土坡地。村庄公路里程约 8 公里，全为硬化公路。调研时，上岭的公路正好于去年修到了王坡村村口，按照村支书的说法也算实现了"村村通"公路，而"组组通"却还远没能达到，在被公路一分为二的王

---

① 以上数据来源于陕西省建设厅。

② 同上。

坡村路口，进入两边的"组"都只能踏过杂草丛生的泥泞小路。笔者进入村庄后，发现路面崎岖不平、砂石遍地，听村干部讲，说是由于修不起水泥路，只能运来砂石铺在路上，勉强凑合用，可是一经大雨冲刷，砂石下面的泥土就露出了地面，村民出行依然很是不便。

王坡村分设 5 个村民小组，各个小组之间虽然不远，可是仍然隔着一段较为难走的道路，笔者在走访农户的过程中，发现从一个组到另一个组，中间的路基本不能过车，有的组是紧临着通村公路，出行还算便利，可有的组就远离通村公路，要出门还要穿过难以行走的组与组之间的土路，很不便利。在调研中，农户总是向笔者抱怨道路的问题，有的村民说，村里的路几十年都没有修过了，只是前两年刚铺上砂石路。他说："以前没铺砂石的时候，一下雨就是满地泥水，积水满地，不能出门，想出去转转都不行，真希望能早点修好路，给农民办个好事"；有的村民向笔者说，"知道村里没钱修路，可是我们可以自己集资，只要村干部能发动大家一起修路，修不了好的，咱可以修差一点的，只要以后能出门方便就行"；还有的村民说："如果大家集资修路，我第一个出资，并带头出力，现在就是大家只是各顾各的，没有一个管事的人站出来带领大家一块干。"就这样，村里的路一直修不起来，而临近的南王村却是很快实现了全村道路硬化，走上了富裕路。这让王坡村民是既羡慕又无奈，羡慕的是道路修好后村容村貌变好了，村民生活水平也提高了；无奈的是都是一个地方的人，还是邻村，"政策都一样，为啥人家能修起来，而自己村却一直修不起来呢？"

二　王坡村村庄道路硬化难在何处

（一）资金短缺问题

"公共基础设施建设是社会主义新农村建设的着眼点，农村道路建设是农村基础设施建设的重头戏，也应该是社会主义新农村建设中财政投资的重点领域。"[①]

2009 年王坡村没有任何生产经营或者投资盈利的收入来源，也没有为兴办福利事业而向村民集资，由于经济发展在当地属一般水平，不至于

---

① 林毅夫：《对新农村建设的几点建议》，《科学决策》2006 年第 8 期，第 28—29 页。

贫穷困难，该村亦无获得捐赠款物，该村唯一的收入来源是上级政府拨付的补助 12500 元。据村支书讲，王坡村十几年来都是如此，村民各顾各的地，村里也没有什么可开发利用的资源，没有人到村里来投资，村里也没钱兴办企业或者对外投资经营。也就是说，在这位老村支书在任期间，王坡村的收入几乎为零。由于村里缺乏资金来源，在收入这一方面，村干部没能为村集体寻求开源的途径，仅靠上级拨发的补助维持日常工作所需开支，而没有想方设法利用自身资源谋求致富的出路，这使得王坡村积蓄不足，财力捉襟见肘。而收入不足严重影响制约着该村的支出规模，村民生产生活条件难以得到及时必要的改善，进一步导致村庄经济发展缓慢，村庄的落后又使得该村缺乏招商引资和获得发展的机会，长此以往形成恶性循环，村庄经济发展裹足不前。

由以上可见，王坡村资金短缺问题严重，缺乏资金来源，仅仅依靠上级政府的补助拨款维持日常开支，根本没有财力去为村民修路。

（二）村干部维持村庄现状的心态

王坡村分设 5 个村民小组，每个小组各设组长一名。村干部一共 9 人，村支书和村主任各担其职，女性干部一名，任妇女主任。村干部的平均年龄为 50 岁，村支书和主任年纪较大，皆在 60 多岁，各组组长多由 45 岁左右的中年人担任。多数村干部已经连任数届。村中党员共计 39 人，而 30 岁以下的年轻党员仅有 2 人。由此看来，该村的主要干部和党员队伍都存在着年纪偏大的问题。村干部年龄偏大造成了该村发展没有后劲，村干部大多有一种维持现状的消极心态，不思进取，得过且过。笔者在调研中发现，村支书和村主任很少过问村里的事务，当笔者打电话问起支书在什么地方的时候，总是推脱在开会，或者是在外地，不能回村。试问，如果村里发生了重大事件，又由谁来解决呢？还有就是村委会办公地的问题，当笔者向村民问起村委会的所在时，得到的回答却是村委会没人值班，一直空着。笔者听到后感到很不解，无人问津的村委会，那么村庄的事务怎么处理？

（三）村庄老年人比较多

笔者通过调研得知，王坡村的老龄化现象比较严重。原因是什么呢？笔者在调研的基础上作了如下分析：

随着城市化的发展，城乡经济差异却越来越大，面对城市中更多的机会和绝对更好的收入来源，农村大量青壮年劳动力选择进城务工，把家里的农田留给老人耕种。一般我们提到老龄化会认为其原因在于经济的发展、医疗水平提高引起的死亡率降低，是经济发展的表现和结果，但是农村的老龄化也存在生活水平提高、人的寿命延长等普遍原因，但是笔者认为更主要的，或者说造成我国农村老龄化高于城市的原因在于这种农村青壮年劳动人口大量外流的现状。年轻人外出打工，留下自己的孩子让老人在家里抚养，即使在城市里出生的农民工的子女也会因为父母打工劳累繁忙和户口问题被送回老家让老人抚养，成了留守儿童。由于农村教育水平仍然有限，加之父母不在身边，祖辈又年老体衰无力教育，这些留守孩子常常上完初中就自愿辍学，等到十五六岁就随着父母亲友进城务工，老人依然留在家里。从正在城里打工的青壮年的思路看，大部分人在年老体衰之后选择或者不得不回到原籍养老，子女仍在城市读书工作，或者仅仅是打工。这样，农村人口的流动就总是年轻的流出，年老的流入，老龄化速度自然比城市要快得多。据笔者调研得知，王坡村有 480 户，1871 人。通过随机挑选的 15 户村民的年龄分布表格中我们可以发现该村的老龄化现象。

姓名	王森虎	王田仓	王相岐	王有继	王答美	张新羊	王景义	王经福	陶小丽	崔淑慧	张志清	王答田	王平利	王新民	王公平
年龄	62	61	48	46	45	56	67	48	45	63	69	58	43	57	53

分析以上表格[①]，我们可以得知，随机选择的 15 户村民的年龄在 60 岁以上的有 5 人，占了 1/3，远超出 10% 的老龄化标准。这些老人待在村子里不能出远门，也不想出去，每天多半时间待在自己家里，对出行的要求很低，因而村庄道路是否修建对于他们无关紧要，外出打工的青壮年每年回家不了几次，对道路的修建热情也不高，再加上各顾各的心态，造成王坡村一直难以硬化村庄道路。

---

① 表格数据来源于笔者的调研成果。

三　王坡村怎样才能走出修路难的困境

对于乡村治理，尤其是落后地区乡村的治理过程，应该是乡政府在国家政策的范围内，在与乡村的协调与合作之下，充分发挥村民的自主性的一种持续的互动过程。在此过程中，必须要有政府的大力引导和扶持。因此，在新农村建设中，"维护乡村社区的安定，增进村民的公共利益，促进乡村的公共事业，都是乡村治理的基本内容"[①]。村庄内部道路硬化是乡村公共事业发展的重要方面，因此，道路硬化关乎村民的切身利益，也是乡村治理的主要内容之一。

蓝田县位于秦岭北麓，关中平原东南部，是古城西安的东南门户，县城距西安35公里。蓝田自古为秦楚大道，是关中通往东南诸省的要道之一。三里镇是蓝田县辖乡，它位于蓝田县中部偏西，灞河东南岸，距县城1.5公里，312国道纵贯乡境，县环北路从三里镇乡的南部穿过。可见王坡村周边的地理形势还是比较优越的，那么为什么村庄道路却难以修建呢？特别是在当前陕西省政府加大对修建村庄道路给予大力支持的大好形势之下，王坡村却难见起色。相比较而言，只有几步之遥的南王村却很好地完成了村庄道路硬化。至于道路硬化的解决措施，笔者认为王坡村不妨借鉴一下陕西阎良区武屯镇房村的村庄道路建设经验。

据笔者了解，阎良区2010年3月至6月计划完成道路硬化任务100公里，主要对道路里程较长、群众出行困难较为突出的村庄；7月至10月全面推进村庄道路建设工作，计划完成道路硬化任务62公里，实现全区村庄道路硬化率100%。"只要符合村庄道路建设标准要求，群众修多少公里，就补助多少公里，修到哪里，补助到哪里。"这是2010年3月31日阎良区在村庄道路建设推进会上提出的目标和原则。房村离阎良城区直线距离并不是很远，路没有修之前，村民却感到很远，出个村都不方便，更不要说进城了，因此村庄相对比较封闭；前几年关中环线通了车，一下拉近了村里和城区的距离，村里种菜和养殖的人多起来了，经济意识也开始有所增强。但村里的道路直接影响着村民致富的行为，农副产品运

---

① 俞可平、徐秀丽：《中国农村治理的历史与现状——以定县、邹平和江宁为例的比较分析（续）》，《经济社会体制比较》2004年第3期。

不出去，外面的东西进不来，这是群众最深的感受，当时就有好多群众要求硬化村里的道路，但村里的情况不允许。后来在得到区上的支持后，我们对村庄道路进行了硬化，情况发生了很明显的变化，今年种植瓜菜的村民比去年多了 30% 左右，菜农、瓜农也不用出村，在自家的地头就把瓜菜卖了，全村去年的人均纯收入已经达到 6500 多元，村里的面貌也发成了很大变化，比以前干净、卫生多了。

可见，房村的道路硬化是成功的，也收到了预期的效果，有利于促进村庄社会经济的发展。而对于王坡村来讲就是一个很好的借鉴对象，王坡村可以找出自己存在的劣势和不足之处，拿出整治方案，多方筹集资金，发动全村村民的积极性，争取早日实现全村道路硬化。下面笔者在调研分析的基础上提出一些解决措施，以供有关部门参考：

（一）开拓思路，多方筹集资金

农村公共基础设施具有广泛的外部效应，属于公共产品和准公共产品范畴，许多是农民需要解决但自身又无法解决的事情。当前要确立以政府无偿提供农村公共基础设施建设的基本思路，财政支出应由重点支持城市向重点支持农村转变，形成稳定的资金投入机制，努力增加政府财政资金的投入总量，逐步扩大公共财政在农村的覆盖面，重点保证涉及农民急需的和长远发展的公共基础设施建设。[①]

因此，鉴于我国现实的经济社会发展水平，政府公共投资在农村基础设施建设中的作用应该是主导作用。陕西省政府的做法就很值得称赞。陕西省住房和城乡建设厅、省财政厅近日联合下发《关于关中地区农村道路建设项目申报工作》的通知，要求相关部门做好 2010 年关中地区农村村庄道路的申报建设工作。项目申报的范围是：关中地区西安市、宝鸡市、咸阳市、铜川市、渭南市、杨凌示范区范围内的行政村（不含城中村）的村庄内部主、次干道和巷道等设施建设，其中关中地区"一轴一环三走廊"沿线基础条件较好的村庄道路建设将予以优先安排。

通知要求，村庄道路路面硬化原则上为混凝土路面，宽度不少于 3.5

---

① 俞桂海：《农村公共基础设施建设存在问题及路径选择》，《山东省农业管理干部学院学报》，2009 年第 1 期。

米，厚度不少于 15 厘米。依照有关资金补助标准，农村村庄道路建设省财政每公里补助 5 万元（每平方米补助 15 元），不足部分市、县配套及群众自筹。市、县配套资金由市、县财政和城建部门负责落实，原则上按照省、市、县 1∶1∶1 比例配套。项目建设实行先验收后补助及重点支持安排相结合的办法。项目验收通过后由县财政部门拨付项目补助资金。项目交付使用后 1 年后由市建设部门会同财政部门组织开展绩效评估。

从该通知我们可以了解到，虽然有政府的资助，可是还有一部分资金是需要农民自己筹集的，这就需要村干部发动本村的农民积极参与，向农民说明筹资原因和资金去向，保证农民的切身利益。不仅如此，村庄还应该开拓思路，多方筹集资金，村干部要积极引入社会力量加入到村庄道路建设中来，以更好、更快的实现村庄道路硬化。

（二）提高村干部素质，加强村庄领导

村干部素质的高低直接关系到村庄社会经济的发展。如果村干部普遍老龄化，就会使整个村庄死气沉沉，毫无生气，只顾维持村庄的现状而不思进取，长期下来就会阻滞村庄的发展，不利于社会主义新农村建设。此外，乡镇政府应加强对村委会的领导和监督，组织村干部参加有关培训，拓宽村干部的知识面并开阔村干部的视野；在村干部的选拔中，要注意吸引村庄的致富能人进入到村委会中来，为村庄的发展献言献策。

（三）做好村庄道路建设规划，完善配套管理

村庄道路建设也要以做好规划为前提，要结合当地实际确定村庄道路的类别和级别标准，根据道路硬化、供水排水等方面的当前需要和远期发展，做到规划一次到位，建设分步实施，让有限的资金发挥出最大的投资效果。要把村庄道路建设工作与村庄环境整治结合起来，探索建立管好道路、用好道路的长效机制，通过良好的道路管护，为广大群众创造一个干净、畅通、温馨的生活环境。加强村庄道路建设，可以成立村庄道路硬化领导小组，成立专门机构，各乡镇政府、行政村也成立相应机构，落实人员。县委县政府从计划安排、督促检查、质量验收、资金补助等各个环节入手，出台农村村庄道路硬化工作实施方案。这一系列的措施都要切实严格执行，不能只是流于形式，做形象工程。

四　结语

农村基础设施建设是社会主义新农村建设的重要内容，关系到农民生活水平的有效提高，村庄内部道路建设是农村基础设施建设的关键方面，"要想富，先修路"，如果不去整治村庄内部道路，村容村貌就难以改善，农民的致富积极性就难以提高，最终会阻碍农村社会经济的发展和我国社会主义新农村建设前进的步伐。

权威治理背景下个人权威的构建及其绩效研究

——以湖北省保康县尧治河村为个案①

  乡村治理是指乡村公共权威运用乡村治理权力，处理乡村社会公共事务，借以调控与影响乡村社会。② 新中国成立之后，乡村治理方面的研究十分重视村干部的地位角色及其作用，这体现了学界对新政治形势下的乡村精英群体给予的格外关注，如先富能人，能人政治等。国内学者对乡村精英的概念似乎都更为认同意大利社会学家 V. 帕累托的界定：精英是具有特殊才能、在某个方面或某项活动中表现出杰出能力的人所组成的整体。③ 随着社会主义市场经济的发展，农村新的经济利益群体的出现，使得村庄的治理越来越依赖治理者自身的权威和影响力。尧治河村的村庄治理是一种典型的"能人"治村模式，正式权威结构的核心是党支部，而党支部的核心则是支部书记。本文探讨的是村庄治理权威构建的过程以及所带来的深远影响，从我们的调研来看，治理的权威来源于体制赋予与个人自致，而个人权威形成的过程也是村庄发生翻天覆地变化的过程。

一 尧治河村村庄简介

  尧治河村地处保康、房县、神农架林区交界处，是一个"一脚踏三县"的高寒边远村，平均海拔 1650 米，面积 33.4 平方公里，全村 150 户，人口 627 人。"山大梁子多，出门就爬坡"、"四月雪，八月

---

  ① 作者：周珍，华中师范大学政治学研究院政治学理论专业 2008 级硕士研究生。
  ② 参见刘晔《治理结构现代化：中国乡村发展的政治要求》，《复旦学报》（社会科学版），2001 年第 6 期。
  ③ 参见辛允星《农村社会精英与新乡村治理术》，《华中科技大学学报》（社会科学版），2009 年第 5 期。

霜，六月还觉天气凉"，是这里恶劣的地理环境和气候条件的真实写照，由于自然条件的限制，直到 1988 年，饶治河村不通路、不通电，生活非常闭塞落后；村里无企业，集体无积累，人均粮食不足 200 公斤，人均纯收入仅 300 元。到 2009 年，80% 的村民住上了别墅，40% 的家庭拥有了小汽车，农民年人均收入 1.2 万元以上；修通村组公路 83 公里，道路通组入户，四通八达；村庄基本实现了"六通六无"，即户户通公路、通电、通水、通广播、通电视信号、通电话；无群众负担、无治安刑事案件、无计划外生育、无群众上访、无失学儿童、无"六害"现象。"轿车洋房，别墅村庄；病有所医，老有所养；青山绿水，鸟语花香。"在社会主义新农村建设中成为现实，成为尧治河村一道靓丽的风景线。

尧治河村先后荣获"保康县首富村"、"襄樊市明星村"、"湖北省500 强村"、"全国文明村"、"全国先进基层党组织"、"湖北省卫生村"、"全国文明村镇"等光荣称号。谈及尧治河村神奇的发展史，就离不开村支部书记孙开林，在笔者与村民交谈过程中，受访对象都明确表示，"孙书记对村庄的发展贡献最大，没有孙书记，也就没有今天的发展"。村庄能取得如此大的发展成就，离不开孙书记的睿智和付出。

二　尧治河村党支部书记简介

孙开林，男，汉族，生于 1956 年 9 月，大专文化，中共党员，经济师、工程师职称，1985 年至 1988 年 8 月担任洞河乡中心小学民办教师；1988 年 9 月至 1991 年任尧治河磷矿矿长；1991 年 12 月至 1993 年10 月任尧治河村党支部副书记、尧治河、天花村联合总支书记、尧治河磷矿矿长；1992 年参加县委党校大专函授学习；1993 年至今任尧治河村党支部书记；现任中共湖北省保康县县委常委兼保康县马桥镇尧治河村党委书记、湖北尧治河集团有限公司董事长。先后被评为十佳村党支部书记、全国优秀党务工作者、全国劳动模范、全国农村优秀人才、全国十大优秀村官、全国新农村十大模范带头人，并当选省九届人大代表、省八次党代会代表、十届全国人大代表和中共十七大代表等。尧治河村是典型的权威型治理，孙开林书记权威的确立是多方因素合力的结果。

三　个人权威的构建过程

（一）体制赋予

在现阶段的中国农村实现村民自治，政治参与已经成为农民表达自己利益诉求以及维护自己权益的主要渠道，在一定程度上实现了村民的当家做主。由于我国农村人口众多，范围广泛，但是农民的素质相对不高，经济文化相对也不是很发达，从而使村民自治的制度设计预期并不能很好的实现，在农村实行好村民自治的难度很大，所以需要统一、稳定的组织领导。"越是民主不充分的地方，就越需要致力于推进民主的有效组织，这是被历史反复证明的真理。"[1]　虽然村民自治在农村实行的难度很大，但是实行和发展村民自治对农村乃至中国具有深远的影响，所以在农村发展基层民主的艰难性和重要性，都需要坚强有效的政治领导和组织领导，这既是中国共产党的历史责任，同时，也只有它才具有这样的资格和能力。[2]　在农村，党组织居领导核心地位，党支部书记是一把手。孙开林从1993 年任村支书至今，这就从体制上确保了他的领导地位，为孙书记参与村庄的治理提供了合法性基础。

（二）个人自致

村庄领袖取得民众认同的关键还在于村庄领袖本人，换句话说，村庄领袖的内在性个人因素是村庄领袖取得民众认同，特别是持久性认同的决定性因素。从理论上分析，影响村庄领袖民众认同的内在性个人因素，即村庄领袖权威的确立和延续，必须与作为"经济能人"给村庄发展做出持续贡献的"报偿性权威"、优秀的道德品质以及在有条件下对村庄福利的关注所形成的"魅力型权威"相结合。

1. 权威获得的外在性物质表现：经济的发展和腾飞

"任何一种政治社会现象及其形成发展的内在动因都深深地潜藏于经济社会之中。"[3]　村庄治理作为农村基层政治形式，需要建立在一定的经

---

[1]　参见姚锐敏等著《乡村治理中的村级党组织领导》，中国社会科学出版 2004 年版，第 76 页。

[2]　参见徐勇《中国农村村民自治》，华中师范大学出版社 1997 年版，第 8 页、149 页。

[3]　同上。

济基础之上。改革开放之后，市场经济体制的引入，经济因素在乡村社会中的作用和价值明显上升，新兴经济精英群体在村庄中的政治地位得到很大的提升。从群众的角度看，盼富盼发展是农民群众的最大愿望，谁能够带领农民群众发家致富，谁就能得到群众的支持。经济能人治村是否有利于村庄的治理，目前从实践中和学术研究中都无法得出明确的定论，但是在新农村建设的背景下，作为村庄的领导人应该具有经济发展的能力，能够使村民脱贫致富。孙开林作为尧治河村的村支书，其领导村民发财致富的能力是有目共睹的。

尧治河村矿产资源丰富，但由于身处山区，道路不便造成资源无法开发，孙开林为村庄做的第一件大事是修路开矿。1988 年 11 月，村里打算修路开矿，但村集体没有钱，孙开林拿出原打算盖房子的 4000 元，托亲戚贷款 3000 元，没钱请技术员，他们就自己用竹竿测量，他带头冲在最前面，其他党员和群众纷纷跟上，经过两个多月苦战，修起了通往该村第一个矿点的 6 公里山路。矿石出了山，石头变成了宝，农民开始摆脱贫困。开矿以后，村民的生活得到了改善，但是孙开林意识到要实现可持续发展，光靠挖矿卖矿不是长远之计，他决定利用境内丰富的水力资源建电站。对于水坝资金的集资，他提出"开放办电，引股上山"，使尧治河村的村民都成为股东，同时积极引进外来资金，筹集资金 128 万元，仅用一年时间就建成一级电站，又一鼓作气建成二级、三级、四级电站，对境内水力资源进行梯级开发，四座电站总装机达 3600 千瓦，年创产值 650 万元。

磷矿资源有限，电站发电也必须依靠自然因素，要想使村庄发展摆脱自然因素的制约，就必须利用资源走出去，实现二次创业。为了找到可持续发展的金钥匙，尧治河村形成了"以主攻磷矿精深加工为主，拓展做强水电、旅游两翼为辅"的"一主两翼"的发展战略。2004 年村里抓住磷矿资源有偿转让的机遇，先后收购丰荣公司、九里川县矿、神农架阳日镇矿，2005 年通过多方协调取得了白竹Ⅱ、Ⅲ号矿段采矿权，马良段江探矿权，董家沟探矿权；在湖南办起了金矿，与湖南长沙矿冶研究院共同投资兴建万吨窑法磷酸科研项目工程，目前正在申请专家鉴定和筹备 5 万吨窑法磷酸项目。2009 年，村内集体企业 22 家，村属企业 7 家，全村工农业总产值达 5.6 亿元。

2. 权威获得的内在性基础：民众的认同和服从

与权力体现暴力和强制力不同，权威的形成更多的是来源于民众发自内心的认同与服从，它体现着权力的合法性和正当性。费孝通指出，中国乡土社会的权力结构既有不民主的横暴权力，也有民主的同意权力，还有"既非民主又异于不民主的专制"的教化权力。这种教化性的权力"虽则在亲子关系里表现得最明显，但并不限于亲子关系"，"凡是文化性的，不是政治性的强制都包含这种权力"①。在他看来，同意权力和教化权力在中国传统乡土社会中发挥着更加重要的作用。优秀的道德品质、对村民负责的精神则能获得村民的认同和服从。孙开林书记优秀的道德品质体现在自力更生、艰苦创业、无私奉献的精神；实事求是、与时俱进的精神以及严于律己、正直公道的精神。

一是自力更生、艰苦创业、无私奉献的精神。孙开林在任村支书之前，担任村民办教师，当时镇教管会正打算调孙开林去当主管会计，面临转为公办教师的机遇，在轻轻松松当教师和辛辛苦苦当农民脱贫致富的带头人之间，他毅然选择了后者；为了启动修路工程，他拿出个人积蓄4000元，购回了炸药等器材；在修公路遇到最危险的工段时，他以"要死先死我，要亡先亡咱"的呐喊，把绳索系在腰里，吊在悬崖上，冒着稍有不慎就有坠入深渊的生命危险，打眼放炮，激励着大家把路修下去。孙书记不畏艰险，不屈不挠，不向困难低头。

二是实事求是、与时俱进的精神。孙书记在充分利用村庄自然资源的同时，运用市场经济规律，在苦干中巧干，把外向型经济、股份制经济与集体经济事融为一体，在引进资金、引进技术办电站、开矿山的同时，在十堰、白浪租用货场，在神农架、贵州等地开矿山，在北京设办事处，在因特网上设网站，形成了具有尧治河特色的发展之路，使尧治河在经济建设上想一件、办一件、办一件、成一件、一年一个新项目，一年一个大发展，形成了立体发展、快速扩张的良好态势。

三是严于律己、正直公道的精神。孙书记对村党支部的自身建设十分严格，实行村务、财务双公开，干部的收入和重大建设项目定期向群众公布，接受群众评议；进行公车制度改革，司机买断，干部用车付钱；建立了严格的陪餐制度，干部陪客自己掏钱。他对自己的要求也十分严格，以身作则，率先垂范，先后拒贿5万多元，拒领奖金50多万元，将各级发给他本人的3万余元奖金全部贡献给集体；他对家属的要求十分严

---

① 费孝通：《乡土中国生育制度》，北京大学出版社1998年，第61页。

格，从不利用职权把亲属安排到企业上班，在改田、修路中，老父和妻子同别人一样承包完成任务，却从未因他而享受到任何照顾。

3. 权威获得的持久性基石：对村庄福利事业的重视和投入

对村庄福利事业的关注最主要的体现是三福公司的成立。尧治河三福公司成立于 1996 年，是由尧治河村内聋哑、弱智和贫困人员组成的一个集扶贫、福利、服务为一体的特殊企业；目前，公司有 5 名行管人员，65 名员工和 7 名六旬以上的孤寡老人。公司成立的初衷是针对村庄 20 多名弱智农民，为了使他们自食其力，提供就业岗位，让他们植树造林、维修公路、打扫卫生，让弱势群体能够依靠自己的劳动赚钱致富。三福公司在村党委的领导下，管理行之有效，员工吃苦耐劳，工作持之以恒，现公司员工人均年工分达 3000 分以上，年收入突破 1.5 万元，先后有 20 多名员工陆续摆脱贫困，60% 的员工住上了小洋楼，过上了富裕的生活。

村里投资 100 多万元，建起了襄樊市第一家村级福利院。集中供养孤寡老人，并选派一名贤惠能干的妇女为老人服务，让他们安度晚年。2006 年，尧治河村建立了"农业发展基金"，基金的比例按 1% 从村级总收入中提取，通过以"奖"促"调"，扶持和奖励农业生产、药材种植、畜禽养殖等特色项目，一大批畜禽养殖大户如雨后春笋般涌现。

由于尧治河村的地势原因，村里的 150 户人家分散住在深山大峡谷中，自然条件差，钱多无处花，村里按照社会主义新农村建设的要求，高起点规划，高标准设计，对农户进行搬迁，农户住房实行整体规划，统一设计，由村和农户共同出资建起了一栋栋欧式别墅，目前绝大部分村民都住上了漂亮适用的洋房。村里一次投入建起了建筑面积达 3800 多平方米的学校，实行封闭式管理、全日制教学。按照城市实验小学的标准，配齐了电化教学设备和实验仪器，开通远程教学，实行多媒体教学。学生在校的学杂费、课本作业费及住宿生活费全部由村集体免费提供；根据水电、旅游、农特、磷化工产业人才需求，挑选了一批年轻干部到河南理工大学、湖北大学学习深造。

四　个人权威构建后村庄治理的绩效分析

（一）促进了村支两委规范运行，巩固了村支两委的治理权威

村民自治条件下农村党组织的领导核心作用，就是要把党的领导具体

贯穿到民主决策、民主选举、民主管理和民主监督的各个环节，具体地讲，就是村级党组织的领导不是在某一个民主环节上，而是要贯穿于村民自治的全过程中，即要在农村民主决策中发挥领导核心作用，在民主选举中发挥政治引导作用，在民主管理中发挥组织协调作用，在民主监督中发挥中坚骨干作用。村"两委"班子是否团结一致，村支书与村主任的素质是重要的因素，在一个权威治理的村庄，村支书的素质和觉悟就显得尤其的重要。尧治河村的两委班子关系处理得非常好，坚持在党组织的领导下，充分发挥村民当家做主的权力。

2009 年，全体党员大会召开 6 次，村民代表大会召开 12 次，村民大会召开 4 次。对于涉及村中重大事情，先召开党员会议，村党组织提出意见，然后召开村民会议进行民主决策；一般的决策采用的方式是召开村民代表大会进行决策。在调查的 15 户农户中，有 12 户农户很少在村民会议上提意见和建议，村民大都认为目前村里的领导班子是在为村民办实事，对于他们的决策非常满意，事实也一直在证明他们的决策是英明的；有 3户农户在村民会议上提出过建议，这 3 户农户的建议都被不同程度地采纳，这使他们的政治效能感增强，对村庄的公共事务更加关注。图 1 体现出村民对村委会工作的满意度：

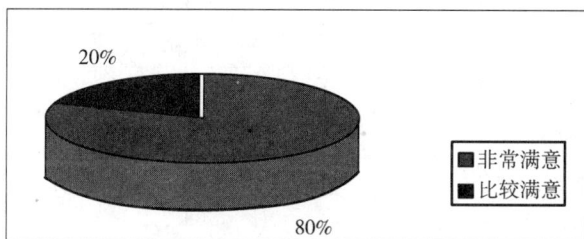

村民对地委会工作满意度

村民对村委会的工作非常满意的比例占 80%，比较满意程度占 20%，所调研的农户没有对村委会的工作持否定意见的，这在整个村庄也是有代表性的，这跟村两委的民主决策、民主治理以及重视村庄的基础设施建设是分不开的。在被调研的 15 户农户中，有 11 户农户对搞好村庄民主建设没有异议，对村庄目前的治理呈现满意状态，其余 4 户农户的建议是：希望村庄设立法庭和警备区，对村庄环境卫生加大整治力度，加大村庄基础设施建设，进一步发挥好监督作用，这都是村庄进一步发展的建设性建议。农户的满意度可以从村委会的执行力上体现出来，对于村两委制度的村规民约，每个家庭都会发一个小册子，内容就是村规民约的重要性及其内容，73.％的村民都认为落实得很好，27％的村民认为落实得比较好，没有村民对其持否定意见。

（二）增加了农民收入、弱化了贫富差距

村支书个人权威的形成过程实际上也就是村民的发展致富过程。1988年，集体无积累，农民人均纯收入不足 300 元，截止到 2008 年，尧治河村工农业总产值达到 5 亿元，固定资产达 7.8 亿元，农民人均纯收入达5500 元，在这 20 年里，农民人均纯收入番了约 17 倍；2008 年我国农村居民人均纯收入 4761 元，该村人均收入高出全国水平的 16％，作为一个地处中国中部的农村，已属难得。总体来说村民富裕了，且村庄的贫富差距不明显，没有位于贫困线以下的农户。这可以从表 1 中体现出来：

尧治河村 15 户农户家庭收入统计

	家庭收入（元）	频率	百分比（％）	累积百分比（％）
有效	130000—150000	2	13.3	13.3
	100000—130000	2	13.3	26.6
	80000—100000	1	6.7	33.3
	50000—60000	1	6.7	40.0
	40000—50000	1	6.7	46.7
	30000—40000	3	20.0	66.7
	20000—30000	5	33.3	100.0
	合计	15	100.0	
缺失	系统	0		
合计		15	100.0	

注：表 1 选取的是村庄 15 户农户，依据家庭经济情况，对富裕、中等、贫穷的家庭各选取 5 户进行调查。从图中可以发现，富裕的家庭年收入在 80000 元以上，中等家庭年收入 40000—60000，贫穷的家庭年收入在 20000—30000。这 15 户中，年收入 20000—40000 的比例占了 53.3％，也就是中等家庭和贫穷家庭之间的收入差距不大，村庄中很少有非常贫穷的农户，这跟笔者的实际调研所见也是相符的。

改革开放以来，农民内部经济收入差距的扩大，与少数富裕、冒尖的

村民相比，一直受均平思想、"有无相通、守望相助、患难相恤"的传统心理熏陶的农民个体无法忍受别人站在自己头上，于是产生了严重的个人相对剥夺感，嫉富、嫌富的不满情绪和心理涌上心头；不患寡而患不均的心态使农民相互之间信任度急剧降低，这也直接影响到村民之间的亲密关系。尧治河村的村民间关系非常融洽，相互间的信任度非常高，跟村民的贫富差距不大是有直接关系的。

（三）形成了健康发展的乡村文化

在孙书记的带领下，尧治河村的发展史已经造就了村民的"尧治河精神"，"尧治河精神"就是在艰难险重的关键时刻，流淌在尧治河人血脉中的那股子精气神。尧治河村马绵河的水库大坝是尧治河人的精神体现。在悬崖峭壁间凿出高3米、宽3米、总长达6.4公里的隧道，对于当时只有200多个劳动力的尧治河来说，不亚于修建一条当年震惊世界的"红旗渠"。从1996年农历正月初六工程正式动工，修大坝所需的几万方石头要到1.5公里外的坡势稍缓的山上去开采，所用的沙、钢筋、5000多吨水泥全部要从2公里外靠人肩挑背驮运到工地。5个月后，当大坝粗具雏形时，一场罕见的山洪一夜之间将快要封顶的大坝冲了个一干二净。孙开林强忍泪水捡起木杠，党员们不约而同首先聚集在大坝上带领村民一起战斗。又是5个月的日拼夜战，一座5000多吨水泥、钢筋、3万多土石方筑成的27米高的大坝在深山峡谷中拔地而起，雄踞两山之间，为水电开发提供了不竭的源泉，如今，这里成了"全省基层党员干部教育基地"。

随着村庄对教育、科技事业的关注和激励，传统村庄知识和技术已经被现代化的思想所代替。在村庄企业的发展过程中，重视高科技的投入和引进，重视人才的培养和高素质人才的引进，这为村庄企业的发展提供了源源不断的动力。通过在全村创新开展"五星党支部"、"五星企业"、"五星员工"、"五星文明户"评选活动，精心开展"五好家庭"、"十佳婆媳"、"十佳妯娌""十佳邻里"等激励的评选活动，使村民主动改变自己落后的思想观念和生活习惯，引导农民移风易俗，改变陈规陋习，形成健康、向上、文明的新风尚。

自治与民主

村民自治绩效与村庄集体资源

——河北省两个村庄的对比分析[①]

村民自治是中国农村基层治理的基本机制，也是当前学术界研究的热点，尤其是在新农村建设的背景下，呈现出一股研究热潮。当前的学界也出现了一些争议，其中之一就是对于如何认识村庄集体资源的认识以及。村集体资源的存在对村庄治理有着什么影响？集体资源强弱不同的村庄在村民自治绩效方面有着什么差异？笔者参加了百村十年观察项目，对河北省的两个村庄进行了实证调查，这两个村庄同属河北省，但在集体资源方面存在明显差异，本文尝试通过实证研究来对两个村庄的村民自治进行对比分析，以探求村民自治绩效与集体资源状况的关系。

一　文献综述

学界对经济与民主的关系探求较多，典型的代表就是李普塞特的《政治人：政治的社会基础》，作者的结论认为民主与经济发展状况密切相关，一个国家越富裕，它准许民主的可能性就越多。李的结论具有启发性，但并不适合探讨微观层面的民主与经济关系，比如村级民主，也没有揭示经济发展背后民众的参与动机。在经济和社会结构都大体相同的村庄，李的理论无法解释民主绩效的差异。

卢福营[②]通过柯村和吴村的对比分析，认为经济发展从根本上决定和制约着村庄公权力的运作和效能，也影响着村民的公共参与方式。经济发达的柯村，村集体掌握着丰富资源，因此可以通过集体福利换取村民的认

————————

①　作者：杜豹，华中师范大学政治学研究院政治学理论专业 2009 级硕士研究生。

②　卢福营《村民自治的经济分析——两个不同经济类型村的村民自治运作比较》，《中国农村经济》，1998 年第 12 期。

同和配合，在村民参与方式上体现为动员式参与，而个体经济发达的吴村，村集体只能通过说服、教育和干部个人能力等来获得村民的支持，在村民参与方面作者认为是自动式参与。但是该文的分析局限于经济发达的两个亿元村，而中西部绝大多数地区的集体资源和村庄个体经济都是欠发达的，因此作者的结论还有待商榷和验证。

贺雪峰、包钢①根据村庄集体资源状况，将民主化村级治理类型分为动员型和分配型两种。村庄集体资源较弱的村庄缺少相应的资源支持，村庄公共事务取决于村庄精英的动员能力，但是面对着少数反对派的挑战。村庄精英的不同表现和村庄公共事务的治理差异，形成增强型和减弱型村庄治理。村庄集体资源较好的村庄，因为拥有大量可供支配的经济资源，而具有很强的提供公共工程和公益事业的能力，因此治理机制表现为分配型。分配型村级治理关注的焦点是如何合法地使用村集体占有的资源，因此，这种民主更加注重其形式的层面，村务决策一般会有规范的程序，关注程序合法性，决策过程强调少数服从多数，参与决策人应具有合法的参与身份等。该文从学理上根据集体资源状况对村级治理进行了分类，具有启发性，但是缺少实证分析，需要进一步验证。

本文无意涵盖所有类型村庄，笔者认为所调查的两个村庄能代表中西部的一般村庄，Z 村属于典型的集体资源较差村庄，而 Q 村属于集体资源较好，但并不是特别突出的村庄。因此本文的结论将具有一定的普遍性。

二　村庄概况

两村同属于河北省，自然环境、经济和社会结构、法制环境等方面不存在明显差异，都是从 1999 年《河北省实施〈中华人民共和国村民委员会组织法〉办法》颁布时开始实施村民自治。

1. Z 村　Z 村隶属于河北省定州市，位于定州市西南 12 公里处，紧邻 107 国道和京广铁路，交通便利。全村共 1030 户，4300 口人。耕地面积 3400 亩，人均 0.8 亩。民族均为汉族，姓氏以陈、冯、赵为主。本村没有任何集体性质企业，有几十家餐馆、商店等个体商户，并不向村集体

---

① 贺雪峰、包钢：《民主化村级治理的两种类型——村集体资源状况对村民自治的影响》，《中国农村观察》2002 年第 6 期。

上缴收入，因此村庄几乎没有收入。据村干部反映，村里目前欠外债 26 万余元，其中欠信用社 19 万，欠村民 7 万多。村里已负债运行多年，因此不可能兴建任何公益事业。

2. Q 村　　Q 村隶属于河北省昌黎县，距县城 9 公里。全村共 196 户，610 人。耕地面积 734 亩，农户承包面积 690 亩，其余发包给个人承包，人均耕地 1.13 亩。民族均为汉族，姓氏以王、杨、叶、马为主。村内无集体企业，但是有 3 家私营企业，因租赁村有土地每年向村集体上缴租金。2009 年度村庄收入 88000 元，主要来自于发包租赁及上交收入。目前村里无外债，每年用于公共福利、村干部补贴及管理费等 42000 元左右，略有盈余。

两村在经济结构、社会结构和文化结构等方面不存在显著差异，同属旱作农业区，没有集体企业，村民收入以务工、副业为主要来源，没有宗族活动。两村的集体资源存在较大差异，Z 村负债运行，几乎没有收入，兴办任何公共事业要依靠上级转移支付或者向农民收费。Q 村每年收入有 8 万余元，略有结余，可以用于村办幼儿园、支付合作医疗费用等公益事业。

三　调查样本基本情况

此次调查每村 15 户农户，Z 村的农户由 2009 年的调查员随机抽样获得，Q 村的农户由笔者随机抽样获得。两个村庄的样本情况如下所示：

1. Z 村　　在 Z 村的样本中，在职业构成上（如图 1 所示），小学教师、村医、村干部各一人，其余 12 户为普通的务农农户；在政治面貌上，党员 2 人；在家庭收入上（如图 2 所示），15 户农户的家庭收入都不依靠农业，务农收入所占比例很低，以打工和副业为主，2009 年人均年（毛）收入最低 4800 元，最高 13437 元。

2. Q 村　　在 Q 村的样本中，在职业构成上（如图 3 所示），经商 1 户，工人 2 户，其余为务农户；政治面貌上，党员 5 户；在家庭收入上（如图 4 所示），与 Z 村相同，农户主要收入来自于务工、经商等，务农收入所占比重很低。

四　村民自治绩效对比分析

目前学界并无统一标准来衡量村民自治绩效，本文拟从村庄公共物品

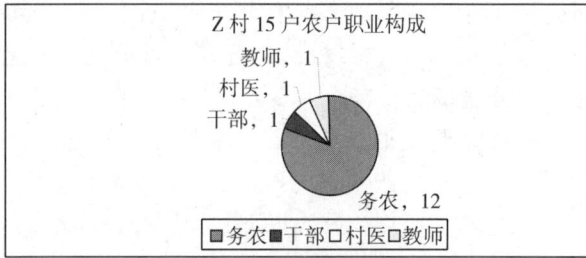

图 1　Z 村 15 户农户职业构成

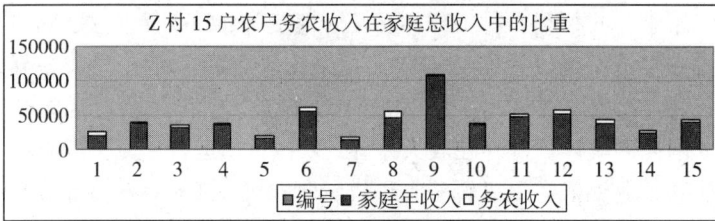

图 2　Z 村 15 户农户务农收入在家庭总收入中的比重

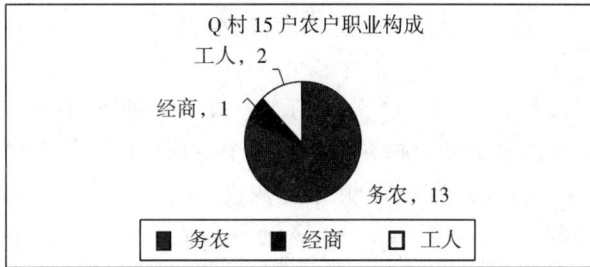

图 3　Q 村 15 户农户的职业构成

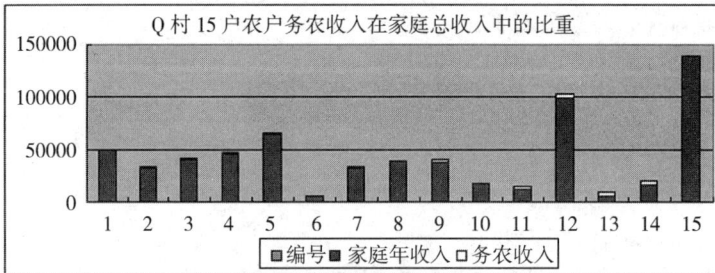

图 4　Q 村 15 户农户务农收入在家庭总收入中的比重

供给、村民公共参与、村民主观评价、村庄公共秩序四个方面来考察村民自治的绩效。

（一）村庄公共物品供给

Z村因为集体没有任何收入，因此没有能力为村庄提供公共物品和福利。实施村村通工程时，村庄修了7.2公里的水泥路，但是由于当时没有设计排水设施，导致路面常年积水，村民走路极为不便，对此意见很大。2010年村庄统一安装自来水，但是由于村庄没有收入，需要每户农户交纳600元，加上收费和支出不透明，村民也颇有怨言。灌溉设施是人民公社时期留下的电灌设施，目前尚能使用，但已多年未进行维修加固。

Q村集体收入状况较好，每年略有盈余，因此村上为村民提供若干的福利：一是为所有村民缴纳新型合作医疗费用，人均20元；二是开办幼儿园，聘用教师1人，每月支出其工资800元。村庄道路未修，是因为当地正在筹划社区建设，可能进行村庄合并，需等规划确定后再修。村庄灌溉机井由村上提供，灌溉水泵等由村民各家各户自己提供。

通过对比可以发现，Q村因为集体收入较多，因此有能力为村民提供更多的福利和服务；Z村因为负债运行，在公共福利方面是心有余而力不足。

（二）村民公共参与

从图5可以看出，在上届村民选举中，Z村15户①农户中只有5户参与了投票，只占三分之一，而Q村15户农户全部参与了投票。另外，Z村2009年召开村民代表会议和党员会议2次，村两委会议11次；Q村2009年召开村民代表会议和党员会议6次，村两委会议8次。很明显，Q村的大会多而小会少，这也说明Q村在决策方面村民参与度更广。村务公开方面，两村无明显差异，都承诺每半年公开一次，但很少在村务公开栏上公开，多通过村民代表和党员会议方式公布，一般村民往往不关注。

通过对比发现，在村庄公共事务的参与方面，Q村村民的参与度要远远高于Z村，Z村的村民表现为对村庄公共事务的相对冷漠。

---

① 农村中户主的意见和行为往往是本户的整体意愿的体现，因此下文中将户主的意见和行为理解为农户的意见和行为。

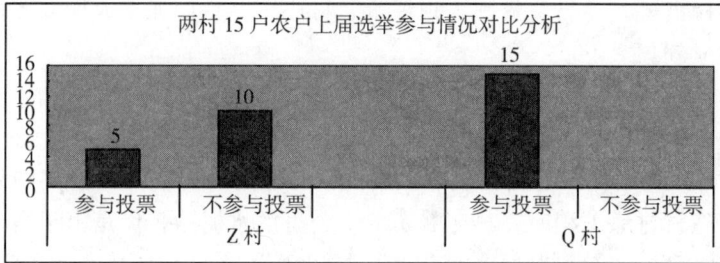

图 5 两村 15 户农户上届选举参与情况对比

（三）村民的主观评价

1. 村民对村委选举换届满意度分析

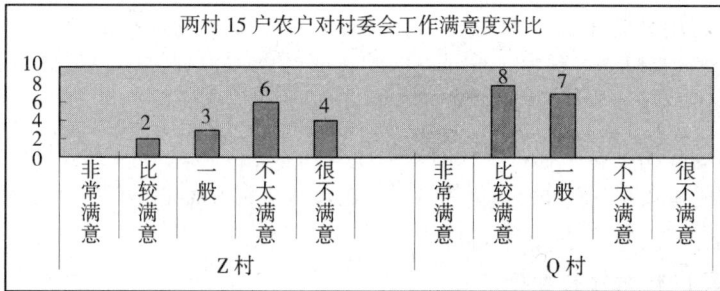

图 6 两村 15 户农户对村委会工作满意度对比

从图 6 可以看出，Z 村的村民对上届选举较为不满，评价为"一般"以上的只有 4 户，多数村民评价"比较差"或"很差"；而 Q 村的村民对上届选举反映较好，评价全部在"一般"以上，表明村民对换届选举的认可度较高。

2. 村民对村委会满意度分析

由图 7 可知，两村村民对村委会工作的评价也存在显著差异，Z 村村民对村委会工作满意度相当低，有 67% 的受访村民选择"不太满意"或"很不满意"；Q 村村民对村委会工作满意度较高，受访村民没有选择"不太满意"或"很不满意"的。

从以上两表可知，在村民的主观评价方面，Q 村比 Z 村具有明显优势，前者获得了村民的广泛认可和高度评价，而后者获得的主观评价比

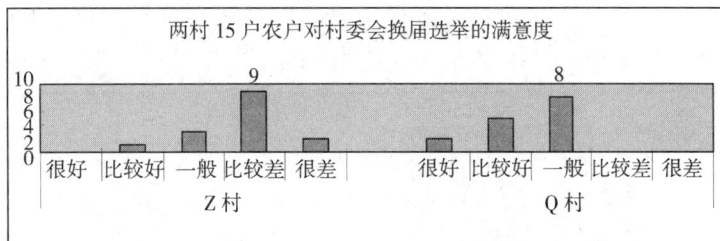

图7　两村15户农户对村委会换届选举的满意度

较差。

（四）村庄公共秩序

两村2009年都无村民上访现象，各有村干部调解案件数起，涉及婚姻、养老、宅基地等方面的纠纷。

此前，Q村曾发生村民大规模上访事件，要求追查原村干部的经济问题，最后司法机关介入，原村干部因经济问题获刑一年。另外，据Q村老支书介绍，在他任内，因为本村加油站的承包人拒不交纳承包费，以村委会的名义将其告上法庭，最终收回承包权并转包他人，将所得资金平分给村民，人均2000余元。

在Q村，村民的权利意识很强，具有很强的参与和表达意愿，因此矛盾会表现得比较多，最终往往通过法律途径获得解决；而在Z村，村民对公共事务相当冷漠，缺少参与积极性，虽然村民对村干部等存在很多不满，但并不通过行动表现出来，各种矛盾隐藏在村庄日常生活之下。

综合以上分析，在村庄公共服务、村民参与、村民主观评价、村庄公共秩序诸方面，Q村都明显好于Z村，因此可以认为Q村的村民自治绩效整体上要好于Z村。笔者认为民主的核心是公共参与，影响村民自治绩效的关键因素就是村民的参与，村民参与的广度和深度相当程度上制约着村民自治的绩效。下文将着重分析两村村民公共事务参与的动机差异及背后原因。

五　村民参与动机对比与分析

村民在公共事务中的参与度是衡量村民自治绩效的重要尺度，但是村民参与公共事务背后的动机更值得研究。以村委会选举为例，Z 村有 10 户农户未参与选举，具体原因如下图所示：

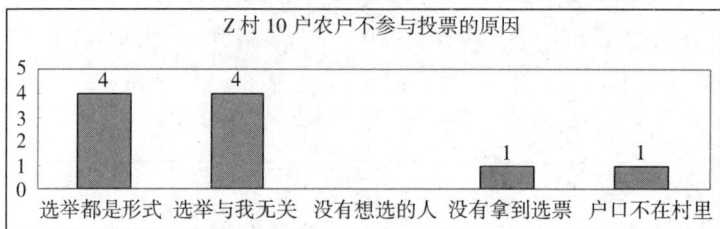

图 8　Z 村 15 户农户不参与投票的原因分析

由图 8 可知，Z 村 10 户没有参与投票的农户中有 8 户都认为"选举都是形式"或"选举与我无关"，表现出明显的政治冷漠。

在参与投票的农户中，两村村民的投票动机存在重大差异（如图 9 所示）。Z 村村民选择"想选个好当家人"的有 3 户，从众的有 2 户；Q 村村民选择"履行自己权利"的有 6 户，选择"想选个好当家人"的有 5 户。

Q 村的村民参与投票背后的动机是自主权利的觉醒，想真正履行自己的权利，表现出的是对自己利益和村庄公共利益的关注。而 Z 村村民参与投票的人本身就很少，其参与投票的动机也缺少现代选举意义上的利益考量，仍然体现出权利意识的淡薄。

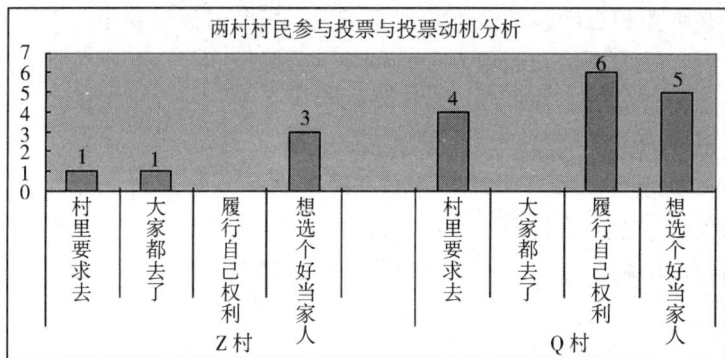

图 9　两村农户参与投票的动机分析

笔者认为，两村村民在公共事务上的参与动机存在如此差异与村庄的集体资源状况有着密切联系。

Z村由于村集体没有任何收入，负债运行，无力为村民兴办任何公共工程或提供任何福利，因此村庄公共事务对普通村民缺少吸引力，村民对选举投票等公共事务都表现为漠不关心。只有少数村庄精英在选举中表现活跃，因为他们能够通过竞选获得干部职位为自己谋利。在集体资源匮乏的村庄，村干部依然可以利用手中的权力，例如盖章、确定低保对象等，为自己或亲戚好友谋利。一般的村民知道村集体不可能为自己提供任何福利，因此对谁当干部并不在乎，从而表现出相当的政治冷漠。

Q村虽无集体企业，但是每年有数万元的收入，因此为村民提供代缴合作医疗费、村办幼儿园等各种福利。这些福利是所有村民平等享有的，涉及每个村民的切身利益，因此村民普遍关心村庄公共事务。换届选举投票时，村民都珍惜自己的权利，根据候选人的能力和承诺来投票。当有村干部违背公共利益而谋取私利时，村民便会通过上访等途径进行维权。

六　结论与困境

本文通过两个村庄的对比分析，初步结论认为村集体资源状况与村民自治绩效呈正相关关系。在其他因素大致相同的情况下，村庄集体资源越多，为村民提供公共工程和福利的能力越强，越能吸引村民的广泛参与，因此村民自治更能发挥实效，更易获得良好的绩效，获得更多村民的广泛参与和高度认同。在集体资源匮乏的村庄，村集体无法为村民提供公共福利，因此村民普通对村庄公共事务缺少参与动力，表现为一定的政治冷漠，只有少数精英热衷于竞争村庄权力。

在上述结论基础上，村民自治的发展就面临着一个困境，即广大中西部地区村集体资源相对匮乏，缺少为村民提供公共工程和服务的能力。

在后农业税时代，村集体所掌握的资源更加匮乏。为防止中间截留，国家的惠农资金直接分发到户，这固然获得了广大农民的拥护，但是其实际经济效益十分有限，惠农补贴被不断上涨的农资和农机服务成本所抵消。调研中，基层干部希望能将这部分惠农资金"打包使用"，兴办公共事业，提供公共服务。这部分惠农资金也是广大中西部地区村庄集体资源的主要来源。然而，这面临着村民对基层干部极不信任的困境，短期内难以克服。

　　村集体拥有些资源可以为村庄提供公共服务，进而吸引村民的参与，但是对广大中西部地区资源匮乏的农村来说，这些资源从何而来值得学界进一步研究。

参考文献：

　　［1］李普塞特：《政治人——政治的社会基础》，上海人民出版社 1997 年版。

　　［2］徐勇：《中国农村村民自治》，华中师范大学出版社 1997 年版。

　　［3］徐勇：《乡土中国的民主选举》，华中师范大学出版社 2001 年版。

　　［4］卢福营：《村民自治的经济分析——两个不同经济类型村的村民自治运作比较》，《中国农村经济》1998 年第 12 期。

　　［5］贺雪峰：《新乡土中国：转型期乡村社会调查笔记》，广西师范大学出版社 2003 年版。

　　［6］贺雪峰、包钢：《民主化村级治理的两种类型——村集体资源状况对村民自治的影响》，《中国农村观察》2002 年第 2 期。

外生型制度与内生型秩序的冲突与调适

——以 S 村村务公开制度为分析重点[①]

一 问题的提出

民主监督是民主选举、民主决策、民主管理得以有效实行的基本保障，是村庄有效治理的重要一环。而村务公开正是实施民主监督的有效途径。村务公开作为一项制度，是"在一个村民委员会的辖区内，村民委员会组织把处理本村涉及国家的、集体的和村民群众利益的事务的活动情况，通过一定的形式和程序告知全体村民，并由村民参与管理、实施监督的一种民主行为"[②]。它是贯穿于村庄治理正常运作的一项必要保障，是防止村委会利益危害村民整体利益、维护村庄正常治理秩序、实现有效地村务管理而对村庄公共权力实施监督的一种必不可少的措施。但是在村民自治实施的过程中，民主监督却难以发挥实际的效用。在缺乏有效监督的情况下，任何权力都可能变成掌权者谋取私利的工具。作为村庄"两委"，当权力失去监督便会中饱私囊。因此，有效的推行村务公开制度是制约村委会成员行为的便捷方式。否则村庄治理即面临个人或少数人的行为，村民自治将会恶化为"村委或村党支部自治"。

新时期，实施村务公开是密切党群干群关系和加强民主管理和促进农村稳定和发展的一条重要途径，也是社会主义新农村建设的一项重要内容。自 2006 年 3 月起，S 村所在的 Y 市在辖区内 31 个村实施"活力民主，阳光村务"工程试点，走出了一条推进农村管理民主的"Y 模式"。这一模式得

---

① 作者：郭明，华南师范大学政治与行政学院政治学理论专业 2008 级硕士研究生；周金娣，华南师范大学政治与行政学院政治学与行政学专业 2008 级本科生；杨颖妍，华南师范大学政治与行政学院思想政治教育专业 2008 级本科生。

② 项继权：《"后税改时代"的村务公开与民主管理——对湖北及若干省市的调查与分析》，《中国农村观察》2006 年第 2 期。

到了国家民政部、省委、省人大有关领导的充分肯定，并引起众多媒体的关注和报道。它的建立对村庄治理主体的不良行为和动机起到了制约作用。根据《Y 市村务公开制度》的相关规定和 S 村村主任的口述，S 村村务公开的时间是每月 10 日，包括年终的一次，一年共有 12 次，一般都会张贴在村委会办公室两侧的公告栏中。S 村村务公开的内容有十余项，其中主要有：财务情况、计划生育情况、社会优抚情况、党建情况、工作安排情况、村干部管理情况等。我们调查发现，村务公开制度确实是本地区的一个典范。每月 10 日都会准时张贴。但是在进行农户访谈过程中，虽然大部分村民都知道有公开，但是很少去关注；对村务公开的内容与公开时间讨论较多，但是真正了解其内容的却很少。故是什么原因导致"云浮模式"陷入困境而难以发挥其制度绩效？这正是本文所要研究的问题。

二　概念界定：内生型秩序与外生型制度

在人类发展史中，制度无时不在、无处不在。随着新制度主义的兴起，制度正从人类社会研究中凸显出来，成为时下的显学，并逐渐成为人们洞悉纷繁复杂的政治、经济和社会现象的独特视角。诺斯指出："制度是由非正式约束和正式的法规组成的。"[①] 柯武刚和史漫飞依据规则的起源将制度划分为内生性制度[②]和外生性制度。

贺雪峰和仝志辉认为，村庄秩序的生成具有二元性，一是村庄内生，二是行政嵌入。[③] 村庄内生型秩序就是村庄内部自发出现的态势和指导村民的行为准则。它体现着传统社会遗留下来的有益于解决人类各种问题的模式。因此，在我们日常生活中占有重要地位的规则多数是在社会中通过一种渐进式反馈和调整的演化过程而发展起来的。[④] 因此，内生型秩序是

---

① ［美］道格拉斯·C. 诺斯：《制度、制度变迁与经济绩效》，三联书店 1994 年版，第 4 页。

② 按照柯武刚和史漫飞的理解，内生型制度是"从人类从传统经验中演化出来的"。结合中国乡村发展的实际，内生型制度在某种意义上等同于内生型秩序。

③ 贺雪峰、仝志辉：《论村庄社会关联——兼论村庄秩序的社会基础》，《中国社会科学》2002 第 3 期，第 124—134 页。

④ ［德］柯武刚、史漫飞：《制度经济学——社会秩序与公共政策》，商务印书馆 2004 年版，第 32—37 页。

一种自我维系的系统，其规则是由行为者的策略互动内生而形成的。

　　而作为行政嵌入的一种外生型制度，则更加强调一种外部力量的干预，它的权威来源于中央政府的授权或制度建设，是由统治共同体的政治权力机构自上而下地设计出来、强加于社会并付诸实施的。外生型制度被清晰地制定在法规和条例之中，并要由高居于社会之上的权威机构来正式执行。他通常由权威机构的代理人设计出来并强加给社会。[①] 由此可知，制度具有一定的外生性，如诺斯主要用政治上决定的规则来界定经济制度，这些政治性规则由政治体制自上而下施加于经济当事人。[②] 这种自上而下的制度设计模式蕴涵着很强的制度目的。为了达到制度设计的目的，便必然要求外生型制度发挥其功效。

　　简言之，外生型制度与内生型秩序之间应相互协调才能发挥其制度绩效。内生型秩序由于其内生于人们的长期互动中，是经过反复实施从而渐进形成的。外生型制度的功能则必须经过对实施客体起到正面作用才算有效。而外生型制度是外生于人们之间的互动，是理性的、有意识的设计，反映了某些人的行为和利益，因而在经验层面上需要考量其是否与内生性惯习相协调的问题。如果外生型制度与内生型秩序不存在冲突，且能使制度受约者和行为者自动遵守外生型制度，那么，外生型制度与内生型秩序便能够发挥其制度绩效。如果外生型制度与内生型秩序相冲突，制度受约者无法或没有自动遵守外生型制度的激励和约束，我们认为，村务公开实施过程中外生型制度与内生型秩序错位导致"Y 模式"陷入困境，村民不能有效的履行其监督权利。为此，对两者进行调试成为现实使然。

三　冲突：村务公开制度实施困境

　　S 村地处广东省与广西壮族自治区交界地带，距广西边境仅 6 公里。S 村占地面积为 5 平方公里，属于典型的农业村。全村耕地面积为 1170.113 亩，山地面积 3846 亩。砂糖橘种植面积为 2990 亩，成为该村

---

　　① ［德］柯武刚、史漫飞：《制度经济学——社会秩序与公共政策》，商务印书馆 2004 年版，第 32—37 页。

　　② ［美］道格拉斯·C. 诺斯：《经济史中的结构与变迁》，三联书店 1990 年版，第 18 页。

的主要经济作物之一。该村有 7 个自然村，13 个村民小组，共 388 住户，人口为 1762 人。自 2006 年 3 月以来，S 村所在市实施了"活力民主，阳光村务"工程试点。根据《Y 市村务公开制度》的相关规定，S 村村务公开的时间是每月 10 日，包括年终的一次，一年共有 12 次，一般都会张贴在村委会办公室两侧的公告栏。S 村村务公开的内容有十余项，其中主要有：财务情况、计划生育情况、社会优抚情况、党建情况、工作安排情况、村干部管理情况等。从村务组织结构看，村委会各人员在村务实施过程中各司其职。同时，该村村干部拥有实行村务公开的内在驱动力，认真贯彻执行《Y 市实施"活力民主，阳光村务"工程的指引（试行）》，并愿意接受"村务公开，民主管理"实施细则。村委会党支部书记、村主任 Y[①] 说："村务公开可以缓解村民与村委会的误解和矛盾，给群众一个明白，给干部一个清白。"文书 C 也表示："村务公开可以监督，促使政员清白。"可以看出 S 村的村务人员结构是健全的、态度是诚恳的。在村务公开实施过程中，村民是村务实施过程中不可或缺的约束力量。其作为参与村务的主体，是实现民主管理的重要环节，是村务能否得到有效监督的关键，是这个社会机体内部的自组织系统和自治能力的保障。在村务公开中，村民是作为村务的重要元素。然而，笔者在调查中发现，村民对村务公开的内容与公开时间讨论较多，但是真正了解其内容的却很少。究其原因主要有以下两个方面：

（一）村民监督意识渐强与村民监督能力启蒙之间存在张力

传统社会意义上的农民具有政治上的保守性。"他们不能代表自己，一定要别人来代表他们。他们的代表一定要同时是他们的主宰，是高高站在他们上面的权威，是不受限制的政府权力，这种权力保护他们不受其他阶级侵犯，并从上面赐给他们雨水和阳光。所以，归根到底，小农的政治影响表现为行政权支配社会。"[②] 由于改革开放之前，国家对乡村治理是一种自上而下的单向度的政治控制。国家和乡村社会的利益是一致的，国家与农民的关系是权力与服从的单向关系。但在改革开放后，随着社会的多元化和民主的发展，我国农民从传统小农向社会化小农过渡，农民的主

---

① 本文所引用质性材料来源于访谈材料，同下。
② 《马克思恩格斯选集》第 1 卷，人民出版社 1995 年版，第 678 页。

体地位和利益合法性得到重新确认。农民的自主意识和个体利益的独立性随之大大增强，其民主意识、政策观念明显增强。

塞缪尔·P·亨廷顿曾说，参政的扩大化是现代化的必然后果。随着我国市场经济改革的不断深入，村民参与政治意识的不断加强，都预示着我国村民村务参与范围扩大化的进步趋势。但是，村民的政治参与能力并没有随着市场经济的深入而递增。我们调查发现，不同阶层、不同家庭经济层面、不同职业的村民，其政治参与能力存在着明显的差别，即教育程度、经济水平、社会地位等因素决定着村民政治参与能力的高低。对任何一项客观上存有既定要求的活动来说，参与主体的态度会影响活动效果，村务监督也不例外。2009 年，S 村全村共 388 住户，村民总人口为 1762 人。村民受教育水平较低，村民不具备足够的政治实践技能。不少村民表示"心有余而力不足"，监督受制于能力的欠缺，在参与中难以作出应有的判断和行为。因此，虽然村民的监督热情在提高，但是由于村民村务监督能力的限制，从而导致村务公开流于"形式"。

（二）村民行动逻辑与村务公开内容之间难以衔接

传统的农村社会中，村庄内生秩序固然具有顽强的生命力，但随着农村社会由传统到现代的转型，村庄内生秩序发生了一些基础的变革。虽然传统乡村秩序渐行渐远，但村庄内部社会仍然按照既往的模式向前发展。村民置身于村庄总体性安排之中，这种安排具有普遍性，是一只看不见的手，它无所不能、无所不在。可见，农民的生活和生产状况仅仅是其自然的延伸。

S 村属于典型的农业村，村庄砂糖橘种植面积达 2990 亩，成为该村的主要经济作物之一，也是村民收入的主要来源。从访谈的 15 个农户得知，在整个村庄场域中，村民大部分时间都在忙于对果树的栽培、喷药以及施肥等，即使在农闲时，大多数村民选择聊天或看电视作为主要休闲方式。这便导致村民没有过多时间去关注村务公开的内容成为一种现实情况。2008 年的村委会换届选举都是村干部强制要求参加的。可见，村民并没有主动去参与到整个村庄事务中。从某种意义上说，村民的行动逻辑必然导致村务公开成为一种官方口号，而没有真正发挥其"活力民主，阳光村务"的作用。

四　调适：完善村务公开实施绩效的对策

作为一项制度，村务公开是由政策权威者来设计和供给，并通过一定的途径嵌入到村落之中。制度供给并不是村务公开的最终原因，关键还要通过制度与村庄本身的互构性来衡量，否则无法产生制度绩效。贺雪峰认为，制度与惯习最好的结合就是将制度建立在惯习的基础之上，使二者达到统一、协调。① 而外生型制度在实施的过程中却时常陷入制度绩效不佳的困境。至于其中的缘由，可能是权威主体制定政策只是一小群人的游戏，并没有考虑到村庄的内生性惯习，致使村务公开成为一种"纸上制度"。因此，权威主体在制度化建设中应注意到内生的村庄秩序，应保证制度设计符合村庄的具体环境。针对 S 村村务公开制度实施的情况来看，要实现"活力民主、阳光村务"的目标，必须对外生型制度与内生型制度的错位加以调试。否则必然导致其留于纸上而无法发挥其制度绩效。

（一）村务公开内容进一步嵌入各自然村，扩大村务内容的知晓度

掌握村情民意有利于缩短村干部与村民的距离，了解群众所思、所想、所急、所盼，是村干部做好群众工作的基础和关键。根据 S 村村民反映，将制度化、规范化的公开机制落实各自然村，各个自然村仿照村委会的落实程序进行村务的详细公开是一种可取的办法。同时，我们调查发现虽然该地农业生产结构的改变，使得农民更加忙碌。但是，一般夏天中午十一点至下午三点以及晚上八点以后，农民都会待在家里或者街头巷尾闲聊。结合实际情况，村务人员可以充分利用空挡时间向农民宣传村务公开的意义、方式、方法、要求和本村的村务动态。其次，探索和建立基层干部与广大农民群众"零距离"的沟通交流方式，面对面解决群众问题。例如可以成立"集思广益日"。每月或者每季度设置一个固定的集思广益日，村务人员随机深入各自然村对村民关注的问题进行交流、对话，了解村民的想法，增进干群互动。当然，关于公开机制是否要落实到最基层以及公开的频度为多少，可以召开村民大会集思

---

①　贺雪峰：《新乡土中国》，广西师范大学出版社 2003 年版，第 83 页。

广益，最终制订最合适的村规民约。要充分运用村民会议、村民代表会议等各种形式开展全方位、多层次的公开。调查期间，我们翻阅了村委会的会议记录，发现村民委员会几乎没有召开过村民会议。再次，要采取一些灵活多样的辅助形式，例如印发公开单，向每户发放公开信进行公开。

（二）提高村民政治参与技能，促进村务公开监督日常化

村民的参与意愿、参与能力、实际行动都将影响村务的开展。提高村民政治参与技能也是村务公开的保障和推进力量。在当前村干部人员少的情况下，尤其要提高村民的参与意识、政治技能。参与意识的提高要重视政治意识形态内容的普及宣传，特别是偏重该村处于社会底层的无政府阶层、注重范围的扩大，打造全村村民自主参与意识。其次，该村无政府阶层对自己在政治系统中的影响力没有足够的信心。这时，村务人员应该重视普通群众的意见、建议，应该询问其意见，采纳其合理建议，提高其政治功效意识，转变其对政治问题和政治活动的态度。有的群众缺乏参与村务监督、管理和民主议事、监事的起码素质和意识。村务公开中双方的这种复杂心态无疑会影响甚至阻碍村务公开的推行落实，致使村务公开在个别村难产、夭折、走样、变形。

当然，S村的村民普遍存在着参与能力相对较低的问题。所以，我们还应该从技术的角度来看政治参与问题，改善村务公开现状需要提高村民的政治技能。应当发挥多种媒介和机构的作用，一方面，对村民进行必要的政治技能培训。针对该村的农户生产、休闲情况，培训最好能在珠江台或南方电视台晚上八点以后播放宣传片。农户最常看的电视台为珠江台和南方电视台，其次为Y市电视台，平均每户家庭在晚上看珠江台或市电视台的时间长达两至三小时，所以Y市在珠江台或者市电视台播放政治技能培训片能加大村务技能宣传的投入，效果将会显而易见。另一方面，村干部应该主动指导村民的政治参与活动，解答村民所遇到的问题和困难，使公民的参与活动顺利进行，并从中更好地了解和掌握村务参与的技能。例如，村务公开当日，村务人员担任村务解说员，做到群众有问必答、有疑必解。这样就不仅能提高村务参与的技能，也能避免村民对村务内容不清楚、不理解而会产生误解。

（三）创新村务公开的有效形式，真正落实村务公开内容

推进阳光村务，是完善监督机制和村民审视政府的一种有效措施。在 S 村，该村设立村务公开栏公开村务。这种公开方式虽然简单、经济，但是存在信息量小、公开信息单向性的特点，从而导致信息的不及时性和经常性。村民们只能被动地接受信息，既无法及时反馈他们的意见和评价，也无法检查信息反映具体事实的真实度和准确性，并追踪事务的进展情况。因此，如何提高村务公开的及时性、互动性和全面性是当前必须解决的问题。笔者调查发现，由于电脑的普及率低，近年发展网络等电子监督机制可能性不大，但是，发挥意见箱、监督电话的作用是完全可以实现的。从当前来看，通过广播、电视、民主听证会、反馈箱等无疑是村务公开的有效形式。利用反馈箱、监督电话等优化上下对话和沟通的渠道，指定专人负责搜集和整理群众的反馈意见，对群众提出的问题要认真解释和答复，切忌拖着不办，顶着不办。完善监督机制，监督渠道畅通，方法灵活，形式多样，保障农民群众的监督权，增强村民对干部的信心，让村务在村民的注视中步入良性的轨道。

除此之外，随着现代信息技术的发展，实现村务管理和村务公开的网络化、信息化是未来的发展方向。当前应将计算机和网络技术应用到农村村务管理的工作中，在全国范围建立和推广规范、高效、透明和低成本的村务公开信息系统，提高村务的公开性和透明度，提高村干部公共服务质量。村务公开的技术和手段的创新有利于村务公开和村民自治的制度创新。

五　结论

村务公开是村民监督村委会的一个重要窗口。在村务公开制度实施的过程中，村庄社会内生型惯习影响着村务公开制度的实施绩效。通过本文的分析我们得知，内生型秩序由于其内生于人们的长期互动中，是经过反复实施从而渐进形成的。外生型制度必须建立在村民行动逻辑的基础上才能产生制度绩效。针对 S 村的实际情况，"阳光村务，活力民主"作为外来的制度安排，如果不考虑村庄村民行动逻辑，则必然使该制度无法产生预期的制度绩效，最终不过是一种摆设。因此，作为制度

的供给者，应该使外生型制度与内生型秩序相协调，使得制度受约者和行为者自决遵守外生型制度，那么外生型制度与内生型秩序便能够发挥其制度绩效。

关于村民自治下权力分配矛盾的思考

——以广东省吴川市苏村和新勇村为例[①]

　　1987 年《中华人民共和国村民委员会组织法（试行）》正式实施，从而标志我国拉开了村民自治的序幕。自从 1988 年的修订后，在今年的 10 月 28 日，再次修订的《村民委员会组织法》得以通过，村民自治得到了更进一步的发展。在这发展的历程中，如何评价村民自治的地位与作用，村民自治的未来发展前景，村民自治是否真是中国民主政治发展的希望所在等问题，学术界存在不同的看法和分歧，并因此形成了三种不同论调：推进论、怀疑论和否定论[②]，这也体现出村民自治体制发展的不完善，仍有很多需改善之处。

　　其中，村民自治下农村权力分配的不均衡产生的问题，是影响村民自治完善与发展的一大矛盾。权力的分配是政治的一种博弈，从权力分配的角度分析村民自治的运行，以及由此引起对农村基层民主的思考，对于我国更好地实施村民自治，更好地促进农村的建设和发展，都具有重要意义。

　　笔者在吴川调研的过程中，发现调研村庄在当今村民自治下权力分配上存在较大矛盾，主要表现在村委会与党支部权力交叉与争夺的矛盾，还有新成立的农村集体经济合作社的职能定位，村民自治与乡镇管理的关系，财权和村庄话语权的掌控等。本文通过分析这些矛盾和关系，揭示村民自治下权力分配发生矛盾的原因，分析其影响，探索如何平衡农村基层民主的权力配置，因而具有一定的理论和实践意义。

---

　　① 　作者：王伯房，华南师范大学政治与行政学院思想政治教育专业 2008 级本科生。在此，特别要感谢华南师范大学政治与行政学院刘志鹏老师、硕士研究生张予师姐，他们对笔者调研的选题和论文的写作给予很大帮助。

　　② 　参见仝志辉《村民自治的研究格局》，《政治学研究》2000 年第 3 期，第 71 页；于建嵘：《岳村政治——转型期中国乡村政治结构的变迁》，商务印书馆 2001 年版，第 12—13 页。

一　村委会与村党支部权力分配的矛盾

自《村民委员会组织法》颁布以来，村民委员会与村党支部成了村庄自治管理的两大机构，其存在价值在于建立起一系列民主规则和程序，为农民运用民主方式争取和维护自己的利益构建一个平台，最终为农民行使民主选举、民主决策、民主管理、民主监督的权利提供保障①。农民要实践这"四个民主"，实现自我管理、自我教育、自我服务，主要方式是通过民主选举的方式产生村委会，党员选举产生村党支部，依靠村委会和村党支部管理村里事务而实现自治。本来，村委会和村党支部的根本目标相同，就是为促进本村的发展和维护乡亲的权益，全心全意为父老乡亲服务，但是，由于二者权力来源不一样，二者的权力往往出现分叉，为争夺村庄治理实权而发生权力争夺。学术界的研究发现，村委会和村党支部的矛盾在全国很多农村里面都存在，情况比较紧张的还会导致办事效率的低下而制约村庄的发展。

村委会与村党支部权力分配的矛盾，主要表现在三个方面，一个是村委会与村党支部的权力出现交叉，也就是出现交叉任职或"一肩挑"的情形；另一种就是村委会和村党支部相互争夺权力，以争夺村庄的话语权，从而导致一方的权力被架空，其存在也成了形同虚设；第三种就是村委会与村党支部的权力互不干涉，有比较明显的分工合作。

（一）"两委"的交叉任职：权力制约的缺失

第一种情况表现在村委会与党支部的权力出现交叉，出现交叉任职和"一肩挑"的情况。这种情形在我国农村里面是比较常见的，主要体现在人员任职的重复性，例如某人既是村委会的干部，也是村党支部的成员。如笔者调研的地点新勇村，村委会和党支部都有五个成员，交叉任职的情况比较突出，村委会成员全部都是由党支部成员兼任。（见表1）

---

① 侯江华：《村民自治视角下的议事规则——以南农实验为案例》，《魅力中国》2009 年第 35 期，第 24 页。

新勇村村委会和党支部交叉任职情况①

党支部＼村委会	主任	副主任	委员 1	委员 2	委员 3
代理书记					兼任
副书记	兼任				
副书记		兼任			
支部委员 1			兼任		
支部委员 2				兼任	

由于村委会成员与党支部委员交叉任职，在职能上也相互重叠，现任书记李鸿昌同时任村治保队队长，副书记杨振煜任副队长，副书记曾庆松同时任村委会主任，两名委员分别是会计及妇女主任。

正是因为交叉任职的情况比较突出，所以村委会干部成员和村党支部成员都是同一组人，可以说是村委会与村党支部如同一个部门，没有太大的区别，有的可能只是称呼不同而已。此种情况有其自身的好处，最明显之处就是有效避免了村委会与村党支部之间权力的摩擦与矛盾，办事效率可能有较大的提高，开会决策时容易达成同一战线。但是，也有其不足之处，比较突出的一点就是监督力量的缺失，没有一个部门机构监督村委会与党支部的工作。本来村委会和党支部之间是有互相监督的需要和要求的，但是现在如同一个部门，自己人怎么监督自己人呢？利益共同的纽带使对村"两委"的权力制约丧失了。

权力一旦失去监督，就容易滋生腐败，权力就如一把"双刃剑"。据了解，由于新勇村村委会与村党支部一向都有交叉任职的情况，上一届也一样，本届村干部在查账过程中发现上一届的出纳出现收支问题，发现上一届财务贪污了 17000 块钱。由于这一件事是发生在新勇村的一个自然村上能，上能村村民小组经多番努力都始终无法解决这一问题，导致最终因无法向村民交代而集体辞职，新勇村本来的村书记也因此而辞职，现在的村书记是被乡政府提名任命的。贪污事情的发生原因不仅与村庄没有健全

---

① 侯江华：《广东省吴川市吴阳镇新勇村调研报告》，华中师范大学百村观察调研报告，2009 年。

的财务制度有关，而且与监督不力，甚至是缺乏监督有关，而缺乏监督的原因与村委会与党支部交叉任职的情况密切相关。村委会与党支部权力分配的交叉影响了村庄财务制度的健全与落实。

而权力制约的缺失还会导致村民对村干部的不信任，直接影响到村民对村干部的监督。今年修订的《村民委员会组织法》第二条规定："村民委员会向村民会议、村民代表会议负责并报告工作。"还有，第二十三条规定："村民会议审议村民委员会的年度工作报告，评议村民委员会成员的工作。"① 笔者在新勇村调研时，曾问过村民村里有没有民主评议村干部的制度，村民的回答如下图所示：

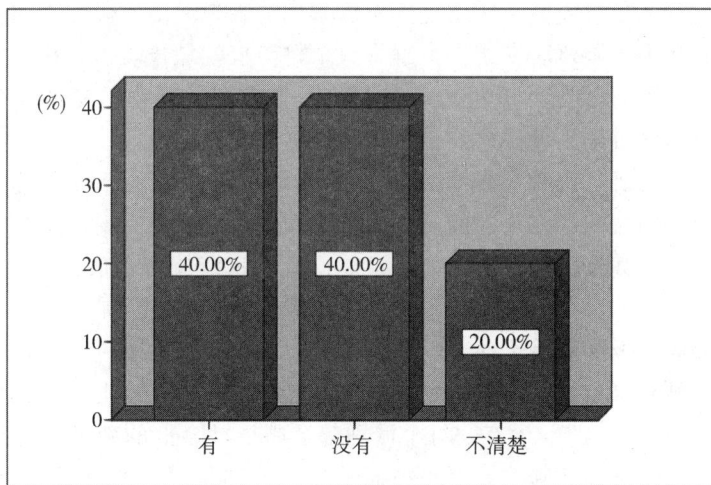

村民对民主评议村干部制度的评价

从上图可以看出，表示新勇村"没有"民主评议村干部制度的比例与表示"有"的比例相当，均为四成，而表示"不清楚"的则为两成。这反映出村民民主评议村干部的制度在新勇村落实的情况较差，也就是很难保证与落实村民监督村委干部，而这是《村民委员会组织法》所赋予村民的权利。村委干部也就是村支部干部，权力分配下的交叉任职，带来权力制约的缺失，也影响了村民监督力量的形成。

---

① 《中华人民共和国村民委员会组织法》，中国网 http：//www.china.com.cn/policy/txt/ 2010—10/29/，2010 年 10 月 29 日。

（二）"两委"互相争夺权力：一方权力的架空

第二种情形是村委会和村党支部相互争夺权力，以争夺村庄的话语权，因为"话语权的掌握意味着对村里各项资源的控制程度"①，从而导致一方的权力被架空。极端的情形就是村民委员会强调自治而否认党支部的领导，出现"村委直选，支部靠边；村委领导，支部放倒"的现象；或者是党支部否认村民委员会的地位，包揽、替代、干预村民委员会的事务；或者是较为极端的"两委"各自为政，谁也不服谁，各自一套做法，出现"踢皮球"和互不相让的情况。

这种情况是村委会和村党支部矛盾激化的表现。由于研究本课题的缘故，笔者在吴川调研时受邀去了解另一个村，也就是长岐镇苏村的村民自治的情况，里面村委会和党支部的矛盾十分激烈，以致不能坐在一起开会，笔者访谈时也是分开村委会访谈和党支部访谈。

在苏村调研过程中，笔者发现村委会与党支部是属于两个不同的派别，两个派别之间存在很大的意见分歧，而背后居然还有财团在控制，政治博弈的背后其实是经济实力的较量。据长岐镇镇长何东豪称："苏村的选举就如台湾的选举，村民的政治参与意识都比较高，但是实际的背后都有外出经商老板的政治干涉。"每到临近选举时，各个派别都会充分利用自己的人脉和"财脉"，向选民拉选票，中间选民的情形比较尴尬，被认为是"左右不是人"。还有，每个派别都会聘请社会上的精英人士构成自己的智囊团，例如律师等。如果换届前后的干部是属于两个不同的派别，那么当选者换届后第一件事就是清算上一届的旧账，还有获取经济利益以满足本派别的利益。苏村的选举就是不断经历着这样的恶性循环，导致本来经济基础不错的村庄现在变得十分薄弱，村庄还负着债。

现在苏村的权力完全倾向于村委会那边，党支部的权力可以说几乎被架空了。村委会牢牢控制着村里的经济、物业收入，还有管理着村里的大小事务，而党支部只是管理党员建设和计划生育。党支部不能从村里经济收入拿到一分钱或误工补贴。据党支部干部说，他们连平时开会的费用都是自己合伙出的。他们也曾多次向上面部门反映过这种情况，但是均未得

---

① 黄辉祥：《村民自治的生长：国家建构与社会发育》，华中师范大学政治学理论博士学位论文，2007 年，第 67 页。

到答复，因为村委会的权力有《村民委员会组织法》保障和背后财团的支撑。另一方面，村委会则不能与党"走得太近"，村委会干部居然连一名党员都没有。访谈得知他们也并不是没有申请入党，只是不被村党支部通过，他们称"入党都是党支部里面有关系的人"。

由于村委会和党支部的矛盾如此激烈，导致上级部门，也就是乡镇部门做了很多思想工作以调解矛盾，但"冰冻三日，非一日之寒"，很多时候都徒劳无功。村委会和党支部因权力分配失衡而产生的权力争夺，按照经济学理论，付出了太大的机会成本，而且导致效率的低下。

（三）"两委"权力的合作：理想状态难实现

第三种情况是村委会与党支部的权力互不干涉，"两委"之间有比较明显的分工合作。这一状况是一个比较理想的状态，在全国农村里面存在的情况可能比较少。在具体的操作中，村两委真正能和谐相处的不多。有学者 2000 年前后在湖北和江西两省近五十个村的调查发现，真正村党支部与村民委员会可以密切合作的村的比重，不会超过 60％。[1] 因为对于村委会与党支部的权力管辖范围，法律和制度上都没有明确的规定，而且农村的事务不像政府部门的工作，很难有比较明确的分工协作，也不可能产生完全的权力划分。一般来说，都是村委会管理村庄的大小建设，包括经济收入、村容村貌、治安情况等，而党支部却只是起到一个领导的角色。1998 年修订的《中华人民共和国村民委员会组织法》中，专门增加了第3 条，即规定了"中国共产党在农村的基层组织，按照中国共产党章程进行工作，发挥领导核心作用"，正式对党组织在农村的地位做出明确定位。[2] 在今年修订的《村民委员会组织法》中，也有这一条的表述，但却修订为第四条。[3] 表明在《村民委员会组织法》里面也提到党领导一切，要加强党对农村村民自治的领导。

这样说来，"两委"之间很难避免权力的互相干涉，除非是有"外来的手"给予明确的权力分工，也就是上级部门的指示或规定，不过这又

---

① 贺雪峰：《面子、利益与村庄的性质》，《开放时代》2000 第 11 期，第 63 页。

② 黄辉祥：《村民自治的生长：国家建构与社会发育》，华中师范大学政治学理论博士学位论文，2007 年，第 68 页。

③ 《中华人民共和国村民委员会组织法》，中国网 http：//www．china．com．cn/policy/txt/2010—10/29/，2010 年 10 月 29 日。

与村民自治的精神相违背。所以，村庄"两委"权力的均衡分配，是一个较难实现的状态。

（四）"两委"权力分配矛盾的原因探析

为什么我国村民自治会出现村委会和村党支部之间的矛盾呢？虽然说党的领导与村民委员会设立的目的是一致的，党支部和村民委员会负责的方向也是一致的，但是在实际的政治生活中，在我国特殊的政治体制中，村党支部实际上扮演了国家行政机构或说"准政府"的角色，行使着国家行政权力，体现和维护着国家利益。因而，可以说村党支部的设立也是国家控制农村的另一种方式，表现为村一级不但存在乡村关系，还存在两委关系。[①] 所谓"乡村关系"就是乡镇一级政府和农村的关系，两委指的就是村委会和村党支部。

我国是社会主义国家，要提倡民主，国家要支持民主化建设，但民主化建设不能脱离社会主义方向，因而要在党的领导下有序地进行。所以，国家要在村民自治设立村委会的基础上设立村党支部，领导村的所有建设，今年修订通过的《村民委员会组织法》第四条有明确的规定。但是，村民委员会和党支部代表的利益不尽相同。从根本上说，村两委代表的都是村民的利益。但在利益的多元格局中，各自在具体利益上又不尽相同。村民委员会代表广大选民的利益，而村党支部则代表象征党委在农村的利益。[②] 因而可以说村"两委"关系的不协调也是乡村关系矛盾的反映。

在调查过程中，笔者发现矛盾情况还要复杂一些，因为吴川有很多外出打工的农民，其中出了不少有财力的老板，有一些老板对村民自治的热情比较高，村庄换届选举的时候都会参与投票。还有，由于意见的不合而导致派别出现，有不同的人拥护不同的派别，为其选举候选人争取村民投票，派别争端的背后都有外出吴商老板的财团支持，从某种程度上说，派别之间的选举就是财团之间的较量。这是苏村存在的典型情况，因为苏村党支部的干部"不得民心"，失去所有经济职能，权力因而被架空。新勇

---

① 《中华人民共和国村民委员会组织法》，中国网 http：//www. china. com. cn/policy/txt/2010—10/29/，2010 年 10 月 29 日。

② 黄辉祥：《村民自治的生长：国家建构与社会发育》，华中师范大学政治学理论博士学位论文，2007 年，第 69 页。

村没有明显存在派别的争端，不过据了解，其村庄自治权力的分配也是受财团所影响的。某种层面上，这也体现出精英阶层对村庄自治话语权的把握。

二　集体经济合作社的职能定位

2009 年 1 月 19 日，中共湛江市委湛江市人民政府颁发了《关于建立健全农村集体经济组织加快发展农村集体经济的决定》。现在，在农村村民自治的管理机构上，不仅存在村委会和村党支部，而且又增多了一个集体经济合作社，管理村庄的财务和收支。据《广东省农村集体经济组织管理规定》第四条表明："农村集体经济组织在乡（镇）、村中国共产党组织的领导下，依法享有独立进行经济活动的自主权，接受各级人民政府、村民委员会的监督。"① 这表明农村的集体经济合作社应该在村党支部的领导下开展工作，据笔者访谈所知，乡镇领导部门是提倡村委书记担任经济合作社的社长和法人代表，所以经济合作社社长，应该由村庄的村委书记兼任。在调查过程中，笔者发现新勇村的经济合作社社长由村委书记兼任，而苏村的经济合作社社长则经过选举产生，由村委会一名委员担任。也就是说在苏村，村委会主任、村支书和经济合作社社长由不同的人担任。

《广东省农村集体经济组织管理规定》第四条表明："农村集体经济组织实行民主管理，依法选举和罢免管理人员，决定经营管理的重大事项。"② 这就表明经济合作社的成员都要经过民主选举产生。而正是打着"民主选举"的这一旗号，苏村的经济合作社社长被村委会一名委员竞选得到，同时兼任。而《广东省农村集体经济组织管理规定》第六条表明："农村集体经济组织依法经营管理本组织集体所有的资产，任何公民、法人和其他组织不得侵犯。"这一规定指出经济合作社的职能所在，就是管理村庄的一切经济活动。实际上，这是国家对农村基础建设"分权"与"收权"的一个表现，本来经济管理的职能是属于村委会，主要由村委会

---

① 参见湛江市农村集体经济组织建设联席会议办公室编：《湛江市农村集体经济组织建设资料汇编》2009 年 5 月，第 1 页。

② 同上。

主任负责,但现在却归经济合作社管理,主要由经济合作社社长负责。而据了解,社长是被乡镇政府部门提倡由村党委书记兼任的,村庄经济管理的职能回到村支部管辖范围内,至少会削弱村委会权力,或者形成村委会、村党支部、经济合作社三方鼎立之势。

但是,上级部门的指导精神,村民自治下的农村民主未必会领会和执行。苏村就是一个典型的例子。经济合作社的组建是经过民主选举产生的,村委会主任、村支书还有其他村里干部都参与了选举,但是结果村支书的得票比较低,最终由村委会成员里面一名委员担任经济合作社社长。这样一来,苏村村委会进一步巩固了权力的范围,村庄权力分配更加偏重于村委会一方。从实际上说,经济合作社的职能没有完全独立开来,而是作为了村委会行使权力的一个附属。这与《广东省农村集体经济组织管理规定》所指示的精神多少有点冲突。该权力分配引起的政治博弈,都是在民主选举这一形式下所进行的,具有其合法性。不过在这合法性的背后,民主形式的背后,难免没有吴川老板财团的背后支持。按照马克斯·韦伯提出的合理性理论,就是"合理性背后的不合理性",符合形式合理性而未必符合实质合理性。

最终,新勇村的经济合作社社长由村委书记兼任,经济管理职能归属党支部,而苏村的经济合作社社长由村委会委员担任,经济管理职能归属村委会,总而言之,两村经济合作社均没有一个独立的职能执行地位。

三 村民自治与乡镇管理

《村民委员会组织法》里面提到,农村基层村民自治与乡镇行政部门是指导与被指导的关系,不是领导与被领导关系。刚刚修订的《村民委员会组织法》里面第五条提到:"乡、民族乡、镇的人民政府对村民委员会的工作给予指导、支持和帮助,但是不得干预依法属于村民自治范围内的事项。"① 对于村民自治开展的情形,乡镇部门无权干涉和插手。但在实际的农村基层管理过程中,由于受官僚等级制度的影响,还有国家民主放权的不信任,村民自治与乡镇指导两者之间是存在矛盾的,农民权力分

---

① 《中华人民共和国村民委员会组织法》,中国网 http://www. china. com. cn/policy/txt/2010—10/29/,2010 年 10 月 29 日。

配在某一程度上受乡镇行政管理部门的制约和影响。具体说来，这一制约和影响表现在村庄的财务管理，现在有一个制度是"村财镇管"，就是村庄的财务开支，物业收入等情况要每个月定时向镇政府的财务局汇报。另外，据了解很多地方的村党支部书记是镇政府任命的。

这样一来，村民自治的自治权所行使的权力就受到乡镇有关部门的影响甚至否定。我国农村基层社会管理体制呈现出乡政管理与村民自治二元并存的特点。在基层管理体制中并存着两个处于不同层面且相对独立的权力载体：一是代表国家自上而下行使管理权的乡镇政府，二是代表村民行使基层社会自治权的村民委员会。①《村民委员会组织法》也明确规定了村民委员会是村民自治组织，代表村民行使村民自治权。村民委员会的出现，无疑为国家提供了一条行之有效的途径。只是，村民自治制度具有强烈的现代民主政治特色，其产生得益于国家放（还）权于民，其成长更是离不开国家的"行政放权"。② 不过在同时，由于我国特殊的政治制度，即是中国共产党在国家中的领导地位，建立了从中央到地方再到基层的党的全面领导制度。在"乡政村治"格局中，国家权力收缩至乡镇一级，但村一级仍然设立有党组织这种正式的组织形式。在我国特殊的政治体制中，村党支部实际上扮演了国家行政机构或说"准政府"的角色③，行使着国家行政权力，体现和维护着国家利益。所以，在农村基础管理的权力分配方面，村民自治与乡镇指导的权力矛盾，其实是产生村委会与村党支部权力分配矛盾的原因，而其根源就在于国家对村民自治的"放权"与"收权"之间权力分配的利益平衡。

另外，在这权力分配的政治博弈中，村庄出外经商的财团老板，也有一些人参与，利用其经济财力影响村民的民主选举，谋求村庄基层管理中权力分配的话语权。经商老板也可以算上村庄政治博弈的一方。

---

① 黄辉祥：《村民自治的生长：国家建构与社会发育》，华中师范大学政治学理论博士学位论文，2007年，第63页。

② 徐勇：《村民自治的成长：行政放权与社会发育——1990年代后期以来中国村民自治发展进程的反思》，《华中师范大学学报》（人文社会科学版）2005年第2期，第2页。

③ 也有学者将之称为"国家代理人"或"政务推行者"。参见王金洪《村民自治制度背景下农村党支部的角色与功能研究——以广东经验为例的探讨与分析》，中国选举与治理网 http: //www. chinaelections. org/，2003年1月20日。

四 权力分配的博弈给村庄带来的影响

村民自治下的权力分配问题，是政治博弈在基层民主中的体现。按照博弈论的观点，博弈的局中人包括村委会干部、村党支部干部、经济合作社成员、乡镇政府领导、外出经商老板，还有普通的村民。在博弈过程中，里面的局中人对信息的了解程度是有差异的，存在信息不对称的情况。尤其是对于普通村民而言，他们是村庄发展利益的紧密相关者，但是他们对村里权力分配的信息了解很多时候都不是完全的，存在信息不完全情况。所以，他们选出的领导干部，表面上是在民主的程序下进行，实际上参与博弈的其他参与者都或多或少地对其产生了影响，民主的选举会出现虚伪，严重者导致腐败。

村民自治下的权力分配，对村庄的影响是多方面的。

第一，权力分配下，各派别的政治博弈，很多时候会产生暴力事件，还会导致乡村基层管理的低效率。苏村的换届选举，由于存在派别之争，几乎在每一届选举过程中都会产生暴力事件。据长岐镇镇长所言，镇政府为了防止暴力事件的发生，每次换届选举时候都会派警察维持秩序，还有在镇政府里面派专门的人员验票、监票，以保证选举的公正、公平、公开。但是，到了后来选出的村委会与党支部如果不属于同一派别，他们就很难在一起开会讨论集体事项，即使聚在一起，也只会互相攻击对方提出的建议，不管是否科学妥当。到后来，事情的决策还是少数人的事情，而"两委"之间"各自为政"，互不相联，导致基层管理的低效率。

第二，权力分配下经济话语权的争夺，是村庄管理实权与虚权之分的关键。哪一方博弈的参与者取得了经济的管理职能，那么其有实权，否则权力会被架空。新勇村的党支部掌握着实权，经济合作社在党支部控制下运行；而苏村的经济管理职能是属于经济合作社，实质上是归属村委会，党支部的权力没有得到体现。外出经商老板对村庄选举的参与热情，某种程度上也是为了争夺村庄的话语权，其中就包括经济部分，为了他们仍在村里的亲人或族人带来便利，这里面也有宗族情感的体现。在这一层面上，很容易会滋生腐败和贪污。例如笔者在调研过程中得知，国家在上一年征收苏村土地修建铁路，对村民的土地补偿资金就存在账目不明，很多村民表示过了一年还没有拿到半点的土地征收金。苏村党支部常用这一事件来说村委会的腐败，达到攻击效果。

第三，在信息不完全的情况下，普通村民的利益很难得到切实保证。苏村由于存在派别之争，很多时候会让无派别的中间村民左右为难，按他们所说"左右不是人"。由于在村庄这一特殊生活环境，邻里之间朝夕相对，谁也不会随便得罪别人。如果你投这一方，那么另一方就会说你不支持。为了两方都不得罪，只好每一方都投一票，或干脆放弃投票的机会。新勇村村民的政治参与热情比较低，为了提高村民的投票率，新勇村在选举前把选票都直接送到村民的家里，形成一种压力，就不得不去投票了。所以有些普通村民的投票并不是完全为了选出合适的干部，选出为村庄谋发展的负责人，有时候只是一种为了更好与邻相处和在村里立足的无奈之举。

以上说到的都是村民自治下权力分配博弈带来的负面影响，当然，权力分配博弈肯定也有积极的一面，最明显的一点就是提高了村民的民主意识，村庄话语权的决定，需要通过选举产生，这也是促进村民自治的一个正面影响。实行村民自治制度后，村庄精英和村民都获得了村庄治理的决定力量，在实现村庄治理目标中发挥主体作用。[1]

村民民主意识的增强，也要与其文化素质的提高相协调，这样才不会导致权力分配的秩序混乱。我国现代国家建构存在非均衡特点，决定了国家一方面要强化对乡村社会的控制，另一方面又要"放权于民"，给予乡村社会一定的自主性。因此，而使国家陷入了对乡村社会是"控制"还是"放权"的两难境地。[2] 而在"控制"和"放权"之间，要使两者达到平衡是十分艰难的，这也是村民自治成长陷入困境的重要根源之一。

五　协调村庄权力分配均衡的几点建议

村民自治下的权力分配，折射出农村基层民主的发展问题，反映了村民自治的困境。而村民自治发展要想走出困境，一方面需要国家的行政放

---

① 徐勇、项继权：《村民治理：理论与实践的创新》，《华中师范大学学报》（人文社会科学版）2007 年第 6 期，第 1 页。

② 黄辉祥：《村民自治的生长：国家建构与社会发育》，华中师范大学政治学理论博士学位论文，2007 年，第 62 页。

权,另一方面还有赖于理性化社会的建构,自治组织的发育和农村社会的发展。在权力分配方面,是要保证乡村政治博弈的信息完全,使权力分配的博弈更容易达到一个良好的均衡。针对村民自治下权力分配的矛盾,提出以下几点建议,以促进村民自治下农村权力分配的均衡发展。

首先,让法治理念进入村庄治理,实施"依法自治"。这里所说的"法治理念"不仅包括法律,而且包括规范村民自治的相关制度。表现最为明显的就是要贯彻实施修订后的《村民委员会组织法》,使村委会和村党支部的权力分配符合该法的规定。这需要普通村民熟悉国家针对村民自治的制定相关法律,使制度规定做到"为民服务",使权力分配受到制约而达到较好均衡。这也是保证乡村政治博弈信息完全的一个重要方面。还有,就是用法律和制度约束村庄精英阶层对权力分配的过度干涉,防止权力分配受某些人所垄断而导致失衡。提到的精英阶层包括村庄里面的财团老板,"依法自治"可以避免财团老板在村庄权力分配的博弈中形成"卡特尔垄断",防止村委会和村党支部的权力分配受到其幕后影响,导致乡村的民主政治变为寡头政治。

其次,保证集体经济合作社的职能独立。农村集体经济合作社,是管理村庄经济建设与管理的组织,而经济权的掌控与否是村庄治理实权与虚权的关键。在《村民委员会组织法》里面就有明确规定集体经济合作社的独立地位,如第八条规定:"村民委员会应当尊重并支持集体经济组织依法独立进行经济活动的自主权,维护以家庭承包经营为基础、统分结合的双层经营体制,保障集体经济组织和村民、承包经营户、联户或者合伙人的合法财产权和其他合法权益。"① 但是由于经济合作社成立不久的缘故,在现实的村庄治理过程中,其独立性往往难以实现。为了实现农村权力分配的均衡协调,需要村庄治理三大机构即村委会、村党支部、集体经济合作社形成相互制约的模式,防止一方权力过大而导致权力行使的不合理。因此,集体经济合作社要从依附村委会或村党支部的束缚中独立出来,但独立并不意味着三者权力的完全分割,应当在职能上独立而在职责上共同对村庄的发展建设负责,对村民大会负责,最终做到"自治为民"。

---

① 《中华人民共和国村民委员会组织法》,中国网 http://www.china.com.cn/policy/txt/2010—10/29/,2010 年 10 月 29 日。

还有，国家要做到行政放权，使村民自治真正能做到自主发展。保障村庄权力分配的博弈减少乡镇政府过度干涉的因素，使村庄政治博弈简化，从而达到均衡的利益化。国家的行政放权需要勇气，也需要对村民自治有信心。农村基层民主的发展需要乡镇政府的指导，但乡镇权力与农村基层权力并不是一种上级权力对下级权力的控制关系，而是一种指导和帮助的关系，这是"自治"的应有之义。

最后，提高农民的民主意识，使村民在村庄权力分配过程中扮演理性的决策人。可以说，这是一个最为基础的因素，是从选举的决策上保障村庄权力分配达到乡村政治博弈的均衡点。现代民族国家不仅要求其居民变成亚里士多德所说的政治人，还要求通过政治参与把社会各成员纳入政治过程中。① 西方现代意义上的民主与资产阶级相关，英国哲学家摩尔提出过"没有资产阶级就没有民主"及"有了农民就没有民主"的论断，把农民看做是民主的对立物。但在中国不一样，乡村自治机构的权力是农民赋予的，农民组成的村民大会对本村庄的村委会、党支部、集体经济合作社有监督的权力。而这监督力量的形成有赖于农民民主意识的提高，形成对村庄权力分配博弈的一个规则限制，令博弈的结果朝着村民的根本利益发展。所以说，村民自治下村庄权力分配均衡模式的建构，需要农民的民主实践，提高农民的民主意识具有重要意义。

总而言之，村民自治的稳定与发展，需要村庄权力分配达成一种较为均衡的状态，实现的过程需要国家的法律保障和政策指导，还有理性化和民主化乡村社会的建构。虽然道路险阻，但有理由相信前途光明。

附录：

苏村访谈记录

笔者因参与"百村观察"调研项目，来到湛江吴川市新勇村展开调研，后来因确立以"村民政治参与"作为专项调研主题，在吴川民政局相关领导的介绍和安排下，来到长岐镇苏村调研，了解该村的"村民政治参与"情况。据了解，苏村的"村民政治参与"的开展状况，在整个吴川市甚至整个湛江市都是非常典型的，以此作为个案调查研究，具有较高的价值。

---

① 郑永年：《中国模式》，浙江人民出版社 2010 年版，第 196 页。

调研的时间是 8 月 2 日早上,地点是苏村。因为苏村的村支部和村委会相关干部的矛盾较深,所以民政局相关领导安排笔者分别对苏村的村支部干部和村委会干部展开访谈。后来,笔者又有幸与长岐镇何镇长交谈,更全面和深刻地了解苏村的村民政治参与情况。

下面是原始的访谈记录:

一、苏村党支部访谈

时间:8 月 2 日,早上 10:00 到 11:00

地点:苏村村支部办公地点

访谈对象:苏村党支部书记李水生及其他村支部干部

访谈员:王伯房 记录员:张予

(下面以李表示李书记,王表示访谈员王伯房)

王:李书记好!在座的各位村支部干部好!非常感谢吴川市民政局领导的安排,以及各位村支部干部的到来!正式开始之前,我们先介绍一下自己。我们是华中师范大学"百村观察"调研项目的观察员,来到吴川市对农村进行调研,今天非常荣幸来到这里,跟在座的请教"村民政治参与"的话题。

首先,我想请问李书记,苏村党支部选举的有关程序和相关情况,苏村党支部是怎么组建的?

李:王老师不用太客气!我们村党支部选举每三年一届,原则上是村中党员一人一票,选出支部成员 5 人,然后再从这 5 人中选出支部书记,书记是村支部的主要负责人。然后由镇组织部正式任命。对于村支部选举权和被选举权,整个村庄的党员都拥有。

王:广东省农村现在新成立一个集体经济合作社,是由农业部兴起举办的。据我们的了解,苏村好像也成立了农村集体经济合作社。那么现在经济合作社、村委会、党支部有具体的分工吗?苏村经济合作社是由哪些人员组成领导层呢?

李:上级组织部是提倡或要求支部书记担任经济合作社社长,充当其法人代表的。不过一切都要从民主产生,经济合作社社长由村民代表大会选举产生。非常遗憾,我的得票没有其他人高,结果经济合作社社长由村委会的一名干部担任,不过并不是村委会主任。所以,现在苏村的村民政治和经济的基层管理机构就变成了三个,分别是村委会,党支部以及经济合作社。

王：经济合作社具体有什么职能呢？它管理村里的什么事项？

李：经济合作社是管理村庄的物业和经济，具体包括苏村拥有鱼塘2000多亩，山林300多亩，还有出租铺位等。不过社长并不是由村支部书记兼任，因此，我们党支部根本对村里的经济没有管理权，甚至连领导权也没有。在农村管理中，经济就是话语权。

其他党支部干部：对啊！共产党应是各项事业的领导核心，村支部应该领导村里的一切建设！但是，现在我们村支部的权力几乎被架空。首先，村庄的经济建设以前归属村委会，现在归属集体经济合作社；其次，村庄的政治建设归属村委会，也就是村庄的政务由村委会负责；对于村支部而言，现在主要管理事务主要是计划生育和本村的党员建设。我们还算什么村干部呢！

王：村支部和村委会之间没有一个分工合作吗？

李：哪有！村支部和村委会之间一直存在矛盾，对于村庄建设我们和村委会没有什么分工，就是有事就大家做。不过，现在大家都清楚，经济合作社的社长由村委会干部成员担任，那么实际上经济合作社也就归属了村委会，那么村里物业、经济收入带来的利润都归村委会管了！支部对经济完全没有干涉权利。党支部没有经济话语权怎么行呢？我们几位曾多次向镇、市相关部门反映，但是都没有结果。

王：农村一般有政务和财务的管理，请问书记，村里有没有做到政务和财务公开呢？

李：没有，这些都是村委会做的事情。他们所做的事情很多都没有向村民公开，有一些甚至连村支部也无从得知。例如，上一年国家征地修建铁路，向村民征地，具体征地数量和得到资金总额我们都不是很清楚，村民更加不清楚。村委会并没有相关文件或告示公开，资金更没有发下给农民。为此，村民也曾向上级部门反映，但也没有得到什么回音。据我估算，征地大约100多亩，总额可以达到400万左右。这么大的数额，他们总要有个交代啊！

王：据书记您的了解，村委会是怎样组建起来的呢？

李：村委会后面有一些外出的老板在支撑，存在有钱当选的现象。另外，村委会还私自雇佣一些人员，并没有通过镇镇政府批准，可能根本没有上报上级部门，导致同一职位有两个或三个人，发放工资就产生了双重开支。对比之下，我们党支部有做到党务公开，但是对于村里集体经济得到的利润一点也没有拿到，连办公地点的相关开支都是我们几个自己支付的。例如今天开会的水，都是我们自己掏钱买的。

王：最后请问一下李书记对于苏村以后"村民政治参与"有什么建设和展望？

李：其实也没什么，及时希望加强党支部建设，让党支部重新抓住实权，成为村庄各项事业的领导核心，同时与村委会有一个比较合理和科学的分工。

王：非常感谢李书记和在座各位！

二、苏村村委会访谈

时间：8 月 2 日，早上 11∶00 到 12∶00

地点：苏村村委会李主任家里

访谈对象：苏村村委会主任李亚振、经济合作社社长李亚景，以及其他村委会干部

访谈员：王伯房   记录员：张予

（下面以主任表示李主任，社长表示李社长，王表示访谈员王伯房）

王：李主任好！李社长好！在座的各位村委会干部好！非常感谢吴川市民政局领导的安排，以及各位村委会干部的到来！正式开始之前，我们先介绍一下自己。我们是华中师范大学"百村观察"调研项目的观察员，来到吴川市对农村进行调研，今天非常荣幸来到这里，跟在座的请教"村民政治参与"的话题。

首先，我想问李主任，村委会选举主要的流程具体是分哪几步？

主任：我们村委会的主要成员有五个人，这一届是在 2008 年选上的，每三年一次换届选举，我们这一届是第四届。我们村一共分为四个自然村，分别设四个村长，分四个村民小组，村长同时也是村民小组的组长。村委会干部都是通过村民代表大会选出来的。选举的步骤是先在公告栏上公示候选人，大概公示一个多月，然后在四个村民小组分开选举投票，然后汇总投票，点票验票，确定当选人员。我们几个就是这样被大家选举出来的。

王：这一选举模式是从哪一年开始呢？

主任：这一选举模式是从 2001 年开始实施的。

王：好的。请问李社长，现在村里经济合作社一共有多少成员？他们

又是怎么选出来担任的呢？

社长：我们村的集体经济合作社现在一共由三名成员组成，我是社长，另外还有一名副社长和一个委员。我是由村民代表会议选出来的，村委书记和支部其他成员也有参与竞选，我比较幸运，被我选上了，这也是村里乡亲对我的信任啊。

王：经济合作社负责村里的什么事项呢？还有，社长您原来是村委会里面的干部成员吗？

社长：经济合作社主要负责村庄的经济和财务情况，促进我村的经济建设，决策村里的财务支出等。其实我也是村委会的一名干部，现在担任我们村经济合作社法人代表。

王：请问一下李主任，村里一共有多少人？其中有多少乡亲参与了本届村委会选举的投票？

主任：村里人口有9827人，其中有很多都外出打工，实际有5250名选民，其中这一届有2983人投票，符合选举法要求。

王：乡亲们对于参与投票的热情怎样呢？

村委会一名干部：我们村村民参与选举投票的热情还是比较高的。从投票的人数都可以看出啊。

王：选举的时候有没有设专门的监督人员呢？

主任：那当然有啦！换届选举的时候有镇政府和其他上级领导参与监督，力求做到公平公开。另外本村村民也在监督着我们啊。

王：参加竞选的人大多在村里是什么身份呢？

主任：其实也没有什么特殊身份，不过大多数是村里公认比较负责任和愿意为村民服务的人。例如我和李社长他们，都是很乐意为乡亲们服务的。

社长：主任讲的不错。

王：村支部和村委会之间，有具体的分工吗？

主任：其实具体分工没有，不过经济建设和村务建设都是村委会的事情，现在有了经济合作社，经济建设这一范畴就归属其管。村支部主要管辖的是村里支部建设、党员发展和计划生育。另外，我们村里面村支部和村委会的矛盾比较深，村委会里面没有一个党员。

王：你们都没有申请过入党吗？

社长：当然有啊！我们也曾申请入党，但没有得到村支部通过，入党的人选都是与村支部成员有关的人。

王：村委会对于财务管理的情况，有做到公开吗？具体又是怎样做到的呢？

主任：我们当然有做到财务公开的啦！不过现在实行一种"村财镇管"，就是由财政局管辖村里的财务，村里有专门的一个账户，每个月都要向财政局汇报，10 号作为汇报日期，汇报前一个月情况，以前是村委会主任负责财务，而现在则由经济合作社社长负责。什么建设项目的开展和开支报销，都要由经济合作社社长同意并盖章。

王：还有，我们了解到上一年村里被征一些土地修铁路，但是现在一些村民还没有拿到政府的征地金。您可以具体说一下这件事吗？

主任：我们村大部分乡亲都拿到土地征用资金啦！我们村一共有四个村民小组嘛，现在已有三个把征地款项发放给村民，目前还有一个自然村存在一些不清楚的地方，所以暂时还没有发放。土地一共征收 82 亩，总收额 163.3 万。而且，目前村里还有负债问题，这也需要我们想办法解决。

王：对于村委会和村支部存在的矛盾，你们双方有没有想过一些方法试图化解呢？

主任：村委会和村支部的矛盾较深，已经很难协调和磨合，彼此观点不一致。

王：是否有宗族问题存在呢？

社长：没有，我们都是同一个姓氏的，并不是宗族矛盾导致的不和，一切只是意见不同。

王：大家对村庄未来建设方面，有什么建议和意见呢？

主任：希望村支部和村委会，还有经济合作社共同协商，把苏村的各项建设搞好。

王：谢谢在座各位！

三、长岐镇镇长访谈

时间：8 月 2 日，中午 12：30 到 13：30

地点：长岐镇镇长办公室里

访谈对象：长岐镇镇长何东豪

访谈员：王伯房　记录员：张予

（下面以何表示何镇长，王表示访谈员王伯房）

王：何镇长好！非常感谢吴川市民政局领导的安排，以及各位村支部干部的到来！正式开始之前，我们先介绍一下自己。我们是华中师范大学"百村观察"调研项目的观察员，来到吴川市对农村进行调研，今天非常荣幸来到这里，跟何镇长请教"村民政治参与"的话题。

首先，我们想问何镇长，为什么苏村的村支部和村委会之间会出现矛盾如此之大？

何：其实，这一切都是民主选举带来的结果！自从1999年乡村依据选举法施行选举后（不知是否正确），每到换届时候，苏村的选举都会出现比较混乱的状态。苏村的村民大约有1万余人，如今村民的民主意识较强，参与选举和投票的积极性较高。还有，选民对选举法都非常了解，可能比我们都要了解。

还有，村里参与竞选存在派别之分，主要分为两大派别，背后都有财团在支持。苏村的选举就如台湾选举一样，而且可能更为激烈。选举前几个月，各个派别就会为自己的候选人宣传拉票，还有，各派别还会聘请法律界、知识界等人士作为智囊团，为自己人参选出谋划策。这不是跟台湾选举一样吗？

王：各派别之间有没有宗族之间的矛盾，他们有没有自己坚持的特定理念作为指导呢？

何：没有啊，纯粹只是意见不同而已。很多农村可能都存在宗族的矛盾问题，但是苏村没有，他们都属于同一个姓氏，没有宗族矛盾。两派别之争的情况在村民代表之间也存在，在换届选举时表现得最为明显，有时候兄弟之间，父子之间支持的派别都会不一样，进而投票会出现分歧，但是在平时相处中却相安无事，只是在选举过程中矛盾才被激发。

王：派别的矛盾对于苏村的选举和其他村务管理有影响吗？

何：影响很大！由于存在派别之争，选出来的村支部和村委会如果不属于同一个派别，那么他们之间的矛盾就会重重，很难做到协调和磨合。即使在三年期间能得到一定的磨合，但是一到了换届时，分歧和矛盾就会重新出现。例如对于经济合作社社长，上面提倡有村支部书记担任的，但是苏村任何人当选都要通过选举决定，结果村支部书记的得票没有别人高，也就完全丧失了领导权和管辖权。由于没有经济的支撑，村支部的权力被架空，说的严重一点，其实村支部现在是形同虚设。

王：镇政府有没有通过一定的措施来缓解您刚才说到的"派别之争"呢？

何：由于派别之争，导致每次换届选举的时候都会出现暴力事件。因害怕出事和维持秩序，每次选举镇政府都会派出警力控制。选举前一日，村里的气氛特别紧张，整个选举过程看起来都似乎做到公平公正，而且有镇政府派往的人员监票。我们都非常辛苦啊，往往二十几个小时不能睡觉。点票和验票工作不能停下来，因为万一停下来，就会被人家说成是出现假票或意外，因而要求重新来过。不过，这公平程序表面的背后，其实是受到村庄财团的控制的，受到外出打工成名老板政治参与的干涉。还有一些村民是中间派，他们很尴尬啊，也比较辛苦，有时候变得两面都不是人，受到很大的压力。

王：按照镇长您刚才所说，这"派别之争"岂不是对苏村有很大的负面影响？

何：当然它有它合理的地方，就是民主选举作为最为充分的理由。但是，我想说的是，由于派别之争，导致村庄开会办事的效率低下。如果选出的党支部和村委会不是同一派别，则出现互相攻击，像现在苏村出现村支部权力被架空的情况。即使选出的是同一派别，但是如果村民代表不属于同一派别，那么开村民代表大会也是不成功的，也会出现互相攻击和混乱的状态。还有，村里面选举出现了一个恶性循环，如果村委会选举后产生新的干部与上一届不是属于同一派别，那么新当选的一届，上任后首先做的事情就是清算上一届财务，并把村庄的经济收入为本派别的人员服务。正是如此，苏村一年的经济收入会出现现在的负债情况。本来苏村的经济基础是不错的。

王：按照何镇长您的想法，您觉得怎样才能有效地解决苏村村民政治参与存在的问题呢？

何：现在选举是变成了合法不合理的渠道。唯一较好的解决措施是设置乡村办事处，由镇政府直接任命人员参与村庄的政治、经济、管理。但是，这又好像变成了专制。其实，一切民主背后服务的也只是利益相关的部分人员。

王：好的，非常感谢何镇长！

从乡村选举看基层民主的发展

——以广东省吴川市苏村和新勇村为例[①]

华中师范大学中国农村问题研究中心顾问张厚安教授曾说过，村委会的直接民主选举对于中国的意义可以与安徽凤阳小岗村大包干对于中国经济体制改革的影响相媲美。[②] 耶鲁大学管理学院金融经济学教授、长江商学院访问教授陈志武先生也曾说过："就中国目前的情况而言，（实现民主的）可能的路径应该是两方面同时进行，其一是从党内民主开始……其二是继续基层选举，并逐步往上升。"[③] 由此可见乡村选举对于基层民主甚至于整个中国民主进度的一个重要意义，可以说乡村选举是衡量和评价基层民主绩效的主要内容。但是我们也应该清醒地认识到"与包产到户相比，村民自治涉及社区权力资源的重新配置，且法律性、规范性、程序性相当强，因而其进程将十分艰巨。[④]

鉴于此，我们调研了两个处于同样制度环境，但具有不同经济背景的村庄所进行的乡村选举，试图通过乡村选举的角度对基层民主的发展状况做一个全面的认识。

一　调研对象的基本概况

我们调研的对象是广东省吴川市吴阳镇的新勇村和长崎镇的苏村。

---

① 作者：张予，华南师范大学中共党史专业 2009 级硕士研究生。

② 徐勇：《利益与体制：民主选举背后的变数分析——以湖北省月村村治实验为例》，《华中师范大学学报》（人文社会科学版）1999 年第 3 期。

③ 陈志武：《中国为什么需要民主》，http://www.360doc.com/.（2007—07—20）。

④ 徐勇在"中国大陆村级组织建设研讨会"上的发言，1998 年 10 月，香港。

（一）新勇村概况

新勇村是吴川市吴阳镇一个行政村，位于吴川市鉴江下游，毗邻 325 国道，下辖 12 条自然村，设 9 个村民小组，共有 1250 多户，约 7300 人。新勇村占地面积为 2800 平方公里，其中，耕地面积 2500 亩，耕地全部为水田，没有旱地。林地 500 亩，主要是滩涂。人均耕地面积只有 0.34 亩左右，人地矛盾十分尖锐。2009 年村庄的收入情况并不是很好，香蕉和西红柿种植的销售情况都是一般，上一年村庄的年收入约为 10000 元，年支出约为 5000 元，分别是村组干部等务工补助 3000 元，管理费支出 2000 元。另外，村庄现有欠款 15000 元，是村委会大楼建设的工料费。村里没有集体企业，集体经济也很脆弱，只有一个集市属于村集体，每年的发包收入为 30000 元左右，除此没有其他集体收入。

（二）苏村概况

苏村是吴川市长崎镇的一个行政村，离吴川市北面约 6 公里。苏村番薯远近驰名。由于苏村地理环境独特，土壤属黏质土，含各种微量元素，特别是各种钙化合物含量很高，再加上有光照，雨量充足，苏村番薯不仅高产而且味道独特。每年到了收获的季节，客商纷纷到苏村抢购番薯运到珠三角等地销售。所以在吴川流传有"苏村番薯贵过米"的说法。村庄面积共 3000 平方公里，其中耕地面积 5600 亩，林地 310 亩。苏村拥有集体经济，包括鱼塘 2000 多亩，山林 300 亩，还有出租铺位，2009 年村庄收入共 213000 元。另外 2009 年因国家修建铁路征收土地 82 亩苏村获得征地补偿款共计 163.3 万。相对新勇村来说苏村的经济状况较好。最新一届的村委会是 2008 年 7 月经过选举上台的，由于村庄中绝大部分村民姓李，只有为数不多的袁氏，所以村委会成员全部姓李。

二　从新勇村和苏村的选举看基层民主的发展状况

（一）村庄选举已具有一定的民主参与广度，但在民主参与的深度上却存在较大差异

参与在民主中是一个关键性的概念。参与的广度与深度是衡量民主的

尺度。因此民主决定于参与——即受政策影响的社会成员参与决策。[①] 民主的政治参与可以在国家和社会之间稳妥地矫正政府的行动与公民的意愿和选择之间的矛盾。[②] 在政治参与的诸多形态中，选举活动因其涉及的范围较广，并存在一定的参与压力和多种多样的信息量，因而是政治参与中较为重要的一种形态。在村庄中，作为村民自治中的首要环节的民主选举更是一个反映农村政治参与状况与基层民主状况的一个窗口。

1. 从新勇村和苏村参与投票的状况来看基层民主的广度

民主的广度是数量问题，决定于受政策影响的社会成员中实际或可能参与的决策的比率。[③] 民主广度的实质是社会成员中参与决策的比例。[④]

在村庄中，村民在村委会换届选举中投票的实际状况是反映村民参与的重要指标，也在某种程度上反映了基层民主的广度。在表1中，我们可以看到，在新勇村参加村民委员会选举投票的村民达到66.7%，超过了一半。而在苏村2008年的换届选举中，村庄人口共计10665人，其中由于一些村民出外打工不在村庄，实际有5259名选民，其中投票的人数达到2983人，投票率也达到了57%。

表1　　　　　　　　在新勇村参加村民委员会选举投票的情况

	频率	百分比	有效百分比	累积比率
不选择	1	6.7	6.7	6.7
是	10	66.7	66.7	73.3
否	4	26.7	26.7	100.0
全计	15	100.0	100.0	

虽然民主的广度不应该仅仅依靠投票行为来衡量，但是由于参与决策的其他途径有些不能够量化或者表现不明显，所以在某种程度上可以通过投票的情况来反映民主的广度。从上面的调查情况我们可以看到在两个村庄中村民参与投票的比率都比较高，同时笔者也对村民对《村民委员会

---

① ［美］科恩：《论民主》，商务印书馆2007年版，第12页。

② ［日］蒲岛郁夫：《政治参与》，经济日报出版社1989年版，第5页。

③ ［美］科恩：《论民主》，商务印书馆2007年版，第12页。

④ 同上书，第13页。

组织法》和选举程序的了解情况进行了调查。

您了解村委会选举程序吗

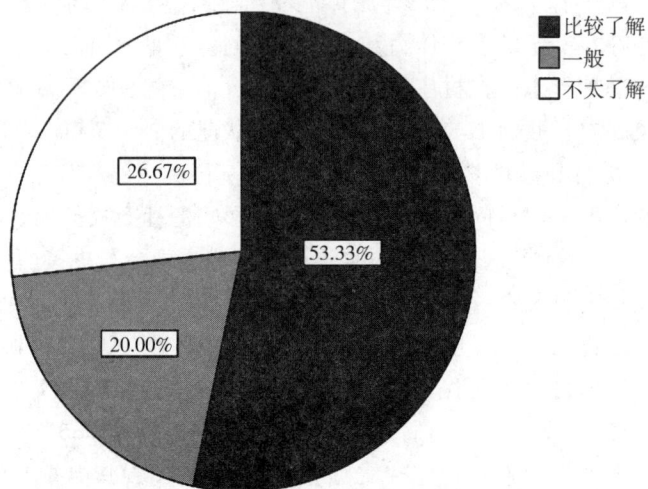

图 1 新勇村村民对村委会选举程序的了解情况

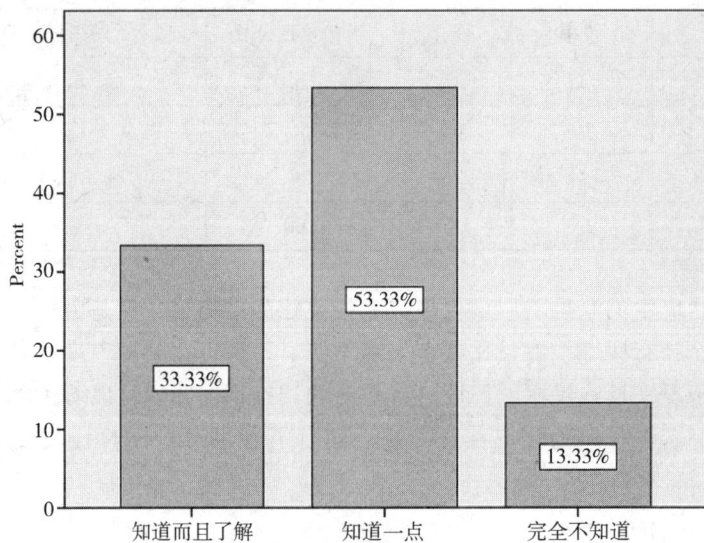

图 2 新勇村民对《村民委员会组织法》了解的情况

由图 1 和图 2 可知，新勇村村民对村委会选举程序和《村民委员会组织法》的了解情况都比较好，有 73.33% 的村民对村委会选举的程序都比较了解，不太了解的只有 26.67%，而知道《村民委员会组织法》的村民占了八成五以上，对此完全不知道的只有 13.33%。

在苏村，由于在竞选时存在派别之争，竞选的竞争激烈，所以村民在耳濡目染中对《村民委员会组织法》和选举程序的了解更是远远高于新勇村。有镇政府的官员曾经说过，苏村村民对于《组织法》和选举程序的了解比我们这些专门负责基层工作的人都了解。也正是有了这样的了解才催生了苏村在 2009 年发生了"村庄选举改变经济合作社的掌舵人"的事件。

2009 年 1 月 19 日中共湛江市委、湛江市人民政府颁发了《关于建立健全农村集体经济组织加快发展农村集体经济的决定》。《决定》指出，要在全市农村建立健全集体经济组织，进一步完善农村基层管理体制，发展壮大农村集体经济，夯实党在农村的执政基础，推进农村社会协调发展。按照湛江市农村集体经济组织建设进度排期表，苏村于 2009 年 11 月成立了集体经济合作社，负责村庄的经济建设和管理。上级组织部是提倡由村党支部书记兼任经济合作社社社长并作为其法人代表的，在湛江市的大部分村庄也确实是这样做的，但是在苏村却出现了让人意想不到的局面。村民们根据《中华人民共和国村民委员会组织法》、《选举法》，并认真研读了《关于建立健全农村集体经济组织加快发展农村集体经济工作方案》，指出《方案》中第二部分"主要环节"中提到要"加强对农村集体经济组织依法选举工作的指导"，所以他们认为农村集体经济组织的领导班子应该由选举产生。经过选举，村委会成员李亚景得票最多，超过党委会成员，当选为经济合作社的社长和法人代表。由于李亚景同时也是村委会成员，这样就造成了实际上仍然是由原来掌握村庄的物业和经济的村委会继续管理包括 2000 多亩鱼塘、300 多亩林地和铺位出租等集体经济，党支部无权干涉。虽然党支部的成员不服气，并且多次向镇、县领导反映，但是因为这是村民投票选举的结果，代表了民意，所以上级领导也觉得没有办法改变。

通过上面的数据和事实分析，我们可以了解到无论是在参与投票的比例上还是在对选举相关政策的了解程度上村民都已经达到了一定的认知，所以在一定程度上我们可以推断我国乡村的基层民主在广度上已经具备了一定的水平。

为什么我国乡村的基层民主可以达到一定的水平呢？笔者认为可以从以下两个方面进行理解：

一方面，乡村具备了直接民主的可能性。在现代社会，实行直接民主所遭遇的障碍涉及国家或者地区的空间规模。① 所以 "城市规模越小，政治也越简单，人民也更加易于理解政治，相反城市规模越大，政治越复杂，越非个人行为，公民同 '政治' 的距离感加大，政治参与的程度则降低"②。在村庄，由于空间规模相对城市来说较小，村民居住地距离更近，从事劳务的时间也更加接近，所以在空间和时间上更易于组织村民参加投票。村民参与投票选举就是一种实践直接民主的方式。新勇村占地 2800 平方公里，苏村占地 3000 平方公里，比较城市而言都要小得多，同时村民大部分采取聚居的生活方式，居住的距离较小，这些都为直接民主提供了可能。

另一方面，中国基层民主近 30 年的发展历程取得了可喜的成绩。从以上的数据统计我们可以知道，无论是新勇村还是苏村，村民对《村民委员会组织法》和选举程序的认知比率都已经达到了一定水平，特别是在苏村甚至出现了 "合法性下垂" 的现象。在传统的制度中，村干部只是作为执行上级命令的一个工具而已，而现在村民对村干部的选择具有主动性，上级政府官员只能够给予建议而非强制性的意见，否则就会违反民意，引起民怨，正如苏村经济合作社的社长并没有按照上级的意愿直接由村党委书记担任。就是说，下级官员是由民众选举产生的，故具有民主合法性；上级官员则基于传统的合法性（如任命）而缺乏民意基础，于是形成上下级整体之间的张力。由于下级政府的统治更具民众基础，合法性较上级政府强，故上级政府不能改变下级的政策，而下级则可以合法地向上级施加压力。③ 这样就形成了 "合法性下垂"。"合法性下垂" 在一定程度上体现了村庄基层民主在近年来的发展状况已经逐步深入村民。

2. 从参与程度看民主的深度

---

① 张凤阳等：《政治哲学关键词》，江苏人民出版社 2006 年版，第 64 页。
② ［日］蒲岛郁夫：《政治参与》，经济日报出版社 1989 年版，第 5 页。
③ 郑永年：《中国模式》，浙江人民出版社 2010 年版。

　　民主的广度是由社会成员是否普遍参与来确定的，而民主的深度则是由参与者参与时是否充分，是由参与的性质来确定的。[①] 虽然民主的深度不像民主的广度一样可以用具体的数据比例来表示，但是可以通过参与过程中的一些表现来进行衡量。比如作为参与的重要形式之一的投票，对于民主研究来讲不仅仅要表面性的识别农民是否参与了投票，更应该看其是否充分的参与了投票前的许多活动。充分的参与应该包括在投票前对参选人的深了解，或者是对可供选择的方案的调查研究。很明显，最后的投票只是社会成员参与的一个方面，能够反映民主的广度，却不能够反映民主的深度。投票仅仅只是参与的一个方面。另外深度的民主参与还应该包括参加选举、参与决策甚至与上级机关的个别接触。这些参与活动与投票相比需要更大的积极性，因为必须付出一定的时间和成本的代价，同时也在这个过程中对整个事件也有更深入的思考，这样的参与是更加有效和充分的，也更加具有参与的深度。

　　在村庄的政治参与中，苏村和新勇村在民主的广度上已经达到了一定的程度，但是我们却发现两个村庄在民主的深度或者说是参与的深度上却存在着差异。尽管两个村庄的村民参与选举投票的人数比例都相差无几，但是苏村村民在参与的深度上却远远高于新勇村。首先表现在投票前的政治参与上，相对于苏村村民来说，新勇村村民对候选人的状况以及整个选举的关注程度并不是很高，这点从对村民参加选举的原因上就可以看的出来。虽然有46.7%的村民未明确表达自己的参加原因，但是我们从表2中却能够清楚地看到的是出于"履行自己权利"的村民只占到了6.7%，出于"想选个好当家人"的村民也只占到了13.3%。村民的态度决定了他们不可能在投票前对选举投票的候选人进行理性的分析和甄别，也没有动力去搜集相关信息、发表自己的看法。再者表现在村民在对竞选村干部的兴趣上，新勇村村民更是明显表现出了十分冷漠的态度，而苏村则表现出了异常激烈的竞争，并且形成了派别之间的竞争。为了争取到更多的选票，各派别甚至邀请了智囊团、法律顾问。由此可见，新勇村村民的政治参与还只是停留在一个被动参与的过程，而苏村已经具有主动参与的态势。

---

　　① ［美］科恩：《论民主》，商务印书馆2007年版，第27页。

表 2　　　　　　　　　　新勇村村民参加选举投票的原因

	频率	百分比	有效百分比	累积比率
不选择	4	26.7	26.7	26.7
大家都去	1	6.7	6.7	33.3
履行我的权利	1	6.7	6.7	40.0
想选个好当家人	2	13.3	13.3	53.3
其他	7	46.7	46.7	100.0
合计	15	100.0	100.0	

是什么因素导致两个村庄如此大的差异呢？这其中包含了复杂的因素，但是利益机制应该是最引人注意的一个。利益冲动是支配村民积极参与选举的原始动力。[①] 这里的利益既有集体公利，也有小团体共利，更有个人私利。无疑，苏村发展较好的集体经济既是村民希望能够选出好的领头人的刺激因素，也是选举背后支持的财团希望上台后能为自己小团体和私人谋取一些权力和利益的强大推动力。与之相较，新勇村薄弱的集体经济和偏低的村干部待遇是无法吸引村民参加竞选的最大因素。（如图 3、图 4 所示）由此可见，利益机制是影响民主参与深度的一个主要原因。

（二）民主程序的正义并不一定产生民主结果的正义

关于程序和结果，在政治哲学中有很多不同的说法。例如在古典契约论中认为结果比程序重要，最重要的东西是全体人民达成一致的契约，而国家就是从这种契约中诞生的。但是罗尔斯却在他的《正义论》中指出程序比结果重要，因为他觉得只有在"纯粹正义的程序"下才能导出正义的结果。[②] 民主的程序强调的是民主的过程、形式、规则，而民主的结果则强调的是民主的内容及所带来的影响。正如形式和内容一样，程序和结果是不能够割裂的。但是在实际的操作过程中，我们却发现民主的程序和民主的结果之间出现了裂痕，也就是说民主的程序的正义未必会导致民

---

① 徐勇：《利益与体制：民主选举背后的变数分析——以湖北省月村村治实验为例》，《华中师范大学学报》（人文社会科学版）1999 年第 3 期。

② ［美］约翰·罗尔斯：《正义论》，中国社会科学出版社 2006 年版，第 87 页。

你愿意参加下届村民委员会竞选吗

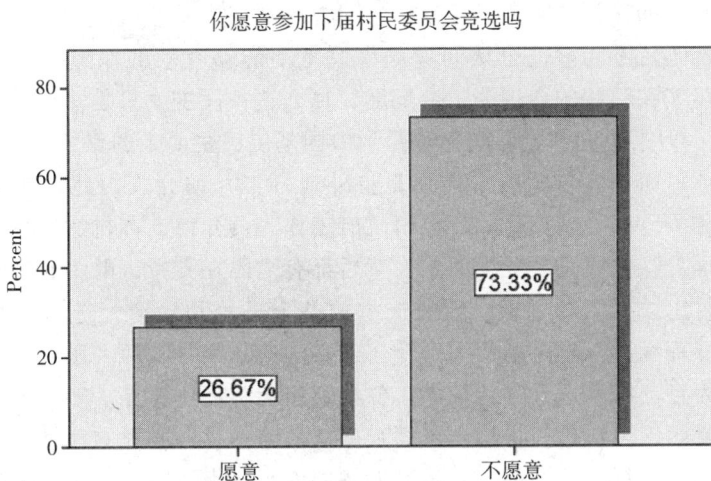

图 3　对村民参加竞选的意愿的调查

不愿意的原因是

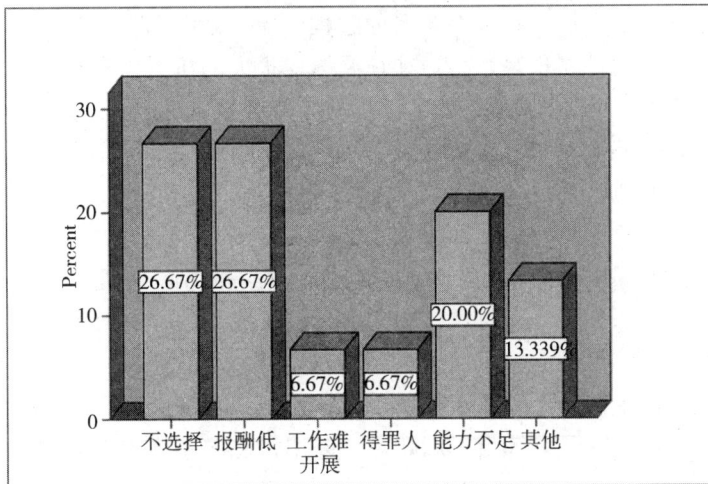

图 4　不参选的原因调查

主的结果的正义。

在对两个村庄的调研中，笔者发现作为民主运作形式的选举在符合了程序的正义性之后，并没有相应的带来正义的结果，也没有起到保障和促进村民利益的作用。

虽然笔者不能够完全认同"如果民主不能够有效的保障和促进公民利益，落实在利益的合理公正分配上，那么这种民主就只是一种虚幻或者虚假。"[①] 但是我们却能够明显感受到中国基层民主要走的路还很长。

在苏村由于乡村精英（主要是在外地打工）的介入因此存在了严重的派别之争。据管辖苏村的长岐镇政府工作人员介绍，苏村的选举竞选存在派别之分，主要分为两大派别，背后都有财团在支持，财团的老板大多为从苏村出去打工的老板。苏村选举的整个过程和台湾大选的场面很相像，激烈程度甚至有过之而无不及。选举的前几个月，两大派别就开始在村庄里为自己的候选人宣传拉票，各派别还会聘请法律界、知识界等人士作为智囊团，为自己人参选出谋划策。选举前一日，村里的气氛已经特别紧张了。因为每次选举都会发生暴力事件，所以为了维持秩序，每次镇政府都会派出警力控制。镇政府派往的监票人员都非常辛苦，往往二十几个小时不能睡觉，因为点票和验票工作不能停下来，只要一停下来，就会被说成是出现假票或意外，最终落选的一方必定会要求重新投票。最可怜的是一些中间派的村民，在前期拉票的过程中他们是两个派别竞相争取的对象，所以他们的地位很是尴尬，往往要承受很大的压力，有时候还落得两边都不是人。长崎镇的何镇长对笔者说，2008 年选举前一天苏村一位年近古稀的老婆婆哭着来到镇政府说"能不能不投票哦，我家里天天来人，我真的是不知道选哪一方呀，不要再逼我了……"由此可见，两个派别对于选举的竞争激烈程度。如果选出来的村支部和村委会不是同一派别，则经常出现互相攻击的情况。即使选出的是同一派别，但是村民代表不属于同一派别，那么平时开村民代表大会也是不成功的，也会出现互相攻击和混乱的状态。另外，村里面选举还出现了一个恶性循环，如果村委会选举后产生新的干部与上一届不是属于同一派别，那么新当选的一届，上任后首先做的事情就是清算上一届财务，并用村庄的经济收入为本派别的人员服务。正是如此，近几年苏村的经济收入出现了严重的下滑。在新勇村则表现为严重的宗族矛盾对民主结果正义的影响，由于宗族矛盾和乡村人情直接导致了刚刚上台的新任村干部的辞职，也直接影响到整个村庄能够

---

① 徐勇：《利益与体制：民主选举背后的变数分析——以湖北省月村村治实验为例》，《华中师范大学学报》（人文社会科学版）1999 年第 3 期。

选出代表全村人利益的村干部。

是什么导致了民主程序的正义与民主结果的正义之间的脱节呢？笔者认为主要是因为出现村庄自治权的变异。按照村民委员会组织法的精神，村民自治的主体本应是广大村民群众，但现实中却异化为村中少数人的自治，演变为村民他治或者村委会自治或党支部自治甚至异化为村长或村党支部书记的一人之治，完全偏离村民自治内在的民主与法治的基本理念和精神。① 由于宗族势力、乡村精英等团体的介入导致了村庄自治权力异化为个别团体和个人的谋取利益的渠道，又因为这些势力在一定程度上掌握了村庄的优势资源和一定的政治资本，所以他们能够在一些重大决策上拥有绝对的影响力，这样在一定程度上就损坏了其他村民的利益，影响了整个村庄的公平性，长此以往造成恶性循环，影响了整个村庄的发展和基层民主的建设。例如在新勇村在竞选的背后就存在着非常严重的宗族矛盾。新勇村下设 12 个自然村，9 个村民小组。虽然同属于一个行政村，但是各个自然村之间都十分独立互不干涉，各个村庄内部由于房派等原因存在错综复杂的关系。笔者对村庄的团结度进行了调查，通过图 5 结果发现有32% 的村民认为村子是不够团结的。

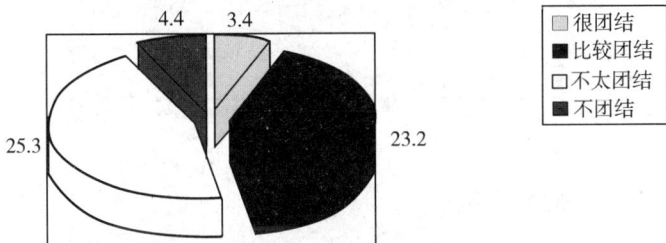

图 5　村庄团结度调查

通过走访，笔者了解到曾屋村和上能村的矛盾最为突出。矛盾的根源主要是宗族矛盾和历史原因。曾屋村共 78 户 419 人，基本上全为曾氏，而上能村大概 110 户 620 人，主要为李姓，还有少数的林姓、董姓和许姓。两村的矛盾由来已久，国共战争时期，上能村是共产党的根据地，而曾屋村是国民党的驻地，所以村民之间发生过很多次战斗。一直到新中国

---

① 刘勇华：《村民自治权的异化与治理》，《新闻天地》（论文版）2009 年第 7 期。

成立后，村民之间还由此存在宿怨。特别是 5 年前曾屋在上能的上游修建了一座地母庙，这就直接挑战了上能的祠堂——广镇堂的权威，同时也损害了上能村民的利益，于是进一步把两村村民之间的矛盾激化。每到年底，两村的村民都气势汹汹，拿起家伙准备械斗。要不是镇派出所对这一情况有所了解，每年年底都派警员前来调解，估计都要发生大规模械斗。很多村民都认为这一矛盾不解决的话，迟早是要死人的。而在整个新勇村选举的过程中，两村村民更是互不相让，他们不是从选举候选人的能力和水平是否有利于村庄发展的角度来考虑，而是从是否是本村和本宗族的代表考虑，这也就导致了最后很难选出能够代表整个村庄利益和促进整个村庄建设的村干部。被选上的村委会干部也会考虑到自己是因为本村或者本宗族村民的支持而选举成功的，所以在平时的一些涉及利益方面的村务时也会优先考虑自己小集体的利益得失。在对村委会的评价中，村民们也表达了自己的不满，认为村委会存在不公平公正的现象，通过调查和数据分析（见图 6），只有 26.67% 的村民对村委会的工作持相对满意的态度。

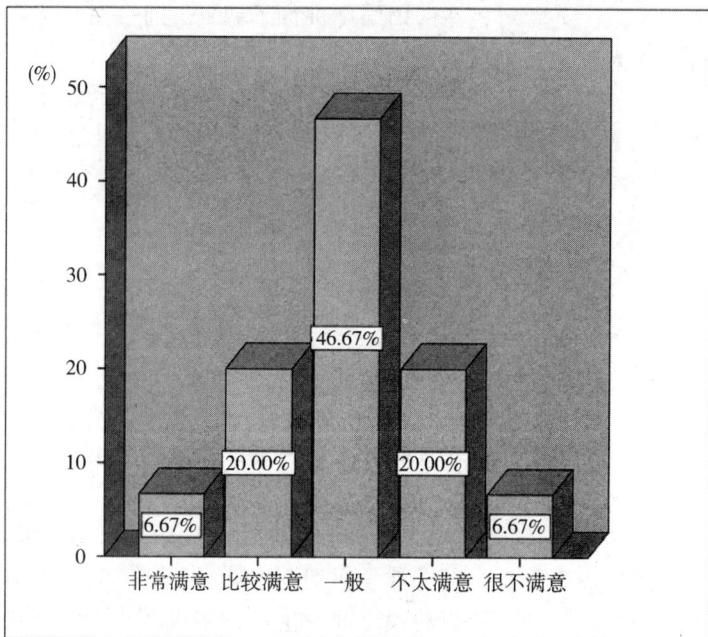

图 6　新勇村村民对村委会工作的评价

有学者也从全国层面反映了同样的状况：在最近两轮的村民委员会选举中，存在的突出问题就是在选举期间村庄内部大面积的"混乱"，贿选、暴力、威胁等不正当竞争手段在有些地区相当严重，使村民自治日益异化为少数人获得公共权益的手段，再加上没有很好形成对不良主体及其行为的制约，从而引发了农村新的不稳定因素。[①]

三 促进基层民主发展的措施

（一）深化对民主理念的认识，促进现代民主在基层的发展

民主理念经历了三个阶段或者层次的发展：第一是古典民主，即"多数人的统治"，解决的是国家和社会的关系问题，属于权力归属的政治制度层面；第二是近代民主，即"精英选拔机制"，解决的是精英与大众的关系问题，属于权力配置的政治体制层面；第三是现代民主，即"利益均衡机制"，解决的是资源和财富占有与分配的关系问题，属于权力运行的政治机制或者政策层面。[②]

市场经济在我国正逐步深入，包括广大的农村也受到了市场经济的强烈冲击。因为市场经济存在分工、交换和竞争，所以容易成了最终利益分配的不均衡，民主理念的提出正是为了更好的促进利益的均衡分配。随着农村经济的快速发展，利益冲突更加强烈，对政治上的民主的呼唤也更加强烈，尽管在民主选举等村民自治中我们已经取得了一定成绩，但是我们仍要进一步促进现代民主在基层的发展，更好的协调好民主选举之后的各种利益分配机制。

（二）肯定民主选举的积极作用，坚定基层民主的发展

虽然民主的程序正义并不一定能够带来民主结果的正义，但是并不是因此就否认了近年来基层民主特别是民主选举的作用。选举是民主运作的方式。在亨廷顿所谓的"第三波"中，他认为选举是"削弱和终结威权

[①] 于建嵘：《村民自治：价值和困境——兼论〈中华人民共和国村民委员会组织法〉的修改》，《学习与探索》，2010 年第 4 期。

[②] 徐勇：《民主：一种利益均衡的机制——深化对民主理念的认识》，《河北学刊》2008 年第 2 期。

政权的一种途径……第三波的教训是，选举不仅是民主的新生，也是独裁的死亡"①。中国尽管没有赶上所谓的"第三波民主"，但是中国的村民自治被认为可以归属于"第三波民主"政治。②虽然如前所述，民主选举并不一定带来最终的利益的公平与平等分配，但是至少能够保障在基层村庄中不会出现一权独大的现象和实现对权力的制约，要知道即使是那些在某些方面具有一定优势的派别，也必须通过对自己政策的宣传和使村民信服才能够获得支持，这就是所谓的不能够保证最优但是可以避免最差。再者笔者相信随着民主制度的完善和成熟，在不远的将来必定能够产生民主结果的正义。

（三）培养农民的公民意识，加强民主深度，促进中国农村公民社会的形成

在现代政治生活中，公民是一个积极的参与者，而不是被动的臣属者。就像阿尔蒙德描述的那样，民主政体里的公民是用"要求"的口吻来说话的，而政府官员必须回应公民的要求。③尽管在基层农村，不存在"政府"，而是由村民通过选举出来的村委会，但是无论是在选举的过程中还是日常村务的管理中都需要公民的积极主动的参与才能真正实现村民的自治。现代民族国家不仅要求其居民变成亚里士多德所说的政治人，还要求通过政治参与把社会各成员纳入政治过程中。④虽然近代意义上的民主产生于西方，与资产阶级有关，甚至摩尔提出过"没有资产阶级就没有民主"即"有了农民就没有民主"，把农民看做是民主的对立物。但是在中国，因为农民较之其他社会群体对于国家政权有着极强的独立性，所以农民是中国民主政治的一个主要动力，如果说中国的政治进程没有把农民包括在内，那么它就很难实现民主化的。通过民主的实践培养农民的民主精神和公民意识，使农民能够主动积极的参与，理性的掌握民主，不断提高民主的深度和水平。

在农村倡导公民社会的形成，不仅可以促进村民责任感的养成，更能

---

① 亨廷顿：《第三波——20 世纪后期民主化浪潮》，上海三联书店 1998 年版，第 213 页。
② 郑永年：《中国模式》，浙江人民出版社 2010 年版。
③ 张凤阳等：《政治哲学关键词》，江苏人民出版社 2006 年版，第 145 页。
④ 郑永年：《中国模式》，浙江人民出版社 2010 年版，第 196 页。

够帮助村民理性参与公共决策、政治监督等政治活动，还可以通过协商和妥协达成共识，化解农村社会的矛盾和纠纷，如此就可以用一种社会参与的方式而不是由政府按照既有的权力结构来推动新农村建设和资源的分配，也可以防止资源的习惯性渗透，避免权力的进一步固化，更有利于弥补农村社会中强势者与弱势者之间的裂痕。①

（四）促进村民自治四位一体的配套协调

村民自治包括民主选举、民主决策、民主管理和民主监督四个方面。民主选举只是其中的一个部分，只有加强对民主选举之后权力的进一步制衡和监督才能使得民主程序的正义和民主结果的正义相符合。一般来讲，在村庄经过民主选举出来的村干部都体现了一定的民意，但是这些村干部并不一定都具备民主的素质，当选之后也不一定能够完全按照村民的意愿和以村民的利益为出发点。因此即使是对民主选举出来的村干部也一定要对其权力进行监督和制衡，才能够避免民主选举程序的扭曲，保证民主选举的正义果实。普通民众从选举自己的领导人开始，不断培养民主的素质和习惯，最后过渡到选举更高的领导人。这是切实可行的民主路径。②

（五）引导民主规则成为乡村"习惯"，用民主规则改变乡村旧貌

在基层社会仍然存在着浓厚的乡村"习惯"，比如宗族的影响，乡村精英的影响等。民主选举虽然只是个人行为，最终的投票也只是个体完成，但是在这个过程中却受到了宗族、乡村精英等乡村"习惯"的影响，这些影响会改变个体的投票偏好和行为，阻碍村民个体的意愿表达和选择，这样的影响如果和整个村庄的利益相契合的时候就会起到正向的影响，但是在现实村庄中我们却看到这样的影响往往是负向的。如果用社会资本的模型来解释这一负向影响可能更加直观。在社会资本模型中，同一宗族、等级、群体或者具有本地共同体渊源的人们在广泛的日常接触中能够形成一种"机械团结"，但是由于此类群体一般具有社会同质性所以常

---

① 彭大鹏：《南农实验的背景、理论基础与展开式》. http：//www. chinareform. org. cn. /. （2010—06—28）。

② 徐勇：《利益与体制：民主选举背后的变数分析——以湖北省月村村治实验为例》，《华中师范大学学报》（人文社会科学版）1999 年第 3 期。

常带有封闭性和社会控制性。① 所以乡村"习惯"的利益选择路径往往以维护自己小群体的利益为主，特别是掌握一定资源和权力的时候就会损坏整个村庄的利益，进而影响民主的发展。所以在现阶段某些乡村"习惯"会改变民主规则的运行方式和实际绩效。但是乡村的一切"习惯"也是在不断演进着。当利益分化到一定的时候，利益结构就会转变。从这个角度上，我们需要做的就是进一步的在农村推进民主建设，进一步将民主的观念深入人心，打破传统乡村"习惯"的束缚，使人们形成真正能够体现自身意愿和民主价值的聚合体，使人们能够主动的分析和理性的看待村庄事务，避免受到不良因素的错误引导。可以说，当村民将按照现代民主程序和要求设计的以民主选举为首的村民自治成为一种乡村习惯时，中国的民主也就找到了最坚实可靠的基础了②

四　结语

社会主义民主政治是一个不断演进和发展的历史过程，而基层民主的发展就是这个民主政治大厦发展的基础，所以我国民主的基础是在基层，而重点也是在基层。只有基层民主发展牢固了整个大厦才能坚不可摧。在乡村，以民主选举为首的村民自治是基层民主的重要表现，进一步完善乡村选举是搞好基层民主的重要途径，而基层民主的完善将推动民主向着更高层次扩展，乡镇民主、县政民主都将不再是天方夜谭。

---

① ［英］肯尼思·纽顿：《社会资本与现代欧洲民主》，《社会资本与社会发展》2000 年。

② 于建嵘：《乡村选举：利益结构和习惯演进——岳村与南村的比较》，《华中师范大学学报》（人文社会科学版）2000 年第 5 期。

公民参与、政治民主与村民自治

——基于云南省墨江县联珠镇碧溪村调研报告①

一 问题的提出

著名政治学家约翰·杜威曾经指出：作为一种生活方式的民主，其要旨可以表现为必须让每一个成熟的公民参与价值标准的确定以调节人们的共同生活。……不获得民众的允诺，任何明智和能干的人或少数人集体都无法统治他们。……所有受制于社会管理体制的人都必须参与制定和管理这些社会体制。这就说明参与是制度获得合法性的非常有效的手段，作为我国当前基层政权的基本制度设计，村民自治制度也不例外。广义上理解参与我们可以视之为让人们以各种途径，努力影响政治过程。据此，人们已经找到了试图影响领导人的不同途径，并分辨出倾向于在正常情况下利用这些途径的不同公民。本文所采用的参与则是指在村一级的参与，虽然与国家层面的参与有很大的区别，但是在本质上是一样的，参与也是村民对村民自治的认可，对村干部"施政"的认可，缺乏必要的参与，村庄的政治是难以说村庄的制度设计已经融入到了村庄的生活当中，制度就还是死的制度，而制度只有成为村民的一种生活方式，制度成为活的制度，村民自治才能爆发出它的活力与生命力。

碧溪村隶属于墨江哈尼族自治县联珠镇地处联珠镇北边，距联珠镇政府所在地9公里，到联珠镇的道路为水泥路，交通方便。东邻元江县，南邻勇溪村，西邻者铁村，北邻克曼村。下辖那雷、养渔田等12个自然村，共29个村民小组。现有农户931户，有乡村人口3857人，其中农业人口3857人，劳动力2047人，其中从事第一产业人数1810人。全村国土面积9.00平方公里，海拔1410.00米，年平均气温12.80℃，年降水

---

① 作者：董建伟，华中师范大学政治学研究院中外政治制度专业2008级硕士研究生。

量 1200 毫米，适合种植水稻等农作物。全村耕地面积 3064 亩，人均耕地 0.8 亩，林地 1041 亩。由于村庄面积覆盖范围大，农户居住分散，从而对农户的出行形成了一定的阻碍。比如养鱼田的农户，不管是进县城，还是参加村里的任何会议，抑或是农忙耕作，都可以说的上是翻山越岭，费尽周折。以上是对村庄基本情况及关于政治参与的一些简单概括。

通过假期的调研，我们发现村庄的参与是不足的，一方面，村干部作为村庄整治的主要参与人，是村庄整治的主要参与者和决策者，同时也是这些决策的主要推动人。另一方面，村民并没有参与到村庄的决策当中，村民对村庄的政治是冷漠的，他们认为村庄是自己的村庄，而村委会是别人的，不是自己的自治组织。这就严重影响到了村委会相关决策的实施效果，一方面是村干部疲于公务，另一方面是村民对村干部不理解，对村庄事务漠不关心。这中间的"隔阂"就是参与，因为缺乏必要的参与，村庄的政治成为了一个分裂的政治，最终影响到了村民自治的质量和成效。所以，下文拟从村民自治的四个方面——民主选举、民主决策、民主管理、民主监督——四个方面，对村民自治中的参与状况进行分析。

二 公共参与的基本状况及探讨

（一）民主选举中的参与状况

民主选举中的参与主要是指村委会换届选举中的参与，这是村民参与村庄事务的主要渠道，参与的主要手段就是投票。在我们参与调研的 15 位农户之中，参与投票选举的有 14 户，主要的投票率是比较高的。同时我们也对村民参与投票的原因进行了调查，其中是村里要求去而参加选举的有 4 户；大家都去了自己也跟着去的有 2 户；履行我的权利和想选一个好的当家人的农户分别有 3 户和 4 户；一户因临时有事而没有参加，另外一户则是走过场，看个热闹。

通过对该村民主选举情况的统计我们发现，村民都有参与的热情并且有参与的行动，但是，这些参与并不是一种成熟意义上的政治参与，之所以不成熟，可以从以下几个方面来进行分析：首先，在村民参与选举的动机中，就不少村民仍然是被动的政治参与，比如参与选举是村里的要求，参加选举是一种"从众"行为，这些参与都是在别人的带动进行的，在这种情况下，做出的政治选择肯定不可能是深思熟虑的，也不一定是个人理性的体现。此外，在问及参加选举的原因时，有 3 户表示要履行自己的权利，4 户表示想选个好的当家人。还有，在问及如果有人向你拉票，你会采取何种方式时，15 户农户中有 11 户选择了不受影响，这些都反映了他们对于参与的渴望。一方面是"被动"的参与，另一方面则又很重视自己参与的权利，这种矛盾的背后，反映的是当前制度的困境，一方面村民有参与的渴望，另一方面制度由于不能充分调动和保证广大群众的权益，他们对参与又表现出一种冷漠，使制度只能成为一纸空文，而不能融入他们的生活。村民选举是基层民主的政治基础，它不仅决定着基层民主的深度，还决定着基层民主的广度。通过这次基层的调研，我们发现，在基层民主选举方面，选民的政治参与意识不够，而且，表现的很冷淡；干部队伍年龄构成、知识层次构成均有一种阶梯状态，学历普遍偏低，但是，随着大学生村官的积极涌入，这一局面也正在悄然改变；当然，村庄自身的政治架构也对基层民主的发展有着很大的推进或阻碍作用。所以，要使得基层民主朝着一个理想的状态迈进，个人觉得应该做好诸如政治体系的公开透明、政治制度的完善、程序的落实、村民政治参与意识的提高以及村民政治文化素质的整体进步等方面的工作。

（二）民主决策中的参与状况

在村民自治过程中，民主决策可以说占有相当重要的地位。从基层党政的决策角度来说，民主决策机制主要是指用于规范党政领导班子决策行为，通过预定的程序、规则和方式，确保决策能广泛吸取各方意见、集中各方智慧、符合本地区实际、反映事物发展规律的制度设计和程序安排。多年来，科学民主决策已经成为各级党委、政府治国理政的基本理念，并逐步形成一套制度。实践证明，村民自治中村委会的民主决策，有助于村干部在决策过程中真正走群众路线，减少甚至杜绝决策失误，所以能否实行民主决策可以说直接决定了村民民主自治的效果。但是，在实际政治生活中，村民民主自治在民主决策方面还存在着很多的缺陷。比如：决策制度不完善、决策权责不明确、决策监督机制不健全等。

在我们进行访谈的 15 户农户中，2009 年参加过村民会议的有 3 户，在会上提出意见的又有 1 户，最后，问及村里的事情由谁来进行决策时，回答村委会的有 10 户。通过这些数字我们不难发现，在民主决策的过程中，村民的参与是非常有限的。这也就说明，在该村日常生活的运行中，有两套系统，一是村一级的接纳上面的任务，然后由村委会若干人进行讨论，制订决策，最后向全村进行简单的由上至下的推行，这是村庄生活的"上层"系统。村庄运行还有一个下层系统，就是村民自己的生活，这两个系统在没有上级下派任务的时候，很可能是不发生任何关系的，而一旦发生关系，就是要村民完成某项任务，而村民对任务和任务的分配程序并不知情，这就导致村民对村干部工作的不配合，有时，我们会认为是村民不支持国家的政策，其实，是工作方式的问题，还可能是制度的问题，之所以会出问题，是参与的不足，参与的不足导致对国家政策的不理解，甚至还可能有对村干部的不信任，所以，要树立良好的乡村秩序，必须由发动村民民主决策过程中的参与为始，使村民融入到村庄的制度当中，从内心认可制度，村庄就会成为一个整体，构建乡村秩序也就不再是一件遥远的事情了。

（三）民主管理中的参与状况

推进农村管理民主，完善农村管理体制，为农民当家做主提供制度性平台，是社会主义新农村建设的政治保证，假期格式问题者就农村基层管理民主问题进行了调研。调研中，笔者发现，自实施村民自治以来，农村基层逐步形成了以民主选举、民主决策、民主管理、民主监督为主要内容的村民自治体系，农村管理民主的氛围也日渐浓厚。但管理民主仍处在起步阶段，所以也就不可避免存在一些不容忽视的问题与不足，这不仅与建设社会主义新农村的新形势、新任务不相适应，而且在一定程度上阻碍了农村经济社会的和谐发展。当然，这种现状是由多种综合因素共同导致的。现实政治生活中民主管理是村民自治的重要部分，在当前村民自治的运作过程当中，民主管理也是一个十分容易被疏忽的环节。本次调研，我们拟通过对村规民约的考察来考察村庄民主管理的状况。村规民约是村民之间的一种契约，起到规范乡村秩序的作用，村规民约调整的是村民之间的关系，所以村规民约的主体也应该是村民，但是在实际中又是怎么的一幅情形呢？在我们问及村规民约是由谁制定时，回答很杂乱，有的说是村干部还有的说是村民会议等，这就说明他们很多人都不清楚村规民约是如何产生的。当我们问及村规民约都有什么内容时，大多数人说的很相似，都是要守法等，他们对村规民约也不是很了解，对村规民约不是很了解，当然就谈不上说村规民约实施的有多好了。村规民约实施的不够好，自然在村民之间发生纠纷时，就想不起来用村规民约来调整村民之间的行为，而只能通过村干部来进行调节，从而使得村规民约就真的成了一幅摆设，对村委会的工作评价也就很一般了。

因此，村党组织、村民委员会要依据党的方针政策和国家的法律法规，组织全体村民结合实际讨论制定和完善村民自治章程、村规民约、村民会议和村民代表会议议事规则、财务管理制度等，明确规定村干部的职责、村民的权利和义务，村级各类组织的职责、工作程序及相互关系，明确提出对经济管理、社会治安、移风易俗、计划生育等方面的要求。用制度规范村干部和村民行为，增强村民自我管理、自我教育、自我服务的能力，增强干部群众的法制观念和依法办事能力。

（四）民主监督中的参与状况

村民自治是具有中国特色的社会主义政治制度，民主监督作为村民自治的重要环节，在推进中国特色的农村基层民主过程中具有重要价值。从一定意义上说，民主监督是为了防止个别利益危害整体利益，维护村庄正常治理秩序，实现有效的村务管理而对村庄公共权力实施的一种必不可少的调整和控制措施。然而，在村民自治的实际运作过程中，客观存在着民主监督相对滞后的现象，影响了村民自治的顺利展开，甚至危及农村社会的稳定。

民主监督是村民自治制度的有机组成部分，在该村的访谈中，我们得知，绝大多数村民都知道村务公开制度，在我们访谈的15户农户中，有15户说该村的村务、财务政务等都实施了公开，而采取的形式主要是在村务公开栏中公布。在问及公布的内容是否真实可靠时，村民的回答出现了分歧，有10户农户认为基本真实可靠，2户认为有一些水分，还有3户说不清，但是在我们的进一步询问中得知，认为基本真实可靠、认为有水分的以及说不清楚的也都是一种说不出的心里感觉，这反映的是他们对村委会、村干部信任度的怀疑，但是这一切又都止步于话语中，仅仅是在心里。总之对于村务公开的内容他们也是说不清。当问及他们对村务公开的看法时，有4户认为村务公开一般重要，而有11户认为村务公开非常重要，或比较重要，这又反映出了村民要求对村干部进行监督的渴望。这反映了三方面的问题：首先，村民在村务公开中发挥的作用是有限的，以至于他们对村务公开的内容也不能够确认是否真实可靠，回答村务公开内容有水分的村民甚至对村干部还有一定程度的不信任，村民之所以会表现出这样的差异，根本就是在民主监督的换届中，没有引入必要的村民参与。其次，问及村务公开是否有必要时，不少村民都说，很有必要，这样干部就不敢明目张胆的进行贪污了，或者至少表面账做的清楚了。最后，村务公开中引入村民参与还有一个非常重要的意义，就是引入参与，让村民认可村务公开的内容的同时，也是让村民认可村干部的工作，这在一定程度上也是在塑造村民自治的合法性。

浙江省武义县后陈村在当地政府的推动下建立了全国第一个村务监督委员会，构建了村务监督委员会制度，实现了村级民主监督的制度创新，受到了社会各界的广泛关注。从制度创新的实际绩效来看，村务监督委员会制度的实施给后陈村的和谐与发展带来了明显的积极效应，是一项有利于社会和谐与发展的正效应创新，也有助于我们的借鉴。当然，其也面临着一系列的问题与挑战，如村庄是一个熟人社会，特有的宗族链、人际圈和派系竞争势必影响村务监督委员会制度的运作，造成实际运作与制度的偏离。这一切又需要我们从实际的政治生活中总结经验，以进一步的完善与改进。

三　小结

卢梭在《社会契约论》一书中是以这样著名的话开始的："人是生而自由的，但却无所不在枷锁之中。自以为是其他一切的主人的人，反而比其他一切更是奴隶。这种变化是怎样形成的？我不清楚。是什么才使这种变化成为合法的呢？"卢梭以一种极端的方式表述了一个非常普遍的问题，就是制度如果不能够使人认可，就必然会成为一种束缚人的制度，而人作为人，是生而自由的，那么如何实现自由呢，这是卢梭思考的问题，通过几千年的发展，我们渐渐发现了使人自由的方法，就是参与，使人成为制度的一部分，使人认可制度，这样人就能获得自由。在村民自治中，这种自由就表现为一种认同，有了村民对基层村民自治制度的认同，他们就不会认为村民自治制度是对他们的一种束缚，这样他们就认为他们是自由的了。构建这种认同的很重要的一个手段就是参与。

通过以上的分析，我们知道，在该村当前的村民自治的运作过程当中，村民参与的程度是很不够的，所以村民始终把村委会当做是一级政府机关，而没有把村委会当做自己的自治组织，村民并不认可自己选举出来的村委会，这在一定程度上，不得不说是村民自治的悲哀。打破这种悲哀的最基本手段还是发挥村民的参与，培养村民对村民自治制度的认可。使村民的参与贯穿到村民自治的整个过程中，不仅要从始至终的贯穿，还要在深度上进行挖掘，使村民自治走进村民的生活，比如，在民主选举阶段，不仅仅是要让村民投票，还要让村民充分认识候选人，这样才能充分的行使选举的权利。在民主决策的过程中，村委会要适当的引入村民的监督，比如可以让村民旁听会议等。在民主监督环节，要充分发挥村民理财小组、村民监督小组等的作用，使这些组织真正起到监督村委会的作用，同时监督小组的成员也应该有别于村委会的成员，并且这些人员应该是村民信赖的人员。总之，通过一系列的具体的实施规范，把村民自治融入村民的生活，当村民把村民自治当作维护他们自己权益的制度时，乡村社会的稳定与和谐就会成为一件水到渠成的事情。

对"村民监督委员会制度"的探析

——以陕西省略阳县大院子村为个案研究[①]

大院子村坐落于陕西省略阳县硖口驿镇西南边陲,自 2002 年开始推广村民自治,并且根据《村组法》有关规定,结合党在农村的各项方针政策和本村实际情况,制订了《村规民约》、《计划生育公约》等规章制度,并且在实践中得到进一步的完善。在大院子村的各项政治制度中,村民监督委员会属于一个较新的事物,尽管时间较短,但它所起的成效明显,在这个原汁原味的山区小村庄催生着大的制度。

一 大院子村村民监督委员会制度形成的缘起

一种新事物的诞生,在其形成的逻辑背后必定有着显性或者潜在因素的支撑。据此,村民监督委员会这项制度在一个村庄的政治环境中从无到有,并且运行良好,这样一种发展态势并非偶然,而是由一种或者多种因素共同催生的。

大院子村村民监督委员会是在 2009 年七届一次村民代表大会选举产生的。命名为"村民代表监督委员会",在 2010 年七届二次会议上更名为"村民监督委员会。"本村村民监督委员会的产生是有其内在因素和外在动力共同形成的一种制度安排。

(一) 内在因素

自 1988 年《村民组织法》草案颁布以来,村两委的干部不再由上级任命,而是由村民选举产生,由此形成的"村两委"组织构架和村党支部领导下的村级事务由选举产生的村委会具体处理的治理方式。这种构架

---

① 作者:赵莎莎,华中师范大学政治学研究院政府经济学专业 2009 级硕士研究生。

和治理方式有其自身的作用，一是赋予村民选举村干部的权利，激发了村民的公民意识，村民的民主素质得到提高。二是对村干部的权利形成制约，并对村民办事形成一种良好的激励。三是在村两委的制度构架下，使得农村的经济发展、村级事务公开以及干群关系和谐等方面有了很大的改善。随着制度的逐步运行，诸多因素发生变化，多元化利益诉求的产生，现有制度愈显不足。

一是现有的"村两委"制度呈现出一种制度缺陷。随着国家对农村的逐步重视，对农村的治理也在逐步加强。村集体的力量逐步增强，干部掌握的权力资源愈来愈多，村民参与村内事务监督管理的意识不断增强，利益诉求愿望不断提升，但是相应的村民自治组织架构缺乏有效的监督制度。大院子村自实施村民自治以来，也在逐步完善相应制度。"村两委"原本是要按照村民的意愿办事的，但是在缺乏监督机制的状况下，"村两委"的权力大增，在原有的村两委架构下，监督人员是两位成员，也就是自己监督自己。这种监督机制很难收到实效，只是流于一种形式。正如孟德斯鸠所言"权力需要制约，绝对的权力导致绝对的腐败"。这样的监督机制缺乏一定的制度设计。

二是在现有的制度环境下的运行下出现一种"制度疲劳"。随着城市化的逐步推进，更多的村民愿意去城里务工，能去务工的都是在村里较为有头脑的村民，同时他们对村庄之事知之甚少。由于村民和村干部沟通减少，存在着信息不对称的情况，国家出台一些惠农政策难以真正入户，难以满足村民的利益诉求。在这种情况下，干群关系容易紧张，村民的政治认同感逐步降低，诸如一些"用脚投票"的情况，出现村民对村庄之事的"事不关己，高高挂起"的心态增强等现象。此时这种制度已经难以满足现有环境需求，也就是说现有的"村两委"制度出现了一种制度疲劳，也就是边际效率逐步下降，出现制度的"内卷化"。①

---

① 内卷化：内卷化一词源于美国人类学家吉尔茨（Chifford Geertz）《农业内卷化》（Agricultural Involution）。根据吉尔茨的定义，"内卷化"是指一种社会或文化模式在某一发展阶段达到一种确定的形式后，便停滞不前或无法转化为另一种高级模式的现象。黄宗智在《长江三角洲小农家庭与乡村发展》中，把内卷化这一概念用于中国经济发展与社会变迁的研究，他把通过在有限的土地上投入大量的劳动力来获得总产量增长的方式，即边际效益递减的方式，称为没有发展的增长即"内卷化"。

（二）外在动力

任何一项制度的安排的产生，都离不开政治精英的推动。Anton Steen 曾说过，"在一个制度缺乏或制度化程度低的社会里，精英之间所形成非正式的权力网络对于民主化来说就特别重要"。[1] 对于大院子村村民监督委员会的产生同样存在一种外在推力。即是乡村精英与政府官员之间的沟通与互动形成某种非正式的权力，为制度的产生提供一种制度动力。

陕西省从 2009 年开始在全省建立村民监督委员会，现已建成 27030 个，并将在 2010 年底前在陕西省所有村都将设立村民监督委员会，村民监督委员会将全面监督村务公开和村干部廉洁行为。目前为止，陕西省各地村民监督委员会共列席村"两委会"会议 106108 次，审核村务公开事项 82829 项，督促公开 14456 项，参与监督村级重大事项 44646 件，纠正不合理事项 5529 项。[2] 陕西省的村民监督委员会制度迈出了坚实的步伐，取得了可喜的成绩，但是这一制度的成熟与规范依旧任重而道远。略阳县峡口驿镇政府以健全和执行村民监督为重点，实现村级干部监督规范化。在村干部中重点推行村民监督委员会、承诺示廉、述职述廉、民主评廉四项制度。强化对村级干部的监督制约，规范村级事务决策权，实行村级两委会、党员大会、村民监督委员会会议和村民代表会议重大问题"四会"决策。规范村级"三资"处理使用权。在实践中，由于大院子村在村治方面一直在实践中探索，并且积累不少经验，取得不少成效，当地政府将大院子村作为首当其冲的试行点。大院子村村主任兼村书记姚远义作为乡村治理的政治精英，在多年村治实践探索的基础上进一步完善相关制度，他说"上至一个国家的治理需要一套完整的制度，下至一个乡村的治理也需要一套完整的制度，一套健全的制度是保障，而一个制度的执行者是保障的保障"。这一制度同时也是在得到当地政府肯定的基础上展开的，具有一定的合法性，也就是乡村精英与政府精英两者成为本项制度产生的一种外在动力。

大院子村村民监督委员会的产生是由内在需求因素和外在动力因素两

---

① Anton Steen, Between Past and Future: lites, Democracy and the State in Post - Communist - A Comparisons of Estania, Lativia and Lithuania. Ashgate Publishing I. t.. d, 1997, p. 16.

② 数据来源于 http://www. chinadaily. com. cn/dfpd/shax/2010 - 12/13/content_ 11695862. htm。

者促成的，正如林毅夫先生所言，他将制度变迁的模式分为两种，一种是自下而上的诱致性制度变迁，它受利益的驱使。诱致性变迁指："现行制度安排的变更或替代，或者是新制度安排的创造，它由个人或一群人，在响应获利机会时自发倡导、组织和实行。"[①] 另一种是自上而下的强制性制度变迁，它由国家强制推行。由政府命令和法律引入和实行。大院子村这一制度的产生既有其村治治理制度完善的内在需求的诱因，也有其政府的主导、安排，这两方面共同催生了一项新的制度安排的产生。

二　村民监督委员会的基本做法

村支书姚远义和其他村干部为了进一步完善村庄治理的相关制度，让各项事务在一个完善的制度中运行起来，让村干部的工作得到村民的满意和支持。他们在实践中积极探索适合本村实际的制度，并形成了一套村民监督委员会的基本做法。

（一）监委会主要成员

大院子村村民监督委员会是在 2009 年七届一次村民代表大会上选举产生的村民代表监督审计组，在后来 2010 年七届二次村民代表议政会上更名为村民监督委员会。监督委员会成员（如表 1 所示）都是非村干部之外的村民，所选村民代表都是由村民选举出来的。一是有一定的代表性；二是有较高的素质和条件；三是有威信，作风正派、办事公道；四是有一定的参政议政能力。同时，在选举中严格实行回避制度，村两委成员不得担任其成员。

大院子村村民监督委员会任职情况一览表

具体任职	人数	成员
监督委员会主任	1	唐明学
副主任	2	王正文、廖明海
成员	8	梁安成、杨平荣、李玉清、颜美华、李伟、唐凤吉、艾明良、李福秀

---

①　科斯等：《财产权利与制度变迁》，上海人民出版社 1991 年版，第 253、384 页。

（二） 制度安排

村民监督委员会在其职责要有其相应的工作职责。一是村民监督委员会在村党支部的领导下，依法开展对日常村务公开情况的监督。包括：财务收支、宅基地申报，计划生育指标安排，惠农政策的宣传和落实，民政救济物资评发，各项制度执行情况。二是对村两委决策进行监督。包括村基层组织建设、党务、村务公开、集体债务和集体资产处置，村两委成员及有关人员报酬补贴，公益事业建设，公共基建项目的投资方案，扶贫、代赈、救灾等专项资金的使用，村民认为应该公开的重大事项。三是对村民代表大会或村民会议的决定执行情况进行监督。村民监督委员会在其职责范围内依据上述制度做好自己的工作，不受村两委的制度约束。

（三） 相应的权利与其制约

村民监督委员会代表全体村民对本村村务实行全方位、全过程的监督。为了确保村民监督委员在实施监督中，提高针对性，避免盲目性，抓住主要问题，村民代表大会赋予村民监督委员会七项权利：一是参加村民会议，村民代表会议，列席村委会会议；二是收集整理村民对村民委员会工作的意见和建议，召开村民监督委员会工作的意见和建议，召开村民监督委员会会议，研究村务监督工作。三是向村民委员会提交村民意见以及改进工作的建议，对符合实际情况的建议，督促村委会予以采纳。四是对村民提出或反映的问题及时给予回复。对反映属实的，应在十日之内反馈所采取的措施。五是对村民委员会不按法定程序和民主议事规则擅自作出的决定，应该予以制止，必要时可召集村民代表会议对相关问题进行质询。村委会无正当理由拒不执行的，可按照程序向乡镇党委、政府和纪委反映。六是开展对村委会财务收支情况的半年和年度审计，对村务事务的半年和年度审计以及村民要求其他应该审计事项的审计，并将审计结果向村民代表大会或村民会议报告。七是依法可行使的其他权利。

当然上述权利并非没有约束机制，权利并不是无尽的，正所谓没有约束的自由，并不称其为自由，同样没有约束的权利，并不称其为权利。大院子村村民监督委员会有其运行权利，同样有其工作规则和监督制约：一是村民监督委员会按照职责权限正确履行监督责任，不参与具体村务的决策和管理。二是村民监督委员会内部实行民主管理，监督事项坚持集体研究，经过多数成员讨论通过后方可执行，防止个人或少数人说了算，形成监督偏差位移。三是村民监督委员会每年向村民代表大会报告一次工作，同时由村民代表和村民监督委员会成员进行信任度测评，信任票达不到参会人数过半的，应责令其辞职。四是村民监督委员会在日常监督工作中，严格按照实事求是的原则，不断总结经验，确保规范有序开展工作。

制度的设计只是在一段时间或者特定环境下能够达到自身的作用，然而制度终归有其自身的不足，不能够尽善尽美，没有约束的制度会被钻了"制度的空子"，没有约束的制度之下的权利会被滥用。然而如何让其在合法轨道上运作，就需要相应的制度加以约束。也就是一定的制度需要相应的制度加以制衡，以其保证这一制度规范化、正常化地阳光运作。大院子村村民监督委员会对于"村两委"的事务进行监督，而其这一制度本身也有其一定的约束，是基于一种民主基础上的制约。

三 制度成效

（一）制度有创新，监督范围有拓展

大院子村作为略阳县硖口驿镇的村民监督委员会试点村，经过各方努力取得不少实效。随着制度的不断完善，监委会制度正在逐步发挥效力。村民监督委员会的建立，创新了村级监督的体制，村务监督拓展了监督的范围，这种监督不是事后的监督，而是事前、事中、事后的一个全过程的监督，让群众参与到监督的过程中来；这种监督不再是单纯的财务监督而是拓展到更广的领域。这样更进一步完善了村民自治管理的组织架构，加强了农村党风廉政建设，构建一种农民管理村庄事务的话语权，形成了村民权利的自我保障机制，更进一步扩大了基层民主的范围和基础。

（二）加强干群沟通，密切干群关系

村民监督委员会的建立，让群众更有话语权，参与到村庄的事务中来，对于一些重大事情拥有知情权、决策权、管理权和监督权，这样不仅使得村庄事务更具透明度，在阳光下运行，同时也加强了干部与群众之间的交流，有效防止了村干部滥用权力，逐渐改变了村民以往对村干部"总是为私"的观念。以前村干部做事总是不能放开手脚，想干又怕说闲话，不干又不行，进退维谷。在建立了村民监督委员会之后，监委会替群

众"守岗",让群众放心,并且减轻了群众反映问题、意见时怕得罪人的思想,"事不关己,高高挂起"的心态在一定程度上被扭转,进一步增强农民的公民意识,监委会成员是村民代表,不拿国家工资,也就不受他人的约束,可以知无不言,言无不尽,客观反映群众意见,同时村干部的各项活动得到监督和证明,各种难以说清的事情都能够被讲清,使村民得到一个明白,也还村干部一个清白,从而真正建立一个和谐的干群关系。村务监督委员会的建立使得一切事物都在制度内运行,监督有了保证,群众对干部工作信任度在逐步增加。

（三）完善村级民主监督体系

一定的权力需要对应的权力加以制约,但是在 1988 年修订颁布的《中华人民共和国村民委员会组织法》,尽管规定了村民委员会实行民主选举、民主决策、民主管理。民主监督的原则,但是缺乏建立一个与"村两委"相对应的组织监督机构,而以往所成立的一些监督组织,如村民理财小组、村务公开小组、村民议事小组等,这些机构都是在"村两委"的领导下工作的,一些村干部也身兼这些机构的成员,即自己监督自己,干部一言堂,反映意见一个声音,村务监督走过场等情况屡见不鲜,这样使得村民自治难以达到真正效果。而村民监督委员会的建立在一定程度上弥补了原来制度设计的缺陷,让"村两委"的活动规范化,在阳光下运行,增加透明度,从而增强和扩大了农村基层民主的基础建设和治理路径。总而言之,村民监督委员会制度填补和规范了农村基层民主监督的空白,弥补了当前农村基层民主监督体系上的缺陷。随着这一制度在实践中的不断推广和经验总结,村级民主监督体系也将得到进一步的完善。

四　结语

村民监督委员会在村治方面取得的成效是肯定的,但是村民监督委员会这一制度在村民自治方面属于新生事物,犹如新生儿,其成长、成熟需要一个过程,在这个过程中需要进行不断地反复检验。从这一制度整体运行情况来看,尚存在一些不足,如名称不统一(有"村务监督委员会"、"农村民主管理监督委员会"以及"村民监督委员会"等名称);法律依据不足，缺乏法律的逻辑性和强制力；制度设计不完善等诸多问题。然而农村问题又是复杂的，其村庄治理亦是艰难的，这一现实固然对村民监督委员会制度提出更高的要求，即欲建立规范的村民监督委员会制度，并非一蹴而就之事，需要付出艰辛的劳动，作出艰苦的努力。总之，这一事业任重而道远。

文化与教育

农村文化建设中不同群体性间的文化失衡分析

——以山东省北禾村为研究个案[①]

农村文化建设是新农村建设中的重要一环。但是当前农村文化发展的步伐还不快，各地发展也不平衡。因此，了解当前农村的文化生活，获悉百姓对农村文化建设的需求，发现农村文化中出现的问题与不足，从而深刻认清农村文化生活的现状，是建设农村和谐文化的重要前提。当前农村文化建设的现状，我们不能简单用"农村文化缺乏"来大体概括。笔者为确切了解当前农村文化现状而对山东省邹平县西董镇北禾村展开了田野调查。

一 北禾村：个案背景

北禾村所属邹平县位于山东省中部，隶属于滨州市，东接淄博，西邻济南，南依胶济铁路，北濒黄河，济青高速公路横穿县境。邹平县最早可追溯至西汉，是历史上有名的齐鲁上九县之一。至 2008 年末，全县有 199690 户，总人口 725266 人。现在全县辖 13 镇 3 个街道办事处，858 个行政村，一个省级开发区，面积 1251.75 平方公里。邹平县地形多样，山地、丘陵、平原、湿地呈梯次分布，集中体现了中国北方的典型地貌。

北禾村全村面积为 0.78 平方公里，地处西董镇的北部平原地区，村内全是旱地，没有水田，是西董镇四个全是平原地貌的村庄之一。共有耕地面积 600 亩，人均耕地面积为 0.6 亩。北禾村属于自然村，下辖 10 个村民小组。全村共有农户 272 户，总人口 998 人，户均人口 3.7 人。其中男性人口 520 人，女性人口 478 人。2009 年共出生人口 13 人，其中男性人口 6 人，女性人口 7 人。新出生人口中男女性别比为 1∶1.17。2009 年，

---

① 作者：张金平，华中师范大学政治学研究院中外政治制度专业 2009 级硕士研究生。

死亡人数为 3 人。2009 年全村经济总收入 10 万元,农民人均纯收入 7800 元。农民收入主要以种植、个体经营为主。北禾村是一个城市化色彩比较浓厚的村庄。

二 群体差异与供给不足:北禾村文化现状

笔者在调查过程中,主要对北禾村村民各自的文化生活方式,是否对文化有需求,对当前农村文化建设的满意度如何这三个方面进行分析,明显的呈现出群体需求的差异和文化设施与物品的供给不足。

(一) 主要的文化活动形式

在调查中,我们发现一个新奇的现象,就是农村中不同群体之间的文化生活状况存在失衡。具体来讲,不同年龄段群体间的文化生活呈现沙漏形结构的特点,即处于上下两端的青年人和老年人的文化生活较为丰富,而处于中间年龄阶段的中年人,他们的文化生活方式较为单一。

青年人文化活动形式主要有打牌、看电视、上网、看书。其中,前三种文化形式所占的比例非常大,只有很少一部分青年谈到读书这种文化活动,并且他们看书的频次也远远小于前面三种文化形式。在打牌活动中,只有很少一部分人只是单纯地娱乐而已,绝大多数都是涉及钱财,带有赌博的性质。在看电视时,青年人主要关注一些当地的新闻、娱乐节目,上网更是以玩游戏为主。读书方面,他们选择读书的种类也都仅限于适合自己口味的小说,比如武侠小说、言情小说,只有一小部分青年人读过技能培训之类的书籍。由此可以看出,青年人的文化生活主要以娱乐和消遣为目的,文化学习方面的活动较少。

中年人的文化活动相对较少。他们所进行的文化活动主要有看电视、看戏、看电影。看戏是中年人比较喜欢的文化活动,但是村里组织戏曲的次数由于资金缘故毕竟有限,绝大多数村庄一年内只能为村民提供一到两场戏剧。另外,随着近几年国家倡导的农村"三下乡"政策的实施,各个农村都定期在村中免费放电影,但是,由于家家户户都有电视,电影形式以及电影内容都已经对村民们失去了原有的吸引力,这就导致了每次放电影"门前冷落车马稀"的尴尬局面。由于上述缘故,中年人唯一主要的娱乐方式就是在家里看电视。他们所关注的电视节目也都是和农民生活比较贴近的内容，比如当地电视台的新闻、有关百姓题材的电视剧等。值得注意的是，他们特别关注国家在农村问题上和学生教育问题上的具体政策，对农村的补助和优惠政策、子女教育的改革问题等更是关注，因为这些都是和他们日常生活息息相关的事情。然而，他们看电视的时间非常有限，绝大多数中年人只是在吃饭时或者吃饭后的一小段时间内看电视。因为中年人白天都外出打工，晚上是他们主要的休闲时间，但是他们并不把所有的闲暇时间都用在看电视上，而是看一段电视之后就立即睡觉。他们认为，在外面工作累了一天，与其看电视放松倒不如早点睡觉歇息。这使得中年人原本单一的文化生活方式变得更加稀少。

老年人的文化生活较为丰富。他们的文化活动形式主要有参加基督教活动、打门球、搓麻将、下象棋等。在我们所调查的村庄中，基督教流行甚广，信教人数非常庞大，其中主要成员为农村中的老年妇女们，其中也有部分男性。这些信徒每周都会有定期的活动。根据我们调查，他们每周都会有三次学唱《赞美诗》活动，到周末的时候他们会聚集到附近村庄的教堂内专门接受讲道。并且在每个月的最后一天还会定期举行例会，主要内容就是来自各村的信徒们聚到一起联欢交流。除了信教这种活动，村里的老年人还都喜欢打门球、搓麻将等活动。并且，在与乡镇干部的访谈中，笔者了解到，镇里几乎每个村庄都专门为老年人建立了门球场、老年文化活动室等。这使得他们走出家庭，走向公共场合来锻炼身体，享受生活。

（二）对文化的需求与否

总体而言，各群体都不同程度的存在对公共文化活动的需求。

青年人对公共文化具有一定的需求，他们认为，村中和镇上几乎没有适合他们娱乐休闲的公共基础设施，唯一的一种就是篮球场，并且一个村庄中只有一个，这很难满足他们的需要。他们渴望有属于他们自己的文化活动设施，比如像学校里面的健身设施、乒乓球台等。也有少部分人提出渴望村镇能够建立农民技术学校、培训班、图书室等基础文化设施，以方便他们提高技能，增加各方面的知识。他们认为正是类似于上述基础文化设施缺少的缘故，他们之中的大部分会把时间消遣在无聊的打牌、上网之中。另外，他们也很想村镇能够定期组织一些适合他们的公共活动，比如定期举行篮球邀请赛、青年才艺展示等活动以丰富他们的精神生活。

中年人对文化需求最为强烈，主要体现为对看戏、组织公共活动等方面的需求。在调查中，不少村民告诉我们，他们十分想看戏，也十分想参加村里组织的一些群体性公共活动。他们记得，以前经济没有好转的时候，村民们经常能够看到戏剧，村里有专门修建的戏台，每当听到有戏曲演出的消息后，家家户户的村民包括老人、小孩都早早带着马扎赶到戏场，希望能找到合适的看戏位置。回忆起那个时候的热闹场景，村民们至今滔滔不绝，并且心生向往。至于公共文化活动，村民们也十分渴求。不少中年人认为，随着经济的发展、家庭生活的提高，人们都只专注于自己的事情，都在为自己的生活奔波，因而忽视了大家的集体生活。他们渴望原本热闹、痛快的集体生活，希望从公共活动中得到精神上的满足。

老年人，相对而言，对于公共文化活动需求的较少。这与当前他们所拥有的文化基础设施、文化活动内容相对丰富有关。当问到他们是否还对公共文化生活有所要求时，他们希望村镇能够多开展一些适合老年人的文体活动，使他们的文化生活更为丰富，精神生活更为充足。

（三）对当前农村文化建设的满意度如何

在三类群体中，对农村文化建设满意度最低的是中年群体。青年人和老年人大多持中性色彩，他们大多数给予的评价就是还可以，但是仍然希望政府加强建设。这也正符合本文刚开始提出的沙漏形结构的特点。正由于中年人的文化活动方式最为单一和缺乏，他们对当前文化建设的满意度也最低，大多数的中年人普遍认为，近几年村镇始终未曾进行过文化建设。

总而言之，从调查来看，当前农村文化建设处于相对复杂的局面。不同年龄段的群体之间的文化生活存在失衡，包括所拥有的文化资源方面的失衡，对文化需求方面的失衡以及对文化建设满意度的失衡等。其中，中年人的文化生活最为贫乏，生活方式较为单调，他们感受不到政府、社会和集体对他们的关怀，因而生活的幸福感也最低。

三　主体缺失与资本流失：北禾村文化现状的原因分析

笔者通过调研的经验积累，认为造成北禾村农村文化生活现状的原因主要是农村文化建设的两个主体在意识和主动性上的缺失，即农村不同群体和政府两个文化建构与培育主体的缺失，同时农村社会资本，尤其是传统社会资本的流失很大程度上将农村文化需求和建设深度弱化。具体包括以下几个原因：

（一）群体间不同的经济压力感受

青年人，在经济方面的生活压力相对较小。他们从事的职业大多为就近在附近或者外出打工，从事较为低级的劳力工作，但是他们所挣得的工资能够维持相对不错的生活水平。这是由于一方面，家中还没有小孩，或者自己的小孩年龄相对较小，教育花费并不多；另一方面，上面的父母还都相对年轻，都还有独立生活的能力，也不需要他们赡养照顾，这就为他们节省了大量赡养费用。他们在经济上没有特别沉重的负担，不必整日为如何提高技能以增加工资而留心学习，理所当然地将大量的闲暇时间用于打牌、上网等无聊活动上。

中年人，经济压力较大。他们的经济收入微薄，并且收入主要用于两个方面，一是孩子的教育费用（他们家中大多都有上高中或大学的学生），仅学生教育支出这一项，就会使得他们生活相当拮据。二是医疗费用，虽然农村推行了"新农合"政策，但是看病难、拿药贵的难题依然困扰着他们。这两方面使得本不富裕的家庭更加显得经济窘迫，也被农民自身看做是压在他们身上的两座大山。由于为生计所迫，他们必须争分夺秒地赶时间，千方百计地多挣钱，这就使得他们闲暇时间相对较少。并且仅有的空闲时间也都用在了自身休息上面，为明天的工作积蓄体力。因此，在很大程度上来讲，他们因为经济压力而无暇顾及自身的娱乐生活。但这并不代表不存在娱乐需求，外在的压力和内在的需求使他们感觉不到生活的幸福。

老年人，在经济方面已经没有供养子女的压力。他们大都已经丧失了劳动能力，由家中的子女负责赡养。经济方面的无忧，使他们有充足的闲暇时间。如何消遣这些时间，老年人很自然地聚到了公共场合，参加些娱乐身心的文体活动。并且，随着农村生活条件的改善，越来越多的老年人逐渐有了健康和养生意识，这也使得他们积极地锻炼身体，参加公共活动。

（二）各群体对自身的主体定位不同

从上述现状可以看到，大多数村民对公共文化活动是有非常大的需求的。尤其对于中年人来说，他们的文化生活缺失最严重，他们对文化的需求也最为迫切，按照常理，他们因此也应该是对组织活动最为支持、对公共活动的参加最为积极的群体。然而，当问及他们是否愿意自己主动组织公共文化活动时，大部分中年人和青年人都作否定的回答。他们认为组织公共活动本就是村镇领导的事情，如果村镇领导不关注，单纯凭他们自行组织是非常困难的，因此他们丝毫没有兴趣也没有信心自行组织公共文化活动。主体地位的观念缺失，造成了他们主观需求与消极参与的失衡。

青年人认为，他们在村中的地位毕竟还处于次要地位，相对于中年人，他们还没有足够的话语权。组织公共活动这样的大事情，还轮不到他们来指指点点。这是中国人的传统，尤其是乡村农民的传统。无论社会如何变迁，家中应有的尊卑不会改变。梁漱溟早就说过，"中国是伦理本位的社会"，① 而伦理，首推子女对父母的尊敬。因此，村中的事情，青年人是很少有机会能够插得上手的。即使他们出于自身的考虑，想自己做点事情，但是由于青年群体自身存在的特殊喜好的原因，也使得他们组织的活动得不到村民们的支持，导致最终不欢而散。这样，作为后辈人，他们很知趣地退到一边，等待着被动地参与。

中年人，由于历史方面的原因，他们的思维依然停留在官民有别的层面上。他们始终处于一种被动的地位，没有主人翁的意识，缺少自行组织活动的热情和积极性。如果村里有一些公共文化设施，他们也许会利用，有一些公共文化活动，他们也许会参与。但是要让他们发挥主人的地位，自行组织公共文化活动，这是非常困难的。这也印证了梁漱溟先生曾说过的话，"乡镇地方之事，由地方官以命令行之，大家听从没有话说；或由一二领导做主，亦可行得通"。② 村民们只有在村镇领导的带领下，才能积极参与和组织活动。

老年人，由于文化活动相对丰富，对文化建设也比较满意，因此谈不上对自行组织公共活动有多大的需求和热情，甚至没有什么需要。更谈不上他们把自己当做主人来自行组织活动，他们只管利用好现行的基础设施，仅此而已。

---

① 梁漱溟：《中国文化要义》，上海人民出版社 2005 年版，第 70 页。

② 同上书，第 61 页。

（三）政府对农村文化建设的忽视

在现代化发展进程中，经济发展是整个国家自上而下的追求，寻求经济发展，追求 GDP 指标，成为国家一定时期的政策重心。在这种经济建设中心化的环境下，各级政府自上而下形成一种压力型体制关系，上级政府对下级政府的考核多重于经济发展指标，以至于对农村文化建设不够。[①]　并且，由于文化建设投资大、短时期内难以取得实效，因此，当地政府一直对文化建设不够重视。"重经济、轻文化"成为地方政府领导的工作思路。

在调查中，我们问到村镇的领导，他们几乎没有文化建设的概念，其中有的村支书，甚至告诉我们，经济发展就是他们的唯一任务。因此，他们不会把钱用到兴建文化基础设施当中，并且有的村镇本来财政就非常吃紧，对这些地方的领导来讲，投资文化建设、解决村民娱乐生活，几乎是很可笑的事情。他们所了解的文化建设概念只是表面宣传的字眼而已。因此，无论是镇一级的图书馆、文化站，还是乡村的文化活动室，都是有名无实。虚设化的这些硬件设施，只是被看做应付上级检查的门面工程。

工作思路上的原因，使得村镇不重视文化建设，因此也就不会关注百姓的文化生活现状，更不会关注不同年龄段群体间的不同需求。同样也不会修建更多的文化基础设施来满足不同群体对文化生活的需求。

由此看来，对文化建设的忽视是造成上述群体间文化失衡的一个重要原因，并且这种忽视会继续拉大不同群体间存在的失衡，农村文化的沙漏形结构也会变得越来越畸形。

（四）农村社会资本的流失

农村社会资本的流失，使得农村公共活动的组织面临"集体困境"，从而使各群体间自行组织公共活动的热情减退，丧失积极性。

随着农村经济的发展，村民之间的经济意识、利益意识逐渐加强，这使村民之间失去了原有的信任和互惠的意识，以至于出现人与人之间的"原子化"和"隔离化"现象，从而导致农村社会发展过程的"空心化"。正如阎云翔在《私人的变革中》所指出的那样："在残存的传统文

[①]　吴理财、夏国锋：《农民的文化生活：兴衰与重建》，《中国农村观察》2007 年第 2 期，第 66 页。

化与激进社会主义及国际资本主义的交互作用下，农民出现了一种极端实用的个人主义。"[①] 这种个人主义 "在摆脱了传统理论束缚之后往往表现出一种极端功利化的自我中心取向，在一味伸张个人权利的同时拒绝履行自己的义务，自依靠他人支持的情况下满足自己的物质欲望"。[②] 在调查中，村民普遍觉得当今的农村已经失去了原有的信任和亲善的特点，每个人都变得自私和势利。社会资本的流失使得他们只专注于自己的事情和利益，组织公共活动因而变得非常困难。

在这种互不信任、人心不古的背景下，村民们失去了往日的自愿参与和组织文化活动的热情。中年人是对文化的需求最大的群体，但同时也是感受到这种因农村变迁而导致的社会资本流失最为深刻的群体。他们见证了改革开放后农村取得的巨大成就，但也深刻体会到了由于经济增长而导致的村民间利益充斥的变化。他们既是经济上的受益者，同时也是文化生活上的受害者。他们是处境最为尴尬的一个群体。

农村资本的流失既是公共活动难以组织、文化活动缺乏的原因，同时又是文化活动缺乏造成的后果，这两者之间形成的恶性循环应该值得重视。

四　政府重视与主体重塑：解决的路径思考

群体间的文化生活存在失衡，尤其是中年人得到的文化关怀最少，处境最坏。这些都是与和谐社会的目标背道而驰的，同时也是新农村建设中必须要解决的重大问题。农村文化的建设更应是新农村建设中的重要一环。那么，如何有效解决当前农村中出现的这种失衡问题，行之有效地推动新农村文化建设？笔者认为要通过政府和村民自身这两方面来解决上述问题，具体说来就是，"以转变思路为基础，以区别对待为关键，以以人为本为核心"。

（一）政府要转变工作思路，重视对农村的文化建设

政府应该注重新农村建设中的文化建设。村镇领导应该转变单纯追求经济绩效的思路，认识到农村文化建设在新农村建设中的重要作用，关注

---

① 阎云翔：《私人生活的变革》，上海书店 2006 年版，第 259 页。
② 同上书，第 5 页。

村民日益增长的文化生活要求，这样才有可能关注到农村中不同群体各自的文化生活需求。政府应该积极推进新农村文化建设，一是加大对农村文化建设的投资。二是加强对农村文化设施的建设，比如，农民技术学校／培训班，文化活动室、图书室、青少年活动中心等。三是加大对农村文化活动的组织力度。

只有政府的重视和积极组织，村民们才能够享受到诸多的文化设施，积极的参与文化活动，感受到政府对他们的文化关怀。

（二）要注重不同群体间需求的差异性特点，区别对待

村镇领导应该重视不同年龄段群体间存在的这种沙漏形结构特点，要根据这种差异区别对待，解决好不同群体间文化的结构性失衡。

对青年人，村镇有引导他们向高雅、健康生活方式转变的需要。要改变青年人庸俗的生活方式，提倡他们多关注和进行有利于自身发展的文化活动。比如，可以定期组织他们进行技术培训、开展技术培训班以优化他们的自身技能；并定期举行青年技能竞赛，并给予物质奖励以激发他们的积极性。可以派请专业人士给青年讲解网络知识，使他们远离庸俗的电子游戏，而充分地利用网络来学习技能。

对中年人，村镇有引导他们组织公共生活，参加公共活动的潜力。中年人文化生活处于最弱状态，他们的幸福感也最差，因而应该特别注重适合于中年人群体的文化生活建设。村镇政府在新文化建设中，应该积极组织公共活动，创造公共条件，让民众多参与集体生活，感受到其中的充实和乐趣。使其对文化活动的需求得到满足。另外，由于上述在调查中提到的中年人经济压力较大的原因，在组织公共活动时，可以适当给予物质奖励。总之，就是让中年群体感受到政府的人文关怀和集体关怀。

对老年人，村镇有提升他们幸福质量、丰富文化活动的空间。老年人的文化生活不应仅仅体现在其锻炼身体、消遣时间方面的充足，更应该体现在他们的精神生活层面的满足。比如可以组建老年协会、老年文艺宣传队，使他们的文化生活更为丰富，身心更健康。

值得一提的是，在调查中，无论是镇上还是乡村都存在着一个突出的问题，就是财政短缺。在有限的资源分配前提下，投入过多的财力去推行文化建设也是不现实的和有困难的。针对这个现实的问题，笔者认为，农村文化建设的重点在于中青年群体，应该把有限的文化建设的资金重点向

中青年倾斜，搞好适合他们的文化建设。随着中央对老年人生活的重视，各乡村都很好贯彻了中央的政策，为老年人修建了大量的基础设施，给予了老年人的极大关怀。从这个角度讲，老年人切切实实得到了社会的关注和关怀。相对于其他群体而言，老年人的文化、生活等各方面都要幸福得多，因此，目前关键是重点针对中青年的需求，来推进文化建设。

（三）培养农民的主体意识

仅有政府的重视和支持是不够的，关键是培养农民自身的主体意识，做到以人为本。村民是新农村建设的主体，新农村建设的最终目的也是为了实现村民的全面发展，让村民过上富裕、和谐、健康、幸福的生活。因此，发展农村的文化建设离不开村民自身的主动参与和热情组织，只有他们把自己当做主人，积极投身文化建设，才可以说新农村的文化建设是成功的，方法是正确的。为此，应该注重培养村民们的主体意识。具体说来，在农村公共文化建设中，应该充分发挥农民作为主体的主观能动性，增强农民的主人翁意识，使农民的话语权得到有效表达，以达到使农民成为公共文化建设的主体和最终受益者的目的。[1] 同时这也要求政府和村镇领导应该尊重农民的主体地位，并创造条件和氛围如通过提供教育、宣传政策、普及法律等措施让农民切实认识和感受到自己的主人翁地位。

参考文献：

［1］费孝通：《乡土中国 生育制度》，北京大学出版社 1998 年版。

［2］梁漱溟：《中国文化要义》，上海人民出版社 2005 年版。

［3］阎云翔：《私人生活的变革》，上海书店 2006 年版。

［4］钱穆：《中国文化史论》，商务印书馆 1994 年版。

［5］吴理财、夏国锋：《农民的文化生活：兴衰与重建》，《中国农村观察》2007 年第 2 期。

［6］吴理财：《非均等化的农村文化服务及其改进对策》，《华中师范大学学报》2008 年第 3 期。

［7］潘泽泉、卞冬梅：《我国农村社区公共文化的缺失与重建》，《郑州航空工业管理学院学报》2008 年第 4 期。

---

① 潘泽泉、卞冬梅：《我国农村社区公共文化的缺失与重建》，《郑州航空工业管理学院学报》2008 年第 4 期，第 26 页。

农村公共文化服务问题探析

——以山东省金乡县为例[①]

十六届五中全会提出了新农村建设的二十字方针即："生产发展、生活宽裕、乡风文明、村容整洁、管理民主"，分别从物质基础、体制保证和文化保障上系统地反映了建设社会主义新农村的目标。其中"乡风文明"就是要求在新农村进行精神文明建设，形成良好的精神风尚。而这一目标的实现必然要加强农村的公共文化服务，既彰显农村文化丰厚的内涵，又促进社会的和谐发展，是新农村建设的根本内容和重要前提。但目前新农村建设开展中文化建设处于弱势地位，农村公共文化服务式微，在新农村建设中的保障作用和推动力量有限，农村文化的优势尚未显现。

一 农村公共文化服务现状及问题

农村文化是在一定经济条件下形成的，以农民的基本生活、生产方式为基础、以农民为载体的文化。即具有文化的共性，又因地域的差异而具有相应的特殊性。这种特殊性决定了农村文化具有多样性和群众性。此外，村庄的公共文化活动反映了当地的风土人情、习俗观念和伦理价值，是丰富农民文化生活，塑造村庄文化认同的重要手段，是村庄公共文化的主要表现形式。但目前，农村公共文化服务的供需失衡使得维系村庄内部的凝聚力和价值认同的传统公共文化活动已经日趋减少，公共文化活动日渐衰落。

（一）公共文化服务供给不足

农民公共文化需求长期得不到满足、公共文化生活缺失的根源在于公

① 作者：郭生纺，华中师范大学管理学院行政管理专业 2008 级硕士研究生。

共文化服务的供给严重不足。首先是公共文化产品的供给不足。在对金乡县的鱼山镇、马庙镇、羊山镇的抽样调查中发现，有 52.9% 的村庄没有任何公共文化设施。乡镇公共文化设施的辐射范围有限，75.7% 的农民没有使用过乡镇的公共文化设施（如表 1 所示）。一方面因为乡镇文化设施仅有少数体育器材，且多在乡政府院内，不方便使用；另一方面距离乡镇较远，使用成本较高。因而，农民对当地公共文化设施满意度不高（如表 2 所示）。

表 1 对乡镇公共文化设施的使用情况

	比率	百分比	有效百分比	累积百分比
很多	1	0.7	0.7	0.7
比较多	1	0.7	0.7	1.4
一般	14	10.0	10.1	11.5
不是很多	16	11.4	11.5	23.0
没有使用过	106	75.7	76.3	93.3
总人数	139	99.3	100.0	

表 2 对公共文化设施的满意度

	比率	百分比	有效百分比	累积百分比
非常满意	3	2.1	2.2	2.2
比较满意	8	5.7	5.9	8.1
一般	48	34.3	35.6	43.7
不太满意	37	26.4	27.4	71.1
很不满意	39	27.9	28.9	100.0
总人数	135	96.4	100.0	

其次，公共文化服务的供给形式单一。县乡政府对农村进行的文化扶植，多以文化下乡演出的形式出现，活动每年 1—2 次。但由于其频率低、次数少，对村庄长远发展的作用有限。再次，政府并未对农民自发组织的

活动提供相应的指导，服务缺位。以寻坊村秧歌队为例：由于村庄文化活动的季节性，秧歌队只有在农闲时节才进行，未形成定期、定时、定人的管理制度，具有很强的随机性。此外，秧歌队没有经过专业性的指导，动作不规范，缺乏美观。诸多原因使得秧歌队逐渐丧失了吸引力。作为先驱性的公共文化活动，有秧歌队的现实状况使村民失去了开发新项目的信心，村庄公共文化止步不前。单一的文化活动与内生动力之间形成了恶性循环，农村公共文化生活难以丰富和提高。

（二）公共文化需求难以满足

我国正处于从传统社会向现代社会转型的历史时期。这一时期是农民觉悟提高、权利意识增强、公共需求增长的历史时期。"农民已经不再是传统的固定在土地上的一袋马铃薯中的互不关联的个体，成为在生产和生活上愈来愈依托于社会的基础性公共产品的人群。"[①] 但由于政府公共文化服务的缺失，农民的公共文化生活呈现另一番景象。

首先，公共文化需要是人的基本需要的体现。在经济发展和扩大内需等因素的刺激下，农村文化消费日益增长，文化需求也日益膨胀。因为人是个体的同时也是归属社会群体的，因而有个人的需要和共同的集体需求。"人有生存、生活、发展和娱乐等方面的需要。这些需要，一方面可以通过经济发展活动给予满足，另一方面须通过社会发展活动给予满足"[②]，"公共需要同个体需要相比具有整体整合性，它无法通过私人事务或家庭来满足，只能通过公共事务来满足"。[③] 其次，公共文化需要是农民追求基本权利的表现。在现代社会中，自然人作为公民，有权利要求基本需要得到满足。信息化的推动及城乡公共服务间的差异产生的落差使得他们对公共文化服务的需求日益强烈。再次，转型时期农民内部也出现了不同层次分化使公共文化需求呈现多元化的趋势。单一的公共服务供给模式难以满足多层次、多样化的需求。

---

① 刘义强：《建构农民需求导向的公共产品供给制度——基于一项全国农村公共产品需求问卷调查的分析》，《华中师范大学学报》（人文社会科学版）2006 年第 3 期。

② 康绍邦、赵黎青：《中国社会公共服务体制研究》，中共中央党校出版社 2008 年版，第 7 页。

③ 句华：《公共服务中的市场机制——理论、方法与技术》，北京大学出版社，第 3 页。

表3　　　　　　　　　　对乡镇（村）开展的公共活动满意度

	比率	百分比	有效百分此	累积百分比
非常满意	4	2.9	2.9	2.9
比较满意	23	16.4	16.9	19.9
一般	52	37.1	38.2	58.1
不太满意	24	17.1	17.6	75.7
很不满意	33	23.6	24.3	100.0
总人数	136	97.1	100.0	

表4　　　　　　　　　　　不同年龄层次的娱乐活动

年龄	主要娱乐活动								总计
	看电视	看书看报	上网	打麻将	体育锻炼	逛街	串门	其他	
16—25 岁	8	3	12	3	4	2	0	1	33
26—35 岁	22	2	12	3	0	2	0	0	41
36—45 岁	20	0	2	4	0	0	0	0	26
46—55 岁	13	2	1	2	0	0	1	1	20
56—65 岁	6	1	0	1	0	0	0	0	8
66 岁以上	1	0	0	0	0	0	2	1	4
合计	70	8	27	13	4	4	3	3	132

（三）供需失衡下的公共文化生活

供需矛盾的失衡使得村庄公共文化活动欠缺，农村文化生活单一、枯燥。对于"主要的娱乐活动"的调查中有 60% 的农民选择了看电视，70% 的村民每天花 1 或 2 个小时看电视。此外打麻将、上网也占据了主要比例。农村公共文化活动呈现私人化和家庭化的趋势，而村庄的公共文化生活丧失。在对村庄公共文化活动举行情况的调查中，50.7% 的人认为 80 年代以前的公共文化活动最多，17.9% 认为是 80 年代，5.7% 的人认为是 90 年代，35.7% 的人认为是 2000 年以来。可见农村的公共文化生活自 80 年代后开始衰退，至 2000 年后有所回升与近期中央重视农村文化建设有很大关系，但从目前的文化发展状况而言，总体情况仍不容乐观。

二 公共文化服务供给不足的原因分析

（一）从服务理念上看

以政绩为中心的价值取向是行政部门行为的主要动机，乡镇干部的考核机制同样遵循这一原则。公共文化服务具有很强的公益性，需要强有力的政府支撑才能加以保障。但公共文化服务见效慢、投资周期长的特点使其很难纳入到地方政府工作的重要议程中去，制订的各项发展规划也难以得到有效的实施。尤其是在乡镇财政状况不济的情况下，基层组织的自利性目标代替了公益性目标，导致公共性失灵，使得公共文化服务总供给不足，公共文化服务处于边缘化的境地。金乡县每年的财政收入约为2.2亿元，用于文化事业的投入为240万元，其中农村文化事业的投入仅有40万元。目前金乡县只有正在建设中的羊山镇文化站勉强符合《"十一五"全国乡镇综合文化站建设规划》对于文化站的要求。村级文化活动室的建设上，县内仅90个行政村拥有文化室，约占总数的13.7%。可见，公共文化服务弱势的根源在于政府部门的认识不足。

（二）从职能上看

1. 公共服务职能少。提供公共服务是国家、政府最基本、最常见的职能之一，也是政府之得以存在的基础。但在GDP增长为政绩标志的压力下，基层政府长期重视经济的发展，而忽视社会的发展，甚至以前者代替后者，政府部门主要履行了经济管理职能，而公共服务职能甚少。这直接导致了公共文化服务供给上政府是失灵与责任不到位。

2. 镇政府职能错位。作为我国体制中直接面对农民的基层政府，乡镇政府应是农民利益的代表者，其职能也应是农村公共服务和相应的社会管理。但从镇政府的实际运行来看，乡镇政府把自己的工作重点放在上级派下来的硬指标工作上，如计划生育、新农保推行等很少提供分内的公共服务，公共文化服务更是无人问津。可以说乡镇政府处于一种被动的运作状态，职能严重错位。它过分强调对上级政府的代理职能，弱化提供农民需要的公共服务。

（三）从组织结构上看

1. 从政府组织来看，一是县乡缺乏文化人才。金乡县从事农村公共文化服务工作的人员 26 人，均为兼职，无中、高级技术职称的人才。目前金乡县文化局与广播电视局、新闻出版局合并后，从事文化工作的人员有所减少。每个乡镇从事文化工作的人员只有 1—2 个，也多是从其他部门抽调的工作人员，有文化专业工作背景的工作人员也并不多见。可以说，农村文化工作人员同时存在年龄老化、整体素质偏低、专业知识欠缺等诸多问题。"一个牌子、一张桌子、一条汉子"成了乡镇文化站的真实写照。二是县乡工作人员任务繁重。因为承担农村公共服务职能的县、乡两级政府内相关部门，目前尚未实现机构本身及其人员的稳定，部门间职能的划分和各部门职能的定位亦不甚明确。乡镇文化站工作人员往往身兼数职，从事文化工作的精力和时间难以保证，很大程度上影响了公共文化服务的质量和效率。

2. 从村民自组织来看，村委会作为农村村民群众性的自治组织，承担着农村的社会事务管理的重任，同时提供村里的公共服务。但由于村里的财源财力有限，加之村委会在工作热情、工作状态、个人素质和能力等方面存在差别。因此，由村委会向村民提供的公共文化服务无论在数量上还是质量上都相差甚远。这在农村定程度上加大了农村对政府提供公共文化服务的依赖。

3. 从社会组织来看，由于农村社会的内部分化加剧，农民对公共文化服务需求具有多层次、多样化的需求。因而单纯地依靠政府提供公共服务已很难满足需求，因而社会组织的优势逐渐凸显。农村社会组织如行业协会、专业合作社等农业合作经济组织根植于农村，对农民的生活状态较为了解。但目前社会组织所提供的公共文化服务形式单一，文化活动的动机并非出于公益的性质，有的甚至靠"黄色段子"、低俗节目吸引观众，不能起到健康娱乐的作用。可以说农村社会组织尚未充分发育，服务能力较弱，其自身的发展仍需要政府的支持。

（四）从运行机制上看

1. 政府主导型的供给机制。在金乡县，公共文化产品的提供全部由政府部门承担。金乡县农村书屋的建设、图书的安放、体育器材的配备、文艺演出下乡等相关工作都由政府在供给。但县级拮据的财政并不能独立承担文化服务的职责。据文化局工作人员介绍，每次的下乡演出的相应设备多是临时租借的，演出人员也无额外补助，文化局只承担车旅费用。因而演出凭个人自觉参与，无强制要求。文化下乡、文化展览等活动成了文化局工作人员的难题。可见在公共文化产品的供给上，政府的供给能力远不能满足农民的需求。此外，政府对农村公共文化服务供需状况的反应性不强，政府部门并未深刻了解到农民真正需要的公共文化服务是什么。因而对农村公共文化产品供给起决定作用的往往不是农村的内部需求，而是来自于上级部门的达标任务。而且，对于"政府主导型"的供给模式使得公共文化服务具有唯一性，农民只能接受，别无选择，同时对政府无法实施监督。所以在一定程度上，政府提供的公共文化服务并不一定能达到供给的均衡，在总量和质量上都难以达到要求。

2. 市场化、社会化程度低。金乡县的公共文化服务现状不容乐观。一方面乡镇文化站文化职能日益消退，主导性作用减弱，另一方面农民物质生活的提高带来了文化需求空间的增大，这一矛盾在一定程度上需要社会力量的介入。但目前政府包办的观念难以突破，缺乏政府的委托或承包，社会力量只能徘徊在公共文化活动之外。据金乡县的文化工作者介绍，金乡县的社会文化团体共有 20 个，文化局在组织下乡演出等公共文化活动时常常要向文化团体借灯光设备等。除此之外，政府部门未和文化团体做任何合作与沟通。有限的财政决定了有限的政府，这就要求政府与市场各司其职。但在公共物品的提供中，人们多是从"弥补市场不足而确定的。这一思想在政府与市场关系中占据了主流，从亚当·斯密的'守夜人'到宏观经济学和福利经济学，再到新古典经济学都是如此"[1]。可以说市场与社会介入公共服务领域缺乏思想的土壤和行动上的支持。

此外，政府在公共文化服务的过程中对传统资源的利用率极低。在金乡诸如四平调、琴书等传统的文化资源面临濒危的境地。但传统文化活动源于农民生活，具有鲜明的地方特色，符合农民的审美情趣和接受能力，同时又深受农民的喜爱。因而政府要提供的公共文化活动形式与农民的生产劳动和生活方式相适应，符合农民的接受能力的公共文化服务，必然要发掘传统文化资源。但传统的文化活动在这种社会排斥、农民不"感冒"

---

① 句华：《公共服务中的市场机制理论、方法与技术》，北京大学出版社 2006 年版。

的氛围下，政府要发掘传统文化的魅力，无疑要付出巨大的成本。在经济第一的政绩标示下和大量的资金投入的压力中，拮据的政府财政对传统文化资源只能任其自生自灭。

三　完善公共文化服务机制对策探究

（一）　创新服务理念

提供农村公共文化服务，满足群众多层次、多样化的文化需求是政府义不容辞的责任担当。因为"这种广泛的公共权利只有政府才能最大程度的有组织的提供公共资源来实现"[①] 因而政府要高度重视文化的作用，创新服务理念，实现公共文化服务的有效供给。目前农村公共文化服务的研究与探讨大都围绕着三个问题来展开：一是提供什么服务，二是提供多少，三是如何提供。首先，就第一个问题而言政府部门首先要明确服务对象。因为经过长期的文化发展，农民形成了自己独特的"文化心理"和审美意识，这就决定了公共文化服务的核心在于构建农村的价值体系，使其嵌入在人们的日常生活中，使其成为支撑人们思考和行动的思维动力，而不仅仅是把重点落在图书馆、电影院的建设上。也就是说政府要立足于民，坚持将以人为本作为政府的终极价值所在，以满足农民的文化需求为宗旨。其次，就"提供多少"的问题而言，则是要求政府决策权的下放，追求公共文化服务的效率和成效。政府要树立效率、责任的理念，不大包大揽，但要承担责任。再次就"如何提供"的问题则要肯定市场的积极作用，允许市场参与，对于不同特质的服务选用不同形式的提供方式。总之，政府要树立民本、责任、效率的服务理念，成为实现社会公平维护公共利益的服务者。

（二）　转变政府职能

一是要强化公共服务职能，给公共文化服务以发展空间。政府存在的合理的依据在于政府能够提供优质的公共服务。政府部门把主要的精力投入到经济管理等方面，成为管理型甚至管制型政府，不能适应社会的发展

---

① 李少惠、余君萍：《公共治理视野下我国农村公共文化服务绩效评估研究》，《图书与情报》2009 年第 6 期。

与国际化潮流，要实现由管制到服务的转变。这种转变要依赖于政府在社会经济领域懂得退出、加强和补充，使其有精力提供各个层面的公共服务。只有这样，公共文化服务才能不被边缘化，才能获得发展的空间。

二是要划分职责，明确乡镇政府在公共文化服务中的责任。作为直接指导和接触村民的基层组织机构，乡镇政府在提供公共文化服务的过程中发挥着巨大的作用，是农村文化建设的桥梁和纽带。乡镇文化工作者要实现其公共文化服务职能首先要明确职责，具体而言便是：县级政府提供政策导向，组织文化基础设施建设和文化产品供应；乡镇政府根据自身财力提供部分文化产品，扶植和策划文化活动；村委会根据村民意愿组织开展活动，形成县、乡、村三级服务网络。其次要明确乡镇政府各部门的职责，使文化工作者有时间有精力实施公共文化服务，发挥乡镇对村落文化的导向、辐射、推动作用。

（三）改善运行机制

一是要实现公共文化服务多主体的生产、供给模式，使公共文化服务市场化。政府作为一种自然垄断组织势必会出现低效。政府对公共文化服务的提供采取以下方式："一是政府免费直接提供农村公共文化服务，二是政府全额出资购买农村文化服务，三是政府对公共文化服务给予奖励。"① 这就形成了公共文化服务领域内的竞争态势，打破了政府的垄断。

二是充分发挥农民、政府和社会团体三大主题力量，形成政府主导、文化事业单位、农民协会及农民广泛参与的治理局面。社会力量的参与形式可以是政府外包、委托与合作，共同提供公共文化产品。这就不仅打开了公共文化服务的思路，还将不同于政府部门的思维带入到文化服务中，将时代资源嫁接于传统资源，为公共文化服务增添活力。农民的参与在整个环节中至关重要。因为农民即是消费者，也是部分文化服务的生产者。农村公共文化活动要农民群众自愿参加、以满足自身的精神生活和知识需求为目的，集农民自导性和参与性为一体。因而政府要就要培育农村文化的内生机制，将"送文化"转化为"种文化"，注重农民的自我服务能力，积极鼓励和扶植农民自办文化。

---

① 李燕：《构建农村公共文化服务体系》，《社会主义科学》2006 年第 6 期。

（四）提升组织结构

首先提高文化工作者的整体素质。这是组织开展文化活动的重要保证，也是关系到未来农村文化发展成败的关键因素之一。提高基层文化工作者的素质，其一要加大对乡镇文化负责人的培训力度，使其具有良好的文化工作技能，接触新的文化思想，了解文化事业发展的态势；其二是在村庄寻找专门的公共文化服务干事，以农村文娱演出爱好者为宜，安排专业人士对其文化技能进行指导；其三是建立激励机制，发掘和培养本地区的文化人才，发挥文化人才对农村传统文化的继承作用，形成农村文化的内生机制，使农村公共文化服务更具针对性。

其次发挥村委会的中介作用。自《村民委员会组织法》颁布以来，村委会成为了国家现代化和农村现代化的天然中介，成为农村与国家的中介，是农民利益的天然屏障。村委会对村落公共资源的持续和开发具有绝对的优势。因而要发挥村委会在公共文化服务中的积极作用。

最后培育各类社会组织。目前社会组织在公共文化服务中有着政府不可替代的作用，成为社会治理结构中的重要组成部分。公共文化服务的市场化并不代表公共文化责任的市场化，培育社会组织是政府职能的一个拓展。政府应着重培养具有实力的文化体育团体和农民社会组织，使其成为公共文化服务的提供者，使其参与到公共文化事业的管理中来。政府可设立专项的基金为特色文化建设提供物质条件。同时鼓励个人、私营企业等组织文化活动，兴办文化产业，对于有突出贡献者给予物质和精神奖励。

农村学校教育与新农村文化建设
——以河北省宁晋县裴家庄为例[①]

一　农村学校教育现状——裴家庄小学

农村教育的落后一直是农村发展的软肋，就笔者看来，造成这一现象的原因有两个：一方面，由于农村教育基础设施的建设不到位、农村教师队伍的素质不高，从而导致农村学校教育质量的低下；另一方面，这也与当地农民文化程度低，不重视教育的传统有着很大的关系。作为北方华北平原农村的典型代表，裴家庄经济发展水平一般，村民受教育比重及受教育水平都比较低，其中中老年中男性的受教育水平平均是小学、初中（我国在50年代前很多地方的初中仅有两年）水平，受过高中教育的很少，而这个年龄段的女性的受教育水平则仅是小学甚至文盲；在裴家庄新一代的年轻人受教育水平相对中老年人老说有了很大的提高，他们中大多都接受了完整的九年义务教育，但受过高中教育的比例依然不高，由于改革开放以来，国家对农村重男轻女思想的严厉批判，所以这个时期裴家庄的男女受教育水平已经没有明显的性别差异了。

（一）匮乏的师职队伍

笔者通过观察和走访发现，在裴家庄只有一所小学，该小学占地面积约为2400平方米，每年的入学学生共计200人左右，学校共有六个年级，每个年级设一个班，每班平均30多个人，学校设有1名校长和8名老师，校长同时兼任代课老师。在裴家庄小学，一、二、三年级的任课情况是：每个年级由一名老师讲授所有的课程，课程包括语文、数学、品德与社会、科学、音体美等；而三年级及以上的班级则除了上述的课程外另加上

---

① 作者：张俊华，华中师范大学政治学研究院地方政府专业2010级硕士研究生。

英语课程。四、五年级有三个授课老师，六年级有两个授课老师。在裴家庄学校虽然名义上开有音乐课、美术课和英语课，但实际上这几门课程都没有开，学生们每天来上学学的只是语文和数学这两门，所谓的"英语"老师，只不过是一个虚的称谓，因为只不过是从语文数学两门代课老师中随意"任命"的。他们一般几乎都没有真正学过英语，更不用说去教授学生了，上级教育组并没有分配下来专门教授英语的老师，却强行规定把英语教育作为一项硬性指标，所以这样做看似很荒唐，但裴家庄小学也是很无奈而为之。据笔者所知，这种情况在农村十分普遍，相关部门也一直在讲教育公平的问题，笔者认为做不到教师配置的公平就不可能讲教育公平。

（二）徒有虚表的教学设施

裴家庄小学原来没有图书室，没有体育设施，没有文化活动室，没有微机房，没有实验室，大概于四五年前，村民集资在距原来教室不远的地方新建了一所楼房，作为图书馆、机房等学生活动的场所以及老师的办公室，学校同时购置并安装了几台计算机。然而现在存在的问题是，虽然学校有了图书室，并藏纳有 2000 多本图书，但是学校几乎从来没有对学生开放过，只是用于应付上级检查；微机房虽有 16 台计算机，但并没有连网，学校也没有专门的计算机老师；学校虽有专门的体育场地，但设施简单，只有两个篮球架[①]。应该说相对于那些贫困山区学校来讲，裴家庄的教学设施这几年有了很大的改进，但是这些设施到底有没有发挥其应有的作用则是另外一回事了。笔者为此曾走访学校的校长，校长对此表示也很焦虑，据校长讲裴家庄学校的设施建设虽有改进但依然缺乏资金进一步完善，此外学校还缺少综合素质比较全面的老师。这两个问题解决不了，裴家庄小学目前的状况就不可能完全改变。

（三）僵硬的教学制度

在我国广大的农村地区，僵硬死板的考试制度依然存在，并且依然是评定学生成绩和教师工作的唯一指标，因此，本身素质就不是很高的农村

---

① 引自李肖玲《教育公平应从小学教育公平做起——基于河北省邢台市某农村小学的个案分析》，《河北省百村十年观察调研报告（2009 年 7 月—8 月）》，引用时有所删改。

老师们很少去主动探索开展素质教育的活动。在裴家庄亦是如此，原本用以培养和拓展学生素质的美术课、音乐课几乎没有开设，学校老师平时的教学工作实际上只包括讲授语文课、数学课，其他课程只是摆设，因为只有这些课程需要考试。我们知道，品德与社会课及科学课等这些实践课的教学目的在于使学生更好地认识社会、了解历史、洞察科学奥妙，并从中学习做人做事的道理，但在我国农村的很多地方，学校每周只有两节课甚至不上这些课程，即使是有这门课上课时老师也只是简单的照本宣科，并没有在日常生活中开展相应的活动。裴家庄的情况也是如此，在裴家庄，三年级及以上的学生每周有一节微机课，两个人一台，但由于老师不是计算机专业出身，因此根本不能胜任这门课程，在计算机课程上学生基本都是在玩游戏。显而易见，这样做的结果其实只会导致学生对电脑和网络的错误认识。和现在那些积极开发孩子想象力和动手操作能力的城市里的学校相比，裴家庄现在的学生学习的知识依然只是认识汉字和进行最基本的加减乘除，其他的什么也没有。可以说只要依旧执行当前的考试制度，以高分论学识论教师论学校，素质教育的实现就几乎为零[①]。

作为当代农村学校教育现状的缩影，裴家庄具有很强的代表性，从裴家庄的教育情况我们可以看出当前我国很多地方农村的学校条件很差，教学质量也很难令人满意。对此裴家庄的很多村民认为，如今由于是免费的义务教育，教师们认为他们只需完成上级规定的相应教学任务就够了，因此其教学的积极性不是很高，在这样的环境下的农村教育水平就可想而知了，但即使是对这种情况心知肚明，裴家庄的村民们也极少把孩子送到其他好的学校如乡镇小学、城关小学读书的，因为那些地方读书花销很大，村民们并不舍得为了子女教育而过多的投入。这也是以裴家庄为代表的这些农村地区村民素质不高的原因之一。

二　农村学校教育与村庄的精神文明建设

在中国农村普遍存在有公共文化场所和基础设施缺乏的现象，农村的公共文化事业发展滞后是不争的事实。这是因为在中国，相关部门农村文

---

① 引自李肖玲《教育公平应从小学教育公平做起——基于河北省邢台市某农村小学的个案分析》，《河北省百村十年观察调研报告（2009 年 7 月—8 月）》，引用时有所删改。

化建设投入明显不足，据资料显示：2007 年我国政府对农村文化建设的经费投入为 32.11 亿元，仅占全国文化事业经费的 23.5%，低于国家对城市文化经费投入 49 个百分点。2004 年 7 月，全国农村 38240 个乡镇中有 23687 个文化站需要新建、改建。从以上这些数据可以看出农村文化建设的落后。在裴家庄村委会虽然有一个简陋的公共图书室，但几乎无人问津，所以在裴家庄真正能显示本村精神文化的也就只有村小学了。因为村里的学校是教书育人的场合，无形中它就会对村里的精神文化生活产生很大的影响。村里有三分之二的家庭都有孩子在村小学读书，而孩子所受到的教育会对家里人来说也有一种知识传播的作用，因此通过这种途径，村里大部分人就受到了学校教育的影响。

但是，目前在农村部分地区流行着一种"知识无用论"的说法。他们认为"上学没有什么用了，大学生都找不到工作，上学简直就是浪费时间和金钱"。受这种思想的影响，现在很多农村孩子的家长对孩子的教育关注程度也就越来越少，有些孩子还处于义务教育阶段就被家长勒令退学去打工。尤其是近年来农村工商业的发展，刺激当地经济的发展和劳动力的就业，由此很多农村青壮年劳动力都被吸引过去。有些家庭由于经济条件差，就不得不让孩子辍学去打工。这种情况在裴家庄也是普遍存在的现象。受传统小农意识的影响，我国部分地区农村一些干部和群众认为只要搞好经济，生活富裕就行。有的农民甚至认为"读书无用"，"小孩毕业找不到工作，还不如打工来得实惠"，因而部分农村学生退学严重。据有关材料分析：全国农村 7—15 岁儿童入学率仅为 94.4%，有一半省在 90%—95%，云南、青海、西藏在 90% 以下。这种落后的文化意识与农村经济发展的现代化要求形成强烈反差。

随着这种"轻学重商"风气的泛滥，农村的教育水平直线下降，农村的文化建设停滞不前，农民的文化生活十分匮乏，一些庸俗低级的文化则乘虚而入，给当地精神文化带来污点。现代农村这种"饱了肚子，空了脑子"的问题十分严重。这种文化滞后也限制了农村经济的发展和政治的稳定。制约了农业现代化的进程。农村文化生活单一，落后的文化有上升的趋势。由于农村文化的边缘性、群体性特征，农民文化生活基本是看电视，且大部分农村没有安装有线电视。同时，受电视作品和基础设施的限制，农民在业余文化生活中，不看书、不看报，也没有举办丰富多彩的文体生活。相反，投身于赌博，看淫秽录像，甚至封建迷信活动泛滥。

这种单一文化传播和低俗的文化精神生活，侵蚀了农民的文化素质，是先进文化传播的重要障碍。在裴家庄，经常看到很多人围在一起通过打麻将等赌博，据村里干部讲，为此不少人被乡里派出所抓走并被罚款。

这种低级庸俗的文化生活也不利于后代的成长，孩子往往由于受其影响而误入歧途。因此农村的文化建设不仅是涉及社会问题，而且与农村学生的学校教育有密切的关系。有家长告诉笔者说，现在的孩子越来越不爱学习，他们受到家里的社会上的负面影响很大，有些孩子认为"钱是万能的"，他们没有了读书的积极性，很早就外出挣钱了。这种"拜金主义"现象对孩子的成长是不利的。因此可以看出，农村的学校教育与农村的精神文明建设密切相关，不可分割，必须使二者相互促进，才能使农村的文化建设步入正轨。

三　新农村文化建设与农村学校教育的发展

农村文化建设是全面建设农村小康社会的重要内容，是加快农村经济和社会发展的迫切需要。中国的农村文化是农民的知识水平、思想观念以及在漫长的农耕实践中形成并积淀下来的认知方式、思维模式、价值观念、情感状态、处世态度、人生追求、生活方式等深层心理结构的反映，是在千百年的发展过程中人们赖以生存的策略。加强新农村文化建设是全面建设小康社会的内在要求，对于促进农村经济发展和社会进步，实现农村物质文明、政治文明、精神文明协调发展有很大意义。建设社会主义新农村，既是一个经济发展问题，也是一个文化进步问题，生产力的发展、乡风文明的形成、村容村貌的整治与规划以及管理民主化的推进等，都离不开新农村文化建设。建设社会主义新农村，就必须进一步加强新农村文化建设。而文化建设又是当前"三农"问题的一个薄弱环节和难点，切合实际地提出新农村文化建设的对策与措施，对推动社会主义新农村建设意义重大。

笔者所考察的裴家庄由于近年来教育的落后，该村的文化建设一直处于滞后的状态。该村的基础教育跟不上，将对今后培养高素质的人才产生不利的影响，也很难为以后村庄经济的发展提供人才和智力的支撑。因此，新农村文化建设必须首先从基础教育抓起，使农村的中小学有良好的教学条件和教育质量，百年大计，教育为本，政府必须给农村的基础教育提供更多的资金支持。

　　政府近年来有很多的文化下乡活动，例如裴家庄每个月都有电影下乡，但是村里人很少去看的。据一位村里人讲，这种活动举行的很没有意义，"我们村甚至没有一所像样的小学，孩子们看电影倒是挺开心的，不过还是为孩子的学习担心"。可见，农村的基础教育是农村文化建设的根本和重中之重，没有农村学校教育的发展，农村其他方面的文化建设只是空谈。

　　可见，当前农村的文化建设并没有很好的与农村实际需要相符合，甚至有背离其发展的趋向。发展农村的学校教育，应该成为农村文化建设的中心，而政府应该找准这一重心，使农村的文化建设走上健康和谐的道路。乡村的发展虽然和学校教育的发展息息相关，但是乡村学校教育却并没有将乡土社会固有的异质性考虑在内，无数细微的差异被统合在"现代"与"文明"的宏大框架下，消失在教育者和教育设计者的视野之外。"穷则思变"，为了追求与城市人同等的发展机会，他们对城市化表现出更多的热情乃至盲目，无视甚至完全放弃了自我原有世界中的生活，却对遥远的他者世界的生活充满无限的渴望。这在农村是很普遍的现象，农村文化建设只有克服这种盲目发展的趋向，才会得到更好更快的发展。

四　农村学校教育应促进新农村文化建设

　　目前我国学校教育存在的问题是往往过分注重知识的灌输，在农村孩子升学压力大的情况下愈演愈烈。有学者就指出，农村学校教育在人才培养的素质与规格上要着眼于造就具有现代精神的一代新人，即促进人的现代化。它不仅仅是为改变我国的二元社会结构、实现城乡现代化、协调发展储备人力资源，更重要的在于通过教育使得农村人口获得生命的价值、意义与尊严。在农村城镇化迅猛发展、农村社会生产方式和生活方式发生剧烈变化的同时，新农村建设应同时把克服"小农意识"和倡导"城市文明"的教育提上日程。

　　裴家庄的非农产业工作给他们提出了全方位的、更高的要求。如当地的服装制造业，村里一个商户告诉笔者，现在做生意要讲守时、秩序、技能等自不必说，在价值观念上，如自我意识、环境意识、开放意识和求知意识等，也必须要有明显的转变，这一方面农村不如城市。城镇化过程中的教育，不仅要保证可持续发展，也要保证物质文明、精神文明与生态文明相统一的可持续发展。发展的首要目标，不再是物的增长而是人本身的发展，其发展的关键在于提高人的素质与能力，而这些素质与能力的获得依赖于各种形式的教育。

农村建设不仅是经济建设，更是文化建设。在上文中也曾提到，学校是农村社会中以文化传播为活动中心的重要组织。农村学校教育应当在此建设过程中充分发挥其人才荟萃、知识密集、信息快捷的优势，把农村学校建设成为农村文化的主阵地或桥头堡，着力引导农村文化生活。现代农村需要科技的支持，也需要精神文化的支撑，意识的能动作用发挥出来会对农村建设产生巨大的反作用，我国现阶段虽然经济迅猛发展，取得了很大成就，但是不可否认，广大农村地区的文化建设却异常匮乏，农民文化生活并没有改善，相反还有部分倒退。农村学校应敢于敞开校门，积极参与农村社区建设，发挥自身文化集中的优势，引领农村文化生活。学校是农村生活中以文化为活动中心和旨归的地方，不仅体现着时代精神风貌，而且更应引领农村文化生活的发展。

农村学校应发挥引领农村文化生活的作用。近年来，由于农村缺少文化生活，农民的生活越来越失去凝聚力。许多关注"三农"的社团、国际援助，工作的重心往往是重建农村文化生活，包括建立老人活动中心、恢复农村文艺活动、援建村级图书馆、倡导文化下乡等。笔者认为，这些活动仅仅是解决了农村文化生活表面的问题，如裴家庄村委会的图书室，基本上就是个摆设，并没有发挥投资团体原来设想的作用。所以笔者认为，农村文化生活的重建最根本的还是应当充分发挥农村学校的引领作用。可以看出，农村学校教育的好坏直接关系到农村文化的先进与否，村庄要想有一个积极向上的文化氛围，就必须给予学校教育更多的支持，否则，村里的风气和村民的精神文化水平只能越来越差，就像笔者所调研的裴家庄，由于对学校教育的忽视，村里人的文化水平处于十分落后的状态，某些农民变得自私、冷漠，村里的风气也越来越坏，赌博、犯罪的现象也层出不穷，这在上文已经提到。

农村学校教育对农村文化有一定的改造作用。众所周知，20 世纪 30 年代的乡村教育改革中，无论陶行知、梁漱溟还是晏阳初，他们都在探索以学校为"乡治"的中心，并以学校为中心完成对农村文化的改造。这种做法的本质精神和文化价值在于根据本地的实际需要因地制宜地开展教育，自下而上地进行学校教育改革和制度创新，以学校为中心引导农村文化的发展和社会进步。以裴家庄为例，由于村里人对孩子上学不重视，很多孩子小学没有读完就辍学，在乡政府民政部门的支持下，该村小学前几年在村里举行过一次"教育宣传月"教育宣传活动，以提高农村孩子上学的积极性，并使家长认识到孩子教育的重要性，同时也认识让自己的子女到受教育是孩子的权利，也是自己不可推脱的义务。许多家长从此认识到农村孩子的九年义务教育的含义。有些家长告诉笔者，"他们原来并不知道如果不送孩子去学校上学，就是违法的行为，现在知道了一定会全力支持自己的孩子读书"。如此一来，农民对教育的热情度就高了，也增强了知法守法的意识。可见，由于农村学校教育在农村文化建设方面有着得天独厚的优势，只要学校自身能主动打破与社会生活的樊篱，积极引领农村文化生活，那么，农村学校的优势就能真正发挥出来。

五　结语

通过以上的分析可以看出，裴家庄的小学教育现状不容乐观，从表面上看，简陋的学校基础设施、贫乏的教师资源以及僵硬的考试制度是造成裴家庄小学教育水平落后的基本原因，但实际上，任何一种现象的出现都不是偶然的，都有隐藏在其背后的深层原因，通过进一步分析可以看出，当地"重农抑商"的文化传统对学校教育的发展有着深刻的影响。作为北方农村的一个典型代表，从裴家庄的实例中我们可以发现，学校教育状况的落后是当今新农村文化建设的最大阻碍，而发挥农村学校教育在农村文化改造和文化引导中的优势，使农村学校担负起更多的文化责任，对于加强新农村文化建设，培养社会主义新型农民，促进整个新农村建设，都具有十分重大的意义。

参考文献：

[1] 朱启臻：《新农村：乡风文明》，中国农业大学出版社 2007 年版。

[2] 徐承英：《对社会主义新农村文化建设的思考》，《时事观察》2007 年第 1 期。

[3] 张子荣：《河北省新农村文化建设途径探索》，《前沿》2009 年第 8 期。

[4] 刘天忠：《新农村文化建设的实践与思考》，《学习月刊》2007 年第 2 期。

〔5〕晏清才、龚春燕：《实施学校发展规划促进农村基础教育发展》，《中国教育学刊》2006 年第 7 期。

〔6〕马启鹏：《农村学校教育如何摆脱"向农"、"离农"之争》，《教育发展研究》2010 年第 9 期。

农村义务教育的现状与存在的问题

——以新疆维吾尔族自治区
于田县喀拉尕其村为例①

当今世界，人们已清醒地认识到，教育是进步的唯一途径，没有教育就没有国家安全与社会进步。美国著名学者西奥多·W. 舒尔斯《论人力资本投资》中指出：教育能够快速而且显著地改善人的生存状态，提供向上流动的机会，帮助弱势者摆脱困难，因此被视为是实现人类平等"最伟大的工具"。正因为教育在国际竞争和国家安全中的重要作用，二战以后，发达国家尤其是美国和西欧国家不断地调整其教育战略，以适应不断变化着的国家安全的需要。自 1986 年国家义务教育法出台以来，农村教育状况得到了很大改善，但存在的问题依然很严峻，新农村的义务教育还面临着很多的困难。为了了解农村教育情况，笔者于 2010 年 7 月深入新疆维吾尔族自治区于田县喀拉尕其村，对农村教育及存在的问题进行了调查。调查结果显示，农村义务教育在收费方面为农民减轻了很大负担，但是要真正让农民满意还有一段路要走。

一　喀拉尕其村实施九年制义务教育情况

大力发展新疆维吾尔自治区义务教育，将会提高西部民族地区人民的整体素质，为西部大开发奠定良好的人力基础。义务教育是提高民族素质的奠基工程，也是整个教育事业的基础，义务教育和经济发展是密切相关的。由于教育具有迟效性的特点，所以要重视人才资源的早期开发。从于田县农村学校不惜采取造假的办法来完成"普九"任务的这一现象来看，目前农村义务教育的现状不容乐观，存在许多问题。

---

① 作者：哈尼克孜，华中师范大学社会学院社会学专业 2008 级硕士研究生。

（一）喀拉尕其村义务教育经费问题

《义务教育法》规定，农村义务教育所需经费，由各级人民政府根据国务院的规定分项目、按比例分担。从 2006 年开始全国各省份开始逐渐推行义务教育经费保障新机制改革，"农村义务教育经费保障新机制"就是通过把农村义务教育所需要的四大项经费（即"保工资、保运转、保安全、保贫困家庭学生入学"），全面纳入财政保障范畴，由中央和地方分级按比例共同承担的机制。但是这些政策在喀拉尕其村施过程中还面临着一些困难和问题：

1. 预算内生均公用经费偏低。实施新机制后，喀拉尕其村小学公用经费虽比改革前有所提高，但当地学校反映，目前的保障水平只能维持学校基本运转，不能满足实际需要，规模较小的学校困难更大。喀拉尕其村小学的教学设备远没有达到国家规定的标准，冬季取暖、安全、饮用水也很难。

2. 校舍等基本办学设施还相对不足。新疆维吾尔自治区为了普及好双语教育，现在大力提倡在小学和中学建宿舍，执行寄宿制教育体制。但是喀拉尕其村小学的宿舍、食堂、运动场地和卫生设施达不到基本要求，宿舍条件简陋。学校没有标准的操场，师生安全没有保障。

3. 教师实际收入不高，存在拖欠工资问题。由于当地经济发展比较落后，而且说不出的许多原因使村小学不能聘到高水平的兼职老师、代课老师，而且也不能按时发有编制教师的工资。这些拖欠工资现象影响了教师的正常生活和教学积极性。

4. 未对贫困学生的生活补助。目前，新疆维吾尔自治区经济发展不平衡，地区之间的经济水平存在差异等原因，虽然有一些地区已开始发放贫困学生的生活补助，但是这政策在喀拉尕其村还没开始执行。喀拉尕其村民以农业为主，但是他们的农业技术不高，所以农业收入也不是那么好。如果政府快点执行对贫困学生的生活补助，避免学生失学现象，也可以保障那些学生安安心心的上学，有效解决农村孩子上学难的问题。实施新机制，办好喀拉尕其村义务教育，直接关系到广大农民的切身利益，是建设社会主义新农村、构建社会主义和谐社会的重要内容。

（二）义务教育课程设置的滞后性

实施义务教育的过程是一个相当长的错综复杂的改革过程，其中的改造教育思想、重新设计课程、制订评价标准、改革教学活动等都需要有专门的研究。

调查结果显示，喀拉尕其村主要还是在追求"应试教育"，片面追求升学率阻碍着课程改革。同时，课程改革总是受到具有守旧思想的教师、学校和家长的强烈反对，因此改革总是迟缓的。喀拉尕其村与城市采取相同的教材、教法、进度，这与村的实际情况相距甚远，由于在学校硬件、师资水平和资讯等方面的天然劣势，根本不可能都去上大学。绝大多数的喀拉尕其村村学生，只能成为极少数尖子生的陪衬，成为这种教育体制和目标的牺牲品。他们中的大多数，苦读八年（小学五年，初中三年）只能回乡务农，因为缺乏生活技能，进城打工没门，搞二三产业无路，只好在家里闲着，面临"升学无望、就业无门、致富无术"的尴尬处境，农民感受不到教育的经济效益。

（三）师资队伍及其素质水平偏低

教师队伍整体素质不高，城乡之间、学科之间分布不合理。目前，喀拉尕其村的中小学教育现状令人担忧。教师队伍和师资力量弱，教师在岗培训比较欠缺，教师素质和能力及教学水平较低。一是教师学历合格率低。教师的学历水平与国家要求和现实工作需求差距很大；二是教师中有相当一部分的人员是非师范类专业毕业，他们的合格学历是通过自学、函授、进修等形式取得的，虽然学历高，但其实际能力差，这种现象主要存在于喀拉尕其村小学。

（四）家长对免收义务教育的意见

一些家长表示，免收义务教育阶段的学杂费确实减轻了他们的负担，然而另一方面，学校的资料费却增加了。本来学杂费等加起来一共也就 100 多元，现在经常要交资料费，而且每次都是几十元，加起来也不是一笔小数目。因此免学杂费实际上并没有让他们受到很大的实惠。

二　喀拉尕其村高等教育情况

（一）高等教育阶段收费情况

一般来说，高等教育的收费标准是不一样的。不仅不同的学校之间不同，即使是同一所学校的不同专业也会不同。但是对于同类的大学，学费大概的范围也差不多。比如一本与二本的大学学费一般在 5000 元/每年，住宿费在 1000 元/每年，三本大学与专科学校的学费一般都在 8000 元（每年以上）。另外，根据高校所在城市的生活水平，每月还需少则几百元多则上千元的生活费。

（二）家长对高等教育的意见

对于任何一个普通的农村家庭来讲，即使孩子考上的是重点大学，学费并不算特别高，但是每年学费、住宿费和生活费加到一块儿也需要 1 万元左右，而且连续五年（在新疆的教育体系是小学，初中，高中用母语上课，上大学的第一年上预科，练好汉语，从第二年开始上专业课，所以民族学生上大学要五年），每年都是如此，丝毫不给人喘息的机会，无论是谁都会受不了。因此在调查中，两个正在读大学的学生家长都表示希望国家能够考虑一下这个问题，为他们减轻一点负担。

现在农村义务教育阶段的学杂费已经全免，自然能让家长获得实惠。可是相对于高等教育的教育支出，义务教育减免的费用根本就是杯水车薪。本来农村的教育质量就不是很好，一个农村的孩子要考上一个好的大学要付出比别人更多的努力。可是好不容易考上以后却要面临两难的选择：想去读书，家里没钱；不去读书，又不甘心（2003 年，本人也遇到过这个问题，我也是农民的孩子，但是当年我们家的经济条件很不好，但是我考上的是对新疆来说，人家羡慕的重点大学，而且当年我高考成绩是全校第一名，我的许多老师希望我能去大学，成为一个优秀的人才，但是我没有交学费的钱，考虑我们家的情况，犹豫不决时，我父母向别人借钱，让我去上学。想上学，但没钱，交不了学费的感觉是很苦的，用一两句话也说不完，是很多人体会不到的感觉）。难道要让那么多人才就这样流失了吗？所以希望国家考虑一下这个问题，帮那些学习成绩好，但是家里有困难的学生，出台很好的政策，让他们安安心心的上学，实现他们的梦想。

（三）教育设施逐步改进

从前，一提到农村里的学校，我们脑海里首先想到的就是那种土坯房子，又小又阴暗，可能还漏雨。然而在喀拉尕其村我看到的小学虽然不是那么高档，设备不是那么好，却是干干净净的。学校环境优美，绿化率达到 30%

（对新疆那样干燥地区来说，绿化率 30% 已经相当不错）。这样的场景应该是在过去没有想象过的，它从另一个方面反映出了农村教育的飞速发展。

三 喀拉尕其村九年制义务教育中问题产生的原因分析

（一）经济发展滞后是喀拉尕其村教育问题的根本原因

一个地区的经济发展水平无疑是人力资本效应发挥最为基本的外部环境，当某一地区经济发展水平越高，就越有能力进行人力资本积累与投资，同时也越能创造更多的经济机会，为人力资本效应发挥提供广阔空间。经济基础是义务教育发展的关键，由于新疆特定的地缘特征，经济性贫困类型尤为突出。喀拉尕其村以农业为主，但是村民的农业技术不高，农业不发达，而且文化程度不高，普通话不好，村民不愿意出门打工。喀拉尕其村深处内陆，远离海洋，四周高山（天山、昆仑山、帕米尔高原）环绕，因而是受海洋气流影响，大陆性强。西来冷湿气流和印度洋热湿气流难以抵达。在我国东部盛行的东南季风也因相距遥远，难以吹临，本区所处纬度较低、寒潮受阻于天山，因而气温较高，属于暖温带极端干旱荒漠型气候。由于降水稀少，蒸发强烈，该村存在着严重缺水的问题。他们的农业很容易受到气候的影响，如果夏季下雨多一些，没有沙尘暴的话，他们的农业收入还算好，但是他们很难遇到这种好运气。所以他们的经济收入不高，而且交通不方便，通信工具不发达、按时获取新信息很难等原因使这村的经济发展滞后。所以经济发展因素制约着的喀拉尕其村教育事业的发展。从教师的角度讲，农村经济落后，待遇又差，因此，很多教师不惜一切代价往城里调，这就是农村教师队伍结构性不合理的一项最重要的原因。

（二）农村素质教育目标错位，应试教育占主导地位

新疆少数民族教育在短期内得到迅速发展，师资队伍迅速扩大。尽管新疆维吾尔自治区政府在师资培训方面下了很大力气，取得了突出绩效，但是教师的学历层次、教学能力等整体水平仍然较低，这就不适应知识经济时代社会发展的要求，从事教育的师资队伍普遍存在数量不足、学历层次和职称较低。在内地汉族学校教师学生比例和教师资源分配比例与维族学校相比相差较大。教师人员数量不足，学生数量与教师数量比远高于国

家规定的 17∶1 的教育要求。教师数量不足既不能满足义务教育发展需要，又使得教师的负担加重。学校老师、学生和家长为了在考试中取得好成绩，通常采取重复练习和死记硬背的教学方法。为了考试而学习的教学模式，使学生放弃了主动寻找知识的能力，而习惯了知识的灌输。"老师说了学生就知道，没说学生就不知道。"可以说农村应试教育占绝对的主导地位。很多所谓的小科（劳动技术、美术、音乐等）被无情的挤占。然而这些工作都做得很隐蔽，虽然这些科目没有上课，但是必须把每节课都备好，为了应付检查。像这样的事情还有很多，真希望喀拉尕其村能贯彻素质教育的方针。

（三）用于义务教育的财政经费吃紧，教育经费严重短缺

目前喀拉尕其村的义务教育的经费严重入不敷出。政府对教育的投入远远低于发达地区，教育经费的投入增加远远跟不上农村教育发展的需要，如果政府对此漠然，对义务教育不落到实处，则民间设置再多的这个工程那个工程，都近乎杯水车薪。2005 年第二轮农村税费改革彻底取消了农业税，也给喀拉尕其村义务教育投入体制带来了极大的影响。税费改革前，喀拉尕其村教师的工资主要来源于四个方面：乡级财政拨款、农村教育费附加、从学生中收取的教育集资和中央转移支付；税费改革后，教育集资和教育附加被取消了，阿热勒乡政府和喀拉尕其村不再直接承担义务教育的财政责任，其经费基本上全落在于田县政府身上，而田县财政较为紧张，基本上为吃饭财政。这使本就财力薄弱的于田县不堪重负，于是出现了教师工资难以兑现、教育负债偿还无期、学校正常运转困难等问题。在缺乏国家财政拨款的前提下，于田县教育部门由于财政困难，不得不把增收超过学费的杂费变成最主要的经济来源，来维持学校的正常运转。尽管喀拉尕其村小学校教师的工资发放已基本有了保障，但是喀拉尕其村小学公用经费和修缮投资经费却不能得到落实，学校公用经费运转困难重重；学校欠债问题久拖不决，学校已不堪重负。

四　改进喀拉尕其村九年制义务教育的几点建议

有人说 21 世纪是人才的世纪，随着我国科教兴国，人才强国方针的不断深化，教育正在越来越多地受到国家和政府的重视。但目前农村基础

教育困难重重，需要及时加以解决，否则必然会影响农村教育的发展。要有效地解决当前农村教育出现的矛盾和困难，必须抓住教育的根本，突出教育管理重点。

（一）大力发展新疆维吾尔自治区农村经济，增加农民收入

农民的教育收入弹性表明，随着收入的增长，他们对受教育的需求也会相应增加。不同收入的农民参加教育培训的意愿情况不同，随着收入的增加，农民参加教育培训的意愿有增强的趋势。发展才是硬道理。只有新疆维吾尔自治区农村经济得到发展，农民生活变富裕，受教育的机会以及参加教育培训意愿才会有所提高，这有助于义务教育的顺利发展，实现新疆和中东部地区差异变小愿望。因此，政府应充分利用市场机制，积极引导，组织和扶持新疆农村贫困地区调整产业结构，加快农业产业化和城镇化的步伐，坚持开放式扶贫，千方百计增加新疆维吾尔自治区贫困地区农民的收入，走活经济社会发展的整盘棋。

（二）提高教育水平，重视人力资本投资，切实加强职业教育内涵建设

质量是教育的生命线。贝克尔认为，在劳动力市场与产品市场都是完全竞争的假设下，如果没有人力资本投资（即没有教育培训），那么，劳动力的工资将等于工人所生产产品的边际收益。[①] 如果把职业教育事业搞好，能巩固新疆经济发展、民族团结、边疆巩固和社会稳定的局面，各族人民心思进，求富裕、奔小康，衷心拥护党和政府的各种政策。加大基础教育投入，农村劳动力文盲下降，适龄儿童入学率增加，人口素质整体水平提高是以后工作的重点。

教育能够快速而且显著地改善人民的生存状态，提供向上流动的机会，帮助弱势者摆脱困难，因此被视为是实现人类平等"最伟大的工具"。[②] 经济增长是经济发展中至关重要的核心要素，但是发展不仅是人均收入的提高，而且还包括更公平的教育和就业机会，更大的性别平等，

---

① ［美］加里·S. 贝克尔：《人力资本》，梁小民译，北京大学出版社 1987 年版。

② ［美］西奥多·W. 舒尔斯：《论人力资本投资》，吴朱桦译，北京经济学院出版社 1990年版。

更好的健康和营养，更广泛的公民和政治自由以及更富足的文化生活。政府必须加大对农村义务教育经费的投入力度，加强基础设施建设，提高教师待遇，建设一支高水平的师资队伍，努力提高民族地区教学质量和教育水平。应重视新疆维吾尔自治区职业教育和技术培训体系的建设，中央政府应加强对这些地区教育的投入和政策支持。

（三） 不断加强职业院校师资队伍建设

义务教育办得是否有特色，是否有质量，关键是要有一支数量足、质量高、专兼结合，以专为主，比较稳定的教师队伍。第一，要继续实施义务教育教师素质提高工程。要建设好义务教育师资培训基地，切实落实好国家级骨干教师、地区级骨干教师年度培训计划，并举办好各类培训；通过实施自治区师范院校"名师评选工程"和"优秀教学团队评选工程"，加快义务教学团队建设步伐，并积极做好国家优秀教学团队的推荐工作。第二，要健全师范院校骨干教师下乡到农村实习实践制度。支持师范院校聘请思想先进的专家、知识分子担任兼职教师，努力建设一支具有较高专业理论水平、较强教学科研素质，并有熟练专业实践技能的师范院校教学团队。

（四） 切实加大对教育的投入力度，解决村教育经费困难

要优化及合理配置公共教育资源，推进义务教育均衡发展。新疆维吾尔自治区和于田县政府在分配公共教育资源的时候，要向喀拉尕其村这样的地区倾斜。要充分用好现有的各项教育投入政策，依照新的义务教育法，切实加大对喀拉尕其村教育的投入。完善以县为主的管理体制，责任不能下移。在县级财力紧张的情况下，应该加大中央和新疆维吾尔自治区政府对农村教育的转移支付力度和分担比率，尽快扭转城乡教育资源分配不公的局面，这也是实现教育公平，进而推进社会公平的一个重要方面。一定要把农村教育摆到重中之重的战略地位，得到切实的加强。2003年，国务院作出了进一步加强农村教育工作的决定，召开了新中国成立以来第一次全国农村教育工作会议，出台了新增教育经费主要用于农村的重大决策，集中了更多的精力和财力，实施了一系列重大工程项目和政策，加强了农村教育特别是农村义务教育。和田地区党委，于田县政府千方百计加大对喀拉尕其村义务教育的投入。

（五）加大宣传力度，强化执法主体地位，预防辍学率的上升

认真宣传《中华人民共和国义务教育法》，强化各级教育行政部门的执法主体地位。依法健全和完善义务教育入学通知书制度。每年开学前，地方政府必须向其辖区内的适龄儿童发放入学通知书，督促其监护人带领儿童按时到校报到入学，把好入学关，从源头上防止儿童辍学。在九年义务教育阶段，小学毕业升入初中应依法取消升学考试，让小学生上中学完全实现"直通车"。

（六）结合喀拉尕其村实际，推进教育教学改革

舒尔茨（Schultz）认为，帮助贫困人口走向富裕道路的决定因素在于迅速提高他们的人口素质，这包括提高教育和健康服务等。[①] 从农村发展需要出发，改革课程设置、教学内容和教学方法，变教育"离农"为教育"亲农"。教学内容选择应该结合农村教育和学生的实际，结合农村实际，对建设国家课程、地方课程和本校课程给予财力支持，让学生对教材感兴趣，让教材适应学生，避免农村学生一旦升学无望在走向社会时，既没有建设新农村的思想准备，也缺乏知识储备，缺乏一技之长，造成教育的浪费，也是人才的浪费。

与此同时，要重视和发展职业教育，为社会主义新农村建设培养适用人才。建设社会主义新农村，需要数以亿计的"留得住、下得去、用得上、懂技术、会经营、善管理"的农业新型劳动者即新型农民，需要创造实现农村剩余劳动力转移的条件，需要为广大农民提供一个接受继续教育和终身学习的平台，这些都需要发展职业教育来解决。必须重视农村职业教育的作用，建立健全农村职业教育为农服务的保障体系，加强农村职业教育结构调整，创新农村职业教育为农服务的形式，增强为农业现代化服务的效果。要坚持职业教育制度创新，积极推进办学体制、管理体制、教学体制和招生就业制度改革，积极推行教学、生产、科技推广与服务多位一体的教学体制和以突出实践教学环节为特点的教学模式，为农村职业教育创造有利条件和发展平台。

---

① ［美］西奥多·W. 舒尔斯：《论人力资本投资》，吴朱桦译，北京经济学院出版社 1990 年版。

　　义务教育是国家的基础教育，关系到民族的命运、祖国的未来。农村九年义务教育作为基础教育的重要组成部分不容忽视，特别是这几年来义务教育暴露出一系列问题更值得我们去关注和解决，希望喀拉尕其村九年义务教育能真正得到国家、社会和家长的支持，为喀拉尕其村的基础教育创造一个美好的明天！

参考文献：

　　[1] 吕青：《关于新疆少数民族汉语教育中存在的问题及对策探讨》，《新疆师范大学学报》（哲学社会科学版）2005 年第 2 期。

　　[2] [英国] 安东尼·吉登斯：《社会学》（第四版），北京大学出版社 2003 年版。

　　[3] [美国] 西奥多·舒尔茨：《论人力资本投资》，北京经济学院出版社 1990 年版。

　　[4] 阿布都外力·依米提：《维吾尔族流动人口特点，存在的问题及对策——基于乌鲁木齐市和西安市的调查》，《中南民族大学学报》2010 年第 1 期。

　　[5] [美国] 林楠：《社会资本——关于社会结构与行动的理论》，张磊译，上海人民出版社 2005 年版。

　　[6] 马戎：《民族社会学》，北京大学出版社 2004 年版。

　　[7] 马戎：《关于中国少数民族教育的几点思考》，《新疆师范大学学报》（哲学社会科学版）2010 年第 1 期。

农村义务教育免费的实施效果

——基于湖北省当阳市的经验考察[①]

2005 年 12 月 23 日，国务院常务会议发出《国务院关于深化农村义务教育经费保障机制改革的通知》，明确"从 2006 年开始，全部免除西部地区农村义务教育阶段学生学杂费，2007 年扩大到中部和东部地区"对于实施了 22 年的义务教育政策来说，这是一块铭刻着"实至名归"字样的里程碑。那么实施近四年来农村义务教育免费制度，在基层实施的进度和效果如何呢？笔者谨借 2010 年暑期对湖北省当阳市王店镇王店村、史店村进行实地调研的机会，就该问题进行数据收集和走访，以期以小见大，探讨我国义务教育免费制度的实施现状，重点关注学校乱收费和义务教育经费保障两项问题。

一 学校还在乱收费吗

2005 年 12 月 23 日，国务院常务会议发出《国务院关于深化农村义务教育经费保障机制改革的通知》，要求按照"明确各级责任、中央地方共担、加大财政投入、提高保障水平、分步组织实施"的基本原则，将农村义务教育全面纳入公共财政保障范围，建立中央和地方分项目、按比例分担的农村义务教育经费保障机制。明确"从 2006 年开始，全部免除西部地区农村义务教育阶段学生学杂费，2007 年扩大到中部和东部地区；对贫困家庭学生免费提供教科书并补助寄宿生生活费。免学杂费资金由中央和地方按比例分担，对贫困家庭学生免费提供教科书的资金，中西部地区由中央全额承担，补助寄宿生生活费资金由地方承担"。关于义务教育免费的实施情况，我们首先关注的焦点自然是学校的收费情况，这也是此

---

① 作者：熊英，华中师范大学教育学院教育学原理专业 2009 级硕士研究生。

政策实施效果的最直观体现。

(一) 当阳市相关部门的要求

在当阳市教育网上，笔者查阅到最初与义务教育免费政策相关的资料是对教科书退费的通知。《关于认真做好2007年秋农村义务教育阶段免费教科书退费工作的通知》中详细罗列了纳入退费范围的国家课程教科书科目，并对退费工作进行了具体要求。从通知内容看操作的规范性和透明度要求还是很高的。

2008年2月，当阳市财政局、当阳市物价局、当阳市教育局联合下发《关于规范2008年春季中小学校收费行为加强教育收费管理的通知》，做了如下规定：从2008年春季学期开始，全市义务教育阶段中小学在免收杂费的基础上，免收教科书费，只允许收取住宿费和伙食费两项。其中住宿费只能向自愿在校住宿的学生收取，而且由政府财政资金建设的学生宿舍，不得收取住宿费，所需相关费用从学校公用经费中列支。住宿费标准为：初中60元/生/期，小学50元/生/期（保育制小学60元/生/期）。伙食费也是向自愿在学校就餐的学生收取，不准强迫。学校为学生提供的饭菜按成本定价……并将赢利和节余部分全额退还给学生……进城务工农民子女在城市义务教育阶段学校就读的，与所在城市义务教育阶段学生享受同等政策。到指定的学校就读，免收借读费。另外，取消义务教育阶段收费政策规定之外的所有收费项目，其合理开支纳入公共经费支出范围。

1. 各中小学校除收取规定的住宿费和伙食费外，其他收费（包括教辅材料费、空白抄本费、寒暑假作业本费、校服费、保险费、体检防疫费、电影费、自行车停放费等）都不列入学校收费项目，其费用按照学生及家长自愿的原则，由提供服务的有关部门收取，提供服务的部门和单位一律不得在校园内举办此类活动并收费，学校和教师一律不得参与或组织此类活动并收费。严禁向农村义务教育阶段学生预收教科书费用，严禁组织向学生统一收费征订各种教辅材料，学校不得再以任何名目向学生收取涉及教材和其他学习用品的一切费用。

2. 学校必须免费为在校学生提供开水，相应的费用纳入公共经费支出范围。不得强制向学生提供纯净水（矿泉水、蒸馏水）、课间餐、豆奶（牛奶），并强制收取费用。

3. 学校不得向学生收取补课费、晚自习费、电教（多媒体）费、小班费、试卷费、补考费等费用。

4. 学校所有规定的教学内容必须纳入正常课堂教学之中，不得举办或参与举办各种提高班、补习班、特长班、竞赛班等并向学生收费。

5. 取消各种服务性收费项目，如搭伙费、饮水费等，相应的合理支出应纳入公用经费开支范围，不得向学生收取。

6. 在教科书之外必须让学生接受教育且免费提供有困难的专项读本、教学参考必需的教辅材料，由学校根据教师的教学需要少量购买，存放在图书馆（室），供学生借阅，轮流使用，所需经费从公用经费中开支，不得另行向学生收取费用，学校不得要求学生人手一册。

7. 学校不得以民办或改制的名义举办"校中校"、"校中班"向学生收取费用。

（二）收费的实际情况

1. 关于学杂费。从调查的情况来看，当阳市的中小学基本上实现了上文通知的要求。近 40 户家中有学龄儿童的受访农户都表示，学校确实已不收取学杂费，此项费用的免费确已落实。对此项政策的满意度达到了 100%，与税费改革、合作医疗并列为农户最欢迎和满意的惠民政策。

2. 关于借读费。走访发现，曾经在当阳市中小学中存在久矣的借读费，也确实已经取消。在受访户中，恰有一名王店村村民，由于长期在当阳城区做瓦匠，为了方便就近照顾孩子，并且觉得城区教育条件更好，将其本应在王店镇中学上学的儿子转学到了城区玉泉中学上学。据他介绍，手续并不复杂，联系好接收学校后，拿到他们开具的转学联系卡（一式两份）到转出学校签字盖章，领取学籍卡和评价手册，这个时候要留存一份联系卡，然后拿另一份联系卡和学籍卡、评价手册到接收学校报到入学就可以了。当然在他入学前，接收学校会组织统一的摸底测试，然后进行分班。该生在玉泉中学就学期间未付任何借读费。

3. 关于住宿费和伙食费，王店镇在校住宿的小学生每月需交 135/月的生活费，生活费里包括了他们的住宿费和三餐的费用。而对于住校的初中生来说，除了他们 170/月的生活费，每学期还要单交 60 元的住宿费。也基本符合通知精神。

4. 关于书本资料费。调查中发现有较大出入的是书本资料费和补课费。访谈时一名刘姓农户的女儿刚好初中毕业，她介绍初三下学期共花费资料费上百元。实际情况是学校老师会提出建议，由学生自愿购买。当然出于复习应试的需要，几乎所有的同学都会购买。而该生也表示，所购买的资料确实都发挥了作用。

调查中，老师觉得十分难以把握分寸。一位老师表示，为了提高学生的学习成绩，教科书之外的习题集、辅导书肯定是有必要的。而学生和家长可能没有时间也没有足够的鉴别能力。她出于帮助学生的目的，跑各家书店，看形形色色的相关资料，挑选比较优质的向学生推荐。花费不少个人时间和精力不说，还有人怀疑她是否收取了回扣，甚至有同事会遭到乱收费的举报。对此她觉得十分委屈。

笔者发现，这种现象在许多地方都存在。关于这一矛盾，家长方需要理解的是义务教育免费并不等于再不需在子女教育上做投资，必要的支出仍是不可少的。而学校和教师则更应慎言慎行，确实避免强迫收费。

5. 关于补课费。虽然通知中明令禁止学校或者教师开办任何形式的补课班收取费用。但是实际情况并不乐观。调研期间，笔者在访谈一位马上要上初二的女生小雨时，问她不要学费是不是省了很多钱，她说其实补课费交得更多。她一学期要交450块补课费参加班主任老师办的数学补习班，另外还在外面的培训机构参加了英语补习班。班里共50多人，有至少1/3的学生参加了数学补课。补课的时间是每周六、周日的下午，一次2—3小时。地点是班主任老师租的其他老师的房子。因为学校统一换铁桌椅，原来的旧木课桌都被烧掉做饭，老师就弄了一批过来当她们上课的桌椅。补课形式主要是老师给她们提供资料，让她们做题，然后老师讲题。她说有很多东西老师只在补课时讲。小雨很健谈，聊天时笔者未加任何引导，可见外界热议教师有偿家教现象并非危言耸听。

综上，当阳市的中小学收费情况，应该正如2010年9月该市教育局局长刘逊求同志在全市教育系统创先争优活动暨民主评议政风行风工作动员会上讲话时指出的一样，"应该说，我市各学校办学行为还是比较规范的，但是，总有个别学校、个别教师在办学行为上我行我素"。他要求结合行评，要突出解决好的问题就包括：坚决杜绝各种形式的乱收费，如变相推销资料，变相推销学习、生活用品，以学生组织的名义复印资料，代理推销保险等。严禁各种名目的有偿补课行为，任何学校不得组织任何形式的收费补课，不得将校舍出租个人办班补课，任何教师不得参与民间组织的办班补课，不得组织动员学生参与社会培训。

二 免费后义务教育经费有保障吗

如果说免费政策已在相当程度上实施到位的话，那么人们不免担心，义务教育的经费是否有保障，学校的办学能力会不会受到影响？笔者也就此问题进行了相关调查。因为正值暑假，未能找到学校相关负责人，所以此部分仅能通过当地教育网的信息来说明。

（一）相关制度的制定

2006 年 9 月，由当阳市政府分管教育的领导带队，组织市教育局、市财政局、市编办等有关部门负责人到恩施市、巴东县两地实地考察该地新机制改革工作，草拟了当阳市新机制改革实施方案。市政府办公室批转了市教育局、市财政局关于《当阳市义务教育经费保障机制改革实施方案》。2007 年 2 月，市政府召开义务教育经费保障机制改革动员暨培训大会，新机制改革工作正式启动。

在实施义务教育经费保障机制改革中，一是按要求全部免除义务教育阶段学生杂费，建立贫困学生资助机制。二是提高义务教育中小学公用经费保障水平，严格按照分项目、按比例分担义务教育经费的要求，将应该由市里分担的义务教育经费全额纳入财政预算，不留缺口。同时，原预算安排的义务教育公用经费继续安排教育使用，不搞"上进下退"。三是建立义务教育中小学校舍维修改造的长效机制，市政府承担中小学建设全部责任。四是确保教师工资按时足额发放，农村义务教育教师绩效考核补贴全部发放到位。五是规范新机制财务管理，由市教育局、市财政局、核算点共同做好校财务管理"工作。

同时还配套发布了自 2007 年 1 月 1 日起实施的《当阳市农村义务教育学校财务管理实施细则》，对规范新机制下的财务管理工作做了详细的规定。对保障制度中特别提到的公用经费的管理，当阳市也出台了《当阳市农村义务教育学校公用经费管理实施细则》，同样是2007 年 1 月 1 日起实施。细则中明确公用经费的资金来源和公用经费开支范围，同时，对各种开支的使用进行了明确的规定。

（二）具体实施情况

当阳市关于义务教育经费保障机制的制度建设已相当完善，具体实施情况如何呢？当阳市教育局党委书记、局长刘逊求在2010年教师节座谈会上讲话指出，近年来，当阳市把推进义务教育均衡发展作为当前教育改革和发展的首要任务已稳步推进。进一步完善义务教育经费保障新机制，加大政府对教育经费的统筹力度，全面保障教师待遇政策落实到位，成为全省首个由政府偿还完毕"普九"债务的县（市），每年投入资金3000多万元用于改善办学条件，目前全市已有17所初中和34所定点保育寄宿制小学创建成为宜昌市标准化初中和保育寄宿制合格学校，公平教育理念和均衡发展态势在当阳已经显现。

根据笔者搜集的数据，近年来当阳市在义务教育经费保障方面的具体工作非常扎实，主要表现在：

1. 关于按要求全部免除义务教育阶段学生杂费，建立贫困学生资助机制。2009年当阳市共计免除义务教育阶段学生杂费1385万元。国家免费发放教科书40323套，共计490万元。按照小学人均500元、初中750元的标准为7259名义务教育阶段贫困寄宿学生补助生活费480万元；利用彩票公益金、建行成长计划资助537名普通高中贫困学生，资金54万元；落实中等职业学校国家助学金，资助中职学生1732人，发放资金130万元；为417名学生办理了普通高校经济困难学生生源地信用助学贷款，合同金额240万元。在全市建立起了涵盖义务教育、职业教育、普通高中教育、大学教育在内的资助体系。

2. 关于提高公用经费保障水平。2009年当阳市义务教育中小学按要求补助公用经费1385万元。为全市义务教育2605名教师兑现绩效工资，全年增加经费支出1852万元。提高抚恤对象抚恤标准，增加民办教师退养生活费补助，编制2010年部门综合预算人年住房公积金由650元提高到2400元，全面保障教师待遇政策落实到位。

3. 关于统一预算管理。当阳市教育部门预算实行"二上二下"的基本程序，"一上"是各预算单位向财政部门报送本部门预算编制草案，"一下"是财政部门向各单位下达审核确认的预算收支控制数。"二上"是各单位根据财政部门下达的预算收支控制数调整本单位的收支预算草案，"二下"是市直部门预算经政府审查，并报人大审议通过后，市财政局按《预算法》规定在一个月以内批复到主管部门，主管部门在财政部门批复预算 15 日内批复各单位预算。单位全年按预算执行，没有特殊情况一般不得调整预算。2008 年 11 月 20 日，教育经费部门完成 2009 年综合预算，全年共预算教育经费收入 17695.6 万元，其中财政拨款收入 13324.4 万元，中央、省补助收入 1251.6 万元，非税收入、事业收入和其他收入 3119.6 万元。财政拨款收入和上级补助收入占教育经费总收入的 82.4%。[①] 2009 年的教育经费部门综合预算执行人员经费全额纳入财政保障体系、预算不留缺口的方式，全市教育系统财政供养人员 5590 人，预算人员经费 10282.2 万元，其中在职 3657 人，人年均工资收入 23623 元，义务教育阶段的教师人年均工资 26023 元。离休 11 人，人年均工资 42205.8 元，退职退休人员 1922 人，人年均工资 20121 元。省资教生 22 人，预算工资 37 万元，人年均 16815.5、退养民办教师 109 人，预算生活费 49.3 万元，人年均 4524.6 元。公用经费预算中义务教育免杂费和补助公用经费不分城市、农村小学生年 315 元，初中生年 515 元，全年预算公用经费 1384.6 万元，这些钱是义务教育学校保正常运转的，不得用于发教职工津补贴、不得还普九债务、不得用于搞大型基本建设和大型设备的购买。所有预算经费中不包括农村初中改造工程、农村寄宿制学校改造工程、义务教育校舍维修长效机制、义务教育免教科书和补助贫困住宿生生活费、高中学生困难资助、职业高中学生国家助学金和各项专项经费。[②]

4. 关于义务教育中小学校舍维修改造。之前由于中小学建设投入不足，当阳市内校舍破烂不堪的现象随处可见，尤其是"普九"期间建设的房子都到了不维修改造不能使用的程度，有的甚至威胁到师生的人身安全。2008 年当阳市全年共投入维修、改造、建设资金 2710 万元，其中财政资金 1400 多万元，教育局多方筹集资金 1300 多万元，分别为 34 所学校进行了维修、改造和建设，消除中小学校危房改造、改善学生饮水难、就餐难、如厕难的问题。其中投入 1250 万元对 5 所初中、12 所小学按照 10 年内不再投入、无需改造、不落伍的标准进行彻

---

① 沈永仕：《2009 年教育经费预算"一上"工作结束》，当阳教育网，http：//www.dye21.cn/article/2008/1121/article_974.html.

② 同上。

底地维修、改造、新建，当前建筑已能满足现有师生工作、学习、生活之所需。

（三）执行过程中存在的主要问题

在实际操作中发现，当阳市义务教育经费保障机制执行过程中仍然存在一些问题，按照当阳市教育局下发的当教发〔2009〕3号文《关于进一步完善义务教育经费保障机制实施方案》披露，主要表现在以下几个方面：

一是不能严格执行部门编制的预算，在执行过程中调整的幅度较大，预算内容的指标要求执行不到位。

二是核算点在财务报销的手续审核上不够严格。有白条入账；没有审批的原始单据入账；报销据单未盖"审核"、"附件"章入账；附件不齐的原始单据入账等现象。

三是会计科目使用不当、叙述不清。核算点有预算内支出记预算外的、预算外支出记预算内的、有用预算外经费发教师津补贴后记办公费支出的、有错用发改委资金科目的、有收取水电费记收入的、有购买固定资产不同步登记固定资产账的、有记账凭证摘要叙述不清的、有实行零余额账户以后还继续使用"银行存款"会计科目的、有把电脑耗材记成印刷费的、有将书刊社的支教经费记上级补助收入的、有将补助贫困生生活记财政补助收入的等现象。

四是财务手续环节不规范。有把发给教职工的个人经费由报账员一人打领条领取的、有退休人员领取公积金后不同步登记应收款和专用基金的、有取款凭证和原始单据不对应的、有外出学习报会务费后再回单位报出差补助费的、有个人借款只登记到单位没有登记到个人的、有拨款单没有签名盖章的等现象。

五是会计基础工作不到位。同一个会计制的表有的是竖的有的是竖的、有表格大小不一的、有原始单据的折叠装订不规范的、有凭证装订顺序颠倒的、有会计凭证封面填写不完整的、账簿没有附目录的、有经费分配记录没有保留的、有会计出纳按月对账不办手续的等现象。会计档案工作与市教育局关于印发《当阳市教育系统会计档案管理办法》的通知（当教计〔2006〕6号）要求都有一定的差距。

三　政府承担"普九"债务——当阳市义务教育经费保障的亮点

作为全省首个由政府偿还完毕"普九"债务的县（市），当阳市政府在这个工作上体现了高度的责任感和极强的工作力度。当阳市已于 2008 年 8 月彻底还清了"普九"欠债 3010 万元。2008 年 3 月 1 日，《经济观察报》上发表的杨光的《湖北当阳：普九欠债政府担》一文，详细介绍了当阳市清欠工作。

90 年代初推广普及义务各地兴修学校，加上 1988 前后的生育高峰，导致了该市入学、办学高峰。1994 年最多的时候，整个当阳市幼教达到了 275 所、小学 251 所、初中 24 所，在校学生最多时可达到 10 万人。而 2009 年统计数据，当阳市目前各类中小学校 63 所，中小学校在校学生 46009 人，当时的盛况可见一斑。大面积办学、兴修土木的直接结果是大范围欠债。当阳市截止到 2003 年底，经核查认定的"普九"欠债总额达 3010 万元。当时学校和乡镇政府曾寄希望于靠收取农村教育附加来偿还欠款。但是随着中央政府全面减轻农民负担政策的出台，农民教育附加于 2002 年被废止，向农民集资也随之被中央政府叫停。没有了这两笔资金来源，校舍建设很快陷入了僵局。困难之下，债主与学校关系日益紧张，封堵学校厕所等事件时有发生，更有 5 位校长被告上了法庭。

2002 年，当阳市政府对全市 114 所中小学校实行债务清理锁定，将中小学债务从学校剥离出来，债权划至财政局、教育局名下，以财政直接支出的方式为这些学校还债。涉及的债权人达 950 个，债务最多的债权人就有 159 万元，最长负债时间已历时 10 年。

据当阳市财政局副局长熊元静介绍，自 2002 年债务剥离开始，市财政局每年拿出 500 万元用于偿还"普九"欠债，这笔债务支出则直接从一般性财政预算中直接支取，以直接支付的方式划入债权人的银行账户，每年的 8 月份是支付日期。

熊元静强调说，当阳市财政承担起的"普九"欠债工作，并非局限于"普九"期间产生的债务，而是将之前所有阶段的一切债务都承担了下来，共计 3000 余万元。化解欠债的同时，政府严格警惕出现新的债务。当阳市政府对今后的学校建设资格作了要求并提出了一系列认证体系。当阳市副市长魏雪莲说，以前学校建设没有准入门槛，一个协议一句话就可以施工，造成了很多隐患。而根据当阳市现在的规定，小学1000元、初中1万元、高中5万元以上的投资需上报市财政局、教育局审批，小学1万元、初中2万元、高中20万元以上的项目需报市政府审批。凡是不按程序报批的，一律不安排资金，并不得列支。

四　简单结语

义务教育免费是一项利国利民的好政策。不可否认的是，任何政策的执行和完善都不可能一蹴而就，而必须是一个历史的过程。义务教育免费也不例外，它需要政府、社会、学校、家庭各方力量的相互配合，交互作用，以建立良性的运行机制。

可以看到，湖北省当阳市围绕国家义务教育免费的指示精神，发挥政府的导向和调控作用，开展了切实的工作，也取得了令人瞩目的成绩。当阳市已连续多年适龄儿童入学率达到100%，2009年初中毕业生升学率达96.2%，九年义务教育完成率达99%（数据引自《2009年当阳市国民经济和社会发展统计公报》）。特别是政府完全解决了学校的历史欠债问题，实属不易。但我们也不可忽视目前仍然存在的关于制度执行细节不规范、个别学校、教师对要求阳奉阴违的现象。正视问题，解决问题，才有可能获得更好的发展。

而解决这些看似细枝末节、个别的问题，必须深挖其背后的政治、经济、文化背景，发现基本原因，并由政府引导、健全制度、提高意识、加强管理、人民群众普遍参与、社会舆论广泛监督，才有可能从根本上解决。这是一项庞大而深刻的改革任务，将比经济债务的偿还更为不易。而这类问题的解决，也必将给当阳市的义务教育带来更令人振奋的发展。

现代化背景下对农村教育的反思

——一个偏远山区村庄的教育现状①

一　前言

（一）问题的提出

在探讨农村教育之前，首先要思考一个问题：究竟什么是农村教育？谈论农村教育的起点是什么？是立足于"农村"来谈农村教育，还是立足于"教育"来谈农村教育？这表面上是一个问题，实质上却是两个截然不同的关注视角：以农村为中心的关注视角是，与城市教育相比，农村在办学条件、学习保障、生均经费、升学率、失学率等方面的差别；以教育为中心的关注视角则更进一层，那就是农村教育究竟何以显现为农村的教育。

这两种关注构成了关注农村教育的两个层面的问题。这两个层面都很重要，都需要关注。但到目前为止，大多数学者的立足点更多是在前者，只是把农村作为一个弱势的，需要俯视来关注的，作为地域性差异的农村教育。这样对农村教育的关注是大而化之的，是模糊的。这忽视了发生在"农村"的"教育"究竟是什么，应该是什么的问题。

我们追问农村教育的起点，应该是从"什么是教育"，"什么是好的教育"开始，然后才是"什么是农村教育"。那就是，如何积极有效地促进农村居民的思想成熟，启迪、健全他们的人格，为他们的一生奠定良好的身心基础，使之受到全面、健康、自由发展的教育。它包括两个方面的内容：乡土教育和学校教育。

农村教育是相对于城市教育而言的。当城市和农村之间出现了巨大的社会和经济发展差距之后，城市教育和农村教育之间也出现了明显的鸿

---

① 作者：覃闻斯，中南民族大学公共管理学院行政管理系2007级本科生。

沟。农村教育本应成为促进农村发展，实现城乡均衡发展的重要推力，但其本身的不足，却成了阻碍农村发展的一个重要因素。在这种情况下，农村教育就受到了学术界的高度关注。

农村教育发展的时代背景是什么？是现代化。实现中国现代化的关键在于农村的现代化，而农村现代化的关键则在于农村基础教育的现代化。自2005年我国开始实施基础教育经费保障新机制以来，农村基础教育发生了很大的变化。但是我们还需清醒认识到，农村基础教育的发展程度还很低，发展很不平衡。在办学条件、师资水平等方面，农村与城市比较，都存在着很大的差距。

我国民族地区大多处在经济社会发展程度较低的农村，民族地区现代化是农村现代化的重要方面。民族地区农村教育的研究，对促进农村教育均衡发展，实现教育公平目标，具有重大的理论意义。本文从农村基础教育出发，来探讨农村现代化的问题，为国家和地方政府制定教育政策提供参考，同时也为民族学、社会学、教育学等学科的研究内容提供有益的补充和拓展。

（二）研究的视角

农民的生活，确切地说是农民的经济生活，是农民做出选择的基础。要理解农民的需求和他们所做出的选择，就需要从他们的经济生活中去寻找原因。不对农民的经济生活进行详尽的考察，对于理解农民的选择而言是不完整的。笔者认为，采用这样的视角，才能更好地认识和理解研究对象背后的社会文化理性和社会文化意义。

在研究中，笔者思考了除经济因素之外的，诸如思想观念、社会性别等农村社会文化背景。这些观察和思考，不同于以往对农村教育的多数研究——从政府和基础教育管理人员的视角来看问题。而是以村落当事人的眼光，自下而上地，从受教育群体（包括受教育者及其家庭）的视角来思考这些问题：那些发生在农村学生身上的教育究竟是如何展开的？问题究竟是什么？什么样的教育才是对农村而言是真正好的教育？

此次研究主要是通过与村干部、村民进行开放式的访谈和交流，在通过参与观察所获得的感性认识和理性认识的基础上，辅以问卷调查，来认识和了解所研究的对象的。采取这种方式，是为了克服"以研究者为中心"的研究倾向，以减少研究者的社会文化偏见。

（三） 个案的选取及其研究价值

普村是一个纯彝族村，地处川西南大凉山区。普村距离县城 5 公里，属于城郊村。全村共 467 户，1764 人。由于普村所在的县资源比较贫乏，县域经济辐射能力差，村里全年在外务工人员约为 220 人，且基本上是到县城以外其他地区打工。村民普遍较穷，但生活较为安逸。普村处于自给自足的经济阶段，村民以种植业为主，辅以养殖业补充生活支出，农产品商品化率很低。

本文的研究是建立在普村个案的研究基础之上的。因此产生这样一个问题：如何能够根据这一个案的事实来提炼超越个案事实的结论？进一步说，这些建立在短期调查、个案事实基础上的结论具有怎样的普适性和推广性？在《江村经济》中，费孝通曾用"类型"这一概念做过回答。他认为，复杂的社会往往由许多类型组成，每个类型都可以通过一个典型的个案加以代表。在相同的经济和社会条件下形成的类型，就会具有相似性。通过对不同个案所代表的不同类型的解剖，就可以实现对社会总体的了解。

本文是建立在对普村的个案研究基础之上的，但主要目的并不在此。本文的目的在于，通过对基于普村个案事实的观察和描述，来发现那些影响中国农村教育，更确切地说是影响农村教育的普遍性问题。因此，笔者在进行观察和思考的时候，将主要的注意力放在那些具有普遍性的问题上。同时本文也并不强调某些事实的个案属性，而是将它们看做是具有更大代表性的事实。

二　普村的社会文化教育现状

（一） 高入学率与低完学率的反差

2006 年国家开始在农村全面实行九年义务教育，免除所有学杂费的政策。普及义务教育是教育发展的重中之重，我国有两亿多中小学生，其中的 80 ％是在农村。国家每年将新增教育经费主要用于农村，用于新建中小学校舍和改造危房，改善农村的办学条件，使农村和边远地区的孩子能够享受到城市的优质教育资源。农村的办学条件与农家子弟的入学，逐渐获得了坚实的经济基础。

普村有 467 户人家，在校的小学生一共有 268 人，小学教师有 24 人。适龄儿童的小学入学率也达到了 100 %。但与此形成强烈反差的是，他们各科成绩考试的及格率非常低。与此同时，笔者在访谈时发现，家长对孩子的学习并不关心，而且几乎没有要求。其结果是村里孩子小学毕业后能考上，或者想继续上初中的很少。

家长对孩子上学没有过多的期望。因为送子女上学对他们来说并不是源自内在的需要，而是自上而下、自外而内的强制性规定——因为如果不送孩子上学，根据上级要求而制订的村规民约，他们将被罚款。笔者在对农户进行访谈的时候发现，农户家庭成员的受教育水平普遍不高，绝大多数村民只是小学毕业，甚至从来没有进过学校，初中以上学历的村民屈指可数。

（二）经济贫困导致的上学难问题

普村教育问题产生的原因，首先就是经济贫困。笔者在调查过程中，就观察到当地教育的现状，向许多人讨教过原因。大多数人都是认为这种现状是当地落后的经济状况造成的。这也是农村教育滞后最根本原因。

陪同调研的村干部给笔者算了一笔经济账。在当地，人们的主营是种植业，兼营养殖业和其他副业。种植业产出的土豆、玉米和其他杂粮充当人们的主食，也用作牲畜的饲料。偶尔也用自家多余的土豆或玉米换些稻米，改善一下主食结构，粮食基本上是不卖的。家里养的猪、鸡等畜禽，主要也是用来满足家庭的肉食需要。由于养殖业只是种植业的附属产业，仅限于家庭经营，饲养也都采用传统方法，而用于出售的非常有限。值得指出的是，村干部提到过，村里有人尝试办养猪场、养鸡场，但是都由于种种原因没有成功。村里的青壮年男子在农闲的时候也有外出打工的，但大多局限于本县或者本市。据村干部介绍，这些外出打工的村民一般都只是能养活自己，没能攒下什么钱。一是因为他们挣得的钱不多，二是因为外出打工的日常生活费用也比较高。尤其是男青年，吃得又多，还要抽烟、喝酒、玩耍，除去这些开支就基本没剩下什么钱了。只是能出去见见世面，回来时能给家人带点小礼物而已。倒是女青年知道顾家，挣到的钱都尽可能攒着用来补贴家用。值得指出的是，当地的风俗，无论是男女老幼，都很能喝酒。很多闲暇时间都是靠喝酒来打发。

经济来源很少，而教育费用对于当地村民而言，这是很大的一项支出。虽说国家减免了义务教育阶段的学杂费，但是中专、高中阶段的学杂费，再加上日常的生活开销，对于普通村民家庭而言也是难以承受的。以普村为例，在笔者调查期间，村中就没有在读的高中生，只有 5 位初中毕业后正在读中专的学生。按照国家规定，就读中专的免除学费，但是每月生活费也不下 400 块钱。在当地，一个小家庭（即核心家庭）往往有 2—3 个孩子。一旦家中既有初中生，又有小学生的时候，家里常常是难以负担的。一个农户想供孩子上学，其家长就必须要有坚强的信念作支撑，做好几年吃苦的准备。而在不能同时供几个孩子上学的时候，年长的孩子就要被迫辍学。如果年长的是女孩，那就更可想而知了。因此，在经济条件不允许的情况下，一般家庭的做法是，等年长的孩子会认常用字和简单计算，并且身体也差不多长成能帮家里做农活了，而小的孩子也该上学了的时候，让大的辍学，小的上学。在这种情况下，就产生了"入学率高、辍学率高和完学率低"的现象。

（三）适龄女童的入学难问题

关于适龄女童上学难的问题，一直是农村社会的"通病"。一方面，由于传统观念的影响，女童上学似乎就是一种奢望；另一方面，女童入学后，传统观念的负面作用，也制约了女童接受教育和自我发展。

本来，就现代教育而言，妇女接受教育具有极其重要的意义。但是在村民们看来，女儿总是要嫁人的，终归要变成别人家的人。男孩能光宗耀祖，发家致富，而女孩是过渡成员，迟早要嫁出去。送女儿上学不仅损失劳力，增加经济负担，最后还会成别人家的媳妇，是不值得的。由于这种"传统观念"的存在，导致了整个农村社会对女童教育的冷淡和忽视。笔者在调研时就遇到一位女孩，16 岁才在上小学四年级。而早婚也是适龄女童入学难的一个重要原因。农村女性 18 岁结婚的现象，在村民眼里是司空见惯的事。更有甚者，有的认为女孩年龄大了，嫁人就不好嫁了。很多女孩上学到一定阶段就被强制叫回家，帮家里干些农活，到一定年龄就出嫁，这样不仅可以减轻家里的负担，嫁出去了还能给家里带来经济效益。因此，不送女童上学成为了家长理所当然的选择。

不过随着近年来村里越来越多女青年与外来人口结婚，或经介绍嫁到外乡、外县，村里一些人才觉得送女孩子读书，学习外面的知识，会给她们嫁到外地提供方便，从而增强了女童入学的趋势。笔者认为，村民的这一考虑，很可能成为他们今后是否送学龄女童上学的一个新的考虑因素。

三　村民心中的学校教育

（一）乡土教育与学校教育的分离

对于村民们而言，学校所传授的科学文化知识，只是他们生活之外的，很陌生、很遥远的知识。这些知识与他们的生产、生活没有直接关系，难以产生实际的意义。对于将来注定要继续在乡土社会讨生活的村民来说，能认字识数就已经满足了农村生活对知识的基本需求。他们认为，父辈们都没有进过学校，但是他们仅凭在乡土教育中学到的生产、生活的技能，不也是照样能够在乡土社会里从事生产劳动和过日子吗？

当然，村民们也承认，读过书的，特别是有较高文化水平的村民，在对新事物的理解和接受程度上都要明显好过没有文化的村民。只是由于资金、技术和传统阻力等多方面因素的制约，他们的优势没有充分发挥出来。对村民而言，在现实生活中，没有文化，更确切地说是没有上过学，给他们带来的最大痛苦，无非是当他们走出自己家乡，到需要用汉语和汉文进行沟通和交流的地方的时候，引起的极大不便而造成的困难。但是，据笔者同村民的访谈了解到，绝大多数村民没出过县。因此，这种困难对绝大多数当地村民来说，都是他们未曾亲身经历过的。

学校里学的知识，从语文、数学、外语，到理化生、政史地，科目倒是很多，除了帮家里算算经济账之外，其他知识或者因为太基础，或者因为离农村的实际需要太远，真正能用得上的微乎其微。家境好一点的在家里开个小卖部，或者到县城进修当农村卫生员等。可是这几条路后来都行不通了。村里一共 1764 人，小卖部就有了四五个，已经基本饱和了。村民们手头又没什么钱，动不动就赊账，弄得小卖部连进货的钱都没有。村里医务室也有了，人手也饱和了。对于多年没走出农村的村民来说，上学不仅花费了家里不少钱，学到的知识也没能给家里带来多少益处。

因为这些原因，那些读完初中或者中专的不甘心在待在村里无所事事，也不忍心靠父母养活。于是，外出打工成为他们的主要选择。可是出去了才知道，初中文化在自己村子里还算是高学历，但是到了看重学历文凭的城市里，他们的学历什么都不是。结果也只能在私人小厂和建筑行业里寻求从事简单体力劳动的工作。这些工作不仅很辛苦，工资还没有保障，经常被克扣和拖欠。他们中的许多人最后也不得不游走在城市和农村之间，找不到安全感和归属感。

（二）"学优则仕"与"读书无用"的矛盾

几千年传承下来的"学而优则仕"的观念，对农民来说具有"学而优则非农，学而优则市民"的实践意义。"学而优"的农村子弟被源源不断地从农村"发掘"到城市中去，成为城市发展所需的人才资源。

如今，国家取消大中专毕业生的就业分配制度，将就业问题逐步推向市场。但受制于户口制度、就业市场的供求关系，以及招聘制度的不完善，权力和"关系"的经常介入，不时会发生舞弊或者不公平的现象。而这些现象在"山高皇帝远"的偏远地区更为突出。对此，村民们一方面是憎恶，另一方面却适应或者利用。人们逐渐摒弃"学而优则仕"的观念，利用各种机会寻求关系，相信"读书无用"，并大力付诸实践。

在调研过程中，常常听到村民们反应：他们相信读书可以改善生存状况，改变社会地位。但是无权、无钱和无势，学而优也难以为"仕"；而有权、有钱和有势，成绩再差也可以升天。因此那些自认为无权无势，缺乏"关系"和钱财的农民家长，多不支持或者放弃为其子女选择"学而优则仕"的道路，以减少因期望破灭而造成的"损失"。笔者曾问及大队干部村中小学的情况。他的回答是村民自感到无权无势，"上面"也无"关系"，读好书了也找不到好工作，所以不愿送子女上学。特别指出的是，该村是此村委会所属自然村中离县城、小学最近的村之一。

经济贫困的现实与教育需要的高投入之间的反差，再加上现实中教育投入与产出之间的反差，使他们难以有与大多数城镇居民相同的对子女的受教育期望。对他们来说，既然最初勉强为子女上小学、中学支付了学费、生活费，最终也会因为经济拮据而不得不停止。既然大学的门槛那么高，城里人的身份又那样遥不可及，为什么还要花那么多的冤枉钱呢？在这种情况下，村民们不得不对教育做出了符合自己实际的选择——不论教育制度设计得多么完美，我只选取符合我实际需要，又能承受得起的部分。

（三）理想破灭之后的身份困惑

学校教育，在村民的心中被赋予了一种完全不同的意义。在他们看来，学校教育是一种能够改变其未来社会地位的途径而存在的。学校教育的意义首先在于能够帮助他们获得一种较好的谋生方式，而较好的谋生方式也就意味着较高的社会地位。① 对农村学生和家长来说，是否从学校教育中受益，就是能否走出农村成为干部，成为"挣工资的"城镇居民。除此之外，他们从来不认为，也从不奢望基础教育能给他们带来更多的益处。

笔者所调查的普村，自 20 世纪 90 年代以来，该村共出现了 4 位大专以上毕业生，15 位中专毕业生。陪同笔者调查的村干部，就是初中毕业后回村里担任大队干部的。"学而优则仕"的观念，构成了农村家长选择是否送孩子上学读书的经济因素之外的社会文化理性和实践策略。而如今国家取消对大中专生的毕业分配制度，无权、无势、缺乏社会关系的村民通过"读书改变命运"的观念动摇了。

在以考试成败论英雄的教育选拔机制下，未能成功地通过考试走出去的农村学生，往往都有一种强烈的失落感、挫败感，甚至有对父母、家庭的负罪感。随后更多的则是对农村生活的不适应。"他们是已被知识和城市生活动员起来的人，已经具备了城市生活的强烈愿望和基本能力，重回乡土对他们无异是一种精神酷刑。"② 多年的学校生活和现代知识的熏陶，使他们看不惯农村的脏和乱，听不惯鸡鸭猪狗嘈杂的叫声，过不惯父辈们那种被他们贬斥为"原始"和"落后"的生产和生活方式，可是他们又不知道该如何去改变这种状况。

在当前城镇就业市场紧张，就业环境比较差的情况下，那些自认为上了学就可以不待在农村，不当农民的村民往往会因为找不到城镇工作而出现严重的省份困惑，促使他们产生宁愿在城镇当无业游民，也不愿意回到农村从事生产劳动的想法。不少人因此误入歧途，染上不良的习惯，最后做出一些违法乱纪的行为，造成对个人、家庭和社会的危害。一些未成年人偷窃、抢劫、吸毒、犯罪的现象也就由此而生。

通过对农户的调查访谈，我们可以看到，村民不愿意孩子读书的原因

① 参见王一涛《农村教育与农民的社会流动——基于英县的个案分析》，社会科学文献出版社 2008 年版。

② 参见李书磊《村落中的"国家"——文化变迁中的农村学校》，浙江人民出版社 1999 年版。

是多方面的：既涉及对经济、社会腐败之风的疑虑，也涉及包括社会性别、婚姻制度和家庭延续等在内的社会文化问题。对于村民消极冷漠的态度，很多研究者都归咎于村民们只图眼前利益的短视和缺乏远见的小农意识，却很少考虑村民们这样选择的实际。应该明白，能实事求是地面对现实，很多时候也是需要有足够的勇气的。

四　对农村教育的看法和思考

（一）被误读的农村学校教育

在以往对教育的评价制度中，"入学率"、"辍学率"等这些指标是最为重要的，"评估"往往被简化为一系列数字。这些数量指标，对于国家教育部门及其有关人员有着十分重要的意义。它们是国家或地方政府教育工作是否有成效的最主要的标志，也是一个地区文化教育发展水平的重要标志。但是，这些数量指标在很大程度上与农村无关，与村民无关——因为它们既不能反映基础教育给农村、村户带来哪些益处，更不能反映村民们的感受。

与城市相比，农村教育的"辍学率高、完学率低"成为普遍现象，一个想当然的解释，便是与"数字"有着最亲密关系的经济原因——农村比城市穷，政府对农村教育经费投入不足，农村学校比城市学校少，农村学校基础设施差，农民比市民穷，送不起孩子上学等——这种机械和僵化的"唯物主义"解释，往往变成了"经济决定论"的最好注脚。在各种媒体，在居于社会主导地位的官员和远离社会实际的知识分子的强势话语中，充斥着他们对上述城乡教育指标差异的武断解释。而受教育者本身及其家长，以及农村居民对上述问题则普遍失语，经济之外的社会文化因素则基本缺失。在相当长的时期内，除了责怪农村贫困、农民思想落后和农村教育经费投入不足之外，我们很少看到有对农村教育的宗旨、导向和与之相关的教学内容的反思，很少有人从社会人文的角度，以及受教育主体（包括学生、家长）的角度，来对这些问题进行研究。各级政府和社会各界几乎都只在经济措施上下工夫，如各种希望工程、助学工程等等。相比之下，对农村教育如何与农村社会发展需求相结合的问题的讨论却远远不足。不因地、因时制宜的农村教育，变成了对城市基础教育的机械复制。实际上，这些"水土不服"的机械复制，才是造成农村教育问题的根本原因。我们对农村教育的关注，不能仅停留在统计数据的层面——尽管这个层面的问题还依然大量存在。

我们必须关注那些作为个体的农村青少年，他们在农村社会与农村教育中的真实生存状态，关注实实在在的农村教育质量。农村学生的健康发展是农村教育的根本目标。如何有效地促进农村学生的全面健康发展，才是农村教育关注视野的核心与根本问题。

（二）农村教育面临的城市化冲击

现代化是一个与城市化并行的概念。现代化的实质就是城市化，或者说城市化是现代化的主导理念。恰恰乡村教育的价值向度是自然的，现代教育对自然的背离直接导致了乡村教育在现代教育中的失序。[①]

长期以来，我国城乡在政治、经济和文化上存在着巨大的差别。绝大多数农村还是以第一产业（种植、农牧业）为主，而城市则是以第二、三产业（工商、服务业）为根基，城乡人口的人均收入比在不断扩大。从农业人口变成非农业人口，在相当长的历史时期以来，一直是我国社会流动的一个重要内容，而教育则是这种社会流动的重要途径。于是乎，农村的学校成为城市文明的"飞地"，成为农村的"异己"空间。这种关系也代表了主流文化与边缘文化，先进文化与落后文化，现代文化与旧有文化的关系。主流、先进、现代的文化构成了强势文化，边缘、落后、旧有的文化代表了弱势文化。这两种文化的流动，构成了不对称关系，即主流文化对边缘文化的强势冲击。在文化空间上则表现为城市文化对农村文化的强力渗透。这种文化流动的趋势，正是长期以来农村教育的一贯导向，它们构成了我国民众社会生活的一个重要的结构背景，也是长期以来我国农村教育的一个重要背景。广大农村被认为是最没有文化的，或者说是处于文明的底层。最需要发展的农村，却是最缺乏发展所需的人才的地方。这些地方的人才，在制度化的教育导向下被城市不断地掠夺着。

在通往现代化的路途中，农村完全处于劣势和被动的地位。为作为现代化代表的城市的繁荣，农村贡献了自己最优秀的智力支援，最强壮的劳动力，甚至是最宝贵的青春给城市享乐。他们获得了什么？他们获得的只

---

① 参阅刘铁芳《乡土的逃离与回归——乡村教育的人文重建》，福建教育出版社 2008 年版。

是在生存与温饱之间的挣扎。在与城市现代化被动接轨的过程中，农村的被动与劣势实际上在一步步扩大。正因为如此，在整个社会现代化的过程中，农村不可避免地边缘化了。

（三）农村教育的人才选拔机制问题

如果说人才资源是经济生产的要素之一，那么通过教育将农村人才资源吸引到城市，则是以往农村教育的重要目的。由此也产生了长期以来人才资源分配不公的制度性问题。农村教育成为农村人才资源的第一道筛选工序。

在经济发展水平较低和中高等教育资源非常有限的长时期里，筛眼之细，使得高达 90% 以上的农村学生被挡在了中高等教育的大门之外。这致使那 90% 只受过小学和初中教育，滞留在农村的农民及其家庭，未能感受到学校教育带来的益处，容易引发身份困惑的问题。如果把每一位受教育者比作未开采的金矿，那么在这样背景下的农村教育，就像以落后、低劣的技术，野蛮地开采金矿一样，不仅出金率极低，而且浪费大量的人力、物力和财力资源。与此同时，它还在提炼的过程中，造成对周围生态环境的严重破坏和污染，并留下了大量的因没有得到很好提炼而被抛弃的有用矿石。农村人才选拔机制，从国家的长远发展来看，这对推动社会发展进步起着不可估量的作用。同时，升学作为农家子弟改变身份，实现社会阶层向上流动的重要途径，对于保持社会发展的动力和维护社会稳定也是十分必要的。但是，农村教育更要为农村社会、经济和文化的发展需要服务。要保证走不出去的绝大多数农村学生，能够学到使他们在当地有所作为的知识和技能。这部分人的知识水平的提高和技能的发展，关系到农村社会经济和文化发展。如果农村教育还无视这部分群体对实用知识和技能的迫切需求，那么村民刚刚被激发出来的对教育的热情就会被扼杀，从而使他们回归到对教育"冷漠"的态度上。在讲求为国家输送人才的同时，更必须为农村社会经济和文化发展的需要培养人才，为"榜上无名"的绝大多数村民提供他们需要的教育服务，使他们不仅"脚下有路"，而且路更宽广。

（四）农村教育的发展定位

在农村教育的发展方向方面，理论界一直存在着"去农化"与

"留农化"之争。很明显，这个争论是受到了陶行知等前辈学者的直接影响。在很多学者看来，陶行知所激烈批评的农村教育"走错了路"，在今天依然存在，因为今天的农村教育依然没有面向农村的生产和生活。

一些研究者对农村教育应该坚持"去农化"方面的观念进行了论证，认为农村教育应和城市教育一样，培养合格公民和为学生升学服务。[①] 与此相反，一些研究者对当前农村教育的"留农化"观点予以捍卫，认为农村教育主要为农村经济社会发展服务，培养新型农民。[②] 他们从各自立场出发，都具有一定的合理性，但也都有其片面性。农村教育作为农村社会的一个子系统，理应为新农村建设服务。但是，农村教育是为农民子弟一生的发展打基础的教育。如果农村教育就是培养新型农民，城市基础教育就是培养新型市民，这显然有违教育公平的原则。农村教育的发展定位，需要综合考虑社会现实背景、农民及其子女的教育需求和农村教育的特点。农民所需要的教育不是高高在上的，而是"活"在他们中间的。农村子弟从教育中获得尊严与意义，教育方可从农村中得到认同，获得尊重，农村也才能从教育中获得活力，维持尊严。那如何才能做到"活"在农民中，活在服务农民的精神中？这就要改变农业、农村和农民不需要知识的认识和环境，就要改变有意无意地只将农村教育作为城市"掠夺"农村人才工具的状况，使农村教育的目的、方向和内容能够以学生为本，以农村、农业和农民的发展需要为主旨。换句话说，农村教育应该因地、因时制宜，以"三农"为本。

特别强调，这不是单纯地培养扎根农村的人才，而是同时包含着为新农村建设和为农村人口向城镇迁移服务的内容，其实质是为解决"三农"问题服务。这既是对当前农村教育只注重培养"去农"人才倾向的一种纠正，也是对农村教育应当立足农村实际的立场的坚持。农村教育的发展，是农村学生毕业出路的现实反映。因此，农村教育要为所有农村学生一生的发展打好基础，就必须考虑到学生的多方面发展。

---

① 阎亚军：《论当前我国农村教育的目标定位——对一种目标定位的质疑》，《江西教育科研》2005 年第 1 期。

② 解飞厚：《基础教育要为建设新农村培养新农民》，《湖北大学学报》（哲学社会科学版）2006 年第 4 期。

五　结语

我们究竟能在何种程度上解决农村教育的问题？显然这是一个十分复杂的问题。就长远而言，农村教育无疑对农村社会发展具有重要的引导意义。但就短期而言，农村教育同时也对农村社会具有很强的依赖性——农村社会的品质会直接制约农村教育的品质。

农村教育问题的整体解决，有赖于教育制度的改善，有赖于整个社会文明的进步，以及农村社会文明的整体建设。我们在关注农村教育的同时，不应忘记农村文化的整体建设——这包括村民组织的建设，农村文化设施的建设，农村文化形式的挖掘和引导等，尽可能地给农村社会以积极健康的文化空间。

因此，农村教育在步入现代化的同时，还要实实在在地面向现实。

中国农民虽然是教育上的匮乏者，但并不意味其文化水平的低下。中国农民的平和悠远、知天认命、宽厚舒展、天道酬勤、自强不息的精神，构成了中华文化的核心。如何激发农村和农民对文字、现代知识和技术的需求，这是一个全面的、系统的农村社会发展工程，其中也包括教育系统和教育工作者，在通过自身的发展，刺激、促进、创造和扩大农村社会发展。而这，也是一百年来，中国农村对教育的希冀所在。

"百村观察"项目 2010 年暑期调查信息表

省区（负责人）	姓 名	学校、院系	年 级	调研点	调研时间
江西（华中师范大学政治学研究院：陈荣卓）	田云辉	华中师范大学政治学研究院	2009 级硕士	江西省吉安市安福县瓜畲乡金溪村	2010.7.19—7.28
	胡雅琼	华中师范大学政治学研究院	2008 级硕士	江西省宜春丰城市梅林镇梅林村	2010.7.15—7.22
	喻琳	华中师范大学政治学研究院	2010 级硕士	江西省南昌县向塘镇浃溪村	2010.7.14—7.20
	但国艳	华中师范大学政治学研究院	2009 级硕士	江西省赣州市宁都县赖村镇邮村	2010.7.23—7.28
	陈月刚	华中师范大学政治学研究院	2009 级硕士	江西省瑞金市沙洲坝镇河坑村	2010.7.21—8.1
	陈林	华中师范大学数学与统计学院	2008 级本科	江西省兴国县长冈乡长冈村	2010.7.20—7.30
	张为波	华中师范大学政治学研究院	2008 级硕士	江西省吉安市永新县里田镇江南村	2010.7.17—7.24

续表

省区（负责人）	姓 名	学校、院系	年级	调研点	调研时间
山东（华中师范大学管理学院：徐增阳；鲁东大学政法学院：纪程；华中师范大学政治学研究院：陈祥英）	张以强	华中师范大学管理学院	2009 级硕士	山东省曲阜市时庄镇小安村	2010. 7. 9—7. 19
	邱志瑶、郭涛	鲁东大学政法学院	2008 级本科	山东省高密市柴沟镇西店村	2010. 7. 25—8. 2
	孙丽、王健	鲁东大学政法学院	2008 级本科	山东省乳山市白沙滩镇常家庄	2010. 8. 1—8. 25
	万磊	华中师范大学政治学研究院	2009 级硕士	山东省龙口市下丁家镇下丁家村	2010. 8. 3—8. 13
	雷舰	华中师范大学政治学研究院	2009 级硕士	山东省微山县张楼乡东丁官屯村	2010. 7. 14—7. 23
	谷永	华中师范大学管理学院	2008 级本科	山东省德州市临邑县恒源街道办事处十里铺村	2010. 7. 14—7. 20
	刘荟	华中师范大学政治学研究院	2008 级硕士	山东省青岛市即墨市环秀街道办事处东柞树村	2010. 7. 21—7. 28
	朱求应	华中师范大学政治学研究院	2009 级硕士	山东省德州市武城县鲁权屯镇西郑庄村	2010. 7. 20—7. 26
	郭生纺	华中师范大学管理学院	2008 级硕士	山东省金乡县鱼山镇寻访村	2010. 7. 14—7. 22
	殷增平	华中师范大学管理学院	2009 级硕士	山东省沾化县大高镇薛家村	2010. 7. 18—7. 25

续表

省区(负责人)	姓 名	学校、院系	年 级	调 研 点	调研时间
山东(华中师范大学管理学院:徐增阳;鲁东大学政法学院:纪程;华中师范大学政治学研究院:陈祥英)	牛仲逸	华中师范大学政治学研究院	2009 级硕士	山东省临沂市莒南县坪上镇厉家寨	2010.7.30—8.9
	刘宁	华中师范大学政治学研究院	2008 级硕士	山东省滨州市博兴县博昌街道办事处乡伏田村	2010.8.10—8.17
	公培超	华中师范大学政治学研究院	2008 级硕士	山东省临沂市沂水县下位镇上里庄北山村	2010.7.15—7.21
	刘贝贝	华中师范大学管理学院	2009 级硕士	山东省济阳县垛石镇金王村	2010.7.16—7.23
	马红兵、邓永芳	鲁东大学政法学院	2008 级本科	山东省日照市莒县果庄镇马家岭村	2010.7.21—8.30
	杨林青、蔺吉敏	鲁东大学政法学院	2007 级本科	山东省莱州市平里店镇吕村	2010.7.27—8.3
	李燕妮、陈甜甜	鲁东大学政法学院	2007 级本科	山东省潍坊市昌邑县卜庄镇郋家村	2010.7.20—8.20
	刘灵敏	华中师范大学政治学研究院	2008 级硕士	山东省泰安市夏谢五村	2010.7.7—7.15
	张有科	华中师范大学政治学研究院	2008 级硕士	山东省德州市陵县南李村	2010.7.13—7.20
	李晓玲	华中师范大学政治学研究院	2008 级硕士	山东省滨州市无棣县信阳乡吴店村	2010.8.4—8.12

续表

省区（负责人）	姓 名	学校、院系	年 级	调研点	调研时间
山东（华中师范大学管理学院：徐增阳；鲁东大学政法学院：纪程；华中师范大学政治学研究院：陈祥英）	韩梦瑶、张昊	华中师范大学经济学院、华中师范大学数学与统计学院	2007 级本科	山东省潍坊市青州市王坟镇文里村	2010.7.21—8.1
	刘广磊	华中师范大学政治学研究院	2009 级硕士	山东省济南市平阴县洪范池镇东峪北崖村	2010.7.14—7.17
	张金平	华中师范大学政治学研究院	2009 级硕士	山东省邹平县西董镇北禾村	2010.1.25—7.31
广西（广西调研基地、广西大学公共管理学院：汤玉权；华中师范大学政治学研究院：慕良泽）	段神佑	华中师范大学政治学研究院	2009 级硕士	广西玉林市兴业县大平山镇陈村	2010.7.29—8.2
	慕良泽	华中师范大学政治学研究院	2008 级博士	广西宜州市屏南乡合寨村	2010.8.28—9.2
	任 路	华中师范大学政治学研究院	2009 级硕士	广西桂平市金田镇金田村	2010.8.15—8.19
	谢宏秋	华中师范大学政治学研究院	2010 级硕士	广西壮族自治区崇左市宁明县板棍乡上蓬村	2010.7.30—8.5
	曾桂圆	华中师范大学政治学研究院	2009 级硕士	广西壮族自治区蒙山县壮村	2010.7.20—8.1
	侯江华	华中师范大学政治学研究院	2008 级硕士	广西壮族自治区德保县东凌乡多莫村	2010.8.19—8.25

续表

省区（负责人）	姓 名	学校、院系	年级	调研点	调研时间
广西（广西调研基地、广西大学公共管理学院：汤玉权；华中师范大学政治学研究院：慕良泽）	黎永兵	华中师范大学政治学研究院	2010级硕士	广西壮族自治区柳城县凤山镇旧县村	2010.8.3—8.9
	王鹏丞	华中师范大学政治学研究院	2009级硕士	广西壮族自治区西林县普合乡新丰村	2010.8.10—8.13
上海（刘义强）	胡畔	华中师范大学政治学研究院	2010级硕士	上海市崇明县建设镇浜西村	2010.7.15—7.21
江苏（华中师范大学政治学研究院：刘义强）	吴志刚	华中师范大学政治学研究院	2009级硕士	江苏省通州区三姓街村	2010.7.15—7.30
	江丽	华中师范大学政治学研究院	2009级硕士	江苏省吴江市七都镇开弦弓村	2010.7.23—7.29
	王海燕	华中师范大学政治学研究院	2008级硕士	江苏省丰县大沙河镇杨集村	2010.7.14—7.19
	严超	华中师范大学政治学研究院	2008级硕士	江苏省泗洪县双沟镇花园村	2010.7.11—7.19
	殷成强	华中师范大学政治学研究院	2008级硕士	江苏省沛县沛城镇任庄村	2010.8.4—8.11
	胡新科	华中师范大学政治学研究院	2008级硕士	江苏省盱眙县马坝镇大众村	2010.7.19—7.24
	胡军	华中师范大学政治学研究院	2010级硕士	江苏省响水县徐洪村	2010.7.20—8.2
	汤照彬	华中师范大学政治学研究院	2010级硕士	江苏省江阴市华西村	2010.8.3—8.9

省区（负责人）	姓 名	学校、院系	年 级	调研点	调研时间
江苏（华中师范大学政治学研究院：刘义强）	张静	华中师范大学政治学研究院	2008 级硕士	江苏省启东市汇龙镇海界村	2010.7.13—7.20
	杜君	华中师范大学政治学研究院	2009 级硕士	江苏省江阴市华士镇龙砂村	2010.7.25—7.31
河 北（华中师范大学政治学研究院：王荣）	杨克敏	华中师范大学政治学研究院	2009 级硕士	河北省邢台市巨鹿县孔家寨村	2010.7.12—7.18
	杨宝河	华中师范大学管理学院	2008 级本科	河北省秦皇岛市卢龙县时家沟村	2010.7.7—7.30
	代君	华中师范大学政治学研究院	2009 级硕士	河北省保定市易县凌云册回族满族民族乡大巨村	2010.7.18—7.26
	杜豹	华中师范大学政治学研究院	2009 级硕士	河北省定州市明月店镇寨西店村	2010.8.20—8.25
	吴春宝	华中师范大学政治学研究院	2008 级硕士	河北省衡水五公村	2010.7.23—7.29
	戴娣、王自珍	华中师范大学政治学研究院	2009 级硕士	河北省涿州市塔西郭村	2010.7.25—8.3
	张俊华	华中师范大学政治学研究院	2010 级硕士	河北省邢台市宁晋县唐邱乡裴家庄	2010.7.15—7.30
	杜静霞	华中师范大学外国语学院	2009 级硕士	河北省邯郸市磁县时村营乡下七桓村	2010.7.30—8.7

省区（负责人）	姓 名	学校、院系	年 级	调 研 点	调研时间
河 北（华中师范大学政治学研究院：王荣）	张兆鹏	华中师范大学政治学研究院	2009 级硕士	河北省盐山县盐山镇范庄村	2010.7.22—8.1
	张莉莉	华中师范大学政治学研究院	2009 级硕士	河北省遵化县建明镇西铺村	2010.7.10—7.15
	罗丹丹	华中师范大学政治学研究院	2009 级硕士	河北省藁城市南孟镇南孟村	2010.7.20—9.3
	朱伟	华中师范大学政治学研究院	2009 级硕士	河北省张家口市沽源县白土窑乡白土窑村	2010.7.24—8.2
北京（华中师范大学社会学院：张大维）	张 曼	华中师范大学社会学院	2008 级硕士	北京市延庆县刘斌堡乡刘斌堡埠村	2010.8.10—8.17
天津（华中师范大学社会学院：张大维）	李桢	华中师范大学社会学院	2008 级本科	天津市静海县西双塘村	2010.7.26—8.5
	张大维	华中师范大学社会学院	博士	天津市宝坻区林亭口镇石辛庄村	2010.7.15—7.24
甘肃（西北调研基地、西北师范大学政法学院：王勇）	李东泽	西北师范大学政法学院	2008 级硕士	甘肃省敦煌市七里镇杜家墩村	2010.7.7—7.31
	袁鹏飞	华中师范大学政法学院	2008 级硕士	甘肃省泾川县丰台乡丰台村	2010.7.23—8.10
	焦振龙	华中师范大学生命科学学院	2009 级硕士	甘肃省清水县土门乡新义村	2010.8.4—8.17

省区（负责人）	姓 名	学校、院系	年 级	调 研 点	调研时间
甘肃（西北调研基地、西北师范大学政法学院：王勇）	曹洋	华中师范大学政治学研究院	2010 级硕士	甘肃省文县天池乡关坪村	2010. 7. 13—7. 27
	寇志斌	华中师范大学政治学研究院	2009 级硕士	甘肃省永昌县新城子镇毛家庄村	2010. 7. 8—7. 24
青海（西北调研基地、西北师范大学政法学院：王勇）	张志燕	华中师范大学历史文化学院	2009 级本科	青海省湟源县申中乡窑庄村	2010. 7. 17—8. 1
	慕良泽	华中师范大学政治学研究院	2008 级博士	青海省同德县尕巴松多镇秀麻村	2010. 8. 4—8. 12
	徐立强	华中师范大学政治学研究院	2009 级硕士	青海省天峻县织合玛乡扎查村	2010. 7. 3—7. 9
	吴春宝	华中师范大学政治学研究院	2008 级硕士	青海省格尔木市大格勒乡新庄村	2010. 7. 10—7. 15
	曹洋	华中师范大学政治学研究院	2009 级硕士	青海省民和回族土族自治县中顺乡民主村	2010. 8. 4—8. 11
宁夏（西北调研基地、西北师范大学政法学院：王勇）	殷彬旗	西北师范大学政法学院	2009 级硕士	宁夏回族自治区隆德县城关镇杨店村	2010. 7. 13—8. 3
	慕良泽	华中师范大学政治学研究院	2008 级博士	宁夏回族自治区彭阳县城阳乡杨塬村	2010. 7. 25—8. 10

续表

省区（负责人）	姓 名	学校、院系	年 级	调研点	调研时间
宁夏（西北调研基地、西北师范大学政法学院：王勇）	马保荣	华中师范大学政治学政法学院	2008 级硕士	宁夏回族自治区灵武市宁东镇马跑泉村	2010. 7. 17—7. 24
	马兴文	西北师范大学政法学院	2009 级本科	宁夏回族自治区彭阳县城阳乡杨塬村	2010. 7. 15—7. 30
内蒙古（华中师范大学：鲁子问）	李娟娟	华中师范大学政治学研究院	2008 级硕士	内蒙古科尔沁右翼中旗代钦塔拉苏木乡吴龙宝嘎查村	2010. 7. 10—7. 20
	宋升	华中师范大学政治学研究院	2009 级硕士	内蒙古自治区锡林浩特市阿尔善宝力格镇巴彦淖尔嘎查村	2010. 7. 17—8. 1
	杜楠	华中师范大学政治学研究院	2009 级硕士	内蒙自治区古杭锦旗独贵塔拉镇刀图嘎查村	2010. 7. 10—7. 16
	左云	华中师范大学政治学研究院	2009 级硕士	内蒙古自治区五原县隆兴昌镇同联村	2010. 7. 24—7. 29
	段续杰	中南民族大学公共管理学院	2009 级本科	内蒙古自治区杭锦旗独贵塔拉镇刀图嘎查村	2010. 7. 17—7. 26

省区（负责人）	姓 名	学校、院系	年 级	调研点	调研时间
新疆（西北调研基地、西北师范大学政法学院：王勇）	李宏斌	喀什师范学院	讲师	新疆维吾尔自治区疏勒县洋大曼乡第 14 村	2010 年寒假调研
	阿娜古丽·阿布拉	华中师范大学政治学研究院	2009 级硕士	新疆维吾尔自治区温宿县古勒阿瓦提乡古勒阿瓦提村	2010.7.16—8.5
	阿布都色买提·吐孙	华中师范大学政治学研究院	2010 级硕士	新疆维吾尔自治区泽普县伊玛乡米尔皮格尔村	2010.7.14—7.22
	祖木热提·古丽、祖克热汗	华中师范大学化学学院 华中师范大学政法学院	2009 级硕士 2009 级硕士	维吾尔自治区托克逊县博斯坦乡硝而坎儿孜村	2010.7.16—7.21
	马斯尼亚	华中师范大学政法学院	2009 级硕士	新疆维吾尔自治区石河子市石河子乡努尔巴克村	2010.7.23—7.30
	哈尼克孜·图拉克	华中师范大学社会学院	2009 级硕士	维吾尔自治区于田县阿热勒乡喀拉尕其村	2010.7.6—7.11
四川（西华师范大学政法学院：吴晓燕；华中师范大学政治学研究院：沈乾飞）	张莉莉	华中师范大学政治学研究院	2009 级硕士	四川省宜宾市宜宾县喜捷镇新龙村	2010.7.1—7.8
	贺馨燃、曾造兵	华中师范大学经济学院		四川省宜宾市江安县怡乐镇新屋基村	2010.7.3—7.11
	吴绍彬	华中师范大学大学物理科学技术学院	2007 级本科	四川省广汉市金鱼镇凉水村	2010.7.22—7.26

续表

省区（负责人）	姓 名	学校、院系	年 级	调研点	调研时间
四川（西华师范大学政法学院：吴晓燕；华中师范大学政治学研究院：沈乾飞）	蔡娥	华中师范大学政治学研究院	2009 级硕士	四川省江油市群光村	2010. 7. 9—7. 21
	杨乐乐	华中师范大学政治学研究院	2009 级硕士	四川省盐亭县民主村	2010. 7. 10—7. 15
	陈华威	华中师范大学政治学研究院	2009 级硕士	四川省邛崃羊安镇界牌村	2010. 8. 1—8. 6
	赵莎莎	华中师范大学政治学研究院	2009 级硕士	四川省华蓥市阳和镇楠木村	2010. 7. 9—7. 16
	吴记峰	西华师范大学政法学院	2009 级硕士	四川省蓬安县正源镇金刚村	2010. 7. 12—7. 20
	胡维维	华中师范大学文学院	2009 级硕士	四川省三台县里程乡里程村	2010. 7. 15—7. 19
	吕小莉	华中师范大学经济学院	2007 级本科	四川省双流县永安县凤凰村	2010. 8. 20—8. 27
	彭庆军	中南民族大学公共管理学院	博士	四川省康定县雅拉乡三道桥村	2010. 7. 16—7. 26
	何柳	华中师范大学政治学研究院	2009 级硕士	四川省茂县风仪镇石鼓村	2010. 7. 13—7. 18
	蔡玻	华中师范大学政治学研究院	2010 级硕士	四川省广元市朝天区陈家乡青坪村	2010. 8. 11—8. 17

省区（负责人）	姓 名	学校、院系	年级	调研点	调研时间
四川（西华师范大学政法学院：吴晓燕；华中师范大学政治学研究院：沈乾飞）	覃闻斯	西华师范大学政法学院	2007 级本科	四川省昭觉县城北乡普提村	2010.7.10—7.15
	王蓉	华中师范大学政治学研究院	2010 级硕士	四川省蓬溪县大石镇连二寨村	2010.8.3—8.10
重庆（华中师范大学社会学院：李海金）	刘倩倩	华中师范大学政治学研究院	2008 级硕士	重庆市丰都县三坝乡厢坝村	2010.7.18—7.28
	米中威	华中师范大学政治学研究院	2008 级硕士	重庆市潼南县柏梓镇金盆村	2010.7.20—7.26
	王焱	华中师范大学经济学院	2008 级本科	重庆市梁平县虎城镇沙石村	2010.7.13—7.19
	肖烨	华中师范大学政治学研究院	2008 级硕士	重庆市荣昌县仁义镇瑶山村	2010.7.12—7.19
湖北（华中师范大学政治学研究院：王敬尧）	王涛	华中师范大学政治学研究院	2009 级硕士	湖北省宣恩县晓关乡大岩坝村	2010.7.6—7.15
	李小娟	华中师范大学政治学研究院	2010 级硕士	湖北省嘉鱼县新街镇马鞍山村	2010.6.28—7.4
	黄腾飞	华中师范大学政治学研究院	2009 级硕士	湖北省黄梅县小池镇水·庵村	2010.7.20—7.26
	徐梦云	华中师范大学政治学研究院	2008 级硕士	湖北省松滋市八宝镇红旗村	2010.7.15—7.21

续表

省区（负责人）	姓 名	学校、院系	年 级	调研点	调研时间
湖北（华中师范大学政治学研究院：王敬尧）	张婷婷	华中师范大学管理学院	2008级硕士	湖北省广水市城郊乡马蹄桥村	2010.8.11—8.15
	周珍	华中师范大学政治学研究院	2008级硕士	湖北省襄樊市保康县尧治河村	2010.7.3—7.9
	陈琴	华中师范大学政治学研究院	2010级硕士	湖北省咸宁市咸宁宁区桂花镇刘家桥村	2010.7.9—7.16
	熊英	华中师范大学教育学院	2009级硕士	湖北省当阳市王店镇王店村	2010.7.18—7.27
	张涛	华中师范大学政法学院	2009级硕士	湖北省罗田县平湖乡丁家套村	2010.8.3—8.9
	陈梦菊	华中师范大学政治学研究院	2010级硕士	湖北省黄冈市蕲春县许家山村	2010.8.6—8.12
贵州（华中师范大学政治学研究院：侯江华）	黄秀群	华中师范大学教育学院	2008级硕士	贵州省大方县猫场镇永乐村	2010.7.19—7.26
	得秋慧	华中师范大学管理学院	2009级硕士	贵州省思南县思塘镇小岩关村	2010.7.10—7.16
	何昌琴	华中师范大学政治学研究院	2010级硕士	贵州省遵义市遵义县金钟村	2010.7.10—7.20
	穆兰	华中师范大学政治学研究院	2007级硕士	贵州省三都水族自治县三合镇龙台村	2010.7.9—7.16

省区（负责人）	姓 名	学校、院系	年 级	调 研 点	调研时间
贵州（华中师范大学政治学研究院：侯江华）	李红琴		硕士	贵州省天柱县邦洞镇摆头村	2010.7.13—7.16
云南（华中师范大学政治学研究院：黄辉祥）	程勇	华中师范大学政治学研究院	2009 级硕士	云南省宜良县匡城乡发达村	2010.7.8—8.2
	董建伟	华中师范大学政治学研究院	2008 级硕士	云南省墨江县联珠镇碧溪村	2010.7.19—7.26
	冯斌	华中师范大学政治学研究院	2008 级硕士	云南省怒江州泸水县六库镇老刘库村	2010.7.29—8.5
	刘宁	华中师范大学政治学研究院	2008 级硕士	云南省禄丰县金山镇大北厂村	2010.7.10—7.17
	王智勇	华中师范大学政治学研究院	2008 级硕士	云南省文山州西畴县兴街镇戈木村	2010.8.3—8.10
	万君	华中师范大学政治学研究院	2008 级硕士	云南省勐海县勐海乡曼尾村	2010.8.5—8.12
	赵新泉	华中师范大学政治学研究院	2008 级硕士	云南省大理市漾濞县平坡乡向阳村	2010.7.15—7.21
黑龙江（华中师范大学政治学研究院：黄振华）	张志敏	华中师范大学政治学研究院	2009 级硕士	黑龙江省大庆市肇州县二井镇实现村	2010.7.22—7.28
	黄振华	华中师范大学政治学研究院	2009 级博士	黑龙江省安达市青肯泡乡农义村	2010.7.2—7.22

续表

省区（负责人）	姓名	学校、院系	年级	调研点	调研时间
黑龙江（华中师范大学政治学研究院：黄振华）	孙文芳	华中师范大学政治学研究院	2009级硕士	黑龙江省五大连池市双泉镇三合村	2010.7.9—7.16
	纪亚泉	华中师范大学政治学研究院	2009级硕士	黑龙江省海林市海林镇石河村	2010.7.9—8.5
辽宁（华中师范大学政治学研究院：夏添）	秦苏芳	华中师范大学政治学研究院	2008级硕士	辽宁省开原市庆云堡镇兴隆台村	2010.7.6—7.12
	杨程程	华中师范大学政治学研究院	2008级硕士	辽宁省普兰店市安波镇米屯村	2010.7.10—7.18
	杨海龙	长春工业大学人文学院	讲师	辽宁省大连市长海县大长山岛镇杨家村	2010.8.1—8.5
	张书军	华中师范大学政治学研究院	2008级硕士	辽宁省东港市前阳镇榆树村	2010.6.26—6.30
	李晓玲	华中师范大学政治学研究院	2008级硕士	辽宁省辽阳市辽阳县信兴隆镇腰老窝村	2010.6.27—6.30
吉林（华中师范大学政治学研究院：夏添）	夏添	华中师范大学政治学研究院	2008级硕士	吉林省四平市梨树县梨树镇北老壕村	2010.7.19—7.28
	胡新科	华中师范大学政治学研究院	2008级硕士	吉林省蛟河市拉法街道爱国村	2010.7.26—8.1

省区（负责人）	姓 名	学校、院系	年 级	调 研 点	调研时间
河南（河南调研基地、河南大学哲学与公共管理学院：郝亚光）	张昭昭	河南大学哲学与公共管理学院	2008 级本科	河南省卢氏县毛庄村	2010. 7. 20—8. 14
	王英杰	河南大学哲学与公共管理学院	2008 级本科	河南省长葛市长社区刘麻申村	2010. 8. 13—8. 24
	高超	华中师范大学政治学研究院	2008 级硕士	河南省周口市大连乡淮阳县林楼村	2010. 7. 22—7. 27
	陈广浩	河南大学体育学院	2009 级硕士	河南省南阳市南召县四棵树乡盆窑村	2010. 7. 13—7. 18
	朱立芳	河南大学新闻与传播学院	2007 级本科	河南省内乡县湍东镇清凉庙村	2010. 7. 14—7. 20
	张艳娜	河南大学哲学与公共管理学院	2008 级本科	河南省鹤壁市浚县善堂镇北柴村	20107. 29—8. 1
	范晓飞	河南大学哲学与公共管理学院	2008 级本科	河南省巩义市芝田镇蔡庄村	20107. 20—7. 30
	路弘	华中师范大学政治学研究院	2009 级硕士	河南省洛阳市宜阳县柳泉镇河东村	2010. 7. 9—7. 16
	杨倩	河南大学哲学与公共管理学院	2008 级本科	河南省滑县焦虎乡双沟村	2010. 7. 22—7. 28
	关庆华	河南大学哲学与公共管理学院	2007 级本科	河南省义马市新区办事处石门社区	2010. 7. 20—8. 14

续表

省区（负责人）	姓 名	学校、院系	年 级	调研点	调研时间
河南（河南调研基地、河南大学哲学与公共管理学院：郝亚光）	陈浩天	华中师范大学政治学研究院	2009级博士	河南省开封市开封县袁坊乡府君寺村	2010.7.29—8.10
	栗银辉	河南大学民生学院	2008级本科	河南省信阳市商城县天井村	2010.7.15—7.20
	晁岱宁	河南大学哲学与公共管理学院	2008级本科	河南省虞城县利民镇三里井村	2010.7.19—7.26
	史亚峰	河南大学哲学与公共管理学院	2008级本科	河南省周口市扶沟县任庄村	2010.7.16—7.18
	何伟峰	河南大学体育学院	2009级硕士	河南省睢县尤吉屯乡陈岗村	2010.7.14—7.20
	苏泽宇	河南大学哲学与公共管理学院	2008级本科	河南省泌阳县小集村	2010.7.14—7.19
	李娜	华中师范大学历史文华学院	2008级硕士	河南省濮阳市范县高码头乡袁庄村	2010.7.25—7.30
	刘杨	河南大学文学院	2007级本科	河南省渑池县英豪镇西阉头村	2010.7.15—7.25
	关青	华中师范大学政治学研究院	2008级硕士	河南省遂平县嵖岈山乡韩楼村	2010.7.4—7.10
	黄体领、董心晋	河南大学哲学与公共管理学院	2008级本科	河南省范县高码头乡袁庄村	2010.8.1—8.10
	王英杰、赵琦	河南大学哲学与公共管理学院	2008级本科	河南省临颍县南街村	20108.13—8.24

续表

省区（负责人）	姓 名	学校、院系	年 级	调 研 点	调研时间
陕西（华中师范大学政治学研究院：刘金海）	赵福江	华中师范大学政治学研究院	2009 级硕士	陕西省榆林市靖边县杨米涧乡关草涧村	2010.8.2—8.8
	张利明	华中师范大学政治学研究院	2010 级硕士	陕西省绥德县义合镇焉头村	2010.7.22—7.29
	苏 华	华中师范大学政治学研究院	2010 级硕士	陕西省延川县延水关镇张家河村	2010.7.31—8.4
	路 弘	华中师范大学政治学研究院	2009 级硕士	陕西省富县富新镇十五里铺村	2010.8.5—8.7
	赵莎莎	华中师范大学政治学研究院	2009 级硕士	陕西省略阳县郭镇郭镇街村	2010.8.6—8.11
	张利明	华中师范大学政治学研究院	2010 级硕士	陕西省米脂县杨家沟镇杨家沟村	2008.8.5—8.15
	杨乐乐	华中师范大学政治学研究院	2009 级硕士	陕西省泾阳县云阳镇兴隆村	2010.7.17—7.21
	杨强	华中师范大学历史文化学院	2008 级硕士	陕西省蓝田县三里镇王坡村	2010.8.5—8.8
山西（山西调研基地、山西大学政治与公共管理学院：董江爱）	赵飘飘	华中师范大学政治学研究院	2009 级硕士	山西省长治市郊区马厂镇张庄村	2010.7.10—7.20
	王圆圆	华中师范大学政治学研究院	2009 级硕士	山西省长治市黎县东阳关镇枣镇村	2010.7.10—7.20

省区（负责人）	姓 名	学校、院系	年 级	调研点	调研时间
山西（山西调研基地、山西大学政治与公共管理学院：董江爱）	崔辉杰、王慧斌、霍小霞	山西大学政治与公共管理学院	2008 级硕士 2009 级硕士 2010 级博士	山西省运城市芮城县古魏镇北关村	2010.7.6— 7.15
	李宣达、郭佩祥	山西大学政治与公共管理学院	2009 级硕士	山西省侯马市高村乡西贺村	2010.6.30— 7.12
	周瑞、王中炎	山西大学政治与公共管理学院	2008 级硕士 2009 级硕士	山西省河曲县文笔镇岱狱殿村	2010.7.15— 7.25
	李燕超	山西大学政治与公共管理学院	2008 级硕士	山西省清徐县柳社乡北社村	2010.7.1— 7.10
	李莉、李玉华	山西大学政治与公共管理学院	2009 级硕士	山西省昔阳县大寨镇大寨村	2010.7.3— 7.12
	侯泽、郭可超、王张平	山西大学政治与公共管理学院	2008 级硕士 2010 级硕士 2009 级硕士	山西省吕梁市中阳县枝柯镇师庄村	2010.7.6— 7.15
	师楠	华中师范大学政治学研究院	2009 级硕士	山西省河津市清涧办事处龙门村	2010.7.19— 7.28
	刘俊丽	华中师范大学政治学研究院	2008 级硕士	山西省平顺县西沟乡西沟村	2010.8.6— 8.11
	杜婷	山西大学政治与公共管理学院	2009 级硕士	山西省临汾市襄汾县景毛乡北小张村	2010.6.31— 7.9
	李莉	山西大学政治与公共管理学院	2006 级本科	山西省晋中市昔阳县河东村新村小区	2010.7.11— 7.19

续表

省区（负责人）	姓 名	学校、院系	年 级	调 研 点	调研时间
山西（山西调研基地、山西大学政治与公共管理学院：董江爱）	李肖燕、任洁雨	山西大学政治与公共管理学院	2008 级硕士 2009 级硕士	山西省神池县龙泉镇窑子上村	2010.7.19—7.28
湖南（华中师范大学政治学研究院：邓大才）	郭娥	华中师范大学政治学研究院	2010 级硕士	湖南省祁东县洪桥镇波丰村	2010.7.8—7.12
	魏淑娟	华中师范大学政治学研究院	2008 级硕士	湖南省怀化市溆浦县思蒙乡山河村	2010.7.13—7.21
	严谨	华中师范大学政治学研究院	2010 级硕士	湖南省安化县马路镇严家庄村	2010.7.12—7.19
	易鼎鼎	华中师范大学政治学研究院	2010 级硕士	湖南省湘潭县乌石镇坝湾村	2010.7.11—7.18
	甄葳	华中师范大学政治学研究院	2010 级硕士	湖南省湘西自治州永顺县基湖村	2010.7.9—7.14
	朱敏杰	华中师范大学政治学研究院	2008 级硕士	湖南省衡山县白果镇绍庄村	2010.7.14—7.18
	曾智	华中师范大学政治学研究院	2009 级硕士	湖南省湘西州凤凰县新场乡合水村	2010.7.14—7.19
	危浔文	华中师范大学政治学研究院	2010 级硕士	湖南省湘西州保靖县阳朝乡溪洲村	2010.7.5—7.12

省区（负责人）	姓 名	学校、院系	年 级	调 研 点	调研时间
湖南（华中师范大学政治学研究院：邓大才）	赵璇	华中师范大学政治学研究院	2008 级硕士	湖南省衡阳市衡阳县台源镇砖塘村	2010.7.20—7.25
	刘晓桅	华中师范大学政治学研究院	2009 级硕士	湖南省郴州市永兴县碧塘乡乌泥村	2010.8.9—8.14
	舒晓萌	华中师范大学政治学研究院	2010 级硕士	湖南省永州市江永县夏层铺镇高家村	2010.7.19—7.24
	杨晶璆	华中师范大学政治学研究院	2010 级硕士	湖南省涟源市龙塘镇江口村	2010.8.1—8.20
	任影	华中师范大学政治学研究院	2008 级硕士	湖南省古丈县红石林镇泽禾溪村	2010.7.8—7.16
	丁俊	华中师范大学政治学研究院	2010 级硕士	湖南省永州市东安县大庙口镇黑溪村	2010.7.13—7.20
	石娉	华中师范大学政治学研究院	2009 级硕士	湖南省汉寿县沧港镇乌珠湖村	2010.7.7—7.10
	朱芸	华中师范大学政治学研究院	2008 级硕士	湖南省临湘市羊楼司镇新和村	2010.7.19—7.28
福建（华中师范大学政治学研究院：贺东航）	秦武峰	华中师范大学政治学研究院	2008 级硕士	福建省沙县高砂镇龙慈村	2010.7.22—7.30
	林昊	华中师范大学政治学研究院	2009 级硕士	福建省建宁县濉溪镇圳头村	2010.7.9—7.15

续表

省区（负责人）	姓 名	学校、院系	年 级	调 研 点	调研时间
福建（华中师范大学政治学研究院：贺东航）	林昊	华中师范大学政治学研究院	2009 级硕士	福建省厦门市翔安区新店镇洪前村	2010.7.19—7.28
	史绍华	华中师范大学政治学研究院	2009 级硕士	福建省上杭县才溪镇下才村	2010.7.28—8.3
	李小云	华中师范大学经济学院	2009 级硕士	福建省长乐市文武砂镇东海村	2010.8.4—8.13
	金凡	华中师范大学政治学研究院	2008 级硕士	福建省南平市政和县石屯镇石屯村	2010.8.17—8.24
	张德军	华中师范大学政治学研究院	2009 级硕士	福建省南平市浦城县莲塘镇吴东村	2010.8.4—8.13
海南（海南调研基地、海南大学政治与公共管理学院：李德芳）	朱虎	海南大学政治与公共管理学院	2009 级硕士	海南省三亚市崖城镇水南村	2010.7.16—7.22
	丁天泉	海南大学政治与公共管理学院	2009 级硕士	海南省海口市红旗镇红旗村	2010.7.19—7.28
广东（汕头大学调研基地、汕头大学法学院：侯保疆；华南师范大学调研基地、华南师范大学政治与行政学院：刘志鹏）	欧丹、程萤	汕头大学法学院	2007 级硕士	广东省惠东县多祝镇上村村	2010.7.5—7.14
	刘晓宁、苏湘武	汕头大学法学院	2008 级硕士 2009 级硕士	广东省揭东县埔田镇刘厝寨村	2010.7.5—7.12
	詹祖良、尹合远	汕头大学法学院	2009 级硕士	广东省汕尾市海丰县鲘门镇朝面山村	2010.7.9—7.15

续表

省区（负责人）	姓 名	学校、院系	年 级	调研点	调研时间
广东（汕头大学调研基地、汕头大学法学院：侯保疆；华南师范大学调研基地、华南师范大学政治与行政学院：刘志鹏）	张予、王伯房	华中师范大学政治学研究院	2009 级硕士 2008 级本科	广东省吴川市吴阳镇新勇村	2010.7.28—8.2
	贺国瑜、刘红岩	汕头大学法学院	2008 级硕士	广东省陆丰市博美镇溪墘村	2010.8.4—8.10
	刘方强、黄珊珊	华南师范大学政治与行政学院	硕士	广东省罗定市附城镇新乐村	20107.5—7.12
	岳立涛、陈康娣	华南师范大学政治与行政学院	2008 级本科	广东省廉江市石城镇头岭村	2010.7.29—8.3
	岳立涛、陈康	华南师范大学政治与行政学院	2008 级硕士	广东省信宜市钱排镇钱新村	2010.7.23—7.29
	曾广侨、王敏琳	华南师范大学政治与行政学院	2007 级本科 2008 级硕士	广东省英德市九龙镇金鸡村	2010.7.19—7.25
	周金娣、杨颖妍、郭明	华南师范大学政治与行政学院 华南师范大学政治与行政学院	2008 级本科 2008 级本科 2008 级硕士	广东省郁南县平台镇石台村	20107.19—7.25
安徽（华中师范大学政治学研究院：贺东航、黄振华）	许晓龙	华中师范大学政治学研究院	2010 级硕士	安徽省南陵县籍山镇黄金村	2007.7.16—7.31
	陶康	华中师范大学政治学研究院	2008 级硕士	安徽省宣城市泾县泾川镇巧峰村	2007.7.16—7.26
	沈丽	华中师范大学政治学研究院	2009 级硕士	安徽省濠州市利辛县西潘楼镇五里村	2007.7.25—8.5

续表

省区（负责人）	姓 名	学校、院系	年 级	调 研 点	调研时间
安徽（华中师范大学政治学研究院：贺东航、黄振华）	罗金莲	华中师范大学政治学研究院	2007 级硕士	安徽岳西县莲云乡腾云村	2010.7.25—8.5
	王嫒	华中师范大学政治学研究院	2009 级硕士	安徽省凤阳县小岗村	2010.7.20—7.30
	甘亚泉	华中师范大学政治学研究院	2008 级硕士	安徽省太湖县白云村先丰村	2010.7.4—7.14
	张恒	华中师范大学政治学研究院	2009 级硕士	安徽省六安市金寨县龙马村	2010.7.7—7.15
	董晶	华中师范大学社会学研究院	2010 级硕士	安徽省界首市王集镇网路楼村	2010.7.22—7.28
	张笛	华中师范大学政治学研究院	2009 级硕士	安徽省砀山县周寨镇孙老家村	2010.7.8—7.14
	吴国峰	华中师范大学政治学研究院	2009 级硕士	安徽省来安县舜山镇林桥村	2010.7.16—7.30
	单红旭	华中师范大学政治学研究院	2009 级硕士	安徽省凤台县大兴集村尚王村	2010.7.31—8.6
	王硕、舒昕	华中师范大学政治学研究院	2009 级硕士	安徽省黄山市歙县雄村乡雄村村	2010.7.14—7.22
浙江（华中师范大学政治学研究院：刘义强）	魏志娟	华中师范大学政治学研究院	2009 级硕士	浙江省兰溪市铜山后金村	2010.7.4—7.14

省区（负责人）	姓 名	学校、院系	年 级	调 研 点	调研时间
浙江（华中师范大学政治学研究院：刘义强）	邢云龙	华中师范大学政治学研究院	2009 级硕士	浙江省瑞安市孙桥村	2010.7.10—7.30
	梁津伟	华中师范大学政治学研究院	2009 级硕士	浙江省温州市乐清县南岳镇杏二村	2010.7.27—7.31
	朱晓睿	华中师范大学政治学研究院	2009 级硕士	浙江省建德市大慈岩镇三元村	2010.8.20—8.27
	冯连余	华中师范大学政治学研究院	2009 级硕士	浙江台州临海市大田街道山前村	2010.8.4—8.12
	薛皓月	华中师范大学政治学研究院	2009 级硕士	浙江省上虞市长塘镇桃园村	2010.7.1—7.10
	孙鹏举	华中师范大学政治学研究院	2009 级硕士	浙江省长兴县四安镇兴隆村	2010.8.4—8.12
	刘善文	华中师范大学政治学研究院	2009 级硕士	浙江省永康市方岩镇独松村	2010.7.12—7.18
	徐佩佩	华中师范大学政治学研究院	2009 级硕士	浙江省嘉善县姚庄镇展幸村	2010.8.24—8.27
	姜兆芹	华中师范大学政治学研究院	2009 级硕士	浙江省宁海县梅林街道杨梅林村	2010.9.13—9.20
西藏（中南民族大学）	普布洛桑	中南民族大学公共管理学院	2009 级本科	西藏自治区拉萨市当雄县当曲卡镇当曲村	2010.8.9—8.23
	彭秋云	中南民族大学公共管理学院	2009 级本科	西藏自治区日喀则白浪县洛江村	2010.8.9—8.23